Knaur.

Über den Autor:
Peter Seewald, Jahrgang 1954, arbeitete als Journalist für *Stern*, *Der Spiegel* und *Süddeutsche Zeitung* und gilt heute als einer der erfolgreichsten religiösen Autoren Deutschlands. Seine Bücher über Papst Benedikt XVI. sind allesamt Bestseller. Peter Seewald ist verheiratet und lebt mit seiner Familie in München.

PETER SEEWALD

JESUS CHRISTUS

Die Biografie

KNAUR TASCHENBUCH VERLAG

Besuchen Sie uns im Internet:
www.knaur.de

Vollständige Taschenbuchausgabe Dezember 2011
Knaur Taschenbuch
Ein Unternehmen der Droemerschen Verlagsanstalt
Th. Knaur Nachf. GmbH & Co. KG, München
© 2009 Pattloch Verlag GmbH & Co. KG, München
Umschlaggestaltung: ZERO Werbeagentur, München
Umschlagabbildung: FinePic®, München
Druck und Bindung: GGP Media GmbH, Pößneck
Printed in Germany
ISBN 978-3-426-78494-5

2 4 5 3 1

Inhalt

Teil I
SEITE 11

Teil II
SEITE 159

Teil III

SEITE 269

Teil IV

SEITE 475

פתיתני יהוה ואפת
חזקתני ותוכל

SEDUXISTI ME DOMINE
ET SEDUCTUS SUM FORTIOR ME FUISTI
ET INVALUISTI.

O Lord,
you have enticed me, and I was enticed;
you have overpowered me, and you have prevailed.

»Du hast mich betört, o Herr,
und ich ließ mich betören;
du hast mich gepackt und überwältigt.«
Jeremia 20,7

Jerusalem zur Zeit Jesu

Samarien • Jericho
Festung Antonia
Betesda
Löwen-/Stephans-tor
Schaftor
Gethsemane
Ölberg
† Golgatha
Tempel
Goldenes Tor
Jaffator
Genattor
Betanien
Kidrontal
Palast der Hasmonäer
Palast des Herodes
Gihon
Palast des Kajaphas
Kanal Schiloach
Bethlehem
Abendmahlssaal
Teich Schiloach
Essenertor
500m

Israel zur Zeit Jesu

Sidon
Hermon
Caesarea Philippi
Tyrus
Gis'chala
Chorazin
Kafarnaum
Betsaida
Tabgha
See Genezareth
Kana
Magdala
Sepphoris
Tiberias
Nazareth
Tabor
Gadara
Meggido
DEKAPOLIS
Jesreel
Caesarea Maritima
Bet-Shean
Pella
Gerasa
SAMARIEN
Ebal
Samaria
Sychar
Sichem
Garizim
Jordan
Arimathäa
JUDÄA
Efraim
Bet-el
Jericho
Emmaus
Betfage
Ain Karem
Jerusalem
Qumran
Betanien
Bethlehem
Hebron
Totes Meer
Mittelmeer
GALILÄA
15 km

Computerkartographie Carrle, München

Vorwort

Zuerst war es nur so ein Gefühl, aber allmählich wurde daraus Gewissheit: Als mir vor neun Jahren mein Verlag anbot, eine Geschichte des Lebens Jesu zu schreiben, erschrak ich zunächst angesichts der Größe der Aufgabe (auch wenn mich zugleich die Möglichkeit faszinierte, den Spuren Jesu zu folgen und dafür auch noch bezahlt zu werden). Dem ersten Erschrecken folgte mit der Zeit die Gewissheit, dass es sich im Grunde um einen unmöglichen Auftrag handelte, der immer auch mit einem Scheitern verbunden sein würde. Jesus Christus ist nicht irgendjemand. Die Biografie eines Menschen ist das eine. Die Biografie eines Mannes, den über zwei Milliarden Menschen als Sohn Gottes anbeten, das andere. Immer wieder entzieht er sich. Immer wieder ist da jemand, der sich nicht ganz fassen lässt. Der einen verwundert. Auch bezaubert. Und manchmal sogar erschreckt.

Jahrzehntelang haben wir uns damit begnügt, herauszufinden, was an dem Mann aus Nazareth alles nicht stimmen kann. Er wurde Stück für Stück seziert. Was von ihm übrig blieb, findet heute bequem auf einer Untertasse Platz. Dieser Jesus, der zig Generationen geprägt und verändert und die größten Genies der Menschheit inspiriert hat, ist uns dabei abhanden gekommen. Jahrzehntelang haben wir gefragt, was *gegen* Jesus sprechen könnte. Ist es nicht seltsam, dass wir vergessen haben, zu fragen, was *für* Jesus sprechen könnte? Für die Wahrheit seiner Geschichte? Für die Wahrheit seiner Botschaft, er sei der Gesandte Gottes, sei sein Sohn, ganz eins mit dem Vater?

Einerseits betrachten die Gläubigen Jesus als das Alpha und Omega der Geschichte. Andererseits haben selbst Christen ihn ins Gefängnis ihrer Kleingläubigkeit gesperrt, als könnte man mit Jesus umgehen wie mit einem Bediensteten. Betrachten wir heute die Ergebnisse der wissenschaftlichen Forschung über die historische Genauigkeit des Evangeliums, so erschrecken wir über uns selbst, weil wir erkennen, wie eng unser Horizont geworden ist – und wie unkritisch wir den Schriftgelehrten in Medien und Hörsälen gefolgt sind, wenn sie in einem Gemisch aus Wahrheit, Halbwahrheit und Lüge die größte Geschichte aller Zeiten zu einer Räuberpistole umdeuteten.

Die Botschaft Jesu gilt allen Zeiten und allen Generationen. Sie ist heute brisanter denn je: in dieser dramatischen Stunde, da die Schöpfung gefährdet und Rezivilisierung der Gesellschaft geboten ist. Aber nur über eine Gesamtschau des Mysteriums Christi, in die endlich auch wieder sein Leben und der alttestamentliche Hintergrund einbezogen werden müssen, lässt sich die Offenbarung Jesu ganz erkennen: in ihrer Heilskraft, ihrem revolutionären Geist von Protest und Widerstand, ihrem Gebot von Liebe und Frieden, ihrer Erkenntnis vom Wesen Gottes – und nicht zuletzt als Schlüssel, der uns befähigt, jene Räume zu betreten, die uns noch verschlossen sind.

Ich danke den Vielen, die mich mit Rat und Tat, mit guten Wünschen und Geduld und mit ihrem Gebet begleitet haben. Ich danke den unzähligen Nachfolgern Jesu, die durch ihr Fragen und Forschen, ihre Meditation und den Einsatz ihres Lebens über die Jahrhunderte hinweg die Voraussetzungen schufen, dass wir Jesus heute besser zu kennen vermögen als jede Generation vor uns. Ich habe mich freizügig ihrer Früchte bedient, wie Goethe es empfohlen hat: »Ich sammelte und benutzte alles, was mir vor Augen, vor Ohren, vor die Sinne kam.« Die Verantwortung für mögliche Fehler liegt bei mir.

Zu guter Letzt verneige ich mich vor der Leistung der Evangelisten Matthäus, Markus, Lukas und Johannes. Ihr Können ist unerreicht, ihr Geist von etwas Unfassbarem, Höherem getragen. Vielleicht lässt sich ihre Arbeit so zusammenfassen: Alles ist Geheimnis, alles ist wahr.

München, am 15. August 2009   Peter Seewald

Teil I

I

Flug Nr. 354

Auf dem Gipfelpunkt seines Lebens, am Kreuz von Golgatha, schaut Jesus über seine Stadt. Yerushalayim, die Friedliche, die Heilige. Die Stadt Gottes seit 5000 Jahren.

Rechts der Schiloach-Teich, das Gewerbeviertel mit den Parfümfabriken. Daneben das Hippodrom des Herodes, das Theater, schließlich die »Synagoge der freigelassenen Sklaven«. Er kann sogar das Grab Davids erkennen, dessen pyramidenförmiges Dach aus weißem Marmor die Oberstadt überragt. In der unmittelbaren Achse zum Kreuz aber, fast zum Greifen nahe, das Allerheiligste des Tempels. Ein Bau von unvergleichlicher Schönheit und Größe. In der Mittagshitze gleißen seine Steine wie ein riesiger Spiegel, der die Stadt mit Licht überschüttet.

Nach dem Tempelkalender ist es der 14. Nissan, Freitag, 6. April des Jahres 30. Zum Pessachfest, der Feier zur Erinnerung an die Befreiung aus ägyptischer Gefangenschaft, ist die Stadt zum Bersten voll. In den engen Gassen drängen sich Andenkenverkäufer und Schneider, Wollweber und Töpfer, und alle haben gut zu tun. Nicht zu vergessen die Händler von Luxusartikeln mit ihren wohlriechenden Salben, Ölen aus Aloe und Schmuck in allen Variationen. Noch der finsterste Keller wurde als Quartier verkauft, alle erreichbaren »Mikweh«-Becken für die Ritualbäder vorbereitet.

Zu den 30 000 Griechen, Römern und Juden, die für gewöhnlich in der Stadt leben, kommen nun bis zu 200 000 Pilger aus allen Teilen des Landes, selbst aus den Gemeinden der Diaspora, aus Alexandrien und Rom – dazu einige tausend zusätzliche Soldaten, die an Tagen wie diesen Jerusalem in Schutzhaft nehmen.

Die Partisanen nämlich lieben es, an Pessach den verhassten Besatzern einen gut gezielten Schlag zu verpassen. In den Gewölben unter dem Tempelplatz aber kauern die Opfertiere, und in Gefäßen schleppt man riesige Mengen an Blut in den Tempel, um es in einer Sturzflut vor dem Altar zu vergießen.

Seit der Totenerweckung des Lazarus hatten sich die Gerüchte überschlagen. Der Wunderrabbi habe vom Weltuntergang gesprochen, hieß es. Andere wollten wissen, dies sei das Code-Wort für den längst erwarteten Aufstand. Als sich herumsprach, er plane seinen Einzug, zog ihm eine jubelnde Menge mit Palmzweigen entgegen: »Hosanna! Gesegnet sei, der kommt im Namen des Herrn, der König Israels.«

Man hatte ihn nicht verstanden. Wieder einmal. »Bist du der, der kommen soll, oder müssen wir auf einen anderen warten?«, hatte man ihn gefragt.

»Wenn ihr den Menschensohn erhöht habt, dann werdet ihr erkennen, dass ich es bin.«

Niemals zuvor hatte jemand einen solchen Anspruch erhoben. Niemals war jemand so kühn gewesen. Man könnte freilich auch sagen: so vermessen. »Ich bin das Licht, das in die Welt gekommen ist, damit jeder, der an mich glaubt, nicht in der Finsternis bleibt.« Nun hängt der Mann des Lichtes mit geschundenen, weitausgebreiteten Armen an einem Kreuz, und es wird dunkel um ihn.

Mit einem kräftigen Satz, wie im freien Fall, sank die Boing 737 in ein gewaltiges Luftloch. Ich schreckte von meinem Sitz hoch, aber im Nu hatte sich die Maschine wieder stabilisiert. Die meisten Passagiere hatten ihre Fenster mit einem Rollo verdunkelt, um zu schlafen oder den Film im Bordkino zu genießen, einen Cyberspace-Schocker über das Schicksal eines Computermenschen. Ich klingelte nach der Stewardess. Der Kaffee von El Al war grässlich, aber der Tee war noch grässlicher.

Wir hatten die Alpen hinter uns gelassen, und tief unter uns konnte man die gezackten Berge und Täler Albaniens erkennen, über die wir mit 900 Stundenkilometern Richtung Tel Aviv hinwegdüsten.

Es war Sonntag, und es war kühl, und noch bevor ich in München den Terminal betrat, ärgerte ich mich, keine wärmere Wäsche eingepackt zu haben. Der Flug hatte die Nummer 354, eine ganz bemerkenswerte Zahl, wie sich noch herausstellen sollte.

In der Abfertigungshalle für Israel-Reisen patrouillierten hoch über unseren Köpfen Polizisten mit MPs und Schäferhunden; ein Aufzug, der niemanden wirklich beruhigte. Vor der Sicherheitsschleuse zogen die Reisenden die Schuhe aus, um zu beweisen, dass sie keine Terroristen waren. Die übliche Prozedur: »Warum fliegen Sie nach Israel? Warum allein? Was machen Sie genau? Wie oft waren Sie schon dort? Wer hat den Koffer gepackt?«

Auf die Frage, ob ich ein Präsent im Gepäck hätte, nickte ich eingeschüchtert mit dem Kopf.

»Was und für wen?«

»Münchener Weißwürste für einen Franziskaner in Jerusalem.«

»In Dosen oder Vakuum?«

»Vakuum.«

Seit ich einen Vertrag über ein Buchprojekt über *Jesus Christus* unterschrieben hatte, verfielen die Abgabetermine wie Abreißblätter im Kalender. Nachts verfolgten mich Dämonen, tags plagte mich Schreibhemmung. Abends unternahm ich Spaziergänge auf einem wildromantischen Friedhof und beglückwünschte die Toten, die die Last des Irdischen schon hinter sich hatten. »Geliebt und unvergessen«, hieß es auf den Grabsteinen. Inzwischen kannte ich jede Inschrift auswendig.

Auf meinem Schreibtisch stapelten sich Türme von Büchern, und täglich kamen neue hinzu. »Jesus der Medizinmann«, »Jesus der Psychotherapeut«, »Jesus der Bhagwan«. So unterschiedlich die Cover auch gestaltet waren, im Untertitel verkündeten sie alle das Versprechen, ultimativ zu enthüllen, »wer Jesus *wirklich* war«. Die Autoren schlugen sich dabei in der Regel auf die sichere Seite, was in diesem Falle nicht die Seite Jesu oder die Seite des Glaubens war, sondern die Seite der Zweifler. Der »Fall Jesus« – ein Knäuel voller Probleme.

Nach Überzeugung vieler Professoren und Journalisten war Jesus offenbar so etwas wie eine Marionette, abhängig von der Schreibhand seiner Evangelisten. Seine Aussagen zitierten sie mit: »Markus lässt Jesus sagen ...« oder: »Lukas lässt Jesus sagen ...« War es wirklich nicht möglich, wie Theologen behaupteten, mangels sicherer Quellen eine Chronik seines Lebens zu erstellen, wie sie in der Bibel dargelegt ist? Seit sich die Experten über Jesus hermachten, war von dem einstigen Leib und Leben Christi gerade einmal so viel übrig geblieben, dass die Reste davon bequem auf einer Untertasse Platz fanden. Die einen nahmen eine »Entmythologisierung« vor, was so aussah, dass man Jesus aller Wunder beraubte. Die Nächsten kürzten ihm ein Gutteil seiner Worte; bis auf einen kläglichen Rest, der als *wirklich authentisch* galt, warum und weshalb auch immer. Als am Schluss der Prozedur nur noch ein Kopf auf dem Seziertisch lag, kam die berechtigte Frage auf, ob dieser Mann denn dann *so* überhaupt gelebt haben könne. Nicht wenige gaben öffentlich zu Protokoll, man habe von diesem Herrn, bitte schön, ja kaum etwas in Händen.

Ich hatte mich bald Tag und Nacht mit meinem Thema beschäftigt, aber ich war unfähig, eine einzige Zeile zu schreiben. Aus Ehrfurcht vor dem ganz Anderen, dem Unfassbaren? Aus Bangen, am Ende dann möglicherweise vor einem Bild zu stehen, das sich nicht zusammenfügt? Das beim Anfassen zerbricht wie ein Spiegel, der vom Nagel fällt? »Derselbe ist vollkommen in der Gottheit, und derselbe ist vollkommen in der Menschheit«, schloss das Konzil von Chalkedon, »derselbe ist wahrhaft Gott und wahrhaft Mensch.« Andererseits: Ein Messias auf einem Esel! Ein Gott, der nicht vom Kreuze steigt! Das Grab war voll, behaupten einige Bibelforscher. Jesus von Nazareth sei gestorben wie andere auch, von Auferstehung keine Spur.

1972 veröffentlichte Rudolf Augstein, Herausgeber des Nachrichtenmagazins *Der Spiegel*, ein umfangreiches Werk, mit dem er die Fragen zur Person Christi ein für alle Mal zu beantworten gedachte. Augstein liebte es, sich mit den Großen der Weltgeschichte anzulegen. Napoleon, Alexander, Adenauer. Nun griff er nach dem Größten. Dass er ihn kleiner machen würde, verriet schon der Titel des Buches: »Jesus Menschensohn«.

Ich kannte Augstein aus meiner Zeit in der Hamburger *Spiegel*-Redaktion. Ich mochte seinen rauhbeinigen Charme und bewunderte seine Verwegenheit. Gelegentlich schlurfte er spätabends durch einen der Flure im neunten oder zehnten Stock, ein liebenswerter Haudegen. Wenn er montags in die große Redaktionsversammlung kam, immer mit gebührender Verspätung, blaues Hemd mit Button-down-Kragen, verstummten die Gespräche. Für viele war er eine Vaterfigur, für etliche eine Gottvaterfigur. Und egal, welches Thema behandelt wurde, am Ende eines Diskussionsbeitrags richteten sich sechzig oder siebzig Paar Augen auf den Fixpunkt des riesigen Tisches, der in der Mitte des Raumes stand. Sobald der Generalissimus mit einer klitzekleinen Äußerung zu erkennen gab, ob er etwas gut oder schlecht fand, wusste die Mehrheit der Redaktion, welche Meinung sie hatte.

Augstein verdonnerte einen Stab von Mitarbeitern, im Archiv des *Spiegel* Tag und Nacht Berge von Büchern, Zeitschriften und Dokumenten zu durchwühlen, um für sein bahnbrechendes Projekt, das die Grundfesten des Christentums erschüttern sollte, »Beweismaterial« zu finden. Irgendwelche Zitate, Jahreszahlen, Hinweise auf mögliche Widersprüche, die er in seine Argumentationskette einbauen konnte. Als er sein Opus vorlegte, schlug der Mix aus Richtigem, aus Halb- und Unwahrheiten selbst ausgemachten Antichristen auf den Magen.

Augstein spielte das komplette Repertoire, das sich seit den Tagen der Guillotine in den Büchern der Aufklärer angesammelt hatte. Fälschungen, Widersprüche, Irrtümer – was nach der Offenbarung Augsteins da kirchlicherseits mit dem armen Jesus angestellt worden war, konnte einen zu Tränen rühren. Am Ende gipfelte die Untersuchung, was zu erwarten war, in einer famosen Enthüllung. Besser gesagt in einer flammenden Anklage: Die Gläubigen, so Augsteins triumphales Plädoyer, würden sich seit 2000 Jahren auf einen Mann berufen, »den es nicht gab, auf Lehren, die er nicht gelehrt, auf eine Vollmacht, die er nicht erteilt, und auf eine Gottessohnschaft, die er selbst nicht für möglich gehalten und nicht beansprucht hat«. Man konnte den streitbaren Publizisten förmlich vom Stuhl springen und die Arme wie ein Florett durch die Luft fuchteln sehen. Die »Wahrheit« sei, schloss der Ankläger: »Jesus ist als der auferstandene Christus die Erfindung der Gemeinde.« Mit einer Einschränkung: »Wenn es ihn denn gegeben hat.«

Die spektakuläre These hatte der *Spiegel*-Mann nicht exklusiv. Er teilte sie mit den Autoren der »Großen sowjetischen Enzyklopädie«. Noch in der letzten Auflage des Werkes, erschienen kurz vor dem Zusammenbruch des kommunistischen Imperiums, leierten sie die offizielle Sowjetdoktrin nach, der zufolge Jesus nie existiert hatte. Schon der französische Aufklärer Louis Couchoud hatte die geschichtliche Existenz Christi geleugnet. Seltsamerweise aber maßen selbst die »Entlarver des Christentums« dem »Phantom« Jesus eine Wirkung zu, die im Grunde nicht zu überbieten ist. »Seine Proportionen sind unvergleichlich, seine Größe ist kaum fassbar«, schrieb Couchoud, »alles, was während vieler Jahrhunderte im Abendland sich ereignet hat, geschah im gigantischen Schatten des Kreuzes.« – »Den Namen Jesu aus der Welt zu eliminieren«, schloss der Kritiker, »würde bedeuten, sie in ihren Fundamenten zu erschüttern.«

Eines Besseren belehren ließ sich Couchoud allerdings nicht, genauso wenig wie Augstein. Sämtliche Überlegungen, er hätte sich im Alter »eines Besseren besonnen«, schrieb der *Spiegel*-Chef im Vorwort seines 1999 neu herausgegebenen Jesus-Werkes, dürften sich nach Lektüre seines Buches »erübrigen«. Drei Jahre später, am 19. November 2002, wurde der 1968 aus der Kirche ausgetretene Ex-Katholik nach einem Trauergottesdienst in der Keitumer Dorfkirche auf dem zugehörigen Friedhof zu Grabe getragen. Und in der darauffolgenden Woche wurde der Verstorbene mit einem Staatsakt geehrt, der in der Hamburger Hauptkirche St. Michaelis stattfand – *honi soit qui mal y pense.*

Keine drei Jahre später, nämlich Anfang April 2005, würdigte der *Spiegel* den Tod Johannes Pauls II., den Augstein bis aufs Blut bekämpft hatte, mit einem Nachruf, der alle anderen Nachrufe, weltliche wie kirchliche, in den Schatten stellte. Denn plötzlich war der bis dahin so »unsägliche« Kirchenführer schlichtweg nur noch eines: *der Jahrtausendpapst.*

Die Stewardessen hatten begonnen, auf ihren Wägelchen Hühnchen und koscheres Gulasch durch den Gang zu schieben, und während wir über Inseln flogen, die wie goldene Vliese auf dem Wasser glänzten, dachte ich an die Weihnachtsgeschenke, die ich noch zu besorgen hatte. Aeroplane schießen uns an einem einzigen Tag vom Winter in den Frühling, vom 21. Jahrhundert in eine Welt, in der das 19. noch nicht einmal begonnen hat. Wer am Flughafen soeben noch einen Plasmabildschirm kaufen konnte, befindet sich kurze Zeit später inmitten eines neuen Kontinents, wo Frauen mit Eimern auf dem Kopf kilometerweit laufen, um Wasser herbeizuschaffen, dessen Trinkqualität mitunter zum Tode führt.

Die Welt des Jesus Christus liegt gar nicht so weit zurück, gerade einmal 30 Lebensalter, ein Lidschlag der Geschichte. Und wenn Zeit relativ ist und für Gott nicht existiert, dann ist das, was damals geschah, in diesem Augenblick ohnehin so gegenwärtig wie die ganze Vergangenheit und die ganze Zukunft, die bereits abgeschlossen ist – auch wenn sie noch vor uns liegt. Nicht von ungefähr hatte Johannes der Täufer den Messias mit einem paradoxen Satz angekündigt: »Nach mir kommt ein Mann, der mir voraus ist, weil er vor mir war.«

Ich stellte mir vor, wie Jesus im Frühjahr über Wiesen und Felder zog und Menschen versammelte, um sie zu lehren, mit ihnen zu beten oder auch nur gemeinsam über das weite Land zu schauen. Galiläa war eine bezaubernde Gegend, ein kleines Paradies. Der Sinn Jesu für die Möglichkeiten dieser Landschaft war so ausgeprägt, dass er mit sicherer Hand, wie ein Regisseur, ganze Hügel und Strände als eine Bühne für sein Lehrstück verwendete. Er verstand sich auf die Jahreszeiten, baute die Eigenheiten der Region in seine Gleichnisse ein und nutzte den liturgischen Kalender Israels wie einen dramaturgischen Plan, auf dessen Grundlage er seine Offenbarung Stück für Stück ausbreitete.

Jesus war ein Naturereignis. Ein Sturm. »Es gibt wirklich nur eine Stelle in der Welt«, schrieb Albert Einstein, »wo wir kein Dunkel sehen. Das ist die Person Jesu Christi.« – »Ich bin das All. Das All ist aus mir hervorgegangen, und das All erstreckt sich bis zu mir«, zitiert ihn das apokryphe *Thomas-Evangelium.* »Spaltet ein Stück Holz: Ich bin da! Hebt den Stein, und ihr werdet mich dort finden.«

Das Bild der Evangelien zeigt eine jugendliche, eher asketische Gestalt, zart und doch kräftig, mit den Zügen einer poetischen, sinnlichen Natur. Wenn er »die vielen Menschen sah, hatte er Mitleid mit ihnen«, berichtet Markus (»denn sie waren wie Schafe, die keinen Hirten haben«). Man erlebt ihn mit Tränen in den Augen. Und man sieht ihn wutentbrannt, zornig. »Wie seid ihr unverständig«, konnte er seine Leute anfahren, »und wie langsam ist euer Herz, an die Fülle zu glauben.«

Die Jünger hingen an seinen Lippen, ließen sich beeindrucken, aber sie verstanden ihn nicht. »Seid vollkommen wie euer Vater im Himmel«, wurde ihnen abverlangt. Sie sollten lieben wie Gott, gütig, friedfertig, und sogar erlittenes Unrecht verzeihen. »Deine Lehre ist hart«, stöhnten sie, »wer kann da noch selig werden.«

Und Jesus? Litt er darunter, dass seine Mission scheitern könnte? Sein Leben war ein einziger Kampf. Mit einem dunklen Gegenspieler, der kaum schwächer zu sein schien als er selbst. Was meinte Jesus mit Worten wie: »Jetzt wird Gericht gehalten über diese Welt; jetzt wird der Herrscher dieser Welt hinausgeworfen werden«? Warum schickte er, was kein verantwortlicher Führer je täte, seine Leute »wie Schafe unter die Wölfe«? Warum verbot er den Geheilten und den Dämonen, über ihn zu sprechen? Wie ist es möglich, dass er so schändlich im Stich gelassen wurde? Muss man nicht vielleicht sogar fragen, ob es ein Versagen Jesu gab? Hatte er eine falsche Strategie? Liegt es gar an ihm, wenn die Erlösung der Menschheit, die seit dem Sündenfall leidet, nicht so recht und sofort vonstatten ging?

»Wir bezeugen es«, so hatten die Apostel ihren Bericht unterschrieben, »weil wir es selbst gesehen haben.« Zweitausend Jahre später ist der Eindruck entstanden, echte Fakten über die Gestalt Jesu seien kaum zu bekommen. Zerfleddert, vollgekritzelt, durchgestrichen und zerrissen, galt das Evangelium plötzlich als Sammelsurium von Lügen, Tricks und Gaunereien. Selbst Gläubige nehmen heute an, die Darstellung der Verkündigung Jesu, seines Todes und insbesondere seiner Auferstehung sei das Ergebnis einer nachträglichen Formung.

Welches Bild von Christus ist das echte, das wahre? Was können wir gesichert von ihm wissen?

Ich betrachtete die kleinen weißen Wolken vor meinem Fenster, die dem Flieger wie in Zeitlupe entgegenzuschweben schienen. Irgendwie ist alles anders geworden. Der Alltag. Die Kultur. Das Denken. Sogar das Wetter. Religiöses Bewusstsein und religiöses Grundwissen haben sich in einem Ausmaß aufgelöst, dass selbst Atheisten vor Staunen in Starre verfallen. Auf den Bestsellerlisten reihen sich Bücher, die beweisen, dass der Mensch Gott erschaffen hat und nicht umgekehrt. Immer mehr Menschen scheinen auch bereit, diese Version gerne zu glauben – um sich entsprechend zu verhalten.

Parallel hierzu verschlechterten sich in kurzer Zeit die Grundlagen für das Leben auf der Erde dramatisch. Jedes neue Jahr verzeichnet neue Rekorde an Umweltkatastrophen. Eine einzige Tsunami-Welle vernichtete die Küstenregion halb Asiens. Pole schmelzen. Ozonlöcher wachsen nicht mehr zu. Der Generalsekretär der Vereinten Nationen, Ban Ki-moon, bezeichnete im November 2007 vor den Delegierten der UN-Vollversammlung in New York den Zustand des Planeten Erde als »extrem gefährdet«. Eine UN-Untersuchungskommission hielt fest, der Menschheit blieben nur noch wenige Jahre bis zu einem *point of no return*. Und eine ganze Reihe von Experten hält diesen Punkt, an dem es zu spät ist, aus eigener Kraft die Problematik und Gefahren der hochtechnisierten Welt in den Griff zu bekommen, längst für erreicht.

Ich richtete mich in meinem Sitz auf und nahm den glühend heißen Becher vom Tablett, das mir eine der Stewardessen entgegenhielt. Könnte man sich eine Welt vorstellen, hatte der Literaturnobelpreisträger Heinrich Böll keck gefragt, »in der Christus *nicht* gelebt hat?« Wie würde diese Welt aussehen? Anders formuliert: Was ist in jenen Regionen anders, wo es kein Christentum gibt? Oder wo, wie im Europa des 20. Jahrhunderts, damit experimentiert wurde, Christentum durch die Herrschaft des »neuen Menschen« zu ersetzen?

Die Botschaft Jesu wurde hinterfragt, verworfen und wieder hinterfragt. Sogar bis aufs Blut gequält, von den eigenen Leuten, die sie im Namen Gottes für eigene Zwecke nutzten und in Misskredit brachten. Umgekehrt waren Christen in der Auseinandersetzung mit Gegnern gezwungen, immer wieder neu und immer noch genauer hinzusehen. Kein anderes Werk wurde Zeile für Zeile so auseinandergenommen wie die Berichte der Evangelien. Hunderttausende und vielleicht sogar Millionen von Theologen, Gelehrten unterschiedlichster Disziplinen, von Priestern, Mönchen und Laien haben sich darüber den Kopf zerbrochen. Die Kirche selbst hat Zigtausende ihrer besten Männer und Frauen in an die Grenze der Selbstzerstörung gehenden Debatten auf den »Fall Jesus« angesetzt. Umgekehrt wurden in allen atheistischen Systemen, ob in Hitlerdeutschland, im Sowjetreich oder in der Volksrepublik China, Armeen von Spezialisten eingesetzt, um der »Legende« den Todesstoß zu versetzen.

Und dennoch: Erwies sich das, was Jesus lehrte, wie er es lehrte und wie er es lebte, nicht auch als Botschaft, die uns weiterbrachte? War dieses Gottesbild nicht auch das einzige, das man vertreten kann, ohne von der modernen Vernunft in die Ecke gedrängt zu werden? Jene Vernunft, die eine kritische Überprüfung und die historische, faktische Nachweisbarkeit nachgerade einfordert? Haben wir Jesus andererseits nicht auch allzu sehr unseren bürgerlichen Maßstäben angepasst und uns damit den Zugang zu seinen Quellen verbaut? Es scheint, unsere so eng gewordenen Begriffe von Realität und Erkenntnis haben uns in einen Raum eingesperrt, den das Licht nicht mehr erreichen kann. Ist nicht der ganze Kosmos viel phantastischer, als wir uns das für gewöhnlich vorstellen? Sind nicht *wir selbst* viel phantastischer, als wir glauben; und lebensvielfältiger, als wir leben?

Und wenn es denn wahr ist und echt, wenn dieser Jesus tatsächlich niemand anderes sein sollte als der hoch gelobte, gepriesene, sehnsuchtsvoll herbeigewünschte Messias, der Retter der Welt, der Sohn des »Allmächtigen, der alles erschaffen hat, Himmel und Erde, die sichtbare und die unsichtbare Welt«, wie es im *Credo* heißt, eins mit dem Vater, »Gott von Gott, Licht vom Licht, wahrer Gott vom wahren Gott, gezeugt, nicht geschaffen, eines Wesens mit dem Vater« – worüber reden wir dann? Reden wir dann nicht auch über das Geheimnisvollste und Größte, das diese Welt je gesehen hat? Reden wir dann mit Jesus nicht auch darüber, wohin wir gehen werden?

Wir können heute mehr über Jesus und seine Zeit wissen als alle Generationen vor uns. Theologische Reflexionen, die Ergebnisse der historisch-kritischen Forschung und insbesondere die archäologischen Entdeckungen der jüngsten Zeit liefern uns eine Fülle an Stoff, auf die frühere Analysten nicht zurückgreifen konnten. Bei meinen Vorrecherchen war allerdings auch deutlich geworden, wie weit wir uns davon entfernt haben, das Evangelium als Geheimnis zu verstehen. Ist hinter den Worten (und zwischen den Zeilen) dieser bedeutsamsten, gewaltigsten und geheimnisvollsten Schrift der Welt nicht auch ein bestimmter Code hinterlegt, den es zu entschlüsseln gilt? Muss man die Teile erst zusammenfügen, um dann im Ergebnis den Blick auf die wahre, eben die ganze Gestalt Jesu zu bekommen, auf die *Innenseite* seiner Wirklichkeit? Ist es nicht auch die Chance unserer Zeit, wieder nach dem Ganzen des Mysteriums fragen zu können, um uns jenen Teil des Kosmos zurückzuerobern, den wir verloren haben?

Nüchtern betrachtet war die Tabuisierung seiner Biografie der größte Sieg, den man gegen Jesus überhaupt erringen konnte. Aus einem Mysterium ist eine Profangeschichte geworden, aus dem Glanz des Göttlichen der Staub der Vergänglichkeit. »Ich bin der Weg, die Wahrheit und das Leben«, so hatte sich Jesus erklärt. Aber muss man dann diesen *Weg* nicht auch gehen und diesem *Leben* nicht auch nachspüren, um am Ende auch wirklich zu seiner *Wahrheit* zu gelangen?

»Die Worte Jesu sind gewiss von einer unersetzlichen Bedeutung«, hatte bei einem unserer Gespräche der frühere Kardinal Joseph Ratzinger betont, »aber wir dürfen Christus nicht auf

Worte allein reduzieren. Das Fleisch, wie Johannes sagt, gehört mit dazu, es ist das gelebte Wort.« Nach einer kurzen Pause fügte er hinzu: »Nur wenn wir den ganzen, vitalen Zusammenhang der Gestalt Jesu betrachten, sprechen auch die Worte in jener Größe, die ihnen innewohnt. Insofern ist die Betrachtung des Lebens und Leidens Jesu Christi zum Verstehen seiner Botschaft grundlegend.«

Die Fehlentwicklungen der Profan- und Kirchengeschichte haben das »Betrachten« Christi nicht unbedingt erleichtert. Christliche Völker, die doch Brüder sein sollten, führten gegeneinander Vernichtungskrieg, und nicht nur einmal. Das 20. Jahrhundert erlebte das Inferno böser Mächte mit dem Versuch der Ausrottung des auserwählten Volkes – auf dem Boden der christlich-abendländischen Kultur. Vielleicht ist es so gesehen, überlegte ich, nicht unbedingt ein Nachteil, wieder Abstand zu bekommen. Möglicherweise musste gewissermaßen erst das Selbstverständliche, das Gewohnheitsmäßige verloren gehen, um Christus wieder neu und in seiner ganzen Größe erkennen zu können.

»Man kann alle Dinge so oder so ansehen«, hatte der Theologe Hans Urs von Balthasar einmal gesagt, »als Faktum und als Geheimnis.« Ich wollte beides. Das Faktum. *Und* das Geheimnis. Aber um das herauszufinden, musste man das *fünfte Evangelium* kennen. Das Land Jesu selbst, wo sogar, wie es heißt, die Steine sprechen können.

2

Der Mythos

Der El-Al-Flug war angenehm. In der wenig besetzten Maschine hatte jeder einen guten Platz und konnte sich sehr wohl fühlen, auch wenn es kalt und laut war und die verrosteten Schrauben auf den Tragflächen, die das Blech zusammenhielten, nicht den besten Eindruck machten.

Die Flugdauer war auf vier Stunden berechnet, das Wetter in Israel sollte bei angenehmen 19 Grad liegen, und der Mehrzahl der Gäste an Bord war die Vorfreude anzumerken, das Land ihrer Väter zu besuchen, *ihr* Land. Sie schienen sich irgendwie zu kennen, auch wenn sich die meisten noch nie gesehen hatten. Als eine Stimme über Lautsprecher bat, die Sicherheitsgurte anzulegen, der Kapitän werde in Kürze mit dem Landeanflug beginnen, schoben die einen die Rollos nach oben, andere stöberten in ihren Taschen, um sich für die Ankunft im Heiligen Land eine Kippa aufzusetzen.

Während die Stewardessen heiße feuchte Tücher und einen frisch gepressten Saft aus Jaffa-Orangen brachten, nahm ich eine alte Taschenbuchausgabe der Bibel zur Hand. Nicht alle Juden konnten Christen werden. Jesus selbst gab einen Hinweis darauf (»Niemand, der alten Wein getrunken hat, will neuen; denn er sagt: Der alte Wein ist besser.«). Aber sind nicht alle Christen irgendwie auch Juden geblieben?

Zufällig schlug ich den Brief an die Epheser auf. »Erinnert euch, dass ihr einst Heiden wart«, hatte der Jude Paulus den Griechen zu bedenken gegeben. Früher seien sie von »dem Bund der Verheißung« ausgeschlossen gewesen. »Ihr hattet keine Hoffnung und lebtet ohne Gott in der Welt.« Nun aber seien sie, »die ihr einst in der Ferne wart, durch Christus Jesus, nämlich *durch sein Blut*, in die Nähe gekommen.«

Paulus sah, was Jesus wollte: »Er vereinigte die beiden Teile – Juden und Heiden – und riss durch sein Sterben die trennende Wand der Feindschaft nieder. Er hob das Gesetz mit seinen Geboten und Forderungen auf, um die zwei in seiner Person zu dem einen neuen Menschen zu machen.« Antisemitismus ist so gesehen immer auch Antijesuanismus und verbietet sich für Christen von selbst. Heiden trugen als Christen bald jüdische Namen – Joseph und Johannes, Jakobus und Bartholomäus –, sie nahmen jüdische Lehre, jüdischen Kult und einen jüdischen Messias an. Juden wiederum öffneten als Christen eine aus ihren Wurzeln stammende Religion in die Universalität, indem sie mit dem Wort Christi den Glauben ihrer Väter in die letzten Winkel der Erde trugen. In einem Juden, dem »Völkerapostel« Paulus, hat die Bewegung ihren größten Missionar, in einem anderen Juden, Petrus, ihren ersten Papst, und ebenfalls in einem Juden – ihren bleibenden *Herrn*.

Die Zeit Jesu erlebte eine Blüte der Zivilisation. Rom war längst die dominierende und in ihrem Wohlstand alle anderen Städte überragende Metropole der bis dahin bekannten Welt. Die Zahl der Sklaven überstieg in der Hauptstadt inzwischen die der Freien. Für Vollbürger gab es Steuerfreiheit, heimkehrende Krieger genossen ihre Rentenansprüche. Paris war bereits im Jahre 52 dem Römischen Reich als eine neue Reiseattraktion zugefallen, und in Germanien wuchs mit Wiesbaden seit dem Jahr eins vor Christus ein neuer römischer Kurort heran, Warmluftheizungen inklusive. Eine regelmäßige Beamtenpost im ganzen Reich gehörte genauso zu den Reiseerleichterungen wie die Vorteile von Taschen-Sonnenuhren, die damals auf den Markt kamen. Kaiser Augustus, dessen Bild obligatorisch neben Roms Hausgöttern hing, war nun nicht länger nur Kaiser, sondern auch Oberpriester und Gott.

Im Vergleich zu Metropolen wie der Millionenstadt Alexandrien, wo soeben eine erste Schule für Mechaniker eröffnet wurde, war Jesu Wirkungsstätte am See Genezareth tiefste Provinz. Und dennoch bildete der Flecken Erde unten am Ufer den Kreuzungspunkt der großen und wichtigsten Verkehrswege von Nord nach Süd, von Ost nach West – und vielleicht sogar den Mittelpunkt der damals bekannten Welt.

Die Galiläer hatten freilich nicht den besten Ruf. Man sagte ihnen eine schlechte Aussprache nach. In Fragen der Religion galten sie als unwissend, in ihrer Jüdischkeit als unzuverlässig. Es sei unmöglich, hieß es, dass aus dem »heidnischen Galiläa« jemals ein Prophet hervortreten könnte. Allerdings hatte der Seher Jesaja diesem »Volk, das im Dunkel lebt«, auch vorausgesagt, es werde eines Tages »ein helles Licht« sehen.

In der unmittelbaren Nachbarschaft Galiläas lag die Wiege aller Städte, die älteste Metropole der Menschheit überhaupt, Jericho. Und wo vor vielen tausend Jahren die Zivilisation ihren Anfang genommen hatte, da sollte sie auch ihr Ende nehmen: in *Harmagedon,* der großen weiten Ebene unmittelbar am Fuße des Hügels von Nazareth, dem Schlachtfeld Gottes, auf dem nach der Überlieferung der Alten der Kampf aller Kämpfe stattfinden würde, das letzte Aufbäumen der Mächte des Bösen, bevor der Herr der Heere nichts mehr dulden würde außer seinem ewigen, himmlischen Frieden.

Jesus von Nazareth ist schwer zu fassen: Er lebt freiwillig in Armut, ist aber kein Asket. Er ist das Paradebeispiel für Demut und Güte – und verlangt gleichzeitig von seinen Jüngern, für ihn notfalls in den Tod zu gehen. Er ist kein Moralist – besteht aber auf der Unverletzlichkeit der Ehe. Er predigt Liebe, Frieden und Vergebung als einziges Mittel gegen die Spirale von Hass und Gewalt – spricht aber gleichzeitig davon, jene, die »andere verführt und Gottes Gesetze übertreten« hätten, eines Tages in den Ofen zu werfen, »in dem das Feuer brennt«. Er versammelt Massen von Menschen – liebt aber nichts mehr als die Einsamkeit. Er legt sich wie ein Rebell mit der Obrigkeit an – zeigt aber keinerlei Ambitionen zu Heldenverehrung, einem Amt oder gar der Krone. Er kennt alle Gesetze und alttestamentlichen Texte – war aber nie Schüler eines großen Rabbis. Er beeindruckt mit überlegener Klugheit – preist aber nicht die Gelehrten, sondern die Einfachen im Geiste. Er besitzt gewaltige Wunderkräfte – und scheint am Ende nicht einmal in der Lage, der eigenen Folter zu entgehen.

Alles an Jesus ist paradox, man könnte auch sagen: unmöglich. Paradox schon der Beginn: Eine Jungfrau bekommt ein Kind. Noch unmöglicher: Ein Mensch wird Mutter Gottes. Paradox seine Lehren: Glaube versetze Berge; Ohnmacht besiege die Macht; Liebe sei stärker als Hass. Paradox sein Ende: durch den Tod zur Auferstehung.

Alles an ihm ist zudem konzentriert. Immer läuft es auf einen einzigen, auf einen fast winzigen Punkt hinaus: die Inkarnation im kleinsten unter den Völkern. Die Erscheinung in einem winzigen Land. Die Empfängnis durch eine völlig unbekannte, unbedeutende Frau, die *Immaculata*, die Unbefleckte, die einzig ohne Erbsünde ist. Die Geburt abseits allen Trubels in einem engen Stall. Die Konzentration der »Lehrjahre« auf die kürzest mögliche Spanne. Die erste Selbstoffenbarung gegenüber einer einzelnen Person (einer Frau am Brunnen). Die Verklärung in einem einzigen Augenblick (auf einem Berg). Das Finale in einer einzigen Woche. Die Offenbarung seines zentralen Geheimnisses während eines einzigen Mahls (»Tut dies zu meinem Gedächtnis«). Am Schluss dann: der winzige Gipfel des Golgatha-Felsens als Ende seines menschlichen und Beginn seines geistlichen Daseins.

In zweitausend Jahren christlicher Geschichte entdeckte jede Epoche eine andere Seite an dem Mann aus Nazareth. Das frühe Mittelalter etwa, geprägt vom religiösen Leben der Klöster und von der Ausstrahlung der großen Mystiker, zeigte Christus sinnlich und gefühlsstark. Das hohe Mittelalter kehrte seine Lieblichkeit hervor, die Romanik wiederum den himmlischen König und Weltenrichter, mit herben und ausdrucksstarken Gebärden. Das Barock, geprägt vom Drang nach Pracht und Äußerlichkeit, zeigt den Himmelsfürsten, der prunkvoll, herrisch und mit großer Gebärde lehrt und wirkt, eindrucksvoll leidet und froh aufersteht. Die Renaissance wiederum gibt ihm den Ausdruck des großen

Menschen, voll Kraft, Ruhe und Selbstbewusstsein, aber auch voll Gefühl und Demut. Dass es ausgerechnet unserer Zeit vorbehalten ist, diesen Jesus nicht mehr länger zu betrachten und auszukleiden, sondern ihn am Baum der Erkenntnis mit größeren und kleineren Seziermessern festzunageln und nach und nach auseinanderzunehmen, scheint dann doch ein eher zweifelhaftes Privileg.

Ich hatte mir für meine Reise eine Liste von Fragen gemacht, und ich hatte fest vor, sie gründlich abzuarbeiten: Wie kam es zu den Evangelien? Wann genau wurden sie geschrieben? Besitzen wir noch Originale oder nur Abschriften davon, die im Laufe der Geschichte bewusst gekürzt oder gar gefälscht wurden? Was ist von den Chronisten zu halten, Matthäus, Markus, Lukas und Johannes, denen die Texte zugeschrieben wurden? Wie müssen diese Texte gelesen und verstanden werden, damit sich ihre Worte auch in den tieferen Dimensionen ihrer Bedeutung öffnen?

Wie steht es um die alttestamentlichen Prophezeiungen, die einen Messias vorhergesagt hatten? Sie scheinen so präzise zu sein, als hätte jemand mit *Google Earth* von einer anderen Galaxie aus auf einen bestimmten Punkt der Erde gezoomt, um hier die Gestalt zu sehen, die bereits am Anfang der Zeit auf den Weg gebracht wurde. Warum ist Jesus nicht zweihundert Jahre früher erschienen – oder zweihundert Jahre später? Und warum dann ausgerechnet 7 Jahre *vor* Christus, wie wir heute wissen?

Eine der spannendsten Fragen erschien mir, ob es für Jesus wirklich keine Möglichkeit gegeben hatte, dem Kreuz zu entgehen. »Tun wir doch die Gewohnheit ab, die meint, wie es gegangen ist, habe es gehen müssen«, hatte Romano Guardini einmal gefordert, »vergegenwärtigen wir uns einmal einen Jesus, der nicht dreiunddreißig, sondern fünfzig, achtzig, hundert Jahre alt geworden wäre, immerfort zunehmend an Alter, Weisheit und Gnade vor Gott und den Menschen!« Warum hätte das nicht möglich sein sollen? Und was wäre da aus ihm hervorgeblüht! Wie aber kann man dann das entsetzliche Paradoxon Jesu – Erlösung durch Leiden; durch das Kreuz zum Heil – überhaupt verstehen? Oder ist es eben dann doch nur eine fromme Mär, wie Kritiker glauben, die das Scheitern Jesu und seiner Gefolgschaft nur übertünchen und mit dem Schein des Heiligen verklären sollte?

Mythos Jesus. Geboren von Maria, der Jungfrau. Gelitten unter Pontius Pilatus. Gekreuzigt, gestorben und begraben. Hinabgestiegen in das Reich des Todes. Am dritten Tage auferstanden von den Toten. Aufgefahren in den Himmel – zumindest darin hatte Rudolf Augstein nicht ganz so unrecht, dass die Geschichte schwer zu glauben ist. Martin Luther hatte die Charakteristika Jesu einmal als »humanitas, infirmitas, stultitia, ignominia, inopia, mors, humilitas« aufgereiht, als: Menschlichkeit, Schwachheit, Torheit, Unwissenheit, Unvollkommenheit, Sterblichkeit, Niedrigkeit. Auch nicht unbedingt Züge, die als Ausdruck von Göttlichkeit verstanden werden könnten. »Lasst ab von diesen Männern und gebt sie frei«, so hatte deshalb der Schriftgelehrte Gamaliel, ein Mitglied des Hohen Rates, nach dem Tod Jesu die Apostel verteidigt, »denn wenn dieses Vorhaben oder dieses Werk von Menschen stammt, wird es zerstört werden.« Freilich fügte er hinzu: »Stammt es aber von Gott, so könnt ihr es nicht vernichten.«

Nach allen Gesetzen der Politik und der Logik war die Bewegung aus Galiläa mit dem Tod ihres Anführers an ihr Ende gekommen. Ein Messias mit einem Allerweltsnamen wie »Jesus«, den im alten Israel jeder dritte Junge trug. Eine Jünger-Truppe, die sich als wenig glaubensstark zeigte. Eine sogenannte Auferstehung, deren Zeugen als Frauen vor Gericht noch nicht einmal in einer Verhandlung über Taschendiebstahl gehört worden wären. Ihre Geschichte, aufgezeichnet als subjektives Zeugnis einer frühkommunistischen, dogmatischen Glaubensgemeinde (»Sie verkauften Hab und Gut und gaben davon allen«, Apg 2,45), verfasst im Vulgär-Griechisch der Ungebildeten, von Autoren, die als Fischer und Zöllner nicht unbedingt die Autoritäten im Lande waren. Ganz zu schweigen von den offensichtlichen Widersprüchen, die diese Geschichte enthielt. Schließlich ein Protagonist, der weder über eine Armee verfügt noch eine Wissenschaft begründet hatte, der weder etwas erfunden noch ein Buch geschrieben hatte und dessen Projekt, wie es aussah, fürchterlich gescheitert war.

300 Jahre vor Christus besaß Alexander der Große ein Weltreich, das größer war als jedes vor ihm. Christus versagte sich alle Vorstellungen von Macht. Er sprach weder von Krieg, noch träumte er von Eroberung und Unterwerfung. Und dennoch ist einige hundert Jahre nach seiner Kreuzigung sein »Reich« größer als alles, was vor ihm war und nach ihm kommen sollte.

In der viertausendjährigen Geschichte des Judentums ist Jesus nicht nur der Einzige, der dauerhaft als Messias verehrt wurde, er ist schlichtweg der Mann, der diese Welt stärker veränderte als irgendjemand sonst, alle Revolutionäre, Könige, Erfinder eingeschlossen. Es gibt eine Zeit vor IHM, und es gibt eine Zeit nach IHM, in der wir die Jahresangaben mit dem Zusatz »Anno Domini« versehen, »im Jahr des Herrn«. Er wurde im wahrsten Sinne das Schicksal der Welt. »Wäre er nicht geboren worden«, so der Theologe und Dichter Otfried von Weißenburg, »die Welt wäre zugrunde gegangen, der Satan hätte sie gepackt.«

Triumphalismus steht dem Glauben nicht an. Es gibt die vielen dunklen Seiten christlicher Vergangenheit. Kein Jahrhundert, das nicht begleitet war von Irrtum, Verrat und Missbrauch der Lehre Jesu. In einer nüchtern bilanzierten Gesamtschau allerdings sind die Erscheinung Christi und das Werk derer, die ihm folgten, mit Sicherheit die größte Erfolgsgeschichte aller Zeiten. Kein anderer Mensch hatte jemals eine größere Anziehungskraft und mehr Anhänger. Genau genommen gibt es im Grunde niemanden, mit dem sich die gesamte Menschheit seit zweitausend Jahren stärker beschäftigt als mit dem Mann aus Nazareth.

Jesus Christus hat Staaten geprägt und Völker verändert. Städte und Länder sind nach ihm benannt, von San Salvador bis zur Dominikanischen Republik. Flaggen tragen sein Zeichen, vom Union Jack bis zum Internationalen Roten Kreuz. Die Einteilung des Jahreslaufs rund um den Globus trägt die Koordinaten seines Wirkens, mit den Hochfesten Weihnachten, Ostern und Christi Himmelfahrt. Der Beginn jeder neuen Woche, der Sonntag, der »Tag des Herrn«, steht für die Neuschöpfung der Welt durch Jesus, die »Sonne der Gerechtigkeit«. In hunderttausenden von Kathedralen, Kirchen und Kapellen wird sein Bild verehrt, an den großen Plätzen der Metropolen ebenso wie an kleinen Feldstraßen in den letzten Winkeln dieses Planeten.

Das Stück Jesu bleibt immer auf der Bühne, ohne Unterbrechung. Seine Geburt und seine Kindheit, die wunderbare Brotvermehrung, der Gang über das Wasser, Tod und Auferstehung – die Eckpunkte aus dem Leben Christi wurden zum Humus der Kultur aller Jahrhunderte; niemand kam daran vorbei. Ob die Szenen aus seinem Leben im Schulbuch, in den Gemäldegalerien, der Kapelle am Wegrand oder sonstwo nacherzählt wurden. Über einzelne seiner Sätze wurden ganze Bücher geschrieben, über manche Gleichnisse, etwa das vom *Verlorenen Sohn* oder das vom *Barmherzigen Samariter,* ganze Bibliotheken.

Jesu Existenz prägt unsere Sprechweise. Wendungen wie »etwas in seinem Herzen bewegen«, »Öl in die Wunden gießen« oder »sein Haus auf Sand bauen« sind Entlehnungen aus dem Neuen Testament. Und wenn jemand bittet, der Kelch möge an ihm vorübergehen, bezieht er sich genauso auf Jesus, wie wenn er eben mal von »der Krux« spricht, die eine Geschichte habe – auch wenn er nicht ahnt, dass damit einmal die Last gemeint war, die Jesus mit dem Kreuz auferlegt wurde. Selbst die Slogans der Französischen Revolution – Freiheit, Gleichheit, Brüderlichkeit – sind ohne Jesus nicht denkbar. Aus dem Christentum und seiner jüdischen Wurzel bezog nicht zuletzt sogar die marxistische Bewegung ihre Vorstellung von Gerechtigkeit, die Idee von der Gesellschaft als einem Kampfplatz und von Geschichte als einem fortschreitenden Prozess.

»Jesus Christus ist die beherrschende Gestalt in der Geschichte der westlichen Kultur für nahezu zwanzig Jahrhunderte«, so Jaroslav Pelikan, Historiker an der Yale-Universität. Das US-Nachrichtenmagazin *Newsweek* unterstreicht: »Sein Einfluss auf die Geschichte ist ohne jede Parallele.« Selbst ein so kritischer Geist wie der verhinderte Priester Ernest Renan, im 19. Jahrhundert Doyen der Christus-Kritiker, musste anerkennen, dass Jesus nicht nur »eine Umwälzung ohnegleichen« verkündete, sondern auch die Grundlagen schuf, »auf welchen die Gesellschaft seit achtzehnhundert Jahren ruht«.

Napoleon fügte hinzu: »Alexander der Große, Cäsar und ich, wir haben große Reiche gegründet durch Gewalt, und nach unserem Tod haben wir keinen Freund. Christus hat sein Reich auf Liebe gegründet, und noch heutzutage würden Millionen Menschen freiwillig für ihn in den Tod gehen.«

Jesus hat die Menschheit zu ihren größten Leistungen und menschlichsten Taten inspiriert, ihre besten Eigenschaften herausgefordert und ihre schönsten Künste entstehen lassen. Ohne Jesus gäbe es nicht die einzigartige Musik von Händel *(Messiah)*, Mozart *(Ave verum)* und Haydn *(Die Schöpfung)*. Nicht zu vergessen Palestrina *(Missa brevis)*, Orlando di Lasso *(Magnificat)*, Monteverdi *(Marienvesper)*, Vivaldi *(Gloria)*, Bach *(Matthäus-Passion)*, Beethoven *(Missa solemnis)*, Liszt *(Christus)*, Verdi *(Messa da Reqiem)*, Bruckner *(Te Deum)* und Schubert *(Ave Maria)*. Ohne ihn nicht die Bildwerke von Michelangelo, Raffael, Rembrandt, Leonardo und Dürer, Tizian und El Greco, Grünewald und Van Gogh. Es gäbe kein Weltkulturerbe wie die Wieskirche in Oberbayern, keine Pilgerwege nach Santiago de Compostela. Ja, nicht einmal Städteformen, wie sie in Paris und anderswo aus dem Mittelalter überliefert sind, nämlich nach Osten – gen Orient (daher der Begriff *Orientierung)* –, dem Anfang des »Heils«.

Unbestritten, dass die Wiege europäischer Kultur mit auf dem Erbe Griechenlands beruht. Ohne das Christentum jedoch, das diese Kultur integrierte und weiterentwickelte, hätte das Erbe der Antike erst gar nicht überleben können. Jesus ist der Allererste, der nicht mehr unterteilt in Kultivierte und Barbaren, Gläubige und Heiden, in Reine und Unreine. Im Unterschied etwa zum Hinduismus mit seinem Kastensystem, dem Islam mit dem Ausschluss von »Gottesfeinden« oder auch dem politischen Totalitarismus mit der Unterdrückung Andersdenkender. In seiner Nachfolge schufen Ordensgemeinschaften eine allgemeine medizinische Versorgung und ein allgemeines Schulwesen. Im

Ferment des Christentums lag der Impuls zur Befreiung der Arbeit, um als Mitarbeiter der Schöpfung im Rahmen der göttlichen Ordnung durch Kultur, Technik, Forschung und Wissenschaft diese Schöpfung immer besser kennenlernen und ihre Möglichkeiten ganz nutzen zu können.

Christliche Forscher empfanden dabei nie einen Gegensatz zwischen Glauben und Wissenschaft. Der französische Mathematiker Augustin Louis Chauchry meinte: »Ich bin Christ, das heißt, ich glaube an die Gottheit Christi wie Tycho de Brahe, Kopernikus, Descartes, Newton, Leibniz, Pascal … wie sämtliche große Astronomen und Mathematiker der Vergangenheit.« Der italienische Nobelpreisträger Guglielmo Marconi, Erfinder des drahtlosen Telefonierens, proklamierte: »Ich erkläre mit Stolz, dass ich gläubig bin. Ich glaube an die Macht des Gebetes. Ich glaube nicht nur als gläubiger Katholik daran, sondern auch als Wissenschaftler.« – »Religion und Naturwissenschaft schließen sich nicht aus, wie heutzutage manche glauben und fürchten«, wusste der Physik-Nobelpreisträger Max Planck, »sondern sie ergänzen und bedingen einander. Gott steht für den Gläubigen am Anfang, für den Physiker am Ende des Denkens.«

Die Jesus-Bewegung eroberte alle Schichten der Bevölkerung und schuf die geistig und wirtschaftlich erfolgreichste Kultur aller Zeiten. Mit einem Gottesbegriff, dessen Symbol nicht der König ist, sondern der Sklave, der Letzte unter den Dienern, der anderen die Füße wäscht. Bis heute bekennen sich weit über zwei Milliarden Menschen zu seiner Lehre und Person. Millionen von Organisationen schreiben ihre Programmatik auf der Grundlage christlicher Weltanschauung. Prominente und Politiker preisen Jesus als ihren Wegweiser. Sie habe sich dem »Herzen Jesu« geweiht, bekannte die franko-kolumbianische Präsidentschaftskandidatin Ingrid Betancourt, die sechs Jahre lang in Gefangenschaft von Terroristen war. Kurz darauf, am 2. Juli 2008, wurde sie befreit.

Es ist das Paradox schlechthin: Etwas, das es nach allen Regeln der Vernunft nicht geben konnte, entstanden aus einem winzigen, kaum wahrnehmbaren kleinen Punkt, ein winziges Samenkorn, kaum fassbar in seinem nur kurzen, fast blitzartig aufscheinenden Dasein, ließ die Welt in eine völlig neue Phase ihrer Entwicklung eintreten, als sei sie regelrecht neu geschaffen worden.

Während ich an meinem Kaffee schlürfte und die blassblauen Wolken am Horizont verfolgte, musste ich an meinen letzten Besuch im Vatikan denken. Ich hatte mich mit Dr. Georg Gänswein verabredet, dem jugendlich wirkenden Sekretär des Papstes, der als »schönster Mann im Vatikan« längst auch titelseitentauglich geworden war, nicht unbedingt zu seiner Freude.

Wie alle seine Besucher hatte mich der Prälat bei der Porta St. Anna von einem Offizier der Schweizer Garde in Empfang nehmen lassen. Oberstleutnant Jean Daniel Pitteloud leitete das französischsprachige zweite Geschwader der Sicherheitstruppe, ein schlaksiger, gut gelaunter Mann, dem seine Aufgabe offensichtlich großes Vergnügen machte. Jedenfalls hatte ich ziemliche Mühe, seinem Tempo zu folgen, auch wenn er meinte, unter dem neuen Papst sei ein anderer Rhythmus eingezogen, alles sei ein wenig ruhiger geworden.

Anfangs ist es verwirrend, sich in den vielen Höfen und Gängen zu orientieren, schon beim zweiten Besuch wird deutlich, dass der Palazzo Apostolico nicht wirklich ein Palast ist. Dafür stehen zu viele billige Autos im Hof, wirkt der Aufzug wie bei einem Grandhotel, dessen beste Tage längst Geschichte sind. Ein nahezu greiser Liftboy fuhr uns in die *Seconda Loggia*, die Arbeitsetage des Papstes mit ihren Audienzsälen, Kabinetten und Büros für die einzelnen Abteilungen der vatikanischen Diplomatie. Erst ab 18 Uhr zieht sich Benedikt XVI. von hier zurück, um ein Stockwerk höher in seiner Wohnung in den sogenannten Tabellenaudienzen noch für eine Stunde seine wichtigsten Mitarbeiter, insbesondere den Kardinalstaatssekretär, zu empfangen. Ab 20.45 Uhr ist er privat und bekommt auch keine Post mehr, obwohl der letzte Korb mit Sendungen zu dieser Zeit erst eintrifft.

Kurze Zeit später saß ich in einem Warteraum von der Größe eines Konzertsaales auf einem Sofa für Riesen, von dem man die

Füße baumeln lassen konnte. Hin und wieder ging eine Flügeltür auf, und aus den Räumlichkeiten des Papstes strömte eine Gesandtschaft hoher Würdenträger oder Ministerpräsidenten, begleitet von dem üblichen Tross aus Sekretären, Staatsbeamten, Fernsehmenschen und Leuten, denen man eine Gefälligkeit schuldete und die nun, wie in einem Trojanischen Pferd, mit zur Papstaudienz eingeschleust worden waren.

Als Kardinal hatte Papst Benedikt XVI. immer wieder von der Notwendigkeit einer grundsätzlichen Läuterung, einer Reinigung auch der Kirche gesprochen. Sie müsse »auf ihre Güter verzichten«, sagte er, »um ihr Gut zu behalten«. Als Papst sprach er sofort nach Amtsantritt vor Jugendlichen von der »Revolution Gottes« und vor den Brüdern der Orthodoxie von der drängenden Aufgabe der Wiedervereinigung. Aber der Prozess kam nur schleppend in Gang. Das Beharrungsvermögen des kirchlichen Apparates kann eine gewaltige Bremse sein. Man hatte sich in den Jahren auf ein lässiges Nebeneinander mit Staat und Gesellschaft geeinigt. »Lasst euch nicht stören«, so das Motto dieser Politik, »tut so, als seien wir gar nicht vorhanden.«

Als ich den neuen Papst von einer »im Gottesdunkel verknechteten Schöpfung« sprechen hörte, wurde ich hellhörig. Was hatte er damit gemeint? »Es gibt die Wüste des Gottesdunkels«, meinte er düster, »der Entleerung der Seelen, die nicht mehr um die Würde und um den Weg des Menschen wissen.« Das war kein Satz so nebenbei. Die Analyse war Teil seiner Predigt bei der Amtseinführung, also so etwas wie eine Regierungserklärung. Im Laufe der Jahre wurden seine Mahnungen nicht leiser. Sie gipfelten in einer Botschaft zum Beginn des neuen Jahres 2008: »Dunkel liegt über den Völkern …«

Ich verschränkte die Hände hinter dem Kopf, lehnte mich in dem apostolischen Riesensofa zurück und schloss die Augen. Was müsste geschehen, was mit einem Schlag in extrem potenzierter Geschwindigkeit den ganzen Erdball aus seiner Schieflage heben könnte, bevor er in tausend Scherben springt? Es war keine Vision, aber vor meinem geistigen Auge sah ich die Titelseite einer deutschen Tageszeitung, aufgemacht mit einer riesigen

Schlagzeile in roten Lettern: »Vatikan bereitet sich auf Wiederkunft Christi vor.« Unterzeile: »Papst Benedikt XVI. beruft Krisenstab ein. Botschaft an alle Regierungen und alle Menschen der Erde.«

In dem Beitrag hieß es: »Der Vatikan bereitet sich auf die sichtbare Wiederkunft Christi vor, die offenbar für die unmittelbar bevorstehende Zeit erwartet wird. Nach noch unbestätigten Agenturmeldungen hat Papst Benedikt XVI. einen Krisenstab eingerichtet, der sich mit den erforderlichen Maßnahmen beschäftigen wird. Eine offizielle Bestätigung war von Frederico Lombardi, dem Pressesprecher der Kurie, nicht zu bekommen. Nach Informationen aus gewöhnlich gut unterrichteten Kreisen wurde aber bereits das gesamte Kardinalskollegium aus allen Teilen der Erde nach Rom beordert. In den Kongregationen wurden Arbeitsstäbe gebildet, gleichzeitig wurde eine Nachrichtensperre verhängt. Details der Maßnahmen sollen in den nächsten Tagen veröffentlicht werden.«

Jesus selbst hatte vor seiner Passion von seiner Wiederkehr gesprochen und auch die Umstände angekündigt, wann seine »Parusie«, wie die *zweite Erscheinung Christi* von den Theologen genannt wird, zu erwarten sei. In jenen Tagen, so zitiert ihn das Markusevangelium, werde eine Not hereinbrechen, »wie es noch nie eine gegeben hat, seit Gott die Welt erschuf«. »Um seiner Auserwählten willen« würde er jedoch diese Zeit verkürzen. Er werde die Engel aussenden »und die von ihm Auserwählten aus allen vier Windrichtungen zusammenführen, vom Ende der Erde bis zum Ende des Himmels«. Bei Matthäus heißt es hierzu in wörtlicher Jesus-Rede: »*Wenn der Menschensohn in seiner Herrlichkeit kommt und alle Engel mit ihm, dann wird er sich auf den Thron seiner Herrlichkeit setzen. Und alle Völker werden vor ihm zusammengerufen werden, und er wird sie voneinander scheiden, wie der Hirt die Schafe von den Böcken scheidet ... Und sie werden weggehen und die ewige Strafe erhalten, die Gerechten aber das ewige Leben*« (Mt 25,31 ff.).

Der Kirche kam die Rückkehr Christi immer ungelegen. Man hatte irgendwie immer gerade Wichtigeres zu tun, als sich mit diesem Thema zu beschäftigen. Zuletzt hatte damit die polnische Ordensschwester Maria Faustyna Kowalska Aufsehen erregt. Ihrem posthum veröffentlichten Tagebuch vertraute die Nonne ein Wort Jesu an: »Schreibe Folgendes: Noch bevor Ich als gerechter Richter kommen werde, komme ich als König der Barmherzigkeit.«

In einer ihrer Christus-Visionen empfing Faustyna wörtlich den Auftrag: »*Du wirst die Welt auf Meine endgültige Wiederkunft vorbereiten.*« Man mag davon halten, was man will. Immerhin geht auf die 1938 verstorbene Nonne die Einführung des »Sonntags der Barmherzigkeit« in den liturgischen Kalender zurück. Ein nach ihrer Vision gemaltes Segensbild eines mit Strahlen versehenen »Jesus der Barmherzigkeit« wurde weltweit millionenfach verbreitet, und im Jahr 2000 erhob sie Johannes Paul II. zur »Ehre der Altäre«, in den Stand der Heiligkeit.

Die Überlegung begann mich zu faszinieren. Ich schlug im Geiste erneut meine Zeitung auf: »Angeblich hatten sich in den vergangenen Monaten die Hinweise darauf verdichtet, dass die Rückkehr Christi unmittelbar bevorstehe. Der Papst habe entsprechende Botschaften eingehend untersuchen lassen. Er habe die Zeichen als authentisch eingestuft und nehme die Nachricht ernst. Die Gefährdung der geistigen und ökologischen Ressourcen des Planeten sei zu groß geworden, als dass sich die Menschheit noch aus eigenen Kräften retten könnte. Die Oberhäupter sämtlicher christlicher Kirchen wurden bereits mit der Botschaft konfrontiert. Eine gesonderte Note ging an die Führer nichtchristlicher Religionsgemeinschaften sowie an den Generalsekretär der Vereinten Nationen, den EU-Ratspräsidenten sowie die Regierungen in Washington, Moskau, Paris, London, Tokio, Peking, Neu-Delhi, Sydney, Brasilia und Jerusalem.

Besondere Emissäre wurden zum jüdischen Weltkongress und zu anderen Vertretern des jüdischen Brudervolkes gesandt, dem in der messianischen Erwartung ganz besondere Aufmerksamkeit gilt. Der Tag scheine nicht fern, und womöglich sei er schon gekommen, an dem in einer religionsfeindlichen Umwelt Juden Christen verteidigten, weil sie den gleichen Gott haben, dem sie dienen wollten. Nun sei der Zeitpunkt erreicht, da Juden und

Christen tatsächlich gemeinsam die Erscheinung desselben Messias erwarteten.«

Der Sekretär des Papstes ließ weiter auf sich warten. Ich bestaunte die gewaltigen Teppiche an der Wand und lauschte dem unbestechlichen Ticken einer Uhr, die in der Stille des Raumes den Takt angab.

Wenn eingetroffen ist, was Jesus für die Zeit seines Lebens gesagt und prophezeit hat, dann kann auch eintreten, was er für die Endzeit offenbart. Auf seinem berühmten Gemälde in der Sixtinischen Kapelle hat Michelangelo das Szenario schon mal ausgemalt, und selbst Kardinälen läuft ein Schauder über den Rücken, wenn sie bei einem Konklave auf das Inferno ihrer Zukunft blicken. Über allem schwebt, neben der Gottesmutter Maria, ein sehr ernster, dynamischer Jesus in all seiner Macht und Herrlichkeit. Michelangelo war nicht verborgen geblieben, dass das Ereignis der Wiederkunft von einer Bedeutung ist, die sogar Christi Geburt übertreffen würde, größer und entscheidender als überhaupt alles, was auf diesem Planeten je geschehen könnte.

Weiter im Text: »Wie aus Kreisen der Kurie zu erfahren war, wird in Rom unter Hochdruck ein Programm diskutiert, mit dem der Vatikan die Menschheit auf die finale Erscheinung Gottes vorbereiten will. Ein Entwurf des Papiers wurde der Deutschen Presseagentur (dpa) zugespielt. Er enthält unter anderem folgende Sofortmaßnahmen:

- Alle Regierungen und Kriegsparteien werden aufgefordert, sofort sämtliche Kampfhandlungen in ihren Gebieten einzustellen und mit dem jeweiligen Gegner Frieden zu schließen. Zuwiderhandelnde müssen beim Gericht Christi mit unvorstellbaren Strafen rechnen.

- Die katholische Kirche wird ab sofort alle überflüssigen Besitztümer veräußern. Der Erlös wird an Notleidende verteilt – gemäß der Maßgabe des Evangeliums: ›Gebt, dann wird auch euch gegeben werden.‹ (Lk 6,38)

- In einer Fernsehansprache an die gesamte Weltbevölkerung wird Papst Benedikt XVI. an alle Menschen appellieren, ab sofort nichts Böses mehr zu tun. Zur Orientierung genüge es, auf sein Gewissen zu hören. Mit ihm habe der Mensch seit jeher einen untrüglichen Maßstab für sein Handeln.

- In einer Erklärung wird Papst Benedikt XVI. als Diener der Diener Gottes sämtliche Konfessionen anerkennen, die auf dem Boden des Evangeliums stehen. Das apostolische Staatssekretariat wird beauftragt, umgehend mit den Vorbereitungen für ein *Endzeitliches ökumenisches Vereinigungskonzil* zu beginnen. Christus solle keine Christenheit vorfinden, die in sich gespalten ist.

- Gegenüber der muslimischen Welt und den asiatischen Religionen will der Vatikan eine Liebesoffensive starten. Die Aktivitäten der katholischen Kirche werden konzentriert auf ihre Hauptaufgabe, gemäß der Weisung Christi (›Tut dies zu meinem Gedächtnis‹) die heilige Eucharistie zu feiern, gemäß seiner Verheißung: ›Wer mein Fleisch isst und mein Blut trinkt, der hat das ewige Leben, und ich werde ihn am Jüngsten Tage auferwecken.‹ Die heilige Kommunion wird ab sofort nicht nur in der Form von Brot, sondern auch von Wein gereicht, Zeichen des Blutes Christi.

- Auf Anordnung des Heiligen Vaters werden alle Bischöfe, Priester, Theologieprofessoren und Diakone aufgefordert, *Schulen des Glaubens* zu organisieren, um Außenstehende mit der Botschaft Christi vertraut zu machen.

- Das Angebot mystischer Frömmigkeitsformen soll Gläubigen helfen, ihr spirituelles Bewusstsein zu stärken. In Klöstern und Wallfahrtsstätten werden spezielle Exerzitien angeboten. Die Bistümer werden aufgefordert, in allen größeren Städten rund um die Uhr besetzte Beichtstühle einzurichten. In jeder Pfarrei wird das Allerheiligste dauerhaft zur Anbetung ausgesetzt. Die Verehrung des Herzens Jesu sei mit besonderen Gnaden verbunden.

- Unternehmen und Gewerkschaften werden gebeten, zugunsten des Gebetes für die Wiederkunft Jesu ab sofort die Arbeitszeit auf 35 Stunden pro Woche zu verkürzen. Es müsse deutlich werden, dass Jesus nicht komme, um Freiheit zu nehmen, sondern um Freiheit zu geben. Da sich jeder Mensch im

Grunde durch sein Handeln und Denken selbst richte, müsse ihm die Verantwortlichkeit für sein Tun wieder deutlich gemacht werden. Insbesondere gehe es darum, in Vorbereitung auf die Rückkehr Christi den Kampf gegen negative Mächte zu verstärken und den Mächten des Bösen die Grundlagen zu entziehen. Zu diesem Verhaltenskodex gehöre unter anderem: positiv denken, keine negativen Bilder konsumieren, Leid ertragen, das Gebet pflegen, Aggressivität und Hektik abbauen, Stille suchen, gesünder essen und trinken, einfacher leben, Glück und Freude finden.

- Alle Fernsehsender und Printmedien werden gebeten, ihre Angebote auf eine Kultur der Güte, der Freude und der Wahrhaftigkeit hin zu überprüfen. Millionäre werden angehalten, ihren Besitz an Bedürftige zu verteilen, insbesondere an Arme und Kranke in der Dritten Welt. Man könne nichts in den Himmel mitnehmen.

- Eine Willkommen-Christi-Kommission wird beauftragt, alle Marienerscheinungen der letzten 100 Jahre zu analysieren, um mögliche Erkenntnisse zu den Zeichen der Wiederkehr Jesu zu gewinnen. Hintergrund ist eine Prophezeiung des heiligen Ludwig Maria Grignion de Montfort († 1716), Gott werde sich im Besonderen durch Maria, ›das Meisterwerk seiner Hände, in der Endzeit offenbaren‹. Da sie der Weg sei, ›auf dem Jesus Christus das erste Mal zu uns kam, wird sie es auch bei seiner zweiten Ankunft sein, jedoch auf andere Weise … Während der Endzeit wird Maria mehr als je hervortreten durch ihre Barmherzigkeit, Macht und Gnade.‹

- Zum Schluss werden sämtliche Kirchenchöre gebeten, sich ab sofort in Sonderschichten auf die Ankunft des Herrn vorzubereiten, um zu gegebener Stunde auf den großen Plätzen der Städte in die himmlischen Chöre mit einzustimmen, die Jesus begleiten werden.«

Mit dem Verzicht auf die Ethik und Vernunft der Religion, so wurde der Pontifex in einer Pressemeldung zitiert, habe sich »die moderne Gesellschaft in den vergangenen Jahrzehnten in eine ausweglose Krise manövriert«. Er werde nun kraft seines Amtes als »Stellvertreter Christi« auf Erden alle Völker aufrufen, Gott und Glaube nicht länger als eine von vielen Nebensächlichkeiten zu betrachten, die keine Bedeutung hätten für das reale Leben. Jesus sei keine vergangene Erscheinung. Diese Erfahrung könne nun alle Menschen erneuern, egal wo sie sich aufhielten – *und ohne dass daran weiterhin der geringste Zweifel möglich sei.*

Am Ende zitierte der Bericht Benedikt XVI. wörtlich aus seiner Ansprache vom ersten Adventssonntag 2007, bei der er seine Enzyklika *Spe salvi facti sumus* (»Auf Hoffnung hin sind wir gerettet«) vorstellte, deren Thema und Tonlage auf Vatikan-Beobachter seinerzeit recht rätselhaft wirkte: »Christus ist die volle Erfüllung der Geschichte, die leuchtende Zukunft des Menschen und der Welt. Jesus ist der Herr, dem Gott alle Feinde unterwerfen wird, einschließlich des Todes. Der Sohn Gottes ist bereits vor nunmehr zwanzig Jahrhunderten nach Bethlehem gekommen, er kommt in jedem Moment in die Seelen, die bereit sind, ihn zu empfangen. Er wird von neuem kommen, am Ende der Zeiten, um über die Lebenden und die Toten zu richten.«

Ein starker Stoß erschütterte die El-Al-Maschine. Wie von einer riesigen Hand gepackt, wurde der Flieger sekundenlang hin und her geschüttelt. Stuhlreihen erzitterten. Irgendwo sprang der Deckel einer Ablage auf. Es war keine Landung nach Maß, aber wir waren heil angekommen. Ich erwachte wie aus einem Traum, der eine halbe Ewigkeit gedauert hatte. Meine Augen waren verklebt, und für einen Moment wusste ich nicht, wer und wo ich war. Ich hatte aus dem Fenster des Fliegers weder etwas vom Strand gesehen noch von den riesigen Wolkenkratzern Tel Avivs, die den Flugreisenden wie die Vorboten einer neuen Zeit in Empfang nehmen. »Willkommen in Israel«, rief eine Stimme, »wir hoffen, Sie hatten einen guten Flug und haben sich bei El Al wohl gefühlt. Wir würden uns freuen …« Meine Mitreisenden waren von ihren Sitzen hochgesprungen, zogen mit halsbrecherischen Verrenkungen ihre Jacken über, drängten andere beiseite, um möglichst schnell heiligen Boden unter die Füße zu bekommen.

Ich hatte gerade einmal vier Stunden und fünfzehn Minuten gebraucht, um von Mitteleuropa in das Land Jesu zu hüpfen, und als mich am Schalter von Hertz Rent-a-car eine junge Dame mit olivfarbenem Teint in Empfang nahm, fiel mir wieder ein, dass es nicht nur einen Grund gibt hierherzukommen.

Ich weiß nicht mehr, wie lange meine Wartezeit im Vatikan gedauert hatte. Ich musste wohl ein wenig weggenickt sein, bis ein Diener an das gelbe Sofa trat, um mich durch einen sehr niedrigen, tunnelartigen Gang, in dem man reflexartig den Kopf einzieht, zum Privatsekretär des Papstes zu bringen. Der Besuchsraum war schmal, aber hoch wie ein Glockenturm. In der Mitte ein winziger Tisch mit zwei Stühlen. Auf den Sideboards lagen Stöße der neuesten Enzyklika und eine Reihe vom Papst gesegneter Rosenkränze in grünen und braunen Täschchen aus Plastik.

Der Prälat öffnete mit Schwung die Tür. Lange schmale Soutane mit roter Bauchbinde, struppiges Haar, ein breites, freundliches Lächeln im Gesicht. Beim Händedruck spürte man, dass sein Vater Hufschmied war: »Buon giorno.« Wir saßen uns an dem winzigen Tisch gegenüber, und ich hatte genügend Zeit, meine Fragen zu stellen. Am liebsten freilich hätte ich nach den Plänen zur Wiederkunft Christi gebohrt. Aber die waren ja nun wirklich noch streng geheim.

3

Jerusalem

Auf dem Ben-Gurion-Flughafen schritten, drängten und rannten Menschen aller Länder, aller Aufmachung und scheinbar auch aller Epochen durcheinander wie Hühner.

Reisende im Kaftan, aus deren riesigen Hüten sich tiefschwarze
oder safranrote Schläfenlocken schraubten, stürzten die Rolltrep-
pen hinunter. Frauen mit Perücken, die am Kopf verrutschten,
schleppten tonnenschwere Tragetüten hinter sich her. Geschäfts-
leute in dunkelblauen weiten Mänteln brüllten in ihre Mobiltele-
fone und strichen dabei durch ihre ellenlangen Bärte. Und wer
nicht sofort überrannt oder umarmt werden wollte, nahm schnell
Zuflucht in einem der Shops, die mit Sonderangeboten lockten.

Vielleicht war die Welt nie wirklich real gewesen, schoss es mir
in den Sinn, sondern immer nur eine Illusion. Entscheidend ist
das Stück, das gerade gespielt wird. Die Ankommenden stammten aus den jüdischen Vierteln von New York oder Amsterdam.
Andere aus Wien, Moskau oder Addis Abeba, und ihr Aufzug
war ein wenig wie im Musical »Anatevka«, insbesondere wenn
aus den Koffern, die sie hinter sich herschleppten, noch Hemds-
ärmel oder Teile von Unterwäsche herausragten, die sie nach dem
Security-Check eiligst in ihre Samsonites zurückgeboxt hatten.

Denn sobald sie den Ausgang erreicht hatten, warteten schon
die ausgebreiteten Arme von Freunden und Verwandten, die mit
strahlenden Gesichtern die Ankömmlinge herzten und sie an ihre
breite Brust drückten. Ein kurzer, banger Blick auf die Anzahl
der Koffer. Ein leichtes Stirnrunzeln. Ja, jetzt wussten die Gastgeber wieder, dass Israel nach wie vor viel zu schön ist, um schon
nach drei oder vier Wochen wieder den Rückflug anzutreten.

Die Fahrt vom Flughafen nach Jerusalem – »Yerushalayim«, wie ich auf den Anzeigetafeln las – führt durch eine hässlich verbaute Gegend, aber die Luft ist weich wie Seide und das Licht von zartem Schmelz. Das Rot der Erde und die Leichtigkeit der Wälder schaffen eine behagliche Stimmung, und wenn man ein wenig müde über die Buckel der Autobahn schaukelt, springen einen plötzlich Gedanken an, die man selten zu denken pflegt: Sind wir allein auf Erden? Oder gibt es da wirklich so etwas wie Engel, Geister und sogar Dämonen, wie es in den jüdischen Geschichten zu lesen ist? Gibt es neben dem Ich und dem Über-Ich noch weitere Seins-Zustände, wie Isaac B. Singer schreibt, die wir weder kennen noch lenken können, sondern die im Grunde uns lenken? Und was ist mit den sogenannten Zufällen, die ein Schicksal entscheiden können? Oder mit den Träumen, die offenbar ein Eigenleben führen? Treten da nicht sogar Personen auf, die man ein Leben lang nicht gesehen hat? Aber wenn alles einen Sinn hat – was ist dann mit dem Unsinn?

Israel ist kein Land wie andere Länder. Weder von seiner bewegten und bewegenden Geschichte her noch von seiner Geografie, die auf minimaler Fläche alle klimatischen und geografischen Besonderheiten des Globus vereint wie in einer dieser Biosphäre-Kugeln, die für wissenschaftliche Experimente angelegt wurden. Und über allem der ewige Kampf um ein bisschen Land, die Opfer zwischen Gaza und der Westbank, die jeden Tag die Nachrichtenredaktionen beschäftigen. Die Welt starrt wie gebannt darauf, ob von Jerusalem, für Millionen von Menschen das Zentrum des Universums, der Nabel der Welt, die Metropole der Ewigkeit, in der Adam begraben wurde und wieder auferweckt werden soll, dem Schnittpunkt dreier Kontinente, dem Schnittpunkt dreier Religionen, dem Hauptkampfplatz der Geschichte, ob an diesem Ort nun endlich der ewige Friede einzieht – oder der letzte Funke auffliegt, der die Erde in Flammen setzt.

Spätestens wenn die ersten Straßenschilder mit Hinweisen auf Nazareth und Bethlehem, auf Hebron und den See Genezareth auftauchen, beginnen die schemenhaften Bilder aus dem Glauben der Kindheit Gestalt anzunehmen. Die Mauern von Jericho, der

Untergang von Sodom und Gomorrha, der Berg der Versuchung – es ist ein wenig, als erwachte man aus einem Schlaf, aber die Bilder aus dem Traum, den man gerade träumte, sind noch im Kopf. Sie steigen sogar aus dem Kopf heraus wie aus einer Nussschale, um sich seitlich am Straßenrand, auf einen Hügel hinzustellen, eben genau dort, wo sie immer schon gewesen sind.

Mein Mietwagen war im zweiten Gang nicht kraftvoller als im dritten. Er erinnerte an eine Seidenraupe, die sich im Auf und Ab ihrer wulstigen Ringe den Berg hinaufschiebt. Das Radio spielte einen Song von Norah Jones, *Come away with me,* ich schaukelte dahin, und der Regen, der ganz leicht begonnen hatte, wurde allmählich so heftig, dass es bald völlig egal war, ob man die Scheibenwischer anhatte oder nicht.

Es lag viele Jahre zurück, aber von meinem ersten Israel-Besuch waren die Bilder lebendig geblieben. Von den Lehrlingen in Nazareth, die riesige Bleche mit Backwaren aus einem Laden trugen, der sich »Manna-Bäckerei« nannte. Es gab eine ganze Menge von diesen verrückten Firmennamen. »Glory« für einen Beauty-Salon. »Holy Bazar« für einen Souvenirshop. »Christmas-Hotel« für eine Herberge. Und es gab eine Menge Sonntage. Am Freitag für die Moslems. Am Samstag für die Juden. Am Sonntag für die Christen. Letztere wiederum feierten neben den vielen Sonntagen auch dreimal Weihnachten. Am 25. Dezember die westliche, lateinische Kirche; am 7. Januar die orthodoxe, syrische und koptische. Und wenn dann die dritte Feier der Geburt Christi ansteht, am 19. Januar seitens der armenischen Gemeinde, sind die anderen viel zu müde, um davon auch nur Notiz zu nehmen.

Alles war ein wenig anders, als ich mir das ausgemalt hatte. In Nazareth rief neben der Verkündigungsbasilika, der größten Kathedrale im Nahen Osten, fünf Mal am Tag der Muezzin – und der Händler nebenan, der in seinem Laden den Heiland am Kreuz und Madonnen-Figuren en masse anbot, rollte dabei so selbstverständlich seinen Gebetsteppich aus, als sei er das auch seiner Heiligen Familie in Gips schuldig. Unser »Palace«-Hotel hatte wenig mit einem Palast zu tun – aber der jüdische Inhaber bewirtete die katholischen Pilger aus der Provence, aus Bologna, aus der Eifel und von wo immer sie auch herkamen, als wäre der Messias persönlich erschienen.

Als ich um die Mittagszeit neben einem palästinensischen Postboten herlief, verblüffte er mich mit einer unerschütterlichen Gelassenheit. »Glauben Sie, dass Jesus hier gelebt hat?«, fragte ich ihn von der Seite, während er seine Briefe zustellte.

»Ja, ich glaube.«

»Und warum?«

»Es steht in der Bibel.«

Wir hatten den Auftrag, für die Weihnachtsausgabe des Magazins der *Süddeutschen Zeitung* die Strecke von Nazareth nach Bethlehem zu erkunden. Als ich mit der Fotoreporterin, die mich begleitete, ins Auto stieg, gab man uns den Tipp, zum Schutz vor Steine werfenden Kindern Palästinensertücher aufzusetzen. Andere meinten, wir sollten ein Taxi mit arabischen Nummernschildern nehmen. Noch besser wäre, hieß es von dritter Seite, ganz draußen zu bleiben.

Der Wind schüttelte die Bäume und drückte das Gras nieder. Manche Straßen liefen wie in Arizona schnurgerade bis zum Horizont, und in der Ferne hüteten Araber ihre Ziegenherden, achtzig langzottelige Böcklein mit Ohren, die größer als Waschlappen waren. Der ganze Reichtum der Anwohner waren die Autowracks um ihre Dörfer. »I love my car« hatte jemand auf seinen Chevy geklebt, der nun ohne Fenster und Reifen vor sich hin döste.

Es war nichts Lebendiges mehr in einer Stadt wie Nablus, die nur noch aus Besatzern und Besetzten bestand. Das Treiben auf dem Basar wirkte seltsam farblos. Tanklastzüge durften ohne Polizeischutz nicht einfahren. Und die wie moderne Samurai mit Waffen und Westen aufgezäumten jüdischen Soldaten, die stets nur zu viert oder fünft die Straßenseite wechselten, waren Soldaten im Krieg. Oft in Todesangst vor einem Messer aus dem Hinterhalt, einem gemeinen Kamikaze-Killer. Der Polizeibunker war mit Stacheldraht umwickelt und mit Sandsäcken verbunkert. Am Morgen hatte eine Gruppe von Palästinensern einen jüdischen

Siedler erschossen. Nicht weit davon entfernt flatterte freilich auch ein Trauerflor am Haus einer arabischen Familie, die soeben zwei Söhne verloren hatte, Opfer von Polizeikugeln an einer schlecht beleuchteten Straßensperre. Es sei schwierig geworden, erklärte uns ein alter palästinensischer Bauer, »weil niemand mehr weiß, wer gut ist und wer schlecht«.

Bei meiner letzten Israel-Reise hatte mich Pater Gregor in der Altstadt von Jerusalem auf die Dachterrasse seines Ordenshauses geführt. Die Franziskaner wurden früh so etwas wie die Bodyguards Jesu. 1342 erklärte sie Papst Clemens VI. auch offiziell zu »Hütern der Heiligen Stätten«. Sie pflegen die Ruinen, kümmern sich um Pilger und treiben die archäologische Forschung voran. Weltweit vernetzt, unterhält die internationale Schutztruppe Ableger in vielen Ländern. So tragen etwa Büros in Deutschland den schönen Namen *Kommissariat des Heiligen Landes.*

Das Wächteramt war durchaus wörtlich zu verstehen. »Diese Kirche«, klagte schon 723 der heilige Willibald in Nazareth, »mussten die Christen so oft den heidnischen Sarazenen abkaufen, als diese sie zerstören wollten.« Nach der Schlacht von Hattin 1187 richteten die siegreichen Muslime unter den Bewohnern der Heimatstadt Jesu ein Blutbad an. Wenige Jahre später, 1263, fiel der heilige Ort der Zerstörungswut von Sultan Baibars zum Opfer. Als die Franziskaner 1620 einen Konvent errichteten, hätten sie zugleich eine Tafel aufstellen können, um darin einzumeißeln, wann dieser Konvent von Muslimen geplündert oder zerstört wurde: 1623, 1633, 1647, 1688, 1708, 1743, 1752. In den Folgejahren ersparten sich die türkischen Herrscher die Vernichtungsarbeit. Es genügte die Drohung, das Kloster demnächst dem Erdboden gleichzumachen, um den Orden auszunehmen wie die sprichwörtliche Weihnachtsgans.

Von unserem Aussichtspunkt auf dem Dach konnten wir die *Via Dolorosa* einsehen, die Straße der Schmerzen, die Jesus auf seiner Passion gegangen war. Die vielen Zerstörungen haben so viel Schutt und Scherben aufgehäuft, dass der wirkliche Kreuzweg wohl drei Meter unter dem heutigen Niveau der Straße liegen dürfte, was niemanden daran hindern sollte, sich nach einer gläubigen Meditation dieses Weges voller Blut und Wunden nach alter Sitte als echter »Jerusalem-Pilger« zu bezeichnen.

Palästinenserjungen zerrten zweirädrige Karren durch die Menge, schwerbewaffnete Israelis hingen in Schutzwesten an den Kreuzungen herum oder kontrollierten Passanten und Fahrzeuge, die durch das enge Stephans- oder Löwentor in die Altstadt drängten. Die Stationen Christi lagen vor uns wie auf einer dieser überdimensionalen historischen Panoramakarten, die man gelegentlich in Theatern bestaunen kann. Der Ölberg mit dem Garten Gethsemane; die Assumptio-Kirche, wo Christen wie Moslems das Grab Mariens verehren; die Türme des christlichen Haupteiligtums, das von den Lateinern *Grabeskirche* und von den Griechen *Auferstehungskirche* genannt wird. Nirgendwo sieht man so viel kultische, fast heidnische Verehrung, nirgendwo aber auch so innigen Glauben.

In der Grabes- beziehungsweise Auferstehungskirche konnte man beobachten, wie hagere und tiefernste junge russische Mönche schwere Kreuze durch die spärlich beleuchteten Gänge des verschachtelten Gotteshauses schleppen, in dem es unzählige Wohnungen zu geben scheint. Fromme Rumäninnen ließen sich nachts hier einsperren, um ihrem Jesus so lange wie nur möglich nahe zu sein. Junge Deutsche in Ledersandalen hielten mit dem Stundenbuch in der Hand tiefe Andacht. Und einmal erlebte ich einen breitschultrigen jungen Amerikaner, der zur Erfüllung seines Gelübdes sich am Golgatha-Felsen auf Knien der Stelle näherte, an der unter einer dicken Glasplatte eine 2000 Jahre alte Verankerung den Standort des Kreuzes Christi bezeichnet. Der Ring aus Stein ist brüchig geworden, brüchig wie der neue Bund, der hier einmal mit Blut besiegelt wurde.

Das alles überragende Moment aber über dem wundervollen Panorama der Altstadt sind die goldenen Kuppeln des Felsendoms auf der riesigen Plattform des Tempelbergs, dem Platz, an dem früher der jüdische Tempel stand. Südlich davon, am Rand, dann die Al-Aksa-Moschee. Ihr Name leitet sich von Sure 17,1 des Korans ab, in der es über die Gedenkstätte heißt, sie sei *el mesdschid al-aksa* – »das (von Mekka) am weitesten entfernte Heiligtum«. Es ist dem Andenken des Propheten Mohammed gewidmet, der hier mit seinem Pferd schnurstracks in den Himmel geritten sein soll. Im Felsendom nebenan werden in einem hohen Schrein Haare vom Bart des Propheten aufbewahrt. Den Bogen des Umgangs mit Säulen aus heidnischen Tempeln oder christlichen Basiliken ziert ein Vers aus dem Koran, der sich an die Christen wendet: »O ihr Völker der Schrift, sprecht über Allah die Wahrheit! Der Messias Jesus, der Sohn der Maria, ist der Gesandte Allahs. So glaubt an Allah und seinen Gesandten und sagt nicht ›drei‹, denn Allah ist nur ein einziger Gott!«

Heilige Orte können schön sein, manchmal auch schön gefährlich. 36-mal wurde Jerusalem belagert, 17-mal davon wurde es auch zerstört. Aber niemand, der diese Stadt gesehen hat, konnte sie je wieder vergessen. Weder der römische Kaiser Konstantin, der im 4. Jahrhundert aus Jerusalem das Zentrum der Christenheit und aus Judäa das Land der Pilger schuf. Noch die Perser, die im 7. Jahrhundert Palästina islamisierten und Jerusalem für Mohammed reklamierten, genannt nun »Al Quds«, die Heilige. Der ehemalige Tempelberg, nun *Haram al-Sharif,* gilt seither nach Mekka als die heiligste Stätte des Islam. Christliche Kreuzfahrer, die das ändern wollten, hatten bereits 1291 wieder ausgespielt. Es kamen für gut zwei Jahrhunderte die Mamelucken, bis im Jahre 1516 die osmanischen Türken das Gebiet eroberten und es bis zum Ende des Ersten Weltkrieges nicht mehr aus der Hand gaben – nun ihrerseits von den Engländern verjagt, die Palästina zu ihrem Einflussbereich erklärten.

Dabei war Jerusalem seinem Namen einmal gerecht geworden. Jebu, Urusalim, Yerushalayim, Zion, Mittelpunkt der Welt, wie immer auch die heilige Stadt genannt wurde, sie war eine Stadt ohne Anfang, älter als alle Erinnerungen. »Zehn Maß Schönheit kamen in die Welt; Jerusalem nahm neun und der Rest der Welt eines«, lautet ein Vers aus dem babylonischen Talmud. Gegründet von den Kaanitern vor 5000 Jahren, wird ihr Werden Gott selbst zugeschrieben, der sie hier auf dem Berg um jenen

Felsen Moriah gebaut hatte. Hier sollte Abraham seinen Sohn opfern. Wohl um lange vor der Zeit schon anzuzeigen, dass Gott das Opfer, das er von Abraham nicht verlangte, einmal selbst zu geben bereit sei.

Melchisedek, ihr erster König, der »Priester Gottes des Höchsten« (1 Mose 14,18), regierte sie als der Gerechte. David machte sie 1000 vor Christus zur politischen und religiösen Hauptstadt. Sein Sohn Salomo baute ihr den ersten jüdischen Tempel, aus Zedern-, Zypressen- und Ölbaumholz. Unter Herodes, dem man den Beinamen »der Große« gab, weil er das Land mit gewaltigen Bauwerken versah, die in Architektur und der Schönheit ihrer Materialien mit den architektonischen Wundern des Altertums wetteiferten, erhob sich Jerusalem zu einer der prächtigsten Städte des Orients. Sein neuer Tempel aus Marmor und Gold sollte den Bau Salomos, vom babylonischen König Nebukadnezar im 6. Jahrhundert v. Chr. zerstört, noch überhöhen.

Mit seinen Hallen und Höfen, mit Forum, Gerichtshof und Schulen war der Tempel das Zentrum des gesamten zivilen und kultischen Lebens Israels. Warnhinweise in Griechisch und Latein bezeichneten den Punkt, von dem ab nur noch Juden Zutritt hatten. Verstöße konnten mit der Todesstrafe geahndet werden. Die Tempelpolizei sorgte dafür, dass niemand den Vorhof mit einem Stock oder mit staubigen Schuhen betrat oder in einem Zustand der Unreinheit in die inneren Hallen vordrang. Nirgendwo, nicht in Assyrien, nicht in Babylon, nicht in Ägypten, konnte bei Festen mehr Volk zugegen sein, wenn im Schein der lodernden Feuer und der Lampen, unter den Klängen von Zimbeln und Harfen, Posaunen und Pauken jubelnd das Herz Jerusalems und das Herz des Allmächtigen miteinander verschmolzen. Bevor die Tore geschlossen wurden und die Priesterwachen ihre Posten bezogen, musste jede Spur des Opfermahls getilgt sein. Nichts Menschliches, nicht die geringste Unordnung, durfte die Reinheit des Tempels trüben, seinen Herrn zu empfangen. Das Allerheiligste war der Raum der Stille, der Wohnort des Unsichtbaren, des unfassbaren Großen und Ewigen, das noch kein Mensch zu sehen bekommen hatte, nicht einmal Mose.

Leichter Frühlingswind durchwühlte unser Haar und gab der Luft etwas Seidiges. »Angenehm, nicht wahr?«, meinte der Pater. In der Ferne, am Südwesthang des Ölbergs, leuchteten die Steinplatten des riesigen Gräberfeldes, auf dem sich seit Jahrhunderten fromme Juden aus aller Welt beerdigen lassen, weil sie glauben, der Messias werde einst über diesen Berg in die Welt kommen. Wenn er unten im Tal Yoshafat die Toten erweckt und Gericht hält, wären sie folglich die Ersten, die zum neuen Leben kämen. Aber es gab noch einige andere Endpunkte. Der Pater zeigte mit ausgestrecktem Arm auf das Goldene Tor. »Genau durch dieses Tor ist Jesus am Palmsonntag mit dem Esel in die Stadt geritten. Die Türken haben es später versiegelt. Offenbar auch mit Blick auf den alttestamentlichen Glauben, der Messias werde ›am Ende aller Tage‹ durch dieses ›Tor der Barmherzigkeit‹, wie es in den alten Schriften heißt, Jerusalem betreten.«

»Sehen Sie rechts dort hinten den Berg Zion mit den Türmen der Dormitio-Abtei? Hier werden der Bibel gemäß am Ende der Welt alle Völker hinströmen, um dem Messias gebührend zu huldigen.«

Während alle anderen Religionen der antiken Welt polytheistisch waren, geprägt von verschiedenen »lokalen« Gottheiten, die nicht nur die Tugenden, sondern auch die Laster mit den Menschen teilten, war der Gott Israels nicht nur einzig, er war als einziger auch universal, heilig und gerecht. »Hört auf, Böses zu tun«, spricht einer seiner Propheten, »sorgt für das Recht. Helft den Unterdrückten« (Jes 1,16). Nicht das Volk hatte sich dabei den alttestamentlichen Schriften zufolge seinen so radikal anderen Gott gewählt, sondern Gott das Volk. »Heute sollst du erkennen und dir zu Herzen nehmen«, so offenbart es das Fünfte Buch Mose, »Jahwe ist der Gott im Himmel droben und auf der Erde unten, keiner sonst.«

Erst Ende des 19. Jahrhunderts kehrten die ersten größeren Gruppen von Juden nach fast 2000 Jahren im Exil wieder in das Land zurück. Unter dem Eindruck des Völkermordes durch Hitler-Deutschland unterstützten die Alliierten 1948 die Ausrufung des Staates Israel. Die neue Gründung brachte noch keinen Frieden. Seit dem Ende des israelisch-arabischen Krieges 1949 trennten Betonmauern und Stacheldraht den arabischen Osten einschließlich der Altstadt vom jüdischen Westteil. Im Sechs-Tage-Krieg eroberte Israel 1967 Altstadt, Tempelberg und Klagemauer zurück. Inzwischen proklamieren islamische »Gottesstaaten« wie der Iran wieder offen die Vernichtung des Judenstaates, begreifen Fundamentalisten ihre Religion als Kampfansage gegen das Volk der Bibel – während jüdische Apokalyptiker auf nichts sehnlicher warten, als an der Stelle, wo heute die Al-Aksa-Moschee steht, nach den Bauten von Salomo und Herodes den dritten Tempel der Juden zu errichten.

Damals konnte ich mit Pater Gregor von den Zinnen des Klosters bereits auf die Anfänge des gewaltigen Walls aus grauem Beton sehen, der inzwischen Stele für Stele acht Meter hoch um die Stadt gezogen wurde. Wir blickten stumm auf diese fürchterlichen Zeugen einer neuen Ein- und Ausgrenzung, und es lag auf der Hand, dabei an jene Passage in der Bibel zu denken, an der Jesus, wie es heißt, zu weinen begann.

»Jesus war hier. Genau wie Sie jetzt«, meinte der Pater plötzlich, als hätte er meine Gedanken gelesen, »er hat diese Steine berührt und da drüben im Tempel gebetet. Es ist seine Stadt. Es ist sein Land. Und plötzlich ist er kein Gespenst mehr, keine literarische Figur oder so etwas wie eine Legende, die man glauben kann oder auch nicht, sondern historisch und konkret. Man kann ihn nicht anfassen, aber man kann die Steine anfassen, die er berührt hat, und die Wege gehen, die er gegangen ist.«

Es wurde Nacht. Die Dunkelheit brach herein wie ein schwarzer Vorhang, der ohne Warnung vom Himmel fällt. Mir blieb gerade noch Zeit, die Scheinwerfer einzuschalten, um nicht im Graben zu landen oder dem Vordermann das Heck zu crashen. Ich hatte den Highway verlassen. *Come away with me,* der Song mit der Wiegenliedstimme von Norah Jones, war längst verklungen. 750 Meter über dem Meer erhob sich das dreieckige Plateau des alten Jerusalem mit seinen Bergen Moriah (dem Tempelberg), Ophel und Zion, von dem der Dichter Franz Werfel kryptisch schrieb, »ihr wahrer Bestand hing von ihrem tatsächlichen Bestand nicht ab. Wer ihre Zeit zählte, zählte die Zeit Gottes mit, die ohne Zeit ist ...«

Als ich die Tür meines Wagens schloss und den Mantelkragen hochschlug, begannen die Glocken der Dormitio-Abtei zu läuten, der *Hagia Maria Sion,* wie sie auch heißt. Vor dem nachtdunklen Himmel zeichneten sich ihre Türme wie die Treibstofftanks einer Weltraumrakete ab, für die der Countdown soeben begonnen hatte. Gastpater Elia kam mir entgegengelaufen, nahm mir den Koffer aus der Hand, und während ich noch an meiner Zigarette zog, rannten wir auch schon die Außentreppen zum Kloster hoch. Irgendjemand hatte die Idee gehabt, allen Zimmern in der Dormitio einen Namen zu geben, zumindest den Gästezimmern. Elia steckte seinen Schlüssel in eine Tür mit der Aufschrift »Juda«.

»Ich hoffe, Sie haben hier einen guten Aufenthalt.«

»Danke, phantastisch. Tisch, Bett, Schrank und sogar eine Heizung – perfekt.«

Ich freute mich über die beiden kleinen Fenster und warf meine Tasche auf das Bett, um Elia nicht warten zu lassen. Die Vesper hatte bereits begonnen. Die Mönche standen an der halbrunden Wand des himmelhohen Altarraumes aufgereiht, die Köpfe in ihr Buch versenkt. Die Kirche war kaum beleuchtet, aber der sonore Klang der vielen Männerstimmen mit dem so eigenwilligen Sprechgesang der Stundengebete gab ihm eine ganz eigene Helligkeit.

Es war Sonntag, der 1. Advent. Ich nahm den Gebetstext zur Hand und klinkte mich in die neue Strophe ein: »Seht, der Herr wird kommen mit großer Macht aus den Wolken des Himmels. Halleluja.«

Es war ein Text des Propheten Jesaja. Mit leicht zitternder Stimme las ich weiter: »Wenn der Herr durch den Sturm des Gerichts und den Sturm der Läuterung von den Töchtern Zions den Kot abgewaschen und aus Jerusalems Mitte die Blutschuld weggespült hat, dann kommt er, und über dem ganzen Gebiet des

Berges Zion und seinen Festplätzen erscheint bei Tag eine Wolke und bei Nacht Rauch, und eine strahlende Feuerflamme.«

Auf meinem Zimmer stellte ich den Radiator auf volle Leistung und legte die kleine Halskette mit dem Kreuz auf den Nachttisch, ein Vermächtnis von Pater Bargil, einem Mönch der Dormitio-Abtei, das mir ein Freund gegeben hatte.

Fünfundzwanzig Jahre lang hatte der Benediktiner die Wege Jesu erforscht, häufig mit seinem jüdischen Freund Mendel Nun aus dem Kibbuz Ein Gev, wohl der bekannteste israelische Experte für das Gebiet um den See Genezareth. Wer in diesem Buch der Landschaften lesen könne, schrieb er, dem öffne sich die Botschaft Jesu mit neuer Klarheit und in Zusammenhängen, die vielfach übersehen werden. Den Skeptikern wünschte er, dass sie »ihren Schreibtischsessel verließen, um das ›fünfte Evangelium der biblischen Landschaft‹ sprechen zu lassen – und dadurch festen Boden unter ihre Füße zu bekommen.«

Seinen merkwürdigen Namen hatte er übrigens einem Versehen zu verdanken. Ein israelischer Passbeamter hatte ungewollt aus dem ursprünglichen *Virgil* des Südtiroler Bergbauernbuben einen aramäischen *Bargil* gemacht, einen »Sohn der Freude«.

Ich drückte den Lichtschalter und schloss die Augen, völlig erschöpft von der Reise und den ersten Eindrücken in der Abtei. Vierhundert Jahre lang, ging es mir noch durch den Kopf, hatte sich vor dem Erscheinen Jesu in Israel kein großer Prophet mehr gezeigt. Das Königsgeschlecht der Hasmonäer war ausgerottet. Aber hatte dieser Gott nicht auch versprochen, er werde für Israel ein Königtum errichten? Sogar eines, das auf ewig Bestand haben würde? Herodes Agrippa I. († 44 n. Chr.), ein Enkel Herodes', war schon kein echter König mehr, sondern nur eine billige Marionette der Römer, die ihn einsetzten. Niemand aber konnte ahnen, dass nach der Passion Christi für zweitausend lange Jahre, bis zum 14. Mai 1948, dem Ende des britischen Mandats über Palästina, die Juden nicht mehr Herren im Land ihrer Väter sein würden.

So wurde die Königskrone, die in Jerusalem im April des Jahres 30 vergeben wurde, tatsächlich die allerletzte in der Geschichte Israels. Eine Krone voller Blut und Dornen. Sie leuchtete nur für einen Tag. Aber der Hoheitstitel, der mit ihr verbunden war, gilt immer noch. Er steht an Abermillionen von Kreuzen. Bis in die hintersten Ecken der Erde – als Titulus für Gottes eigenen Sohn auf dem Kreuz von Golgatha:

INRI – Iesus Nazarenus Rex Iudaeorum
Jesus von Nazareth, König der Juden

4

Das Geheimnis

Die ganze Nacht über hatten Regentropfen gleichmäßig klappernd irgendwo auf ein Blechdach geklopft, aber als ich am Morgen die Fensterflügel öffnete, trockneten Sonnenstrahlen die Häuser und leckten in den Gassen die Pfützen auf wie eine durstige Katze. Mein erstes Ziel war *Ain Karem*, der Geburtsort Johannes des Täufers. Der »Rufer in der Wüste«, heißt es in der Überlieferung, sei eine Art Scharnier gewesen. Mit ihm habe das Alte Testament geendet und das Neue begonnen. Zuvor jedoch führten mich meine Füße zu Betty, einer bezaubernden Erscheinung, die in der Cafeteria der Abtei als Praktikantin jobbte.

Abt Benedikt Lindemann hatte mir nach der Morgenmesse und dem Frühstück im Refektorium noch die Räumlichkeiten des Klosters gezeigt. Er war sichtlich stolz auf die Leistungen der vergangenen Jahre. Die Messen waren gut besucht, und das Friedensengagement der Mönche mit ihren Kontakten zur jüdischen wie zur muslimischen Welt fand große Beachtung. Auf dem Gelände der 1906 gegründeten deutschen Abtei lag archäologischen Erkenntnissen zufolge das Zentrum der ersten christlichen Gemeinde, in der Petrus, Maria und Johannes gewirkt hatten. Paulus kam hierher, um sich Rat zu holen.

Ein Haus weiter machten Forscher den Raum des *Letzten Abendmahls* fest. Im Jahre 48 beschloss hier das *Apostelkonzil*, zwischen Juden und den übrigen Anhängern Jesu dürfe es keine Schranken geben. Den Heiden dürften keine jüdischen Rituale auferlegt werden. Mit einer Ausnahme: Sie sollten weder Ersticktes noch Blut verzehren. Es gelte das Wort der Propheten, wonach der Herr verkündet habe, er werde »die zerfallene Hälfte

Davids wieder aufrichten ... damit die übrigen Menschen den Herrn suchen«. Es war eine frühe Proklamation der Einheit aller Völker und Rassen, und bald sollten in den christlichen Urzellen auch wirklich Juden und Heiden, Herren und Sklaven, Männer und Frauen gemeinsam an einem Tisch versammelt sein.

Der Name der Abtei, *Dormitio*, bezieht sich auf die Todesstunde der Mutter Jesu, die einer alten Erzählung zufolge an diesem Ort in die jenseitige Welt gegangen sei. Es war kein Sterben im üblichen Sinne, sondern ein *Entschlafen*. Eine Metapher dafür, sich im Schlaf, dem Bruder des Todes, den geheimnisvollen Kräften hinzugeben, die den Menschen buchstäblich im Traum erneuern – aus einem Bewusstsein heraus, das er weder selbst erzeugen noch steuern kann.

Betty hantierte an der Espressomaschine, drückte langsam den Hebel nach unten und ließ eine dickflüssige schwarze Brühe in die Tasse fließen. Sie war 24, kam aus Zug in der Schweiz und hatte einen hellen, klaren Teint und kurzgeschnittene blonde Haare, die kreuz und quer wie Mikadostäbchen aufragten.

Ihr Kleid war grau, aber eng genug geschnitten, um ihre gute Figur nicht ganz verschwinden zu lassen. Dass sie gute Laune hatte, sah man an ihrem Lächeln und dem buchstäblich ungezähmten Temperament, das sie an den Tag legte.

Ich tastete mich langsam heran. Wie es ihr gehe, und was sie so vorhabe. Betty überlegte nicht lange. Sie sei dreizehn gewesen, sprudelte sie los, da habe ihr jemand erzählt, man könne mit Gott ins Gespräch kommen, richtig reden, wie mit Menschen auch, vielleicht sogar besser. Mit den Jahren habe sie sich immer wieder einmal in eine Berghütte zurückgezogen. Nur um zu hören, zu beten und zu meditieren. »Ich wusste plötzlich, dass ich nach Jerusalem muss. Ich habe meine Stellung als Lehrerin aufgegeben, meine Wohnung gekündigt. Ich meine, ich hatte alles, was man sich wünschen kann. Aber Gott hat mir das auf mein Herz gelegt.«

Während Betty erzählte, musste ich an das *Jerusalem-Syndrom* denken. Es wird von Psychologen als Krankheit behandelt. Das

Syndrom bezeichnet Menschen, die in der Heiligen Stadt dem Wahn erliegen, so etwas wie eine Inkarnation von Mose, König David, einem der Apostel oder sogar Jesus selbst zu sein.

»Warum Jerusalem?«, fragte ich dazwischen.

»Ich hatte einfach die Vorstellung, hier prasseln alle Dinge zusammen, die es in der Welt überhaupt gibt. Alle Gegensätze. Und alle Entwicklungen. Sehen Sie, ich wusste noch nicht einmal genau, wo ich landen würde. Ich hatte kein Visum. Ich hatte kein Geld. Zuerst suchte ich einfach ein Frauenkloster auf, und schon am ersten Tag bekam ich alles. Visum, Wohnung, Essen. Ich bekam diesen Job hier im Café. Einfach alles.«

»Und was passiert jetzt?«

»Es geht Schritt für Schritt. Jesus hat mir den Weg geöffnet, damit ich den Zugang zum Vater habe. Ich wusste vieles durch das Gebet. Da ist eine Klarheit, die man plötzlich bekommt. Gerade dann, wenn man seelisch und gedanklich ein wenig durcheinander ist. Ob es auch hält, finde ich aber nur heraus, wenn ich es ausprobiere.«

Keine Spur von Jerusalem-Syndrom, und der Espresso war ausgezeichnet und herrlich stark. Allmählich begann sich in den Gassen rund um die Abtei das Leben zurückzumelden, und die Frühaufsteher unter den Touristen drückten ihre Nasen an die Fensterscheibe des Klosterladens. Ein junger Novize hatte sich angeboten, mich nach Ain Karem zu begleiten, was ich dankbar annahm. Der Klosterneuling, nennen wir ihn einfach Bertram, hatte mich am Vorabend amüsiert, als er die Tischlesung hielt und den Abt um den üblichen Segen bat. Er wollte es besonders gut machen, aber seine Stimme klang, als käme sie nicht aus dem Munde eines jungen Mönchs, sondern aus dem einer alten Bergziege: »Vaahaaather, spriiihich dehen Seeeegghen.«

Bertram trug seine schwarze Kutte mit frohem Mut; er zog einen breiten Ledergürtel um seine Hüften und freute sich über den Schnupperkurs im Kloster, den ihm die Dormitio ermöglicht hatte. Der Deutsche hatte Geschichte studiert, einen Job gefunden, und ganz plötzlich verspürte er Sehnsucht, Mitglied der katholischen Kirche zu werden. Mehrere Gemeindepriester zuckten nur mit der Schulter. Es sei im Moment gerade unpassend. Ein Theologe an der Uni, an den er verwiesen wurde, fühlte sich außerstande, katholische Glaubenslehre zu unterrichten. Kurz und gut, es gab viele Hürden, bis Bertram sich seiner Sache so sicher war, dass er nun nicht nur katholisch, sondern auch noch Mönch werden wollte.

Jerusalem zu finden ist leicht, aus der Stadt wieder herauszukommen aber nahezu unmöglich. Bergauf, bergab, und plötzlich ist man genau da, wo man nie hinwollte. Die Altstadt lag hinter uns, wir durchquerten Me'a Sche'arim, das Viertel der jüdischen Traditionalisten, und entdeckten auf einem Hügel das »King David«, das geschichtsträchtigste Grandhotel der Welt, eine Herberge für Könige, Staatsmänner und Terroristen.

Zur Zeit Davids zählte Jerusalem etwa 2000 Einwohner, unter Salomo 5200, im Jahr der Geburt Christi zwischen 30000 und 40000. König Herodes schickte sich gerade an, Jerusalem durch seine Großbauten zur bedeutendsten Metropole des Nahen Ostens zu machen. Denn so groß seine Gewalttätigkeit, seine Rachsucht und der krankhaft gewordene Argwohn gegen seine Umgebung, so groß war auch seine Lust an Repräsentation und Prachtentfaltung, sein Wahn, sich überlebensgroße Denkmäler für die Ewigkeit zu setzen.

Der König war im Baurausch. In seiner Hauptstadt ließ er nördlich des Tempels am höchsten Punkt der Stadt die Burg »Antonia« und das Herodesschloss hochziehen, zu dessen Schutz er drei gewaltige Türme für nötig hielt. In Jericho baute er ein märchenhaftes Lustschloss, gestaltet von römischen Baumeistern. Am Jordan und am Toten Meer entstanden mit den Festungen Machärus und Masada Palastbauten von unvergleichlichem Prunk, griechisch-römische Dampfbäder inklusive.

Über das ganze Land war ein raffiniert ausgelegtes Netz mustergültiger Festungen entstanden. Jede Burg konnte sich durch Rauchsignale mit einer oder mehreren Nachbarfestungen in Verbindung setzen. Vor allen anderen Denkmälern aber sollte insbesondere der Bau eines neuen Tempels Herodes' Größe auf Ewigkeit festschreiben. Höher, weiter, schöner als alles, was bisher gewesen war. Es war die Krönung seiner Großmannssucht, ein Werk, das Salomos Prachtbau weit in den Schatten stellen sollte, mit 144 000 Quadratmetern Gesamtfläche doppelt so groß wie der Vorgänger. 1000 Priester erhielten eigens eine Ausbildung als Steinmetze, Zimmerleute und Dekorateure, um eine Entweihung des Heiligtums durch »unreine« Hände auszuschließen. Der König stiftete sogar eine eigene Berufskleidung für diese Arbeiter-Priester, einschließlich der Sandalen. Schließlich war das Tragen von gewöhnlichen Schuhen auf heiligem Boden nicht gestattet.

Herodes war gerade einmal 36 Jahre alt gewesen, als er im Sommer 37 v. Chr. seinen Thron bestieg. 32 Jahre zuvor war das Land durch den Feldzug des Pompejus an die Weltmacht Rom gefallen. Als Nichtjude galt der »Heldische«, wie sein Name besagte, den neuen Herren als Idealbesetzung auf dem Königsthron. Dem energischen Idumäer traute man zu, das unruhige Judenvolk mit eiserner Faust niederzuhalten. Ob das nun die adeligen *Sadduzäer* waren, die mit ihren Hohepriestern den Tempel kontrollierten, die *Pharisäer,* deren Schriftgelehrte sich als Hüter der Gesetze Mose verstanden, oder die *Essener,* die strengste der drei Glaubensschulen Israels. Nicht zu vergessen die *Zeloten,* fanatische Freiheitskämpfer, die von einem bewaffneten Aufstand gegen die Okkupanten träumten. Bald wurde das Wüten des römischen Vasallen allerdings so unerträglich, dass die ägyptische Königin Kleopatra ihren Liebhaber Marc Antonius anflehte, den Tyrannen endlich vor Gericht zu stellen. Tatsächlich wurde Herodes nach Rom einbestellt. Und er kam auch. Aber er kam mit einer Tasche voller Geld. Freispruch.

Es war bereits die zweite Niederlage der schönen Ägypterin gegen den ausgebufften Nachbarkönig. Rom hatte ihr bereits die Leibwache aus vierhundert ausgewählten Galliern weggenommen, um sie Herodes zu überstellen, dazu die Oase Jericho, bis dahin Kleopatras Privatbesitz, sowie die Städte Gadara, Hippos, Samaria, Gaza, Anthedon und Jafo. Obendrauf erhielt er einen Untertan namens Nikolas, ehedem der Erzieher ihrer Kinder. Der Grieche verdiente sein Brot nun als Berater und Hofbiograf von Herodes. Im Angesicht eines Mannes, der von seinen insgesamt zehn rechtmäßigen Frauen sieben oder acht liquidieren ließ, kein Job für zartbesaitete Dichternaturen.

Von seinem Beifahrersitz gab mir Bertram dann und wann Hinweise auf rote Ampeln, die im Weg standen, und auf Wegweiser, die er so wenig verstand wie ich. Er war neugierig auf mein Buchprojekt und begann mir ein Loch in den Bauch zu fragen. Inzwischen hatten wir die Stadtgrenze erreicht, und nach einem schnellen Turnaround, der uns wieder auf die richtige Fahrbahn bugsierte, gab es Aussicht, das sieben Kilometer entfernte Ain Karem noch vor Einbruch der Dunkelheit zu erreichen.

Ich wollte keinen Vortrag halten, aber Bertram bestand zumindest auf Stichpunkten, wobei er die Beine übereinanderschlug und aus dem Fenster sah. »Dreh- und Angelpunkt für eine Geschichte Jesu«, setzte ich an, »sind naturgemäß jene Schriften, die uns dieses Leben und die Kräfte, die darin zur Wirkung kommen, überliefert haben. Es gibt keine besseren Quellen. Es gibt überhaupt nichts Besseres zu Jesus als die Evangelien selbst. ›Die Schrift allein genügt‹, wusste die kleine Thérèse von Lisieux. Immer wieder tauchen dabei bislang unerkannte Aspekte auf. Ein Bulldozer legt ein Gemäuer frei, und plötzlich werden Angaben bestätigt, die man bis dahin für Legenden hielt. Jemand hat einen klugen Gedanken, und auf einmal erschließen sich spannende neue Zusammenhänge. Ich glaube sogar, dass wir erst in unserer heutigen Zeit fähig sind, einige der entscheidenden Mitteilungen dieser Schrift ganz zu entschlüsseln.«

Bertram gehörte nicht zu der Sorte von Begleitern, die über eine Engelsgeduld verfügen. Er begann sich zu räuspern.

»Die Frage ist allerdings, ob wir den richtigen Ansatz finden und die richtigen Fragen stellen«, fuhr ich fort. »Was bedeutet es zum Beispiel, wenn da steht, Jesus habe allen Menschen die Macht gegeben, ›Kinder Gottes zu werden‹, zumindest jenen, die ›nicht aus dem *Blut* ...‹, sondern aus Gott geboren sind‹. Wir wissen es nicht mehr. Jedenfalls nicht mehr so genau. Oder: Was ist mit dem *Blut Christi* gemeint? Noch niemand hat das genauer untersucht. Das Blut zur Vergebung der Sünde. Das ›Blut des neuen Bundes, das für viele vergossen wird‹. Das Blut, das er förmlich ausschwitzt. Und das Blut, das er über seinen Tod hinaus zum zentralen Geheimnis seiner Gegenwärtigkeit machte. Geht es dabei vorwiegend um *Opfer*-Blut oder nicht eher um *Spender*-Blut? War das nur irgendwie als sentimentale Geste zum freundlichen Gedenken zu verstehen – oder gewissermaßen als knallharte ärztliche Verordnung?«

»Heißt das, die Menschen anderer Epochen konnten die Texte der Bibel anders lesen und verstehen?«

»Die Christen der Urkirche hatten zumindest verstanden, dass diese Schriften unterschiedliche Ebenen haben. Nicht nur, weil jeder Text einen Subtext hat, sondern auch geheime Verweise und Metaphern, die wiederum auf die Essenz der Botschaft verweisen. Das sind dann die Perlen, die sich im Inneren verbergen, gewissermaßen in der Innenseite der Wirklichkeit, im Kern des Wortes.«

»Die eine Ebene ist die der historischen Fakten …«

»Die andere die der Glaubensgeheimnisse, die darin mitgeteilt werden. Jesus ist ja nicht irgendjemand.«

»Gibt es denn zwei Wahrheiten? Eine der Fakten – und eine des Glaubens?«

»Natürlich nicht. Jedenfalls nicht als Gegensätze. Nehmen wir ein Beispiel: Sie können einen Tisch ausmessen, seine Oberflächen angeben, ihn in seiner Form beschreiben. Aber haben Sie damit auch das *Wesen* des Tisches erfasst? Sie kennen die Fakten, aber die Fakten bilden nicht zugleich das *Geheimnis* des Tisches. Etwa als Mittel der Kommunikation; ob als Schreib-, Küchen- oder Wirtshaustisch. Um auf die Bibel zurückzukommen: Erst die Gesamtheit der einzelnen Momente zeigt uns das Wesen, den *Geist* dessen, von dem hier die Rede ist. Das ist wie bei der Musik. Man muss zunächst einmal den Ton treffen, um einstimmen zu können. Und man muss den Ton hören, um die Melodie zu verstehen.

Um zu überprüfen, ob stimmt, was die Christen glauben, müssen wir zunächst einmal die Bibel wieder ernst nehmen. ›Wer nicht die Schrift kennt, der kennt nicht die Macht und die Weisheit Gottes‹, sagt der Papst. Heute wissen wir zudem, dass die Schriften des Neuen Testamentes weit früher verfasst wurden als angenommen. Sammlungen seiner Worte wurden womöglich schon zu seinen Lebzeiten angelegt. Damit waren die Verfasser und ihre Informanten Augenzeugen des Geschehens. Aber was steht gewissermaßen *zwischen* den Zeilen ihrer Berichte? Wo ist ihr *Geheimnis*? Und was genau ist dann das *Geheimnis Christi*? Die eigentliche Herausforderung ist doch, Jesus als den Sohn Gottes zu betrachten; als Gott selbst. Der sichtbar in Erscheinung tritt, um die Welt zu erlösen. Der erneut in Erscheinung tritt, um sie zu richten. Das ist es doch, *was uns nicht in Ruhe lässt*. Romano Guardini hat in diesem Zusammenhang davon geschrieben, man müsste viel mutiger darauf gefasst sein, ›dass das, was uns begegnet, unsere Möglichkeiten des Verstehens und der Zusammenschau sprengt‹. Man sollte sich nicht damit begrenzen, nur eine edle oder große oder religiös-geniale Persönlichkeit zu finden, sondern etwas, was unser Menschenmaß übersteigt.

Man kann vieles aufschlüsseln und verstehen. Aber Verstehen ist nicht alles. Wirklich bewegend, wirklich umwerfend ist das, was über die Möglichkeiten des rationalen Verstehens hinausgeht. Genau hier fängt es nicht nur an, richtig spannend zu werden, sondern hier kommen wir zum Kern der Sache. Paulus hat das besonders deutlich gemacht. Er sei gesendet worden, das Evangelium zu verkünden, aber nicht, es zu zerreden. Oder daraus eine Theorie zu machen. ›Nicht mit gewandten und klugen Worten‹ werde er deshalb die Botschaft verkünden. Er wolle stattdessen alles tun, ›damit das Kreuz Christi nicht um seine Kraft gebracht wird‹.«

»Heißt das, man muss sich zum Verständnis der Schriften zunächst auch in die Sichtweise der Autoren versetzen?«

»Ich meine, wenn jemand in den Kategorien des Glaubens denkt, betrachtet er die Geschichte der Erde, die Geschichte der Menschheit immer auch im Zusammenhang mit dem Wirken einer höheren Macht. Er sieht sie, wie man so sagt, nicht nur als Profangeschichte, sondern auch als *Heilsgeschichte*. Dahinter steckt ein spannender Gedanke. Heilsgeschichte bedeutet schlicht und einfach: Gott ist da. Gott sieht nicht nur zu, er wirkt mit. Gott hat einen Plan. Sehen Sie, ein atheistischer Standpunkt geht von rein materiellen Ursachen aus, die den Lauf der Geschichte prägen. Karl Marx sprach vom *historischen Materialismus.* Biblisches Denken jedoch bezieht auch ideelle und spirituelle Wirkkräfte mit ein. Im Alten Testament kommt das auf jeder Seite seiner 39 Bücher zum Ausdruck. Dieses Bild des Geschlossenen, des Ganzen, dass absolut alles, was passiert, von einer übergeordneten Allmacht umfasst wird, schlägt sich sogar in der symmetrischen Gestaltung und vor allem in der Zahlensprache der Heiligen Schrift nieder.«

»Wie bitte?«

»Um ein Beispiel zu geben: Das Alte Testament hat insgesamt 1188 Kapitel. Das kürzeste Kapitel der Bibel ist Psalm 117, das längste Psalm 119. Das Kapitel in der Mitte der Bibel ist Psalm 118. Ist es dann Zufall, wenn die zentrale Stelle ausgerechnet im Vers 118,8 liegt? Er lautet: ›Es ist gut, auf den Herrn zu vertrauen und sich nicht zu verlassen auf den Menschen.‹ Mit anderen Worten: Wenn es Gott gibt, dann schreibt er nicht nur eine Geschichte, dann ist er am Ende auch Herr über diese Geschichte.«

Bertram saß da, als würde er im Geiste alle 1454 Seiten der Dünndruckausgabe seiner Bibel durchgehen.

»Der katholische Publizist Walter Dirks hat einmal auf die merkwürdige Art hingewiesen«, fuhr ich fort, »die wir entwickelt haben, mit dem Unsichtbaren umzugehen. Bald nehmen wir Gedanken, Ideen, unsichtbare Kräfte nicht ernst genug und betrachten sie als Phantasie, als Spiegelungen. Andererseits aber überschätzen wir die Sphäre der Ideen auch wieder, bis hin zur ideologischen Übersteigerung. In dieser zweideutigen Sphäre, so Dirks, ›in der wir uns sehr unsicher, ungenau und zweideutig zu bewegen pflegen, siedeln wir nun gern auch den lebendigen Gott an, der doch wirklicher und wahrer ist als das wirklichste und wahrste sichtbare Ding und als die wirklichste und wahrste Idee. Wir reihen ihn, nur weil er unsichtbar ist, in die bunte Reihe der unsichtbaren Wesenheiten ein, der Gedanken, Vorstellungen,

Ideen und Ideologien.‹ Und wenn Gott dort erst einmal unterge-bracht sei und wir in ›der Religion‹ einen eigenen Bereich für ihn eingerichtet haben, dann lässt sich in der ›gewöhnlichen Wirk-lichkeit‹ wieder weit ungenierter leben. Dirks kam zu dem Er-gebnis: ›So missbrauchen wir die Verborgenheit, in die Gott sich gehüllt hat.‹«

»Was hat das mit Jesus zu tun?«

»Wenn wir von den Evangelien ausgehen, überlässt Gott als allmächtiger Schöpfer, als die einzige geistige Realität überhaupt, nichts dem Zufall. Das heißt, alles, was vor, während und nach Jesus passiert, ist wohl durchdacht. Immer angenommen natür-lich, er ist wirklich der, für den ihn das Christentum hält. Dieses Geschehen ist vor allem von seinen Folgen, vom Ergebnis her gedacht. Im Gegensatz zur Geschichte, die die Menschen ma-chen, die die Folgen ihres Handelns ja nicht kennen, ja meist noch nicht einmal darauf achten. Ich meine, wenn Jesus Gott ist, dann ist er auch ungeheuer gewaltig, ungeheuer kreativ. Sein Leben und seine Performance zeigen: Hier ist der größte Regisseur aller Zeiten am Werk. Denn wer als Allmächtiger über die Gezeiten gebietet, wer ein Ökosystem kreiert, das funktioniert, Blumen blühen und den Blutkreislauf zirkulieren lässt, der hat auch die ganze Geschichte in der Hand. Er sei nicht gekommen, um zu richten, sagt Jesus dabei immer wieder, sondern um zu retten. Vergessen wurde dabei freilich, dass dieses Angebot nur für eine ganz bestimmte Zeit gilt, bis eben zu dem Tag, an dem er Gericht halten wird. Da sind zweitausend Jahre im Verhältnis zu den Schöpfungszeiten von Erde und Universum im Grunde extrem kurz.«

»Aber was hat das mit Ihrer Spurensuche zu tun?«

»Mich interessiert, wie gesagt, nicht nur die Oberfläche des Evangeliums, mich interessiert sein *Geheimnis*. Die Alten haben es noch gewusst, wir haben es verloren. Nehmen wir Maria. Dass ein einzelner herausgehobener Mensch dazu auserwählt war, den Sohn Gottes auf die Welt zu bringen, das schluckt man nicht so einfach. Wie kann das sein? Was waren die Umstände, die Vor-aussetzungen für eine solche Genesis? Was macht Maria zu einem nahezu unvergleichlichen Geschöpf? Oder: Was ist das eigentlich für ein Kampf, den Jesus da führt? Gegen wen richtet er sich? Wie ist die Rettung der Welt, die Erlösung des einzelnen Menschen überhaupt zu verstehen?«

Die Skepsis in Bertrams Blick war nicht zu übersehen.

»Ich meine, die Geschichte Jesu wurde zusammengefaltet und abgeheftet. Wir haben doch eigentlich aufgehört, die wirklich spannenden Fragen zu stellen. Dabei geht es hier doch um nichts Geringeres als um ›das Geheimnis der verborgenen Weisheit Gottes‹, wie es der Apostel Paulus formulierte (1 Kor 2,7), eine Weisheit, ›die Gott vor allen Zeiten vorausbestimmt hat zu unserer Verherrlichung‹. Das Geheimnis der verborgenen Weisheit Gottes. Das muss man sich erst mal auf der Zunge zergehen lassen. Glaubt denn jemand, dieses Geheimnis sei mal schnell zwischen Tür und Angel zu erfahren? Wir verkünden, hatte Paulus gesagt, ›was kein Auge gesehen und kein Ohr gehört hat, was keinem Menschen in den Sinn gekommen ist: das Große, das Gott denen bereitet hat, die ihn lieben‹.«

»Und das interessiert Sie?«

»Ziemlich.«

»Mmh.«

»Moment, ich referiere hier nichts anderes als die Grundfragen christlichen Glaubens. Ein anderes Beispiel: Jesus spricht einmal davon, dass jemand in seiner Gruppe sei, der den Tod nicht sehen wird, ehe er wiederkommt in Herrlichkeit. Was heißt das denn? Ist das nur so dahergesagt? Ein Bluff? Ein Imponiergehabe? Bei Jesus kaum vorstellbar. Wer ist gemeint? Ist es Maria? Sie ist – so sagt es zumindest das Dogma der Unbefleckten Empfängnis – frei von Sünde. Sie ist damit, genau wie die Erstschöpfung des Menschen vor dem Sündenfall, unsterblich. Genau wie Jesus übrigens. Die beiden haben das gleiche Blut.«

Bertram war zu höflich, um laut zu protestieren. Aber wenn man innerlich den Kopf schütteln könnte, dann hatte er es gerade getan. Ich gestikulierte mit den Händen. Sorgenvoll sah er auf das Lenkrad und gab ein schüchternes »Verrennt man sich da nicht?« von sich.

»Ich versuchte nur, wie schon gesagt, in den Begriffen des Glaubens zu denken. Eines Glaubens, dem immerhin mehr als zwei Milliarden Menschen anhängen, Präsidenten, Dichter, Philosophen, Wissenschaftler und einfache Leute wie wir. Nehmen Sie den Begriff ›Himmelfahrt‹. Er verleitet zu der Vorstellung, Jesus sei irgendwie weggeflogen. Ab in den Orbit. Aber das ist, wenn man die Schrift genau liest, falsch. Jesus versicherte eindeutig: ›Ich bleibe bei euch alle Tage.‹ Und er sagt, er werde seinen Leuten den Geist und die Kraft geben. Alles sei möglich. Und haben nicht Abermillionen von Menschen vielleicht nicht täglich, aber häufig das Bewusstsein, ihn zu spüren? Wenn sie zu ihm beten. Wenn sie im Gottesdienst sind. Wenn sie die heilige Eucharistie feiern und sein Fleisch und Blut kommunizieren.«

»Okay.«

»Damit ist auch das Bild von seiner Wiederkehr ein wenig irreführend. Christus kommt nicht von weit her aus den Weiten des Alls zurück. Er ist omnipotent. Ohne Raum. Ohne Zeit. Und er kann sich jederzeit neu materialisieren. Diese Ankündigung steht im Übrigen nicht in einer Mitgliederzeitschrift für Esoteriker, sondern bei Matthäus. Alles hat seine Zeit, heißt es in der Heiligen Schrift.«

»Was meinen Sie damit?«

»Jesus hat sehr viele Dinge vorausgesagt. Sein Leiden, seinen Tod, seine Auferstehung, und noch viele Dinge mehr. Alle seine Prophezeiungen sind eingetreten. Fast alle.«

»Und welche nicht?«, fragte Bertram.

»Das Ende der bisherigen Weltgeschichte, die *Parusie*, das große Ereignis von seiner Wiederkunft, sein zweites und damit letztes Erscheinen. Die Frage ist: Wenn alle anderen Dinge eingetreten sind, warum dann nicht dieses?«

»Sie meinen, die Bibel sagt die Zukunft voraus?«

»Vermutlich bis ins Detail.«

»Fakt ist: Die Welt ist noch nicht untergegangen«, meinte Bertram trocken.

»Fakt ist auch: Das Ereignis steht noch aus.«

»Vielleicht hat er sich geirrt.«

»Wer weiß das? Wenn er sich geirrt hätte, wäre seine ganze Botschaft womöglich ein Irrtum. Dann wäre Jesus nicht Gottes Sohn. Und dann wäre Gott nicht Gott. Dann sollte man besser aufhören, nach Gott zu suchen, und lieber alle Religionen ad acta legen.«

»Das ist jetzt nicht ihr Ernst, oder?«

»Warum nicht?«

Wir bogen irgendwo links ab. An der Ampel hatte die Stadtverwaltung ein verwirrendes Gestänge von Hinweisschildern aufgebaut. Es sah aus wie eine moderne Plastik, brachte uns aber nicht weiter. Wir hatten uns hoffnungslos verfranst, und eine Zeitlang sprachen wir nichts mehr.

Jemand hat geschrieben: Das Christentum ist die einzige religiöse Botschaft, die nicht auf einer Weisheitslehre beruht, auf einer Idee, sondern es ist der einzige geschichtlich begründete Glaube der Menschheit überhaupt. Mit anderen Worten: Das Christentum ist Glaube an bestimmte Fakten, die sich an einem bestimmten Tag und an einem bestimmten Ort zugetragen haben. Diese Fakten müssen überprüfbar sein.

Tatsache ist andererseits, dass der Glaube an Jesus die Grenze des menschlich Fassbaren überschreitet. Er widerspricht per se der Vernunft, so wie wir sie kennen. Nicht nur der naturgesetzlichen, etwa durch das Ereignis von Wundern, sondern auch der rein menschlichen. So würde beispielsweise niemand von uns davon sprechen, nicht nur seine Freunde, sondern auch noch die Feinde zu lieben. Oder das Böse durch das Gute zu besiegen. Es ist eine Dimension, die die reine Vernunft zu übersteigen scheint. Auch wenn sie dabei nicht gegen die Vernunft gerichtet ist, sondern sie mit einschließt. Es ist eine eigene Kategorie. Sie ist anders, aber gleichwertig.

Der Computerwissenschaftler Joseph Weizenbaum, ein Professor am Massachusetts Institute of Technology in den USA, hat es so ausgedrückt: »Die Naturwissenschaften sind nicht die einzige Quelle der Wahrheit.« Auch ihr Fundament sei im Grunde nichts anderes als Glaube. Nämlich »der Glaube, dass die Naturgesetze im totalen Raum und seit Anbeginn und bis in die ewige

Zukunft herrschen«. Aber letztendlich habe noch »kein Experiment diesen Glauben verifizieren« können. Und selbst wenn man ihn verifizieren könnte und etwa über ein Lebewesen die komplette Kenntnis seiner physikalischen, genetischen, neurologischen Strukturen vorlegen könnte, genügte dies nicht, »um das Lebewesen zu verstehen«.

Weizenbaum wählte ein Beispiel: »Wer zum Beispiel alle Kenntnisse über eine Ameise hat, aber nicht weiß, dass die Ameise in einer riesigen Gesellschaft von Ameisen lebt, versteht die Ameise nicht.« Dasselbe gelte erst recht für das Verstehen des Menschen: »Es ist im Prinzip unmöglich, den Menschen rein wissenschaftlich zu begreifen.«

Bertram war wieder da: »Das heißt, wir sollten uns davor hüten, den Verstand als einzige Quelle der Erkenntnis zu betrachten?«

»Oder wie Pascal es sagt: ›Die letzte Schlussfolgerung der Vernunft ist, dass sie einsieht, dass es eine Unzahl von Dingen gibt, die ihr Fassungsvermögen übersteigen.‹ Im Letzten ist alles, was sich im Geist, aber auch in der Materie ausdrückt, Information. Wohlgemerkt eine Information, die nicht wir geschaffen haben, sondern die *für uns* geschaffen wurde. Aber Information ist nicht Materie oder Energie, sie ist eben Information. Und sie ist etwas, das auch den Menschen grundlegend verändern kann. Wir werden in Ain Karem damit konfrontiert sein, wenn es um die ›Information‹ für Maria geht. Wie sagte Professor Weizenbaum: ›Sehr vieles ist darstellbar durch die Naturwissenschaften, aber nicht die lebende Wahrheit.‹«

Bertram hob den Arm und streckte den Zeigefinger in die Höhe: »Und wie es der Dichter Ionescu sagt: ›Alles ist sagbar in Worten, nur nicht die lebende Wahrheit.‹«

»Von daher sollten wir vielleicht auch wieder versuchen, die Heiligen Schriften nicht länger *gegen* ihren Geist zu lesen, sondern *mit* ihrem Geist. Um sich dann, wenn man gewissermaßen diese Welle gefunden hat, von ihr treiben zu lassen. Wie von den Wellen des Meeres, die einen mit der entsprechenden Strömung an den richtigen Strand spülen.«

»Klingt ein wenig romantisch.«

»Die Meeresschildkröten finden auf diese Weise ohne Karte und Kompass immerhin über Strecken von weit über zehntausend Kilometer zu den Orten ihrer Herkunft zurück. So können sie dort, wo sie geboren wurden, jeweils die nächste Generation auf die Welt bringen.«

Vielleicht konnte Bertram mit dem Bild nichts anfangen. Er sah aus dem Fenster und schien etwas zu überlegen.

»Wenn wir jetzt zum Geburtsort des Johannes fahren«, sprach ich weiter, »sollte man wissen, dass es in jenen Tagen in Israel ein Klima der Naherwartung des Messias gab. Diese Erwartung entsprach einem breiten, allgemeinen Volksempfinden. Es geht also um ein Bewusstsein, das nicht Jesus hervorbrachte, wie manche spekulieren, sondern das ihm bereits vorausging. Wir gebrauchen den Ausdruck ›Es liegt etwas in der Luft‹ für eine Stimmung, für eine bestimmte Erwartung, die wie seismografische Wellen einem großen, eruptiven Ereignis vorauseilen. Im Fall Jesu gab es so etwas wie eine Seismografie der Endzeit …«

»Die Untergangsstimmungen kommen und gehen …«

»Aber was wir bei der Betrachtung Jesu allzu leicht übersehen, ist: Die Messias-Erwartung hat sich tatsächlich erfüllt. Alles ist eingetroffen. Es ist objektiv Fakt, dass sich ab diesem Zeitpunkt die Welt verändert hat.«

»Jesus war allerdings nicht der Einzige, der sich als der Gesandte Gottes empfand.«

»Der erfolgreichste seiner ›Konkurrenten‹ war *Bar Kochba*, ein jüdischer Rebell, der im Jahre 132 n. Chr. daranging, Jerusalem von den Römern zu befreien. Ein gewisser Akiba der Große, der bedeutendste unter den Rabbinern und Schriftgelehrten seiner Zeit, rief ihn öffentlich zum Messias aus. In der Begeisterung über seine ersten Siege wurden sogar Münzen geprägt mit der Aufschrift: ›Im ersten Jahr der Errettung Israels‹. Bar Kochba bedeutet: Sohn der Sterne. Als der Aufstand gegen die Römer allerdings mit der zweiten und damit endgültigen Zerstörung Israels endete, wurde aus Bar Kochba, dem Sternensohn, umgehend *Bar Koseba*, der Lügensohn.

Jedenfalls gab es vor und nach Christus innerhalb und außerhalb des Judentums keine einzige Messias-Erscheinung, die an die Bedeutung Jesu auch nur annähernd herankäme. Es geht ja in seinem Fall um weit mehr als um den Gesandten Gottes. In der langen Geschichte des Judentums war Jesus absolut der einzige Mensch, dem auch eine Vergöttlichung zuteil wurde. Niemand außer dem Mann aus Nazareth wurde von den Juden auch nur für einen Augenblick mit Jahwe gleichgesetzt. Und das will etwas heißen in einer Religion, deren erstes Gebot lautet: Du sollst keine fremden Götter neben mir haben.«

»Sind das die Spuren, denen Sie folgen wollen?«

»Wir haben es uns doch mit diesem Jesus ziemlich bequem gemacht. Sein Bild, sein Wesen, seine Mahnungen, all das ist inzwischen so abgeschliffen, dass darüber seine ganze Tiefe und Schärfe verloren ging. Man muss die Geschichte Jesu jetzt deshalb nicht neu schreiben, aber ich vermute, man muss sie wieder neu aufrollen.«

»Heilsgeschichtlich betrachtet«, schmunzelte Bertram und zwinkerte dabei mit einem Auge wie ein übermütiger Pennäler.

5

Spuren im Sand

Wir hatten inzwischen die Stadtgrenze von Jerusalem erreicht. In den ausgedehnten Neubaugebieten schoben sich die Hochhäuser in den Himmel. In den Tälern und auf den Berghängen ließen die typischen Terrassen noch die Anbauflächen und Weideplätze der früheren Bewohner erkennen.

»Und was ist mit den neuen Spuren?«, nahm Bertram den Faden wieder auf.

»Kennen Sie die Funde von Qumran am Toten Meer, mit den Schriftrollen der Essener?«

»Ich war noch nicht dort, aber es ist viel darüber geschrieben worden. In den Zeitungen stand, der Vatikan habe diese Schriftrollen unter Verschluss genommen und versucht, die Ergebnisse der Untersuchungen zu unterdrücken oder zu manipulieren.«

»Na ja. Der Vatikan hat die Rollen weder jemals in Besitz gehabt noch versucht, hier etwas zu ›drehen‹.«

Der kleine Mönch hatte sich tief in seinem Sitz vergraben. Er schien müde und erschöpft, womöglich von dem für ihn noch ungewohnten Ton, wenn um fünf Uhr früh im Kloster der Wecker klingelt. Wir rollten hinter Bussen her, die mit ausländischen Touristen und Gruppen lebhafter orthodoxer Juden nach dem Besuch der heiligen Stätten nach Tel Aviv oder zum Flughafen Ben Gurion fuhren.

War nicht trotz der Zunahme des Wissens unser Blick auf Jesus immer kleiner geworden, so dass wir ihn am Ende nur noch wie durch ein Schlüsselloch sahen? Gott wurde von einem Subjekt, dem man begegnet, zu einem Objekt, das man sich selbst gestaltet. Selbst viele Kirchgänger gehen heute davon aus, die Überlieferung der Kirche sei mit Skepsis zu betrachten. Aber hatten nicht ganze Generationen von Theologen, von Professoren und Religionslehrern die Erscheinung Jesu relativiert? Gab es nicht auch ein Versagen der Kirchenführungen, die diese Entwicklung jahrzehntelang ignorierten?

Nicht von ungefähr hatte Papst Benedikt XVI. als Kardinal in einer Kreuzweg-Andacht einmal über eine Kirche gesprochen, an der Christus so viel zu leiden hätte. »Wie oft feiern wir nur uns selbst und nehmen *Ihn* gar nicht wahr?«, hatte er angeklagt. »Wie viel Schmutz gibt es in der Kirche und gerade auch unter denen, die im Priestertum ihm ganz zugehören sollten? Wie viel Hochmut und Selbstherrlichkeit?«

Wie war es zudem möglich, dass aus einer im Grunde revolutionären Bewegung ein bewegungsloser Apparat wurde, der nicht mit der Attitüde des Forstschritts, sondern des Reaktionären daherkommt? Romano Guardini kritisierte frühzeitig, »der religiöse Schwerpunkt scheint sich immer mehr ins Organisatorische verlagert zu haben; Korrektheit, Loyalität und Gehorsam scheinen immer ausschließlicher zu den bestimmenden Merkmalen christlich-katholischer Haltung geworden zu sein«.

Aber es gab nicht nur die Aufgabe, wieder die richtige Perspektive zu finden. In den vergangenen Jahrzehnten hatten Experten aus so unterschiedlichen Disziplinen wie Archäologie, Geschichte, Paläografie und Papyrologie auch eine Reihe neuer Dinge zutage gefördert, die auf bislang völlig unbedachte Zusammenhänge schließen und neue Seiten der Person Jesu erkennen lassen konnten.

Es war an einem Sommertag des Jahres 1947, als der Beduine Mohammed ad Dib, ein Jugendlicher aus dem Stamme der Ta'amireh, den man den »Wolf« nannte, einem verirrten Tier aus seiner Ziegenherde nachstieg. In den Felsenhängen der Wüste, etwa zwölf Kilometer von Jericho entfernt, stieß der »Wolf« gemeinsam mit seinem herbeigeeilten Freund auf eine bis dahin völlig unbeachtete Höhle. Als die beiden dort unter einer dicken

Staubschicht mehrere mit Deckeln verschlossene Tonkrüge entdeckten, jubelten sie auf in der Hoffnung, einen vergessenen Goldschatz gefunden zu haben.

Doch die Krüge waren leer. Bis auf einen. Und der enthielt in der Tat so etwas wie Gold. Eingewickelt in eine mit Wachs getränkte Leinwand zogen die Hirten uralte Lederrollen aus dem Krug. Es waren, wie sich später herausstellte, Schriften des Alten Testaments aus dem 1. vorchristlichen Jahrhundert. Über Nacht war nach 1900 Jahren ein bis dahin unberührtes Milieu aus dem Sand der Wüste aufgetaucht, das zeitlich und geografisch den Hintergrund für die Ereignisse während des Lebens Jesu bildete. »Was für ein unglaublicher Fund«, telegrafierte der amerikanische Archäologe William F. Albright, »Glückwunsch zum größten Handschriftenfund unserer Zeit.«

Die bis dahin ältesten erhaltenen Schriften des Alten Testaments stammten aus dem 8. Jahrhundert nach Christus, nun gab es plötzlich ein Original aus der Zeit Jesu. Als 1951 die Dominikaner der *École Biblique et Archéologique Française* in Jerusalem nahe der Fundhöhlen in Qumran die Überreste eines Klosters ausgruben, war die Sensation perfekt. Nicht nur, dass dortige Fundstücke mit den in der Höhle entdeckten Krügen identisch waren und darauf schließen ließen, wer die Schriftrollen geschrieben und versteckt hatte. Immer gewisser wurde auch, dass es sich bei der festungsähnlichen Siedlung um den zentralen Sitz der geheimnisvollen Gemeinde der *Essener* handeln musste.

Wohnräume, Zisternen, ein Versammlungsraum von 22 Meter Länge und vier Meter Breite, alles war vorhanden. Dazu sogar eine Schreibstube mit Schreibtischen, Tintenfässern und Tonscherben, auf denen Abc-Schützen ihre ersten Schreibversuche machten. Geschrieben wurde in der Regel auf Pergament und Papyrus, gelegentlich auch auf eine Rolle aus Kupferblech, in das die Texte eingraviert wurden.

Die Essener waren keine Gruppe unbedeutender Außenseiter, wie aus den »Jüdischen Altertümern« des Geschichtsschreibers Flavius Josephus, aber auch aus Aufzeichnungen des Philo von Alexandrien oder des römischen Schriftstellers Plinius hervorgeht. In Jerusalem dominierte die im 2. Jahrhundert vor Christus entstandene strenge jüdische Glaubensgemeinschaft ganze Stadtviertel, etwa um das Essenertor auf dem Zionsberg, sowie zahlreiche Dörfer auf dem Land. Aufgeteilt in vier Stände – Priester, Leviten, Novizen und Laien –, lebte man sowohl in zölibatären wie in ehelichen Gruppen, man kannte sowohl die Gütergemeinschaft wie auch das Privateigentum, wobei die Gleichheit der Mitglieder und die Einheit der Gemeinschaft im Vordergrund standen. Das Leben war darauf ausgerichtet, die Gebote der Tora zu halten und die rituelle Reinheit zu wahren. Ein System von Zisternen ermöglichte eine intensive Handhabung ritueller Reinigungen in Tauchbädern. Die Grundhaltung der Essener war kompromisslos pazifistisch, man huldigte einer bestimmten Engellehre, glaubte an die Unsterblichkeit der Seele und an die Auferstehung nach dem Tod.

Ihre Mönche hatten sich etwa zwei Jahre vor der Geburt Christi in Qumran niedergelassen. Die Anlage war seit einem Erdbeben im Jahr 31 vor Christus verwaist gewesen. Nun aber erklärten die Ordensleute, es sei an der Zeit, in der Erwartung und Vorbereitung auf die bevorstehende heilige Endzeit der Aufforderung des Propheten Jesaja Folge zu leisten: »In der Wüste bahnt einen Weg für den Herrn.« Die Essener liefen in weißen Gewändern herum und verstanden sich als Erwählte, die sich in einem gottgeweihten »Bund ewiger Liebe« als *Söhne des Lichts* auf eine endzeitliche Auseinandersetzung mit den *Söhnen der Finsternis* vorzubereiten hatten. Ihr ganzes Streben, heißt es in zeitgenössischen Schriften, war auf Armut, Heiligung und levitische Reinheit ausgerichtet. Erklärtes Ziel: das Eintauchen in die »Mysterien des heiligen Lebens«. Als »Athleten der Tugend« hat sie der jüdische Philosoph Philo von Alexandrien beschrieben. Die Essener seien, so Philo, so etwas wie »körperlose Seelen« geworden, die danach suchten, »die Wahrheit für sich allein zu erforschen«.

In einem ebenfalls in Qumran gefundenen *Handbuch der Unterweisung*, das Ordensregeln, Aufnahmebedingungen und Strafmaßnahmen für Verstöße gegen die Gemeinderegel enthielt, hatten die Essener die »beiden Geistesarten des Menschen« unterschieden. Da sei zum einen der Geist des Lichts und der Wahrheit, zum anderen der Geist des Irrtums und der Finsternis. »Den Reichtum verachten sie«, notierte der jüdische Geschichtsschreiber Flavius Josephus, »und bewundernswert ist bei ihnen die Gemeinschaft der Güter, so dass man niemand bei ihnen findet, der mehr besäße als die anderen.« Wer aufgenommen werden wollte, musste nicht nur eine Probe der Mäßigkeit und der Standhaftigkeit bestehen, sondern auch »einen Eid schwören, dass er die Gottheit ehren, seine Pflichten gegen die Menschen erfüllen wolle«, wie Josephus notierte: »Des Weiteren verpflichtet er sich, stets die Wahrheit zu lieben …, den Ordensbrüdern nichts zu verheimlichen, anderen dagegen keines ihrer Geheimnisse zu offenbaren, und sollte man ihn auch bis zum Tode martern.«

Gegründet wurde die Mönchsgemeinschaft, der auch ein weltlicher Zweig mit verheirateten oder zölibatär lebenden Mitgliedern außerhalb des Klosters angehörte, von einem geheimnisvollen »Lehrer der Gerechtigkeit«. Seine Identität konnte nirgendwo geklärt werden, wohl aber die seines Gegenspielers, der in den Schriften als »Frevelpriester« bezeichnet wurde. Forscher machten ihn in dem damals amtierenden Hohepriester Jonatan fest. Der »Lehrer« galt jedenfalls als der vorbereitende Prophet und Vorläufer des Gesandten Gottes, des Messias. Im Gegensatz zu anderen Gläubigen erwarteten die Essener den Erlöser dabei als eine Art Doppelspitze in Form von zwei gleichzeitig auftretenden Gesandten Gottes: der eine von priesterlicher Würde, der zweite von königlicher Macht. Der Schluss der Regel von Qumran aber handelt von nichts Geringerem als von der genauen Sitzordnung beim feierlichen eschatologischen Mahl – dem Mahl der Endzeit, mit der persönlichen Anwesenheit des endlich eingetroffenen Messias, des Erlösers.

Der Novize an meiner Seite war ganz wach geworden, als ich von diesen Dingen erzählte. »Spannend«, murmelte er.

»Aber nicht weniger spannend ist der Zeitpunkt der Veröffentlichung dieser Texte. Erst nach Ende des Zweiten Weltkriegs und nach der Hölle des Holocaust kam Israel nach fast zwei Jahrtausenden der Wanderung und Verfolgung im Exil wieder als Volk in das Heilige Land zurück. Die Gründung des Staates Israel im Jahr 1948 markiert von daher wie kein anderes Datum nicht nur einen politischen, sondern, aus dem Blickwinkel des Glaubens betrachtet, gewissermaßen auch einen heilsgeschichtlichen Wendepunkt.«

»Aber die Handschriften wurden doch schon 1947 entdeckt.«

»Ja, aber es dauerte einige Zeit, bis die Funde eindeutig zugeordnet werden konnten. Die Hirten hatten sie zunächst zum orthodoxen St.-Markus-Kloster nach Jerusalem gebracht. Die Schriften gingen nach Amerika, wurden wieder zurückgekauft und so weiter. So kam es, dass erst 1948 die Zeitungen weltweit über die Sensationsfunde in der Wüste Juda berichteten. Es geht noch weiter: Der Fund der Hirtenjungen bestand aus exakt *sieben* Schriftstücken. Der siebten Rolle gaben die Forscher die Bezeichnung *Lamech-Apokalypse,* nach dem Namen Lamech, der auf dem Fragment zu lesen war. Aber nur eine der sieben Rollen war ganz erhalten geblieben. Sie war sieben Meter lang. Es war das *Buch Jesaja,* ausgerechnet jenes Propheten, dessen Schrift wie kein anderer Text die exakte Vorhersage und Beschreibung des Messias beinhaltet.«

»Wow.« Bertram war sichtlich beeindruckt.

»Und es war Jesus selbst, der sich immer wieder auf Jesaja bezog, zum Beleg dafür, dass mit ihm wahr geworden war, was seit alters verheißen war. Das sind jedenfalls die Fakten. Die sieben Rollen aus dieser Höhle befinden sich heute im »Handschriften-Tempel« des Israel-Museums in Jerusalem. Tempel ist zwar nicht Tempel, aber immerhin. Die älteste Handschrift der Bibel, die wir besitzen, beschäftigt sich aber nicht nur vorwiegend mit der Erscheinung des Messias, mit ihr konnte endlich auch einwandfrei nachgewiesen werden, dass die Heilige Schrift bis heute in einer unverfälschten Fassung überliefert wurde. Das, was wir in den modernen Ausgaben des Alten Testamentes lesen, ist also genau der Text, wie er vor Jahrtausenden aufgeschrieben wurde.«

»Aber was bedeutet nun Qumran für Ihre Recherchen?«, wollte der Novize wissen.

»Zunächst eine Liste von Fragen. Zum Beispiel: Warum hat Jesus sehr wohl die Pharisäer und Sadduzäer namentlich verurteilt, ihnen Verrat am Wort Gottes und an ihrem Auftrag als Hirten vorgehalten, nicht aber die Essener? Ja, warum werden sie in den Evangelien noch nicht einmal namentlich erwähnt? Oder: Auffälligerweise besiedeln die Essener ihr Kloster in Qumran unmittelbar vor der Geburt Christi. Warum aber sind sie nach seinem Tod plötzlich wieder verschwunden, als hätte sie der Erdboden verschluckt?«

»Wissen Sie es?«

»Nein. Aber stellt sich damit nicht die Frage, ob sich die Essener, die in weiten Kreisen der jüdischen Bevölkerung hohes Ansehen genossen, zu einem sehr frühen Zeitpunkt nahezu komplett in die Jesus-Bewegung integriert haben? Niemand im alten Israel hat das Bewusstsein von der nahen Ankunft des Messias stärker gepflegt als sie. Durch das Studium der Schriften, durch eigene Berechnungen und nicht zuletzt durch ihre begabten Seher mussten sie als die in Israel am besten informierte Gruppe gelten. Obendrein verfügte der Orden über eine gewaltige *man power*: mit gut ausgebildeten Priestern als eingeschworener Kader- und Eliteeinheit; mit einem befestigten, autarken Stützpunkt fernab der politischen und religiösen Machtzentren des Landes. Und mit einer eigenen Schreibmanufaktur – ideal für die Vervielfältigung des neuen Evangeliums, das nun verbreitet werden musste.«

Bertram wurde etwas unruhig.

»Als die Weisen aus dem Morgenland bei Herodes nach dem Erlöser fragten, wie es von Lukas berichtet wird, hat der König womöglich auch die Essener zu Rate gezogen. Qumran liegt gerade mal 24 Kilometer von Bethlehem entfernt. Und vermutlich waren auch Hanna und Simeon, die Jesus nach der Beschneidung im Tempel von Jerusalem als das erwartete Kind identifizierten, Mitglieder der Essener. Sie gehörten nach Lukas zu den ›Frommen Israels‹, die sehnsuchtsvoll die Ankunft des messianischen Heils erwarteten. Der griechische Ausdruck ›Eulabes‹ – der Fromme –, den Lukas für Simeon gebraucht, sowie das Benehmen und die Umwelt Hannas – Lukas nennt die beiden die Leute,

›die auf die Erlösung Jerusalems harrten‹ – deuten auf die ›Frommen‹ in Qumran hin. Simeon war offenbart worden, er werde den Tod nicht schauen, ehe er nicht ›den Messias des Herrn gesehen habe‹. Nun rief er aus: ›Meine Augen haben das Heil gesehen, das du vor allen Völkern bereitet hast, ein Licht, das die Heiden erleuchtet, und Herrlichkeit für dein Volk Israel.‹ Auch die Seherin Hanna erkannte das Kind. Sie ›pries Gott‹, so schreibt Lukas, ›und sprach über das Kind zu allen, die auf die Erlösung Jerusalems warteten.‹«

»Aber was heißt das genau?«

»Das bedeutet, dass die Essener ihre eigenen Vorhersagen, ja im Grunde ihren eigentlichen Zweck verraten hätten, wenn sie dieses Wissen nicht auch umgesetzt hätten. Alles war eingetreten. Alles passte zusammen. Der ›Lehrer der Gerechtigkeit‹ hatte sich als der vorangesandte Prophet erwiesen. Johannes der Täufer war bei den merkwürdigen Umständen seiner Geburt – wir werden das in Ain Karem sehen – als besonderes Kind verkündet worden. Die Seher Simeon und Hanna hatten den Säugling Jesus als das erwartete Heil identifiziert. Die drei Weisen aus dem Osten hatten es obendrein mit ihrer Suche bestätigt. Hinzu kam: Der eine, Johannes, stammte aus priesterlichem Geschlecht, der andere, Jesus, aus davidischem, königlichem; genau so, wie es die Mönche erwartet hatten. Spätestens als der Täufer und Jesus gemeinsam in den Wassern des Jordan standen, wenige Kilometer von Qumran entfernt, muss es vielen wie Schuppen von den Augen gefallen sein, was die Stunde geschlagen hatte.«

»Ich verstehe noch immer nicht.«

»Ich meine, alle diese Zusammenhänge zeigen, dass das Verschwinden der Essener damit zu tun haben könnte, dass sie einfach in der neuen Bewegung aufgegangen sind. Es heißt in der Apostelgeschichte einmal, an einem einzigen Tag seien der Anhängerschaft Jesu ›etwa 3000 Menschen hinzugefügt‹ worden. Das kommt in etwa auf die Zahl, die Flavius Josephus nannte, als er den Kern der Essener mit 4000 Gläubigen bezifferte.«

»Und weiter?«

»Die Essener waren neben den Pharisäern und den Sadduzäern die bedeutendste Glaubensschule Israels. Sie majorisierten Dörfer wie etwa Bethanien und Stadtteile Jerusalems wie den Bezirk um den Berg Zion, den Schauplatz des letzten Abendmahls. Es ist nicht unwahrscheinlich, dass Johannes der Täufer eng mit Qumran in Verbindung stand. Jesu Freunde, die zölibatär lebenden Geschwister Lazarus, Marta und Maria, könnten den Essenern angehört haben. Jesus selbst zumindest richtete sich bei der Feier des letzten Abendmahls …«

»… nach der endzeitlichen Sitzordnung vielleicht«, warf Bertram aufgeregt ein, »wie sie in der Regel von Qumran aufgeschrieben ist?«

»Das weiß ich nicht. Aber er richtete sich beim Pessachfest mit hoher Wahrscheinlichkeit nach der Ordnung der Essener, die einen eigenen Festtagskalender hatten. Was deutlich seine Nähe zu dieser Gemeinde unterstreicht.«

»Was folgt daraus?«

»Wenn nun, neben der Gruppe von Jesus-Anhängern aus Galiläa, die von den Aposteln angeführt wurde, und den vielen anderen Juden, die sich bereits vor und erst recht nach der Auferstehung der neuen Bewegung anschlossen, nun auch die Essener Jesus gefolgt wären – wer könnte dann noch davon sprechen, die *Juden* hätten Jesus nicht anerkannt? Die Essener waren das Sammelbecken der endzeitlichen Bewegung Israels. Niemand anders war so vorbereitet. Sie verstanden sich als die Gerechten Israels, der ›heilige Rest Israels‹, und sie waren es in gewisser Weise auch. Zumindest in der Aufgabe, ein Bewusstsein dafür zu schaffen, dass die ›Zeit erfüllt‹ sei. Nun waren ihre Erwartungen voll und ganz bestätigt worden. Ist es so ausgeschlossen, dass sie mit die Grundmasse waren, der Sauerteig des ›Neuen Bundes‹, den sie selbst hatten kommen sehen?«

»Sind Sie sicher?«

»Es ist eine Spur.«

»Aber was ist mit den Widersprüchen zur Botschaft Jesu?«

»Die sind nicht wegzuleugnen. Aber hätte es die Botschaft des Evangeliums bereits in ihrer ganzen Fülle und Richtigkeit gegeben, hätte Jesus erst gar nicht kommen müssen.«

»Die Juden waren jedenfalls kein geschlossenes Kollektiv.«

»Und erst recht kein Volk, das Jesus als Messias geschlossen abgelehnt hätte. Paulus, selbst Jude, sogar ein ehemals führender Pharisäer, hat das deutlich zum Ausdruck gebracht. In seinem Brief an die Römer schreibt er zwar in dem Kapitel über ›die endgültige Rettung Israels‹, erst durch das ›Versagen‹ eines Teiles seines Volkes habe schließlich ›das Heil zu den Heiden‹ gelangen können. Eines Tages würden aber auch ›die von Natur zugehörigen Zweige ihrem eigenen Ölbaum wieder eingepfropft werden‹ (Röm 11,24). Die Erlösung sei erfolgt, aber erst nach der Wiederkunft des Herrn könne das neue Leben in Christus zur Vollkommenheit gelangen. Eine ›Hoffnung, die man schon erfüllt sieht‹, sei ja schließlich keine Hoffnung mehr.

Aber er spricht eben auch deutlich davon, nur ›ein Teil‹ seines Volkes habe sich Jesus verweigert, und das auch nur, weil dies im Plan Gottes so vorgesehen war. Wörtlich schreibt er, jedermann solle ›*dieses Geheimnis* wissen: Verstockung liegt auf einem Teil Israels, bis die Heiden in voller Zahl das Heil erlangt haben.‹ Er spricht von ›erlangt‹, und nicht von ›angenommen‹. Und dann, so Paulus weiter, ›dann wird ganz Israel gerettet werden, wie es in der Schrift heißt: *Der Retter wird aus Zion kommen, er wird alle Gottlosigkeit von Jakob entfernen. Das ist der Bund, den ich ihnen gewähre, wenn ich ihre Sünden wegnehme.*‹ (Röm 11,25)

Ist es dann nicht ein merkwürdiger Zufall, dass die Schriften der Essener ausgerechnet zu der Zeit ans Licht kommen, zu der der von Paulus sogenannte ›verlorene Teil‹ des jüdischen Volkes in das Heilige Land zurückkehrt? Und die einzige vollständig erhaltene Handschrift ist dabei ausgerechnet das Buch jenes Propheten, der die Erscheinung eines Messias vorhersagt, die im Leben Jesu exakt genau so Realität wird, wie Jesaja sie beschrieben hat. Der Apostel schließt mit einem gewaltigen Ausruf: ›O Tiefe des Reichtums der Weisheit und der Erkenntnis Gottes. Wie unergründlich sind seine Entscheidungen, wie unerforschlich seine Wege.‹ Sehen Sie, ich glaube, es passiert in unserer Zeit etwas Unerhörtes, sehr Hoffnungsvolles. Wir haben die Möglichkeit, die Dinge zu wenden. Die moderne Gesellschaft versucht mit einer enormen Vehemenz, Gott vom Thron zu stoßen. Sie kann nicht mehr ertragen, nur Geschöpf zu sein. Erst recht nicht von jemandem, den man gar nicht mehr kennt. Eigentlich ist das sehr verständlich. Aber plötzlich erleben wir auf breiter Front den Zusammenbruch all unserer Systeme. Das gilt auch für die Systeme unseres Denkens. Die gute Nachricht dabei ist: Wir können wieder einen klareren Blick bekommen.«

»Ja, phantastisch.« Bertram klang, als hätte er zumindest einen Trostpreis gewonnen.

»Fest steht, dass wir das, was Jesus meinte, heute vielfach in einem noch klareren Sinn sehen können. Dass Botschaften sich plötzlich öffnen können. So wie Blüten, die ab einem bestimmten Sonnenstand und einer bestimmten Intensität an Licht mit einem Mal ihre ganze Fülle und Schönheit zeigen. Nehmen Sie Papst Benedikt XVI. Ist es nicht seltsam, dass keiner seiner vielen Vorgänger bis hin zu Simon Petrus ein eigenständiges Werk über Jesus vorlegen konnte?«

Bertram hatte offenbar genug. Er suchte eine Möglichkeit, irgendwie zum Ende zu kommen. »Was heißt eigentlich *Qumran* übersetzt«, wollte er plötzlich wissen.

»Ich hab es noch nicht herausgefunden.«

»Schade.«

Gut, vielleicht kam jetzt der journalistische Eifer, das berühmte Reporterblut in mir, zu stark in Wallung. Aber Qumran konfrontiert uns mit wichtigen Fragen. »Wir wissen eben längst nicht alles. Wie sagt Johannes am Schluss seines Evangeliums? Es gibt noch vieles andere, was Jesus getan hat ...«

6

Fülle der Zeit (I)

Am Wegkreuz der Kontinente, an dem sich alle Teile der bis dahin bekannten Welt berühren, ist in der Zeit vor der Geburt Jesu eine hochentwickelte Zivilisation entstanden. Das kleine Land Palästina beheimatet die ältesten Städte der Menschheit. Es ist mit der *Via Maris,* der bedeutendsten Verkehrsader der Antike, der Knotenpunkt zwischen Ost und West, Nord und Süd, der Schmelztiegel der Kulturen.

Alle möglichen Herrscher, Völker, Eroberer trugen ihre Errungenschaften in diese Region hinein. Und nicht zuletzt sind es die Juden selbst, die sich nach ihren Gefangenschaften in den Großreichen Ägypten und Babylon als begabte Importeure des Fortschritts erweisen, um mit den zivilisatorischen Errungenschaften der Zeit gestärkt in ihr Heiliges Land zurückzukehren.

Herodes lässt nicht nur das Wasserversorgungssystem ausbauen. Alte Städte werden erneuert, neue gegründet, ausgestattet mit Tempel, Theater und Sportanlagen. Ein funktionierendes Wegenetz erleichtert den Warenverkehr zwischen Ägypten und Mesopotamien, nach Griechenland und Italien und garantiert eine gute Anbindung an die Metropolen. Von Caesarea aus, dem modernsten Hafen der Antike mit einer imposanten Flotte aus Handels- und Fährschiffen, kann der Reisende in zehn Tagen Rom erreichen.

Bankinstitute fördern mit ihrem Filialnetz die internationalen Handelsbeziehungen. Die Bezahlung per Scheck gehört fast schon zum üblichen Geschäftsgebaren, selbst Terminspekulationen mit Getreideernten sind keine Seltenheit. Olivenöl, Feigen, Kampfer und Myrrhe sind die Hauptartikel des Exports, danach kommen Wein, Datteln, Fisch, Glas- und Töpferwaren. Als konkurrenzlos gelten der Balsam von Jericho und En-Gedi, der für pharmazeutische und kosmetische Produkte verwendet wird, aber auch Salz, Schwefel und Asphalt aus dem Toten Meer.

Der wertvollste Rohstoff des Landes freilich ist der ungewöhnlich hohe Bildungsstand der Bevölkerung. Für jeden Jungen ist ab einem Alter von fünf Jahren der Schulbesuch verpflichtend. Bis dreizehn beherrscht jeder Schüler in der Regel die heiligen Schriften auswendig. Mädchen sind vom Unterricht ausgenommen, aber jedes Dorf verfügt mit den Synagogen auch über eine Art Erwachsenenbildungsstätte und erweitert durch die regelmäßigen Wallfahrten nach Jerusalem den Erfahrungsraum seiner Bewohner.

Die ersten wahren Weltbürger seien sie, definierte Philo von Alexandrien, ein Zeitgenosse Jesu, die jüdische Bevölkerung. Immerhin leben von den insgesamt etwa vier Millionen Juden inzwischen drei Millionen im Ausland. Ob in Weltstädten wie Karthago und Massilia – Marseille –, in Antiochia und Athen oder in der unmittelbaren Nachbarschaft im ägyptischen Alexandrien. Anfangs in eigenen Vierteln abgegrenzt, stellen Juden hier inzwischen vierzig Prozent der Einwohner, meist als einfache Gewerbetreibende, aber auch als Kaufleute, Geldverleiher oder Kulturschaffende, die einen erheblichen Beitrag zu Philosophie, Geschichtsschreibung und Naturwissenschaften leisten. Die Metropole blüht. Verliebte, Handlungsreisende und Touristen illuminieren die Stadt, wenn sie mit Hunderten von beleuchteten Gondeln nachts durch die Kanäle schweben.

So reich Palästina an den Früchten der Erde und den Errungenschaften der Kultur ist: Nicht alle haben am Wohlstand teil. Einer privilegierten Klasse von Großgrundbesitzern und ausländischen Investoren steht ein immer größer werdendes Heer von Habenichtsen gegenüber: Kleinpächter, Tagelöhner, Arbeitslose, Sklaven und Bettler.

Die Kluft zwischen Arm und Reich wird immer größer. Wie groß, das demonstrierten Archäologen durch die Ausgrabung des Haushalts eines gewissen Nikodemus ben Gurion in Jerusalem. Nach den aufgefundenen Belegen konnte es sich der reiche Prasser leisten, seiner Tochter eine Hochzeitsgabe von einer Million Golddenaren mitzugeben. Das entsprach dem Wert von etwa dreihundert Millionen einpfündigen Brotlaiben. Für das Bett der Braut blätterte der Jerusalemer Millionär weitere 12000 Golddenare hin. Zum Vergleich: Ein Tagelöhner bringt es in jenen Jahren gerade einmal auf einen Verdienst von einem einfachen Denar, pro Tag wohlgemerkt, der Gegenwert von etwa zwölf Laib Brot.

Herodes der Große ist auf dem Höhepunkt seiner Macht. Sein Titel steht zwar in der Antike einfach nur für »der Ältere« *(ho megas)*, aber als *rex socius* ist der Emporkömmling aus Idumäa unmittelbar dem römischen Imperator und nicht dem Statthalter der Provinz Syrien unterstellt. Die Feinde sind unterworfen, die Hohepriester gleichgeschaltet, das Land mit Burgen und Wallanlagen befestigt. Wo nicht seine Streitmacht zur Stelle ist, wirkt die persönliche Leibgarde aus handverlesenen Galliern.

Selbst die schwere innenpolitische Krise, ausgelöst durch die Heirat seines Gönners und römischen Feldherrn Marcus Antonius mit Kleopatra, ist Vergangenheit. Die schöne Ägypterin träumte davon, Judäa wieder dem Reich ihrer Väter einzuverleiben. Vorsorglich hatte Herodes die Burg Masada mit neuen Befestigungsanlagen ausbauen, zwei Paläste für seine umfangreiche Familie und einen gewaltigen Vorrat an Lebensmitteln anlegen lassen. Nun ist Marcus Antonius mehr oder weniger freiwillig in den Selbstmord gegangen. Kleopatra hat es ihm gleichgetan, enttäuscht von ihrem vergeblichen Versuch, den neuen römischen Machthaber ebenso zu umgarnen wie seinen Vorgänger. Die gemeinsamen Kinder kamen zu Antonius' Erstfrau.

König Herodes ist ein Mann von außerordentlichen Fähigkeiten. Stark wie Goliath. Gewandt wie eine Schlange. Ein meisterhafter Reiter und Bogenschütze – und ein Intrigant, wie er im Buche steht. Als größter Bauherr, den Palästina je erlebte, kann er nach zehnjähriger Bauzeit die inneren Anlagen des Tempels eröffnen. Zur Feier des Tages kommen 300 Ochsen aus eigenen Ställen auf die Opferbank, selbst für einen wie Herodes keine

Kleinigkeit. Seiner enormen Energie tut das Alter keinen Abbruch. Ungezügelt ist seine Leidenschaft für schöne Frauen. Jeder neuen Ehe – nach Doris, Mariamne, Malthake und einer gewissen Kleopatra aus Jerusalem – folgt rasch die nächste. Wobei Schwiegermütter schon mal auf der Strecke bleiben. Neun im königlichen Haushalt verbleibende zankende und hadernde Gattinnen machen allerdings das Leben nicht immer zur Labsal.

Hinzu kommen Kabalen aus der Heiratspolitik der noch jungen Dynastie, die inzwischen kaum noch zu überblicken sind. Nur ein Beispiel: Die Ex-Frau Salome. Nicht genug, dass sie pausenlos Intrigen schmiedet, zu allem Überfluss verliebt sie sich in den Minister des Königs der nabatäischen Araber. Sie sind nicht gerade die besten Freunde der Herodianer, nachdem Herodes die Tochter des Königs als seine Ehefrau vom Hof gejagt hatte. Im Palast selbst wird seinem Sohn Alexander ein Sexskandal mit Eunuchen nachgesagt. Was zur Folge hat, dass wieder einmal Köpfe rollen.

Das System aus Drohung und Bestechung, Luxus und Vergnügungssucht, Terror und Intrigen beherrscht Herodes meisterhaft. Die Gefahr ist, sich in diesem System selbst zu verfangen. Zunehmend wachsen mit seiner Despotie die eigene Einsamkeit und Angst. Aus der Angst wird krankhaftes Misstrauen. Und aus dem Misstrauen Verfolgungswahn. Immer furchtbarer werden seine Hassattacken. Einen vom Volk hochverehrten Hohepriester etwa, der ihm nicht gefällt, lockt er in den Pool seines Palastes in Jericho. Seine Diener tauchen den Mann unter, und sie halten ihn ein wenig zu lange so fest.

Seine Gattin Mariamne wiederum, die einzige Frau, die er wirklich liebt, lässt Herodes töten, weil sie der Verschwörung verdächtigt wird. Danach ruft er unablässig ihren Namen, gibt sich nächtelangen Orgien hin, veranstaltet wilde Wettreiten, aber ihr Bild verfolgt ihn bis zum Wahnsinn. Am Ende werden unter den echten und vermeintlichen Gegnern, die er umbringen lässt, sogar zwei seiner Söhne sein, Alexander und Aristobul. Hingerichtet in einem Aufwasch mit 300 sympathisierenden Soldaten – und dem Barbier gleich noch dazu.

Eretz Israel ist nicht mehr das alte Land der Väter. Die Veränderung der jüdischen Kernlande, begonnen um 330 v. Chr., als der Makedonier Alexander der Große sein Reich über Syrien nach Ägypten ausdehnte, hat tiefe Spuren hinterlassen. Griechische Bauten dominieren die Städte. Griechische Philosophie das Denken. Griechische Lebensart den Alltag. In den Synagogen bedarf es Dolmetscher, um bei den Lesungen die heiligen Schriften zu übersetzen, weil Hebräisch vom Großteil der Bevölkerung nicht mehr verstanden wird.

Selbst in den Gemeinden der Diaspora wird griechisch gesprochen. Jüdische Gelehrte sind sogar dazu übergegangen, die gesamte jüdische Glaubensliteratur, einschließlich der geschichtlichen Bücher, in die neue Weltsprache zu übersetzen. Aus den fünf Büchern Mose, der *Tora,* entsteht auf diese Weise der *Pentateuch,* aus den hebräischen alttestamentlichen Schriften die *Septuaginta.* Ihre Bezeichnung verdankt sie – *Septuaginta* bedeutet *siebzig* – der Legende, dass das Werk durch *siebzig* Übersetzer auf der Insel Pharos entstanden sei – erarbeitet in *siebzig* Tagen.

Eine Folge der Übersetzung in die Leitsprache ist freilich auch, dass damit zum einen der jüdische Glaube für fremde Völker zugänglich wird. Zum anderen entwickeln sich diese Ausgaben zum unverzichtbaren Bindeglied zwischen den Gemeinden des weltweiten Judentums (was später wiederum dem auf Griechisch verfassten Evangelium den Weg ebnen wird).

An der Dominanz der fremden Kultur hat auch der im Jahr 167 v. Chr. begonnene Aufstand der Makkabäer, angefacht von dem Priester Mattatias, nichts geändert. »Warum sollen wir denn noch leben«, so sein verwegener Schlachtruf. Zwei Jahre später gelingt es einem Freiheitskämpfer namens Judas, Beiname Makkabäus, der »Hammer«, Jerusalem zu erobern und den Tempel zurückzugewinnen: Der Anlass für das alljährliche Fest der Tempelweihe, später »Chanukka« genannt. Die Besatzung der hellenistischen Seleukiden ist damit zwar abgeschüttelt, aber im Streit um die Rechtmäßigkeit und Amtsführung der Erben des Aufstands, der neuen Dynastie der Hasmonäer, bildet sich eine religiöse und politische Opposition, deren unterschiedliche

Gruppen sich gegenseitig Verrat an den religiösen Idealen vorwerfen.

Als fest abgegrenzte Gruppen im Land kennt man die *Samariter*, ein von Israel abgespaltener Volksstamm, der in Samarien, der Region zwischen Judäa und Galiläa, seinen eigenen Tempel errichtet hat und von rechtgläubigen Juden verachtet wird. Da gibt es nun plötzlich aber auch die *peruschim*, die Pharisäer. Ihr Name leitet sich von dem Wort »abgesondert« her – abgesondert von den angeblich viel zu laxen und gesetzesfernen Mitmenschen, dem »ungebildeten Volk vom Land«, das vom Gesetz nichts versteht. Als Laienbruderschaft von Handwerkern, Bauern und Kaufleuten will man durch komplizierte Prozeduren wie Reinigungsbäder und Waschungen die Vorschriften des mosaischen Gesetzes peinlich genau umsetzen. Ein Hauptaugenmerk gilt der »Verzehntung«, dem Abführen des zehnten Teiles von allem, was wie auch immer erworben wird, an die Leviten für den Opferdienst im Tempel.

Viele der Pharisäer haben in den Anfängen ihr Leben für den Glauben gegeben. Etwa als Makkabäer-König Alexander Jannäus 88 vor Christus als Vergeltung für einen Aufstand achthundert Pharisäer kreuzigen ließ. Nicht ohne dabei ein Festgelage zu feiern und die Frauen und Kinder der Gemarterten vor den Augen ihrer Männer und Väter abschlachten zu lassen. »Ihr Einfluss beim Volk ist denn auch wirklich so groß«, urteilte Flavius Josephus, »dass sie sich selbst im Gegensatz zum König oder zum Hohepriester ohne weiteres durchsetzen.«

Da sind zum anderen die *Sadduzäer*, eine kleine Gruppe zumeist Angehöriger der Priesterklasse und der Aristokratie, die ein in ihren Augen zeitgemäßes Judentum leben wollen. Die Römer seien nun einmal das erste Volk der Welt, argumentieren sie, und es sei nicht unbedingt klug, sich als Volk von Hirten, Bauern und Fischern einer Weltmacht zu widersetzen. Eine Haltung, die unter den neuen Regenten erhebliche Vorteile einbringt. Ihr Name leitet sich vermutlich von dem Priester Zadok ab, dem Hohepriester unter Salomo, der als geistiger Ahnherr der gesamten jüdischen Priesterschaft verehrt wird. »Die Wohlhabenden allein halten zu ihnen«, bemerkte Flavius Josephus mit einem Blick auf den Opportunismus der Gruppe. »Die Masse des Volkes will nichts davon wissen.« Ausschließlich Sadduzäer und nicht Pharisäer, wie irrtümlich vielfach angenommen, sind es dann auch, die als Hohepriester später den Prozess gegen Jesus betreiben und das religiöse Urteil sprechen.

Eine ganz andere Rolle spielen die *Zeloten* (griechisch für »Eiferer«), die sich berufen fühlen, »mit heiligem Zorn« gegen die römischen Besatzer zu kämpfen, überzeugt davon, dass der Messias in allernächster Zeit kommen und Israel religiös und politisch erneuern werde. Ihre Partei entstand aus einer Gruppe von Pharisäern, die es als Sakrileg empfanden, dem Gott-Kaiser in Rom Steuern zu entrichten. Als Gründer gilt ein gewisser Judas aus Gamla in der Nähe des Sees Genezareth, auch als »Judas der Galiläer« bezeichnet. In ihrer Tapferkeit und dem Eifer für das mosaische Gesetz imponieren sie nicht nur den Menschen aus den armen und unterdrückten Bevölkerungsschichten, sondern ebenso revolutionär gesinnten jungen Leuten, darunter ein gewisser Judas aus Iskariot, die sich aufgerufen fühlen, die herrschenden Verhältnisse mit Gewalt zu verändern.

Und da sind die *Essener,* eine Gruppe um einige Priester, die sich ursprünglich von den Sadduzäern abspaltete, weil sie deren säkularen Kurs und die Kungelei der »Frevelpriester« nicht länger mitmachen wollte. Strengste Vertraulichkeit ist eines der obersten Gebote. Insbesondere betrifft es das geheime Offenbarungswissen, das die Priester aus dem Studium der jüdischen Gesetze und der Propheten gewonnen zu haben glauben. Es geht um nichts Geringeres als das bevorstehende Ende der Welt.

Im Jahr 64 vor Christus konnten die Völker des Ostens dem Druck der neuen Weltmacht nicht mehr standhalten. Das römische Imperium griff nach ihren Ländern aus. Und es zeigte keine Anstalten, sie bald wieder herzugeben.

Drei Monate lang hatte der legendäre Feldherr Pompeius den Tempelberg von Jerusalem belagert, dann war die Stadt gefallen. Zur Absicherung ihrer Macht in dem neu eroberten Gebiet zogen die Römer neun Legionen zu je 5000 Berufslegionären zusammen, unterteilt in Kohorten, Zenturien und eine Reiterei. Zusätzlich wurden sechzig bis siebzig Hilfseinheiten aus Söldnern stationiert, insgesamt ein Besatzungsheer von rund 100000 Mann, präsent in allen Winkeln des Landes. Und martialisch aufgezäumt. Jeder einzelne der Krieger mit Bronzehelm, Kettenpanzer, schwerem Wurfspieß, Schwert und Dolch – und, zur psychologischen Kriegsführung, einem Schild, der mit einer furchterregenden Tierhaut überzogen ist.

Die Juden blieben standhaft. In allen ihren Provinzen war es den Römern gelungen, ihren Jupiter mit den Gottheiten der eroberten Gebiete zu verschmelzen. In Griechenland mit Zeus. In Ägypten mit Ammon. In Asien mit Baal. Einzig dieses lächerlich kleine Volk auf den steinigen Höhen zwischen Suez und Euphrat duldete weder einen Göttertausch noch eine Göttervermählung. Für Israel waren alle anderen Götter nur Imaginationen. Oder Spukgestalten der Dämonen. Hatte sich der eine und wahre Gott nicht schon vor langer Zeit ihren Vätern offenbart? Hatte er ihnen nicht dargelegt, wie sie beten und sich verhalten mussten? Zeigte er ihnen nicht – und nur ihnen – die geheimen Gesetze der Welt, von denen die anderen nicht einmal wussten, dass es sie gibt?

Gott hatte an ihnen seine Macht gezeigt und seine Fürsorge. Sie gerettet aus der Hand der Feinde und ins Gelobte Land geführt. Wer besaß die Bundeslade, den größten aller Schätze, mit den an Mose überreichten Gesetzen des Himmels? Hatte nicht auch ihre Liturgie eine geheimnisvolle Kraft, die ihre Wirkung über Tausende von Jahren nicht um ein Jota eingebüßt hatte?

Als einziges Volk im ganzen Römischen Reich sind die Juden vom Kaiserkult und sogar vom Militärdienst befreit. Die Einhaltung der Sabbatgebote wird gesichert und den jüdischen Gemeinden – *collegia licita* nach römischem Recht – sogar eine begrenzte zivile Rechtsprechung über die eigenen Leute zugestanden – nicht zuletzt der Dank Cäsars für die Unterstützung während seines Ägyptenfeldzugs. Auch die Tempelsteuer in Höhe von jährlich zwei Denaren, die jeder männliche Jude im Alter zwischen 20 und 50 Jahren nach Jerusalem abzuführen hat, wird von den

Römern nicht angetastet. Andererseits: Was bedeutet diese Freiheit, wenn auf den Zinnen der Antonia-Burg hoch über dem Tempelgelände eine römische Soldateska Tag und Nacht über alle Aktivitäten des Kultes wacht? Und was ist eine Glaubensfreiheit wert, wenn sie nicht nur unter Beobachtung von Feinden steht, sondern von ausgemachten Verächtern dieses Glaubens? Cicero, eine der einflussreichsten Persönlichkeiten des Reiches, spricht vom Judentum als einem »barbarischen Aberglauben«. Tacitus, der die »bösen und ekelhaften Kultsitten der Juden« anprangert, nennt sie sogar einen »scheußlichen Volksstamm«. Juvenal verspottet das Volk von Jerusalem als »Faulpelze«. Sie seien, da sie keine Götterbilder hätten, nichts anderes als »Wolkenanbeter«. Für Apollonius wiederum sind sie die unbegabtesten der Barbaren, die »keinerlei Erfindungen zum Fortschritt der Zivilisation beigetragen haben«. Und Plinius geißelt ihren Glauben, der so explizit von den anderen Religionen abweicht, gar als »schandvolle Gottlosigkeit«.

Die Zeit der Unterdrückung mochte für Israel furchtbar sein, aber war diesem Volk von den Propheten Gottes nicht auch versprochen, dass ein Erlöser erscheinen werde, sie ganz zu befreien? Und jedes Gebet, jedes Opfer am Morgen und am Abend, jede Feier am siebten Tag des Herrn, dem Sabbat, und jedes große Fest, zu dem das gesamte Volk in der heiligen Stadt Jerusalem zusammenkam, beschwor dieses Bewusstsein aufs Neue. Jede Rauchsäule, die zum Himmel aufstieg, verkündete es, dazu jeder Posaunenruf und jedes Murmeln der Priester, wenn sie vor dem Heiligtum Weihrauch auf die Glut legten.

Rom. Im Zentrum jenes Imperiums, das auf die Völker der Welt wie ein allmächtiger Zauber wirkt, bewundert von Fürsten und Königen, deren größter Stolz es ist, *amicus et socius populi romani* zu sein, Freund und Bundesgenosse des römischen Volkes, beginnt sich in jenen Jahren eine merkwürdige Entwicklung abzuzeichnen. Es liegt etwas in der Luft, undefiniert, ungenau. Ein neuer Weltgeist, der sich flirrend im Äther schon zu regen scheint? Aber was genau ist es? Wann wird es sich zeigen?

Niemals zuvor galten eine Macht und eine Kultur allen anderen als so überlegen wie das Imperium Romanum. Unermesslich reich. Unermesslich mächtig. Allein 130 Millionen Denare pro Jahr werden von den Provinzen als Tribut eingefordert, 150 Millionen als Kriegsentschädigung, 100 Millionen als Kriegsbeute.

In der Hauptstadt sammeln sich dank der Raubwirtschaft unermessliche Reichtümer an. Marmor aus Griechenland, Getreide aus Ägypten, Glas und Purpur aus Phönizien, Zirkustiere aus Nubien. Handelskarawanen bringen Stoffe und edlen Schmuck aus Babylonien, Arabien, Indien und sogar aus China. Der aufgeblähte Arbeitsmarkt wird inzwischen von einer Million Sklaven bedient. An jeder Ecke zeugen Rhetorikschulen, Philosophen-, Ärzte- und Rechtsschulen von den wunderbaren Möglichkeiten einer Weltkapitale. Und wer sich römischer Bürger nennen darf, ein Status ohnegleichen, ist so etwas wie ein Halbgott, unantastbar.

Aus einer Stadt aus Ziegeln ist unter Augustus eine Metropole aus Marmor entstanden, mit bis zu sechs- und siebenstöckigen Häusern. Auch wenn die Mehrheit der Römer zu den Minderbegüterten zählt, Theateraufführungen, Kampfspiele im Kolosseum, der Bau von Tempeln, Theatern, Thermen und Bibliotheken sind davon nicht beeinträchtigt. Die Kosten hierfür werden von den Reichen übernommen, die auch für die Stadtverwaltung und bei Nahrungsmittelknappheit für unentgeltliche Lebensmittel aufkommen.

Inzwischen reichen die Flügel des römischen Adlers vom Atlantik bis zum Nahen Osten, von Britannien bis zu den Rändern Afrikas. Mit dem Griechischen als Weltsprache kann man sich am Euphrat genauso gut verständigen wie in den Oasen der Sahara, in den Häfen Spaniens oder am Rhein und an der Themse. Die Infrastruktur aus Straßen, Bankwesen und Verwaltungstechnik sorgt für einen funktionierenden internationalen Austausch von Gütern, Dienstleistungen und Nachrichten. Die Verschmelzung von griechischer und römischer Kultur hebt Natur- und Geisteswissenschaften auf eine neue Stufe. Kurzum: Das Imperium ist auf dem Höhepunkt seiner Entfaltung – aber nicht mehr auf dem Höhepunkt seiner schrankenlosen Zukunftsträume.

Zum ersten Mal stagniert das Reich; nicht nur in seiner Expansionspolitik, die bislang keine Grenzen zu kennen schien, sondern auch in der inneren, der geistigen und sittlichen Entwicklung. Die Metropole Rom versammelt inzwischen auch Scharen von Menschen, die ihre wirtschaftliche Grundlage so schnell verloren haben wie ihre moralische: Soldaten, die nichts anderes können als töten; Bürger, deren Ersparnisse Opfer der Steuerschraube und der Geldentwertung infolge exorbitanter Kriegsausgaben geworden sind; Frauen, »denen vor lauter Freiheit, Ehescheidung, Abtreibung und Ehebruch«, wie der Historiker Will Durant etwas dramatisch formulierte, »der Kopf schwindelt«.

Dem Rausch von Luxus und Dekadenz ist eine gewisse Ernüchterung gewichen. Zu viele Länder müssen unter der Knute gehalten werden, zu mächtig ist der militärische Apparat geworden. Die Republik ist längst erdrosselt, die politischen Freiheiten im Tiber ertränkt worden. Schon Julius Cäsar hatte die Bürgerrepublik beschnitten und die Überwachung aller gegen alle als Preis für Ruhe und Stabilität zum Prinzip erhoben. Kaiser *Augustus* (»der Erhabene«), sein Großneffe und seit dem Jahre 31 vor Christus Alleinherrscher des Römischen Reiches, hat in der Folge ein System geschaffen, das die Errichtung einer autokratischen Ordnung anstrebte, notfalls mit blutigem Terror.

Plötzlich ist sie da, die neue Heilserwartung, und sie steckt in der Unruhe der Zeit in den Hochburgen der Alten Welt wie eine sich rasch ausbreitende Infektion unterschiedlichste Schichten an. Längst schon hatten die vormaligen Götter des griechischen Mythenhimmels ihre Kraft verloren. Nun kann auch die römische Staatsreligion mit ihrem zur Form erstarrten Opferzeremoniell und dem Kaiserkult nicht länger befriedigen. In das geistige Vakuum, das sich damit auftat, stoßen Wanderprediger, Magier und Zauberer, die auf den Straßen Roms ihre kruden Künste anbieten, mitgebracht von den Ufern des Ganges, aus Parthien oder aus Mittelasien. Damen der gehobenen Gesellschaft haben sich östliche Religionen zur Passion gemacht, etwa den Kult der ägyptischen Göttin Isis, die Texte indischer Meta-Lyrik wie die Upanishaden oder die Lehren von Buddha, Mahavira, Lao-tse, Konfuzius und Zarathustra. Die Gebildeten wiederum entdecken die Philosophie als eine Art laizistischer Religion und Sittenlehre, die nicht mehr nur hehre Antworten auf den Sinn des Lebens, sondern auf praktische Lebensfragen und die Probleme einer Gesellschaft geben soll, die ihre Moral verloren hat.

Die atheistische Gegenbewegung bleibt nicht aus. Der Dichter *Lukrez* († 55 v. Chr.) geht mit der Parole hausieren, Religion an sich sei eine gefährliche Verirrung. Schließlich sei das Universum, wie er in seinem Werk »Über die Natur der Dinge« ausführt, nichts weiter als ein zufälliges Gebilde, das durch den Tanz der Atome entstanden sei – und so auch wieder verschwinde. Die Senatoren und die Beamtenschaft pochen ohnehin auf die Einhaltung der säkularen Staatsdoktrin. Wennschon Götter, dann die selbstgemachten. Etwa der Kaiser, der nunmehr als *Filius Divi*, als »Sohn des Göttlichen« und »Erlöser« betitelt und dem ein »unzerstörbares Reich« attestiert wird. Noch zu seinen Lebzeiten werden Kaiser Augustus siebenunddreißig Tempel und Schreine errichtet, einige davon im Herrschaftsgebiet des Herodes, etwa in Caesarea am Ufer des Mittelmeeres und in Caesarea Philippi an den Hängen des Hermongebirges.

Mögen bei den anderen die Götter kommen und gehen, die spirituellen Obsessionen den Moden des Tages unterworfen sein, im Wettstreit der Religionen ist der Glaube Israels einzigartig. Sei dem einen Gott treu, heißt es hier, und halte seine Gesetze. Immerhin, so die Erfahrung des Volkes, kann dieser Gott, im Gegensatz zu den griechischen oder römischen Göttern, die dem kosmischen Geist, dem *Logos*, unterworfen sind, auch eingreifen und die Welt, wenn er will, auf den Kopf stellen. Für ihn gelten noch nicht einmal die Regeln der Logik und Geometrie. Diesem Gott gebührt so große Ehrfurcht, dass es sogar verboten ist, seinen Namen auszusprechen. Der Eigenname *Jahwe* ist seit vierhundert Jahren durch den Titel *Adonai*, Herr, ersetzt. Und dieser Herr ist in seiner Größe nicht nur unaussprechlich, sondern so unfassbar, gewaltig und geheimnisvoll, dass es sich verbietet, ihn bildlich darzustellen und sich damit auf ein von Menschen gemachtes Bild des Schöpfers zu fixieren.

Unattraktiv ist das nicht. Angewidert von den herrschenden Sitten finden auch Heiden einen fest gefügten moralischen Kodex, lebendiges religiöses Empfinden und die Ablehnung der Götzenverehrung bedenkenswert. Und einen Gott der Wahrheit, der Gerechtigkeit und der Güte faszinierender als die abgetakelte Götterwelt der dekadenten Obrigkeit. »Der Herr rettet den Gebeugten, der um Hilfe schreit«, lesen die Gottsucher in Psalm 72, »den Armen und den, der keinen Helfer hat.« Jedenfalls nimmt in allen Gebieten des Römischen Reiches im 2. und besonders im 1. Jahrhundert vor Christus die Zahl der Menschen, die zum Judentum konvertieren, deutlich zu. Möglicherweise auch unter dem Einfluss der *Sibyllinischen Bücher,* die in diesen Tagen großes Aufsehen erregen. Der Name der Schrift bezieht sich auf die griechische Seherin *Sibylle.* Hinter dem Pseudonym verbargen sich allerdings jüdische Missionare in Ägypten, die mit der Nachricht schockierten, aus Judäa werde jemand kommen, der zum Herrscher der Völker bestimmt sei.

Wir schreiben das Jahr 3754 »seit Erschaffung der Welt«, wie es im jüdischen Kalender heißt (nach heutiger Zeitrechnung das Jahr 7 vor Christus). Es ist die Stunde, in der das Ticken der Weltzeit aussetzt. Die Erde hört auf, in der alten Bahn zu rotieren. Stille. Lauschen. Denn selten gibt es in der Geschichte diesen einen Punkt der Kumulation, des Wechsels der Paradigmen in einem alles umfassenden Ausmaß, so dass für alle Menschen wachen Geistes erkennbar wird: Nun ist ein Ende erreicht. Oder einer neuer Anfang.

Vielleicht war das Herannahen einer gewaltigen Veränderung noch ein unbestimmtes, diffuses Gefühl, aber es sprang wie ein geheimnisvolles Feuer von Land zu Land und ergriff riesige Menschenmengen. »Die Mehrzahl war überzeugt«, heißt es in den *Historien* des römischen Geschichtsschreibers Tacitus, »in den alten Priesterschriften einen Hinweis zu finden, dass um diese Zeit der Orient sich mit Macht erheben und dass von Judäa der Herrscher der Welt kommen würde.« Fast wortgleich Flavius Josephus: Was die Juden »am meisten« erregte, hält er in seiner

Geschichte des Jüdischen Krieges trocken fest, »war eine zweideutige Weissagung in den heiligen Schriften, wonach zu dieser Zeit einer aus ihrem Land hervorgehen sollte, der zum Herrscher der Welt berufen sei«.

In der Erregung der Gemüter an diesem Vorabend der großen Zeitenwende sagt der Dichter Vergil die Geburt eines Kindes voraus, mit der eine neue Ära des Saturns beginne. Die Buddhisten bereiten sich auf den kommenden Buddha Maitreya vor. Die Hindus spekulieren auf die nächste Inkarnation des Gottes Vishnu. Die Perser träumen von einem Retter namens Saoschyant. Und die Juden – erwarten den Gesalbten Gottes, den *maschîah*, was die Griechen später mit »Christos« übersetzen, die Lateiner mit »Christus«.

Jeden Augenblick, heißt es, könne der Prophet Elija vom Himmel kommen und den Messias ankündigen. Einen großen Kriegsherrn, der das Land befreien, die heidnischen Königreiche vernichten und das apokalyptische Tier durch das Schwert zu Fall bringen würde.

7

Die Verkündigung

Unterhalb von *Yad Vashem*, der zentralen Gedenkstätte des Holocaust, entdeckten wir endlich Ain Karem, den Geburtsort Johannes des Täufers. Yad Vashem bedeutet sinngemäß »Denkmal und Name« und leitet sich aus dem Buch des Propheten Jesaja, Kapitel 56, Vers 5 her, wo es heißt: »Einen ewigen Namen gebe ich ihnen, der nie ausgetilgt wird.«

An diesem Morgen schien die Luft zu flimmern, und sie flimmerte immer mehr, je höher die Sonne am Himmel stand. Kurze Zeit später standen wir vor einem kleinen Verkaufsstand mit Grapefruits und Eiscreme, dessen Besitzer in endlosem Vertrauen auf die Kundschaft, die noch kommen könnte, seinen Tag verbrachte.

Wir parkten den Wagen und begannen den kurzen Anstieg zur Elisabethkirche, weiter oben auf einem Felsplateau inmitten schlanker Zypressen. Sieben Kilometer von der lärmenden Altstadt Jerusalems entfernt, galt Ain Karem schon zur Zeit Jesu als Naherholungsort betuchter Großstädter und Mitglieder der Priesterschaft. Noch heute geht der Blick vom Plateau auf grüne Wälder, silbern schimmernde Olivenbäume und terrassierte Hügel, die von langen Steinmauern abgestützt werden.

Das Zentrum des Dorfes bildet die prächtige Barockkirche der Franziskaner, »St. Johannes im Gebirge«, die über der Geburtsgrotte des Täufers erbaut wurde. Nicht weit davon ein Minarett. Auch die Muslime feiern mit der Sure 19 des Korans den Wegbereiter Jesu als einen der großen Propheten.

Gleich acht Städte stritten sich um die Ehre, Heimat des Täufers zu sein. Lukas hatte den Ort nicht näher lokalisiert, sondern nur von einem »Dorf im Bergland« gesprochen. Ain Karem kann dabei auf die älteste Tradition verweisen. Ein Wallfahrtsführer aus dem Jahr 530 nennt den Ort zwar nicht bei seinem Namen, macht ihn aber plausibel: »Von Jerusalem bis dorthin, wo die heilige Elisabeth … wohnte, sind es fünf Meilen«, etwa 7,5 Kilometer. Einhundert Jahre später, 638, erscheint der Name »Ain Karem« im Georgischen Festkalender. Schon aus byzantinischer Zeit (4. bis 7. Jh.) stammen Fundamente und Mosaiken der Johannes- wie der Elisabethkirche (heute »Kirche der Heimsuchung«). Die Kirche am Berghang galt ursprünglich dem Gedenken an eine Höhle, in der sich Elisabeth mit ihrem Kind den Erinnerungen der frühen Christen zufolge vor den Soldaten des Herodes versteckte. »Und der Berg öffnete sich«, schrieb bei einem Besuch ein russischer Abt namens Daniel 1106 in sein Pilgerreisebuch, »und gab ihnen Schutz.«

Ein kleiner Franziskaner hatte uns entdeckt, der Wächter des Hauses. Er trug eine braune Kippa, schwenkte mit der rechten Hand seine Kordel und kam herbeigelaufen, um uns ins Schlepptau zu nehmen. Wenn man einen Punkt suche, meinte er bedeutungsvoll, um in der Geschichte Jesu auf »Start« zu drücken, dann sei er hier in Ain Karem zu finden, beim Gipfeltreffen zweier begnadeter Frauen, die zweifelsfrei zu den bedeutendsten Persönlichkeiten der Geschichte zählen. In der Krypta sei die Szenerie mit einem wunderbaren Fresko im spätmittelalterlichen italienischen Stil illustriert. Seitlich davon führe ein sechs Meter langer Tunnel zu einem geheimnisvollen Quellbrunnen. Und im Kirchenschiff würden wir in wundervollen Bildern Maria als Gottesmutter, als »Zuflucht der Bedrängten« oder auch als »Unbefleckt Empfangene« nach der Lehre des Franziskanertheologen Johannes Duns Scotus bestaunen können.

Wir standen auf dem Vorplatz der Kirche. Zunächst bestaunten wir eine riesige Felswand voller Majolikaplatten, die in unzähligen Sprachen den »Lobpreis Mariens« wiedergeben, das »Magnificat«. »Selig ist die, die geglaubt hat«, so war Maria von Elisabeth empfangen worden, »dass sich erfüllt, was der Herr ihr sagen ließ.« Die Mutter Jesu hatte den Gruß mit einer Vision bestätigt, die auf beeindruckende Weise wahr wurde: »Siehe, von nun an preisen mich selig alle Geschlechter.«

Martin Luther hatte Maria einmal das »arme Dirnlein aus Nazareth« genannt. Aber das war sie nicht. Weder stammte sie aus Nazareth, noch war sie ein einfältiges Hausmädchen. Vielmehr war sie kultiviert und hoch gebildet, eine ganz außerordentliche, einmalige Erscheinung. Im Grunde das, was man eine weise Frau nennt. Dass sie sich selbst in Demut ganz zurücknahm, erklärt, warum sie im Evangelium so knapp erwähnt wird. Nach dem Tod ihres Sohnes ist sie nicht nur der Rückhalt der Gemeinde, sondern wohl auch die Quelle vieler Hintergrundinformationen, die in den Evangelien von Lukas und Johannes zum Tragen kamen.

Nicht mit Sicherheit zu klären ist, ob Maria nun eine »Base« jener Elisabeth von Ain Karem war, wie der russische Abt Daniel vermutete, oder ihre Nichte. Weil es im Hebräischen kein Wort für Cousin oder Cousine gibt, spricht das Lukasevangelium nur von »Verwandten«. Der hohe Altersunterschied zwischen den beiden – Elisabeth ist laut Lukas »schon in vorgerücktem Alter« – lässt darauf schließen, dass es sich um eine Tante handelt, die Schwester von Marias Mutter »aus dem Geschlecht Aarons«, der Ahnenreihe der Priester.

Wenn Jesus im Jahr 7 vor Christus geboren wurde – im Grunde ein unübertreffliches Paradoxon –, was in der Forschung inzwischen allgemein anerkannt wird, ist Maria zur Zeit der Verkündigung 18 Jahre alt. Archäologen wie Bargil Pixner vermuten ihre Geburt jedenfalls im Jahr 25 vor Christus. Als Geburtsort gilt Jerusalem. Wobei die orthodoxe Kirche ihr Elternhaus in einer unterirdischen Höhle in der Via Dolorosa Nr. 21 verehrt, die katholische an der *St.-Anna-Kirche* einige Meter weiter. Alten Aufzeichnungen zufolge wurde hier bereits am 8. Dezember 543 eine »Neue Marienkirche« eingeweiht. Die Stelle liegt im Übrigen in der Nähe der Betesda-Teiche, wo Jesus später einen seit 38 Jahren kranken Mann heilen sollte. Und unmittelbar gegenüber befand sich der Tempelplatz, in Marias Tagen die größte

Baustelle des Nahen Ostens, womöglich sogar die größte der Welt.

Wir hatten gerade die Krypta verlassen, als der Franziskaner von einer jungen Mitarbeiterin gerufen wurde. Das Telefon!

»Wer waren eigentlich die Eltern von Maria?«, fragte Bertram in die Stille hinein.

»Alles, was man davon weiß«, erklärte ich, »stammt aus dem sogenannten Proto-Evangelium des *Jakobus,* einer Schrift, die um etwa 150 n. Chr. entstand. Weil sie zur Legendenbildung neigt, wurde sie nicht in den Kanon des Neuen Testaments aufgenommen. Allerdings hat die Volksfrömmigkeit immer wieder auf diesen Bericht zurückgegriffen, auch Päpste haben damit argumentiert. Nicht zuletzt begründet er die ganze Anna-Verehrung mit unzähligen St.-Anna-Kirchen. Anna gilt also als die Mutter Mariens, Joachim, ein Angehöriger der königlichen Sippe der Daviden, der offenbar große Schafherden besaß, als Vater. Weil die Ehe der beiden kinderlos blieb, habe sich Joachim mit seiner Herde in die Wüste zurückgezogen. Im essenischen Kosibakloster im Wadi Quelt sei ihm schließlich in einer Vision ein Kind verheißen worden, das die Eltern als Gottesgeschenk betrachteten und schon als Vierjähriges ganz Gott weihten.«

»Sagt das apokryphe Proto-Evangelium.«

»Genau. Israelische Forscher konnten allerdings wirklich einen Dienst von Mädchen bis zwölf, dreizehn Jahren für die Priesterschaft im Tempel nachweisen. Voraussetzung war eine gründliche Ausbildung in der Tora, was für Mädchen die absolute Ausnahme war. Und wer weiß, vielleicht war dadurch der beste Lehrmeister Jesu niemand anders als seine Mutter.«

»Gibt es in der Familie eine Nähe zu den Essenern?«

»Bargil Pixner sieht unter anderem einen Zusammenhang über ein Gelübde der sexuellen Enthaltsamkeit, das es in dieser Form ausschließlich bei den Essenern gab. Ein derartiges Gelübde könnte die Weihe an Gott und ein entsprechendes Zölibat erklären. Pixner nimmt an, Joachim habe für seine Tochter unter seinen davidischen Stammesgenossen einen Mann gesucht, der Maria in ihrer Unversehrtheit bewahren würde, ebenjenen Josef aus dem galiläischen Weiler Nazareth. Unterstützt wird die These durch einen Hinweis im *Proto-Evangelium*. Danach war Josef ein Witwer, ›dessen frühzeitig verstorbene Frau ihm vier Knaben und vermutlich zwei Mädchen geschenkt hatte‹. Auch bei Matthäus weist eine Stelle in diese Richtung. ›Heißt nicht seine Mutter Maria und sind nicht Jakobus, Josef, Simon und Judas seine Brüder?‹, fragen die Nachbarn in Nazareth, ›leben nicht alle seine Schwestern unter uns?‹ Die beiden Männer seien sich jedenfalls einig geworden, vermutet Pixner. Maria hatte den Schutz des Gelübdes, Josef eine Hilfe bei der Erziehung seiner Kinder. Wie gesagt: eine These nur, aber nicht ohne eine gewisse Plausibilität.«

Während wir über den Evangelisten Lukas sprachen, der als Einziger die Vorgeschichte Jesu überliefert, wurde deutlich, wie präzise, ja geradezu penibel der Berichterstatter des dritten Evangeliums mit Fakten aus der Biografie Jesu umging. Lukas war Arzt. Er stammte vermutlich aus Antiochia in Syrien, begleitete ab den Jahren 50/51 mehrfach den Apostel Paulus auf seinen Missionsreisen und schrieb neben dem nach ihm benannten Evangelium, wie ein Großteil der Forscher annimmt, auch die »Apostelgeschichte«. »Schon viele haben es unternommen«, so beginnt er seinen Report, »einen Bericht über all das abzufassen, was sich unter uns ereignet und erfüllt hat.« Alle Biografen hätten sich dabei »an die Überlieferung derer« gehalten, »die von Anfang an Augenzeugen und Diener des Wortes waren«. Auch für ihn selbst habe gegolten, »allem von Grund auf sorgfältig nachzugehen«.

Lukas will als Historiker ernst genommen werden und nennt häufig geschichtliche Ereignisse und andere konkrete Anhaltspunkte, die es Zeitgenossen und Nachwelt erlauben, seine Angaben zum Leben Jesu nachzuprüfen. So gibt er etwa exakt den Beginn seines öffentlichen Wirkens an (»im fünfzehnten Jahr der Regierung des Kaisers Tiberius«), nennt das Jahr, in dem Jesus die Händler verjagte (im 46. Jahr des Tempelbaus), oder macht Angaben zu seinen Zeugen, die er nicht anonym zitiert, sondern, wie etwa die Seherin Hanna, unter Angabe von Alter (»eine Witwe von vierundachtzig Jahren«) und Familie (»eine Tochter Penuëls aus dem Stamm Ascher«).

Zur zeitlichen Einordnung der Geburt Jesu hält Lukas fest, es sei »in jenen Tagen gewesen«, als Kaiser Augustus allen Bewohnern des Reiches befahl, sich in Steuerlisten einzutragen. Um präzise unter mehreren Volkszählungen zu unterscheiden, fügt er an: »Dies geschah zum ersten Mal.« Ein zusätzlicher Beleg sollte die Angaben hieb- und stichfest machen: »Damals war Quirinius Statthalter von Syrien.«

Andererseits ist gerade der Beginn seines Berichts mit Ereignissen angereichert, die scheinbar mit der realen Geschichte nichts zu tun haben. Vielen Historikern, aber auch Gläubigen fiel es zunehmend schwerer, etwa die Erscheinung eines Engels, die Jungfrauengeburt oder den Kindermord von Bethlehem richtig einzuordnen. Noch dazu, weil es hierfür offenbar keine Entsprechungen in außerbiblischen Quellen gab. Hat Matthäus Fakten und Fiktionen miteinander verwoben?

Der Kindermord von Bethlehem beispielsweise, so einige Kritiker, sei lediglich »ein literarischer Topos« für das »in der Weltliteratur immer von neuem variierte Thema vom frühen Bedrohtsein auserwählter Personen und ihrer Rettung« (Gerhard Prause). Wer daran glaube, »übersieht die wirklichen Gegebenheiten«. Herodes habe sich in Wahrheit »als Friedensbringer« verstanden.

Die im Evangelium berichtete Volkszählung wurde von Kritikern schon deshalb dem Bereich der Legende zugeordnet, weil der im Evangelium erwähnte Quirinius angeblich erst im Jahr 6 nach Christus, also *nach* dem Tod des Herodes, die Regierung über Syrien übernommen hat. Obendrein stellte sich heraus, dass Herodes selbst nicht bis zum Jahre 4 *nach,* sondern nur bis zum Jahr 4 *vor* Christus gelebt hat. Die einzige Volkszählung, die es gegeben habe, sei erst für das Jahr 6 *nach* Christus festzustellen. Unisono wurden damit die Darstellungen der Bibel als gefärbt entlarvt. Sie seien lediglich Zeugnisse des Glaubens und nichts anderes als der »literarische Versuch«, so etwa der *Zeit*-Autor Prause, »die Geburt des Messias so darzustellen, wie sie im Alten Testament angedeutet wurde«.

Es gibt noch eine andere Unebenheit, die die Angaben des Evangeliums diskreditiert. Lukas erwähnt, dass Jesus zu Beginn seiner Mission »etwa dreißig Jahre« alt gewesen sei. Dreißig ist im alten Israel das Mindestalter für das Amt einer öffentlichen Autorität. Joseph trat als Dreißigjähriger vor den Pharao. David war dreißig, als er König wurde. Damals, so Lukas, habe ein gewisser Lysanias als Tetrarch von Abilene regiert. Nun wollten Kritiker herausgefunden haben, Lysanias habe weit vor dieser Zeit das Amt eines Vierfürsten innegehabt.

Dennoch, Lukas und seine Kollegen haben recht behalten. Es lag nicht an ihnen, dass die Daten nicht mit dem Geburtsjahr Christi übereinstimmten. Als der Mönch Dionysius Exiguus im 6. Jahrhundert dem Ereignis von Bethlehem ein Datum gab, ebenjene Stunde null, von der an wir bis heute unsere Jahre zählen, hatte er sich schlichtweg verrechnet. Der nachträglich justierte Beginn der neuen Zeitrechnung stimmte tatsächlich nicht mit den historischen Gegebenheiten überein. Und damit auch nicht mit den Angaben der Evangelisten. Für Dionysius spricht freilich, dass es mit dem zeitlichen Abstand einiger Jahrhunderte nicht gerade leicht war, das exakte Datum der Geburt Christi nachzuberechnen. Die alte Welt kannte keinen gemeinsamen verbindlichen Kalender. Der jüdische Kalender rechnete zudem mit Mond-Monaten. Weil sein Jahr nur 354 statt 365 Tage zählte, musste er immer wieder korrigiert werden. Fazit: Bei einer Annahme des Geburtsjahres 7 v. Chr., das heute weitgehend anerkannt ist, passen auch die Angaben des Evangelisten.

Was den Tetrarchen Lysanias betraf, so verwechselten der deutsche Evangeliums-Kritiker David Friedrich Strauß und andere diesen mit einem Zeitgenossen Herodes' des Großen. Lukas hingegen meinte jenen Lysanias, der unter Tiberius herrschte. Eine von Richard Pococke entdeckte Inschrift belegt, dass er zwischen den Jahren 14 und 29 Tetrarch war – was indirekt wiederum den Befund bestätigt, Jesus müsse etwa in den Jahren 7 bis 6 vor unserer Zeitrechnung geboren worden sein.

In der Frage der Volkszählung hatte bereits in den dreißiger Jahren des vorigen Jahrhunderts der Jesus-Forscher Franz Michel

Willam auf im ägyptischen Sand ausgegrabene Urkunden hingewiesen, die nicht nur für eine Zeit vor Christus Volkszählungen
belegten, sondern auch deren häufige Anwendung. »Gaius Vibini-
us Maximus, Statthalter von Ägypten«, so heißt es in einem der
Papiere, »tut kund: die aus irgendwelchem Grunde sich auswärts
befinden, zu gebieten, dass sie zu ihrem heimatlichen Herde zurückkehren, um dem Geschäft der üblichen Registrierung nachzukommen.« Lukas hatte in seinem Original für dieses Verfahren
den Ausdruck »Apografieren« verwendet. Nun wurde dieser Begriff in den aufgefundenen amtlichen Dokumenten bestätigt.

Zudem fand der Archäologe Jerry Vardaman eine Münze mit
dem Namen Quirinius, die den Römer als Prokonsul von Syrien
und Kilikien in den Jahren 11 *vor* bis in die Zeit nach dem Tod
Herodes' auswies. Es kann demnach, da viele Römer diesen Namen trugen, zwei aufeinanderfolgende Statthalter desselben Namens gegeben haben. Wenn der Statthalter Nummer zwei ab dem
Jahr 6 die Regierung übernahm und eine Volkszählung durch-
führte, konnte sein Vorgänger durchaus eine Zählung vierzehn
Jahre zuvor durchgeführt haben, folglich auch um die Zeit 7 vor
Christus.

Die steuerliche Erfassung der Untertanen durch die römischen
Behörden, wie etwa die in Bethlehem, konnte erneut belegt werden, als 1989 israelische Forscher das vollständige Familienarchiv
einer Jüdin namens *Babata* veröffentlichen konnten. Gefunden
wurde es in Nachal Arugot, einem Ort nördlich von Masada am
Toten Meer. Die Dokumente belegten, so der Papyrologe Carsten Peter Thiede, dass Lukas »bis zu den erforderlichen, mühse-
ligen Reisen und bis in das sprachliche Detail hinein exakt einen
römischen Steuer-Zensus wiedergab«.

Wenn Jesus im Jahre 7 vor Christus geboren wurde, wie es die
Nachberechnung anhand unterschiedlicher Parameter ergibt,
müssen auch die bisherigen Vorstellungen über sein Lebensalter
und den Zeitpunkt seines Todes korrigiert werden. Jesus wurde
nicht 33 Jahre alt, sondern mit hoher Wahrscheinlichkeit 37. Sein
Todesdatum ist demnach nicht im Jahr 33 anzusetzen, sondern
auf den 6. April des Jahres 30 nach Christus.

Was Lukas über die Anfänge Jesu recherchiert hatte, war in der Tat investigativer Journalismus. Heute würde jede Redaktion in Jubel ausbrechen, käme einer ihrer Reporter mit bislang so unbekannten Details aus der Vorgeschichte eines Mannes zurück, der inzwischen längst so etwas wie ein Star geworden war. So ist denn auch aus dem Bericht des Arztes ein gewisser Stolz herauszulesen, diese Story exklusiv zu haben.

»Kennen Sie die Story?«, fragte ich den jungen Mönch an meiner Seite.

»Nicht mehr so genau.«

»Sehen Sie, eigentlich beginnt die ganze Geschichte mit Johannes dem Täufer«, begann ich, »und wenn man es genau nimmt, im Grunde mit dessen Vater Zacharias. Und sie beginnt, wie sollte es anders sein, nirgendwo anders als im Tempel von Jerusalem. Dieser Zacharias ist der allererste Mensch, noch vor Maria, der eingeweiht wird in das große Geheimnis, das nun seinen Lauf nimmt.

Es war, als dem alten Mann wieder einmal die Aufgabe zufiel, im Tempel das Rauchopfer darzubringen. Als Priester der Wochengruppe *Abija* war er zweimal im Jahr eine Woche lang zu dieser Aufgabe verpflichtet. Das Zeremoniell hierfür war genau festgelegt. Sogar die Zeitspanne, während deren dann das Volk draußen zu bleiben und zu beten hatte. Lukas beschreibt, dass die Kinderlosigkeit wie ein dunkler Schatten auf Zacharias' Leben lag. In der Sippe war darüber gemunkelt worden, es müsse da eine schwere Sünde geben, wenn der Herr so jemanden mit Unfruchtbarkeit strafe. Als nun Zacharias ›auf der rechten Seite des Rauchopferaltars stand‹, wie Lukas schreibt, bricht das Undenkbare über ihn herein. ›Fürchte dich nicht‹, vernimmt er eine Stimme, ›dein Gebet ist erhört worden. Deine Frau Elisabeth wird dir einen Sohn gebären; dem sollst du den Namen Johannes geben.‹

Die Mitteilungen von Engeln, ob im Traum oder durch eine innere Stimme, waren in der Vorstellungswelt Israels zwar außergewöhnlich und aufregend, aber zugleich auch Teil der Lebenswirklichkeit. Der Engel, der sich nun bei Zacharias als Engel *Gabriel*, der *Engel des Herrn* zu erkennen gab (hebräisch aus der

Verbindung *Gebr*, starker Mann, und *El*, Gott, also ›Mann Gottes‹ oder ›Gott ist stark‹), gilt nach jüdischer Tradition als derjenige der drei Erzengel, der insbesondere damit beauftragt ist, das Eingreifen Gottes in den Ablauf der Geschichte zu erklären.

Die Ungeheuerlichkeit der Vision war im Grunde nicht zu fassen. Erst recht, als die Erscheinung fortfuhr, dieser Sohn werde ›mit dem Geist und mit der Kraft des Elija dem Herrn vorangehen, um das Herz der Väter wieder den Kindern zuzuwenden und die Ungehorsamen zur Gerechtigkeit zu führen und so das Volk für den Herrn bereit zu machen‹. Von Elija nämlich berichtete das Erste Buch der Könige, er sei am Ende seines Lebens entrückt worden. Die spätjüdische Apokalyptik ging davon aus, er würde eines Tages wieder unter den Menschen erscheinen, um das Kommen des Messias anzukündigen.

Zweifel werden wach bei Zacharias. ›Woran soll ich erkennen, dass das wahr ist?‹ Er sei ein alter Mann, und auch seine Frau sei nicht mehr gerade jung. Da Zacharias nicht die Offenheit aufbringe, entgegnet ihm der Engel, die Worte Gottes zu glauben, ›die in Erfüllung gehen, wenn die Zeit dafür da ist‹, würde er ab sofort verstummen. Ein Hinweis darauf, dass Glaube Einsicht gebe, Unglaube aber zu Uneinsichtigkeit führe. Als Zacharias wieder vor das schon unruhig gewordene Volk vor die Tore tritt, steht ihm der Schock ins Gesicht geschrieben. ›Da merkten sie‹, erzählt Lukas, ›dass er im Tempel eine Erscheinung gehabt hatte.‹

Kurz und gut, sechs Monate später setzt sich die Geschichte fort. Zu dieser Zeit ist die Verlobung Marias mit Josef bereits vollzogen. Das Heiratsalter bei Mädchen liegt bei vierzehn bis sechzehn Jahren, bei Jungen um die achtzehn, wobei es noch Jahre dauern kann, bis die beiden einen gemeinsamen Haushalt führen. Dem Proto-Evangelium zufolge hält sich Maria zu diesem Zeitpunkt in Jerusalem auf, wo sie mit einer Arbeit am Vorhang des Tempels beschäftigt ist. Lukas berichtet das Geschehen aus Nazareth.

›Der Engel trat bei ihr ein‹, beschreibt der Evangelist, ob nun in ihre Kammer oder die Kammer des Herzens: ›Ave Maria, gratia plena. Gegrüßt seist du, voll der Gnade; der Herr ist mit dir.‹

Es ist derselbe Engel Gabriel, der auch Zacharias eingeweiht hatte. ›Fürchte dich nicht‹, beruhigt die Erscheinung, ›du hast Gnade bei Gott gefunden.‹ Aber was heißt das? Was verbirgt sich dahinter? ›Du wirst ein Kind empfangen‹, vernimmt Maria zu ihrer Überraschung, vermutlich auch zu ihrem Schrecken, ›einen Sohn wirst du gebären: dem sollst du den Namen Jesus geben.‹

Der Engel fährt fort: ›Er wird groß sein und Sohn des Höchsten genannt werden. Gott, der Herr, wird ihm den Thron seines Vaters David geben. Er wird über das Haus Jakob in Ewigkeit herrschen, und seine Herrschaft wird kein Ende haben.‹

Maria ist kein Kind mehr, sondern eine junge Frau aus der Großstadt, die mitten im Leben steht. Dass sie schwanger werden wird, kann vielleicht eine Greisin erschüttern, aber nicht eine jugendliche Verlobte, die demnächst ihren Ehepflichten genügen wird – es sei denn, sie hat sich einem zölibatären Leben verschrieben. ›Wie soll das geschehen, da ich keinen Mann erkenne‹, reagiert Maria folgerichtig. Der Engel gibt zu verstehen, dass durch diese Botschaft sich an den äußeren Umständen ihres Lebens nichts ändern würde: ›Der Heilige Geist wird über dich kommen, und die Kraft des Höchsten wird dich überschatten. Deshalb wird auch das Kind heilig sein und Sohn Gottes genannt werden.‹

Etwas Unvorstellbares ist geschehen. Ein Vorgang, der in die banale Vernunft des Menschen hereinbricht wie eine metaphysische Supernova. ›Niemals geschah etwas Größeres, und niemals wird es etwas Größeres geben‹, schrieb der deutsche Bischof Rudolf Graber, es übersteige ›einfach alles‹. Der Evangelist Johannes beschreibt das Ereignis mit den erhabenen Sätzen seines unvergleichlichen Prologs. Ein Wort wird wahr. Es nimmt Fleisch und Blut an – ganz einfach, weil es ausgesprochen wird: ›Im Anfang war das Wort, und das Wort war bei Gott, und das Wort war Gott.‹

Bewusst suchte der Evangelist in Stil und Ausdruck eine Parallele zu den ersten Worten der Genesis – ›Im Anfang schuf Gott den Himmel und die Erde‹ –, um damit noch einmal zu unterstreichen, dass dieses Geschehen gleiches Gewicht hat wie die Schöpfung des Alls: ›Im Anfang war das Wort … Alles ist durch das Wort geworden, und ohne das Wort wurde nichts, was geworden ist. In ihm war das Leben, und das Leben war das Licht der Menschen.‹«

Das Licht hatte sich verändert. Während wir erschöpft und bewegungslos auf der harten Kirchenbank saßen, fluteten Bündel von Sonnenstrahlen den Raum, die in einem steilen Winkel durch die schmalen hohen Seitenfenster stachen. Bertram hatte im Neuen Testament nachgeschlagen. »Und das Wort ist Fleisch geworden und hat unter uns gewohnt.«

»Und was sagt der Engel zu Maria?«

»Denn für Gott ist nichts unmöglich.«

Bertram runzelte die Stirn. »Eigentlich alles ziemlich unspektakulär, gemessen an der Wucht dieser Verkündung.«

»Und auch wieder nicht. Wir übersehen zumeist, dass das Leise, das Stille, eine weitaus stärkere Wirkung hat als das Lärmende. Gott ist im Stillen, heißt es in den alten Schriften: im Flüstern des Windes. Und er handelt im Stillen. Klar, man könnte diese Geschichte mit einem nie gekannten Donner inszenieren. Mit der Erhebung des Meeres. Oder einem Blitz, der Berge in Täler versenkt. So ähnlich hätten sich ja wohl auch die meisten Menschen diesen Auftritt vorgestellt. Wenn man genauer hinsieht, ist das Geschehen um Maria unvergleichlich gewaltiger. Es geschieht weit mehr als eine Erhebung der Natur. Eine jungfräuliche Geburt ist ein Geschehen *wider* die Natur. Was hier passiert, widerspricht allen Naturgesetzen. Was wiederum auf jemanden verweist, der über den Gesetzen steht. Ja, der die Gesetze letztlich macht.«

»Paradox: Ein Mensch, eine völlig unbekannte und unscheinbare junge Frau – wird zur Mutter Gottes. Gott verbindet sein Handeln mit dem Ja eines Menschen, um sich gewissermaßen selbst auf die Welt zu bringen.«

Die Information, die hier vermittelt wird, ist: Gott schreibt eine Geschichte mit den Menschen. Aber er schreibt sie nicht gegen sie. Jeder Akt setzt die Zustimmung des Menschen voraus. Erst auf das Ja-Wort Mariens folgte der Moment der Menschwerdung Gottes: ›Siehe, ich bin die Magd des Herrn, mir geschehe nach deinem Worte.‹ All das hat nichts mit dem Intellekt, nichts mit einer mühsam errungenen Überzeugung zu tun. Es ist ein Flash. Eine neue Einstellung. Es hat einen dieses ›ganz Andere‹ berührt. Etwas, das die innerste Sphäre der Person befruchtet, die für gewöhnlich nicht erreichbar ist. Damit ist auch eine andere Auffassung der Welt entstanden.«

Bertram hob scherzhaft den Finger: »Wie hatte der Engel gesagt: ›Für Gott ist nichts unmöglich.‹«

»Und wer weiß, vielleicht ist das ja die eigentliche, die wahre Weltformel, nach der die Wissenschaft so verzweifelt sucht. Maria ist die Unvergleichliche, in ihrer mystischen Erfahrung aber ist sie beileibe kein Einzelfall. Die Religionsgeschichte kennt Hunderte, Tausende Beispiele von Visionen, Botschaften, blitzartigen Bewusstseinsveränderungen durch ›Erleuchtung‹, die es vermögen, die Biografie eines Menschen radikal zu verändern.«

»Fällt trotzdem schwer, eine Vision wie die von einer jungfräulichen Geburt heute noch zu glauben.«

»Nicht nur heute. Maria habe, so heißt es im Proto-Evangelium, bitterlich geweint. Auch in traditionellen Gesellschaften ist es bekanntlich nicht üblich, dass Jungfrauen Kinder bekommen. Man hat sich zu allen Zeiten darüber lustig gemacht. Es war eine Provokation für den gesunden Menschenverstand. Und wer bitte möchte mit einer solchen Geschichte schon gerne vor die Öffentlichkeit treten? Oder vor Andersgläubige, die religiöse Botschaften mit äußerster Skepsis betrachteten. Noch erstaunlicher ist: Wie konnte sich das ›Märchen‹ nur halten? Verblendung? Naivität? Mangel an kritischem Verstand? An Verstand überhaupt?

Der Evangelist Lukas, ein Arzt, geht dennoch völlig unbefangen mit dieser biologischen Sensation um. Er nimmt sie einfach hin. Und sicher nicht deshalb, weil die sogenannte Parthenogenese, die jungfräuliche Empfängnis, wie wir inzwischen wissen, in der Natur nachgewiesen werden kann. In wissenschaftlichen Experimenten bei Tieren gelang es sogar, im Labor Keimzellen ohne männliche Befruchtung zu entwickeln.«

»Aber ist die Jungfrauengeburt, wie Kritiker behaupten, nicht auch ein bekannter Topos in der Mythologie?«

»Nein. In der Antike gibt es keine Parallele zu diesem Geschehen. Nach den Götterlegenden der Griechen haben zwar Zeus und andere Heroen mit irdischen Frauen Kinder gezeugt, aber nicht in Form einer Parthenogenese. Diese Form ist auch in der biblischen Geschichte ohne Beispiel. Bei keinem der Patriarchen oder Propheten wurde nur annähernd eine Parallele gefunden. Allerdings gab es den bedeutenden Hinweis des Jesaja, der Herr werde ›von sich aus ein Zeichen geben‹ (7,14). Dieses Zeichen sei unverkennbar: ›Seht, die Jungfrau wird ein Kind empfangen, sie wird einen Sohn gebären, und sie wird ihm den Namen *Gott mit uns* geben.‹«

»Im hebräischen Text der Jesaja-Stelle wird allerdings schlicht von *almâ* gesprochen, was ›junge Frau‹ bedeutet.«

»Ein ernstzunehmender Einwand. Richtig ist, dass sich das Wort *almâ* auch mit ›heiratsfähiges‹ Mädchen« übersetzen lässt. Dass ein heiratsfähiges Mädchen ein Kind bekommt, ist allerdings keine prophetische Vision, sondern ein Allerweltsgeschehen. Erst die Jungfrauengeburt gibt dem Wort den messianischen Charakter. Es ist in diesem Zusammenhang gewissermaßen ein Muttermal der besonderen Art. Im Sinne von: Seht, daran sollt ihr ihn erkennen.«

»Der Engel gibt sogar den Namen vor.«

»Im biblischen Denken haben Namen eine enorme Bedeutung. Insbesondere wenn sie in Verbindung mit prophetischen Ankündigungen stehen. Man nennt sie die ›sprechenden Namen‹. Das hebräische *Josef* etwa, die Abkürzung von Joseph-el, bedeutet, ›Gott möge hinzufügen‹. Das wird ausdrücklich im Sinne von ›noch andere Kinder hinzufügen‹ verstanden. Nehmen Sie die Namensgebung bei Johannes dem Täufer. Als am achten Tag Nachbarn und Verwandte bei der Feier der Beschneidung davon ausgehen, der Neugeborene erhalte den Namen des Vaters, widerspricht die Mutter: Nein, meint sie, ihr Sohn solle *Johannes* heißen. Das hebräische Johanan oder Jehohanan heißt: ›Alles ist Gnade.‹«

»Und ›Zacharias‹?«

»›Jahwe erinnert sich.‹«

»Und ›Maria‹?«

»Mirjam, wie es auf Hebräisch heißt, bedeutet ›Geschenk

Jahwes‹. Die Trägerin eines solchen Namens wird als Geschenk Gottes ausgewiesen. Gott schenkt Besonderes. Oder schenkt dieser Frau etwas Besonderes. Die einzige im Alten Testament erwähnte Person, die diesen Namen trägt, ist die Schwester von Mose und Aaron. Es gibt aber noch eine weitere Übersetzung. Danach bedeutet Maria auch ›Seherin‹ oder ›Herrin‹.«

»Und ›Jesus‹?«

»Jesus ist ein sogenannter theophorer Name, also einer, der sich mit dem Verb *jš* – das heißt ›retten‹, ›helfen‹ – und mit dem heiligen und deshalb unaussprechlichen Namen Gottes – *JHWH* – verbinden lässt. Jesus, oder Jeshua, wie es im Aramäischen heißt, das wiederum zurückgeht auf das hebräische Jehoshua, bedeutet ›Gott hilft‹, ›Gott rettet‹.«

In Jerusalem hatte sich das anschwellende Geflüster vom Erlöser auch im Ohr des Königs festgesetzt. Wie eine Melodie, die man nicht mehr loswird. Herodes war in jenem Jahr, dem Jahr der Geburt von Johannes und Jesus, sechsundsechzig Jahre alt. Beliebt war er nie gewesen. Und im Laufe der Zeit hatte sich die Distanziertheit des Volkes regelrecht in Hass verwandelt. Was verbarg sich hinter den Visionen, mochte der König rätseln, von denen alle redeten? Ein neues Komplott? Eine weitere Verschwörung dieses ewig unruhigen Volkes, das seine Wohltaten nicht zu würdigen wusste?

Die Mönche der Essener arbeiteten zu dieser Zeit in ihrem Kloster am Rande der judäischen Wüste mit Hochdruck an der Präzisierung ihrer Berechnungen. Wie Flavius Josephus anmerkt, hatten sie sich über Jahrzehnte als prophetische Ratgeber der Hasmonäer und Herodianer einen Namen gemacht. Die Entdeckungen von Qumran aus dem Jahr 1947, die neben biblischen Handschriften eine umfangreiche Bibliothek an apokalyptischer Literatur zutage förderten, bestätigten diesen Befund. Gewissermaßen das Handwerkszeug für die Analysen der nahen und fernen Zukunft. Darunter auch eine Vision des »Neuen Jerusalem«, in der manche Theologen sogar einen Vorläufer der »Geheimen Offenbarung« sehen. »Der Engel«, so heißt es später in der Apokalypse des Johannes, »zeigte mir die heilige Stadt Jerusalem, wie sie von Gott her aus dem Himmel herabkam.« Diese Stadt brauche »weder Sonne noch Mond, die ihr leuchten. Denn die Herrlichkeit Gottes erleuchtet sie, und ihre Leuchte ist ›das Lamm‹.«

Es war nach Lukas in den Tagen vor dem Pessah-Fest, als Maria über die steinigen Höhen Samarias und Judäas zu Elisabeth zog. Die Regenzeit ging dem Ende zu, die Strahlen der Sonne wurden von Tag zu Tag wärmer, und auf den Feldern waren die ersten Bauern mit der Aussaat beschäftigt.

Das Motiv des *Weges* ist in den biblischen Schriften ein herausragendes Moment. Beim Umkehrerlebnis des Paulus etwa ist von der »geraden Straße« die Rede, die er zu suchen habe. Später werden die Nachfolger Jesu als »Anhänger des Neuen Weges« bezeichnet. Der Weg nach Ain Karem aber hatte einen anderen Charakter. Es war, als müssten damit die zwei Teile einer Schatzkarte zusammengefügt werden, um dadurch den Plan in seinem ganzen Umfang erkennen und schließlich auch den Zielpunkt sehen zu können. Es sind die zwei Teile des einen Symbols, die bis ins Kleinste zueinanderpassen, um damit das eine Große darzustellen.

Inzwischen war der Pater wieder zurückgekommen. Er führte uns durch die Kirche und malte in einer farbigen Erzählung die Ankunft Mariens in Ain Karem aus. »Haben Sie bemerkt, wie ehrfurchtsvoll der Pater seine Stimme hob?«, flüsterte Bertram.

»Ist ja auch ein entscheidender Augenblick, als Maria über die Schwelle der Tür schreitet.«

Bertram blätterte im Lukasevangelium: »Als Elisabeth den Gruß Mariens hörte, hüpfte das Kind in ihrem Leib.‹«

»Es ist das Sich-Erkennen im anderen. Hier scheint es das Erkennungszeichen schlechthin zu sein. Elisabeth wird in diesem Augenblick, wie Lukas es ausdrückt, ›vom Heiligen Geist erfüllt‹. Auch sie erkennt. Dass die beiden verheißenen Kinder schon im Mutterleib aufeinander reagieren, ist eine Art Siegel, das die Echtheit dieses Geschehens bestätigt. Die ältere und erfahrenere der beiden Frauen, die sicherlich um die alten Prophezeiungen weiß, ist so erschrocken darüber, dass sie die Fassung verliert.«

Bertram las weiter: »›Wer bin ich, dass die Mutter meines Herrn zu mir kommt?‹«

»Lukas benutzt hier im griechischen Urtext für ›Herr‹ den Genitiv des Wortes ›kyrios‹. Damit greift er bewusst den Titel auf, den die *Septuaginta* spätestens seit dem 2. Jahrhundert vor Christus für den hebräischen Gottesnamen ›Jahwe‹ verwendet.«

»›In dem Augenblick‹«, rezitierte Bertram, »›als ich deinen Gruß hörte, hüpfte das Kind vor Freude in meinem Leib. Selig ist die, die geglaubt hat, dass sich erfüllt, was der Herr ihr sagen ließ.‹«

Wie reagiert Maria? Kann sie bereits erfassen, was hier geschieht? Sie bringt kein Wort über die Lippen. Sie kann nur beten. Aber das Licht, in dem sie erscheint, beleuchtet weiß Gott keine einfältige Person. Aus der »Niedrigkeit einer Magd« wächst in der Mitarbeit Gottes die Hoheit einer Königin.

Lukas hat das Empfinden und die Erkenntnis der jungen Frau in einem kunstvollen, höchst poetischen Lied zum Ausdruck gebracht. Es sind Sätze aus Psalmen und aus prophetischen Büchern, aus dem Buch Samuel und aus der Genesis. Maria dürfte sie alle gekannt haben. Sie formulieren nun, in eine neue Form gebracht, den tiefsten Grund der Wirklichkeit, die von diesem Punkt einer neuen Genesis in die Zukunft strahlt. Es ist nicht zuletzt der oppositionelle Geist im Namen Gottes, das revolutionäre Pathos von Freiheit, Gleichheit und Gerechtigkeit, das dem Ausruf seine Größe gibt:

Meine Seele preist die Größe des Herrn,
und mein Geist jubelt über Gott, meinen Retter.
Denn auf die Niedrigkeit seiner Magd hat er geschaut.
Siehe, von nun an preisen mich selig alle Geschlechter.
Denn der Mächtige hat Großes an mir getan,
und sein Name ist heilig.
Er erbarmt sich von Geschlecht zu Geschlecht
über alle, die ihn fürchten.
Er vollbringt mit seinem Arm machtvolle Taten:
Er zerstreut, die im Herzen voll Hochmut sind;
er stürzt die Mächtigen vom Thron und erhöht die Niedrigen.

Die Hungernden beschenkt er mit seinen Gaben
und lässt die Reichen leer ausgehen.
Er nimmt sich seines Knechtes Israel an
und denkt an sein Erbarmen,
das er unsern Vätern verheißen hat,
Abraham und seinen Nachkommen auf ewig.

Die Initiation zwischen Jesus und Johannes ist nicht das einzige Signal für den Wechsel, der sich mit diesen heiligsten Kindern Israels anbahnt:

- Beide wurden unabhängig voneinander vom »Engel des Herrn« angekündigt.
- Beide entstehen unter Umständen, die mit den Naturgesetzen nicht erklärt werden können: als Kind einer Unfruchtbaren – und als Kind einer Jungfrau.
- Bei beiden ist der Name, der zugleich Programm ist, vorherbestimmt.
- Beiden werden eine außergewöhnliche Erscheinung, große Kraft und der Beistand des Heiligen Geistes zugesagt.
- Beiden wird eine klar umrissene Aufgabe vorhergesagt. Über Johannes spricht der Engel: »Er wird mit dem Geist und mit der Kraft des Elija dem Herrn vorangehen ... und so das Volk für den Herrn bereit machen.« Über Jesus sagt er: »Er wird groß sein und Sohn des Höchsten genannt werden ... Er wird über das Haus Jakob in Ewigkeit herrschen, und seine Herrschaft wird kein Ende haben.« »Deshalb wird auch das Kind«, so der Engel im Evangelium, »heilig und Sohn Gottes genannt werden.«

Um die Zeit vor der Geburt Jesu erwarteten die Hebräer definitiv das Erscheinen himmlischer Kräfte. Zum einen als den wiedergeborenen Elija, zum anderen als den Gesalbten Gottes, den Retter der Welt. Es gibt keinen Forscher, der die endzeitliche Stimmung, die in dieser Stunde der Geschichte das allgemeine Klima und das Bewusstsein Israels prägte, je angezweifelt hätte. Durch die Ereignisse in Ain Karem mussten sich die Mönche der Essener und andere aufmerksame Beobachter des Zeitgeschehens bestätigt fühlen. Noch waren diese Kinder im Mutterleib, aber sie waren keine Legenden, sondern leibhaftige Wesen, die, sobald sie das Licht der Welt erblickten, ein gewaltiges Beben auslösen konnten.

Lukas erzählt die Vorgeschichte Jesu gewissermaßen in vier Akten: Verheißung (an Zacharias) – Verkündigung (an Maria) – Verbriefung (durch Elisabeth) – Veröffentlichung (durch die Geburt des Johannes). Die erste Aufregung nämlich entsteht, als sich ganz Ain Karem nach der Geburt des Johannes zur Feier der Beschneidung versammelt und alle Beteiligten über die ungewöhnliche Namensgebung des neugeborenen Kindes rätseln. Die Verblüffung wird noch weit größer, als im selben Augenblick – »alles ist Gnade« – Zacharias seine Stimme wiederfindet. Das Evangelium überliefert erneut einen prophetischen Text:

Gepriesen sei der Herr, der Gott Israels!
Denn er hat sein Volk besucht und ihm Erlösung geschaffen;
er hat uns einen starken Retter erweckt
im Hause seines Knechtes David.

Kein anderer als Zacharias, ein Priester, ist damit der erste Herold Jesu. Der barmherzige Gott habe nun jenen starken Retter »erweckt«, verkündet er vor versammeltem Volk, den er durch den Mund seiner Propheten verheißen habe. Hier und heute sei nun jedoch bereits derjenige zu bestaunen, der als »Prophet des Höchsten« zu bezeichnen sei, sein Wegbereiter. Über seinen Sohn gebeugt, spricht der Vater die Worte:

Und du, Kind, wirst Prophet des Höchsten heißen;
denn du wirst dem Herrn vorangehen und ihm
*   den Weg bereiten.*
Du wirst sein Volk mit der Erfahrung des Heils
*   beschenken in der Vergebung der Sünden.*
Durch die barmherzige Liebe unseres Gottes
wird uns besuchen das aufstrahlende Licht aus der Höhe,

um allen zu leuchten, die in Finsternis sitzen und im
   Schatten des Todes,
und unsre Schritte zu lenken auf den Weg des Friedens.

Präziser kann man eine Ansage nicht machen. Aber was bedeutete es nun, »beschenkt« zu werden mit der »Erfahrung des Heils«? Macht? Allgemeinen Wohlstand? Sieg über die Feinde? Die Antwort ist so simpel wie überraschend: die »Vergebung der Sünden«.

Die Geburt von Ain Karem ist ein Paukenschlag, ein Fanal. »Alle, die in jener Gegend wohnten, erschraken«, berichtet Lukas, »und man sprach von all diesen Dingen im ganzen Bergland von Judäa.« Um es zu wiederholen: »Alle, die davon hörten, machten sich Gedanken darüber und sagten: Was wird wohl aus diesem Kind werden? Denn es war deutlich, dass die Hand des Herrn mit ihm war.«

Eine klare Ansage, auch für die klugen Köpfe der Schriftgelehrten. Man hatte das Kind gefunden, auf das viele gewartet hatten. Einen Elija? Oder schon den Messias? Hatte nicht der Prophet Jeremia von einem Neuen Bund gesprochen (Kapitel 31), dem »Bund der Erfüllung«, der damit einhergehen soll? Die Tempelherren mussten in Unruhe geraten. Galt denn nicht auch ihr Mandat laut Ernennungsurkunden nur so lange, »bis ein zuverlässiger Prophet ersteht«? Der amtierende Hohepriester, Simon ben Boëthos, war ohnehin nur ins Amt gekommen, damit Herodes dessen Tochter standesgemäß heiraten konnte. Das Kind von Ain Karem stand ab diesem Tag unter Beobachtung – und befand sich in Lebensgefahr.*

---

* Das Proto-Evangelium überliefert denn auch, dass Johannes vor König Herodes versteckt werden musste. Es ist nicht auszuschließen, dass er in die Obhut eines Klosters kam. Ausgerechnet zu jener Zeit hatten die Essener ihr Kloster in der Wüste neu besiedelt – nach einer Vakanz von drei Jahrzehnten. »In jenen Tagen«, heißt es in einer in Qumran gefundenen Schrift der »Söhne des Lichts«, die sich als »Auserwählte« sahen (wobei man Kranke und Behinderte ausschloss), »werden die Menschen aufhören müssen, unter den Übeltätern zu wohnen, um sich in die Wüste zurückzuziehen, wo sie bekehrt werden, um in jenen Tagen bereit zu sein.«

Es war Zeit geworden. Ich klemmte längst wieder hinter dem Lenkrad meines Mietwagens, überholte einige Laster und legte einen flotteren Gang ein, denn weder der Novize noch ich wollten das Mittagessen in der Abtei versäumen.

»Niemand kann Marias Begegnung mit dem Engel verifizieren«, begann Bertram, als wir auf die Schnellstraße nach Jerusalem eingebogen waren. »Könnte ihr spirituelles Erlebnis dann nicht auch ein Trugbild sein?«

»Grundsätzlich schon«, antwortete ich, »auch wenn man nicht gleich von Trugbild reden sollte. In unserer spirituell verarmten Gesellschaft sind solche Dinge schwer nachvollziehbar. Aber ist nicht bereits jedes Gebet eine Begegnung mit dem Überirdischen? Zumindest der Versuch hierzu. Und hat nicht auch jeder Mensch in seinem Leben immer wieder das Gefühl, einen bestimmten Wink, einen Fingerzeig bekommen zu haben? Die Gottesbegegnung selbst kann von anderen nicht wirklich überprüft werden. Sie spielt sich im Verborgenen ab. Ob etwas eine falsche oder richtige Einbildung war – ein Bild, das sich in einen hineinbildet –, erweist sich immer erst durch die Wirkung. Saulus wird nach einer Vision – einer *Ein-Bildung,* zum größten Missionar des Christentums. Franz von Assisi baut nach einer Vision die im Verfall begriffene Kirche wieder auf. Hildegard von Bingen vermittelt auf Grund einer Vision der Menschheit ein komplettes naturheilkundliches System. Das sind weit härtere Fakten, als sie beispielsweise ein wissenschaftlich-medizinisches Gutachten über eine Vision vorlegen könnte. Im Falle Marias sind die Folgen so gewaltig, bis heute eigentlich, dass es doch außerordentlich schwerfällt, sich hier kein einschneidendes Erlebnis vorzustellen.«

»Vielleicht wurde ihr die Engels-Geschichte angedichtet.«

»Maria war sakrosankt. Während einige Mitglieder der Urgemeinde immer wieder einmal im Zwist miteinander lagen, gab es über Maria nie ein schlechtes Wort. Der Mutter Jesu etwas anzudichten hätte als unverzeihlicher Frevel gegolten. Erst recht, wenn dadurch auch ein Schatten auf ihren Sohn gefallen wäre.«

»Warum ausgerechnet Maria?«

»Weil sie der wundervollste, heiligste, reinste Mensch war, der je auf Erden gelebt hat? Ich weiß es nicht. Die Kirche hat jahrhundertelang um dieses Geheimnis gerungen. Das Dogma von der Unbefleckten Empfängnis, also eines Zustandes völliger Reinheit, ohne jegliche Sünde, versuchte gewissermaßen, dem Unbegreiflichen einen Ausdruck zu geben. Wenn Gott sich schon auf diese Weise inkarniert, so die Erkenntnis, dann wohl in einer Art Tempel, der absolut rein, ganz ohne Sünde ist. Dieser Mensch sei deshalb so etwas wie eine neue Eva, ein Mensch, dessen Blut – aus reiner Gnade heraus – keinen Keim jener Erbsünde in sich habe, durch die die Schöpfung verunreinigt ist. Das *Ave* des Engels zu Maria ist gewissermaßen die Umkehrform von *Eva*. Für die Neuschöpfung des göttlich-menschlichen Seins und Daseins ist hier, wie schon gesagt, ein absolutes Ja erforderlich, eine Haltung der Demut, weit über ein nur verstandesmäßiges Einverständnis hinaus. Das Schlüsselwort Marias zum Eintreten Gottes in die Weltgeschichte war: ›Ich bin die Magd des Herrn; mir geschehe, wie du es gesagt hast.‹«

Wir hatten endlich die Stadtgrenze von Jerusalem erreicht und freuten uns auf den Lunch in der Abtei. »Was heißt eigentlich Ain Karem oder En Kerem oder wie auch immer dieser vergessene Ort geschrieben wird?«, fragte ich nach einiger Zeit.

Bertram schlug in seinem Reiseführer nach. Er schien plötzlich wie verstummt, fast wie Zacharias. Dann sagte er: »»Quelle des Weinbergs.‹«

Wir sahen uns verdutzt an, irgendwie hatten wir offenbar dieselbe Assoziation.

»Ich bin der Weinstock, ihr seid die Reben«, hatte Jesus sich ausgedrückt, »getrennt von mir könnt ihr nichts vollbringen.«

8

Fülle der Zeit (II)

In der aufgeheizten Stimmung dieses Jahres war der König zunehmend hektischer, nervöser und gereizter geworden. Die Nachricht aus Ain Karem musste Herodes verunsichern. Selbst in der unmittelbaren Umgebung des Palastes steckten die Leute ihre Köpfe zusammen, was die Geburt des Priestersohnes zu bedeuten habe. Irgendwo da draußen, sagte ihm sein Instinkt, würde ein Hauptfeind groß und größer werden, eine unbekannte Macht, die stärker war als er.

Der Wind des Wechsels, der sich als Gefühl, als Stimmung bemerkbar gemacht hatte, nahm Formen an. Die Zeloten verspürten Auftrieb, sechzig Jahre nach dem Spartakusaufstand den Römern auch in Palästina im Befreiungskampf entgegenzutreten. Die Essener verstärkten ihre Weltuntergangsrhetorik. Der Ausbau des Klosters in Qumran zur Aufnahme weiterer »Söhne des Lichts«, die als »Auserwählte« gerettet werden würden, sorgte für zusätzliche Aufregung. Und vermutlich kamen in diesen Tagen über die Karawanenstraßen aus Mesopotamien erste Gerüchte über die Berechnungen der berühmten Astrologenschule von Babylon in Umlauf, die offenbar eine sensationelle Konstellation der Sterne entdeckt hatten.

Es gibt einen weiteren Hinweis auf die extreme Stimmungslage dieser Monate, der von Evangeliums-Kritikern wie Theologen nahezu völlig ignoriert wird. Die Quelle ist das 17. Buch der *Jüdischen Altertümer* des Flavius Josephus. Der jüdische Geschichtsschreiber berichtet darin, auch unter den Pharisäern sei nun die Zahl derer gestiegen, die sich weigerten, dem römischen Kaiser den Treueid zu leisten. Dass dies unter dem Eindruck einer bevorstehenden

Zeitenwende geschah, in der sich nun ohnehin alle Verhältnisse ändern würden, liegt auf der Hand. Denn ausdrücklich erwähnt Josephus, auch einzelne Pharisäer seien nun aufgestanden, um die Ankunft des Messias zu prophezeien.

Es sind Tage, in denen ein Funke genügt, um ein ganzes Land in Brand zu setzen. In den Straßen Jerusalems regieren die Spitzel und Spione. Laut zu sprechen kann so gefährlich sein wie ein Bad im Pool des Herodes in Jericho.

In jedermann wittert der König einen Feind, jeder Nächste ist ihm ein potenzieller Verräter, wenn nicht gar sein Mörder. Wie panisch der Diktator reagiert, zeigt sich darin, dass nun selbst seine Söhne Alexander und Aristobul, lange Zeit die Lieblinge des Herrschers, ins Visier geraten: Verdacht der Verschwörung. Der Hof macht kurzen Prozess, Alexander und Aristobul werden an Ort und Stelle ihres Aufenthalts in Samaria hingerichtet. Aber ist, um jeglichen Versuch einer Wende schon im Keim zu ersticken, nicht noch ein weiterer Peitschenschlag fällig, eine schmerzhafte Abschreckung, die niemand so schnell vergessen würde?

Tatsächlich verzeichnen die Annalen im Jahr sieben vor Christus eine gewaltige Hinrichtungsaktion. Quelle ist erneut Flavius Josephus. Wie er in seiner Chronik berichtet, hatten insbesondere die Messiasprophezeiungen einiger Vertreter der Pharisäer Herodes in Erregung versetzt. Kurzerhand lässt er bei Nacht und Nebel zur Bestrafung sechstausend Pharisäer aus ihren Häusern holen, um sie zunächst zusammenzupferchen und dann grausam hinzurichten. Das ungeheuerliche Blutbad, beschreibt der Archäologe Gerhard Kroll, »legte sich wie ein Leichentuch über ganz Jerusalem«.

Wäre Jesus ein bis zwei Jahrhunderte früher geboren, wäre er mitten in die makkabäischen Kriege geraten. Ein bis zwei Jahrhunderte später hingegen in den ersten (70 n. Chr.) oder zweiten (132–135 n. Chr.) jüdischen Aufstand gegen die Römer. In dieser seiner Stunde jedoch, war vieles anders. Nicht nur, weil das Römische Reich unter Augustus seinen Höhepunkt erreicht hatte und das Gouvernement Palästina sich gerade in einem Zustand relativen Friedens befand.

Das jüdische Volk steht an einem Scheideweg. Der alte Bund der zwölf Stämme war längst zerbrochen, das Haus David über die Jahrhunderte wie ein Schloss verfallen, das keinen Hüter hat. In der Sehnsucht nach »Erfüllung« hatte sich gleichzeitig die Vorstellung entwickelt, man könne durch die Beobachtung der Gesetze und die korrekte Anwendung der heiligen Schriften und Vorschriften den Allmächtigen gewissermaßen auf die Erde herabwinken, ja, ihn regelrecht herabzwingen.

Volk Gottes zu sein war keine Auszeichnung, sondern ein Auftrag. Eine Bürde. Allerdings galt als gesichert, dass der Gott Israels sein Volk nicht im Unklaren über sein Schicksal lassen würde. »Denkt an die früheren Weissagungen seit alter Zeit!«, hatte der Prophet Jesaja im Namen des Herrn kundgetan, »denn ich bin Gott und sonst keiner, der wahre Gott, und keiner ist mir gleich.« Stand nicht alles längst auch schon geschrieben im großen Buch des Lebens? So sprach Gott: »Ich verkünde von Anfang an die Zukunft, und längst vorher, was noch nicht geschah. Ich spreche: Mein Plan steht fest; alles, was mir gefällt, das führe ich aus« (Jes 46,10).

In keiner anderen Stadt hatte der langsame, aber mit der Zeit immer drängender werdende Prozess der Erfüllung deutlicher Gestalt angenommen als in Jerusalem. Es schien gar, als hätten bereits die Kanaaniter, die ersten Bewohner, sowohl der Bestimmung als auch der Zukunft der Stadt einen Ausdruck gegeben, als sie ihr diesen einen, unvergleichlichen und nie veränderten Namen gaben: *Urusalem*. »Uru« stand für Stadtgründung. »Salim« wiederum – hebräisch »Schalom« – bedeutet »Heil«. Jerusalem – die *Stadt des Heils*. Nur hier, wussten die Väter Israels, am Ort der Bundeslade, der als Thron Gottes galt, würde sich die Weltgeschichte wenden, nirgendwo anders.

Allein der Tempel als einzige Kultstätte Israels verlieh Jerusalem eine Bedeutung, die weit über einen lokalen und selbst den nationalen Rang hinausging. Wenn Jerusalem hustete, hielt die Welt zwar nicht gleich den Atem an, aber jedes Geschehen in der

Stadt wurde allerorts aufmerksam registriert. Hatte nicht bereits zur Zeit König Davids der Prophet *Nathan* – im Namen Gottes – der Stadt auf dem Berg zugesichert, ein Nachfolger des Königs werde hier »ein Haus in meinem Namen [bauen], und ich bestätige seinen Königsthron für alle Zeit«.

Die Vision war unklar und unbestimmt. Und nachdem der Thron Davids 587 vor Christus zusammengebrochen war, konnten die Weissagungen folglich nur einem Daviden der Zukunft gelten. Aber welchem? Wie würde er erscheinen? Als großer Fürst? Als der Abkömmling eines mächtigen Herrscherhauses? Andererseits war Israels erster König, Saul, direkt vom Pflug weg zur Krönung geholt worden.

Sein Nachfolger, David, hatte Schafe gehütet, bevor er zum Hüter des Volkes wurde. Baute nicht erst sein Sohn Salomo im vierten Jahr seiner Regierung, am Neumondtag des Siv, erstmals überhaupt anstelle eines Provisoriums, eines Zeltes, wie sie unstete Stämme haben, die nicht wissen, wo sie zu Hause sind, ein festes *Haus des Herrn?* Er hatte hierfür weder erfahrene Architekten noch geübte Handwerker, noch überhaupt richtiges Baumaterial vorgefunden. Und doch hallten die Schönheit seiner Hallen und der Glanz des Allerheiligsten mit der heiligen Lade weit in die Zukunft, als könnten sie niemals vergehen.

Von Jahrhundert zu Jahrhundert war die Vision Nathans konkretisiert worden. Der Thron Davids wurde nun nicht länger als irdischer Thron verstanden, sondern als ein übergeordnetes, geistiges Moment von Herrschaft. Und der Davide als jemand, der nicht mehr auf dem Davidsthron, sondern auf dem Thron Gottes sitzt.

Mit den Ansagen weiterer Propheten und den Erfahrungen der jüdischen Religionsgeschichte weitete sich auch die Vorstellung über den Machtbereich, den der verheißene König haben würde. Es ging nun nicht mehr nur um das *Reich Davids*, sondern um weit mehr, nämlich um das *Reich Gottes*.

Eine Parallele zu dieser Entwicklung gab es in Jerusalem selbst, als sollte Israel diesen Prozess auch in seinem Kernpunkt nachbilden. Denn wie sich die Bedeutung von Thron und Reich transformierte, wurde auch die Vorstellung immer deutlicher, was mit dem Begriff »Zion« zu verbinden sei. War diese Bezeichnung anfangs nur ein Synonym für den Tempel gewesen, dann für den Berg der Stadt, dann für die Stadt selbst – so war »Zion« nun das Glaubenssymbol schlechthin; ein Topos für das Wunder aller Wunder: dass Gott einmal auf Erden unter den Menschen wohnen wird.

Nur, ein Retter kam nicht in Sicht. Das Goldene Zeitalter Jerusalems dauerte keine siebzig Jahre, und all die Jahrhunderte wechselte die Stadt zwischen Unterwerfung und Unabhängigkeit, zwischen religiösem Niedergang und der Rückkehr des Kultes zum Ursprung. Die Drangsal wurde kaum geringer. »Jahwe pfeift herbei ein Volk von den Enden der Erde«, so hatte Jesaja angekündigt, »die Hufe seiner Rosse sind wie Kiesel, die Räder wie Sturmgebraus; sein Brüllen ist dem des Löwen gleich« (Jes 5,26 ff.). Tatsächlich, im Jahre 733 erbebte die Welt vor dem Schrecken Assyriens und seines neuen Herrschers. Vom einstigen Reich Davids war nun nur noch das Südreich mit Jerusalem geblieben. Und nicht nur die Assyrer, auch ihre Königsbilder und Götterstatuen hielten Einzug in die Stadt, im Allerheiligsten des Tempels wurde ein assyrischer Altar aufgestellt.

Es war die Zeit, in der Jesaja allerdings auch von einer seltsamen Rettung sprach: »Siehe, die Jungfrau wird empfangen und einen Sohn gebären und ihn Immanuel – Gott mit uns – nennen. Von Butter und Honig wird er sich ernähren, bis er versteht, das Böse zu verwerfen und das Gute zu erwählen.« Mächtig erhob der Prophet seine Stimme: »Gott, der Herr, spricht: Seht, ich lege in Zion einen Grundstein, einen bewährten Stein, einen kostbaren Eckstein. Wer glaubt, wird nicht wanken.«

Der verheißene König blieb aus. Die Propheten hatten es vorhergesehen. Sie sahen darin das Ergebnis eines Weges, der Gott nicht gefallen und den Menschen nicht dienen konnte. Und nun, im Jahr 587 fällt nach einjähriger Belagerung Nebukadnezar, der Herrscher Babylons, in Jerusalem ein. Die Stadt wird geschlachtet wie ein Stück Vieh. »Wer an dir vorübergeht«, klagen ihre Bewohner, »klatscht die Hände und höhnt: Ist dies die Stadt, die man die Allerschönste nannte, die Wonne der ganzen Welt?« Zum zweiten Mal in seiner Geschichte wird Israel in ein Exil getrieben, aber schon taucht in der babylonischen Verbannung eine noch weitergehende Vision auf, die Vision eines »Neuen Jerusalem«: »Ströme lebendigen Wassers umfließen die Stadt, deren Namen fortan lauten wird: Hier wohnt Gott!«

Es ist nicht mehr Jesaja, sondern ein Jünger Jesajas (der sogenannte *Deuterojesaja*, Jes 40–55), der die Herrlichkeit Zions besingt. Seine Botschaft reicht noch weiter als alle Botschaften zuvor. Denn Jerusalem ist nun nicht mehr nur die Stadt Gottes, sondern auch der Mittelpunkt der Welt – »zu dem alle Völker wallen werden«. Zunächst freilich macht sich nur eine kleine Gruppe von Juden aus Babel auf den Weg, im Gepäck das geraubte Tempelgerät, das wieder an seinen Ort zurückkehren soll.

Ein dritter Jesaja (*Tritojesaja*, Jes 56–66) übersteigt in seiner Vision endlich alle seine Vorgänger: Die »Stadt auf dem Berge«, so ruft er aus, werde zu einem Ort, über dem auch in dunklen Zeiten die Herrlichkeit Gottes als Zeichen seiner Gegenwart erstrahlen wird: »Auf, werde Licht, Jerusalem, denn es kommt dein Licht, und des Herrn Herrlichkeit erstrahlt in dir.«

Die messianischen Prophezeiungen waren weder eine Theorie noch das in Verzweiflung kompliziert zusammengeschraubte Erklärungsmodell von Schriftgelehrten, sondern so etwas wie ein heiliger Gral, der von Jahrhundert zu Jahrhundert in den Schriften sorgfältig bewahrt und von Generation zu Generation überliefert wurde. Wissenschaftler entdeckten in den alttestamentlichen Schriften mindestens fünfzig dieser Vorhersagen, manche Forscher sprechen gar von dreihundert. Als Bibelkritiker ab dem 18. Jahrhundert die Aussagen der heiligen Schriften in Zweifel zu stellen begannen, galt selbst unter Theologen bald als erwiesen, dass insbesondere die Prophezeiungen von Jesaja nachträglich in die Texte hineingeschmuggelt worden waren. Eine derartige Übereinstimmung mit dem Geschehen um Jesus, auf das die Evangelien immer wieder hinweisen, konnte nur durch Fälschungen entstanden sein.

Seit den Funden von Qumran allerdings ist diese These hinfällig geworden. Speziell die Texte Jesajas erwiesen sich als ausgesprochen authentisch und unverändert überliefert. Nicht zuletzt hatte auch Flavius Josephus angemerkt, was die Juden zu dieser Zeit »am meisten« erregt habe, sei insbesondere »eine zweideutige Weissagung in den heiligen Schriften« gewesen, »wonach zu dieser Zeit einer aus ihrem Land hervorgehen sollte, der zum Herrscher der Welt berufen sei«.

Nicht alle messianischen Prophezeiungen waren über Missdeutungen erhaben. Die Schriftgelehrten steckten die Köpfe zusammen, was diese oder jene Stelle zu bedeuten habe. In ihrer Gesamtheit ließen die Visionen allerdings ein Profil erkennen, das teils so präzise war wie ein Steckbrief, um den Gesandten Gottes auch ja identifizieren zu können:

- Die *Genesis* und *Jeremia* zum Beispiel gaben seine Vorfahren an: Der Messias sei ein Abkömmling von Abraham, Isaak und Jakob, er werde aus dem Stamme Juda und dem Hause Davids kommen.
- Im *Deuteronomium* (Fünftes Buch Mose) wurde er als ein Prophet beschrieben, der größer sein würde als Mose und auf den das Volk hören solle.
- *Jesaja* schilderte unter anderem die besonderen Umstände seiner Geburt als Kind einer Jungfrau; der *maschîah* werde obendrein »Nazoräer« genannt werden.
- *Micha* verwies auf den Geburtsort Bethlehem; das »Wort des Herrn« aber komme »aus Jerusalem«; später werde »der Rest von Jakob inmitten vieler Völker wie der Tau [sein], der vom Herrn kommt, wie der Regen, der auf die Pflanzen fällt, der auf niemand angewiesen ist und auf keinen Menschen zu warten braucht«.
- *Hosea* gab ein Exil in Ägypten an.
- Die *Psalmen* sagten einen Verrat, die Anschuldigungen falscher Zeugen, seine Todesart (an Händen und Füßen durchbohrt) und seine Auferstehung voraus.
- *Jeremias* kündigte einen neuen Bund an: »... nicht wie der Bund war, den ich mit ihren Vätern geschlossen habe ...«

- *Ezechiel* verkündete: »So spricht Gott, der Herr: Wehe den Hirten Israels, die nur für sich selbst sorgen! … Ich setze sie ab, sie sollen nicht mehr die Hirten meiner Herde sein.« Der Prophet fährt fort: »Denn so spricht Gott, der Herr: Jetzt will ich meine Schafe selber suchen und mich selber um sie kümmern … Ich schenke euch ein neues Herz und gebe euch einen neuen Geist.«

Unter den Prophezeiungen, die von den Essenern und anderen zugrunde gelegt wurden, um die Ankunft des Erlösers zu berechnen, stach vor allem ein Hinweis aus dem *Buch Daniel* heraus, dem letzten Buch im Kanon des Alten Testaments. Eine erste messianische Allegorie Daniels fand sich bereits im 2. Kapitel unter der Aussage, ein kleiner Stein, der sich von einem Berg löse, zerschmetterte das viereckige Standbild. Der Hinweis wurde so verstanden, dass hier vier Reiche symbolisiert seien, die dem Reich des Messias vorausgehen würden. Nach einer der Deutungen der Schriftgelehrten waren dies die Reiche Neubabylonien, das Reich der Meder, das Perserreich und Griechenland.

»Der Stein aber, der das Standbild getroffen hatte«, so hieß es in der Vision weiter, »wurde zu einem großen Berg und erfüllte die ganze Erde« (Dan 2,35). Damit, so erklärte Daniel, sei gemeint, dass »der Gott des Himmels ein Reich errichten wird, das in Ewigkeit nicht untergeht«. Von christlichen Interpreten wurde später die Schau dahingehend ausgelegt, »dass Jesus Christus klein am Beginn und dass er dann groß sein würde«, wie Pascal notierte; gemäß dem Jesus-Wort: »Mit dem Himmelreich ist es wie mit einem Senfkorn.«

Im 7. Kapitel des Buches wird die Weissagung weiter präzisiert. »Da kam mit den Wolken des Himmels einer wie ein Menschensohn«, heißt es an der Stelle, »er gelangte bis zu dem Hochbetagten und wurde vor ihn geführt. Ihm wurden Herrschaft, Würde und Königtum gegeben. Alle Völker, Nationen und Sprachen müssen ihm dienen. Seine Herrschaft ist eine ewige, unvergängliche Herrschaft. Sein Reich geht niemals unter« (Dan 7,13–14).

Später wird Jesus selbst immer wieder auf diese Aussage zu

sprechen kommen. Nicht nur, wenn er sein zweites Kommen an diese Weissagung knüpft. Noch deutlicher ist der Bezug, indem er die Bezeichnung »Menschensohn« für sich reklamiert. Im Matthäusevangelium wird der Begriff etwa dreißig Mal verwendet. Wer diesen Ausdruck gebrauchte, wies damit exakt auf die Weissagung Daniels hin. In dieser Vision, urteilte der französische Theologe Ernest Renan, habe die messianische Hoffnung Israels »ihren stärksten Ausdruck« gefunden. Für viele war damit »der Messias nicht mehr ein König nach der Art des David oder Salomo, ein theokratischer Herrscher: Er war vielmehr ein Menschensohn, der auf einer Wolke erscheint, ein übernatürliches Wesen in menschlicher Erscheinung, beauftragt, die Welt zu richten und das Goldene Zeitalter einzuleiten.«

Einen regelrechten messianischen Kalender aber sahen die Gelehrten der Essener offenbar in der berühmten »Großen Weissagung« des 9. Kapitels im Buch Daniel. Vittorio Messori machte darauf aufmerksam, dass es sich hier um die erste und einzige Zeitangabe der Bibel zu diesem Thema handelt. Das hebräische Wort hierfür hieß *shabuim*, sieben. Das konnte nun sieben Wochen, aber auch sieben Jahre bedeuten. In der Interpretation wurde *shabuim* nun mit den sogenannten Septenarien gleichgesetzt. Es müssten folglich Perioden von je sieben Jahren sein, die die Spanne bis zum Erscheinen des Messias kennzeichneten, also ein Zeitraum von 490 Jahren.

In der Antike waren Zahlen weit mehr als eine Möglichkeit zum Rechnen. Sie galten als ein Schlüssel zu den harmonischen Gesetzen des Kosmos. »Die Zahl ist das Wesen der Dinge«, lehrte Pythagoras. Zahlen könnten den Logos des Universums abbilden, eine Art göttlicher Mathematik, mit der sich Kosmos und Mikrokosmos vernünftig berechnen ließen. Der »pythagoreische Lehrsatz« setzte dies unter Beweis, indem er die Gesetzmäßigkeit der Quadrate über den Seiten des rechtwinkeligen Dreiecks darstellte. Ein anderes Beispiel für die »Vernünftigkeit« der Zahlen zeigt sich in der Periodizität der kosmischen Zyklen, die auf zählbaren Einheiten beruht.

In der Bildsprache der heiligen Schriften wurden Zahlen zum einen als Symbole, zum anderen aber auch als konkrete Messeinheiten und Zeitangaben eingesetzt. »So enthält die Heilige Schrift unter den vielen und verschiedenen Zahlen andeutungsweise viele Geheimnisse«, wusste der deutsche Abt Hrabanus Maurus, ein spiritueller Meister des Mittelalters, »die jenen verborgen bleiben müssen, die nicht die Bedeutung der Zahlen kennen.«

Die Zahl *vierzig* etwa, die so häufig in der Bibel auftaucht – vierzig Tage Regen in der Sintflut, vierzig Jahre Wüstenwanderung Israels, vierzig Tage Fastenzeit –, symbolisiert eine Zeit der Erprobung. Die *Eins* wiederum, der Anfang der Zählung, gilt als unteilbare Grundzahl als die Zahl, aus der alles geworden ist, als Zahl der Einheit und Zahl Gottes. *Drei* ist die Zahl der Zeit (Vergangenheit, Gegenwart, Zukunft) sowie einer höheren, neuen Einheit. Sie ist nur durch sich selbst und die Zahl eins teilbar: »Omne trium perfectum«, alle Dreiheit ist vollkommen.

Fünf ist die Zahl des Gesetzes. Die fünf Bücher Mose etwa (Pentateuch) bilden die Tora. Der fünfeckige Stern, das Pentagramm, gilt als Symbol des Kosmos.

Acht wiederum ist die Zahl für Auferstehung und Glückseligkeit. Der achtstrahlige Stern symbolisiert das Siegel Gottes. So findet sich das Oktogon (Achteck) folglich auch in Taufsteinen, Türmen, Säulen und Grundrissen von Kirchen. In der Mathematik symbolisiert eine quer gelegte Acht die Unendlichkeit.

Eine ganz besondere Bedeutung aber kommt einer Zahl zu, in der sich gewissermaßen das Geheimnis der Geheimnisse verbirgt. Sie ist Sinnbild von Rhythmus, Fülle und Vollendung, die vollkommenste Zahl überhaupt: die heilige Zahl *sieben,* der *numerus perfectus et sacratus.* Wie die Eins ist die Sieben im spirituellen Denken der göttlichen Sphäre zugeordnet und umfasst die vollkommenen Werke. Da sind die sieben Tage der Genesis, die im Makrokosmos den Schöpfungsprozess umfassen. Die sieben Tage der Woche, die im Mikrokosmos einen geschlossenen Lebensrhythmus bilden. Die sieben Sakramente, die für die Heiligung des Lebens insgesamt stehen.

Sieben bedeutet immer die unbegrenzte Menge, das Ewige, die

von Gott gewollte Totalität. In der Bibel kommt die Sieben an mehr als zweihundert Stellen vor. Ob mit den sieben Säulen am Haus der Weisheit, der siebenfachen Preisung Gottes, den sieben Vertretern aller reinen Tiere in Noahs Arche, den sieben Tagen bis zum Beginn der Sintflut, später in den sieben Bitten des Vaterunsers, den sieben Gleichnissen vom Himmelreich oder den sieben Worten Christi am Kreuz. Ein Rhythmus ist erfüllt, wenn er sieben Einheiten umfasst. Hierfür stehen beispielsweise die sieben fetten und die sieben mageren Jahre in der Josephsgeschichte.

Bereits in der babylonischen Astronomie war die Gesetzmäßigkeit der Sieben erkannt worden, etwa im Ablauf der vier Mondphasen (vier mal sieben). Die Bedeutung der Zahl spiegelte sich auch im Tempelbau, der mit sieben Stufen und sieben Portalen versehen war. Bei den Juden wird die orientalische Siebenerreihe etwa im *Jobeljahr* (Dtn 15,12) manifestiert. Den sieben mal sieben Jahren folgt nach dem 49. Jahr ein Sabbatjahr, ein Jahr besonderer Gnade, an dem etwa auch Schulden erlassen werden, um einen Neubeginn zu ermöglichen.

Sieben Tage lang dauern die Feste; sieben Tage lang währt das Fasten, sieben Tage lang ist die Trauer. Mit den Siebenerreihen werden Prozesse gekennzeichnet, die für den Lauf von Schöpfung und Geschöpf unerlässlich sind. Und fast immer ist die Sieben in der mystischen Sprache der Bibel ein Ausdruck dafür, dass es hier um das Handeln Gottes mit den Menschen geht.

Wie rechneten nun die Essener mit der Angabe aus dem Buch Daniel, das so deutlich die Sieben ins Blickfeld gerückt hatte? Der Bibelwissenschaftler und Handschriftenexperte Hugh Schonfield fasste die Methode von Qumran so zusammen: »Wenn man vom Jahre 586, dem Beginn der Gefangenschaft Israels in Babylon, die 70 Jahre der gesamten Dauer des Exils, wie sie in der Bibel angegeben wird, abzieht und davon noch einmal die 490 Jahre, dann kommt man zur Feststellung, dass die Endzeit um das Jahr 26 v. Chr. beginnen musste.« Die Essener erwarteten folglich ihren Messias etwa zwanzig Jahre vor der Geburt Christi. »Und die Autorität der Mönche in Sachen Interpretation der Schrift war in der jüdischen Welt hoch genug«, weiß Schonfield, »dass ihre Endzeit-Berechnung in breiten Kreisen des Volkes Wirkung zeigen musste.«

Nicht nur die Essener hatten Berechnungen angestellt. In der berühmten Schule der Astronomen von Babylon wurden die Experten hellhörig, als sie plötzlich eine Sternenkonstellation entdeckten, die sich als Zeichen für bedeutende Veränderungen interpretiert ließ. Matthäus hatte den sogenannten Weisen aus dem Osten am Anfang seines Evangeliums eine zentrale Bedeutung beigemessen. »Als Jesus zur Zeit des Königs Herodes in Bethlehem in Judäa geboren worden war«, schreibt er in seinem zweiten Kapitel, »kamen Magier aus dem Osten nach Jerusalem und fragten: Wo ist der neugeborene König der Juden? Wir haben seinen Stern aufgehen sehen und sind gekommen, um ihm zu huldigen.«

Der Bericht über die »Sterndeuter« galt unter Theologen lange Zeit als legendäre Ausschmückung der Geburtsszene Jesu. Der im griechischen Original verwandte Begriff *mágoi* bezeichnete zunächst die Mitglieder einer persischen Priesterkaste, die sich mit Astrologie befassten. Sie wirkten als Berater von Königen, Fürsten und reichen Kaufleuten. Dass diese »Sterndeuter« laut Matthäus aber »seinen Stern aufgehen sahen« – und nicht einen »Kometen«, wie meist irrtümlich berichtet –, wirkte dann doch etwas zu blumig.

Im Dezember 1603 allerdings machte der deutsche Astronom Johannes Kepler, einer der Begründer der modernen Astronomie, eine bemerkenswerte Entdeckung. Der Gelehrte hatte in Prag eine hellleuchtende Konjunktion (Annäherung) von *Jupiter und Saturn im Zeichen der Fische* beobachtet. Durch komplizierte Berechnungen stellte Kepler fest, dasselbe Phänomen, das ein intensives und auffälliges Licht am Sternenhimmel hervorruft, müsse sich auch im Jahre 7 v. Chr. ereignet haben und könnte dem von der Bibel berichteten Stern von Bethlehem entsprechen.

Die Expertise setzte sich nicht durch. Sie galt als Spleen eines schrulligen Professors, der offenbar nichts Besseres zu tun hatte, als mit mystischem Brimborium die Angaben der Evangelisten zu verifizieren. Erst recht, weil Kepler zudem auf einen alten

Schriftkommentar des Rabbiners Abrabanel verwies, den er ausgegraben hatte. Der Rabbi erinnerte in dem Text daran, dass nach dem Glauben der Juden der Messias gerade zu dem Zeitpunkt erscheinen würde, wenn *Jupiter und Saturn im Zeichen der Fische* ihr Licht vereinigt hätten.

Mehr als zweihundert Jahre später freilich entdeckte der dänische Gelehrte Münter einen mittelalterlichen jüdischen Kommentar zum Buch Daniel, das die Weissagung der »siebzig Wochen« enthält. Münter bewies damit, dass bis ins Mittelalter hinein jüdischen Gelehrten speziell die Konjunktion von Jupiter und Saturn im Zeichen der Fische als eines jener Zeichen galt, die die Geburt des Messias begleiten mussten.

1902 wurde die sogenannte Planetentafel veröffentlicht, ein Papyrus, den Archäologen in Ägypten entdeckt hatten. Die Tafel stammte von ägyptischen Gelehrten, die in der Epoche der Zeitenwende die Bewegungen der Planeten in den Jahren 17 vor bis 10 nach Christus zusammengestellt hatten. Und damit war Kepler rehabilitiert. Denn genau für das Jahr 7 v. Chr. war exakt jene Konjunktion von Jupiter und Saturn eingezeichnet, die der Deutsche nachberechnet hatte.

1925 wurde das Ergebnis bestätigt, als bei Ausgrabungen in Sippar am Euphrat eine Sternentafel aus dem Jahr 8 v. Chr. entdeckt wurde. Sippar bei Babylon im »Morgenland«, das Matthäus als die Heimat seiner »Sterndeuter« nennt, war der Sitz der babylonischen Astrologenschule. Die kleine Tafel aus Terrakotta enthält in Keilschrift alle größeren Planetenbewegungen eines ganz bestimmten Jahres – das Jahr 7 vor Christus. Der Grund hierfür liegt auf der Hand: Die Konstellation, in der Jupiter im Augenblick seiner höchsten Helligkeit im Zeichen der Fische an die Seite des Planeten Saturn treten würde, war selten genug.

Aber eine dreimalige Jupiter-Saturn-Konjunktion in einem einzigen Jahr gab es so gut wie nie. Noch dazu, wenn sie mit einem gleichzeitigen Zeichenwechsel des Frühlingspunktes zusammenfällt. Letztmalig hatte sie 854 Jahre zuvor stattgefunden. Im Jahr 7 nun war sie für folgende Tage berechnet worden: den 29. Mai, den 1. Oktober und den 5. Dezember.

Man kann sich den Grad der Erregung der Astrologen gut vorstellen. Denn Jupiter galt im damaligen kosmologischen Bewusstsein als Planet des Herrschers der Welt, der Saturn als der Schutzplanet Israels. Die letzte der drei Konjunktionen, die am 5. Dezember stattfand, so rechneten heutige Astrologen nach, lag bei 15,5° Fische, also fast exakt in der Mitte des Tierkreiszeichens, was innerhalb der zugeordneten Länderbögen in etwa der Lage von Judäa entspricht. Das Zeichen der Fische wiederum wurde als das Zeichen der »Endzeit« angesehen, der Beginn der messianischen Zeit. Die Sterndeuter aus dem Morgenland hätten bei ihrer Suche nach dem »neugeborenen König der Juden« (Matthäus) tatsächlich nur dem dabei auftretenden »Zodiakallicht« zu folgen brauchen, das wie ein breiter, kegelförmiger Lichtstrahl auf die Erde weist.

Die Berechnungen der Experten von Sippar wurden im Übrigen von modernen Astrologen bestätigt. Sie errechneten nicht nur die außergewöhnliche dreimalige Konjunktion für das Jahr 7, sondern auch den exakten Zeitpunkt der dritten Konjunktion, die am 5. Dezember 7 vor Christus um 16.38 Uhr Ortszeit über Bethlehem stand. Und nur in diesem Fall, da die beiden Planeten nach Sonnenuntergang im Südwesten standen, konnten sie von den »drei Weisen aus dem Morgenland« auf dem Weg von Jerusalem nach Bethlehem auch gesehen werden. »Auch in der modernen Astrologie«, so der Astrologe Christian Klee, ein promovierter Physiker, »ist die Interpretation einer Saturn-Jupiter-Konstellation mit den Begriffen *der gerechte König* beziehungsweise *der rechtmäßige König* für jeden Astrologen plausibel. Und bei Zuordnung von Saturn zum Volk der Juden ist auch die Beschreibung *König der Juden* einleuchtend.«

»Es ist jedenfalls sicher«, so Vittorio Messori, »dass man zwischen Euphrat und Tigris nicht nur wie im gesamten Orient einen Messias erwartete, der aus Israel kommen sollte. Man hat sogar mit erstaunlicher Genauigkeit festgestellt, dass er zu einer ganz bestimmten Zeit geboren werden musste. Zu jener Zeit nämlich, als für die Christen wahrhaftig der ›Herrscher der Welt‹ erschienen ist.«

Der jüdische Kalender schreibt zum Zeitpunkt der Geburt von Johannes und Jesus das Jahr *3754*. Die Evangelien blieben dazu auf seltsame Weise stumm. Es ist der Beginn einer neuen Ära, die Stunde null, die sich erst im Nachhinein benennen lässt. Ob Zufall oder nicht, erst der Rechenfehler eines Mönchs, der uns heute erkennen lässt, dass Jesus paradoxerweise 7 v. Chr. geboren wurde, machte es möglich, das *shabuim* aus dem Buch Daniel, das große Zeichen der Sieben, wieder ans Licht zu rücken.

»Als aber die Zeit erfüllt war«, schrieb Paulus in seinem Brief an die Galater, »sandte Gott seinen Sohn.«

9

Die Geburt

Als ich aufwachte, blinzelte die Sonne durch das Fenster. Vögel zwitscherten, Straßenfeger kehrten die engen Gassen um das Kloster. Irgendwo krähte ein Hahn, und es schien, als könnte es ein richtig guter Tag werden.

Nach der Morgenmesse und dem Frühstück im Refektorium klemmte ich mir einen Schwung Exzerpte und Notizblätter unter den Arm. Ich war auf dem Weg in die Bibliothek, um mir einen Überblick zu verschaffen, was man nach dem Stand der Forschung heute verlässlich über die Evangelien wissen konnte. Bertram hatte Dienst im Klosterladen und winkte mir beim Vorbeigehen zu. Betty stand hinter der Theke ihrer Cafeteria. »Alles okay?«, rief sie mit einem sorgenvollen Blick auf meine Stapel Papier. Gleichzeitig schien sie beeindruckt, was mich nicht störte.

Mit einem heftigen Schlag fiel die Tür ins Schloss, und ich suchte zwischen den endlos wirkenden Regalen nach einem guten Platz an einem guten Tisch. »Jesus der Nazarener«, »Jesus der Sohn Davids«, »Jesus der Erstgeborene der ganzen Schöpfung« stand auf den Rücken der Bücher, die sich an den Wänden links und rechts von mir wie die Wellen eines Meeres zu gewaltigen Höhen türmten. Wohlgemerkt neben anderen Wellenbergen über Kirchengeschichte, Kirchenväter, Kirchenlehrer, die ebenfalls alle Jesus zum Gegenstand hatten. Im Verhältnis zu dem Gebirge an kirchlicher Beschäftigung mit der Person Christi schrumpfte mein Stapel auf ein geradezu zwergenhaftes Format.

Ich stützte die Ellbogen auf die Tischplatte und legte meinen Kopf auf die Hände. Ich hatte schlecht geschlafen. Schweißgebadet war ich aufgewacht, ohne zu wissen, wo ich war. Langsam war die Erinnerung zurückgekommen, aber an Schlaf war nicht mehr zu denken gewesen.

Was hatte ich bisher gesehen und erlebt, überlegte ich? Waren meine Schlussfolgerungen richtig gewesen? Oder folgte ich, wie viele der Kritiker, nicht vielleicht auch einer sehr subjektiven Interpretation, die sich einschleicht, wenn man bestimmte Dinge partout in einem bestimmten Licht sehen möchte?

In den Dingen des Glaubens, so lässt Fjodor Dostojewski im Entwurf zu seinen *Dämonen* einen seiner Protagonisten erklären, handle es sich darum, »ob man als zivilisierter, als europäischer Mensch überhaupt glauben, nämlich an die Göttlichkeit des Gottessohnes Jesus Christus glauben könne – denn darin besteht eigentlich der ganze Glaube«. Einhundert Jahre später ist von der Göttlichkeit des Gottessohnes kaum noch die Rede, allenfalls von seiner Brüderlichkeit. Sind nicht auch immer mehr Menschen davon überzeugt, der Glaube könne dem kritischen Verstand des modernen Menschen im Grunde heute gar nicht mehr standhalten?

Das Christentum ist keine Buchreligion. Es beruht nicht auf Papieren, die als Loseblattsammlung gesegnet und geheiligt vom Himmel fielen, sondern auf einer konkreten, historischen Person. Obendrein sei die christliche Botschaft nicht nur *informativ,* betont Benedikt XVI., sondern *performativ,* sei also nicht nur Mitteilung von Wissen, sondern eine »Mitteilung, die Tatsachen wirkt und das Leben verändert«. Der Jesus, den man sich vorstellte, argumentieren hingegen viele Exegeten, habe gar keine historische Grundlage, sondern sei lediglich das Ergebnis einer Projektion der ersten christlichen Gemeinden. Oder vielleicht sogar Ergebnis ihrer Phantasien und Träume.

Die These war nicht mehr als eine Arbeitshypothese, für die keinerlei Fakten sprechen, aber das Denkmuster verfestigte sich. Bald gab es nicht nur einen *Christus der Geschichte* und einen *Christus des Glaubens,* die fein säuberlich voneinander getrennt wurden, als hätte man es mit Eiweiß und Eigelb zu tun. Plötzlich entstand eine Armada von selbsternannten Aufklärern, die ihre ganze Phantasie darauf verwendeten, in dem Massenangebot an

Jesus-»Enthüllungen« noch eine letzte Lücke zu finden. Etwa im Sinne von »Jesus starb in Kaschmir« und »Jesus starb nicht in Kaschmir«. Oder auch, last, not least: »Jesus ging nach Hollywood«.

Ein britischer Autor namens Enoch Powell beispielsweise will belegt haben, dass Jesus nicht von den Römern gekreuzigt, sondern von den Juden gesteinigt wurde. Ahmed Osman, ein Professor für ägyptische Geschichte, fand heraus, dass Jesus bereits mehr als tausend Jahre früher gelebt hat, als die Weltgemeinschaft heute annehme. Er sei identisch mit dem Pharao Tutenchamun. Richard Adams und Paul Schellenberger wiederum verkünden, Jesu Grab sei in Frankreich zu finden, und zwar in einem Berg in der Nähe von Rennes-le-Château. Die Autoren berufen sich auf ein von der Kirche angeblich jahrhundertelang unterdrücktes »explosives Geheimwissen«, das in kryptischen geometrischen Sequenzen überliefert wurde, etwa auf Kunstwerken wie der »Lancelot-Miniatur«. Eine aufregende Spur, und verrückt genug, um in veränderter Form als Plot für Dan Browns *Sakrileg* herhalten zu können. Die Autoren Michael Baigent und Richard Leigh, die mit Brown vor Gericht über das Copyright seiner Da-Vinci-Story stritten (und verloren), nahmen die Funde in den Höhlen von Qumran zum Anlass, um in der *Verschlusssache Jesus* den Vatikan zu beschuldigen, er würde brisante und für die Existenz der Kirche bedrohliche Texte unter Verschluss halten.

Ich hätte die beiden gerne in den Zeugenstand gerufen. Etwa so:

»Mr. Leigh, ist es richtig, dass die Rollen von Qumran weder etwas über Jesus noch über die christlichen Urgemeinden enthalten?«

»Das ist richtig«.

»Woran liegt das?«

»Sie wurden weit vor ihrer Zeit geschrieben.«

»Wie können diese Papiere dann ›brisantes Material‹ über die Kirche enthalten?«

»Kein Kommentar.«

»Stimmt es, dass Sie die katholische Kirche beschuldigen, sie würde Material aus Qumran unter Verschluss halten?«

»Das ist richtig.«

»Hatte der Vatikan dieses Material jemals in Besitz?«

»Nein.«

»Wer verwahrt diese Funde?«

»Der Staat Israel.«

Ein anderes Beispiel: Ende 2007 verkündete die Frühjahrsvorschau eines namhaften Münchener Verlags, die Jesus zugeschriebenen Wunder, ja sogar die dramatische Geschichte seines Todes entstammten nichts anderem als den Mythen der Ägypter, Gnostiker und Manichäer. Das heutige Bild beruhe einzig und allein darauf, dass »alle Zeugnisse des frühesten Christentums systematisch beseitigt« worden seien. In Wahrheit sei »das Neue Testament das Ergebnis rigoroser Zensur durch die immer mächtigere Kirche«. Punktum. Dies seien »die Tatsachen«.

Ich lehnte mich zurück, verschränkte die Arme hinter meinem Kopf und rekapitulierte meine Recherchen aus meinem Ortstermin vom Tag zuvor, die weder auf ägyptische Mythen, eine rigorose Vertuschungsaktion oder gar auf einen »jüdischen Schwindel« hingewiesen hatten. Es war der Weg zum Anfang, zum richtigen Anfang. Zu jenem Tag, der bis heute unseren Kalender bestimmt, gewissermaßen zum Eichpunkt der Zeit, mit dem die Welt misst und mit dem sie auch gemessen wird.

Der Weg nach Bethlehem war ein Katzensprung. Von Jerusalem aus sind es gerade einmal zwölf Kilometer, eine bequeme Spazierfahrt auf einer perfekt ausgebauten Straße hoch auf dem Bergsattel. Nach wenigen Minuten stand ich am Checkpoint. Es gab wenig Verkehr, und ich kam zügig an die Schranke. »Alles in Ordnung?«, meinte der Wachposten, der mir mit der Hand ein Zeichen machte, schneller das Fenster herunterzukurbeln. Zwei Kollegen leisteten ihm Gesellschaft und umkreisten mit Maschinenpistolen im Anschlag breitbeinig meinen Wagen. »Alles in Ordnung!«

Drei Sekunden später schämte ich mich für meine Antwort. Nichts war »in Ordnung«. Gleich nach dem Checkpoint türmte sich ein Exzess auf, ein Exzess von Grenze, dass man sich das

Herz erkältet. Bethlehem hat 3500 Einwohner, ein beträchtlicher Teil davon christlichen Glaubens, und sie werden gut bewacht: Betonklötze, dreikantige Poller, Hecken aus Stacheldraht, und als ob das nicht genügte, gibt es den acht Meter hohen Wall aus dunkelgrauem Beton. Nicht der begabteste aller Regisseure könnte ein eindringlicheres Bild von Kälte und Verlorenheit inszenieren. Aber Bethlehem war nicht nur abgeriegelt und eingesperrt, der Ort schien buchstäblich verschwunden. Wem es am Ende doch noch gelingt, eine der heiligsten Stätten der Christenheit, in der es Gott gefiel, seinen Sohn auf die Welt kommen zu lassen, über Seitenstraßen zu erreichen, fährt in eine Stadt von Schmutz und Staub, die in ihren Außenbezirken von einer Schrotthalde kaum zu unterscheiden ist.

In der Ferne sieht man den riesigen Kegel des Herodiums, diesen wie ein Vulkan in den Himmel ragenden Gral, den Herodes noch zu Lebzeiten aufschütten ließ, um auch nach seinem Tod ein Bild von Angst und Schrecken abzugeben. Seitlich eine Burg der Neuzeit. Es ist die festungsähnliche israelische Siedlung Har-Homa, die den grünen Hügel an der Flanke Bethlehems in eine Art Panzerkreuzer verwandelte – und die Stadt ihrer traditionellen Gebiete beraubte, darunter die Olivengärten, die bislang die Lampen in der Geburtsgrotte mit Öl versorgten.

Bethlehem ist vor der Zeit Christi ein verschlafenes Nest mit etwa tausend Einwohnern, das an einem weit gefächerten Abhang klebt; dahinter beginnt die Wüste. Exakt 123 Juden, so die Chronik, waren nach der babylonischen Gefangenschaft hierher zurückgekehrt, und nie spielte der eintausend Jahre alte Ort wirklich eine Rolle. Keine Schlachten, keine Reichtümer. Im Alten Testament taucht Bethlehem zuerst im Zusammenhang mit dem Tod Rahels auf, der Frau Jakobs. Man begrub sie, heißt es im Buch der Bücher, »an der Straße nach Efrata, das jetzt Bethlehem heißt« (Gen 35,19). Noch einmal blitzt der Name des Ortes kurz auf als Geburtsort von König David, des Hirtenjungen, der über den mächtigen Goliath triumphierte, dann verlischt er wieder.

Und ein weiteres Mal wird er zu Gehör gebracht, um nunmehr

anzuzeigen, dass mit keinem anderen Ort in ganz Israel eine größere Hoffnung verbunden ist: »Aber du, Bethlehem-Efrata, so klein unter den Gauen Judas«, sprach der Prophet Micha, »aus dir wird mir einer hervorgehen, der über Israel herrschen soll … Er wird auftreten und Hirt sein in der Kraft des Herrn« (Mi 5,1–4). Und er fügte hinzu: »Sein Ursprung ist aus der Vorzeit, aus den Tagen der Ewigkeit.«

Bethlehem bedeutet »Haus des Brotes«. Es ist jener Topos, der wie kein anderer das Wirken Jesu kennzeichnen wird. Im Namen des Brotes sollte sein Leben beginnen, mit der Gabe des Brotes sollte es enden.

Als sich Josef und Maria auf den Weg machten, hatten sie ihre Krise bereits hinter sich. Die etwa hundertfünfzig Kilometer lange Reise von Nazareth nach Bethlehem mochte drei bis vier Tage dauern. Möglicherweise hatten sie sich anderen Reisenden angeschlossen, die ebenfalls nach Judäa zogen, um sich an ihrem Geburtsort als steuerpflichtige Untertanen in die Zensuslisten einzutragen, wie es Kaiser Augustus befohlen hatte.

Was wissen wir darüber? Das Evangelium ordnet das Geschehen zeitlich ein, indem die betreffende Volkszählung deutlich von einer späteren unterschieden wird: »Dies geschah zum ersten Mal.« Nachgewiesen wurde durch die neuere Forschung, wie schon gesagt, nicht nur die häufige Praxis des Zensus, sondern auch der von Lukas zur Datumsbestimmung angeführte Statthalter namens Quirinius, der nicht erst *nach* dem Tode Herodes' amtierte, wie Kritiker anführten, sondern *ab* 11 v. Chr. bis nach dem Tod des Königs.

Das Dogma aus dem 19. Jahrhundert, die Darstellung der Bibel sei Legendenbildung, macht schon aus dramaturgischen Gründen wenig Sinn. Denn was, wenn nicht die Fakten selbst, hätte die Evangelisten daran hindern sollen, die Geburt Christi in eine weit bessere, richtig feierliche »Rahmenerzählung« einzubauen? Etwa mit einem Geburtsort Jerusalem und seiner klangvollen Kulisse aus den Gesängen der Psalmen (»Aus Zion wird kommen …«). Oder mit Umständen, die für Zeitgenossen weit weniger peinlich und verstörend wirken könnten? Die Niederkunft des erhofften Retters in einem schmutzigen Stall ist nicht gerade ein Highlight für ein stolzes Volk, das den Retter der Welt erwartet. Ganz zu schweigen von den Zeugen, die hierfür aufgefahren werden, armselige Hirten, zu nichts anderem nütze, als dumme Schafe zu hüten.

Eine der möglichen Strecken nach Bethlehem führte durch das langgezogene, flache Jordantal, um bei Jericho den steilen Aufstieg nach Jerusalem zu nehmen. Eine andere war kürzer, aber sie ging durch das Gebiet der verhassten Samariter. Der Weg ist steinig und lang, er schlängelt sich auf Straßen und Trampelpfaden über Höhen und Täler. Vorbei an Sebaste, mit dem hochaufragenden Tempel, den Herodes für Kaiser Augustus bauen ließ, den »Herrscher der Welt«. Vorbei an Bet El, der »Pforte des Himmels«, wo der Patriarch Jakob von einer Leiter träumte, auf der Engel zwischen Erde und Himmel auf- und niedersteigen.

Die Felder sind abgeerntet, halb verdorrt warten die Ackerdisteln auf die Regenzeit. Von fern wirkt die Landschaft oft wie ein Meer, und die Olivenhaine schimmern darin silbern wie sich kräuselnde Wellen. Nachts ist es bitterkalt, am Tag jedoch legt sich das fahle Licht der Novembersonne wie ein wärmender Pelz auf den Buckel, und in der klaren Luft der Berge, begleitet von sanft schwebenden Wolken, die flüchtige Zeichen an den Himmel schreiben, beginnt der Wanderer zu träumen. Wilde Phantastereien, Gedanken aus einer anderen Sphäre, heben ihn weit über den Boden, ganz frei von der Schwere der Füße. »Maria, was ist mit dir«, soll Josef nach der apokryphen Jakobus-Schrift die schwangere Frau auf dem Esel gefragt haben, »dass ich dein Gesicht das eine Mal lachen sehe, das andere Mal traurig.« Es muss etwa auf halber Strecke gewesen sein, und Maria gab zur Antwort: »Zwei Völker sehe ich mit meinen Augen, das eine weint und klagt, das andere freut sich und jubelt.«

Der Zimmermann Josef hatte eine extreme Konfliktsituation hinter sich. Nach jüdischem Gesetz galt Beischlaf vor der Hochzeit als Unzucht und konnte sogar mit Steinigung bestraft werden. Hätte er sich als Vater des Kindes bekannt, wäre er in Gefahr geraten. Lieferte er seine Verlobte aus, denunzierte er möglicherweise eine Unschuldige. Josef gilt als »Gerechter«. In der Sprache der Bibel ist das ein besonders gläubiger Mensch. Als sich die Schwangerschaft Marias zeigte, noch bevor er und seine junge Frau »zusammengekommen waren« (Matthäus), hatte er sich immerhin bereit erklärt, Maria nicht bloßzustellen und sie stattdessen ohne Aufsehen zu ihrer Herkunftsfamilie zurückzuschicken.

Der Evangelist kehrt das Verhalten, das nicht unbedingt von Heldentum und Glamour zeugt, nicht einfach unter den Teppich. Josef hätte sich durchaus auch vorbehaltlos zu Maria bekennen können, einer in ihrer Frömmigkeit so herausgehobenen Person. Am Ende war es wohl dann doch die Rücksicht auf gesellschaftliche Konventionen, die Angst vor der Meinung der anderen, die selbst einen Mann wie Josef entscheiden ließ, »sich in aller Stille von ihr zu trennen«.

Der intime Konflikt ist ein Beispiel für das menschliche Drama, das mit den Dingen des Glaubens verbunden ist. Das Geschehen wirft den Betroffenen aus der Bahn. Auf sich allein gestellt, findet er dann weder Antwort auf seine Fragen, noch kann er das Problem bewältigen.

»Josef, Sohn Davids«, ruft ihn eine Stimme bei Namen, »fürchte dich nicht.« Die Hilfe kommt erneut aus dem Traum, diesem so häufig unterschätzten Kommunikationsraum in den ergründlichen Tiefen der Seele. Aber wovor eigentlich soll er sich nicht fürchten?

»Fürchte dich nicht, Maria als deine Frau zu dir zu nehmen.« Die Vision bestätigt das Zeugnis Marias. »Das Kind, das sie erwartet«, heißt es darin, »ist vom Heiligen Geist.« Maria werde »einen Sohn gebären; ihm sollst du den Namen Jesus geben; denn er wird sein Volk von seinen Sünden erlösen«.

Bis zu dieser Sequenz, in der Josef in das Geheimnis eingeweiht wird, bleibt Matthäus nachrichtlich und nüchtern. Hier aber unterbricht er seinen Stil. Es geht ihm dabei gar nicht um einen mühsam konstruierten Erklärungsversuch – oder gar eine Verklärung –, er verweist ganz einfach auf eine im Bewusstsein des Volkes präsente Prophezeiung, die er nicht unterschlagen will, um durch die Verknüpfung mit Hintergrundinformationen jenen entscheidenden Zusammenhang aufzudecken, der aus einer zunächst nur oberflächlichen Geschichte letztlich eine wahre Geschichte macht. Denn wirklich wahr und begreifbar und erhellend wird sie erst, wenn sie in ihrem ganzen Zusammenhang gelesen werden kann, auch wenn damit eine ungeheure Provokation verbunden ist: »Dies alles ist geschehen«, heißt es folglich in seinem Text weiter, »damit sich erfüllte, was der Herr durch den Propheten gesagt hat:

Seht, die Jungfrau wird ein Kind empfangen,
einen Sohn wird sie gebären, /
und man wird ihm den Namen Immanuel geben,
das heißt übersetzt: Gott ist mit uns.«

Ich hatte den Checkpoint hinter mir gelassen und endlich den Eingang zur Stadt gefunden. In den engen Gassen schleppten Kulis Karren mit Maissäcken, Falafel-Verkäufer boten ihre würzigen Snacks an. Hell leuchtete der Stern von Bethlehem als Reklame des »Star-Hotel«. Doch die Auszehrung war an allen Ecken spürbar, nicht nur an den geschlossenen Fensterläden der Büros. Das »King-David-Kino« war vor Jahren schon abgebrannt. Der Film *Jesus*, der hier im Hauptprogramm gelaufen war, hatte kein neues Lichtspielhaus gefunden. Keine Tür, die nicht gezeichnet wäre. Kein Fenster ohne Gitter, manchmal zwei- und dreifach. Keine Mauer ohne eine Krone aus Stacheldraht. Die wenigen Pilger, die sich noch in die Stadt wagten, ließen ihr Halskettchen segnen und stiegen eilig wieder in die Busse.

Eine lange, schmutzige Treppe führte hinauf zu einer Kirche. Die Stufen waren eingebrochen, und das breite Portal mit den Kreuzen, das einmal in das Gotteshaus führte, war verriegelt und vermauert. Man fand noch einen Schlitz, um einen Blick auf die Kostbarkeiten zu werfen, die hier immer noch vorhanden waren, aber die Schlüssel schienen irgendwie verlorengegangen zu sein.

Inzwischen haben die Israelis die Stadt geräumt. Bei unserem ersten Besuch wachte über dem sogenannten »Krippenplatz« noch eine zur Festung ausgebaute Polizeistation. In einem Gebäude gegenüber, in dem auch die Reiseagentur »Nativity Travel« untergebracht war, schleppten sich Palästinenser die Treppen hinauf. Meist waren sie alt und krumm, und viele sahen mit ihren weißen Bärten und den langen Tüchern aus, als kämen sie direkt von der Schafweide. Die Türen zu den Büros standen offen, aber jeder der jüdischen Beamten, die hier mit ihren Stempeln auf Papiere hämmerten, hatte eine Pistole am Hosenbund. Es war das »Department of Finance«, das Finanzamt, in dem zu ihrer Zeit auch ein Josef und eine Maria vorstellig werden mussten.

Als Maria und Josef den Bergsattel erreichen, auf dem heute die Kirche von »Mar Elija« steht, liegt endlich Bethlehem mit seinen Weiden und Hügeln vor ihnen. Aber da ist kein Stroh, da ist kein Ochs und auch kein Esel. Nicht die Spur von Zuckerbäckerphantasie, um die Szene in die gemütvollen Regionen von Glanz und Gloria hochzuschreiben. Der Retter der Welt berührt erstmals irdischen Boden – die Evangelisten verstummen. »Als sie dort waren«, notiert Lukas karg, »kam für Maria die Zeit ihrer Niederkunft, und sie gebar ihren Sohn, den Erstgeborenen. Sie wickelte ihn in Windeln und legte ihn in eine Krippe, weil in der Herberge kein Platz für sie war.«

Die Umstände der Geburt behandeln die Autoren des Evangeliums mit vornehmer Diskretion. Alle Ausschmückung ist ihnen fremd. Das Evangelium will erkennbar weder palavern noch parlieren. Nur Raum schaffen. Für Stille. Und Staunen. Lukas hatte versprochen, »allem von Grund auf sorgfältig nachzugehen« – nun findet er keine Worte. Das Ereignis ist nicht zu fassen. Nicht heute, nicht damals. Es scheint sogar, als könnte das Geschehen gar nicht im direkten Sehen erfasst werden. So wie niemand direkt in die Sonne schauen kann, ohne geblendet zu werden. Was niemals zuvor geschah, findet seinen Ausdruck – in der Begegnung mit Menschen der ärmsten und einfachsten Schicht der Bevölkerung, Menschen am Rande der Gesellschaft, nichtsnutzige Nomaden, noch nicht einmal Juden.

Ich hatte ein Schild gefunden, das mit der Aufschrift »Shepherds Field«, Hirtenfeld, unterhalb des Stadtkerns im heutigen Ortsteil *Bet Sahur* (»Haus der Magier«) zu jener Stelle weist, an der Archäologen das Feld der Hirten vermuten, das im Evangelium beschrieben ist. Noch immer hat der Ort einen außergewöhnlichen Charme. Olivenhaine, sanftes Felsgestein und der Blick auf die Silhouette Bethlehems vermitteln etwas von dem Reiz früherer Tage. Tatsächlich belegen die erst vor einigen Jahrzehnten ausgegrabenen Ruinen eines Klosters aus dem 4. Jahrhundert, dass der Platz bereits in der Frühzeit christlicher Gemeinden als heiliger Ort verehrt wurde. Denn »in jener Gegend lagerten Hirten auf freiem Feld und hielten Nachtwache bei ihrer Herde«, beschrieb Lukas die Szenerie, die nun anhebt, die ersten von allen zu erleuchten, die von der Geburt Christi erfahren dürfen: »Da trat der Engel des Herrn zu ihnen, und der Glanz des Herrn umstrahlte sie. Sie fürchteten sich sehr, der Engel aber sagte zu ihnen: Fürchtet euch nicht, denn ich verkündige euch eine große Freude, die dem ganzen Volk zuteilwerden soll.«

Die besten Künstler aller Epochen haben es ins Bild gesetzt. Friedrich Händels *Messias* verewigt die Szene in einem triumphalen Chor: »Heute ist euch in der Stadt Davids der Retter geboren; er ist der Messias, der Herr. Und das soll euch als Zeichen dienen: Ihr werdet ein Kind finden, das, in Windeln gewickelt, in einer Krippe liegt.«

Am 5. Dezember des Jahres 7 vor Christus stehen um 16.38 Uhr Ortszeit über Bethlehem die Planeten Jupiter und Saturn im Zeichen der Fische in ihrer äußersten Annäherung. Noch niemals hatte jemand den Gedanken an einen Gott gewagt, dessen Macht einzig die Macht der Liebe ist. Aber diese Macht, die so überlegen sein würde, um von wahrer Macht und wahrer Herrlichkeit zu zeugen, konnte man als die Größe eines Größeren nur verstehen, wenn sie sich im Kleinsten bewies.

Vom Großen ins Kleine, vom Kleinen ins immer noch Kleinere, so hatte sich denn auch die Wirklichkeit des Bildes fokussiert: vom Weltall auf das Staubkorn des Weltalls, die Erde; von der Erde auf ein winziges Land; von dem winzigen Land auf ein machtloses, winziges Volk; von dem Volk auf einen kleinen, unbekannten Ort, Nazareth; von Nazareth auf einen Weiler, Bethlehem; und selbst von dem Weiler noch auf das Kleinere, einen Stall mit einer Krippe:

Und alsbald war da bei dem Engel die Menge der
himmlischen Heerscharen, die Gott lobten und sprachen:
Ehre sei Gott in der Höhe, und Friede auf Erden bei den
Menschen seines Wohlgefallens.

Das ist das Wort: Ehre sei Gott in der Höhe. Und Friede den Menschen auf Erden, die guten Willens sind – »*ER* ist der Messias, der Herr.«

»Gott gibt Gott selbst hin«, schrieb der Befreiungstheologe Leonardo Boff über diesen Augenblick. »Gott macht sich klein«, erklärte Joseph Ratzinger, »damit wir ihn fassen können.«

Und wenn stimmt, was Marcel Proust über die Zeit und ihre Phänomene schrieb, dann ist hier der Punkt, an dem die Weltzeit ihre größte Verdichtung erreicht: »Die mathematische, die messbare Zeit wird außer Kraft gesetzt zugunsten einer ›seelischen‹ Zeit, in der Vergangenheit, Gegenwart und Zukunft zur Einheit, zur Allgegenwärtigkeit verschmelzen.«

Vom Hirtenfeld bis zur Geburtskrippe oben im Ort sind es gerade mal zwei Kilometer, für trainierte Schäfer ein Fußmarsch von allenfalls fünfzehn Minuten. Ich machte es wie die Hirten, die gerade noch im Bannstrahl der himmlischen Chöre standen, eilte wie sie den Berg hinauf und bückte mich, um durch die kleine Öffnung zu schlüpfen, durch die man in die große Säulenhalle der Geburtskirche gelangt, die über der Grotte erbaut worden ist.

Während moderne Exegeten die Bethlehem-Tradition der Bibel zur Legende herabstufen, fand bereits der Kirchenlehrer Origines (185–254) bei einem frühen Besuch in Bethlehem eine Verehrung der Geburtskrippe vor: »Was da gezeigt wird, ist in der Gegend jedermann bekannt«, notierte der griechische Theologe, »die Heiden selber sagen es jedem wieder, der es hören will, dass in der besagten Höhle ein gewisser Jesus geboren ist, den die Christen verehren und anbeten.«

Die Geburtskirche selbst ist Kaiser Konstantin zu verdanken. Seine Vorgänger ließen nach der Zerstörung Jerusalems und des Tempels im Jahre 70 nach Christus nicht nur die Heilige Stadt durch eine heidnische überbauen (mit dem neuen Namen Aelia Capitolina), sondern auch alles andere, was Juden und Judenchristen heilig war. So etwa den Ort der Kreuzigung, aber auch die Geburtsgrotte. Bethlehem überschatte der Hain des Adonis, klagte der heilige Hieronymus im Jahr 395 in einem Brief an seinen Freund Paulus von Nola, »wo einst Christus als Kleinkind wimmerte, beweinte man den Geliebten der Venus«.

Immerhin konnte sich Konstantin dadurch ganz sicher sein, nicht am falschen Ort zu bauen.

In den Innenraum der Basilika drang diffuses Licht, wie durch einen Filter weichgezeichnet. Breite Strahlenbündel brachten Milliarden von Partikeln zum Vorschein, die in der Freude des Lichts sich das Tanzen nicht versagen konnten. Vor dem linken Eingang zur Geburtsgrotte kauerte ein schon sehr alter Mönch der lateinischen Konfession auf einem Thonetstuhl, vor dem rechten ein schon sehr alter Mönch der orthodoxen Konfession; zwei Wächter, die eifersüchtig über den sogenannten Status quo wachten, eine Vereinbarung aus dem Jahr 1853, wonach in der Geburtskirche nur die Orthodoxen Liturgie feiern dürfen, während den Lateinern erlaubt ist, zu bestimmten Zeiten die Geburtsgrotte zu nutzen.

Vorsichtig tastete ich mich die engen Stufen hinunter. Ein Gebet kam mir in den Sinn, das angesichts der christlichen Entbrüderung wie eine unerhörte Provokation wirkt. Müsste man den Sohn Gottes, heißt es darin, mit einem einzigen Wort beschreiben, so wäre dies schlicht *Barmherzigkeit*.

Die Treppe windet sich im Halbrund, eng wie ein Geburtskanal, von Stufe zu Stufe hinab in den Urgrund des Aufstiegs. Es geht nicht anders, als auf die Knie zu fallen. Denn da ist der silberne Stern, der berühmteste Flecken Erde, auf dem Maria ihr Kind zur Welt brachte, jener Punkt, von dem aus reale Geschichte über die Grenzen des Faktischen zum größten Mythos aller Zeiten erwächst, etwas, das alle anderen Ereignisse um Sonnenenergien überstrahlt, die bedeutendste Sekunde der gesamten Weltgeschichte, in der das Neue durch den Äther brach wie ein Stern, der vom Himmel fällt.

Efrata, so lautete der erste Name Bethlehems, »Efrata« bedeutet »die Fruchtbare«. Hier kam der Name in seiner Gänze zum Tragen. Auf dem silbernen Stern eine Inschrift wie ein Code: »*Hic de virgine Maria Jesus Christus natus est*« – »Hier wurde Jesus Christus von der Jungfrau Maria geboren«.

Ich setzte mich in den Felsen der winzigen Grotte, die durch kleine Säulen abgestützt wird. Das Surren des Ventilators. Einige Kerzen. Von den vierzehn Öllampen, die den Stern beleuchten, brannten noch drei. Ich hatte mir eine kleine Bibel mitgenommen, schlug wie in Ain Karem den Prolog des Johannes auf, die Zusammenfassung all dessen, was bereits geschehen ist und was noch geschehen wird. Und Johannes knüpft damit nicht nur an den biblischen Schöpfungsbericht an. Der griechische Ausdruck für »Wort« – lógos – hat eine alles umfassende, alles durchdringende Bedeutung. Denn er ist gewissermaßen nicht nur Ziel des Erkennens – er ist das *Erkennen* selbst:

Im Anfang war das Wort,
und das Wort war bei Gott,
und das Wort war Gott.
Im Anfang war es bei Gott.
Alles ist durch das Wort geworden,
und ohne das Wort wurde nichts, was geworden ist.
In ihm war das Leben,
und das Leben war das Licht der Menschen.

Das ist der Kern, der Quellcode. »Das Wort war Gott«, steht es geschrieben, und in diesem Wort »war das Leben«. Geheimnisvolle Sätze, die sich zu einer nicht mehr zu überhöhenden metaphysischen Erkenntnis steigern; Erkenntnis als der eigentliche Schatz der Welt, wertvoller als Gold: »*Das Leben war das Licht der Menschen.*«

Es ist diese Nacht die Nacht der Nächte, die Niederkunft der größten Naturgewalt, die die Welt je erlebt hat. Niemals zuvor war auch nur annähernd etwas Ähnliches geschehen. Arrangiert von einer Intelligenz, die allem Irdischen um ein Unendliches überlegen ist.

Und zu keinem anderen Ereignis wurden mehr Lieder, Gedichte, Hymnen und Geschichten verfasst. »Sie ist so erhaben und heilig, diese Nacht, dass sie eigentlich gar nicht auf die Erde gehört, sondern ins Himmelreich«, wusste der Dichter Peter Rosegger. »Ein Freudenruf schallt durch die Welt, und die Lichter strahlen wie ein Diamantengürtel um den Erdball.«

Wer wollte schlafen in einer Nacht, in welcher der ganze Kosmos erwacht, rief der Kirchenvater Ephrem der Syrer um das Jahr 350 aus, in einer Nacht, in der Gott selbst geworden ist, was er geschaffen hat: ein Mensch. Nicht Halbgott oder Halbmensch, sondern wahrer Gott und wahrer Mensch. Es ist das Nie-da-Gewesene, das Erstaunlichste, was je in der Geschichte der Menschheit gesagt wurde.

In der Heiligen Nacht des 24. Dezember 2006 erläuterte Papst Benedikt XVI. im Petersdom zu Rom: »Gottes Zeichen ist das Einfache. Gottes Zeichen ist das Kind. Gottes Zeichen ist es, dass Er sich für uns klein macht. Das ist die Weise, wie er herrscht. Er kommt nicht mit äußerer Macht und Größe. Er kommt als Kind – unbewehrt und unserer Hilfe bedürftig. Er will uns nicht mit Macht überwältigen. Er nimmt uns unsere Furcht vor seiner Größe. Er bittet um unsere Liebe: Darum wird er Kind. Nichts anderes will er von uns als unsere Liebe, durch die wir von selber lernen, in seine Gesinnungen, in sein Denken und Wollen einzutreten – mit ihm mitzulieben und mit ihm auch die Demut des Verzichts zu erlernen, die zum Wesen der Liebe gehört.«

Der Papst hatte in seiner Predigt auf eine alttestamentarische Erkenntnis Bezug genommen – »Gott hat sein Wort kurz gemacht« –, die schon von den Kirchenvätern auf das Ereignis der Geburt Christi hin gedeutet wurde: »Das Wort, das Gott uns in den Büchern der Heiligen Schrift mitteilt, war lang geworden im Lauf der Zeit. Lang und unübersichtlich nicht nur für die einfachen, des Lesens unkundigen Menschen, sondern sogar noch mehr für die Schriftkenner, die Gelehrten, die sich zusehends in den Einzelheiten und ihren Problemen verfingen und den Blick aufs Ganze kaum noch finden konnten. Jesus hat das Wort ›kurz gemacht‹ – uns seine tiefste Einfachheit und Einheit wieder gezeigt ...«

Wörtlich fuhr der Pontifex fort: »Er ist nicht mehr weit entfernt. Er ist nicht mehr unbekannt. Er ist für unser Herz nicht mehr unerreichbar. Er hat sich zum Kind gemacht für uns und damit alle Zweideutigkeiten verscheucht. Er hat sich zu unserem Nächsten gemacht und so auch das Bild des Menschen wiederhergestellt, der uns so oft gar nicht liebenswürdig erscheint. Gott hat sich für uns zum Geschenk gemacht. Sich selbst. Er nimmt sich Zeit für uns. Er, der Ewige, der oberhalb der Zeit steht, hat Zeit angenommen, unsere Zeit zu sich hinaufgezogen.«

Die Basilika, mehrere Klöster und Herbergen machten Bethlehem neben anderen biblischen Stätten im Heiligen Land früh zu einem internationalen Pilgerzentrum. Doch bereits beim Persereinfall von 614 wurde der Großteil der Geburtskirche zerstört.

Bethlehem blieb nur deshalb verschont, weil die Eroberer Bilder der anbetenden Magier in der Tracht persischer Mithraspriester entdeckten und sich freuten, hier Landsleute verehrt zu sehen. Nur zwanzig Jahre später standen die muslimischen Araber unter Kalif Omar vor den Toren der Stadt. Christen wurden zu Einwohnern zweiter Klasse und hatten für ihren Status als *dhimmi*, als Schutzbefohlene, hohe Schutzgelder zu zahlen.

Abgesehen von der kurzen Zeit der Kreuzfahrer, die im 12. Jahrhundert die christlichen Stätten befreiten – die Geburtsstadt Jesu wurde gar Bistum und Krönungsort eines neuen Kreuzfahrerreiches –, blieb nun bis zum Ende des Osmanischen Reiches im Jahr 1919 ganz Palästina unter islamischer Herrschaft. Einzig die Geburtskirche überlebte nicht nur die Zerstörungswut des Kalifen Al-Hakim im 11. Jahrhundert, sondern auch die komplette Zerstörung der Stadt durch Sultan Beibars 1263. Der prächtige Marmor, mit dem sie einmal ausgestattet war, landete im muslimischen Palast Haram esh Sherif auf dem Tempelberg, wo er noch heute zu bewundern ist.

Heute streiten sich selbst die wenigen noch verbliebenen Statthalter der christlichen Konfessionen untereinander, als gäbe es nicht schon Unheil genug. Und dass in all den Stürmen das Christentum in der Geburtsstadt Jesu überhaupt überleben konnte, ist, wie der Heilig-Land-Chronist P. Raynald Wagner mit berechtigtem Stolz anmerkt, nicht zuletzt »der Zähigkeit der Franziskaner zu verdanken, die sich von diesem heiligen Ort durch nichts und niemanden vertreiben lassen«.

Nicht nur die Sterndeuter, auch andere Seher werden im Evangelium als Zeugen für das Ereignis in Bethlehem angeführt. Acht Tage nach der Geburt eines Knaben hatte nach jüdischem Gesetz die Beschneidung stattzufinden, Zeichen seiner Aufnahme in den Bund Abrahams, die mit dem Familienfest Brit-Mila gefeiert wurde. Jeder Erstgeborene war dabei dem Herrn zu weihen, also »dargestellt« und gewissermaßen losgekauft zu werden. Reiche Leute opferten ein Lamm, bei armen genügte ein Paar Turteltauben. Zusätzlich verlangte das Gebot von jeder Mutter, vierzig Tage nach der Geburt ihres Kindes ein Ritualbad (Mikweh) zu besuchen. Als fromme Juden kamen Josef und Maria dieser Vorschrift in Jerusalem nach. Es ist der erste Besuch Jesu im Tempel – er führte zu einer verheißungsvollen Begegnung mit Menschen, die man als die »Frommen Israels« kannte, gläubige Juden, die mit Sehnsucht die Ankunft des Heils erwarteten.

Lukas berichtet von einem Mann namens *Simeon*. Der Heilige Geist hatte ihm offenbart, er werde nicht den Tod schauen, ehe er »den Messias des Herrn« gesehen habe. Der Tempel mit seinem Vorplatz, der 60 000 Menschen fassen kann, ist zu dieser Zeit noch nicht fertiggestellt, aber jeden Tag treffen unzählige Juden aus allen Teilen der Welt ein, um hier zu beten und zu opfern. Gut vorstellbar, welches Aufsehen der alte Mann im Tempel durch seine Gestik des Erstaunens und der Freude verursacht hat. Manche mögen ihn verspottet haben, anderen, etwa den Essenern, galt er als eine Art Seismograf, ein Früherkenner prophetischer Verheißungen. Lukas überliefert die Worte, mit denen er den Himmel preist:

Nun lässt du, Herr, deinen Knecht,
wie du gesagt hast, in Frieden scheiden.

Denn meine Augen haben das Heil gesehen,
das du vor allen Völkern bereitet hast,
ein Licht, das die Heiden erleuchtet,
und Herrlichkeit für dein Volk Israel.

War der erste Satz des Simeon noch ein Zitat aus dem Pentateuch, so spricht er nun, zu Maria gewandt, die für die Nachwelt entscheidenden Worte: »Dieser ist dazu bestimmt, dass in Israel viele durch ihn zu Fall kommen und viele aufgerichtet werden, und er wird ein Zeichen sein, dem widersprochen wird.« Und warum? »Dadurch sollen die Gedanken vieler Menschen offenbar werden.«

Der jungen Mutter gibt der Greis, an den sich viele Erstleser des Evangeliums noch erinnert haben könnten, folgende Prophetie: »Dir selbst aber wird ein Schwert durch die Seele dringen.«

Im Klima von Unbehagen und Ungeduld, Nervosität und Erwartung, die das Jahr sieben v. Chr. prägen, sorgen die Astronomen aus Babylon mit ihrer Karawane von prächtig aufgezäumten Kamelen und dem beinahe grotesk wirkenden Gefolge in den Gassen Jerusalems für einiges Aufsehen. Auch der König ist interessiert. Dass diese Leute die Sterne des Himmels lesen können wie die Buchstaben auf einer Pergamentrolle, ist aufregend genug. Die Sensation aber ist, dass sie nach einem »neugeborenen König der Juden« fragen. Sie hätten »seinen Stern aufgehen sehen« und seien »gekommen, um ihm zu huldigen«.

Ohne jeden Zweifel steht Israel in Erwartung der endzeitlichen Gottesherrschaft. Der Allmächtige werde sich seinem Volk zuwenden, den Gebeugten, den Armen, den Frommen, heißt es im Psalm 149. Er werde seinen Getreuen sogar das Gericht über die Völker übertragen, »um die Vergeltung zu vollziehen an den Völkern, an den Nationen das Strafgericht«. Matthäus drückt die Aufregung aus, die die Nachricht der Magier in diesem Zusammenhang auslöste: »Als König Herodes das hörte, erschrak er – und mit ihm ganz Jerusalem.«

Herodes wäre nicht Herodes, würde er bei seiner verschlagenen Intelligenz nicht auch über eine List nachdenken, sich der Sterndeuter als Kundschafter zu bedienen. Ein Ereignis von so weltbewegender Tragweite, so mochte er den Magiern erklärt haben, nachdem er sie in seinen Palast gerufen hatte, liege selbstverständlich in der Verantwortung des Königs. Er müsse davon nach Rom berichten. Natürlich sieht er die Skepsis in den Augen dieser Gelehrten, ihre distanzierte und prüfende Haltung. Er musste sich absichern. Und wer könnte ihm in dieser Sache besser zur Seite stehen als jene Experten, die doch Tag und Nacht alte Schriften wälzen und komplizierte kalendarische Berechnungen anstellen? Die Essener haben sich mit eigenen messianischen Prognosen als scharfe Konkurrenz aufgestellt, aber nach wie vor behaupten die Schriftgelehrten der Pharisäer ihre Position als die wahren Interpreten des Gesetzes. Was liegt da näher, als mit einer eigenen Expertise die Hoheit der Deutung wieder in den Griff zu bekommen?

Die Suche mag für die Magier mühsam sein. Das Klima von Angst und Unterdrückung, das Herodes' Soldateska und die römische Besatzungsmacht erzeugen, dazu das infame Spitzelsystem, haben die Menschen allem Fremden gegenüber vorsichtig gemacht. Und die Nachricht der Hirten ist viel zu gefährlich, um nicht auch unabsehbare Folgen befürchten zu müssen. Aber der Stern, so berichtet Matthäus, den die Weisen aus dem Morgenland hatten aufgehen sehen, »zog vor ihnen her bis zu dem Ort, wo das Kind war, dort blieb er stehen«.

Nach den einfachen Hirten ist es nun eine Gruppe weiser Menschen, Persönlichkeiten von aristokratischer Haltung, die sehen können, was geschehen ist, um in der Krippe dem Kind »Gold, Weihrauch und Myrrhe« (Matthäus) als Gaben darzubringen. Dass es erneut Heiden sind, die in das Geheimnis eingeweiht werden, macht deutlich, dass »der Herr, der Gott Israels«, wie er von Zacharias in Ain Karem gepriesen worden war, nun alle Grenzen sprengt.

Die Heiligen Drei Könige, so legte Papst Benedikt XVI. in einer Predigt in Köln das Ereignis aus, hatten den Stern des Lebens gesucht, ihn gedeutet und ihn schließlich auch gefunden. Dennoch mussten sie nun auch ihre Begriffe von Macht, von Gott und von den Menschen ändern und einen Prozess der innerlichen Verwandlung und Anerkennung durchlaufen: »Sie sahen nun: Die Macht Gottes ist anders als die Macht der Mächtigen der Welt. Die Art, wie Gott wirkt, ist anders, als wir es uns ausdenken und ihm gerne vorschreiben möchten ... Und das bedeutet, dass sie nun selbst anders werden, Gottes Art erlernen müssen ... Sie müssen Menschen der Wahrheit, des Rechts, der Güte, des Verzeihens, der Barmherzigkeit werden.«

Danach, so Matthäus, »zogen sie auf einem *anderen* Weg heim in ihr Land.«

Die mittelalterliche Interpretation der Magier als »Heilige Drei Könige« entstand aus einer Ableitung von den drei mitgebrachten Gaben, die das Evangelium erwähnt, und nicht zuletzt als Anspielung auf das Geheimnis der Zahl, in der die Dreifaltigkeit aufscheint. Ihre ursprünglichen Namen waren *Kansbar*, persisch für »Schatzmeister«, *Melchior*, hebräisch für »König des Lichts«, und *Belsazer*, akkadisch für »Bel erhalte den König«. Es hatte sich irgendwie gefügt, dass die Anfangsbuchstaben im Gleichklang stehen mit dem »CMB«, mit dem heute noch am Dreikönigstag Türen bestrichen werden: *Christus Mansionem Benedicat* – Christus segne dieses Haus.*

Die Astronomen aus Babylon waren in Jerusalem nicht mehr aufgetaucht. Herodes ahnte, was das zu bedeuten hatte. Für die Schriftgelehrten wurde es Zeit, dem König das Ergebnis ihrer Untersuchung mitzuteilen, an welchem Ort den heiligen Schriften zufolge der erwartete Messias geboren wird:

---

* Das Weihnachtsfest selbst wurde erst im 4. Jahrhundert in Rom offiziell in die abendländische Kirche eingeführt und auf den 25. Dezember festgelegt. Es sollte dem römischen Reichsfeiertag Natalis Solis Invicti (»Geburt des unbesiegten Sonnengottes«), dem Tag des wachsenden Lichtes, seine Bedeutung geben in dem, der sich selbst als »Licht der Welt« bezeichnet hatte.

Sie antworteten ihm: In Bethlehem in Judäa;
denn so steht es bei dem Propheten:
Du, Bethlehem im Gebiet von Juda,
bist keineswegs die unbedeutendste
unter den führenden Städten von Juda,
denn aus dir wird ein Fürst hervorgehen,
der Hirt meines Volkes Israel.

Ob das Votum eindeutig war, ist nicht bekannt. Man kann sich die Wut des Herodes vorstellen. Was er versäumt hatte, will er nachholen. Matthäus: »Als Herodes merkte, dass ihn die Sterndeuter getäuscht hatten, wurde er sehr zornig, und er ließ in Bethlehem und der ganzen Umgebung alle Knaben bis zum Alter von zwei Jahren töten, genau der Zeit entsprechend, die er von den Sterndeutern erfahren hatte.«

Die Szenen, die sich dabei abspielten, stellt der Evangelist in den Zusammenhang mit einem Wort der Schrift: »Damals erfüllte sich, was durch den Propheten Jeremia gesagt worden ist: Ein Geschrei ist in Rama zu hören, lautes Weinen und Klagen: Rahel weint um ihre Kinder und will sich nicht trösten lassen, denn sie sind dahin« (Jer 31,15).

Die Schriftgelehrten hätten das Ereignis von Bethlehem in seiner ganzen Bedeutung erkennen müssen. Es gab die Berechnung der Magier und der essenischen Mönche. Es gab die Prophezeiungen des Zacharias und des Simeon, die Erleuchtung der Elisabeth, die Erscheinung auf der Schafweide, das Zeugnis der Hirten, die aufsehenerregende Sternenkonstellation. Der Auftrag des Herodes hatte jene, deren Berufung als Theologen es war, biblisch zu denken, bereits zum richtigen Ergebnis geführt. Ohne Zaudern offenbarten sie dem verhassten König, dessen Reaktion man ahnen konnte, den Ort des Ereignisses. Und dennoch zeigten sie sich nicht imstande, aus ihrem Wissen eine Konsequenz zu ziehen. Kommt der Messias gerade ungelegen? Kommt er nicht immer ungelegen, weil er auch alle Einflusssphären und Würden, alle institutionelle Ordnung und die so bequemen Arrangements über den Haufen werfen könnte?

Am Ende waren es andere Hirten, denen die Geburt Jesu verkündet wurde, Nomaden, einfache Leute, einfach im Geiste, jene leicht Glaubenden, die als Toren so gern verlacht werden. »Ein Licht, das die Heiden erleuchtet«, so hatte der greise Simeon zitternd ausgerufen, als er Jesus in die Arme nahm. Und die Engelsschar auf dem Schäferfeld hatte diese Geburt nicht nur dem Hause Jakob verkündet, sondern, als Verherrlichung Gottes, allen Menschen, die guten Willens sind.

Was ist nun von der Geschichte vom Mord an den Kindern zu halten, einer im damaligen Judentum als minderwertig geltenden gesellschaftlichen Gruppe, den der Geschichtsschreiber Flavius Josephus in seinen Aufzeichnungen nicht erwähnt? Seine Auslassung genügte den Kritikern, die Darstellung von Matthäus als Legende zu werten. »Der Kindermord wurde erfunden«, schreibt Gerhard Prause, »um die Weissagung als erfüllt ansehen zu können.« Sollten die Autoren des Evangeliums nicht einmal davor zurückschrecken, nicht nur eine Geschichte zu erfinden, sondern in ihrer Dreistigkeit hierfür auch noch einen Beleg aus den heiligen Schriften Israels heranzuziehen?

Als »unwahrscheinlich« ordnen auch Neutestamentler wie der Theologe Jürgen Roloff sowohl den Kindermord als auch den Besuch der morgenländischen Astronomen ein. Selbst bei der »Vorstellung einer Geburt in Bethlehem« handele es sich »schwerlich um ein geschichtliches Faktum, sondern ein Postulat speziell jener Kreise …, die Jesus im Lichte davidischer Messianologie deuten«. Gut, aber wenn die Geburt in Bethlehem eine Fälschung ist, um sie mit der Weissagung des Micha in Einklang zu bringen, warum führen die Evangelisten allerhand historische Fakten zu deren Einordnung an? Warum lässt man Jesus gewissermaßen nicht »in aller Stille« auf die Welt kommen? Und, wohlgemerkt, »jene Kreise«, die hier so abschätzig aufgeführt werden, sind immerhin die von Jesus bestellten Apostel; und es ist zuallererst sogar Jesus selbst, der sich entrüstet: »Begreift ihr denn nicht? Wie schwer fällt es euch, alles zu glauben, was die Propheten gesagt haben.«

Die Zahl der ermordeten männlichen bethlehemitischen Kinder unter zwei Jahren dürfte zwischen zehn und vierzig gelegen haben, für Flavius Josephus eine vergleichsweise geringe Zahl angesichts der Berge an Opfern, die Herodes mit seinem Regime angehäuft hatte. Richtig ist, dass Flavius auch andere Grausamkeiten nicht erwähnte. Bei einer Strafaktion der Römer durch den Feldherrn Quinctilius Varus in der Jugendzeit Jesu in Sepphoris, einem Ort in der Nähe von Nazareth, wurden zweitausend Aufständische gekreuzigt. Obwohl von Flavius ebenfalls nicht berichtet, wird das Ereignis von keinem Historiker in Frage gestellt.

Wer den Kindermord von Bethlehem als Mythos vom Tisch wischt, verdrängt damit auch eine ganz wesentliche Seite an der Erscheinung Christi. Sein Kommen ist eine Kampfansage an die Kräfte des Bösen. In der Person des Herodes zeigt sich die Provokation, die die Geburt des Gottessohnes darstellt. Die Ausrottung der Kinder ist nichts anderes als der Versuch, Jesu Wirkkraft von Anfang an zu ersticken. »Gott ist die Liebe«, schreibt Johannes, »und wer in der Liebe bleibt, bleibt in Gott und Gott bleibt in ihm.« Im Umkehrschluss heißt dies: Satan ist der Hass, und wer im Hass bleibt, bleibt in Satan, und Satan bleibt in ihm.

Herodes stirbt unter unendlichen Qualen nach dreiunddreißigjähriger Regierungszeit zwei Jahre nach der Geburt Christi. Sein in Purpur gehüllter Leichnam wird in einem unerhört pompösen Trauerzug auf einer goldenen Sänfte zur Festung Herodium südlich von Bethlehem überführt. Ein einziges Mal hat er sein Herz gefunden, als er angesichts einer Hungersnot in Judäa den Gold- und Silberschmuck des Königspalastes zur Verfügung stellte. »Er war ein Mann«, urteilte Flavius abschließend, »der gegen alle ohne Unterschied mit gleicher Grausamkeit wütete, im Zorn kein Maß kannte und sich über Recht und Gerechtigkeit erhaben dünkte, dabei aber die Gunst des Glückes, wie kein anderer, erfuhr.«

Die Gunst des Glückes genügte nicht. Im Bericht des Flavius über den Tod des Herodes taucht eine seltsame Diagnose auf. Es sei, so heißt es, die *schwarze Galle* gewesen, die ihn hinwegraffte.

Herodes hatte eine beispiellose Karriere hinter sich. Sein Reichtum war so unerreichbar wie seine Macht, sein Luxus, seine Ländereien, der Harem seines Palastes – nun endet er so kläglich, wie Despoten immer enden. Fast immer. Schon lange schwer krank, hat sich sein Zustand von Tag zu Tag verschlechtert. Flavius Josephus sprach von einem »langsamen Feuer«, das seine Eingeweide durchwühlte und verzehrte. Geschwüre an den Därmen verursachten gewaltige Schmerzen: »Die Füße waren ebenso wie der Unterleib von einer wässerigen, durchscheinenden Flüssigkeit aufgetrieben, und an den Geschlechtsteilen entstand ein fauliges Geschwür, welches Würmer erzeugte.«

Weil er es nicht ertragen konnte, dass niemand um ihn trauern würde, beschloss er, die Vornehmen des Volkes zu laden, um sie in seiner Rennbahn einzuschließen. Sofort nach seinem Tod würden Soldaten die Eingeschlossenen mit Pfeilen niedermetzeln. So würde es doch noch Wehklagen geben, wenn er stirbt. Einzig der Weigerung seiner Schwester Salome war es zu verdanken, dass der Plan nicht zur Ausführung kam. Dafür erwischte es andere, die angesichts der Gerüchte um den nahen Tod des Diktators unter der Führung der Rabbiner Judas und Matthias den goldenen Adler vom Tempeleingang entfernt hatten, und selbst seinen Sohn Antipater, der als sein Nachfolger bestimmt war.

Als ob er direkt in den Schlund der Hölle einfahren müsste, nimmt er auch in den Wirren, die seinem Ableben folgen, noch Tausende mit in den Tod. Sie werden in Jerusalem als Aufständische von seinem Sohn Archelaus gefoltert und gesteinigt.

Die Herrschaft des Herodes steuerte auf eine Katastrophe zu. Sein Wüten gipfelte in dem Holocaust jüdischer Kinder einer ganzen Generation. Was für ein Paradoxon: ein falscher König – der Gott ermorden will. Seine vergeblichen Gott-ist-tot-Rufe hallen durch die Jahrhunderte der Geschichte nach.

Das Ende eines barbarischen Aktes ist gleichsam der Beginn einer Familie, die später als die heilige Familie verehrt werden wird. Sie ist auf der Flucht. Ins Verborgene. Wie zum Zeichen, dass ihre Wiederkunft dann nicht bloß Fortsetzung von etwas ist, das der Vergangenheit angehört, sondern der Beginn des Neuen. Damit läuft die nach der Sintflut größte Rettungsaktion aller Zeiten an: das Leben Jesu Christi.

Teil II

10

Der Verdacht

Von Jerusalem bis zum See Genezareth ist es eine Strecke von rund hundertfünfzig Kilometern. Es sollte über Maalé Adumim auf dem Highway Nr. 1 hinunter zum Toten Meer gehen, dem tiefsten Punkt der Erde. Wir saßen im Refektorium, und einige Mönche schauten mir über die Schultern. Sie hatten kluge Ratschläge parat, als ich beim Frühstück den Weg vorab mit dem Zeigefinger auf der Straßenkarte entlangfuhr. »Unten links abbiegen«, meinte jemand, vorbei an den Palmen von Jericho, und auf dem Highway Nr. 90 einfach schnurstracks immer nur geradeaus. »Sie müssen nur aufpassen, dass Sie nicht einschlafen.«

Kurz vor meiner Abfahrt traf ich mich in einem der kleinen Cafés am Jaffator noch mit Pater Gregor. Die Weißwürste! Wir schlürften unseren Arabica-Kaffee und beobachteten das Straßenleben. Junge Palästinenser zogen Karren mit Nachschub für den Basar über das Pflaster. Verspätete Jeschiwa-Schüler mit Kippa und Schläfenlocken liefen aufgeregt Richtung Klagemauer. An ihren schwarzen Kaftanen baumelten Schaufäden, die nach alter Vorschrift an den vier Zipfeln des Gewandes in Quastenform angebracht sein müssen.

»Was hat sich für Sie geändert, seit Sie im Heiligen Land leben?«, unterbrach ich die Stille unserer Betrachtung. Der Franziskaner sprach langsam. Sorgfältig erwog er seine Sätze. Na ja, begann er, letztlich sei ihm wirklich bewusst geworden, dass die Menschwerdung Gottes nicht bloß eine Idee sei. Das klinge vielleicht seltsam, aber es sei ein Unterschied, ob man etwas in einem Buch lese oder es ganz tief im Inneren des eigenen Seins als pure Realität erfahre.

»Können Sie die Geschichte Jesu restlos nachvollziehen?«

Der Pater machte ein nachdenkliches Gesicht. »Zweifel bleiben«, räumte er ein, »man kommt an Grenzen.« Plötzlich lockerten sich seine Züge: »Aber Christen haben ja auch die Aufgabe, Jesus immer besser kennenzulernen, oder nicht?«

Gleich hinter Betanien, dem Heimatort von Jesu engem Freund Lazarus und dessen Schwestern Maria und Marta, geht das Bergland von Jerusalem in die Wüste von Judäa über, eine karge Steppenlandschaft, die zu dieser Jahreszeit völlig ausgetrocknet wirkt. Ich bog in einen der Feldwege. Seien Sie vorsichtig, hatte mich Pater Bertram gewarnt, der Ikonenmaler, »es sind in der Wüste schon mehr Leute ertrunken als verdurstet.« Blitzartig könne sich das Wetter ändern. »Das Wasser kommt in Sturzbächen, es gibt kein Entrinnen.«

Es kam kein Wasser, und ich blieb auch nicht vierzig Tage, aber irgendetwas hatte mir jegliches Gefühl für die Zeit genommen. »Maranatha«, so hatten am Abend zuvor die Mönche noch gesungen, »Herr, komm doch wieder in deiner Herrlichkeit!« Es hätte gut in die Stimmung der Wüste gepasst, mit ihren rot und braun getönten Steinrunzeln, den Kanten und Schluchten, die von fern aussehen, als seien sie mit einem samtigen Pelz überzogen. Ganz tief unter mir, vielleicht nicht tausend Meter, aber tief, ein Bach, der sich an dem märchenhaft verwunschenen orthodoxen Kloster St. Georg mit seinen blauen Türmen vorbeiwindet, um nebenbei noch schnell einige feine Gärten mit Palmen und Zypressen ergrünen zu lassen.

Am Horizont, auf der anderen Seite des Tales, hat irgendwann Mose auf den Bergen Jordaniens gestanden. Das Gelobte Land durfte er sehen, aber betreten durfte er es nicht. Um mich herum Steine, Erdkrusten, Disteln. Genau hier auf der Hochfläche soll es gewesen sein, wo Jesus in den vierzig Tagen seiner Wüstenzeit dem großen Versucher trotzte. Elegisch wie im Traum; so hat es zumindest der Filmkünstler Pier Paolo Pasolini in seiner Adaption des Evangeliums nach Matthäus in Szene gesetzt; ein Prosastück über Gottes Werk und Teufels Beitrag.

Es gibt einen Grad der Steigerung von sinnlichen Effekten, der Hören und Sehen und Fühlen zu einem einzigartigen, fast musikalischen Empfinden zusammenführt. Dieser Grad war hier erreicht. Vielleicht ist kein anderer Ort der Welt erhabener als dieser, kam es mir vor. Es schien, als wirkten dem Magnetismus der Erde so starke Anziehungskräfte des Himmels entgegen, dass man meint, nur noch die Arme ausbreiten zu müssen, um wie die Engel über die Hügel zu schweben; auf eine Weite hin, die nach Ewigkeit schmeckt.

Eine schattenlose Welt. In völliger Stille. In der das Geheimnis der Existenz so nahe scheint, als könnte man es greifen. Aber sobald man es greift, so wie der heilige Benedikt es konnte, der einmal wie durch einen Blitz die Welt erhellt und in einer Sekunde göttlichen Lichts bis in die Tiefen des Universums sah, ist es schon weg. Für Benedikt hatten sich in diesem einen Blick alle Rätsel der Welt offenbart. Keine Fragen. Keine Ängste. Es gab nichts Widersprüchliches mehr und nichts Ungelöstes. Und es war nicht nur ein Erkennen, es war zugleich Fülle: ein ganz und gar Geborgensein im Schoße einer alles umfassenden Liebe.

Die Wüste Judäa ist nicht wirklich eine Wüste. Sie erinnert nur daran, dass sich ganze Landschaften wieder zu wüster Natur zurückbilden, sobald sie nicht mehr kultiviert werden. Urplötzlich tauchen hinter einem Berg, einem Hügel in der Ferne, schemenhaft Gestalten auf. Sie ziehen irgendetwas hinter sich her, ein Kamel vielleicht, und wenn sie in ihrer Fata-Morgana-gleichen Langsamkeit nahe genug gekommen sind, freust du dich über ein paar Datteln oder eine Dose Cola, die dir der Beduinenjunge zum Kauf anbietet, als sei das Unmögliche im Grunde nur eine Frage der Vorstellung.

»Im Anfang war das Wort«, heißt es in der Heiligen Schrift, »und das Wort war bei Gott, und das Wort war Gott.« Der vielschichtige Prolog des Johannesevangeliums scheint dabei nicht nur ein Schlüssel für das Geheimnis der Geburt Jesu, sondern auch seiner Botschaft zu sein. In diesem Wort »war das Leben«, fährt der Evangelist fort, der sich wie die anderen Autoren der Schrift explizit als »Diener des Wortes« bezeichnete. Das Wort sei »Fleisch geworden«. Es habe in Christus Gestalt angenommen, sei *mit* ihm und *in* ihm wie aus den Fluten eines Meeres herausgetreten – um aus dem Fleisch wieder Wort zu werden, niedergelegt in den neuen Kapiteln des einen Buches, das die Offenbarung Gottes zu einem geschlossenen Werk macht: »Alles ist durch das Wort geworden, und ohne das Wort wurde nichts, was geworden ist.«

Wenn stimmt, was der Kirchenlehrer Augustinus herausfand, dass das Neue Testament das Alte voraussetzt, aber sich das Alte erst im Neuen ganz enthülle, so musste Jesus davon ausgehen, dass das Wort, das er sprach, auch geschrieben werden würde. »Wer diese meine Worte hört und danach handelt«, erklärte er, »ist wie ein kluger Mann, der sein Haus auf Fels baute.« – »Diese [Zeichen] aber sind aufgeschrieben«, so die unverhüllte Absichtserklärung der Heiligen Schrift, »damit ihr glaubt, dass Jesus der Messias ist, der Sohn Gottes, und damit ihr durch den Glauben das Leben habt in seinem Namen« (Joh 20,31).

Es gibt viele Bücher, die die Menschheitsgeschichte bewegten. Manche überlieferten Geschichte, wie das »Gilgamesch«-Epos aus den Anfängen der Zivilisation, andere schrieben Geschichte, wie Marx' »Kommunistisches Manifest« oder die »Worte des Vorsitzenden Mao Tse-tung«. Aber keines wird jemals den Rang erreichen, den die Bibel und insbesondere die Evangelien bereits von Anfang an eingenommen haben. Denn kein anderes Buch wurde stärker gewürdigt. Keines war nachhaltiger. Und keines hat die Welt mehr verändert. Die Bibel ist, wie der Name besagt, schlichtweg »das Buch der Bücher«. Das einzigartige, unvergleichliche. Das Alpha und das Omega, die Geschichte der Kinder Gottes von der Genesis bis zur Apokalypse, mit allem, was schon geschehen *ist*, und allem, was noch geschehen *wird*.

Jesus baute keine Tempel. Er eroberte keine Städte und prägte keine Münzen. Allerdings ist jene Schrift, die seine Geschichte überliefert, ohne jede Parallele. Weder in der jüdischen noch in der griechisch-römischen Literatur dieser Epoche gibt es Aufzeichnungen, die eine formale oder inhaltliche Ähnlichkeit mit ihr aufweisen. Ihre Autoren sind denn auch keine Schriftsteller, sondern, in der Bedeutung des Wortes »Evangelist«, echte »Geistträger«. Sie übermitteln nicht nur ein historisches Faktum, sondern gewissermaßen den Einbruch des Überirdischen in die irdische Wirklichkeit. »Wir haben gesehen und bezeugen«, heißt es im ersten Johannesbrief, »dass der Vater den Sohn gesandt hat als den Retter der Welt.«

Von Anfang an wirkten die Berichte über das Leben Jesu auf ihre Leser wie ein Zauber. Das Evangelium war die große, kaum fassbare Offenbarung der Welt, aber auch ein Tröster in der Not, ein Buch der Weisheit. Schon im ersten Jahrhundert war die Zahl der Abschriften nicht mehr zu überblicken. Zweitausend Jahre später ist die gesamte Bibel in 438 Sprachen übersetzt, Teilausgaben in weitere 2400 Sprachen. Ihre Auflagenzahlen sind längst nicht mehr zu beziffern. Im Jahr 2003, dem »Jahr der Bibel«, wurden nach Einschätzung des Katholischen Bibelwerkes weltweit 45 Millionen Exemplare verkauft.

Einzelne Texte der Bibel waren so nachhaltig, dass sie ganze Gesellschaften prägten, ein Welt- und Lebensbild formten. Sie trugen das Potenzial in sich, um die Hochkulturen jener humanitären Zivilisation zu bauen, wie wir sie heute kennen. Aus diesen Berichten entnahmen Staaten die Grundsätze ihrer Verfassungen, Völker ihre Weltanschauung, Revolutionäre ihr Pathos, Samariter ihren Auftrag, Künstler ihre Bilder, Komponisten ihre Oratorien – und alle zusammen: ihren Ausblick auf eine Welt ohne Hass, Krieg und Gewalt.

»Gott übergab uns sein Wort, wie er Adam den Garten Eden gab«, wusste der heilige Johannes Chrysostomus. Bibel und Liturgie wurden zum Ausgangspunkt schöpferischer Entwicklungen in Poesie, Theater, Musik, Architektur und bildender Kunst. Stundengebet und Messliturgie regten zur Schaffung neuer Dichtungen, neuer musikalischer und dramatischer Formen an. Die bedeutendsten Werke der Weltliteratur – etwa Dantes »Göttliche Komödie«, Goethes »Faust« oder die Dramen von Shakespeare – wären ohne biblischen Hintergrund nicht geschrieben worden.

Man lebte mit der Bibel, dachte mit ihr, rechnete mit ihr, ließ sich ermahnen durch ihre Moral, anspornen durch ihre Ethik. Sie zog ganze Gesellschaften auf ein Niveau, das sich an Gerechtigkeit, Freiheit und Schönheit orientierte. Es war nicht außergewöhnlich, wenn Menschen das Heilige Buch nur auf Knien studierten. Und die Stille in den Klöstern war nicht dazu gedacht, sich zu entspannen, sondern sie sollte helfen, das Wort Gottes besser vernehmen zu können und wirken zu lassen.

Nicht die Gesetze der Materie herrschen letztlich über die Welt und den Menschen, so lautet die Mega-Botschaft dieses Buches, sondern ein personaler Gott. Und nicht irgendwelche »göttlichen« Könige oder Herrscher haben die letzte Autorität, sondern eine Instanz, die sich in Jesus als einem Gott der Hoffnung, der Freiheit und der Liebe offenbart hat.

»Dieser Gedanke«, fasste das Magazin *Stern* in einem Beitrag über die Heilige Schrift zusammen, »ist bis heute grundlegend für alle demokratischen Systeme.«

Wer das Wort Christi und die Schriften der Väter leben wollte, musste lesen und schreiben können, was die Kathedral- und Klosterschulen entstehen ließ. Wer die Geheimnisse Gottes erforschen und die Schöpfung mitgestalten wollte, brauchte Universitäten in Paris, Prag, Mailand, deren Gründung nicht von ungefähr von der Kirche betrieben wurde. Aus der Liebe zum heiligen Wort entstand nicht zuletzt der Dienst an der Grammatik und hieraus wiederum die Sprach- und Literaturwissenschaft, die das Wort in allen seinen Weisen pflegen sollte.

Die Bibel war nicht nur *das* Buch, es wurde auch zur Mutter aller Bücher, Motor des bedeutendsten Kulturgutes unserer Zivilisation. Mit ihren Texten entstanden im 1. Jahrhundert nach Christus erstmals zusammengefalzte und geheftete Papiere zum Umblättern, Bücher eben. In den mittelalterlichen Klöstern arbeiteten Mönche in eigenen Schreibstuben bei Hitze und Kälte an Zigtausenden von Kopien, führten erstmals Seitenzahlen ein und entwickelten Fußnoten als Interpretationshilfen.

Eines ergab das andere. Durch die Bibel-Schreibstuben überlebte der größte Teil der antiken lateinischen Literatur, die von den

Mönchen abgeschrieben, aufbewahrt und in ihren Schulen gelehrt wurde. Die in den Klöstern entwickelte karolingische Minuskel schuf wiederum eine entscheidende Hilfe für die Alphabetisierung der westlichen Welt über eine einheitliche Schrift – die neben Groß- endlich auch über Kleinbuchstaben (Minuskel) verfügte.

Der nächste Quantensprung: die Erfindung des modernen Buchdrucks durch den Mainzer Bibeldrucker Johannes Gutenberg, der 1455 erstmals einzelne Buchstaben in Metall goss und damit ganze Buchseiten »setzen« konnte. Von hier aus ist es nur noch ein kleiner Schritt, um einen Siegeszug über die ganze Welt anzutreten – huckepack dabei *Genesis* und *Hohelied,* die *Psalmen* und das *Buch der Weisheit.* Denn erst mit dem Neuen Testament als Trägerrakete konnte das alttestamentliche Wort Gottes über den kleinen Kreis des Volkes Israel hinausgetragen werden in die fernsten Winkel dieser Erde. Es gab dabei nicht wenige Versuche, dieses schwere Gepäck abzuschütteln. Eine Regel wurde deutlich: Wer das Alte Testament loswerden wollte, entpuppte sich zumeist nicht nur als antikirchlich, sondern fast immer auch als Antisemit.

Die Bibel galt als unversiegbarer Brunnen, der nie leer wird, so viel man auch daraus schöpft, immer alt und aktuell zugleich, erhaben über Zeit und Raum und dennoch so konkret, um sofort anwendbar zu sein, stets noch einen anderen, noch ungehörten Ton, eine zusätzliche Seite zu offenbaren, die man nicht mehr vermutet hatte. »Groß und weit wie die Welt« sei dieses Buch, wusste Heinrich Heine, »wurzelnd in den Abgründen der Schöpfung und hinaufragend in die blauen Geheimnisse des Himmels …« – »Ich hab nun 28 Jahr, seit ich Doktor geworden bin, stetig in der Biblia gelesen und daraus gepredigt«, schrieb Martin Luther, »doch bin ich ihrer nicht mächtig und find noch alle Tage etwas Neues darin.« – »Wer seinen Gott verloren hat, der kann ihn in diesem Buche wiederfinden«, fügte Heine an, »und wer ihn nie gekannt, dem weht hier entgegen der Odem des göttlichen Wortes.« – »Wenn du die Heilige Schrift liest«, wusste der große Augustinus, »spricht Gott zu dir.«

Wenn auch jedes der vier Evangelien des Neuen Testaments für sich abgeschlossen ist, gibt es gleichzeitig ein Geflecht an Beziehungen unter den vier Berichten, durch welche die Solisten zu einem Chor werden und die Heilige Schrift zum großen Ganzen, das weit mehr ist als die Summe seiner Teile. Da schildert dann Lukas als Einziger die Geburt Jesu; Matthäus hat exklusiv die Huldigung der Sterndeuter; Lukas fährt fort mit dem Zeugnis des Simeon und der Hanna; Matthäus übernimmt die Flucht nach Ägypten … Gewisse Unterschiede waren für Gläubige dabei weniger Beweis für Unsinn oder gar Legendenbildung, sondern Anlass, diese Worte noch besser zu studieren.

»Die Heilige Schrift kann nie lügen oder irren«, postulierte Galileo Galilei (allenfalls machten das ihre Ausleger), denn »ihre Aussprüche sind absolut und unverletzlich wahr.« Niemand maßte sich an, darin herumzupfuschen oder im Nachhinein festzulegen, was als echt und was als unecht zu werten sei. »Die Bibel ist nicht dazu da«, ermahnte der dänische Philosoph Søren Kierkegaard, »dass wir sie kritisieren, sondern dazu, dass sie uns kritisiert.«

Ich werde niemals jene Stunde vergessen, die mir wieder bewusst machte, welch unvergleichliche Heiligkeit die Gläubigen diesem Buch beimessen. Wir saßen in der Kirchenbank, als mit dem Einsetzen der Orgel und dem Ruf des »Alleluja« sich die Messbesucher erhoben. Die Ministranten hatten sich mit Kerzen, groß wie Fackeln, neben dem Altar aufgestellt. Dann nahm der Priester das große Buch in seine Hände, hob es mit beiden Armen über den Kopf und schritt damit feierlich, begleitet von den Lichtträgern, zum Ambo, dem Lesepult.

Damals wusste ich nicht, dass er zur Vorbereitung ein stilles Gebet spricht: »Reinige mein Herz und meine Lippen … wie du einst die Lippen des Propheten Jesaja mit glühendem Stein gereinigt hast«, heißt es darin, »und lass mich dein heiliges Evangelium würdig verkünden.« Aber ich hatte verstanden, dass Kirche auch ein Literaturhaus ist. Und dass Christen, wenn sie dieses Buch lesen, dies in Verbindung mit einem festlichen Zeremoniell tun, das physisch entspannt, seelisch heilt und geistig inspiriert. Und als der Priester anhob, am Lesepult die »Frohbotschaft unseres Herrn Jesus Christus« zu verlesen, bekreuzigten sie sich und nahmen eine stehende Haltung ein, in Respekt und Ehrfurcht vor der Heiligkeit dieses Wortes, das nun in Würde »empfangen« werden sollte; wie Nahrung eigentlich, lebendiges Wasser, Durststiller für das Verlangen nach Sinn und Heilung.

Papst Gregor der Große hat es so ausgedrückt: »Die Bibel ist wie ein Strom, der so flach ist, dass ein Lamm daraus trinken, und so tief, dass ein Elefant darin baden kann.«

Kein anderes Buch der Welt wurde gelesen und gelebt wie die Bibel mit ihren Evangelien – etwa durch das Mönchtum, das seit 1500 Jahren ihren Rat in der Praxis testet –, keines aber auch so fanatisch angegriffen, verleumdet und bekämpft.

Schon bald nach seinem Erscheinen brachten unterschiedlichste Gruppen eine wahre Flut von Handschriften auf den Markt, um mit einem *Evangelium der Ägypter,* einem *Evangelium der Wahrheit,* einem *Evangelium der Geburt Marias* und anderen Derivaten die Autorität von Markus, Lukas und Kollegen zu untergraben. Um die scheinbaren Widersprüche in den Texten glattzubügeln, schuf bereits 170 n. Chr. der Schriftsteller Tatian einen Einheitstext, der als *Diatessaron* (wörtlich: »quer durch die vier«) die Berichte vereinheitlichte. Auf der anderen Seite drängte eine Gruppe um den Kirchenpolitiker Marcion darauf, offiziell nur noch eines der Evangelien gelten zu lassen, den Bericht des Lukas. Die Auseinandersetzung um diese Frage stürzte die frühe Kirche in eine schwere Krise. Aber sie nahm eher ein Schisma in Kauf, als zuzustimmen, die authentisch überlieferten Schriften auch nur in nebensächlichen Punkten abzuändern oder gar auseinanderzudividieren.

Ab dem Jahr 303 ordnete Kaiser Diokletian an, sämtliche christlichen Schriften und liturgischen Bücher zu verbrennen. Wer dem Evangelium treu blieb, setzte sein Leben aufs Spiel. Eine Spirale von Hass und Zerstörung gegenüber dem Evangelium und seinen Anhängern zog sich vom römischen Kaiser Nero, der Christen als lebende Fackeln zur Beleuchtung der Straßen verwendete, über das Wüten der Französischen Revolution bis hin zu Kommunismus und Nationalsozialismus, die angetreten waren, die »neue Zeit« für einen »neuen Menschen« einzuleiten. So unterschiedlich diese Systeme auch sein mochten, in ihrem Ziel, christliche Denk- und Lebensart bis auf die Wurzel zu zerstören, waren sie wie Zwillinge. In Ost und West wurden die Lehrbücher umgeschrieben, Kruzifixe aus den Schulen verbannt, Kirchen geschlossen und zerstört. Zigtausende von Priestern, Nonnen und Mönchen wanderten in Stalins Archipel Gulag oder fanden sich in Hitlers Konzentrationslagern wieder – neben den Millionen von Juden, die als das auserwählte Volk der Bibel vom Erdboden verschwinden sollten.

Der gesellschaftliche Konsens, der in den Evangelien die Grundlage für die Werte und das Rechtssystem der westlichen Welt sah, musste stets neu erkämpft werden. Brüchig geworden war er nicht zuletzt unter dem Eindruck einer ungeheuren Schuld und Verirrung der Kirche selbst, die mit der Teilnahme an Hexenverbrennung, Ablasshandel und Machtpolitik die frohe Botschaft verraten hatte. Am Beginn der Aufklärung war freilich eine Entwicklung eingetreten, die förmlich danach schrie, die Evangelien neu auf die Tagesordnung zu setzen: der Siegeszug der Naturwissenschaften.

Die Faszination der neu entdeckten physikalischen und chemischen Gesetzmäßigkeiten musste mit einem Schlag das mystische Denken als ein Relikt grauer Vorzeit erscheinen lassen. Endlich konnte die Welt mit einem neuen, klaren Blick wirklich »durchschaut« werden. Niemand müsste sich weiterhin etwas »vormachen« lassen. »Wunder widersprechen nicht der Natur«, so hatte Augustinus noch postuliert, »sondern der uns bekannten Natur.« Nun galt: Als möglich kann nur akzeptiert werden, was sich in der sichtbaren Welt abzeichnet, nicht den Naturgesetzen widerspricht und sich wissenschaftlich beweisen lässt. Die im Neuen Testament berichteten Vorgänge wie die Heilungen oder gar eine Auferstehung von den Toten zählten nicht dazu.

Führenden Gelehrten erschienen Religion und Wissenschaft, Glaube und Vernunft fortan als Gegensätze. Entweder – oder; die Tatsachen der Wissenschaft – oder die »Wahrheiten« des Glaubens, beides zusammen verhielte sich wie Feuer und Wasser. Niemand konnte sich vorstellen, dass zweihundert Jahre später ein Papst ausrufen würde, wie es Johannes Paul II. in seiner Enzyklika *Fides et Ratio* tat, der Glaube müsse die Wissenschaft nicht fürchten. Es sei umgekehrt erst der »Glaube, der die Vernunft dazu herausfordert, aus jedweder Isolation herauszutreten und für alles, was schön, gut und wahr ist, etwas zu riskieren«. »Der erste Trunk aus dem Becher der Naturwissenschaften macht atheistisch«, fasste denn auch der Kernphysiker und Nobelpreisträger Werner Heisenberg die Quintessenz seiner Forschungen zusammen, »aber auf dem Grund des Bechers wartet Gott.« Max Planck erging es nicht anders. Als Physiker, der sein ganzes Leben der »Erforschung der Materie« gewidmet habe, habe er am Ende erkennen müssen, dass es keine starren Naturgesetze gibt: »Es gibt keine Materie an sich. Alle Materie entsteht und besteht nur durch eine Kraft, welche die Atomteilchen in Schwingungen versetzt …« Man müsse »hinter dieser Kraft einen bewussten intelligenten Geist annehmen. Dieser Geist ist der Urgrund der Materie«.

Die Wissenschaft konnte mit fortschreitenden Erkenntnissen ihre alten Grenzen sprengen. Durch die Entdeckung von Quantenphysik, Relativitäts- und Chaostheorie wurden die bislang geltenden Regeln obsolet. Um nur einen einzigen Aspekt herauszugreifen: Selbst die Möglichkeit von Prophetien wird inzwischen von wissenschaftlicher Seite nicht mehr ausgeschlossen. »Nach der von der Invariantenphysik (Relativitätstheorie) festgestellten Raum-Zeit-Struktur des Weltalls«, so der Kernphysiker Bernhard Philberth, Mitglied der internationalen Atomenergiebehörde in Wien, »wäre eine Prophetie möglich für Wesen, die Ereignisse derart zur Kenntnis nehmen könnten, dass das einer Informationsgeschwindigkeit über 300 000 km/sec entspräche. Auf physikalischer Ebene ist dies zwar unmöglich. Aber die Physik zeigt doch, dass wirkliche Prophetie im Bereich überphysikalischer Seinsmächtigkeit denkbar ist.« Insbesondere wenn man sich einen Gott vorstelle, »der Raum und Zeit geschaffen hat« und alles in allem sei, eben auch »alles Vergangene, Gegenwärtige und Zukünftige«.

Die Phase der sogenannten historisch-kritischen Methode, die das Evangelium einer umfassenden Prüfung unterzog, begann in Deutschland, dem Land der Kirchenspaltung. Es war Hermann Samuel Reimarus (1694–1768), Professor für orientalische Sprachen in Hamburg, der eine entscheidende Verzerrung in die theologische Disziplin einführte, indem er zum ersten Mal einen Unterschied machte zwischen der Verkündigung Jesu und dem Glauben der Apostel. Aus der früheren Einheit wurde damit ein Gegensatz. Der *Jesus der Geschichte* war nun plötzlich nicht auch der *Jesus des Glaubens,* sondern gewissermaßen ein Fall für die Pathologie.

Wenig später entwickelte Immanuel Kant (1724–1804) die Vorstellung, die Religion müsse ganz in Einklang mit den Gegebenheiten der menschlichen Vernunft gebracht werden. Der Philosoph aus Königsberg beschwor die Schaffung eines »natürlichen Christentums« als ein System von moralischen Geboten. Unter dem Einfluss Kants löste Georg Wilhelm Friedrich Hegel (1770 bis 1831) in seinem »Leben Jesu« alle Wunder, das nachösterliche Geschehen sowie die Selbstzeugnisse, die Jesus als den Messias bezeugen, aus dem Evangelium. Es galt, endlich einen »gereinigten« Christus zu haben, gebaut nach den Maßgaben der bloßen Vernunft. Stein für Stein sollte damit freilich von nun an auch eine Mauer aus betonschwerer Fachliteratur um den bisherigen Jesus des Volkes heranwachsen, gekrönt durch einen Stacheldraht aus komplizierten Theorien und akademischen Verdächtigungen.

Im 19. Jahrhundert verfestigten Exegeten wie David Friedrich Strauß (1808–1874) die Überzeugung, dass der Jesus der Evangelien keine historische Grundlage habe, sondern das Ergebnis einer Projektion, einer Phantasie oder gar einer Halluzination der ersten christlichen Gemeinden sein musste. In Wahrheit sei Jesus erdrosselt oder gesteinigt worden. Womöglich habe er sich auch selbst hingerichtet oder sei nach einer Scheinhinrichtung an Altersschwäche gestorben – oder eben gar nicht gestorben, da er nie existierte.

Hatte sich Reimarus bei gewissen Problemen in seiner Logik noch mit der Einführung einer *Betrugstheorie* beholfen – die Jünger hätten nach dem Scheitern Jesu, um nicht als betrogene Existenzen dastehen zu müssen, seinen Leichnam geraubt und die Auferstehung erfunden –, wurde nun die *Mythos-Theorie* eingeführt. Deren Begründer Charles-François Dupuis (1742–1809), ein Politiker der Französischen Revolution, bereitete mit seinen Kommunarden gerade den Abriss der Kathedrale Notre-Dame de Paris vor. Zur Eingewöhnung in die »neue Zeit« ließ man statt der Gottesdienste sonntags schon mal das »Fest der Vernunft« feiern. Christus sei ein reiner Mythos, behauptete Dupuis in seinem Buch *Origine de tous les Cultes;* die Ereignisse seines Lebens müssten als »astrale Allegorien« verstanden werden.

Greifen wir einen der Evangeliums-»Enthüller« heraus, Ernest Renan (1823–1892), ein verhinderter französischer Priester, der von den Spitzen der Bourgeoisie bald wie ein Nationalheld gefeiert wurde. Es ist eine Zeit schwerer Prüfung für die Kirche. In Deutschland beginnt der »Kulturkampf« des protestantischen Kaiserreiches gegen alles Katholische. Der Säkularisation geistlichen Besitzes mit der Konfiszierung Hunderter von Klöstern folgt die umfassende Ausweisung der Jesuiten. In Rom, wo sich Königstreue und Papisten gegenüberstehen, sind die »Aufgeklärten« mit Steinen hinter den Soutanen her. Auf den Leichenzug Pius' IX. im Jahre 1878 prasseln Steinwürfe nieder. Für Renan, dessen *Leben Jesu* auch heute noch aufgelegt wird, ist der Mann aus Nazareth eine bewundernswerte, ja sogar einzigartige Figur. Nur: Er sei nicht der, den die Christenheit verehre, sondern jemand, der gewissermaßen eine Religion ohne Religion gewollt habe, gestützt auf Herz und Gefühl und eine unmittelbare Beziehung zu einer allgemeinen, undefinierten Allmacht.

»Falsch, falsch und wieder falsch«, so marschiert Renan protestierend durch die Bibel, diese »sonderbare Schrift«, in der »vollkommene Aufrichtigkeit nicht immer die Regel« gewesen sei. Vom Evangelium des Johannes weiß er, dass darin »der Charakter Jesu in vielen Punkten gefälscht ist«. Die Erinnerungen des Apostels seien von der »fieberhaften Unruhe seines überspannten Gemüts« beeinträchtigt worden. Wo bitte, fragt Renan keck, seien denn die Orte Jesu wie Kafarnaum oder Chorazin und Betsaida? Es gebe im Heiligen Land nur Schutt und Sand: »Es ist zu bezweifeln, ob man jemals dazu gelangt, auf diesem von Grund auf verwüsteten Boden die Stellen fest zu bestimmen, auf denen die Menschheit seine [Jesu] Fußstapfen küssen möchte.«

Was Renan nicht bedachte, war die Möglichkeit, dass die stummen Zeugen der Vergangenheit eines Tages wieder auftauchen könnten; wie nach einem Sturm, der den Sand verweht. Und siehe da, die Spaten der Archäologen sollten gar nicht so tief graben, da tauchten die Umrisse von Kafarnaum, Chorazin und Betsaida aus dem Gedächtnis der Erde auf, als wäre es an der Zeit, endlich Zeugnis abzulegen angesichts einer wild gewordenen Jagd, die in Jesus nur noch ein Gespenst sehen wollte. Und Steine können ziemlich harte Tatsachen sein.

Renan faszinierte mit einer Fülle farbiger Details und der Frische seiner Darstellung, ein Merkmal jedoch hatte er mit anderen antikirchlichen Verschwörungsfanatikern gemein. Es ist wie ein Kainsmal, das sich bei nahezu allen Evangeliums-Kritikern finden lässt, die die Kreation eines neuen, des »wahren« Jesus zum Ziel haben: die Verachtung der Juden.

Schon Voltaire, einer der Väter der Aufklärung, der überzeugt war, die Bibel endlich »entlarvt« zu haben, lässt sich in dreißig der hundertachtzig Artikel seines *Philosophischen Wörterbuches* gegen die Juden aus, »die wir verabscheuen und für das verabscheuungswürdigste Volk der Erde halten«. Für seinen Landsmann Renan ist zwar Jesus in Ordnung, aber nicht das Volk, aus dem er stammt. Der Jude, pflegt er dann zu sagen, der Jude »mit seinen ungeheuren Fehlern, hart, selbstsüchtig, spottsüchtig, grausam, beschränkt, spitzfindig und sophistisch«. Laut Renan kennzeichnet die Juden ein »vollkommener Mangel des Gefühls für die Natur, eine gewisse Trockenheit, Beschränktheit und Starrheit«. Es sei eine »widerwärtige Welt«, voll von »heuchlerischen und gallsüchtigen Frömmlern« und jüdischen Gelehrten, deren Wissenschaft nur als »barbarisch, abgeschmackt« zu bezeichnen sei, »jedes sittlichen Bestandteils bar«. Freilich, Jesus hatte gottlob »seinen jüdischen Glauben vollständig verloren«. Er war »der Erste, der zu sagen wagte, dass seit ihm … das Gesetz nicht mehr bestehe«. Renan triumphiert daraufhin: »Jesus ist nicht mehr Jude.«

»Wenn überhaupt eine ›große Persönlichkeit‹ existiert hat, die die neue Religion ins Leben gerufen hat«, schrieb in der Nachfolge Renans Anfang des 20. Jahrhunderts einer der eifrigsten Vertreter der sogenannten liberalen Bibelforschung, der Philosoph Arthur Drews (1865–1935), »so war das nicht der pseudohistorische Jesus, sondern Paulus, der aus dem Innersten seiner hochtrabenden Spekulationen … jene Kräfte schöpfte, die dem Christentum zum Sieg« verholfen hätten. Drews, der sich in späteren Jahren den Ideologen des Faschismus zuwandte, setzte noch eins drauf: »Ohne Jesus ist die Entstehung des Christentums vollkommen erklärlich; ohne Paulus jedoch nicht.«

Eine schöne Pointe, originell genug, dass auch Evangeliums-Kritiker wie Rudolf Augstein nicht auf sie verzichten wollten. Sie ignoriert freilich, dass jener Christenverfolger Sha'ul nach seiner Christusvision vor Damaskus (»Saulus, warum verfolgst du mich?«) in der Jerusalemer Urgemeinde bereits eine geschlossene Theologie vorgefunden hatte, die er weitergeben wollte. In einem Brief an die Korinther erklärt er: »Vor allem habe ich euch überliefert, was auch ich empfangen habe.«

Von 1919 an entwickelte der protestantische Wissenschaftler Martin Dibelius das Konzept der sogenannten Formgeschichte. Nicht Jesus habe dem Christentum die Form gegeben, sondern die Urgemeinden in Jerusalem und anderswo. Theologen rekonstruierten nun unablässig, welcher Vers zuverlässig, welcher sicherlich erweitert und bei welchem es sich zweifellos um einen späteren Einschub handeln müsse. Der protestantische Theologe Adolf von Harnack (1851–1930) schrieb die Evangelien einer Schöpfung des griechischen Geistes zu und »befreite« sie von ihren jüdischen Quellen. Die universale Botschaft der Schrift sei eben nicht von den Juden, sondern von Paulus gekommen, einem Mann von griechischer Bildung.

Auch der protestantische Theologe Rudolf Bultmann (1884 bis 1976) konnte dieser für Westeuropäer so verführerischen Idee nicht widerstehen. Bultmann, der theologische Übervater einer ganzen Generation von Neutestamentlern, predigte, die Evangelien seien keine Biografien, sondern Zeugnisse des Glaubens. Es gehe darin weder um eine Chronik noch um historische Fakten, sondern einzig um die Frohe Botschaft vom Retter der Welt. So gesehen sei es völlig egal, ob hier einzelne Dinge falsch oder widersprüchlich seien. Und selbst wenn sich die geschilderten Episoden aus dem Leben Jesu als Legenden erweisen würden – die Erkenntnis Gottes durch Jesus hänge davon nicht ab. Wäre der Glaube objektivierbar, stünde der Mensch schließlich in Gefahr, sich weniger im radikalen Vertrauen auf Gott selbst festzumachen als am historischen Wissen über Christus. In der Konsequenz hieß das: Was brauchen wir Jesus? Uns genügt die Weisheit der Schriften – von wem auch immer sie stammen mögen.

Bultmann wies jegliche Versuche, das Leben und die Persönlichkeit Jesu zu rekonstruieren, als »phantastisch und romantisch« zurück. Und an der Offenbarung sollte nur noch das als historisch gelten dürfen, was nicht aus dem religiösen Bewusstsein des Judentums abzuleiten sei. De facto kam die Entkleidung am Ende einem deutlich antijüdischen Jesusbild nahe.

Man glaubte nun, klagte bereits der Afrika-Arzt und Nobelpreisträger Albert Schweitzer 1906/1913 in seiner *Geschichte der Leben-Jesu-Forschung,* diesen Jesus endlich zu haben. Aber jeder Forscher habe nur immer gerade das in ihn hineinprojiziert, was am ehesten dem eigenen Ideal entsprach. Der wahre Jesus, hielt Schweitzer resigniert fest, müsse wohl für immer hinter einem Schleier verborgen bleiben.

Erst ab den siebziger und achtziger Jahren des 20. Jahrhunderts begann sich eine neue Generation von Exegeten wieder der Sicht aus der Zeit der Apostel zu nähern, der die Orthodoxie und die Glaubenshüter der katholischen Kirche immer treu geblieben waren. In den USA forderten Theologen wie N. T. Wright, die Forschung müsse sich verabschieden von der »via negativa« und den Weg zurück zum geschichtlichen Realismus finden. Viele Forscher hätten sich von einem Geist purer Auflehnung gegen kirchliche Strukturen leiten lassen. Gerade jene, die doch als besonders vernunftorientiert gelten wollten, versündigten sich gegen diese Vernunft, wenn sie weiter von Spekulationen und nicht von Fakten ausgingen. Im Übrigen sei es doch ein wenig naiv, zu glauben, dass das Jesusbild der Kritiker und der dem Christentum feindlich gesinnten »Experten« richtiger oder gar wahrer sein müsse als die Überlieferung von integren Zeugen des Glaubens.

In Deutschland meldete sich die Theologieprofessorin Eta Linnemann zu Wort. Sie sei, gab die prominente Schülerin von Rudolf Bultmann zu Protokoll, durch die »aufgeklärte« Theologie zunehmend an die Worte Paulus' erinnert worden: »Es wird eine Zeit kommen, in der man die gesunde Lehre nicht erträgt, sondern sich nach eigenen Wünschen immer neue Lehrer sucht, die den Ohren schmeicheln; und man wird der Wahrheit nicht mehr Gehör schenken, sondern sich Fabeleien zuwenden« (2 Tim 4,3). Linnemann handelte konsequent: Sie widerrief öffentlich alles, was sie bisher auf der Basis dieser Theologie publiziert hatte.

Als der Komponist Joseph Haydn beauftragt wurde, ein dreiteiliges Oratorium zu komponieren, das die Erschaffung der Welt in einer bislang ungehörten musikalischen Offenbarung darbieten sollte, nannte er zwei Tugenden, die man für diese Herausforderung haben müsse: Sorgfalt und Gottesfurcht. Vierzig Jahre zuvor war das Auftragswerk Georg Friedrich Händel anvertraut worden, der sich dazu jedoch nicht in der Lage sah. Haydn gelang es. Und es gelang ihm besser, als er es erhofft hatte. Er schuf nicht nur neue Klangmuster und neue rhythmische Elemente, sondern brachte auch die Fröhlichkeit in die geistliche Musik. »Nie war ich so fromm«, gestand er später, »als bei der Komposition der *Schöpfung*. Täglich fiel ich auf die Knie und bat Gott, dass er mich stärke für mein Werk.«

Wenn dies für Haydn galt, ist es dann so schwer vorstellbar, dass die Autoren des Neuen Testamentes viel zu sehr erschüttert waren, dem erwarteten Messias begegnet zu sein, als dass sie es gewagt hätten, eigene Phantasien und Interpretationen zu überliefern? Noch nicht einmal bei der Beschreibung der Geburt

Christi, jener einzigartigen Stunde, als die Welt stillstand, erlagen sie der Versuchung der Phraseologie. Niemand nutzte die Gelegenheit, sich selbst, seine eigene Erhellung oder zumindest den Vorzug der eigenen Überzeugung zu glorifizieren. Die Evangelisten blieben in Sorgfalt. Und in der Furcht vor Gott. Überzeugt davon, dass ihre Schriften nicht zuletzt vom Geist Christi getragen werden. Ansonsten hätten sie sich in der Tat fragen müssen, ob sich dieser Gott denn tatsächlich auch für die Menschen interessiert, die ihm folgen wollen.

Erschrocken sah ich auf die Uhr. Um noch vor Sonnenuntergang den See Genezareth zu erreichen, war es Zeit für den Aufbruch. Die Bibel-Kritiker hatten mich ermüdet. Ähnelten ihre Versuche nicht auf fatale Weise dem Verhalten ihrer geschichtlichen Vorgänger, wie es im Evangelium selbst beschrieben wird?

»Bist du der Messias, der Sohn des Hochgelobten?«, so hatte der Schriftgelehrte und Hohepriester Kajaphas gefragt. Die Antwort Jesu aber – »Ich bin es« – wollte er nicht akzeptieren. Kajaphas zerriss sein Gewand, zum Zeichen dafür, dass er sich nicht beugen und eine eigene Wertung über Jesus abgeben werde. »Und sie fällten einstimmig das Urteil«, heißt es bei Matthäus, »er ist schuldig und muss sterben.«

11

Die Fakten

Der Highway Nr. 90 durch das Tal des Jordan nach Bet Shean und Beit Yosef ist breit und lang und wirft sich wie ein endloses, in weiten Schwüngen hingeworfenes Band durch eine Landschaft, von der man nicht immer weiß, ob sie noch Erde ist, oder schon Erd-Trabant.

Die Töne wechseln von Stein in Sand, von Sand in Beige, von Beige in Braun und Dunkelbraun, unterbrochen allenfalls durch militärische Straßensperren und Raststätten, die billiges Benzin und trockene Maisfladen verkaufen. In der Ferne trotten Hirtenjungen hinter ausgemergelten schwarzen Ziegen und Schafen her. Links die Höhen der judäischen Wüste, deren weich abfallende Hänge wie ein schwerer, faltiger Mantelsaum die Ränder des Tales berühren. Rechts, nach dem Niemandsland der Grenze, der Jordan, der sich in unendlichen Schlangenlinien tief in die Senke eingegraben hat, um sich unsichtbar zu machen.

Wie aus dem Nichts tauchen urplötzlich riesige Flecken saftgrüner Plantagen auf, als habe jemand ein abgezirkeltes Stück künstlichen Rasen über den Lehm geworfen. Der See Genezareth versorgt als Hauptwasserreservoir alle Regionen des Landes, was mit den kurzen Wintern und den langen, heißen und völlig regenlosen Sommern eine imposante Leistung ist. Die Bewässerung der Plantagen aber ist so aufwendig, dass sich Palästina auf die schlimmste Wasserknappheit seiner Geschichte zubewegt. »Nichts wird mehr blühen«, warnt in diesen Tagen Professor Uri Schani, Chef der israelischen Wasserbehörde, »Israel vertrocknet«.

In dem gemächlichen Tempo, das ich fuhr, schien die Zeit nicht weniger, sondern mehr zu werden, fast, als stünde sie still. Bald würde ich hier auf den wildmähnigen, in seiner Askese so sehnig und zäh gewachsenen Johannes treffen, wie er die Täuflinge in die Furt des Jordan führt. Mit weiten Schritten, wie mit Siebenmeilenstiefeln, über Berg und Tal fliegend, würde Jesus hinzustoßen, um mit der heiligen Taufe und dem großen JA aus den Wolken, das Gott über seinen Sohn den Menschen geben würde, den öffentlichen Teil seiner Mission zu starten, den Endlauf. Beide Männer sind Symbole der neuen Zeit in des Wortes eigener Bedeutung: etwas, das zusammengefügt wird. Und wenn aus dieser Fügung die beiden Teile des einen Rings an ihren Enden aufeinandertreffen, würde die Energie in einem Schwall sich entladen, dass es Funken sprüht.

Während ich auf dem Highway dahinschaukelte, kamen mir die unterschiedlichsten Begegnungen in den Sinn. Betty von der Cafeteria, die im Heiligen Land ihre Erfüllung suchte. Pater Gregor, der Franziskaner aus Bayern, der hier entdeckte, dass mit den Spuren, die Jesus hinterließ, die Geschichte Christi real und fassbar wurde. Der frühere Kardinal Ratzinger, der mir, während wir uns in der Klosterzelle hoch oben in Montecassino gegenübersaßen, erklärte, man dürfe Jesus nicht auf seine Worte reduzieren. Das Fleisch, wie der Evangelist Johannes es sage, gehöre mit dazu. Es sei das gelebte Wort. Und nur wenn man den ganzen vitalen Zusammenhang der Gestalt Jesu betrachte, sprächen auch die Worte in der ganzen Größe, die ihnen innewohnt.

Wenn ich ehrlich war, so hatten mich die Diskussionen um die Formen, die Entstehung, die Datierung der Evangelien nie richtig interessiert. Es gab kein Buch darüber, das sonderlich spannend gewesen wäre. Die Autoren erschöpften sich in akademischer Wichtigtuerei und zählten Erbsen. Und stellten Urevangeliumshypothese gegen Traditionshypothese, Zweiquellentheorie gegen Redaktionstheorie. Das Große wurde klein gemacht wie auf dem Hackstock. Zerlegt in immer noch kleinere Einheiten. Im Blickfeld nicht mehr das geschlossene Ganze, sondern nebeneinandergestellte Häufchen fein sortierter Einzelteile. Hier die Paradigmen, Apophthegmen, Epiphanien, dort Prophetien, Logien, Novellen und Legenden; und was man sonst noch an Zutaten fand an einer Geschichte, mit der man einfach nicht klarkam.

Es war eine bemerkenswerte Folgeerscheinung, dass in der immer komplizierter werdenden Diskussion um das Formale sehr bald das Inhaltliche ausgeblendet wurde. Plötzlich spielte auch der Anspruch, den Jesus an das Leben, an die Menschen stellte, seine Weisungen und Warnungen, keine Rolle mehr. Denn wenn sich die Figur im Nebel auflöst, mag man sie zwar noch interessant finden. Aber sie ist weder eine Autorität noch ein Maßstab für mein Verhalten.

Haben wir wirklich so wenig historisch gesicherte Fakten über Jesus, wie die Kritiker behaupten? Stimmt es, dass die Evangelien immer wieder verändert und manipuliert wurden? Oder dass der Mann aus Nazareth in außerbiblischen antiken Quellen nirgendwo auftauche? Die Fragen aus der historisch-kritischen Perspektive waren durchaus berechtigt. Denn während die christliche Urgemeinde noch sagen konnte, man wisse nicht nur, *was,* sondern auch, *wem* man glaube, ging mit den Jahrhunderten Stück um Stück des Wissens um den Entstehungsprozess der heiligen Bücher verloren, die weder Datum noch einen Vermerk trugen, wer sie geschrieben hatte.

Der Fortschritt der Wissenschaften aber hat den Glauben an einen Schöpfergott entgegen vieler Befürchtungen (oder Erwartungen) nicht ad absurdum führen können, im Gegenteil. »Die Sprache der Zahlen, der Formeln und der Entdeckungen«, so konnte der technikbegeisterte Papst Pius XII. am 22. November 1951 in einer Rede vor der Päpstlichen Akademie der Wissenschaften feststellen, »verkündet die unergründliche Harmonie des allweisen Gottes.« Es sei »in der Tat so, dass die wahre Wissenschaft, je weiter sie vordringt, desto mehr Gott entdeckt, fast, als stehe er wartend hinter jeder Tür, die die Wissenschaft öffnet.« Nicht viel anders als mit Gott ging es nun mit Gottes Sohn, als Historiker, Papyrologen, Archäologen, Paläografen und Orientalisten mit den Mitteln der modernen Wissenschaft seinen irdischen Spuren folgten und dabei feststellen mussten, dass die vermeintlichen Fakten der Skeptiker nie etwas anderes waren als das, was sie sind: Hypothesen.

Vielleicht darf man es so sagen: Die Kritiker der Evangelien bliesen mit heißer Luft die größte historische Blase auf, die es je gegeben hat. Aber schon einige von den Archäologen gefundene Nägel aus der Zeit Christi genügten, um den riesig gewordenen Ballon in tausend Fetzen platzen zu lassen. Aber womöglich musste wirklich erst einmal das Selbstverständliche, das Gewohnheitsmäßige des Glaubens verlorengehen, um ihn wieder neu entdecken zu können.

Entgegen der Einwände der Skeptiker wissen wir über Jesus mehr als über jede andere Person der Antike. Und es gibt wohl niemanden in der gesamten Geschichte der Menschheit, der von einer so hohen Zahl von Experten so gründlich untersucht worden ist (siehe hierzu auch die ausführliche Dokumentation am Ende des Buches: Die Evangelien – ein Dossier). Fest steht:

1. Kein einziges antikes Manuskript ist mit Zigtausenden von Abschriften auch nur annähernd so mannigfach überliefert wie die Schriften des Neuen Testaments.

2. Jesus ist nicht nur durch die Schriften der Evangelien dokumentiert, sondern zudem durch mannigfaltige außerbiblische Quellen, die weder Zweifel an seiner historischen Existenz noch an seiner Verehrung als der seit langem erwartete Messias zulassen.

3. Die Autoren des Evangeliums haben als »Diener des Wortes« und als Augenzeugen mit der absoluten Verpflichtung zur Wahrheit nicht nur eigenes Erleben berichtet, sondern auch hart recherchiert, frühe Texte ausgewertet und Zeugen befragt, ohne dabei aus Angst vor Widersprüchen die Botschaft zu entschärfen. Die überlieferten Details stimmen mit den historischen Realitäten überein und geben eine präzise Beschreibung der jüdisch-römischen Welt vor der Zerstörung des Tempels im Jahre 70. »Alles, was sie berichten«, fasste Pater Lagrange nach fünf Jahrzehnten Forschung in Palästina zusammen, »findet bis in die kleinsten Details genaue wissenschaftliche Bestätigung.«

4. Die Evangelien wurden nicht zeitfern vom Geschehen, sondern bald nach der Passion Christi aufgeschrieben. Erste Auf-

zeichnungen der Worte Jesu wurden mit hoher Wahrscheinlichkeit bereits zu Lebzeiten Jesu verfasst und dienten den
Verfassern des Evangeliums als Grundlagenmaterial. Damit
wurden über keine andere Persönlichkeit der Antike so früh
Aufzeichnungen angefertigt, um der Nachwelt ein authentisches Zeugnis zu geben, wie über Jesus von Nazareth. (Die
frühesten Schriften über Alexander den Großen beispielsweise entstanden erst vierhundert Jahre nach seinem Tod – was
keinen Wissenschaftler je auf die Idee brachte, diese Biografien in ihrer Glaubwürdigkeit anzuzweifeln). Wenn das Evangelium nach Lukas um das Jahr 60 entstand (Markus noch früher), ist das so, als würde man im Jahr 1998 einen Bericht über
die Studentenrevolte von 1968 verfassen; von einem Autor, der
das Geschehen als Zeitzeuge und Betroffener aus nächster
Nähe verfolgen konnte und genügend Dokumente und Zeugen zur Verfügung hat, um seinem Beitrag die nötige Tiefe und
Objektivität zu geben.

5. Die kritische Überprüfung der »historisch-kritischen« Aussagen über die Datierung rehabilitiert die Evangelisten als Augenzeugen und als die Mitarbeiter von Augenzeugen. Mit dem
Apostel Johannes als Autor der nach ihm benannten Schrift
kommt sogar Jesu engster Vertrauter zu Wort, jemand, der
lehrt wie Jesus und schreibt, wie Jesus womöglich geschrieben
hätte, eingeweiht in die tiefsten Geheimnisse seiner Erscheinung.

6. Der Jesus des Glaubens ist auch der historische Jesus, der Jesus, der Geschichte schrieb. Es gibt keine »Formung« der Botschaft Jesu in dritter oder vierter Generation. Das »Kerygma«
von Leben, Tod und Auferstehung Jesu reicht unmittelbar an
das Datum der Passion Jesu heran. Die Archäologie habe dabei »nie etwas zutage gefördert«, so der Archäologe John
McRay, »was in eindeutigem Widerspruch zur Bibel stand«.

7. Die Evangelien wurden nach ihrer Niederschrift nicht verändert, sondern in beispielloser Texttreue überliefert. Zusammen
mit namhaften Forscherkollegen versichert der Texthistoriker
Ulrich Victor: »Die Evangelien sind in der Form verfasst wor-

den, in der sie uns vorliegen.« Wer heute das Neue Testament liest, liest es folglich – von Unsicherheiten bei der Übersetzung einzelner Wörter oder Wendungen und stilistischen Fragen abgesehen – genau so, wie es vor 2000 Jahren aufgeschrieben wurde.

Ein beträchtlicher Teil der Unterschiede bei den Synoptikern lässt sich mit Paraphrasen, Kürzungen, erklärenden Zusätzen, Auswahl und Auslassung erklären. Für den deutschen Wissenschaftler Hans Stier sind dabei die Abweichungen sogar ein Beleg für die Glaubwürdigkeit und nicht umgekehrt. Denn erfundene Berichte, so Stier, würden dazu neigen, völlig übereinstimmend und harmonisch zu sein.

Die Sprache der Evangelisten ist sachlich, fast kühl. Triumphalismus und Superlativismus sind ihnen genauso fremd wie frömmlerisches Gefasel. Es gibt keinen Versuch, Szenen auszuschmücken oder umgekehrt zu beschönigen und durch kluge Interpretation und Phantasie glänzen zu wollen. Während Diktaturen Bilder retuschieren oder in Ungnade gefallene Personen – etwa einen »Verräter« wie Judas – aus ihren Annalen ausradieren, zeigen die Evangelien weder Scheu vor einer unbequemen Wahrheit noch vor Peinlichkeiten. Allerdings legen sie Wert auf Nachprüfbarkeit. Die Auferstehung Jesu wird so gesehen auch nicht als eine metaphysische »Vorstellung« oder eine »Interpretation« aus dem Glauben heraus überliefert, sondern so, wie sie erlebt wurde: als knallharte historische Realität.

Es ist davon auszugehen, dass es keine Evangelien gäbe, wenn Jesus dies nicht gewollt hätte. Und es ist kaum vorstellbar, dass ausgerechnet jene Berufenen und gottesfürchtigen Juden, die als Chronisten dazu bestellt waren, das Leben und die Botschaft jener Erscheinung aufzuzeichnen, die sie als »Messias« erkannt zu haben glaubten, gegen die Gebote des Dekalogs verstießen, in dem es heißt, man solle weder den Namen Gottes verunehren noch ein »falsches Zeugnis geben«. Es blieb den Exegeten unserer Zeit vorbehalten, alle Passagen der Bibel, die auf die Gottessohnschaft Jesu verweisen, ins Gegenteil umzuinterpretieren oder als

Einschübe zu deklarieren, die von verdächtiger Hand später hinzugefügt worden seien.

Mit methodischer Exaktheit hatte das nicht viel zu tun. Schon Romano Guardini hatte sich angesichts des Eifers vieler seiner Kollegen verwundert am Kopf gekratzt. Damals wollte ihn niemand hören, heute ist er bestätigt: »Alle haben ihre Methoden für Wissenschaft und ihre Ergebnisse für Wahrheit erklärt. Dabei ist Stück um Stück des Textes abgelöst, Gedanke um Gedanke der Lehre Christi ausgeschieden, Zug um Zug seines Bildes verändert worden. Aus dem Herrn ist ein Religionsstifter geworden; ein Prophet, ein religiöses Genie; ein Philosoph; ein Sittenlehrer; ein Sozialreformer; einer, der nur helfen und Liebe wecken wollte … und so fort. Nein, noch ein Ergebnis wollen wir nennen, woran sich das ganze Unternehmen enthüllte: Christus hat überhaupt nicht gelebt, denn er war eine Sage, ein babylonischer Gestirnmythos.«

Zu guter Letzt: Wie viele andere hatte auch der französische Aufklärer Voltaire, ein Meister der Logik, daran festgehalten, die Evangelien seien nichts weiter als phantastische Kreationen seitens einer Gemeinschaft von Gläubigen, die danach strebten, sich einen Gott nach ihren Erwartungen zu schaffen. Warum jedoch eine derartige Gemeinde nicht zueinander passende Texte geschaffen und diese auch noch sorgfältig hätte hüten sollen, ohne sie nicht auch ein klein wenig zu »verbessern«, konnte auch Voltaire nicht erklären.

An den Evangelien wurden nicht einmal Worte geändert, die Schismen und Häresien entstehen lassen konnten. Alle Dokumente bezeugen, dass die frühen Christen die Lehre über Jesus als ein für alle Mal festgelegt und unveränderlich betrachteten. Zusammenfassend lässt sich sagen: Es gibt in den vier Evangelien vertrauenswürdige Zeugen. Es gibt die bestmögliche Aufzeichnung dessen, was geschehen ist. Und es gibt diese Aufzeichnungen trotz der vielen Übertragungen in einer etwa 99,5-prozentigen Übereinstimmung mit den Ursprungstexten. Das Ergebnis ist so gesehen auch eine Bestätigung des Zweiten Vatikanums. In dem vom Konzil verabschiedeten Dokument *Dei Verbum* heißt es, die Kirche habe immer daran festgehalten und halte weiterhin daran fest, »dass die vier Evangelien, deren Geschichtlichkeit sie ohne Bedenken bejaht, zuverlässig überliefern, was Jesus, der Sohn Gottes, in seinem Leben unter den Menschen wirklich getan und gelehrt hat«.

Der mangelnde Widerstand gegen die antibiblische Doktrin einer im Grunde kleinen Minderheit von »Experten« erklärt sich zum Teil aus ihrem als gültige Auffassung der Moderne definierten Anspruch und an der aggressiven Durchsetzung ihrer theologischen Glaubenssätze, mit der sie eine Mehrheit dominierten und die dem Evangelium treu Gebliebenen nahezu verstummen ließen.

Papst Benedikt XVI. fasste sein Resümee über eine ganze Schule seines eigenen Theologen-Standes so zusammen: Die historisch-kritische Methode sei eine »unverzichtbare Dimension der exegetischen Arbeit«. Sie habe spannende Dinge zutage gefördert. »Aber sie ist längst schon tot, wo sie aus ideologischen Gründen nur *gegen* Jesus und nicht auch einmal *für* den Glauben eingesetzt wird.« In aller Deutlichkeit müsse auch dieses festgehalten werden: »Aus scheinbaren Ergebnissen der wissenschaftlichen Exegese sind die schlimmsten Bücher der Zerstörung der Gestalt Jesu, die Demontage des Glaubens geflochten worden.«

Ein Tabu jedoch haben die Autoren des Evangeliums, alle zusammen, bestehen lassen: In keinem der Texte findet sich auch nur der geringste Hinweis auf das Äußere Jesu. Während etwa das alttestamentarische Buch Samuel bei König David noch »schöne Augen und ein schönes Gesicht« ausgemacht hatte und mitteilt, er sei »blond« gewesen, verstummen die Evangelisten, wenn es um das Erscheinungsbild des Nazareners geht. War er klein, hässlich und schwach, dass man sein Aussehen als peinlich empfand? Wenn das Evangelium als Propagandaschrift gemacht wurde, wie manche Kritiker wähnen, wäre es andererseits ein Leichtes gewesen, die Gestalt Jesu als wahren Helden, als Lichtgestalt voll Schönheit und Stärke zu zeichnen. Vielleicht liegt in dem Schweigen um das Aussehen Jesu in Wirklichkeit sogar einer der stärksten Hinweise auf seine Identität überhaupt. Denn Gott, wussten die Juden, die sich streng an das Bilderverbot ihres Glaubens hielten, ist nicht nur im Namen unaussprechlich, er ist auch unbeschreiblich, für Menschen nie in seiner ganzen Größe zu erkennen.

Als ich die ersten Wellen des Sees Genezareth zu sehen bekam, war es stockdunkel geworden. An der Uferpromenade tauchten Umrisse von Joggern auf, die sich in der lauen Abendluft ein wenig Bewegung verschafften. In Tiberias erledigten Kurgäste letzte Besorgungen in den Supermärkten. Orthodoxe Juden hielten irgendwo eine Kundgebung, und jemand verteilte Flugblätter an die Autofahrer, die an der Ampel stoppen mussten. Ich hatte noch immer kein Bett für die Nacht, aber als irgendwann im einsamen Licht meines Scheinwerfers ein Schild mit dem Schriftzug »Kafar Nahum« auftauchte, wusste ich, dass ich gerettet war.

Auf dem Parkplatz des Benediktinerklosters Tabgha stand kein einziges Auto. Ich zündete mir eine Zigarette an und suchte nach einem Klingelknopf. Als ich Schritte hörte, streckte sich mir auch schon eine Hand entgegen. »Pater Elia«, stellte sich der Mönch vor, er habe Geräusche gehört. Ich musste ihn enttäuschen, der Pater erwartete eine Gruppe Männer und Frauen aus Deutschland, die sich dem »liturgischen Tanz« verschrieben hatten. Nein, leider, es sei alles belegt, bis unters Dach. Doch einen Moment bitte. Elia telefonierte. Und es hörte sich gut an.

Kurze Zeit später saß ich im Gästehaus zweier Nonnen, die mich empfingen, wie es der heilige Benedikt in seiner Rede gegenüber Gästen empfohlen hatte – als wäre Jesus Christus persönlich erschienen. Die eine war dick, die andere dünn. Beide waren um die siebzig. Beide waren klein. Und beide waren das Beste, was mir passieren konnte.

Ihr bescheidenes Haus nannten sie »Living Water«, lebendiges Wasser, und ich war ihr einziger Gast. In der gemütlichen Wohnküche duftete es nach Kuchen. »Thanks god«, riefen die Schwestern, Elisabeth und Catharina, so ziemlich bei jeder Gelegenheit aus, als wir ein wenig ins Plaudern kamen. Ich erzählte, dass ich eine Frau habe – »thanks god« –, dass ich Kinder habe – »thanks god« – und dass ich auf den Spuren Jesu unterwegs sei. »Oh, thanks god.«

Die Jüngere der beiden gab mir eine Flasche Wasser, ein wenig Obst, drückte mir einen Schlüssel in die Hand und führte mich auf der Außentreppe des Hauses zu meinem Zimmer. Irgendwo bellte ein Hund. Vom See her kam das sanfte Rauschen sich kräuselnder Wellen. Der Mond betrachtete sich im Spiegel des Wassers, und er beleuchtete auf dem Nachbargrundstück die sogenannte Primatskapelle, jene Stelle, an der Jesus zu Petrus feierlich sprach: »Weide meine Lämmer.«

Nicht alle Theologen gingen fehl. Vor dem Einschlafen kam mir ein Wort des von den Nazis ermordeten protestantischen Gottesgelehrten Dietrich Bonhoeffer in den Sinn. Es passt wohl auch auf die Frage nach der Entstehung der Evangelien: »Ich glaube, dass die Bibel allein die Antwort auf alle unsere Fragen ist – und dass wir nur anhaltend und demütig zu fragen brauchen, um die Antwort von ihr zu bekommen.«

12

Die verborgenen Jahre

Nazareth, Dezember 27

Eine seltsame Apathie liegt über dem Land. Gelegentlich flammen Aktionen der Zeloten auf; ein Zeichen von Hilflosigkeit und Verzweiflung. Die größte Militärmacht der Welt lässt sich davon wenig beeindrucken.

Drei Großreiche hatten Israel mit Krieg und Besatzung gepeinigt. Erst die Assyrer, dann die Griechen, jetzt die Römer. Die widergöttliche Macht, die sie in den Augen der Juden ausüben, zeigt sich nicht nur in ihrem Unterdrückungsapparat, sondern, fast noch schlimmer, in ihren Göttern und Götzen, die sie überall so arrogant zur Schau stellen. Und dass auf der Festung Antonia hoch über dem Tempel von Jerusalem eine selbstherrliche Soldateska jede Bewegung frommer Beter ins Visier nehmen kann, macht die Wunde nur noch größer.

Wo ist Jahwe? Hat er seine schützende Hand von Israel genommen? Die Last der Steuer ist so drückend, dass schon im Jahr 17 eine Gesandtschaft aus Syrien und Palästina in Rom um Audienz gebeten hat, um endlich eine Herabsetzung der unerschwinglichen Abgaben zu erwirken. Natürlich erfolglos. Die eigene religiöse Obrigkeit ist gespalten wie nie. Niemand scheint ein Rezept zu finden, die Lage zu verbessern. Aber müsste nicht allein die Vertreibung der römischen Sklavenhalter alle Not wenden können? Ist sie nicht sogar die Voraussetzung für die endgültige Erlösung des geknechteten Gottesvolkes – und womöglich das Zeichen Gottes selbst, der doch einen Retter versprochen hat für jene Tage, wo das Zepter von Juda gewichen sein würde?

Nazareth ist zur Zeit Jesu ein verschlafenes Nest mit, wie die Ausgrabungen der letzten Jahrzehnte zeigen, nicht mehr als 100 bis 150 Einwohnern. Auf der staubigen Dorfstraße sieht man alte Männer, bärtig oder rasiert, die in knielangen Tuniken zur Synagoge schlurfen oder irgendwo herumsitzen, um dem Tag die lange Weile zu nehmen. Über dem Leibrock die vorgeschriebenen Leinen- oder Geldgürtel und einen Mantel. Die Füße stecken in Sandalen oder geschlossenen Schuhen aus weichem Leder. Junge Männer lassen der aktuellen Mode entsprechend das Haar bis zu den Schultern wachsen, gekämmt und in der Mitte gescheitelt, mit feinem Öl gesalbt. Sie arbeiten als Lehrlinge oder Handlanger ihrer Väter, die entweder von einem Handwerk leben oder auf den Hügeln der Umgebung Getreide, Flachs, Oliven, Feigen und Wein anbauen und Ziegen und Schafe halten.

Mädchen und junge Frauen trifft man am Ostrand des Dorfes, bei der einzigen Quelle Nazareths. Sie balancieren tönerne Krüge mit Wasser auf ihrem Kopf oder waschen Wäsche. Wobei Mädchen dem Talmud zufolge als »illusorischer Schatz« gelten; man muss ständig darauf achten, dass er nicht verlorengeht.

Während die anderen Städte und Dörfer ihre Häuser um einen Marktplatz gruppieren, war am Fuße des 490 Meter hohen *Dschebel en-Nebi Sa'in* auf einem schmalen Streifen von etwa 500 Meter Länge eine Siedlung entstanden, deren Wohngrotten sich nebeneinander in den Hang eingruben, ausgestattet jeweils mit einer Küche, einem meist etwas erhöhten Schlaf- und Wohnbereich sowie Stallungen für die Haustiere. In Stein geschlagene Silos nehmen das Getreide auf, mehrere Familien teilen sich die Zisternen für Wasser, Öl und Wein. Nur Malerei und Schnitzwerk sucht man in den Haushalten vergebens. Das Bilderverbot der Religion lässt Kunstwerke nicht zu.

Der Heimatort Jesu liegt etwas abseits, aber er ist nicht aus der Welt. Zweieinhalb Kilometer südwestlich erhebt sich *Jafia*, einst Grenzort des Stammes Sebulon, groß genug, um hinter seinen Befestigungsmauern mehrere Synagogen zu zählen. Fünf Kilometer nordwestlich *Sepphoris*, die aufmüpfige, multikulturelle Stadt mit 30 000 Einwohnern – Juden, Griechen, Römern und

Arabern. Varus ließ sie komplett niederbrennen und stationierte eine Garnison mit 7000 Soldaten. Antipas ließ sie wieder aufbauen, zur Freude der Handwerker, aber auch der Liebhaber schöner Künste, die sich im hellenischen Theater der Stadt mit seinen 4000 Sitzplätzen an Stücken wie Sophokles' *Antigone* ergötzen.

Für die Anbindung an das globale Geschehen sorgt die *Via Maris*, die zehn Kilometer südlich an Nazareth vorbeiführt. Soldaten, Händler, Touristen, alle müssen hier durch, auf Kamelen, auf Pferden, auf Eseln, manche zu Fuß, andere im Reisewagen. Gelegentlich passiert auch der große Geldtransport die Strecke, mit Gold und Silber aus der Tempelsteuer, die von den Gemeinden der Diaspora nach Jerusalem abgeführt wird. Die Überfälle auf den Transport sind eine Plage. Sie lassen erst nach, als Kaiser Augustus erklärt, jeder Geldtransfer stehe im gesamten Römischen Reich unter seinem persönlichen Schutz.

Nach dem Tod des Herodes hat Rom das jüdische Königtum zerschlagen. Archelaus, Herodes Antipas und Philippus, drei von insgesamt neun Söhnen des Diktators, denen es gelang, ihren Vater zu überleben, nennen sich seitdem *Ethnarch* (Volksfürst) oder *Tetrarch* (Viertelfürst), aber die Autonomie Palästinas ist längst Vergangenheit.

Archelaus, gerade achtzehn geworden, hat Judäa, Samarien und Jerusalem zugesprochen bekommen, ist allerdings 6 n. Chr. nach massiven Beschwerden über seine tyrannische Herrschaft von Rom abgesetzt worden. Seither regiert ein römischer Statthalter sein Erbteil vom mondänen Caesarea am Meer aus.

Herodes' Sohn *Philippus* verwaltet nun die heidnischen Landesteile im Norden: Gaulanitis, Batanäa, Trachonitis und Auranitis. Im Gegensatz zu seinen Brüdern gilt er als milde und friedlich. Als Tetrarch lässt er Betsaida-Julias im Osten des Sees Genezareth ausbauen, dazu Caesarea Philippi am Fuße des Hermon-Gebirges.

Sein Bruder *Herodes Antipas,* der schmeichlerische Vasall Roms, hat Galiläa und Peräa erhalten. Den bisherigen Regierungssitz in Sepphoris verlegte er nach Tiberias am See Genezareth, benannt nach dem amtierenden Kaiser. Die neue galiläische Hauptstadt glänzt nun im römisch-griechischen Stil, mit Forum, Akropolis, Stadien. Nicht zu vergessen die luxuriösen Bäder an den heißen Quellen von Amathus, eine Wohltat für Rheumakranke. Weil ein Teil der 40 000-Einwohner-Metropole über einem alten jüdischen Friedhof errichtet wurde, lehnen es fromme Juden freilich ab, auch nur einen Fuß über die Stadtgrenze zu setzen.

Die neue politische Lage löste zunächst gewaltige Unruhen aus. In Jerusalem standen dreitausend Pharisäer auf, um gegen die Absetzung des Hohen Rates zu protestieren. Ethnarch Archelaus ließ sie von seiner Reiterei niederknüppeln. In Sepphoris organisierte der zelotische Revolutionär *Judas von Galiläa* einen Aufstand, der sich auf das ganze Land auszudehnen drohte. Kaiser Augustus setzte drei Legionen unter seinem Feldherrn Varus in Marsch, dem Oberbefehlshaber von Antiochien. Wer kann die endlosen Reihen der Kreuze mit den Leibern der zweitausend Guerilleros vergessen, die danach die Straßen Galiläas und Judäas säumten? So groß sein Durst nach Blut war, so groß war auch Varus' Gier nach Geld. Als armer Mann sei er in ein reiches Land gekommen, wird ihm nachgesagt, als Reicher habe er es in Armut zurückgelassen. Wenige Jahre später, 9 n. Chr., brachte ihm der Cheruskerfürst Arminius im Teutoburger Wald in Germanien eine vernichtende Niederlage bei. Drei Legionen und sechs Hilfskontingente wurden komplett aufgerieben. Quinctilius Varus und seine Offiziere nahmen sich das Leben; ein Schlag, von dem sich das Imperium Romanum nicht wieder erholte. »Varus, Varus«, schallte das Klagelied des Kaisers durch die Straßen Roms, »wo sind meine Legionen?«

Es ist ein geheimnisvoller Zug in der Geschichte des auserwählten Volkes, dass bei der Namensgebung seines Landes ausgerechnet seine größten Feinde Pate standen, die Philister, die eigentlich nur im südwestlichen Küstengebiet siedelten. Der griechische Geschichtsschreiber Herodot hatte im 5. Jahrhundert v. Chr. das Gebiet erstmals *Palästina* genannt. Die Bezeichnung wurde zunächst nur für Judäa, schließlich für das Heilige Land insgesamt gebräuchlich.

Zu Jesu Lebzeiten umfasste dieses Palästina mit den Landesteilen Judäa, Samaria, Galiläa, Peräa und Dekapolis ein Gebiet mit zwei bis drei Millionen Einwohnern (wobei der nichtjüdische Anteil überwiegt). Es war mit einer Fläche von knapp 30000 Quadratkilometern etwa so groß wie das heutige Belgien und ein recht schmächtiges Land für eine so mächtige Geschichte. Man schäme sich fast, meinte der hl. Hieronymus einmal, »von der Größe des Gelobten Landes zu sprechen, um den Heiden keinen Anlass zu Spott zu geben«.

Palästina verfügte wie kein anderer Flecken dieser Erde auf engstem Raum über eine einzigartige Vielfalt der Geografie, der Klimazonen, der Botanik; auch der Menschen. »Ein prächtiges Land«, schwärmt das Fünfte Buch Mose. Ein Stück Erde, heißt es im Zweiten Buch Mose, »darin Milch und Honig fließen«. Für Galiläa, das Land der Sonne, galt dies im Besonderen. Da war die Schönheit sanfter Berge und Hügel, die Anmut der Blumenfelder, der Reichtum der Gärten mit seinen Weinstöcken und Olivenhainen, der üppigen Pracht der Zitronen-, Orangen- und Granatapfelbäume. Stolz spazierten Störche über die Wiesen. An den Bächen spielten Schildkröten. Alles hatte den Reiz und die Kraft des Überflusses. Ganz besonders im Herzen des Landes um den fischreichen See Genezareth, aber auch in der Ebene Jesreel, deren Felder so viel Korn einbrachten wie die anderen Regionen zusammen.

Galiläa hatte eine andere Entwicklung als das Kernland Judäa durchlaufen. Nach dem Untergang des alten Königreiches war der jüdische Bevölkerungsanteil stark zurückgegangen. Über Jahrhunderte bildeten Heiden die Mehrheit, was sich auch in der Namensgebung niederschlug. Die alte hebräische Bezeichnung *galîl hagoijim* (griechisch *Galilaia*) bedeutete nichts anderes als *Heidengau* oder *Kreis der Heiden*, wie es in den alten Schriften hieß; und das war nicht als Kompliment gemeint. Erst ab etwa 100 v. Chr. setzte eine planvolle Rejudaisierung durch gesetzestreue judäische Familien ein; was die Pharisäer nicht davon abhielt, weiterhin von einer galiläischen Mischpoke zu sprechen: fleißig und lebensfroh, aber religiös völlig unkorrekt, sittlich verwahrlost, verachtenswert.

Neben dem Makel der religiösen Unzuverlässigkeit war da auch noch dieser derbe Dialekt. Palästina sprach aramäisch. Perserkönig Darius I. (521–483) hatte das dem Hebräischen verwandte Idiom aus Syrien und Nordmesopotamien zur Amtssprache gemacht. Die Evangelisten überliefern einige aramäische Ausdrücke in den wörtlichen Reden Jesu, etwa mit »*Talita cum*« (»Mädchen, steh auf!«), mit »*Effata*« (»Öffne dich«), oder auch dem Zitat aus dem Anfang des Psalms 22, das Jesus am Kreuz spricht: »*Eloi, eloi, lema sabachthani*« (»Mein Gott, mein Gott, warum hast du mich verlassen?«). Aramäisch kommt in Ortsnamen wie *Golgatha* (»Schädelstätte«) und *Gethsemane* (»Ölkelter«) vor und zeigt sich in der Silbe *bar*, »Sohn des …« (im Gegensatz zum hebräischen *ben*), in Eigennamen wie Bartholomäus, Bartimäus, Barabbas oder Barjona. Die Galiläer allerdings hatten bei der Aussprache leichte Probleme mit den gutturalen Konsonanten. Wenn ein Galiläer »Wein« sagt, spotteten die anderen, müsse man erst herausbringen, ob er Wein, Stein, Bein oder Schrein meint.

Kurz und gut, es galt als ausgemacht, dass aus Galiläa mit seinem griechisch-römischen Synkretismus, seiner Verwobenheit mit fremden Kulturen und fremdem Denken niemals ein Prophet hervorgehen könnte. Und was für Galiläa im Allgemeinen galt, galt für einen Ort im Besonderen. Die Kinder plärren das Sprichwort auf den Straßen: »Kann denn aus Nazareth etwas Gutes kommen?«

Die Geschichte Jesu begann mit der geheimnisvollen Vorgeschichte in Ain Karem. Es folgten Szenen einer unvergleichlichen Geburt; mit Hirten und Königen, die ein himmlisches Kind bestaunten. Wie geht es weiter? Matthäus zufolge flieht Josef aufgrund einer inneren Eingebung nach Ägypten. Er will seine Familie vor den Häschern des Herodes in Sicherheit bringen. Bibel-Kritikern ist die Passage suspekt. Es klingt allerdings reichlich unhistorisch, wenn es heißt, die Geschichte müsse schon deshalb als erfunden gelten, weil sie mit einer Prophezeiung verknüpft ist.

Ein Umzug in das Nachbarland ist für die damalige Zeit nichts Ungewöhnliches. Von Bethlehem aus sind es bis zur Grenzstadt

Beer-Sheva, der Stadt Abrahams, gerade einmal siebzig Kilometer, und die Karawanenstraße ist stark frequentiert. In den Judenkolonien von *Alexandrien* und *Hermopolis Magna* leben Hunderttausende Israeliten, manche schätzen die Zahl gar auf eine Million, die in regem Verkehr mit der Heimat stehen. Zum anderen ordnet Matthäus die Spanne des Exils sogar zeitlich ein. Die Rückkehr nämlich habe stattgefunden, als »in Judäa Archelaus an Stelle seines Vaters Herodes regierte«. Das sind die Jahre zwischen Herodes' Tod kurz vor dem Pessachfest des Jahres 4. v. Chr., das in jenem Jahr auf den 11. April fiel, und dem Jahr 6 n. Chr., als Archelaus abgesetzt wurde.

Die Flucht in die Diaspora mag für moderne Exegeten ein Rätsel sein, für die christliche Urgemeinde war sie es nicht. Die Bedrohung für das heilige Kind war existenziell. Es musste verborgen werden, um nicht weiter in Gefahr zu kommen. Durch ein Prophetenwort im Buch Hosea sieht der Evangelist aber auch einen Plan der Vorsehung bestätigt: »Es sollte sich erfüllen, was der Herr durch den Propheten gesagt hat: Aus Ägypten habe ich meinen Sohn gerufen.« Es ist abermals ein Traum, der Josef zur Rückreise in die Heimat drängt. Die Familie mag auf der alten Heerstraße durch den Gaza-Streifen unterwegs sein, als sie von dem Terrorregime des Archelaus erfährt. In seiner Angst will Josef umkehren, diesmal aber, so der Bericht weiter, erhält er im Traum geradezu einen »Befehl«. Er wird angewiesen, »in das Gebiet von Galiläa« zu ziehen, um sich »in einer Stadt namens Nazareth« niederzulassen. Denn »es sollte sich erfüllen, was durch die Propheten gesagt worden ist: Er wird *Nazoräer* genannt werden«.

Die Vorhersage des Propheten ist zur Zeit Jesu so bekannt, dass ein näherer Hinweis überflüssig erscheint. Erst die Nachwelt begann zu rätseln, auf welche Stelle Matthäus wohl angespielt haben mag. Kirchenlehrer Hieronymus wurde schließlich fündig. Das Wort, so befand er, könne sich nur beziehen auf die Weissagung aus Jesaja 11,1 wo vom *Spross* (hebräisch *nezer*) die Rede ist, dem *nezer* aus dem Wurzelstock Isais, des Vaters von König David.

Ist es vorstellbar, dass die Autoren des Evangeliums sich der Prophetenworte bedienten, um damit wie mit einem Pfefferstreuer der Geschichte Jesu die nötige Würze zu geben? Das hieße allerdings, die jüdischen Wurzeln der neutestamentlichen Texte völlig zu verkennen. Im Verständnis der damaligen Zeit ist die Bibel das Wort Gottes an die Menschen. Es ist heilig, wobei das Heilige nicht aus menschlichen Wertmaßstäben abgeleitet wird, sondern das »ganz andere« darstellt, dessen Quelle dem Profanen entzogen ist. Wenn Gott die Welt sogar mit Hilfe der Tora geschaffen hat, wie das Judentum annimmt, dann ist es Aufgabe des Menschen, die Tora zu studieren, um die Welt besser zu verstehen. So gesehen sind die Hinweise auf die messianischen Prophetien eher vergleichbar mit den modernen *Links* im Internet, die dem Benutzer zur Vertiefung des Themas weiterführende Seiten anbieten.

Der jüdische Gelehrte Friedrich Weinreb sprach in diesem Zusammenhang einmal von der »Innenwelt des Wortes im Neuen Testament«. Man könne, meinte er, die Bibel natürlich lesen wie andere Bücher auch; oder wie eine Zeitung. Nur müsse einem dann klar sein, dass man von dem, was sich *unter* der Oberfläche, also in der »Innenwelt des Wortes« verbirgt, ganz einfach nichts erfahren könne. Im vorliegenden Fall heißt dies, wer Berichte wie die Ägypten-Passage oder die Weisung des Weges nach Galiläa leichtfertig abtut, verwirft damit nicht nur einen Beleg für die Identität Jesu. Er übersieht auch Grundzüge, die seine Biografie nicht nur als profanes, sondern als heilsgeschichtliches Wirken kennzeichnen. Und hier führt bekanntlich nicht der Zufall Regie, sondern das Wort Gottes.

Tatsächlich fallen bei genauerer Betrachtung nicht nur die (eher beiläufigen) Ziffernfolgen der Prophetenworte auf – 11,1 bei Hosea und 11,1 bei Jesaja, die Trinität der »Zahl Gottes« –, die Verknüpfungen führen insbesondere zur tieferen Deutung der Mission Jesu. Wir erinnern uns: Als die Engel den Hirten die Geburt des »Retters« verkünden (»er ist der Messias, der Herr«), sprechen sie auffälligerweise nicht von der Verherrlichung Gottes vor Israel, sondern von einer Verherrlichung vor »den Menschen seiner Gnade«. Ähnlich drückt es der Seher Simeon vor allen Leuten im Tempel angesichts der Darstellung Jesu aus: »Meine

Augen haben das Heil gesehen, das du vor allen Völkern bereitet hast, ein Licht, das die Heiden erleuchtet.« Erst danach kommt der Zusatz: »… und Herrlichkeit für dein Volk Israel«. Liegt es dann nicht auch in der Konsequenz dieses Konzeptes, dass, in einem höheren Sinne verstanden, Jesu erste Reise am Beginn seines Da-Seins in ein Land der Heiden führt – das mit Mose zugleich für den Aufbruch Israels in eine neue Zeit steht?

Warum Nazareth? Ist es Zufall, dass die Wahl von Jesu Heimatort auf ein Land fällt, das seine Charakterisierung unter anderem in dem Namen »Land der Heiden« findet?

Bis in unsere Zeit hinein haben Skeptiker bezweifelt, dass es einen Ort namens Nazareth vor zweitausend Jahren überhaupt gegeben hat. So schrieb der italienische Biograf Marcello Craveri in seinem *Leben Jesu:* »Nach verschiedenen Gelehrten hat Nazareth nie existiert.« Tatsächlich wird Nazareth weder im Alten Testament noch in irgendeiner anderen griechischen, römischen oder jüdischen Schrift aufgeführt, auch nicht im Talmud, obwohl hier 63 galiläische Städte mit Namen genannt werden. Die fragwürdige Geburt in Bethlehem, der nebulöse Kindermord, die seltsame Flucht nach Ägypten, nun auch noch ein erfundener Wohnort? Oder gibt es auch im Falle Nazareths etwas, was man als *Geheimnis des Namens* bezeichnen könnte?

Nazareth kennzeichnet, wie Ain Karem und Bethlehem, eine Abgeschiedenheit und die geringe Größe. Es ist der dadurch entstehende Kontrast zur Bedeutung des Geschehens, der dem Bild seine Schärfe gibt. Das Große, besagt es, zeigt sich im Kleinen, im Samenkorn, im Spross. Es zeigt sich im Verborgenen. In der Stille. Jenseits von allem Lärm der Welt. Nicht, weil es damit beeindruckender erscheinen würde, als es in Wahrheit ist. Sondern weil nur die absolute Allmacht als einzige aller Mächte es vermag, im Kleinen unendliche Größe zu offenbaren.

Nazareth ist in seiner Abgeschiedenheit nicht nur ein idealer Schlupfwinkel. Der Ort ist vor allem auch der einzige Flecken in der bewegten Vergangenheit Israels, der nicht schon mit einem Ereignis oder einer historischen Person verbunden ist. Er ist das, was Kreative lieben: ein unbeschriebenes Blatt. Nur in Nazareth, dem absoluten Neuland, konnten gewissermaßen auf jungfräulichem Boden die neuen Seiten des einen großen Buches in den Sand geschrieben werden – ohne dabei das Vorhergehende verwischen oder übermalen zu müssen. Jesus wird es später so ausdrücken: »Niemand näht ein Stück neuen Stoff auf ein altes Kleid.«

War nicht alles, was den Messias betraf, durch Prophetenwort angekündigt worden? Hatte Jesus nicht selbst betont: »Begreift ihr denn nicht? Wie schwer fällt es euch, alles zu glauben, was die Propheten gesagt haben«? (Lk 24,25) Bestätigt hatte sich die Vorhersage des Buches Jesaja von einer Jungfrau, die ein Kind bekommen würde. Bestätigt hatte sich die Vorhersage des Geburtsortes Bethlehem durch das Buch Micha. Bestätigt hatte sich das Exil in Ägypten durch das Buch Hosea.

Nun gab es eine weitere Vision, die erfüllt zu sein schien. Kirchenlehrer Hieronymus hatte sie, wie erwähnt, in jener Weissagung des Jesaja erkannt, wo vom »Spross« die Rede ist, hebräisch *nezer*, also dem Spross aus dem Wurzelstock Isais (Jesse), des Vaters von König David. Nun heißt Nazareth in der hebräischen Schreibweise *Nazara*. Der Name ist eng mit *nezer* verwandt. Matthäus, Johannes und die Apostelgeschichte schreiben denn auch nicht von Jesus dem *Nazarener*, sondern als dem *Nazoräer*. Lukas verwendet beide Ausdrücke. Nur der frühe Markus spricht durchweg vom *Nazarener*. »*Jesus der Nazoräer* will also in erster Linie nicht besagen, dass er aus Nazareth stammte«, weiß der Bibelforscher und Archäologe Bargil Pixner, »sondern dass er zur davidischen Sippe der Nazoräer gehörte. Das Prophetenwort soll auf ihn als den *nezer*, den Spross aus Davids Stamm, hinweisen.« Ein Status, den Jesus als Ziehsohn des Davididen Josef nach jüdischem Rechtsverständnis vollauf beanspruchen konnte.

Tatsächlich wurde die Bezeichnung »Nazoräer« später von den Juden auf alle Jesusgläubigen angewandt. Der Talmud nennt die Judenchristen die »nosri«. Noch heute bezeichnen Juden Christen als die »Nozrim«. Pixner nimmt an, dass der Ort den Namen von einer davidischen Sippe aus dem Stamm Juda erhalten habe, die vermutlich gegen Ende des 2. Jahrhunderts v. Chr. von Babylon gekommen sei. Die Sippe habe ihren Namen auf die Siedlung übertragen; ähnlich, wie sich etwa der Name »München« von den »Mönchen« herleitet. Nazareth hieße übersetzt folglich: »Sprossdorf« oder »Ort des Sprosses.«* Wenn Nazareth die Gründung der Nazoräer ist, dann ist freilich ein Nazoräer ein Mitglied sowohl der Sippe als auch des Dorfes gleichen Namens.

Gleichwie, die Konstellation deutet an: Hier ist etwas, das über das Gewöhnliche hinausgeht. Denn dass »aus Nazareth etwas Gutes kommen« könnte, war so undenkbar, als ob eine Jungfrau ein Kind bekäme. Oder dass der Messias in einem Landstrich erscheine, der als »Heidengau« den Mangel an richtigem Glauben in seinem Namen wie einen Buckel mit sich trug. In Galiläa ist Nazareth freilich einer von wenigen rein jüdischen Orten. Dass Jesu Botschaft hier nicht gehört wird, ist das eine. Gerade vor dem Hintergrund der so vielfältigen Ethnien Galiläas mit dem hohen Anteil griechisch-heidnischer Bevölkerung erkennt man dafür ein nicht hoch genug einzuschätzendes Merkmal seiner Botschaft: Denn so vehement Jesus gegen Heuchler und Schriftgelehrte, falsche Frömmigkeit und kalte Herzen predigt, so zurückhaltend ist er mit einer Verurteilung des Fremden und Andersgläubigen.

Es war zwölf Uhr, als ich nach einem kräftigen Frühstück bei den Schwestern und einer ersten Rundfahrt durch Obergaliläa den Heimatort Jesu erreichte, 375 Meter hoch an einem Berg gelegen, der sich um die Schultern der Altstadt legt. Ganz seinem großen Sohn nachgefolgt ist der Ort nie. Die jüdische Bevölkerungsmehrheit galt im 3. Jahrhundert sogar als besonders christenfeindlich. Heute ist der Heimatort Jesu mit rund 80 000 zumeist muslimischen Einwohnern die größte arabische Stadt Israels.

In allen Straßen stauten sich die Autos Stoßstange an Stoßstange, und die Fahrer überprüften, ob die Hupe funktionierte. Pulks von Menschen versuchten, irgendwo eine Lücke zu finden, um sich unverletzt auf das andere Ufer der Straße zu retten. Im

---

* Der Jesuit und Altertumsforscher Gerhard Kroll leitet hingegen den Namen von der Wurzel »nasar« ab, also von »wachen«, und »auf der Wache stehen«. »Nazareth« sei demnach als Wächterin des verborgenen Lebens Jesu zu verstehen.

Basar überboten sich Verkäufer im Lobpreis von Dingen, die im Grunde nutzlos waren. Pünktlich zum Angelus-Gebet setzten die Glocken ein: kaum noch vernehmbar. Denn kurz zuvor hatte die Stimme eines Muezzins die Stadt in eine Wolke aufpeitschenden Lärms gehüllt. Auf einem Hinweisschild, das die Verkündigung des Engels an Maria anzeigte, las ich: »And the world became flash.«

Wie kann man sich diesen *Yeshua bar Yosef,* wie Jesus im Dorf wohl gerufen wurde, vorstellen, überlegte ich, während ich durch den Basar schlenderte. Als Rabauken, der keiner Herausforderung aus dem Weg geht? Als Träumer? Introvertiert, gedankenverloren, mit einer Art von Grundschüchternheit, die aus der Zartheit des Gemüts und der Reinheit des Herzens kommt?

Die Evangelien zeichnen Jesus als einen Menschen, dem es nicht schwerfällt, auf andere zuzugehen. Er verfügt über Autorität, Temperament und einen Charme, dem sich kaum jemand entziehen kann. Zu Hause sind die Verhältnisse anders. Es mochte von früh an eine komplizierte Beziehung gewesen sein. Hier die alteingesessene Dorfgemeinschaft, dort Maria, die junge Frau aus der Stadt, stets in Sorge um ihr so besonderes Kind. Eine Priestertochter, die sich um die religiöse Ausbildung ihres Sprösslings sorgte und als Gottgeweihte mehr wusste als jeder Rabbi, während die anderen Jungen ihre Tora und die Bücher der Propheten in der Synagoge lernten, mehr schlecht als recht, auch wenn sie mit dreizehn Jahren ihre Bibel komplett auswendig können sollten.

Die Einheimischen hatten eine gute Witterung für das ganz Eigene am Wesen Jesu. »Man hielt ihn für den Sohn Josefs«, berichtet Lukas. Viele mochten sich zu dem Kind, zu dem Spielgefährten, zu dem jungen Mann hingezogen fühlen – dennoch gelang es nicht, mit ihm gleich zu werden. Man hörte ihm liebend gern zu – aber seine Andersartigkeit umhüllte ihn wie ein zweiter Leib, der Intimität erst gar nicht aufkommen lässt. War es Zufall, dass später niemand für ihn die Hand hob, als die empörten Honoratioren versuchten, ihn nach der Offenbarung seiner selbst den Hang hinunterzustürzen? Jesus schritt danach »durch die Menge hindurch«, heißt es bei Lukas, »und ging weg«.

Bei einem anderen Vorfall wollten ihn Mitglieder der Sippschaft mit Zwang nach Hause holen, weil sie von dem aus der Art geschlagenen Verwandten glaubten, er habe den Verstand verloren. Gewiss, welcher Prophet gilt schon etwas in seiner Heimat? Wo man sich erinnert, dass er einmal Windeln trug und sich Ohrfeigen einfing. Fest steht, dass vom späteren Kreis der Apostel niemand aus Nazareth stammte. »Wahre Verwandte«, wird Jesus später sagen, sehen anders aus; und das war womöglich nicht nur im geistigen Sinne gemeint.

Dass Jesus echte Geschwister hatte, ist mit hoher Sicherheit auszuschließen. Zwar spricht das Evangelium an unterschiedlichen Stellen von Geschwistern Jesu, weil es jedoch im Hebräischen wie im Griechischen kein Wort für »Vetter« oder »Base« gibt, kann die Bezeichnung »Bruder« und »Schwester« auch »Cousin« und »Cousine« bedeuten. Auch das apokryphe Proto-Evangelium des Jakobus kann zur Klärung kaum beitragen. Jesu Ziehvater Josef wird hier als ein Witwer mit Kindern aus erster Ehe geschildert. Die angeblichen Brüder Jesu wären demzufolge Stiefgeschwister. Kinder aus einer ersten Ehe Josefs konnten dabei längst außer Haus sein und eine eigene Familie gegründet haben.

Die Kirchen des christlichen Ostens sind der Auffassung von den Stiefgeschwistern gefolgt. Für die lateinische Westkirche hingegen ist Jesus ein Einzelkind. Sie bezieht sich nicht zuletzt auf Hieronymus, der um 350 in einer Streitschrift äußerte, die »Brüder« seien in Wahrheit Vettern, nämlich Kinder einer anderen *Maria*, die im Markusevangelium ausdrücklich vom Elternhaus Jesu unterschieden werde. Am Ende seines Lebens gibt Jesus jedenfalls die Sorge um seine Mutter nicht in die Hände eines anderen Sohnes oder einer Tochter, sondern in die Obhut des Jüngers Johannes. Ziehvater Josef, ein verlässlicher, starker, besonnener Mann, der das Wohl und Wehe seiner Familie ganz in die Hände Gottes legt, ist vermutlich schon verstorben, als Jesus noch jung war. Beim Auftritt des zwölfjährigen Jesus im Tempel wird er in den Evangelien letztmals erwähnt, bei der Hochzeit von Kana ist er schon nicht mehr zugegen.

Jesus mag dreißig Jahre lang dreimal die Woche in die Synagoge gegangen sein, wie es das Gesetz vorschrieb. Am Sabbat, am Montag und am Donnerstag. Er lauschte der Lesung, die in der Kultsprache Hebräisch vorgetragen und von einem Dolmetscher übersetzt wurde, und verfolgte die Auslegung der Gesetze und Gebote. Der wesentliche Teil seiner verborgenen Jahre jedoch war ausgefüllt mit harter Arbeit. Das Neue Testament gibt den Beruf mit *tekton* an, ein griechischer Ausdruck für jemanden, der Holz und Stein bearbeitet, eine Art Bauhandwerker, wie sein Vater auch. In Nazareth waren Felsengrotten zu vergrößern, Zisternen abzudichten und Häuser zu verputzen. Daneben baute und reparierte ein *tekton* Joche, Pflüge und Geräte zum Dreschen. Und im nur eine Gehstunde entfernten Sepphoris waren genügend Bauvorhaben in Gang, so dass die Auftragslage niemandem Sorgen bereiten musste. Für die Juden der biblischen Zeit ist Handarbeit nichts Verwerfliches, im Gegenteil. Der Midrasch riet: »Besorge dir einen Beruf neben deinem Studium«, eine Empfehlung, der auch der große Gelehrte Hillel und der berühmte Rabbi Jehuda nachgekommen waren, der eine als Holzfäller, der andere als Bäcker.

Ich war nach einem Abstecher bei der »Marienquelle«, die mit Kreuzen aus Kot verschmiert war, und der orthodoxen Gabrielskirche endlich im »heiligen Bezirk« angekommen, dem Standort der Josefskirche und der »Grotte der Verkündigung«. Die Verehrung der frühen Stätten Jesu reicht zurück in die vorkonstantinische Zeit. Allerdings konnte nie mit absoluter Sicherheit ermittelt werden, wo genau in Nazareth die ursprüngliche jüdische Synagoge stand. Die Truppen des römischen Feldherrn Vespasian hatten nach dem jüdischen Aufstand 67 n. Chr. die Gotteshäuser weitgehend dem Erdboden gleichgemacht. Der Diakon Petrus aus dem Kloster Montecassino hielt jedoch 1137 fest: »In dieser Stadt aber ist da, wo die Synagoge war, jetzt eine Kirche, wo der Herr das Buch des Jesaja las.«

Im Jahr 326 ließ Kaiser Konstantin auf den Resten früherer Kirchen eine Basilika bauen. Durch Perserkönig Chosroa 614 bis auf die Grundfesten niedergebrannt, errichteten die Kreuzfahrer im 11. Jahrhundert die Gedenkstätte neu, bis auch diese 1263 der Zerstörungswut zum Opfer fiel, diesmal von Seiten der Mamelucken. Vierhundert Jahre blieb Nazareth ohne Gotteshaus. Erst 1620 gelang es den Franziskanern, von den Türken die Ruinen der frühen Kirche zu erwerben. 1730 wurde ihnen erlaubt, binnen einer Frist von acht Monaten über dem Haus der Verkündigung erneut eine Kirche zu bauen – notdürftig genug, so dass sie 1954 wegen Baufälligkeit abgerissen werden musste. Erst zwischen 1960 und 1968 konnte auf dem Platz an der Casa Nova nach Plänen des italienischen Architekten Giovanni Muzio die heutige »Basilika der Menschwerdung« errichtet werden, der einzige moderne Kirchenbau des Heiligen Landes.

Ich wandelte mit den Händen auf dem Rücken durch die Gänge des Gotteshauses, als sich plötzlich eine der Statuen in der Kirche mit Leben füllte. Ein bärtiger Schädel löste sich aus seiner Starre. Eine Hand fing nach mir zu greifen an. Ein Mund begann sich zu bewegen: »Sind Sie Deutscher?« Noch bevor ich mich von meinem Schrecken erholen konnte, prasselte ein Wortschwall auf mich ein: »Ich bin Bruder Thaddäus aus dem Münsterland und wohne hier schon seit über achtzehn Jahren.« Und so ging es fort. Er sei 77 Jahre alt, erklärte die zu einem lebendigen Franziskaner gewordene Figur, 50 Jahre davon verbringe er bereits im Orden, die meiste Zeit davon als Klostergärtner in Italien. Außerdem sei er Kunstmaler.

Der Ordensmann war nicht zu bremsen. »Dass wir uns hier getroffen haben, ist eine Vorsehung Gottes. Ihre Haare sind alle gezählt.«

Ich hob die Schultern und machte ein fragendes Gesicht. »Das ist alles im Plan«, wusste mein Gegenüber.

Der Franziskaner macht eine kleine Kunstpause.

»So, jetzt fangen wir an. Erst mal ein herzliches Willkommen im Heiligen Land.« Ein Schritt und noch ein Schritt, schon hatten wir eine kleine Reise begonnen. Ab und an zupfte mich der Mann in der Kutte am Ärmel, fest entschlossen, mir eine kleine Einführung in die Geheimnisse seiner Wahlheimat zu gönnen. »Hier sehen Sie, wie der heilige Josef von einem Engel getröstet wird. Wissen Sie, warum?«

»Weil er erfahren hat, dass das Kind nicht von ihm ist?«

»Ganz genau. Er ist ein gerechter Mann. Und der Engel sagt ihm, tröste dich, das Kind ist durch den Heiligen Geist, durch Gottes Kraft entstanden. Denn bei Gott ist kein Ding unmöglich.«

Der Bruder ging leicht gebückt. Thaddäus hatte eine Hasenscharte und zwei große Vorderzähne, was der Erscheinung in der braunen Kutte eine sehr menschliche Note gab. Zwischendurch zwickte er indische Pilgerinnen in die Wangen, die um einen Segen baten. »Nächstes Bild: Hier sehen wir die Heilige Familie. Ganz einfache, schlichte Leute. Er war Zimmermann. Und wir sehen daran, dass Gott für die einfachen Menschen da ist, keiner ist ausgeschlossen. Hier das letzte Bild. Da sehen wir, wie schön der heilige Josef stirbt. Wir sehen, er stirbt in den Armen von Jesus und Maria, ein wunderbarer Tod.«

Thaddäus nahm mich fest in den Blick: »Sie sehen, wo's drauf ankommt: die Liebe. Und Gott ist die Liebe.«

»Wenn das nur so einfach wäre.«

»Das ist auch einfach. Die Gebote Gottes sind die Richtschnur. Und grenzenlos auf Gott vertrauen. Jesus wurde zwischen zwei Verbrechern ans Kreuz genagelt. Und der Schächer sprach mit Jesus, und er sagte: ›Herr, gedenke doch meiner.‹ Und was sagte Jesus: ›Noch heute wirst du mit mir im Paradies sein.‹ Sie sehen: Den Demütigen schenkt Gott immer die Gnade.«

Der gute Franziskaner führte mich zur Grotte im Untergeschoss, die der Überlieferung nach als Wohnort Josefs und seiner Sippe gilt. Als 1954 die alte Verkündigungskirche abgerissen wurde, war dies die Chance, Spuren des alten, verschütteten Nazareth zu entdecken, die man bisher vergebens gesucht hatte. Sollten die Kritiker vielleicht doch recht behalten, dass es den Ort zur Zeit Jesu gar nicht gegeben hatte? Die Forscher hatten sich teils mit dem Löffel, teils mit bloßen Händen vorgearbeitet. Der Chef-Archäologe, der italienische Franziskaner Dr. Bagatti, hatte große Zweifel, ob die Ausgrabungen zu einem Ziel führten. »Ich habe Bagatti im Alter gepflegt«, meinte Thaddäus, »von daher kenne ich die Geschichte ganz gut.«

Am Ende jedoch hatte die Erde jenen Schatz aus der Zeit Jesu freigegeben, der das Geheimnis der Menschwerdung aufbewahrt hatte. Wie durch ein wundersames Sesam-öffne-dich lag den Archäologen plötzlich die ganze Wohnwelt der Familie von Josef und Maria zu Füßen, das verschüttete Nazareth. Grotten, Silos, Zisternen, Öl- und Weinkeltern mit Keramikresten aus herodianischer Zeit. Sie bestätigten, dass der von der Tradition verehrte Ort der Verkündigung Teil einer Siedlung war. Eine Öllampe, die noch an ihrem alten Platz in einem Gang stand, war mit einem Kreuz verziert. Vermutlich waren Christen die letzten Besitzer der Höhle gewesen, ehe die ganze Siedlung verlassen wurde. Auf einem unter einer Verputzschicht gefundenen Graffito stand: »Ich habe an das Licht gedacht.«

Der archäologische Befund bestätigte nicht nur das alte Nazareth, sondern auch, dass eine judenchristliche Gemeinde den Wohnort Christi an dieser Stelle früh verehrte. In einer Felsgrotte kam eine Märtyrerkapelle *(Mensa Martyrum)* aus dem 3. oder auch schon 2. Jahrhundert zutage. »Jesus Christus«, heißt es auf einer in die Wand geritzten Schrift, »Sohn Gottes, komm Genos und Elpisos zu Hilfe«.

Es war Nacht geworden. Pilgergruppen und Touristen hatten das Gotteshaus längst verlassen. Die Oberkirche lag in dem diffusen, gelblich warmen Licht von Kerzen und Glühbirnen, als wir in die Grotte der Verkündigung hinabstiegen. »Der Engel des Herrn brachte Maria die Botschaft«, betet die Christenheit, wenn sie über einen der erhabensten Orte ihres Glaubens meditiert. »Es gibt keinen Zweifel«, sagte Thaddäus bedächtig, »dass es hier war.« Er gab mir einen Schlüssel, um das Eisengitter zu öffnen: »Lassen Sie uns zuerst ein Gebet sprechen«. Wir knieten uns auf das Pflaster vor dem Altar, beteten ein Vaterunser und ein Ave-Maria für Angehörige und Verstorbene. Auf einer Inschrift las ich: *Verbum Caro Hic Factum Est* – »Hier ist das Wort Fleisch geworden«.

Ich saß wieder im Auto und spürte die Müdigkeit in meinen Knochen. Gleichzeitig aber auch ein Gefühl von Erfülltsein. Ich hatte noch nicht sonderlich viel über Jesus in Erfahrung gebracht. Aber ich war ihm näher gekommen in diesem Kokon, in den ihn das kleine, unscheinbare und so stille Nazareth in der Zeit der Verborgenheit eingehüllt hatte. Waren die stillen Jahre Jesu so etwas wie eine Phase der Verpuppung vor dem Hereinbrechen des *annus mirabilis,* der großen, der allergrößten, ja der einzig wirklichen Zeitenwende dieser Welt?

In der lauen Abendluft war der Weg zurück nach Tabgha angenehm und entspannend. Ich ließ das Fenster herunter und drückte auf den Radioknopf. Offenbar gab es im Studio jemanden, der Wunschkonzerte ganz ohne Bestellung senden konnte. Als Norah Jones kam, drehte ich den Regler lauter. Es gab gottlob niemanden, der hätte beobachten können, wie ein offenbar geistig verwirrter ausländischer Autofahrer völlig gelöst irgendwelche seltsamen Laute in die Welt hinausgrölte, die sich anhörten wie »Feeling the same way«.

Warum schweigen die Evangelien, wenn es um Kindheit und Jugend Jesu geht? Aus einer Informationslücke heraus? Wohl kaum. Zum späteren Jüngerkreis gehörten auch Verwandte aus Nazareth, die sogenannten Herrenbrüder Jakobus und Judas, die das Aufwachsen Jesu hautnah miterlebt hatten. Dennoch geht Matthäus von der Rückkehr aus Ägypten unmittelbar zu Johannes dem Täufer über. Markus und Johannes fangen gar erst mit Szenen aus der Wüste an.

Als wichtigen Hinweis auf die Identität Jesu aber setzen Matthäus und Lukas dem Evangelium einen *Stammbaum* voran, der Jesu Herkunft aus dem Geschlechte Davids nachweist. Dass die beiden Genealogien teils voneinander abweichen, zeigt, dass sie jeweils eigenständig recherchiert wurden. Unterschiedliche Schreibweisen von Vorfahren können auch daher rühren, dass König Herodes sämtliche amtlichen Stammesregister der Juden vernichten ließ, um seine eigene nichtjüdische Herkunft zu verschleiern. Die Familien waren daher auf Abschriften aus Privat-

registern oder eine Rekonstruktion aus dem Gedächtnis angewiesen. Deutlich wird aber in beiden Linien, dass Jesus nicht nur
in der Reihe von Trägern der Heilsgeschichte stand, sondern dass
ER der Erbe ist, die Verheißung selbst. »In ihm hat sich all das
erfüllt«, so Papst Benedikt XVI., »was in der vorangegangenen
Geschichte nicht nur angelegt war, sondern immer wieder auch
deutlich prophezeit wurde.«

Matthäus beginnt den »Stammbaum Jesu Christi, des Sohnes
Davids« mit Abraham, dem Stammvater aller Israeliten, und endet bei Jesus. Lukas beginnt mit Jesus und schließt den Kreis,
indem er von Jesus wie mit einem Zeichenstift die Linie zurückführt bis zu Abraham, von hier aus bis Set, dem Sohn Adams,
und zu Adam selbst, »der stammte von Gott« – womit Jesus als
der zweite, der neue Adam offenbart wird, der die Geschichte der
Welt durch Reinigung und Erneuerung zurückführt zu Gott und
sie damit abzuschließen vermag.

Die Evangelisten geben in der Genealogie Jesu, die als theolo-
gische Aussage zu verstehen ist, gleich auf den ersten Seiten des
Neuen Testaments zu verstehen, dass die tieferen Schichten der
Offenbarung Christi auch über eine Zahlensymbolik mitgeteilt
werden. Der Stammbaum Jesu weist dabei mit einer Reihung von
Abraham bis David, von David bis zur Babylonischen Gefangenschaft und von der Gefangenschaft bis Christus *dreimal* vierzehn
Generationen auf. Die Zahl Vierzehn verwies bereits im alten
Ägypten symbolisch auf die Vorfahren, die gewissermaßen »hinter einem stehen«, einem den Rücken stärken, aber auch im Vorausgehen eine Aufgabe hinterlassen. Wenn der Pharao sich bei
Prozessionen zeigte, trugen vierzehn Träger die Standarten seiner
letzten vierzehn Vorfahren, die ihm auf den Thron verholfen hatten, als Symbole ihrer unsterblichen Seele mit.

Da im Hebräischen die Buchstaben zugleich auch als Zahlen
dienen, veranschaulicht die Generationenfolge, dass sich in Jesus
die an David ergangene *messianische Verheißung* erfüllt, dessen
Name eben die Zahl Vierzehn ergibt; nunmehr Zahl Davids *und*
Zahl Christi. Die Vierzehn gilt in der Mystik dabei als Zahl der
Hilfe, der Güte und Barmherzigkeit. Sie ist Symbol für Helfen

und Heilen, was sich in der christlichen Mystik etwa in den vierzehn Kreuzwegstationen oder den vierzehn Nothelfern ausdrückt. In der Geburtskirche in Bethlehem markiert nicht von ungefähr ein vierzehnstrahliger Stern den Platz, an dem Jesus der Überlieferung nach geboren wurde.

Es ist jedoch ein ungeheurer Bruch mit Tradition und Gesetz, dass im Stammbaum Jesu nicht nur Männer, sondern auch vier Frauen genannt sind. Die Namen konnten dem Ruf Jesu nicht förderlich sein, denn mit *Rahab* und *Rut* sind der jüdischen Tradition zufolge ausgerechnet zwei Heidinnen und mit *Tamar* und *Bathseba* (der Frau des Urija) ausgemachte Sünderinnen im Stammbaum Jesu vertreten.

Die Geschichte Jesu wird nicht bereinigt. Weder werden darin Sünder oder Andersgläubige ausgeschlossen, noch wird vorgegeben, dass es möglich sei, gewissermaßen eine »reine Rasse« zu zeugen. Und noch eines zeigen die Genealogien: In der einen Linie, die sich auf David gründet, ist Jesus der Messias der Juden, der zu den verlorenen Schafen des Hauses Israel gesandt wird. In der anderen Linie, die auf Adam zurückführt, öffnet er die Verheißung für alle Völker der Welt, für den Menschen schlechthin. Beides gehört untrennbar zusammen.

Friedrich Weinreb war aufgefallen, dass der »sechste Monat«, in dem der Engel des Herrn die Nachricht überbrachte, sie sei gewissermaßen »in anderen Umständen«, dem sechsten Zeichen des Tierkreises entsprach, »Jungfrau«. Das Sechste spiele in der biblischen Schöpfung generell eine entscheidende Rolle. Am sechsten Tag geschahen: Schaffung des Menschen, Sündenfall, Kreuzigung. Nach der Überlieferung kommt es im sechsten Monat des biblischen Jahres, dem Monat Ellul, zur Schöpfung überhaupt – so wie hier die Mutter Jesu die Mitteilung von etwas vollkommen Neuem erhielt, von etwas noch nie Dagewesenem, geschehen durch »die Kraft des Höchsten«.

Der jüdische Gelehrte war nicht konvertiert. »Mir ist Treue heilig«, meinte er. Er würde Gott untreu werden, wenn er seiner von IHM bestimmten Herkunft als Jude untreu würde. Aber er las das Evangelium Jesu nicht als Gegner, sondern als Lernender.

Alles, was hier stehe, sei nicht beziehungslos im Vergangenen zu betrachten, sondern »es geht dich an, es geschieht jetzt«. Der Erlöser sei nicht jemand, der war oder der erst kommt, sondern einer, der *ist:* »Deshalb war er und kommt er, er ist der *Eine*, jenseits der Zeit; und deshalb ist er auch in der Zeit da, in der Gegenwart.«

Weinreb zog nun eine Verbindung zum Brauch im Judentum, vom ersten Tag des Ellul an das Widderhorn, den Schofar, zu blasen: »Gott, heißt es, bläst seinen Odem am Beginn der Schöpfung, als Prinzip der Schöpfung, in das Horn und ruft damit das Lamm, den Widder hervor. So kommt im Zeichen des Lammes die ganze Schöpfung zustande. ›Jungfräulich‹ ist die Schöpfung, im Zeichen der Jungfrau, ›bethula‹, entsteht die Welt, auf die ›bethula‹ ist sie gegründet. So ist die Jungfrau die Mutter der Welt. Aus ihr kommt überhaupt alles zustande.« Weinreb schrieb: »Etwas im Prinzip Unberechenbares, vollkommen Überraschendes kommt in die Welt hinein. Keine Gelehrsamkeit, keine Absicht kann es erlangen; nur ein Bereitsein, im Vertrauen auf den Geliebten seine Überraschung als Geschenk der Gnade zu empfangen.«

Auch Lukas lässt Diskretion walten, wenn es um die Kindheits- und Jugendjahre Jesu geht. Es gibt keine Spuren. Bis zu dem Tag, an dem sich der »Menschensohn« aufmacht, um unten am Jordan in das Wasser seiner Taufe zu steigen. Nein, es gibt eine Ausnahme, eine einzige. Und diese Episode erhält durch ihre Sonderstellung eine Bedeutung, als pflanze jemand eine Tafel mit riesigen Lettern in die Landschaft, so groß, dass niemand an ihr vorbeikommt, ohne sie lesen zu müssen.

Es geschah, als Jesus mit seinen Eltern als Zwölfjähriger anlässlich einer Pilgerfahrt nach Jerusalem zog. Mit zwölf galt ein Israelit als erwachsen. Jesus hatte nun vor dem Gesetz für sich selbst einzustehen. Die Straßen in die Hauptstadt waren überfüllt mit Trauben von Menschen. Über den Tälern liegt der Gesang der Wallfahrtslieder. »Viele Tausende strömen aus Tausenden von Städten, zu Wasser und zu Lande, von Ost und West, von Nord und Süd, zu jedem Wallfahrtsfest zum Heiligtum wie zu einem sicheren Zuflucht- und Rettungsort«, schrieb der jüdische Philosoph Philo, ein Zeitgenosse Jesu. Auf dem Tempelplatz von Jerusalem staute sich eine riesige Volksmenge. In den Säulenhallen verbrachten Rabbiner und Schriftgelehrte, umringt von Publikum, das kam und ging, die Zeit mit theologischen Disputen. Abends versammelten sich die Familien in den Häusern zum Festmahl.

Die Pilgergruppe aus Nazareth war längst wieder auf dem Heimweg, als Maria und Josef eine schreckliche Entdeckung machten. Drei Tage lang, berichtet Lukas, hätten sie danach das Kind gesucht. Endlich, im Tempel, wurden sie fündig. Der Knabe saß inmitten der gelehrtesten Männer seines Volkes, stellte Fragen und gab Antworten. »Er erklärte ihnen die Bücher, das Gesetz, die Vorschriften und Regeln und Geheimnisse, die in den Büchern der Propheten enthalten sind«, führt das apokryphe *Arabische Kindheits-Evangelium* aus dem 2. oder 3. Jahrhundert aus, »Dinge, die keinem geschöpflichen Verstand zugänglich sind.«

Einem anwesenden Philosophen etwa legte Jesus »die Zahl der Sphären und der Himmelskörper dar, deren Natur und Verhalten, die Gegenpositionen, den dreisätzigen, quadratischen und sechsfachen Aspekt, deren aufsteigenden und absteigenden Lauf, die Scripula und sechzigfache Scripula und andere Dinge, welche die Vernunft nicht fassen kann«. Einem Fachmann für naturwissenschaftliche Fragen wiederum erklärte er »die physischen und metaphysischen, hyper- und hypophysischen Dinge, die Kräfte und Säfte des Lebens und deren Wirkung, ebenso die Zahl der Glieder und Knochen, der Venen, Arterien und Nerven; dazu die Wirkung von Hitze und Trockenheit, von Kälte und Feuchtigkeit und was daraus hervorgeht; wie die Seele auf den Körper einwirkt und deren Gefühle und Kräfte«.

Als Josef und Maria das Kind erblickten, waren sie nicht einfach nur sprachlos. Sie »verlieren ihre Fassung«, heißt es im griechischen Original des Berichts. Die Lippen Marias bebten: »Kind, warum hast du uns das getan? Dein Vater und ich haben dich mit Schmerzen gesucht.«

Was macht Jesus? Wie reagiert er? Die Antwort des Knaben ist von majestätischer Gelassenheit. Er spricht distanziert. Fast wie jemand, von dem man sagt, er sei eben nicht ganz von dieser Welt: »Warum habt ihr mich gesucht? Wusstet ihr nicht, dass ich in dem sein muss, was meines Vaters ist?«

Es sind die allerersten Worte und zugleich die seltsamsten, die von Jesus überliefert werden. Er ist zwölf, und genau 24 Jahre lang sollte er von nun an nicht mehr in Erscheinung treten. Diese Worte sind anlässlich des Pessachs gesprochen. Es ist, als ob jemand auf Verlangen seinen Ausweis zeigt – und zugleich einen Hinweis darauf gibt, wo er stets zu finden sein wird. Jetzt und später.

Es ist stets etwas Herausforderndes, oft sogar Verstörendes an Jesus, eine gewisse Unberechenbarkeit. Gesetze werden durchbrochen, Unmögliches wird möglich gemacht, Verborgenes sichtbar. Und immer ist hier im Kleinen das Große, der Ausblick auf die Zusammenhänge einer ewigen Ordnung. Tatsächlich ist das Verstummen der Evangelien über die Kindheit und Jugend Jesu ein sehr beredtes, goldenes Schweigen für etwas, das nur im Schweigen gesagt werden kann. Indem die Autoren den Raum der Formung Jesu als etwas belassen, was im Verborgenen geschieht, machen sie eine spezielle Aussage: In diesem Raum ist das Geheimnis Gottes. Dieser Raum ist nichts Geringeres als der andere, der unbekannte Raum des Tempels, der in der Gewöhnlichkeit des Seins nicht betreten werden kann. Das Allerheiligste ist nicht sichtbar. Aber es ist da. Ist ohne Anfang und ohne Ende. Auch wenn der Raum zunächst leer zu sein scheint. Es ist der Raum der Größe Gottes, die nicht nur unsichtbar, sondern auch unermesslich ist.

Das frühe Selbstzeugnis Jesu gibt dabei auch einen ersten Hinweis auf die Frage, ab wann ihm klargeworden sei, wer er ist und was er zu tun hat. »Jesus nahm zu an Weisheit und Alter«, heißt es zwar an einer Stelle, die als Hinweis für einen Entwicklungs- und Erkenntnisprozess gelesen werden könnte. Der hl. Justin erklärte die Aussage allerdings damit, dass Jesus »heranwuchs wie alle Menschen, wobei er jedem Alter gerecht wurde«. Er unterscheidet damit zwischen einem äußeren, also einem »verfleischlichten« Prozess, und einer inneren Realität, die völlig undynamisch ist und bei jeder Bewegung gleich bleibt, wie das Luftbläschen in einer Wasserwaage.

Deutlich wurde in der Tempelszene zunächst, dass es in der Reife und dem Wissen des Zwölfjährigen keinen Unterschied zur Reife der erfahrenen Gelehrten gibt, die ihn umringen. Jesus ist gewissermaßen altersgleich und damit auch alterslos. Der Jesus-Forscher Franz Willam hat aus der Episode noch etwas anderes herausgelesen. Er vergleicht dabei die ersten Worten aus dem Munde Jesu – »... *dass ich in dem sein muss, was meines Vaters ist*« – mit seinen letzten – »*Vater, in deine Hände übergebe ich meinen Geist*« – und hält an dieser Stelle fest, dass zwischen beiden Aussagen ein Entwicklungsprozess nicht feststellbar sei. Wobei Jesus stets zwischen *seiner* Beziehung zu diesem Vater (»meinem Vater«) und der Beziehung, die die Menschen zu Gott hätten (»unserem Vater«), zu unterscheiden wusste. Willam schloss daraus: »Vom ersten Augenblick seines Daseins an hatte er in seiner göttlichen Selbsterkenntnis gewusst, woher er gekommen und wozu ihn der Vater auf die Welt gesandt hatte.

13

Der Aufbruch

Harmagedon, Januar 28

Als ich am nächsten Morgen müde die Treppe hinunterwankte, hatten die Schwestern mit ihrem silbernen VW-Golf bereits den Einkauf erledigt und waren nun mit Haus- und Gartenarbeiten beschäftigt. Elisabeth sprengte den Rasen. Sie bewegte sich bei jedem Schritt wie eine Schaukel. Von links nach rechts, von rechts nach links, was sehr gemütlich aussah. Catharina stand am Bügelbrett und spähte von Zeit zu Zeit, ob sie mir noch einen Wunsch von den Augen ablesen könne.

Auf dem Frühstückstisch standen Brot, Käse, Obst, Marmelade und Joghurt; dazu eine riesige Thermoskanne Kaffee. Seit ich unvorsichtigerweise geäußert hatte, ich liebte ihn stark, war er so dunkel wie die schwarzen Löcher im Weltraum.

Es war acht Uhr am Morgen, aber das Thermometer zeigte bereits vierzehn Grad an. Auf den Blättern der Palmen spiegelten sich glitzernd die Wellen des Sees. Vögel zwitscherten. Äste bogen sich unter der Last von Orangen, Zitronen und Bananen. Alles war ein wenig wie Afrika, Amerika, Asien und Europa zusammen. Und das Beste war: Der Hund des Nachbarn lag tagsüber im Tiefschlaf.

Schwester Elisabeth zeigte mir eine riesige Pampelmuse. Sie schmecke um diese Zeit besonders fruchtig. »Das ist es, warum der Prophet sagt, in diesem Lande würden Milch und Honig fließen! Ich erlebe es hier in unserem Garten. Alles, was du einpflanzt, beginnt sofort zu sprießen.«

Catharina erzählte mir von früher, als sie darüber nachdachte, wie das ist, wo Gott wohnte. Warum es da einen Raum gibt, der kein Ende hat. Diese Welt-Fragen, die so groß sind, dass man sie als Erwachsener nicht mehr zu stellen wagt. Irgendwann, sagte Catharina, »hörte ich die Stimme Jesu. Er wollte mich als Nonne haben.« Die Eltern waren alles andere als begeistert. »Meine Mutter diskutierte mit mir, aber mein Vater, der mich besser verstand, sagte nur: ›Lass sie gehen.‹« Ihre Berufung sei nicht immer leicht zu erfüllen, aber sie habe die Entscheidung in über vierzig Jahren keinen einzigen Tag bereut. Es stimme schon, was man so sage: »Alles, was du anderen gibst, bekommst du mehrfach zurück.«

Ich stieg in mein Leihauto, um den Spuren des Jesus von Nazareth zum Quartier des Johannes ins Jordantal zu folgen, eine Strecke von rund 120 Kilometern – für Jesus drei Tage, für mich drei Stunden. Seltsam, meine vier Reiseführer gaben für die gleiche Strecke unterschiedliche Entfernungen an. Sie schrieben nicht nur die Namen der Orte an dieser Strecke viermal anders, sie brachten auch die Straßen durcheinander. Ich musste schmunzeln. Gemessen an den Druckerzeugnissen unserer Zeit, sind die zweitausend Jahre alten Berichte der Bibel von unübertrefflicher Präzision.

Auf dem Berghügel von Nazareth-Illit stoppte ich in einer Parkbucht mit guter Aussicht und fand mich plötzlich umringt von mehreren Pulks Schulkindern, die müde aus ihren Bussen herausgefallen waren, um in ihre Schule zu torkeln. Das weite Land. Das geweihte Land. Wie von einem Flugzeug aus konnte man von hier oben den Horizont abstecken. Tief unten die endlose Ebene Jesreel, die Jesus durchqueren musste, um seine Taufe zu empfangen.

Jesreel ist keine Landschaft wie andere. Dies hier ist *Harmagedon*, das uralte Schlachtfeld der Völker. Unvergessen als Schauplatz alter Siege und Niederlagen. Mahnend als Schachbrett des Todes, wenn in der einzigen und wahren Endschlacht – niemand weiß, wann –, im Finale der Zeit, dem definitiven Ende der Geschichte, die Heere des Bösen den Heeren des Guten gegenübertreten werden. Danach wird das Jüngste Gericht des Messias dem dunklen Erbfeind den Garaus machen, auf dass Satan auf ewig in den Orkus fährt. So steht es übereinstimmend in den Testamenten, dem Alten und dem Neuen.

Das Buch Sacharja schreibt: »An jenem Tag wird die Totenklage in Jerusalem so laut sein wie die Klage um Hadad-Rimmon in der Ebene von Megiddo.« Die Apokalypse schreibt: Dämonengeister schwärmen aus »zu den Königen der ganzen Erde, um sie zusammenzuholen für den Krieg am großen Tag Gottes, des Herrschers über die ganze Schöpfung«, und diese Geister »führten die Könige an dem Ort zusammen, der auf Hebräisch *Harmagedon* heißt«.

Ihre Tiefenschärfe erhält die Ebene Jesreel durch die Hügel an ihren Flanken, die sich diametral gegenüberstehen: den Berg *Tabor,* der Berg des Herrn – und den *Megiddo,* der Berg der Finsternis. Unterschiedlicher können Berge nicht sein. Der eine harmlos, lächelnd, überlegen, ohne herrisch zu sein; hineingestülpt in die Landschaft wie ein Geburtstagskuchen. Anders Meggido. Eine kriegerische Kröte, runzelig und düster. Und scheint der Kuchen in seinem Innersten ein Juwel zu hüten wie die Monstranz eine Hostie, verspricht Meggido im Kern nur Unheil: dunkle Gedanken, Gewalt und Tod.

Megiddo war in Tausenden von Jahren kraft seiner strategischen Lage eine begehrte Bastion. Die früheste von zwanzig Siedlungsschichten reicht bis ins Neolithikum zurück, ins 4. Jahrtausend vor unserer Zeitrechnung. Ausgegraben wurden Befestigungsmauern und Wachtürme, Paläste, Lagerhäuser, Kasernen oder auch die Pferdeställe König Ahabs. Die alttestamentarische Kriegsgeschichte zählt fünf oder sechs Schlachten, die in der Ebene Jesreel stattgefunden hatten. Angefangen mit Pharao Thutmosis III., der Babel einen vernichtenden Schlag versetzte. Wer Megiddo hatte, beherrschte die Handelsstraßen von Ägypten und Mesopotamien und verfügte über einen kaum einzunehmenden Stützpunkt. Hier zwangen die Kanaaniter die Israeliten zurück in die Wälder, hier kämpften zur Zeit der Richter Gideon und Deborah, hier standen 1799 die Truppen Napoleons und 1917 die des britischen Generals Allenby, um ihre Gegner endgültig niederzuwerfen.

Von Nazareth sind es weniger als dreißig Minuten über die sanft abfallenden Pilgerwege bis zur Mitte der Ebene Jesreel. Der Weg führte zur Zeit Jesu durch die enge Schlucht am *Dschebel el-Kafze,* dem »Berg des Sprunges«. Die Wolken hängen tief, kurzatmige Böen fetzen über die Grasnarbe am Fuße des *Nebi Dahi,* südostwärts das Dorf *Naïn,* wo Jesus später den toten Jüngling erwecken wird. Gelegentlich kamen ihm Pilger entgegen, die bei Johannes waren. In Hütten lauerten Einsiedler, wilde, halbverhungerte Gestalten, die blitzschnell heraushüpften wie Tiere, um den Wanderer anzubetteln oder ihn mit Flüchen zu traktieren. Er musste sich beeilen. Nach Einbruch der Dunkelheit schlägt die Schönheit dieser Welt abrupt um ins Kalte, Unberechenbare, Dämonische.

Um das Jahr 27 bekommen die Zeitläufte in Israel etwas Fieberhaftes. Schriftgelehrte durchwühlen die heiligen Bücher nach möglicherweise unentdeckten Hinweisen auf die Ankunft des Messias. Wanderprediger, Heiler und Visionäre aus den nördlichen Provinzen, von den Küsten des Meeres und den heidnischen Gebieten von Transjordanien ziehen in die Stadt Davids, um mit ihrer Botschaft oder Mahnung oder einer sonstigen brennenden Nachricht vom Weltuntergang nicht zu spät zu kommen; insbesondere um die Festtage herum, wenn das ewige Yerushalayim förmlich aus seinen Mauern platzt.

Die Zeloten spitzen ihre aggressive Rhetorik weiter zu. Nicht nur die Römer würden getötet, verkünden ihre Anführer, sondern jedermann, der sich vor ihren Augen gegen das Gesetz versündige. Im Kloster über dem Toten Meer präzisieren die Essener ihre Berechnungen. Der Messias, heißt es nun, *müsste eigentlich längst unter den Zeitlichen sein.* Es sei dringend ratsam, den Städten zu entfliehen und sich in Qumran den »Söhnen des Lichts« anzuschließen, den »Auserwählten«, die als Einzige gerettet würden.

Vier Jahre zuvor, 23 n. Chr., hatte der jüdische Theologe Philo das Alte Testament zum ewig gültigen Gesetz Gottes erklärt. Es sei nicht nur Israel gegeben, sondern der gesamten Menschheit.

Alle Worte darin hätten einen tiefen, geheimen Sinn, der sich bald enthüllen würde.

Dass sich der Messias nicht zeigt, noch nicht zeigt, macht die Aufregung nicht geringer. Sie liegt als die große Erwartung über allem Gehen und Stehen; bei den Reisenden auf der Via Maris; bei den Wallfahrern zum Laubhüttenfest nach Jerusalem; bei den Männern in der Synagoge, wenn nach der Lesung über die Auslegung von Gesetzen und Prophetenworten debattiert wird. Die Vorhersage, *dass* er kommt, ist das eine. Die Frage, *wann* er kommt und vor allem wie man ihn erkennen könne, das andere.

Müsste er nicht erscheinen in ganzer Pracht und Herrlichkeit, um seinem Volk endlich Genüge zu tun? Im Gegensatz zu den Essenern weiß die Laienbruderschaft der Pharisäer, der Messias müsse ein König sein, der die »Mächte der Welt« besiegt. Dazu ein Priester, der den von Fremdkultur entweihten Tempel wiederherstellt. Und obendrein ein Prophet, der die Falschheit der Welt mit der Wahrheit Gottes konfrontiert. Jedenfalls könne man den »Gesalbten Gottes« umso früher auf die Erde herabziehen«, je schneller das Volk rein und heilig sei.

Vorsorglich wird nun schon am Vorabend des Sabbats mit der Arbeitsruhe begonnen. Auf diese Weise ist mit Sicherheit gewährleistet, den Tag des Herrn auch nicht im Geringsten zu entweihen. Denn Gott selbst hat den Menschen in weiser Voraussicht Ruhe verschrieben, einen Tag der Unterbrechung, die geheiligte Zeit.

Die Tempelpriesterschaft in Jerusalem beherrscht in diesen Tagen der Hohepriester *Kajaphas,* ein Schwiegersohn des früheren Hohepriesters Hannas, dem es nicht schwergefallen ist, sich mit seinem sagenhaften Reichtum einen Platz in der Hierarchie der Sadduzäer zu verschaffen. Römischer Statthalter ist seit dem Jahr 26 *Pontius Pilatus,* ein Abkömmling eines samnitischen Rittergeschlechts und Günstling des in Rom allgewaltigen Prätorianerpräfekten Aurelius Seianus. In seiner Grausamkeit und seinem Hass gegen die Juden, so eilt ihm der Ruf voraus, stehe er seinem Gönner in nichts nach.

In diesem Moment der höchsten inneren Spannung des Volkes

wirkt die Nachricht von einem zotteligen, zornigen Prediger, der ein Gewand aus Kamelhaaren trage, sich von Heuschrecken und wildem Honig ernähre und am Jordan zu Buße und Umkehr aufrufe, wie das Signal der Trompeten von Jericho. Seit vierhundert Jahren hat sich kein großer Prophet mehr gezeigt. Das Königsgeschlecht der Hasmonäer ist ausgerottet. Nach dem Tod Herodes' des Großen steht Israel plötzlich ohne König da. Hatte nicht der Prophet Jesaja von einem »Rufenden in der Wüste« gesprochen? Von jemandem, der kommen würde, »den Weg des Herrn« zu bahnen: »Was krumm ist, soll gerade werden; was uneben ist, soll ebener Weg werden! Und alle Menschen werden das Heil Gottes schauen.«

Und tatsächlich machen sich nun Tausende auf den Weg, Ströme von Menschen, aus Jerusalem und Judäa, aus Galiläa und Peräa, um den Prediger in der Wüste ja nicht zu versäumen. Warum sich nicht hingeben diesem ungelebten Traum vom kommenden Reich? Aller Not ein Ende! Dem Druck der hässlichen Besatzung. Der Sorge um das tägliche Brot. Der Furcht vor Dürre und Wassermangel, Krankheit und Hunger. Die Zeit ist reif. Das Schicksal hat sich gewendet. Die Stunde ist gekommen!

Der Wüstenmann hat mit seinem moralisch-gesellschaftlichen Impuls einen Punkt berührt, der das jüdische Volk in seinem Nervenzentrum trifft. Israel ist das religiös am besten gebildete – und buchstäblich »bewandertste« – Volk der Erde. Es steht in einer besonderen Beziehung zum Schöpfer, den es als den einzigen Gott erkannt hatte. Aber hat man sich inzwischen nicht auch unmessbar weit von den ehernen Geboten entfernt, die der Allmächtige aufgeschrieben hatte als verlässliche Wegweiser für eine gelungene Existenz?

Es sind nicht tausend, nicht hundert und nicht einmal fünfzig Gebote, sondern gerade einmal zehn: *Du sollst keine anderen Götter neben mir haben; du sollst den Namen Gottes nicht verunehren; du sollst den Sabbat heiligen; du sollst Vater und Mutter ehren; du sollst nicht töten, nicht Unkeuschheit treiben, nicht stehlen, nicht lügen, nicht begehren deines Nächsten Weib oder dessen Hab und Gut.* Das ist alles. Wenige Sätze für die Kunst des (Miteinander-)Lebens. Ist es nicht erschreckend, wie weit sich die Gesellschaft von Maximen entfernt hat, die nicht zuletzt als Ur-evidenzen der Zivilisation gelten?

Der Name »Israel«, *Gottesstreiter,* bezog sich auf den einzig-artigen Auftrag, Gott ganz zu offenbaren. »Ihr sollt mir als ein Reich von Priestern und als ein heiliges Volk gehören«, heißt es in den heiligen Schriften (Ex 19,6). Als Besitzer der Bundeslade ist Israel der wahre Hüter der Gebote. Ja, seine ganze Existenz und Identität ist nachgerade einzig auf diese Grundlage aufgebaut. Nun hat eine fremde, veränderte Welt Platz gegriffen. Sie tritt mit den Verlockungen heidnischer Kultur gegen religiöse Traditio-nen an. Längst geißeln die Essener selbst die Priester in Jerusalem als »Männer des Frevels«. Sie würden zwar im Tempel dienen, aber den wahren Glauben zugunsten eines nur noch förmlichen Bekenntnisses, prächtiger Auftritte und purer Machterhaltung verraten. Das gelebte Gotteswort sei der theologischen Haarspal-terei und dem ausufernden Gesetzeswerk geopfert worden, der Geist der Tora erdrosselt, wie man früher die Propheten erdros-selte.

Und unten am Jordan predigt der zottelige Wüstenmann. Wer genug zu essen habe, rief er aus, gebe denen, die hungern. Wer Zöllner oder Kaufmann sei, solle nicht betrügen, wer Soldat oder Polizist, andere nicht misshandeln oder erpressen. Für sein Pub-likum scheint es zu viel und zu wenig zugleich zu sein. Viele er-warten einen Messias, der ihnen die eigene Umkehr erspart. In Zorn aber gerät der Täufer, sobald sich Pharisäer oder Sadduzäer seiner Klause nähern. »Ihr Schlangenbrut«, ruft er ihnen entge-gen, »wer hat euch denn gelehrt, dass ihr dem kommenden Ge-richt entrinnen könnt?« Es genüge beileibe nicht, sich auf seine Abstammung von Abraham zu berufen, um als gläubig zu gelten. »Schon ist die Axt an die Wurzeln der Bäume gelegt«, warnt der Täufer, »jeder Baum, der keine gute Frucht hervorbringt, wird umgehauen und ins Feuer geworfen.«

Johannes lässt keinen Zweifel daran, dass die Weltenwende unmittelbar bevorsteht. »Nach mir kommt einer, der ist stärker als ich.« Er sei es noch nicht einmal wert, »mich zu bücken, um ihm die Schuhe aufzuschnüren«. Um ganz deutlich zu werden: »Ich habe euch nur mit Wasser getauft, er aber wird euch mit dem Heiligen Geist taufen.«

Die zunächst vagen und unbestimmten Angaben über die messianische Zeit hatten sich in den heiligen Schriften von Jahrhundert zu Jahrhundert näher konkretisiert und verdichtet. Nicht zuletzt in dem Ausdruck vom *Menschensohn*. Er kam in der berühmten Vision des 7. Kapitels des Buches Daniel vor, in der die messianische Hoffnung Israels ihren stärksten Ausdruck fand: »Da kam mit den Wolken des Himmels einer wie ein *Menschensohn* ... Ihm wurden Herrschaft, Würde und Königtum gegeben. Alle Völker, Nationen und Sprachen müssen ihm dienen. Seine Herrschaft ist ewige, unvergängliche Herrschaft. Sein Reich geht niemals unter.«

Jeder wusste: Wer sich diesen Titel anzieht, ist kein Irgendwer von irgendwo.

Immerhin finden sich im Alten Testament mindestens fünfzig Vorhersagen (manche Forscher sprechen gar von 300, je nach Betrachtungsweise), die sich mit der Erscheinung eines Messias beschäftigen. Wer die heiligen Schriften aufmerksam studierte, konnte erkennen, dass *Genesis* und *Jeremia* seine Vorfahren angaben (aus dem Stamme Juda und dem Hause Davids); dass *Deuteronomium* von einem gewaltigen Propheten spricht (größer als Mose); dass *Jesaja* die besonderen Umstände seiner Geburt schildert (Kind einer Jungfrau, der »Nazoräer« genannt werden würde); dass *Micha* auf den Geburtsort Bethlehem verweist; dass *Hosea* ein Exil in Ägypten angibt; dass *Jeremias* einen neuen Bund ankündigt (»nicht wie der Bund war, den ich mit ihren Vätern geschlossen habe«); und dass *Ezechiel* sogar den Grund nennt, der einen göttlichen Eingriff unvermeidlich machte: »Wehe den Hirten Israels, die nur für sich selbst sorgen! ... Ich setze sie ab, sie sollen nicht mehr die Hirten meiner Herde sein.« Der Prophet fährt fort: »Denn so spricht Gott, der Herr: Jetzt will ich meine Schafe selber suchen und mich selber um sie kümmern.«

Der Jesusforscher Franz Willam trug zusammen, was die alttestamentlichen Schriften noch über diese Textpassagen hinaus über den erwarteten Christus aussagten: Der Messias lebe zunächst in der Verborgenheit (nach den einen im Paradies, nach den anderen im Norden Palästinas oder in Rom). Sein Auftauchen sei plötzlich. Elija werde sein Herold sein und ihn zum König salben. Er habe Macht über alle Geheimnisse der Gerechtigkeit. Er kenne nicht nur alle Bestimmungen des Gesetzes, sondern könne für alle Vorschriften auch die »Gründe« angeben. Der Messias werde nichts vortragen, was nicht schon im Gesetz stünde, aber dennoch als ein Lehrer dastehen, der gleichsam ein »neues Gesetz« bringt.

Das *Buch der Weisheit,* entstanden etwa fünfzig Jahre vor Christus, nannte aus der Perspektive der »Frevler« weitere Details über den kommenden »Gerechten«. Sie lesen sich wie eine Personenbeschreibung: »Er ist uns unbequem und steht unserem Tun im Weg. Er wirft uns Vergehen gegen das Gesetz vor und beschuldigt uns des Verrats an unserer Erziehung, er rühmt sich, die Erkenntnis Gottes zu besitzen, und nennt sich einen Knecht des Herrn … schon sein Anblick ist uns lästig, denn er führt ein Leben, das dem der andern nicht gleicht, und seine Wege sind grundverschieden. Als falsche Münze gelten wir ihm; von unseren Wegen hält er sich fern wie Unrat.«

Manche der Weissagungen konnten sogar als konkrete Zeitangabe verstanden werden. Nie werde das Zepter von Juda weichen, hieß es in der Vision Jakobs im Buch *Genesis* – bis eben zu dem Zeitpunkt, wenn der kommt, dem das Zepter in Wahrheit gehört.

Besonders geheimnisvoll war ein Wort aus dem *Ersten Buch der Könige:* »Denn der Herr hat über euch einen Geist der Ohnmacht gebracht«, lasen die Rabbis in den Synagogen, die Mönche in den Klöstern, die Gelehrten im Hohen Rat, »er hat eure Augen verschlossen und euren Kopf verhüllt. So wurde für euch jede Offenbarung wie der Inhalt eines versiegelten Buches.« Paulus sollte sich später über seine Landsleute äußern: »Gott gab ihnen einen Geist der Verblendung, Augen, die nicht sehen, und Ohren, die nicht hören« (Röm 11,8). Den »Brüdern« wollte er »dieses

Geheimnis« anvertrauen: »Verstockung liegt auf einem Teil Israels, bis die Heiden in voller Zahl das Heil erlangt haben; dann wird ganz Israel gerettet werden.«

Die messianischen Erwartungen fanden ihren Höhepunkt in einer letzten Vision, danach brechen die Texte abrupt ab, als komme nun unzweifelhaft das Schwert, das die Zeit in ein Vorher und ein Nachher scheidet. Es ist das *Buch Maleachi,* mit dem die Juden gewissermaßen in der Jetztzeit Johannes' des Täufers ankommen: »Siehe, der Tag kommt brennend wie ein Ofen, da werden alle Übermütigen und Frevler zu Stoppeln. Und der kommende Tag wird sie verbrennen«, heißt es darin, »euch aber, die ihr meinen Namen fürchtet, strahlt die Sonne des Heils auf; Heilung birgt sie in ihren Flügeln.«

Maleachi fügte hinzu: »Wer aber erträgt den Tag seines Kommens, und wer hält stand bei seinem Erscheinen? Denn er gleicht dem Feuer des Schmelzers und der Lauge des Waschenden … Er reinigt die Söhne Levis und läutert sie wie Gold und Silber, damit sie für den Herrn geeignet werden, in rechter Weise Opfer darzubringen.«

Kurz vor dem Erscheinen Jesu liegt das heilige Buch der Juden in seinen wesentlichen Teilen endlich als geschlossenes Ganzes vor, und es erklärt auf seinen letzten Seiten buchstäblich die bisherige Zeit als definitiv für beendet. In der gesamten Menschheitsgeschichte gibt es keine Wende, die so deutlich als Einschnitt des Weltgeschehens vorangekündigt und so explizit definiert wird – und schließlich dann auch, wie wir heute wissen, so grundlegend, so gewaltig, so unvergleichlich wurde wie diese. Es sind die folgenden Sätze, mit denen unser erster Teil der Testamente zum Abschluss kommt. Sie erzählen nicht vom Ende der Welt. Auch nicht vom Ende der Geschichte. Aber sie erzählen vom Ende der bisherigen Geschichte, die Raum macht für eine neue: »Seht, ich sende euch den Propheten Elija, ehe der Tag des Herrn kommt, der große und furchtbare. Er wird das Herz der Väter den Söhnen und das Herz der Söhne den Vätern wieder zuwenden, damit ich nicht kommen muss, um das Land mit dem Bannfluch zu schlagen.«

Ich stoppte den Wagen, um mir eine kleine Pause zu gönnen und die Landschaft zu genießen. Wenn Jesus jener war, der erwartet wurde, überlegte ich, existierte er gewissermaßen weit vor der Zeit. Als Wille und Vorstellung begleitet er die Israeliten gewissermaßen, seit sie denken konnten. Im Gegensatz zu Religionsgründern wie Buddha, Laotse oder Mohammed war er präexistent in der Offenbarung der jüdischen Religion verankert. Vorausgesetzt, Jesus entsprach tatsächlich dem genetischen und vor allem dem *prophetischen Fingerabdruck* des »Gesalbten Gottes«.

Ich nahm mein Notizbuch, um mir eine Checkliste der kritischen Einwendungen zu erstellen. Heutigem Denken erscheint es eher als verdächtig, dass die biblischen Erkennungszeichen für einen Messias tatsächlich funktioniert haben sollten. Man glaubt in ihrem reduzierten Schema eine Inszenierung zu wittern. Dem ganzheitlichen biblischen Denken hingegen galt die Aussagekraft der Zeichen und Symbole aus der Heilsgeschichte als unverzichtbare Hilfe. »Mit großer Bereitschaft nahmen sie das Wort auf«, heißt es in der Apostelgeschichte, »und forschten Tag für Tag in den Schriften, ob das alles richtig war.«

Als ich von meinem Notizblock aufblickte, umfasste meine Liste fünf offene Fragen mit den dazugehörigen möglichen Antworten:

- *Könnten die Weissagungen gesammelt worden sein, um damit einen Mann aus Nazareth (der in der Praxis gescheitert war) zumindest im Nachhinein als den wahren Messias auszuweisen?* Theoretisch ja. Aber dann wäre Jesus eine Kunstfigur, die nur in der Phantasie eines theologischen Autorenkollektivs existierte. Das Bild hätte allen Erinnerungen der Zeitzeugen widersprochen und die christliche Gemeinde lächerlich gemacht. Obendrein: Die Apostel würden kaum für einen »erfundenen« Messias in den Tod gegangen sein.
- *War es möglicherweise nur Zufall, dass ausgerechnet Jesus die Vorstellungen erfüllte?*

Rein statistisch gesehen liegt die Wahrscheinlichkeit, auch nur *acht* der knapp fünfzig messianischen Prophetien zu erfüllen, bei eins zu hundert Millionen Billionen. Zur Verdeutlichung führte der Journalist Lee Strobl einmal einen Vergleich an: Mit hundert Millionen Billionen Münzen könnte man die gesamte Fläche des Staates Texas abdecken – und zwar bis zu einer Höhe von einem halben Meter. Nun müsste ein Mensch mit verbundenen Augen über diese Fläche laufen und eine beliebige Münze aufheben, die nun ausgerechnet die passende wäre.

- *Jesus war ein exzellenter Kenner der Schriften. Könnte er sich darin selbst entdeckt haben?*
  Mit Sicherheit. Schließlich empfand er sich als Messias und ist es nach dem Glauben der Christen auch. Kajaphas fragte: »Bist du der Messias, der Sohn des Hochgelobten?« Jesu wörtliche Antwort: »Ich bin es.«

- *Hätte Jesus die messianischen Texte als Drehbuch verwenden und seine Handlungen so arrangieren können, dass sie den Prophezeiungen entsprachen?*
  Nein. Es konnte nur funktionieren, wenn der, der beschrieben wurde, wirklich den messianischen Prüfsteinen entsprach. Ob durch Heilungen, durch Wunderkraft, durch die Autorität der Gesetzesvollmacht oder durch die Schlüssigkeit und Tiefe seiner Botschaft – bis hin zu Passion und Auferstehung. Und darüber hinaus bis zu dem Geist und der Energie, mit der das Evangelium in die Welt getragen wurde und sich bewahrheitete.

Für biblisch denkende Menschen waren die Zeichen durch die Propheten keine Nebensächlichkeit, sondern Maßgaben einer Geschichte, in der Gott kein unbeteiligter Zuschauer ist. An den Messias zu glauben gehörte zu den Kernstücken des jüdischen Bewusstseins. Glaube ist im biblischen, ganzheitlichen Sinne nicht bloß Verstandesakt. Es geht darum, das ganze Sein, alles, was ist, in Gott festzumachen. »Glauben ist: Feststehen in dem, was man erhofft«, erinnerte der Hebräer-Brief an das, was Abraham so groß gemacht hatte, »Überzeugtsein von Dingen, die man nicht sieht. Aufgrund dieses Glaubens haben die Alten ein ruhmvolles Zeugnis erhalten.« Es konnte für die Autoren der Evangelien deshalb gar keine Frage sein, ob sie die Hinweise auf die messianischen Prophezeiungen in ihren Texten aufnehmen sollten oder nicht. Sie zu ignorieren hätte sie nachgerade als dafür ungeeignet ausgewiesen, die größte Gewalt, die es je auf Erden gegeben hatte, überhaupt verstehen zu können.

Ich suchte mir einen Platz, an dem man gut sitzen konnte, ließ die Wolken vorüberziehen und beobachtete in der Ferne palästinensische Bauern, die am Straßenrand Obst und Gemüse verkauften. Haben wir in unserer Zeit nicht geradezu panische Angst davor, überlegte ich, wirklich groß und umfassend zu denken? Trauen wir uns überhaupt noch, die Vorstellung eines Messias ganz zuzulassen?

Die Menschen der Zeit Jesu wussten nichts von einer Erbinformation in der sogenannten DNA, die vor Urzeiten für das gesamte Leben geschrieben und niemals mehr verändert worden war; nichts von den 100 000 Milliarden Zellen, die im menschlichen Körper existieren, um diesen komplizierten Organismus am Leben zu erhalten; nichts davon, dass unser Knochenmark in nur einer Stunde 15 Milliarden neue Blutzellen produziert und hierfür 30 Millionen Kilometer DNA kopiert werden müssen; oder davon, dass das »Computerprogramm« des Gehirns – die komplexeste Maschinerie, die die Wissenschaft bisher im Universum entdeckt hat – bereits bei der Befruchtung der Eizelle der Mutter entsteht, gespeichert im ersten DNA-Makromolekül des ungeborenen Lebens.

Sie ahnten auch nicht, dass das Universum aus schätzungsweise 100 Milliarden Galaxien besteht; dass sein »äußerster Horizont«, wie Astrophysiker heute annehmen, fünfzehn Milliarden Lichtjahre von der Erde entfernt sein könnte. Dass allein die Galaxie, in der unser Heimatplanet seine Bahnen dreht, mindestens 100 Milliarden Sterne zählt. Dass bei alldem diese Welt und das Weltall paradoxerweise im Wesentlichen aus Nichts bestehen. Denn der Raum, den ein Atom einnimmt, wird nur zu einem Billiardstel vom Atomkern ausgefüllt, und die Hülle außen herum, in der die Elektronen sausen, hat faktisch keine Masse. Alles, was aus Materie besteht, ist damit seltsamerweise auch irgendwie »leer«. Materie, wusste Einstein, ist am Ende nichts anderes als Energie. Die heutige Quantenphysik wird noch konkreter: Materie ist eine Erscheinungsform des Geistes.

Für die Menschen der Zeit Christi gab es also keine Details über DNA, Atome, Protonen, Neutronen, Elektronen oder Neutrinos und Quarks. Der *Geist,* der göttliche Logos im christlichen Sinne, war nicht wissenschaftlich verifizierbar. Die Welt war kleiner, aber das Denken größer. Nicht der Mensch hatte die Erde erschaffen. Er stammte nicht von hier, und er würde hier auch nicht bleiben. Dass es Gott gibt, so der Apostel Paulus, sei ja schon mit bloßem Auge erkennbar. Denn was an IHM selbst unsichtbar sei, könne man zumindest an den von ihm geschaffenen Dingen sehen. Und wir könnten mit unserem heutigen Wissen hinzufügen: Am Funktionieren der Erdbewegung beispielsweise, wenn unser Planet mit einer Geschwindigkeit von 107 280 km/h um die Sonne saust – oder an den bezaubernden symmetrischen Formen in der Natur.

Die Propheten Israels erkannten, dass es in der Menschheitsgeschichte Richtung und Sinn gibt und dass alle Dinge dieser Welt in einer Beziehung zu einer Allmacht stehen. Auch wenn diese Macht in ihrer ganzen Größe und ihrem Handeln nicht fassbar ist. Wenn die Autoren der Evangelien dann die großen Bilder aus einer geistlichen Sprache bemühten, war dies Ausdruck für ebenjene andere Dimension, die sich mit gewöhnlicher Darstellung auch nicht annähernd darstellen lässt.

Fest stand: Israel durfte auf einen neuen Mose hoffen. Die Schriften waren dabei unverzichtbare Hinweise. Wirklich entscheidend aber war etwas anderes. Denn »das eigentliche Kennzeichen dieses ›Propheten‹ wird sein«, analysierte Papst Benedikt XVI., »dass er mit Gott von Gesicht zu Gesicht wie ein Freund mit dem Freund verkehren wird. Sein Kennzeichen ist die Unmittelbarkeit zu Gott, so dass er Gottes Willen und Wort unverfälscht, aus erster Hand mitteilen kann. Und das ist das Rettende, worauf Israel – worauf die Menschheit – wartet.«

14

Die Taufe

Die Ebene Jesreel führt wie ein Trichter in ein schmales Tal, das sich alsbald wieder öffnet. Jesus hat die Stadt Bet-Shean links liegenlassen und bewegt sich an den schroffen Felsvorsprüngen am Abhang der judäischen Wüste entlang, wo es kühler und weniger gefährlich ist als auf den Anhöhen Samariens. Er ist nun eine stattliche Erscheinung von 35 Jahren. Bei einer Lebenserwartung von fünfzig Jahren ist das kein junger Mann mehr, sondern eine Autorität. Seine Schritte haben ein Ziel.

Endlich, weit in der Ferne leuchtet Jericho auf, die größte und fruchtbarste Oase des Orients, die älteste Stadt der Welt. Und bald sieht er auch die Zelte des Johannes und seiner Jünger, ausgebreitet wie eine riesige Festtagstafel.

Für Lukas war die bevorstehende Begegnung nicht irgendwo im mystischen Raum angesiedelt. Sie hatte ein Datum und war historisch nachprüfbar. Im erhabenen Stil der alttestamentlichen Prophetensprache zeigte er die weltgeschichtliche Stunde an: »Es war im fünfzehnten Jahr der Regierung des Kaisers Tiberius; Pontius Pilatus war Statthalter von Judäa, Herodes Tetrarch von Galiläa … Hohepriester waren Hannas und Kajaphas. Da erging in der Wüste das Wort Gottes an Johannes, den Sohn des Zacharias. Und er zog in die Gegend am Jordan und verkündigte dort überall Umkehr und Taufe zur Vergebung der Sünden. (So erfüllte sich,) was im Buch der Reden des Propheten Jesaja steht: *Eine Stimme ruft in der Wüste: / Bereitet dem Herrn den Weg! / Ebnet ihm die Straßen!*«

Kaiser Augustus starb am 19. August 14 n. Chr. Das 15. Regierungsjahr seines Nachfolgers Tiberias erstreckte sich damit vom 19. August 28 bis zum 18. August 29. Berücksichtigt man jedoch den Neujahrstag der syrischen Zeitrechnung am 1. Oktober, die auch von den Juden in Palästina übernommen wurde, wie Gerhard Kroll anmerkte (und bei Lukas als gebürtigem Syrer vorausgesetzt werden darf), reichte das genannte Regierungsjahr nach syrischer Zählung vom 1. Oktober 27 bis zum 30. September 28. Jesu Auftritt wird für bald nach dem Beginn der Bußpredigt seines Vorläufers angenommen und ist damit auf die Jahreswende 27/28 anzusetzen.

Der Jordan, in biblischer Zeit zwei- bis dreihundert Meter breit, ist ein geologisches Phänomen. Von seiner Quelle im Hermon-Gebirge bis zur Mündung im Toten Meer steigt er auf kürzester Strecke über neunhundert Höhenmeter hinab. So wird auch sein Name vom hebräischen *jarad*, hinabsteigen, hergeleitet. An seinem Unterlauf haben die Jünger des Täufers an einer Furt mit dem Namen *Betabara* (oder Betanien) eine Treppe gebaut. Vor der Uferstelle bilden sich Trauben von Hoffenden. Sie beobachten mit gespannten Gesichtern, wie eine seltsam dürre Gestalt an einer der tiefsten Stellen des Flusses die Menschen in die Arme nimmt und mit ernster, feierlicher Miene auf sie einspricht. Es sind Frauen und Jugendliche darunter, Kaufleute, Tagelöhner und Bauern mit gegerbten Gesichtern. Einige der Männer haben zwei Frauen, manche sogar drei, was vom Gesetz her in Ordnung ist. Aber nun sehen sie aus, als befürchteten sie, nicht nur untergetaucht, sondern auch gleich ertränkt zu werden.

Der Täufer hat es eilig. Von Woche zu Woche ist der Andrang stärker geworden. »Alle Einwohner Jerusalems zogen zu ihm hinaus«, berichtet Markus, genau genommen sogar »ganz Judäa«. »Und aus der ganzen Jordangegend«, ergänzt Matthäus. »In Scharen«, wusste Lukas – »und alle überlegten im Stillen, ob Johannes nicht vielleicht selbst der Messias sei«.

Um Johannes' neues Zentrum hat sich eine kleine Zeltstadt gebildet. Kamel um Kamel, Esel um Esel, beladen mit Decken, Zelttüchern und Stangen. Man kommt und geht, gesellt sich zu den debattierenden Gruppen, die im Gras lagern, und lauscht den Unterweisungen des Täufers. Unter den Pilgern sind nun vermehrt auch Priester und Pharisäer, Kundschafter der Obrigkeit aus Jerusalem, die den Volksaufwiegler ins Verhör nehmen. Immerhin hält man es für möglich, ein heiliges Medium anzutreffen oder gar, wer weiß, den Gottgesandten selbst. »Ich bin nicht der Messias«, wiederholt jedoch der Mann stoisch, der in dem groben Hirtenumhang aus Kamelhaar und der wuchernden Tracht seiner Haare nun tatsächlich kaum Anlass gibt, ihm nicht zu glauben.

Das Evangelium zitiert wörtlich: »Wer bist du? Wir müssen denen, die uns gesandt haben, Auskunft geben. Was sagst du über dich selbst?«

»Ich taufe mit Wasser. Mitten unter euch steht der, den ihr nicht kennt und der nach mir kommt.«

Vieldeutig fügt Johannes bei solchen Gelegenheiten hinzu: »Er wird die Spreu vom Weizen trennen und den Weizen in seine Scheune bringen; die Spreu aber wird er in nie erlöschendem Feuer verbrennen« – eine unverkennbare Anspielung auf die Worte Maleachis, der düster mahnte: »Wer hält stand bei seinem Erscheinen?« Der Kommende gleiche »dem Feuer des Schmelzers und der Lauge der Waschenden«. Niemand in Israel spricht so hart wie Johannes. In seiner Predigt klingen die großen Themen der alten Propheten wider: Gericht und Umkehr. Unerschrocken tritt er gegen die Machtelite auf. Auch gegen seinen Landesherrn Herodes Antipas, der bereits fürchtet, wie Flavius Josephus in seiner *Jüdischen Geschichte* schreibt, »dass die Macht des Johannes über die Massen zu irgendwelchen Unruhen führen könnte«.

In der Tat: Johannes ist innerhalb kurzer Zeit einer der einflussreichsten Männer Palästinas geworden. Für gewöhnlich agiert er in der Nähe eines anderen *Betanien,* jenseits des Jordans, am Jarmuk, um auch dort, wo der Pilgerweg von Babylon und Persien vorbeiführt, das Wort des Herrn zu verkünden. Er lehrte das Volk, notierte Flavius Josephus, »sich der Tugend hinzugeben und gegeneinander Gerechtigkeit und gegen Gott Frömmigkeit zu üben«. »Kehrt um«, zitiert ihn das Neue Testament, »denn das Himmelreich ist nahe.«

Erinnerten Johannes' Worte und sein Auftreten nicht an die Prophezeiung? Der Weltwende gehe die Wiederkunft des Elija voraus, hieß es bei Jesaja: »Siehe, ich sende meinen Boten, dass er einen Weg vor mir bereite!«

Johannes weiß um seine Besonderheit. Sein Vater Zacharias hatte im Tempel die Stimme des Engels vernommen: »Er wird mit dem Geist und mit der Kraft des Elija dem Herrn vorangehen, um das Herz der Väter wieder den Kindern zuzuwenden und die Ungehorsamen zur Gerechtigkeit zu führen, und so das Volk für den Herrn bereitmachen.« Seit seiner Geburt war er von den Leuten beobachtet worden. »Und du, Kind, wirst Prophet des Höchsten heißen; denn du wirst dem Herrn vorangehen und ihm den Weg bereiten«, wurde sein Vater nicht müde, ihm zu erklären, »du wirst sein Volk mit der Erfahrung des Heils beschenken in der Vergebung der Sünden.«

Die Mütter von Jesus und Johannes hatten sich nach der Begegnung in Ain Karem womöglich aus den Augen verloren. Einer Ausgrabung des englischen Archäologen Shimon Gibson zufolge hatte sich Elisabeth mit ihrem Sohn nach dem Tod Zacharias' in eine Höhle in der Nähe des heutigen Kibbuz Tzova bei Jerusalem zurückgezogen, die Johannes mit seinem ersten Jüngerkreis als Versammlungsraum genutzt habe. Lukas belässt es bei einer kurzen Notiz: »Das Kind wuchs heran, und sein Geist wurde stark. Und Johannes lebte in der Wüste bis zu dem Tag, an dem er von Gott den Auftrag erhielt, in Israel aufzutreten.« Der Spekulation, er sei von den Essenern adoptiert worden, die mitunter Waisen zur Erziehung aufnahmen, widersprechen seine Positionen, die denen der Mönche von Qumran konträr gegenüberstanden.

Dass sich Johannes in seinen Andeutungen und dem ganzen Gepräge unverkennbar auf den Propheten Elija bezog, den das *Zweite Buch der Könige* mit einem Gewand aus Haaren beschrieb, war nicht zu verkennen. Auch seine Selbstbezeichnung, die »Stimme eines Rufenden in der Wüste« zu sein, war alles andere als bescheiden, bezog sie sich doch auf die berühmte Ankündigung des Propheten Jesaja: »Eine Stimme ruft in der Wüste, bereitet dem Herrn den Weg! Ebnet ihm die Straße.«

Unübertrefflich in seiner Symbolik ist aber der Ort der Tauf-stelle selbst. Es ist eine karge, unbewohnte Steppe, eine unfrucht-bare Gegend, der sich die Wolken, die im Westen ihre grauen Re-genschleier niederlassen, verweigern. Zum Greifen nahe liegt das Tote Meer mit seinen Ufersteppen aus verschrumpelten Kamel-disteln und Sidr-Sträuchern, den Geruchsschwaden von Moder und Schwefel, die wie ein nicht aufhören wollender Verwesungs-geruch an Sodom und Gomorrha erinnerten. Aber hier war die heilige Furt Israels schlechthin, der gottgewollte *Mittelpunkt der Welt*, wie es von alters her heißt.

Dreizehn Jahrhunderte lag es zurück, seit an dieser Stelle eini-ge Nomadenstämme den Jordan überschritten hatten, um das Land in Besitz zu nehmen, das Gott ihnen zugelobt hatte. Arm-selig und schlecht bewaffnet war es ihnen gelungen, die hundert-fach überlegene Urbevölkerung zu überwinden und sich einzu-verleiben. Ihre Kraft kam aus dem Sendungsbewusstsein, etwas mitzubringen, was die menschliche Geschichte bis dahin noch nicht erkannt hatte: den einen und einzigen Gott, von dem sie wussten, dass er der Schöpfer ist. Durch diesen Jordan, so die Symbolik der johanneischen Predigt, musste man noch einmal hindurch, um in das wahre, das geistige Heilige Land zu kom-men, das Himmelreich von Gottes Gnaden.

In helle Aufregung versetzt hatte das Land der spezielle Ritus, den sich *ha Matvil,* der Täufer, zugelegt hatte. Zwar waren Wa-schungen im Kult der Israeliten ein geläufiges Zeremoniell und als äußeres Zeichen für eine innere Reinigung bei vielen Anlässen vom Gesetz ausdrücklich vorgeschrieben. Die Taufe des Johan-nes hingegen war kein Reinigungsritus. Der Wüstenmann ver-stand die Handlung als den außerordentlichen Akt der großen Lebensumkehr. Und wenn er seine Leute in den Arm nahm, tauchte er sie tief unter, ein kleiner Tod, den man starb, um das Alte abzustreifen und das Neue zu gewinnen. »Ich schenke euch ein neues Herz«, so hatte es der Prophet Ezechiel angekündigt, »und gebe euch einen neuen Geist. Ich nehme das Herz von Stein aus eurer Brust und gebe euch ein Herz von Fleisch« (Ez 36,26).

Die historische Stelle der Taufe war lange Zeit umstritten. Noch heute wird von evangelikalen Gemeinschaften alternativ ein Ort am oberen Jordan als Taufort verehrt. Die Tradition hingegen sieht sie am Unterlauf auf dem Westufer östlich von Jericho, was Origenes in seinem Kommentar zum Johannesevangelium bestätigt. Auch der *Pilger von Bordeaux* ortete im Jahre 333 die Stelle beim jetzigen griechischen Johanneskloster. Helena, die Mutter Kaiser Konstantins, ließ in der Nähe des Flusses zwei Kirchen errichten, eine zu Ehren Johannes' des Täufers, die andere für den Propheten Elija. Archäologische Funde am Ostufer beim Wadi el-Charrar förderten in jüngster Vergangenheit mindestens neun frühchristliche Kirchen, Klosteranlagen und Taufbecken zutage.

Heute liegt die Taufstelle Jesu im militärischen Sperrgebiet, zugänglich nur über Sondergenehmigungen. Ich stellte den Motor ab und ließ den Wagen kurzerhand mit offener Tür im dicken Sand dieser Von-irgendwo-nach-nirgendwo-Straße stehen. Das monotone Säuseln des Windes, die bizarr geformten Hügel aus Mergelkalk. Hin und wieder rollten Bälle von Gestrüpp vorbei. Ein Niemandsland, bleich und rauh, als wäre es mit Steinen gewaschen worden.

Mit dem Weg über Harmagedon stieg Jesus gewissermaßen vom Ende des Neuen Bundes im letzten Gericht hinab zu seinem Anfang am tiefsten Punkt der Erde. Aber was konnte Jesus an dieser Stelle erwarten, an der sich das aufbegehrende jüdische Volk sammelte? Das langersehnte Zeichen? Seine Berufung? Aber wozu berufen werden, was man nicht ohnehin kannte? Wozu Buße tun, wenn man keine Sünden hatte? Und warum sich taufen lassen und neu geboren werden, wenn man selbst die Neugeburt ist? Oder liegt in seinem Eintreten in die Reihe der Sünder ein Ausdruck der Solidarität mit einer Welt, die es gar nicht verhindern kann, Schuld auf sich zu laden? Und wenn ja, was würde er mit dieser Schuld anfangen wollen?

Johannes ist wie erstarrt, als er in der Menge das Gesicht Jesu aufleuchten sieht. Die beiden Männer sind gleich alt, gleich gesinnt, gleich in ihrer Hoffnung. Gleich im Auftrag. Und doch ganz unterschiedlich: Da ist Johannes mit seinem »großen Zorn«, jemand, der von der Axt spricht, die schon an die Wurzel des Stammes gelegt sei, vom Baum, der bald ins Feuer geworfen werde. Seine Predigt ist streng. Er donnert gegen die Pharisäer, er beschwört die einfachen Gläubigen, er maßregelt seine Jünger und ruft unentwegt zu Buße und Taufe auf.

Dagegen Jesus. Er wird nicht selbst taufen, er wird taufen lassen. Er wird zuerst den Sünder sehen, dann die Sünden. Auch er fordert Umkehr, aber er bietet keine Askese an, sondern das Beten, die innige und persönliche Beziehung zum »Vater im Himmel«. Nie wird er trennen zwischen Gottesliebe und Nächstenliebe. Sein Augenmerk gilt der ganzheitlichen Heilung. Körper, Geist und Seele können mit und durch ihn die vollständige Befreiung erfahren, und während die Jünger des Johannes ein strenges Leben führen und häufig fasten, lockert Jesus für seine Leute später sogar das Sabbat-Gebot. Es sei nicht angebracht, meint er, sich nicht zu freuen und zu feiern, wenn der Bräutigam anwesend ist.

Wie Johannes wird Jesus gegen die Pharisäer streiten, aber er legt zugleich mit einer nie da gewesenen Autorität das Wort Gottes aus, besser und durchdringender, als es die Gottesgelehrten jemals könnten. Der entscheidende Punkt: Er ist nicht der Wegbereiter, er ist nicht mehr das Kommende, er ist das Seiende, die Realpräsenz des Himmelreiches Gottes auf Erden, als Vergangenheit, Gegenwart und Zukunft zugleich.

In dem Augenblick, als Jesus in den Fluss steigt, verändert sich die Szenerie. Die Umstehenden mögen in gespannte Erwartung geraten sein. Längst sind die Gespräche verstummt. Gebannt blicken auch die Jünger des Täufers auf den Neuankömmling, der offenbar keine Spur von Unsicherheit zeigt. Da war kein langsames Vorwärtstasten. Und es ist auch keine Frage in seinem Blick, sondern eine Antwort.

Die dürre Gestalt des Täufers mag wild gestikulieren, als er die Absicht Jesu erkennt. Er wehrt ab, wie Matthäus berichtet: »Ich müsste von dir getauft werden«, sagt er verdutzt, fast entrüstet, »und du kommst zu mir?«

Die allerersten überlieferten Worte Jesu nach seinem Heraustreten aus der Verborgenheit sind von einer Zartheit, dass sie nur als sanftes Flüstern vorstellbar sind: »Lass es nur zu!« Ein Wort der Stille, des Innehaltens. Die Bitte um Vertrauen. Ein Angebot, das Schicksal in die Hand Gottes zu legen, sich frei zu machen von Angst, von der Schwere des Alltags. Zum Täufer gerichtet setzt Jesus hinzu: »Denn nur so können wir die Gerechtigkeit (die Gott fordert) ganz erfüllen.«

»Da gab Johannes nach«, berichtet Matthäus. Er nimmt Jesus in seine Arme und taucht ihn in die Fluten des Jordan. Und in der tiefen Erfüllung und Bedeutung des Augenblicks öffnet sich gewissermaßen der Himmel, nicht um es regnen zu lassen, sondern um im Äther der Atmosphäre einen kosmischen Einbruch abzubilden. Die Teilnehmer sehen förmlich den Geist Gottes auf sich herabkommen, in Gestalt einer Taube sehen sie ihn. Und eine Stimme aus dem Himmel spricht: *»Dieser ist mein geliebter Sohn, an dem ich mein Wohlgefallen habe.«*

Der spätere Apostel Johannes, Augenzeuge des Geschehens und von seinem späteren Meister eingeweiht in »das Geheimnis Gottes«, wie es im Evangelium heißt, berichtet die Szene aus der Perspektive des Täufers. Das »Lamm Gottes«, so hatte der Wüstenmann Jesus genannt, und er hatte sich nicht getäuscht: »Seht das Lamm Gottes, das die Sünde der Welt hinwegnimmt. Er ist es, von dem ich gesagt habe: Nach mir kommt ein Mann, der mir voraus ist, weil er vor mir war.«

Mit dem wunderbaren Paradoxon hat sich das Wort Jesajas erfüllt. »Auch ich kannte ihn nicht«, erklärt sich der Täufer. Aber er habe gesehen, »dass der Geist vom Himmel herabkam wie eine Taube und auf ihm blieb«. Er sei sich zuvor nicht ganz sicher gewesen, lässt er durchblicken. Dies sei jedoch das Zeichen gewesen, das Siegel der Wahrheit, wie es auch seinem Vater gegeben worden war. Dann bekennt der angesehenste spirituelle Meister des Heiligen Landes, die höchste vom jüdischen Volk anerkannte religiöse Autorität vor den Gläubigen Israels und den anwesenden Vertretern der hohepriesterlichen Obrigkeit in aller Deutlichkeit seine Sendung: »Er, der mich gesandt hat, mit Wasser zu taufen, er hat mir gesagt: Auf wen du den Geist herabkommen siehst und auf wem er bleibt, der ist es, der mit dem Heiligen Geist tauft.«

Es folgt die Proklamation, die wie ein kosmischer Fanfarenstoß die Erde erzittern lassen muss. Niemals zuvor und niemals danach gab es eine solche Ausrufung: »Das habe ich gesehen, und ich bezeuge: Er ist der Sohn Gottes.«

Nicht genug. Zum ersten Mal in der Geschichte der Religion wird das Bild der Dreifaltigkeit enthüllt:

»Der mich gesandt hat, mit Wasser zu taufen« – der Vater.

»Auf wen du den Geist herabkommen siehst« – der Heilige Geist.

»Und auf wem er bleibt, der ist es« – der Sohn Gottes.

»Der Geist des Herrn ruht auf mir; denn der Herr hat mich *gesalbt*«, wird Jesus später in Nazareth das Geschehen vom Jordan erklären. Der »Gesalbte« wird von Gott-Vater zum König, Propheten und ewigen Priester geweiht, analog zu der Salbung, mit der in Israel die Könige und Priester in ihr Amt bestellt wurden, allerdings nicht mit Duftöl, sondern mit geistlichem Öl, dem »Öl der Freude«, wie es in einem Psalm heißt. Denn der Geist des Herrn ist der Geist der Weisheit und der Einsicht, der Geist des Rates und der Stärke, der Erkenntnis und der Gottesfurcht.

Es ist schwer zu sagen, wie häufig die Szene ausgemalt wurde, von Schriftstellern, von Malern. Eine der schönsten Inspirationen stammt von der Seherin Anna Katharina Emmerick, deren Vision von der Taufe Jesu der Dichter Clemens Brentano aufzeichnete. Sie habe erkennen können, beschrieb die heilige Nonne, wie sich über Johannes den Täufer »ein lichter, glänzender Wasserstrom« ergossen habe. Eine »Lichtwolke«, und »zwei Engel am Rande des Beckens« hätten ihn erleuchtet.

Der Mann mit den rötlichen, krausen Haaren und dem kurzen Bart sei »von Fasten und Abtötung des Leibes hager, aber stark und voll Muskeln« gewesen, »ungemein edel, rein und einfach, ganz gerade und gebieterisch«. Jesus selbst habe bei der Taufe auf einem dreieckigen Pyramidalstein gestanden, »als der Heilige Geist über Ihn kam«: »Es kam ein großes Brausen vom Himmel und wie ein Donner, und alle Anwesenden bebten und schauten empor ... Jesus war ganz von Licht durchgossen, und man konnte Ihn kaum ansehen. Seine Gestalt war ganz durchsichtig, ich sah auch Engel um Ihn. Ich sah aber in einiger Entfernung auf dem Wasser des Jordans den Satan, eine schwarze dunkle Gestalt wie eine Wolke ... Es war, als werde alles Böse, alle Sünde, alles Gift aus der ganzen Gegend, da der Heilige Geist sich ergoss, in Gestalten sichtbar und flüchtete sich in diese dunkle Gestalt als in ihren Urquell hinein. Es war greulich, aber es erhöhte den unbeschreiblichen Glanz und die Freude und Klarheit, welche sich über den Herrn und die Insel ergoss. Der heilige Taufbrunnen leuchtete bis auf den Grund, und alles war verklärt. Da sah man die vier Steine, auf welchen die Bundeslade gestanden, im Grunde des Brunnens freudig schimmern, und auf den zwölf Steinen um den Brunnen, wo die Leviten gestanden, schienen anbetende Engel zu stehen; denn es hatte der Geist Gottes vor allen Menschen ... Zeugnis gegeben.«

Es ist die Enthüllung einer kosmischen Kraft, die in der Vision der Nonne zum Ausdruck kommt. Wie sich das Geschehen historisch abspielte, entzieht sich aller Wissenschaft. »Als er in die immer trüben Fluten des Jordans niederstieg«, deutet Franz Willam die Szene, sammelte sich um Jesus »auch die ganze Flut menschlicher Sünden – er sollte dieses *Gift* unwirksam machen für alle, die sich von seinem *Blute* reinigen ließen.«

Ein Start in der Geschwindigkeit des Lichtes. Das Alte endet, das Neue beginnt. Die Taufe am Jordan ist kein Berufungserlebnis. Jesus ist niemand, den eine Initialzündung plötzlich in eine neue Bahn wirft, als ob es nicht schon vorher eine innere Einheit seines Weges gegeben hätte. So wie Israel nach alttestamentarischem Verständnis nicht für sich selbst da ist, muss sich in der Erwählung Jesu der Weg zeigen, auf dem Gott universal zu den Völkern der Welt kommt.

Ohne Johannes konnte Jesus in dieser Gestalt, in dieser Dichte, die sich nun in weit weniger als drei Jahren entfalten wird, nicht auf »Sendung« gehen. Johannes' Auftrag war erfüllt. Er ging dem Messias voraus, aber er sollte ihm nicht folgen. Neun

Monate später wird er von der Bildfläche verschwinden, nach weiteren fünf Monaten unter spektakulären Umständen sein Leben beenden. Der Täufer hatte dabei das Code-Wort mitgeteilt: »Er muss wachsen, ich aber muss kleiner werden.«

Die Losung ist nichts anderes als der Schlüssel für jenes neue Reich Gottes, das an der religionsgeschichtlich unvergleichlichen Furt Israels erstmals betreten werden konnte. Wahrlich eine himmlische Inszenierung. Und jeder Gläubige, der den Schlüssel benutzt – »Er muss wachsen, ich aber muss kleiner werden« –, bekommt gewissermaßen den Zugang zu dieser neuen, der gerechten Welt, die im Bild von der Taube und der Öffnung des Himmels die Wirklichkeit Jesu darstellt. »Reich Gottes bedeutet, dass die Menschen sich dem Gott schenken, der in seiner Gnade zu ihnen kommt«, erläuterte Romano Guardini, »dass Er der *Herr ihres Herzens* wird und ihr ganzes Wesen sich auf Ihn hin wandelt.«

Aber warum hatte dieser Mann, der ohne Sünde ist, sich taufen lassen? War es nur ein Akt der Solidarität? Benedikt XVI. hat in seiner Deutung auf die christliche Ikonografie und das Wort der Väter zurückgegriffen. »Untertauchen und Auftauchen«, schrieb der heilige Johannes Chrysostomos, »sind das Bild für Abstieg in die Hölle und Auferstehung«; für das Hinabsteigen in das Haus des Bösen, den Kampf mit der negativen Macht, die den Menschen manipuliert und gefangen hält.

War es Zufall, dass jene Stelle in der Wüste bei den Völkern des Orients als der Mittelpunkt der Welt galt? Er liegt ganz weit unten. Vierhundert Meter unter dem Meeresspiegel. Tiefer kann man auf dieser Erde nirgends hinuntersteigen. Von tiefer unten kann man nicht heraufsteigen.

Die umfassende Bedeutung der Taufe Jesu, so Joseph Ratzinger, sei somit erst aus der Nachbetrachtung zu verstehen: »Von Kreuz und Auferstehung her wurde der Christenheit klar, was geschehen war: Jesus hatte die Last der ganzen Menschheit auf seine Schultern geladen; er trug sie den Jordan hinunter.«

Wie sagte der Täufer? »Seht, das Lamm Gottes, das die Sünde der Welt hinwegnimmt.«

15

Die Wüste

Berg Quarantana, Januar 28

Niemand hatte damit gerechnet, aber in dieser Nacht kamen Blitz und Donner über das Haus der Schwestern, und jede Menge »living water«. Der See bebte, und der Himmel drohte einzustürzen. Sogar dem Hund des Nachbarn verschlug es die Stimme. Am Morgen war der Spuk vorbei. Die Schwestern hatten ein schönes Frühstück bereitet. Weil es nach dem Kalender der katholischen Kirche ein Festtag war – *Mariä unbefleckte Empfängnis* –, gab es die bessere Wurst, den besonderen Käse und obendrein ein Stück Gebäck. Für meine Tagesreise packten sie mir Datteln und Avocados ein. Ich wollte in die Wüste, und als sie das hörten, umarmten sie mich und gaben mir den Segen. Eigentlich hatte ich vor, bald wiederzukommen.

»In den Worten Jesu«, schrieb André Gide, »ist mehr Licht als in jedem anderen Menschenwort.« Aber schon die ersten Tage meiner Reise hatten gezeigt, dass diese Worte durch die Symbolik der Orte, an denen sie gesprochen worden waren, einen besonderen Rahmen bekamen. Er wirkte wie ein Verstärker und unterstrich, was mit der Botschaft gemeint ist.

Unten am Fluss, als ihn Johannes aus der Taufe hob, hatte Jesus die Ausrufung mit keiner Geste kommentiert. Hinter seinem Rücken mochte sich eine lebhafte Diskussion entsponnen haben. Getuschel. Sätze, die von Mund zu Mund gingen. Aufregung. Hatte der Täufer tatsächlich vom »Lamm Gottes« gesprochen? Andererseits: ein Messias aus Nazareth, den viele als Handwerker kannten?

Gleichwohl hatte sich der Täufer, immerhin der größte Prophet, der in Israel seit Jahrhunderten erschienen war, in eindeutiger Weise festgelegt. Aber was hatte das zu bedeuten? Würde nun das *Lamm Gottes,* wie viele hofften, eine revolutionäre Erneuerungsbewegung sammeln und die Besatzungsmacht aus dem Land treiben? Und warum sollte der Erlöser keinen Putsch gegen die Verräter in der jüdischen Obrigkeit organisieren – während nebenbei gleich noch Brot vom Himmel fiel und in den Bächen Milch und Honig floss?

Jesus trat nicht vor die Menge. Er stand weder Rede und Antwort, noch zog er nach Jerusalem, um sich feiern zu lassen. Die Evangelisten berichten, der Nazoräer sei stattdessen »vom Geist« in die Wüste getrieben worden. Gab es kein besseres Ziel als eine menschenleere Gegend, in der nachts die Schakale heulten? Wenn es freilich kein Zufall war, dass die Taufe Jesu am *Mittelpunkt der Erde* stattfand, einem der heiligsten Orte Israels, an jener Furt, durch die das auserwählte Volk das Heilige Land betrat, sollte dann nicht auch Jesu nächste Lektion ein Arrangement der Vorsehung sein? Oder galt es, wie man vermuten könnte, sich über die eigene Identität klarzuwerden? Eine Entscheidung darüber zu finden, welchen Weg er gehen sollte und welchen Preis er zu zahlen bereit war?

»Für diejenigen, die an Gott glauben, ist keine Erklärung notwendig«, hatte Franz Werfel einmal gemeint, und »für diejenigen, die nicht an Gott glauben, ist keine Erklärung möglich.« Eine kluge Beobachtung, aber der Frage, was man da eigentlich glaubt, wenn man an Jesus glaubt, lässt sich kaum ausweichen. Bedarf die Religion nicht immer auch der Prüfung durch den Verstand? Für die großen Lehrer der Kirche wie Thomas von Aquin (1225 bis 1274) war es eine Freude, zu sehen, dass das Denken vorchristlicher rationaler Philosophen wie Sokrates, Platon und Aristoteles nicht in Widerspruch zur Offenbarung des christlichen Glaubens stand, sondern darin seine Vollendung fand. Durch die Integration der Erkenntnisse der Antike über Ursachen und Wirkungen des Weltalls konnte das Christentum die griechisch-römische Philosophie beerben und in der Verbindung von Glaube und

Wissenschaft das Fundament einer Gesellschaft bauen, die nicht im Nebel obskurer Weltanschauungen dämmerte, sondern die Wissenschaft als Werkzeug begriff, um an dieser Schöpfung besser mitarbeiten zu können.

Den tiefen, archaischen Bildern des Jesus in der Einsamkeit der Wüste ist mit der Nüchternheit rationaler Betrachtung alleine allerdings nicht beizukommen. Sie entsprechen einer Grammatik, die auf der Frequenz der Heiligen Schrift die Geschichte Gottes mit den Menschen fortschreibt und dabei über die Grenzen der reinen Vernunft hinausgehen muss. In den Augen der Evangelisten war dabei der Bereich, der sich den Naturwissenschaften entzieht, nicht weniger real; im Gegenteil. In der Hyperrealität erkannten sie eine Wahrheit, die jede Erkenntnis aus bloßer Vernunft noch übertreffen musste. Physiker mögen Fluggeräte konstruieren können, einem metaphysischen Geist aber, der frei schwebt, werden sie stets hinterherschauen müssen.

Nach der Taufe im Jordan steht Jesus an der Schwelle. Die Verpuppung der verborgenen Zeit ist definitiv überwunden, der Kokon abgestreift. In keiner Phase der Biografie Jesu ist ausgeschlossen, dass Lebenslauf und Lehre, geschichtliche Wahrheit und spirituelle Wahrheit nicht deckungsgleich sind. Die Kürze der Mitteilung bei Markus signalisiert jedoch, dass es keinen Sinn macht, an dieser Stelle nach »historischen Fakten« zu fragen. In der Wüste von Judäa hat Jesus zwar festen Boden unter den Füßen, aber er betritt zugleich den Raum jener Transzendenz, aus der Israel seine Energie bezog und Weltgeschichte schrieb.

Ich war inzwischen in Jericho angekommen und suchte den *Djebel Quarantal*, den Berg der Versuchung, dessen Name sich von der »Quarantäne« Jesu ableitet. Auch Jesus musste an der Oase Jericho vorbei, früher einmal die Winterresidenz eines König Herodes. Auf den sieben Kilometern vom Jordan bis hierher mochten ihm Pilger entgegengekommen sein, die zum Täufer zogen und nach Neuigkeiten fragten. Einen Tagesmarsch südwestlich lag Qumran, das Zentrum der Essener, die in der Gefangenschaft ihrer abgehobenen Philosophie zu einem »Krieg der Söhne des Lichtes gegen die Söhne der Finsternis« aufgerufen hatten.

Der Anstieg zum Berg beginnt durch ein kleines Tal beim *Tel es-Sultan*, bevor man über einen steilen Pfad sehr schnell Höhe gewinnt. Generationen von Einsiedlern haben im Laufe der Jahrhunderte den Abhang mit ihren Höhlen regelrecht perforiert. Schon 340 nach Christus errichteten Mönche hier ein erstes Kloster. Der heutige Bau stammt aus dem Jahre 1894 und gehört der griechisch-orthodoxen Kirche.

Nach längerem Klopfen hörte ich auf der anderen Seite der schweren Eisentür endlich Schritte. Knarrend öffnete sich die Pforte, bevor ein Mann von 39 Jahren zum Vorschein kam, bärtig, groß, massig wie ein Braunbär, Chrysasthos, der Hüter des Hauses und sein einziger Bewohner. Er hatte blaue, leuchtende Augen, und ich überlegte, ob in dem Strahlen seiner Pupillen ein zarter Abglanz jener Welten liegen könnte, die der Mönch der Wüste sieht, wenn er um vier Uhr morgens sein Beten beginnt.

Das Beten hatte Chrysasthos vielleicht nicht heilig gemacht, aber sehr menschlich und sympathisch. Schwer atmend stiegen wir die schmale Steige hoch, bis der Mönch auf einen bestimmten Stein zeigte. »Hier ist der Felsen«, meinte er ehrfurchtsvoll, »von dem wir glauben, dass Jesus hier gesessen hat.« Zumindest ist es die Stelle mit dem besten Blick über die Jordanebene, bis hin zum Berg Nebo, 1200 Meter über dem Toten Meer, auf dem einst Mose stand. Der heiligste Platz des Klosters indes ist die etwa einhundert Quadratmeter große »Kapelle der Versuchung«, eine natürliche Grotte, aus der jetzt plötzlich eine Taube hochstieg.

Es war, als habe der Flügelschlag des Vogels ein Signal ausgelöst. »Jesus ist der Sohn Gottes«, begann Chrysasthos ohne Vorwarnung, »er kam als Mensch in unsere Welt, um alle Menschen zu erlösen …« Es war völlig hoffnungslos, von nun an in dem gebetsartigen Singsang, der dem geneigten Besucher etwas von der Wahrheit und Dramatik der Weltenwende in Erinnerung rufen sollte, eine Lücke finden zu wollen.

»Warum kam Jesus zu diesem Berg?«, gelang mir endlich eine kurze Zwischenfrage.

»Um die Menschen zu lehren. Die Menschen sollen einige Tage an einen einsamen Ort gehen. Wo es ruhig ist. Um zu beten und zu fasten. So kann jeder kommunizieren mit dem Vater.«

Ich machte wohl ein fragendes Gesicht, worauf Chrysasthos auf Englisch fortfuhr: »So take energy and power. And take also spirituality.«

»Sprechen Sie mit Jesus?«

»Ich muss nicht mit Jesus sprechen. Ich habe meine Gebete hierfür.«

Ich weiß nicht, woran ich dachte und warum ich das sagte, aber plötzlich hörte ich mich fragen: »Wie kann mir Jesus helfen?«

»Jesus weiß ganz genau, wie er dir helfen kann. Du musst ihm nur vertrauen.«

Vater Chrysasthos verabschiedete mich herzlich und drückte mir einen Packen schöner Postkarten und eine Handvoll selbstgebastelter Kreuze in die Hand, die er in seinen Mußestunden mit einem schwarzen Wollfaden verziert hatte. Ich setzte mich ins Auto, um über einen Umweg oben auf dem Berg jene Wüstenei zu erreichen, wo Jesus, wie es bei Lukas heißt, vom »Geist« vierzig Tage lang umhergeführt wurde, bis er schließlich »vom Teufel« auf recht seltsame Art »in Versuchung geführt« werden sollte. Die Bedeutung der *Vierzig* hatte ich verstanden, die Bedeutung der Metapher *Wüste* erahnt, aber was sollte ein Teufel, der den Sohn Gottes aufs Kreuz legen will? Vielleicht gab es ja vor Ort eine Inspiration, aus der ich schlau werden konnte.

Ich stellte den Wagen irgendwo ab und suchte einen Platz, an dem ich die Landschaft überblicken und nachdenken konnte. In der Ferne sah ich stecknadelgroße Punkte, die sich plötzlich zu bewegen schienen, womöglich Beduinen, die nach ihren Ziegen sahen. Ein leichter Wind machte die Sonne erträglich und sogar angenehm. Der Boden war noch gezeichnet vom Regen, der hier vor einigen Tagen mit großer Wucht niedergeprasselt sein mochte. Die Hügel wirkten wie mit einer Harke glatt gezogen, und an einigen Stellen waren die kleinen Büschel, die sich hier festgekrallt haben, grün geworden, weil sie einige Tropfen von dieser geheimnisvollen Flüssigkeit abbekommen hatten, die wir Wasser nennen.

Die judäische Wüste ist keine Wüste wie andere, sondern ein Hochland mit unzähligen Bergrücken aus schwer verwitterndem Kalkstein, Teil eines majestätischen Gebirgswalles, der sich von Samarien bis zum Toten Meer hinzieht. Manchmal durchbrechen Schluchten wie das *Wadi Quelt* die Ödnis. Im Winter stürzen wolkenbruchartige Regengüsse in die Tiefe. An den meisten Tagen des Jahres aber ist die Gegend nackt, freudlos und fahl, wahrlich eine Quarantäne, in der das Aufsteigen eines Vogels das Quantum Trost ist, das man von der Welt noch zu erwarten hat.

Auch das stimmt: Die Wüste lebt. Sie setzt Kräfte frei. Wer sich dort aufhält, will rufen, schreien, singen, herumspringen. Es ist die Leichtigkeit in der erhabenen Höhe, die uns Menschen das eigene Gewicht nicht mehr spüren lässt. Es liegt etwas in der Luft. Es sind ganze Sätze, kleine Geschichten, die vorbeifliegen und sich auf den Besucher niedersenken wie Tau. Dann absolute Stille. Der eigene Pulsschlag. Und das Herz pocht.

Der Umgang mit religiösen Empfindungen und Erfahrungen erfordert stets eine besondere Behutsamkeit. Immer lauert die Gefahr, im Ausdruck des im Grunde nicht Sagbaren in das allzu Esoterische, in die Verklärung abzugleiten. Was Herz, Gefühl und Gemüt berührt, kippt dann allzu leicht vom Erhabenen ins scheinbar Lächerliche. Es ist ein schmaler Grat, den die Frommen und die Poeten gehen, die großen Mystiker und die Dichter, wenn sie in die höheren Sphären gelangen wollen, um im Übersinnlichen den Geist und die Kraft für überzeitliche Werke zu schöpfen. Musikalische Genies beispielsweise wissen, dass sie für allerhöchste Virtuosität eine Ebene erreichen müssen, in der sie nicht nur selbst spielen, sondern gewissermaßen *gespielt werden.*

Aber auch Naturwissenschaftler wie beispielsweise Carl Friedrich von Weizsäcker, der sich als »aufgeklärten Mystiker« bezeichnete, bemühen die Sphären der Religion, um über den Tellerrand der eigenen Disziplin hinauszublicken. Wissenschaftliche

Bereiche wie die Quantenphysik leben geradezu davon, dass die strengen Abgrenzungen zwischen Materie und Nicht-Materie überwunden sind. Das Stoffliche wird im Unstofflichen erkannt, um von hier aus wieder das Gegenständliche zu formen.

Das Phänomen der Grenzüberschreitung war in der Lebensbeschreibung Jesu bereits im Vorfeld seiner Geburt aufgetaucht, am Beginn seines öffentlichen Wirkens stellt es sich nun erneut mit großer Dringlichkeit. Nach dem Verständnis der Bibel ist die Biografie Jesu weder ausschließlich *menschlich,* noch kann sie die Biografie *Gottes* sein (die weit über jede irdische Erscheinung hinausgeht). Als messianische Existenz ist eine Erscheinung wie Jesus ohnehin nur aus der Glaubensgeschichte Israels erklärbar. Ohne den Glauben Israels kann sie im Grunde nicht existieren. Diese Biografie aus dem jüdischen Glauben (oder aus der Welt des Glaubens überhaupt) herauszulösen – um auf diese Weise gewissermaßen den »wahren«, den »historischen« Jesus zu erhalten – hieße zu ignorieren, dass das Judentum nicht nur aus der Gottesbeziehung lebte, sondern diese Beziehung *das* Leben war. In der Entwicklung Israels gibt es kein vom Glauben separates Bewusstsein. Heilsgeschichte und Profangeschichte waren als reale Kraft ein und dasselbe oder gingen zumindest fließend ineinander über. Der Glaube war kein *Opium des Volkes,* wie der Jude Karl Marx die Religion ganz generell klassifizierte, sondern gewissermaßen die *Realität des Volkes;* und sie war weit realer, als es etwa die »Realität« eines Wirtschaftssystems ist, dessen Erfolg auf Börsenblasen basiert, um dann, wie die Bankenkrise des Jahres 2009 vor Augen führt, einzustürzen wie ein Kartenhaus.

Vielleicht ist Jesus tatsächlich die einzige Person, überlegte ich, die nicht nach gewöhnlichen Maßstäben betrachtet werden kann. Aber wie konnte man dieses Phänomen kommunizieren, das sich so vehement gegen jede Schublade sperrte? Die Kirche hat viele Jahrhunderte lang um diese schwierige Frage gerungen. »Christus Jesus war Gott gleich«, heißt die Formel im Brief des Apostels Paulus an die Philipper, »hielt aber nicht daran fest, wie Gott zu sein, sondern entäußerte sich und wurde wie ein Sklave und den Menschen gleich.« Immer wieder forderten schon im frühen Christentum Abweichungen die apostolische Überlieferung heraus. Da war der *Adoptianismus,* nach dessen Definition Christus erst mit der Taufe wahrer Gott wurde, der *Arianismus,* dessen Anhänger den Glauben an die göttliche Dreifaltigkeit ablehnten, der *Doketismus,* nach dessen Lehre Christus keinen physischen Körper besaß, und der *Monophysitismus,* nach dem Christus nur eine einzige, göttliche Natur besaß. Für den *Nestorianismus* teilte sich Christus in zwei Naturen auf, eine göttliche und eine menschliche; der *Patripassianismus* wiederum verkündete, Gott der Vater, nicht der Sohn, habe am Kreuz gelitten. Dem *Sozianismus* der frühen Neuzeit war diese Überlegung egal. Seine Anhänger lehnten es grundsätzlich ab, Jesus so etwas wie eine göttliche Natur zuzubilligen.

Die einen sahen Jesus nur als besonderen Menschen, einen prophetischen Boten. So jemand allerdings konnte schlecht den Anspruch der absoluten Wahrheit erfüllen. Die anderen begriffen ihn als einzig göttlich, als jemanden, für den es eine Zumutung wäre, von allzu Menschlichem wie Mitleid, Schmerz oder Angst vor Versagen heimgesucht zu werden. Eine solche Gestalt allerdings verdient selbst kaum Mitgefühl, wenn sie quasi schmerzlos und wie mit Theaterblut verschmiert eine billige Passion durchsteht. Dem Geheimnis Christi war damit nicht auf die Spur zu kommen.

Um die Dimension und Wirklichkeit Jesu wenigstens annähernd fassen zu können, galt es, die Vorstellungswelt der *Gegensätze* zu überwinden und stattdessen *Zusammenhänge* herzustellen, Brücken zu bauen. Wichtig war, das Denken nach dem Schema des *Entweder-oder* zu überwinden und die Möglichkeit eines *Sowohl-als-auch* in Betracht zu ziehen.

Den Weg für diese Erweiterung hatte die griechische Philosophie mit ihrer Dialektik geebnet. Die Lehre von den Gegensätzen in den Dingen sowie von der Auffindung und Aufhebung dieser Gegensätze war zunächst als »Kunst der Gesprächsführung« entstanden. Es galt eine Methode zu entwickeln, mit der Wissen nicht nur einfach übernommen, sondern gleichzeitig auch überprüft werden konnte. Mit Hilfe der Dialektik gelang es nunmehr, nicht mehr weiterhin nicht Vergleichbares wie beispielsweise Äpfel und Birnen in einen Topf zu werfen, sondern bestimmte Erscheinungen sachgerecht unterscheiden zu können; mit anderen Worten: eine Idee oder ein Phänomen sowohl auf der Ebene des Wissens als auch auf der Ebene des Transzendenten zu erfassen.

Platon hatte den Gedanken entwickelt, die Ideen könnten erst in ihrem Werden und ihrer wechselseitigen Durchdringung den Inhalt der Erkenntnis erzeugen. Das Entgegengesetzte kann dann nicht mehr als logischer Widerspruch gelten, da es in diesem Prozess erst seine ganzheitliche Bestimmung erfährt. Die scheinbar so gegensätzlichen Begriffe würden eben erst in ihrer Vereinigung als ganzheitliche Gesetzlichkeit begriffen werden können. Und genau damit konnte man nun ausdrücken, was die Apostel nicht erst in der Theorie, sondern bereits in der Begegnung mit Jesus hautnah und persönlich erfahren hatten. Das Konzil von Nicäa verfügte im Jahr 325 schließlich das Ende der Diskussion, indem es als unumstößliche Wahrheit festschrieb, dass, wie es in einer alten Übersetzung des Konzilstextes heißt, »Gott der Sohn sei Mensch worden, geboren aus der reinen Jungfrauen Maria, und dass die zwo Naturen, göttliche und menschliche, in einer Person, also unzertrennlich vereinigt, ein Christus sind, welcher wahrer Gott und wahr Mensch ist ...«

Die dialektische Erkenntnis von den zwei ungetrennten, doch unvermischten Naturen Jesu, der menschlichen *und* der göttlichen, lieferte indes noch einen anderen Grundstein: Sie war die Voraussetzung, um jenen geheimnisvollen Prozess zu erkennen, der die Erscheinung des Messias erst zum Erfolg bringt. Man kann diesen Prozess sehr kompliziert ausdrücken, aber der Vorgang ist im Prinzip ganz einfach: es ist die *Wandlung.* Jesus muss, das gehört zum Kern seiner Sendung, »in das Drama der menschlichen Existenz hineintreten«, formulierte es Benedikt XVI., sie von hier aus »bis in seine letzten Tiefen durchschreiten, um so das ›verlorene Schaf‹ zu finden, auf die Schultern zu nehmen und heimzutragen«.

»Wüste« ist die große, vielleicht die bedeutendste Metapher der Religion. Ein Bild für das Ringen mit Gott, mit der Welt, mit sich selbst. »Wüste« steht für das Los des Menschen, der immer auch allein sein wird; steht für die oft so verzweifelten Zerreißproben seiner Seele; und steht für den harten Kampf um das tägliche Brot, die mühsame Plage, nicht einzuknicken unter der Last des Existenzkampfes, sondern sein Schicksal zu erkennen, ihm notfalls zu trotzen, das Land fruchtbar zu machen, zum Segen der Erde.

Alle großen religiösen Mythen wurzeln in der Wüste. Ohne die Konfrontation mit der Wüste hätte keine der Religionen ihre Energie und Strenge gewinnen können. Nur da, wo die Landschaft die Menschen demütig macht, wussten Propheten ihre Seele zu reinigen, erweiterten Eremiten die Mauern des Bewusstseins, um ein wenig mehr zu erfahren als das Übliche, eben von jener endgültigen und unbegrenzten Existenz, auf der unsere Hoffnung ruht.

Schon durch das Zahlenbild der *Vierzig* macht das Evangelium deutlich, dass die Passage Jesu durch die Wüste nicht irgendwie als Exerzitien im Alltag oder als kreative Pause zu verstehen ist. Seine Symbolik verweist schon im Vorfeld darauf, dass es hier nicht um das Kleine und Einzelne geht, sondern um das Große und Ganze. Denn immer geschah Neues, wenn der Zeit-Raum der Vierzig durchschritten war: *Vierzig* Tage lang, so heißt es in der hebräischen Mythologie, habe Gott Lehm geknetet – bis er daraus den Menschen schuf. *Vierzig* Tage und Nächte lang kam der Regen der Sintflut über die Welt – bis Gott mit seinem Volk einen Bund beschloss. *Vierzig* Tage lang wartete Mose auf dem Berg Sinai – bis Gott ihm die Zehn Gebote überreichte. *Vierzig* Jahre lang wanderte das Volk Israel durch die Wüste – bis Gott es in das Gelobte Land führte.

Vierzig, das ist die Bild-Zahl für eine Zeitgrenze im innerweltlichen Bereich, die von Schuld und Unrecht geprägt ist, von Enge und Begrenztheit. Ein Raum, der durchlitten werden muss, aber genau dadurch, im Durchleiden, auch überwunden wird, um zu neuen Ufern zu gelangen. Die Leser der heiligen Schriften wussten, was gemeint war. So bedeuteten die *vierzig* Jahre in der Wüste eben auch die Zeit, bis die Schuld des Zweifels und der Abkehr von Gott gesühnt war. So hatte sich die Stadt Ninive nach der Warnung durch Jona *vierzig* Tage der Buße hingegeben, um das angekündigte Verderben abwenden zu können.

Bei Jesus zeigt die Symbolik der *Vierzig* eben dann auch bereits die Last der Aufgabe an, in die er nun wie in ein gigantisches Räderwerk hineinzusteigen hat, um es im Durchleiden zu wandeln und im Wandel zu lösen. Die *Vierzig* taucht ja nicht nur als die Restspanne für die Tage und Nächte auf, an denen er fastet. Er wird, um das Zeichen zu verdeutlichen, auch *vierzig* Stunden tot im Grab liegen. Und er wird nach der Auferstehung aus dem Reich des Todes noch weitere *vierzig* Tage auf Erden sein, bis sein leiblich-irdisches Werk beendet ist, um einer neuen Zeit, der Zeit des Geistes, Platz zu machen.

Vierzig Tage lang dauerte im alten Israel die Trauer- und Reinigungszeit. Vierzig Tage dauert bis heute auch in der christlichen Hemisphäre die Fastenperiode, die am Ostersonntag ins Freudenfest der Auferstehung mündet. »Die *Vierzig* wird dem Menschen angeboten«, fasst Otto Betz die Symbolik der Zahl zusammen, »dass er sich besinnt, vielleicht auch sühnt und einen neuen Anfang macht.« Diese Strecke der »Quarantäne« müsse durchgestanden werden, »damit auch die Phase des Neubeginns anbrechen kann«.

Das umfangreiche Lehrstück, das mit der Zeit Jesu in der Wüste gegeben wird, ist damit aber längst nicht ausgeleuchtet: »WÜSTE« HEISST: SICH AUF DEN WEG MACHEN.

Im Alten Testament motiviert Gott sein Volk stets aufs Neue, wach, interessiert, in Bewegung zu bleiben. Das Auf-dem-Weg-Sein gehört zur Grundstruktur des Glaubens. Das Volk Gottes steht für die Pilgerschaft der Menschheit auf dem langen Weg zum Licht, wie ihn etwa auch Dante Alighieri in den 14233 Versen seiner *Göttlichen Komödie* nachgezeichnet hat. Gottsucher bleiben nicht der Langeweile eines lediglich auf Karriere und Unterhaltung gerichteten Lebenslaufes verhaftet, sondern treten aus der behaglichen Zufriedenheit und Selbstgenügsamkeit heraus, um im

Erlebnis des heiligen Ortes einzutreten in den mystischen Raum der Begegnung mit dem ganz anderen. Der *Peregrinus,* der Pilger, der über die Äcker geht *(per agri),* will die gewohnten Pfade verlassen. Er sprengt die Raum-Zeit-Hülle seiner sozialen Homogenität, überschreitet die Banalität des immer Gleichen im Hamsterrad der letztendlich ziemlich spießigen Lifestyle-Kultur – zugunsten eines In-der-Fremde-Weilens, das ihm sogar einen Preview auf Landschaften gewährt, die nicht mehr von dieser Welt sind.

Die Wüste ist ein Bild des Wandels. Einige Tropfen genügen, und sie beginnt sofort zu blühen. Wüste versinnbildlicht, sich herausfordern zu lassen, üble Gewohnheiten, aber auch krankmachende Verhaltensweisen hinter sich zu lassen, denen man allzu lange blind gefolgt war; sich neu zu spüren, in allen Sinnen lebendig zu werden. Wüste ist ein Prozess von Prüfung und Übergang. Nach der Reinigung des Bewusstseins schafft eine geklärte Welt die Eröffnung auf das Neue hin. Wüste zeigt die Gefährdungen, aber sie hilft auch, falsche Ziele abzulegen, Verblendung und Hochmut zu überwinden und sich wieder neu auf das Wesentliche auszurichten.

»WÜSTE« HEISST: SCHAUEN. Es gibt kein Geplapper und kein »Zudröhnen« in der Wüste, keinen Lärm, von dem Dante glaubte, er stamme vom Teufel selbst. Dem gegenüber steht die *Hesychia,* wie es die Alten nannten, die *göttliche Ruhe.* Sie birgt schon im Wort den Vorgang des Aus-Ruhens, des In-sich-Ruhens, des Be-Schaulichen. Das Neu-Sehen im Be-Schauen ist Voraussetzung für die Überwindung des gewöhnlichen Denkens – um gewissermaßen durch Entrümpelung Frei-Räume zu schaffen für Kostbarkeiten, die keinen Platz mehr fanden. Die Stille und Weite der Wüste gelten gleichsam als Metapher für Gott selbst. »Gott bedarf nur, dass man ihm ein ruhig Herz gebe«, schrieb Meister Eckhart, »dann übt er solche göttlichen Wirkungen in der Seele, dass keine Kreatur da heranreichen oder einen Einblick gewinnen kann.«

Alles Reden mit Gott, erkannten die Eremiten, sei ein Überschreiten der Verstandessphäre. Es richte sich nicht gegen die Vernunft, sondern gehe ganz einfach über sie hinaus. Wer den Raum der Wüste betritt, ist einem Geschehen ausgesetzt, das ihn auf einer spirituellen, mystischen Ebene jenseits bloß rationalen Denkens mit den Kräften des Universums konfrontiert; den guten wie den bösen. Christliche Väter wie Antonius und Pachomios zogen nicht in die Wüste, um ins Nirwana zu gelangen, sondern um zu erfahren und zu erkennen, was sie im Lärm der Städte und im Tohuwabohu des Alltags nicht sehen und hören konnten. Der Mensch kann heraustreten aus der Hülle, sich »losschälen«, wie Mönchsvater Basilius rät. Und urplötzlich liegt etwas vor einem da. Eine Idee. Eine blitzartige Erhellung, die hilft, dass sich eine komplizierte Lebenssituation wieder entflechten kann. Plötzlich stellt sich wieder der Sinn des eigenen Lebens ein, man findet seine Mitte wieder, den Frieden mit sich selbst und den Frieden mit anderen.

Der Philosoph Søren Kierkegaard hat dabei eine Seite des Gebetes beschrieben, in der es weniger um ein *Sprechen* als vielmehr um ein *Hören* mit und auf Gott geht: »Als mein Gebet immer andächtiger und innerlicher wurde, da hatte ich immer weniger und weniger zu sagen. Zuletzt wurde ich ganz still. Ich wurde, was womöglich ein noch größerer Gegensatz zum Reden ist, ein Hörer. Ich meinte erst, Beten sei Reden. Ich lernte aber, dass Beten nicht bloß Schweigen ist, sondern Hören. So ist es: Beten heißt nicht sich selbst reden hören, Beten heißt still werden und still sein und warten, bis der Betende Gott hört.«

Das hebräische Wort für Wüste lautet *midba,* es ist nahe verwandt mit *daber,* sprechen. So ist die vierzigjährige Wanderung Israels nach der Befreiung aus Ägypten durch die Wüste nichts anderes als ein fortwährendes Gespräch mit Gott. Ohne ihn, wird dabei klar, ist die Suche nach dem Gelobten Land wie ein Gehen im Kreis, ohne Orientierung, ohne Ziel. Im Glauben Israels ist ausgesagt, dass die Beziehung zu einer übergeordneten Kraft keine Frage privaten Glücks oder eines individuellen Rückzugs in den Winkel der eigenen Seligkeit ist, sie entscheidet vielmehr über Wohlergehen oder Irrweg, Erfüllung oder Barbarei der *ganzen* Gesellschaft.

»Wüste« heißt: durch Fasten rein werden. Jesus stand in der langen Fastentradition seines Volkes. Fromme Juden fasteten zweimal in der Woche, am Montag und am Donnerstag. Schon das Dritte Buch Mose erhebt das Fasten zum ewig gültigen Gesetz. Eine Gesellschaft, die das Fasten verlernt, wussten alle alten Kulturen, verlernt Besinnung und Umkehr, sie läuft Gefahr, sich selbst zu verlieren. Das spirituelle Fasten der Wüste will den ganzen Menschen erfassen: seinen Körper, seine Sinne, sein Denken, seine Seele. Und vor allem sein Herz (um es von Essig zu reinigen, wie Augustinus sagte, und es mit Honig zu füllen). Fasten bedeutet Loslassen von dem Überflüssigen und Maßlosen, das Wegbrennen von Schmutz und Schlacke. Es ist ein Kampf gegen Verführungen, die den Menschen *belasten* und an Leib und Seele krank machen. Stattdessen gilt es, leichter und damit freier zu werden, klarer, kräftiger, empfänglicher.

Als die ersten christlichen Mönche alles zurückließen, um in der Nachfolge Jesu in die Wüste zu gehen, ging es nicht um Lebensstrenge, sondern darum, das Herz frei zu machen für Gott. Die Enthaltsamkeit half ihnen, ihre Leidenschaften in den Griff zu bekommen und gleichzeitig die »göttlichen Tugenden« zu stärken: Glaube, Hoffnung und Liebe.

Der Vorgang ist paradox: Gewinn durch Verlust; loslassen, abgeben, abnehmen – um zu wachsen. Über alle Zeiten und Kulturen hinweg gehört diese meist in rituellen Formen geübte Entsagung zu den unverzichtbaren Geheimnissen aus dem Grunderbe der Menschheit. Der Körper schaltet um, von äußerer auf innere Ernährung. Er beginnt, auch im geistigen Sinne, die angesammelten Giftstoffe auszuscheiden und gewinnt seine Lebenskraft neu aus dem körpereigenen Energiespeicher – ein Königsweg, der über die Schwellen der Entsagung nicht etwa zur Schwäche, sondern zu neuer Klarheit und Stärke führt.

Fasten schafft über eine gewaltige Katharsis ein geläutertes Herz. Helle und Finsternis werden, ähnlich dem ersten Schöpfungstag, im Mikrokosmos des Menschen voneinander getrennt. Das Giftige, Schädliche, Belastende und Entbehrliche des Körpers und der Seele werden ausgeschieden. Der Prozess einer Neuschöpfung beginnt. Denn wo es vordem »wüst und finster« war, gewinnt Helligkeit neuen Raum. Es ist gewissermaßen der

Zusammenbruch des »alten Menschen« in einem selbst, um einen neuen Geist zu finden und schließlich den »neuen Menschen« in sich aufbauen zu können.

Die Metapher der Wüste versinnbildlicht die Umkehr als Voraussetzung jeglichen Neubeginns, ganz so, wie Johannes es gefordert hatte. Aber ich war noch nicht beim Kern der Geschichte angekommen. Es musste schließlich einen Grund geben, überlegte ich, warum die Evangelien Jesu Aufenthalt in diesem Reich deutlich in zwei Perioden trennen. In eine Phase des Fastens und der Meditation – und eine andere, als Jesus, wie Markus geheimnisvoll anmerkte, »Hunger bekam«.

16

Geheime Offenbarung

Wüste von Judäa, Februar 28

Es gibt Momente, schrieb Fjodor Dostojewski, »da fühlst du die Gegenwart der ewigen Harmonie«. Alles sei erfüllt von »schrecklicher Klarheit« und »überschwenglicher Freude«. Und auch wenn die wenigen Sekunden dieser Erfüllung kaum auszuhalten seien, so würde er dennoch, so der russische Dichterfürst, »mein ganzes Leben hergeben und glaubte nicht, zu teuer dafür bezahlt zu haben«.

Als Jesus die Stille der Wüste suchte, war er allein. Es gibt keine Beobachter, niemand ist Zeuge. Gemeinhin wird denn auch die Wüstenzeit Jesu verstanden als sein persönlicher Klärungsprozess. »Erst in der Wüste hat Jesus das ganze Ausmaß, aber gleichzeitig auch die Grenzen seiner Sendung erkannt«, schreibt Peter Hirschberg. Hatte Jesus, ein Mensch wie jeder andere, dann doch auch zwei Seelen in seiner Brust?

Jesus ist viel zu sperrig, um in ein ideales Konzept zu passen. Es gibt kein Schema, das ihn ganz erklären könnte. Immer wird ein Teil von ihm im Verborgenen bleiben. Immer wird da eine Restunsicherheit sein. Der Vorstellung, der Sohn Gottes habe als Mensch auf Erden gelebt, ist die Kraft des menschlichen Verstandes nicht gewachsen. Ähnlich wie es die Vorstellung von »Unendlichkeit« tut, die wir gewissermaßen nicht *aus-denken* können. Die Passage in der Wüste mag zunächst an den Propheten *Elija* (das heißt: *Gott ist Jahwe*) erinnern, der mit Hilfe eines Engels vierzig Tage und Nächte bis zum Gottesberg Horeb wanderte, nachdem die alten Fruchtbarkeitsgötter um den Obergott

Baal erneut die Herrschaft an sich gerissen hatten. Elija war darüber verzagt und kraftlos geworden. In der Wüste jedoch durfte er als erster Mensch Gott »schauen«, den wahren und einzigen. Der »Fall Jesu« dagegen ist völlig anders gelagert. Jesus muss nicht in die Wüste, um sich selbst zu finden. Er wird seiner Gebärerin Maria bereits vor der Niederkunft als »Sohn des Höchsten« (Lk 1,32) angekündigt (»Denn für Gott ist nichts unmöglich«, Lk 1,37). Er wird als »Sohn Gottes« (Lk 1,35), als »der Retter« geboren (»Er ist der Messias, der Herr«, Lk 2,11). Er tritt als Zwölfjähriger im Tempel mit einer Selbstsicherheit und einer Reife auf, die ihn alterslos erscheinen lässt. Ihn zeichnen die Beschreibungen der messianischen Prophetien vorab wie ein bis ins Detail genaues Fahndungsphoto. Er wird bei der Taufe im Jordan durch den bedeutendsten Weisen Israels als der »Sohn Gottes« erkannt und vorgestellt. Und das scheint der Punkt, um den es in der »Wüste« geht.

Die Knappheit des Berichts in den Evangelien macht es noch deutlicher: Denn mit dem ersten Tag des öffentlichen Wirkens Jesu, so wird nun angezeigt, beginnt nichts weniger als die »Arbeit« an der Neuschöpfung der Welt. Sie nimmt vom tiefsten Punkt der Erde, vom Mittelpunkt der Welt, der Furt des Gottesvolkes Israel, ihren Anfang. Wie ein Herold hatte Johannes am Jordan den König ausgerufen. Aber musste nun nicht, nach der Dramaturgie einer neuen Genesis, sich in den vierzig Tagen der Wüste das, was werden will und werden muss, zunächst erst noch herausschälen? Und tritt, während Jesus sich exemplarisch auch als Mensch zeigt, der alle Anstrengungen und Segnungen einer Fastenzeit auf sich nimmt, nun nicht auch wie aus einer Hülle heraus der Welten-Wender, der als genuiner Schöpfer eine durch die Abwendung von Gott gefallene Welt durchmisst, um aus einer Wüste wieder ein Reich Gottes zu machen?

Vierzig Tage lang hat Jesus gefastet, jetzt beginnt das erste große Lehrstück des Neuen Testaments, mit dem das Fleisch und Blut gewordene *Wort Gottes* in eine verwüstete Welt eintritt. Es ist ein Raum fast atemloser Stille. Wie zum Zeichen dessen, was im Verborgenen alles geschehen kann, wird auch im Verborgenen enthüllt, worum es im Leben Jesu geht. Dort, wo nichts mehr ablenkt, wo das Unhörbare unüberhörbar wird, kommt das eigentliche Drama der menschlichen Existenz in schattenloser Klarheit zum Ausdruck: das Bestehen gegen die Macht der Verführung.

Die Künstler des Mittelalters haben den Kampf gegen Satan zumeist als monumentales, blutrünstiges Spektakel in Szene gesetzt. Der italienische Avantgarde-Regisseur Pier Paolo Pasolini hingegen zeigt in seiner Verfilmung des Matthäusevangeliums einen gänzlich anderen Teufel. Es ist eine Figur, die ohne besondere Effekte einfach immer wieder auf Jesus zukommt – in einer geradezu erschreckend gewöhnlichen Erscheinung, wie sie Hannah Arendt einmal als die »Banalität des Bösen« bezeichnet hat.

Die »Macht des Bösen« ist eine unschwer zu erkennende Realität, etwa in den Ausformungen von Krieg, Terror, Hass und Gewalt. Andererseits erscheint »das Böse« als ein Phänomen, zu dessen Eigenschaften es gehört, verführerische Gestalt anzunehmen. Der feinste Kunstgriff des Teufels sei gar, sagte jemand, seine Todesanzeige in die Zeitung zu setzen: er sei begraben worden; oder, noch besser: es habe ihn nie gegeben.

Im Wort vom »Versucher« drückt der biblische Bericht das Wesen und die innere Funktionsweise des Bösen aus. Der Teufel ist ein Parasit. Er lebt von fremden »Seelen«. Und seine Größe leitet sich ausschließlich davon ab, wie stark er durch das Fehlverhalten der Menschen »gefüttert« wird. Kennzeichnend ist, er macht nichts weiter, als einen Menschen zunächst einmal nur wegzuführen. Weg vom Eigentlichen. Weg von seiner Bestimmung. Von seiner Aufgabe. Weg von den wichtigen, den eigentlichen Beziehungen. Ein erster Schritt genügt. Und was anfangs so unverfänglich und einladend aussieht, entpuppt sich im zweiten und dritten Schritt schon nicht mehr als der Pfad der Redlichkeit, sondern als die Straße des Verderbens, die schnurstracks in die Irre führt.

Vor dem Hintergrund des Bösen bekommt denn auch die spätere Anweisung Jesu ihr Gewicht, wenn er sagt: »*Ich* bin der Weg«; haltet euch an mich, und das genügt eigentlich schon, um vor Abwegen sicher zu sein und gut über die Strecke zu kommen.

Noch einmal kommt die Zahl *Vierzig* ins Spiel. Sie ist die kosmische Zahl, die Weltzahl schlechthin – gebildet aus der Multiplikation der Zehn (Gebote) mit der Vier (den Enden der Erde) – und wird zur sinnbildlichen Aussage für die Geschichte dieser Welt überhaupt; exemplarisch deutlich geworden in der Erfahrung der Wüstenjahre des Volkes Israel, das nach dem *Zeit-Raum* der Versuchung, des Ringens schließlich seine Errettung in der Nähe Gottes findet. »Kehrt um zu mir von ganzem Herzen«, verkündete das Buch Joël die Worte des Herrn, »mit Fasten, Weinen und Klagen. Zerreißt eure Herzen, nicht eure Kleider, und kehrt um zum Herrn, eurem Gott. Denn er ist gnädig und barmherzig, langmütig und reich an Güte …«

Jesus durchwandert in den vierzig Tagen seines Fastens noch einmal den Exodus Israels, ja, eigentlich die Grundfragen des menschlichen Daseins, die niemandem erspart bleiben.

Im Falle Jesu greift der »Versucher«, wie ihn die Bibel nennt, den »Hunger«, das Verlangen seines Gegenübers, auf, um sich als Ratgeber anzubieten: dass es doch besser sei, das Leben leichter und angenehmer zu machen, anstatt sich durch die Fesseln eines imaginären Gottes in seinem Potenzial hemmen zu lassen, das doch ausgelebt werden will.

Die wenigen Zeilen, die die Evangelien Jesu Durchmessen der Wüste widmen, täuschen ein wenig über die Tragweite der Geschichte hinweg, fast so, als wolle man ein besonderes Geheimnis verdichten und codieren. Die Zahl *Vierzig* war der erste Hinweis, der den Kenner der Heiligen Schrift auf die richtige Spur brachte. Der zweite war die Parallele mit dem Text der Genesis. Sie machte deutlich: Hier geht es um eine durch Sünde *wüst* gewordene Welt. In den drei *Versuchungen* nun, mit denen der Bericht der Bibel fortfährt, lagen weitere Schlüssel, den Meister kennenzulernen.

DIE ERSTE VERSUCHUNG: *Da trat der Versucher an ihn heran und sagte: Wenn du Gottes Sohn bist, so befiehl, dass aus diesen Steinen Brot wird. Er aber antwortete: In der Schrift heißt es: Der*

Mensch lebt nicht vom Brot allein, sondern von jedem Wort, das aus Gottes Mund kommt.

Der Auftritt des »Versuchers« knüpft ohne Übergang an die Proklamation des Johannes an, der Jesus als den »Sohn Gottes« vorgestellt hatte. Aber ist er es wirklich? Oder ist das Wort nur ein Synonym, eine Bezeichnung für einen Weisheitslehrer? Möglicherweise auch nur ein Titel, der dem Mann aus Nazareth nachträglich angedichtet wurde. Der Versucher greift das Täufer-Zitat auf, stellt Jesus aber in Frage – und formuliert damit die Vorbehalte, die zu allen Zeiten gegenüber Jesus vorgebracht werden. Und nicht nur gegen ihn. Wo ist denn euer Gott?, fragen die Zweifler. Warum greift er so wenig ein? Warum hilft er nicht besser?

Müsste ein wahrer Erlöser der Welt nicht tatsächlich erst einmal Brot verteilen, Armut beseitigen, das Leid abschaffen? Nach dem Bert-Brecht-Motto: »Erst kommt das Fressen, dann die Moral.« Das Ansinnen des Versuchers klingt einleuchtend. Jesus soll sich um das Soziale kümmern, um praktische Dinge. Es genügt, die einfachsten Bedürfnisse zu stillen. Dass aller Hunger endet, ist verständlicherweise auch das zentrale Heilsversprechen aller politischen Bewegungen, die das Paradies auf Erden in ihrem Programm verkünden. Wofür sonst sollte gerade ein Messias seine zauberhaften Fähigkeiten nutzen, als die Menschen satt zu machen?

Seinen ganzen Weg lang wird Jesus diese Versuchung begleiten, wenn oberflächliche Zeitgenossen nach spektakulären Belegen für seine Identität – nach dem *Gottesbeweis* – verlangen. Teils, weil sie die Mühe scheuen, ihn wirklich kennenzulernen, teils aus Angst, Gott zu begegnen und seine Gebote ernst nehmen zu müssen. Jesus widersteht. Und das Mittel, das er anwendet, ist ganz einfach das Wort Gottes. Wer behauptet, er könne die heile Welt errichten, stimmt dem Betrug Satans zu. Wer an Jesus glaubt, soll an etwas Höheres, an sein Wort glauben. Nicht vom Brot allein lebt der Mensch, er lebt von der Wahrheit, in der Liebe zu ihr und in der Freude an ihr. Und so anspruchsvoll seine Verkündigung, so anspruchsvoll ist auch das, was er von seinen Nachfolgern verlangt. Wie er sich nicht damit begnügt, Bäuche zu füllen, so schraubt er auch die Anforderung nicht zurück, Gott ähnlich zu werden in der Allgewalt der Liebe, die mehr ist als die Freude am Fressen: »Das ist mein Gebot: Liebt einander, so wie ich euch geliebt habe.« Jesus sucht nicht den Zuschauer, den Anhänger von Unterhaltungskünstlern, Gauklern und Gourmetköchen. Was er erwecken will, ist nicht der Gaumenkitzel der Menschen, sondern ihr Herz. Und wer ihm angehören will, soll sogar die Bereitschaft mitbringen, die Dinge der Welt geringzuschätzen, anstatt sie anzubeten.

Schon richtig: *Brot* ist sein großes, ureigenes Thema. Geboren im »Haus des Brotes« (Bethlehem), durchzieht es die ganze Biografie Jesu. Die Brotvermehrung nach der Bergpredigt wird sein großes Zeichen, das Abendmahl im Saal von Jerusalem sein Vermächtnis. Aber er wird ein anderes Brot geben: sich selbst, das Brot des Lebens. Eine Brotvermehrung, die bis zum Ende aller Zeiten dauert.

»Der Mensch lebt nicht vom Brot allein ...« Jesus macht deutlich: Der wahre Hunger des Menschen ist ein ganz anderer. Er lebe im Grunde nur durch und »von jedem Wort, das aus Gottes Mund kommt«. Gelöst von Gott und seinem Wort, wird der Mensch zum Tier. Die Lebensweisheit, die Christus aus der langen Zeit der Wüstenwanderung aufgreift (Dtn 8,3), als sich das Volk Gottes gewissermaßen im Kreis drehte, verweist am Ende auf ihn selbst, das lebendige *Wort Gottes*. Nur er hat damit auch die Möglichkeit, den wahren Hunger zu stillen. Seine Größe lässt sich dann auch nicht auf einem zweit- und drittrangigen Stellplatz unterbringen.

»Es geht um den Primat Gottes«, schreibt Benedikt XVI., »es geht darum, ihn als Wirklichkeit anzuerkennen ... ohne die nichts anderes gut sein kann.« Wenn das Herz der Menschen, so der Papst, »nicht gut ist, dann kann nichts anderes gut werden«. Eine gottesferne, nur auf materielle Strukturen gebaute Welt, die vom Brot allein leben will, muss in die Irre gehen. Welche Ausmaße dies annehmen kann, demonstriert auf besonders dramatische Weise die ökonomische und ökologische Entwicklung der Gegenwart, die Millionen von Menschen in die Verarmung reißt und in die Verwüstung der Umwelt führt.

DIE ZWEITE VERSUCHUNG: *Darauf nahm ihn der Teufel mit sich in die Heilige Stadt, stellte ihn oben auf den Tempel und sagte zu ihm: Wenn du Gottes Sohn bist, so stürz dich hinab; denn es heißt in der Schrift: Seinen Engeln befiehlt er, dich auf ihren Händen zu tragen, damit dein Fuß nicht an einen Stein stößt. Jesus antwortete ihm: In der Schrift heißt es auch: Du sollst den Herrn, deinen Gott, nicht auf die Probe stellen.*

Versuchung Nummer zwei rückt eine besondere Gefährdung des Menschen ins Licht. Denn der Satan hat offenbar weder Scheu noch Mühe, sich in die Heilige Stadt, bis in heiligste Bezirke hinein zu begeben. Das Haus Gottes ist sein bevorzugtes Angriffsziel. Alle, die sich dem Dienst des Herrn widmen, sind besonderen Gefährdungen ausgesetzt. Der Versucher nutzt sogar die Zinnen des Tempels als sein Podium. Nicht genug. Er nimmt auch noch Gottes eigenes Wort in den Mund – zu nichts anderem, als um von Gott abspenstig zu machen: der Teufel als Theologe, ein Kenner der Schrift, der mit Zitaten um sich wirft, wie der Neutestamentler Joachim Gnilka bemerkte.

Welche Folgen diese Versuchung mit sich bringt, ist an der Geschichte der Kirche abzulesen, wenn im Namen und mit dem Wort Gottes Kriege begründet, Menschen verbrannt und Macht missbraucht wird, bis hin zu sexuellen Vergehen. Aber auch daran, dass Theologie bisweilen zum Spiel wird; wenn die bestellten Glaubenslehrer in Schule und Hochschule den ihnen Anvertrauten im Unterricht Gott nicht näher-, sondern sie eher noch von ihm abbringen. Und taucht der höhnische Anwurf des Teufels (Wenn du wirklich Gottes Sohn bist ...) nicht auch bei den Schriftgelehrten in den Medien auf, die allzu gern das Wort Gottes zitieren und den christlichen Hochfesten ihr eigenes säkulares Ritual entgegenstellen? Wenn sie in ihren Titelgeschichten und Essays an Weihnachten und Ostern ihren Jesus wie eine Jahrmarktfigur in die Manege führen, um ihn mal als »Robin Hood der Levante«, mal als »Bettelmönch« oder besser gleich als ein Phantom der Oper, die Erfindung anonymer Winkelautoren, zu verhöhnen?

Und um wie viel anders verhalten sich Gelehrte, die Jesus auf die Zinnen des Tempels stellen und, weil er nicht auf ihr Kommando springen mag, ihn als einen der üblichen Prediger deuten, den der ominöse Glaube seiner Anhänger zum Sohn Gottes verklärt habe? »Und der Antichrist sagt uns dann mit der Gebärde hoher Wissenschaftlichkeit«, illustriert Joseph Ratzinger diese Versuchung, »dass eine Exegese, die die Bibel im Glauben an den lebendigen Gott liest und ihm selbst dabei zuhört, Fundamentalismus sei; nur *seine* Exegese, die angeblich rein wissenschaftliche, in der Gott selbst nichts sagt und nichts zu sagen hat, sei auf der Höhe der Zeit.«

Man wolle Gott immer wieder neu auf die Probe stellen und ausprobieren, merkt Papst Benedikt an, ähnlich wie man ein Produkt ausprobiert. Anstatt auf ihr »inneres Hören« zu achten und die »ganze Dimension der Liebe« Christi zu bedenken, würden viele Menschen in Bezug auf die Gottesfrage »nur noch das Experimentierbare, das in unsere Hand gegeben ist, als wirklich anerkennen«. Man müsse hingegen zu unterscheiden lernen, »wie man Gott erkennen und wie man ihn nicht erkennen kann, wie der Mensch zu Gott stehen und wie er ihn verlieren kann«. Der Hochmut jedenfalls, der Gott zum bloßen Objekt degradiere, »kann Gott nicht finden«.

DIE DRITTE VERSUCHUNG: *Wieder nahm ihn der Teufel mit sich und führte ihn auf einen sehr hohen Berg; er zeigte ihm alle Reiche der Welt mit ihrer Pracht und sagte zu ihm: Das alles will ich dir geben, wenn du dich vor mir niederwirfst und mich anbetest. Da sagte Jesus zu ihm: Weg mit dir, Satan! Denn in der Schrift steht: Vor dem Herrn, deinem Gott sollst du dich niederwerfen und ihm allein dienen.*

Die »Reiche der Welt« stehen offenbar unter der Verfügungsgewalt des Versuchers. Der Teufel verspricht seinem potenziellen Opfer alle Lust und alle Pracht auf Erden. Luxus, Geld und Macht zählen in allen Zeiten zu den größten Verführungen. Die Bankenkrise des Jahres 2009 mit ihren Abermilliarden von Verlusten aus der Verführung zum schnellen, unermesslichen Reichtum ist ein jüngstes Beispiel für dieses dritte Exempel, das der

Teufel statuieren will. Wer sich dann zum Preis für die »Reiche der Welt« wirklich vor diesem Versucher niederwirft, betet freilich einen Herrn an, der keine Hilfe ist. Sein Angebot ist letztlich Tand. Schillernd wie eine Börsenblase, und genauso fragil.

Wer das Paradies auf dem Feld der Eitelkeiten und der Laster sucht, wacht auf, wo der Lärm der Marktschreier herkommt, auf dem Rummelplatz des Dämons. Jesus wird im Verlauf seines öffentlichen Wirkens eine Macht zeigen, die anders ist. Er wird Brote geben, die nicht aus Stein sind. Er wird Zeichen tun, die größer sind als jenes, sich wie ein Trapezkünstler von den Zinnen des Tempels zu stürzen. Und das Königtum, das er vertritt, ist umfassender als alles, was ihm sein Gegenüber anbieten könnte. Analog zum Berg der Verführung versammelt er am Ende seiner ersten Zeit die Seinen ebenfalls »auf dem Berg«. Der Kreis wird sich schließen: »Mir ist alle Macht gegeben im Himmel und auf Erden.«

Die letzte Versuchung Jesu macht vor allem eines deutlich: Es geht in dieser Auseinandersetzung nicht um Nebensächlichkeiten, sondern, wie der Verführer anzeigt, um »alle Reiche der Welt«. Hier ist die Verifizierung dessen, was Johannes am Jordan verkündet hatte. Zur Diskussion steht nicht irgendein neuer Weisheitslehrer oder Prophet, sondern jener, der antritt, die Herrschaft über die Schöpfung zu vollenden. Christus ist dazu in die Welt gekommen, die Welt zu besiegen und zu verwandeln; er ist gekommen, formulierte Giovanni Papini, »Satan aus der Welt zu jagen, wie der Vater ihn aus dem Himmel gejagt hat«.

Im Bild der Versuchungen Jesu zeigt sich das Böse weder als ein Bestandteil Gottes, noch ist es ein eigenes *Sein,* sondern nur *Nein,* die pure Negation. Ein Parasit der Kreatur, der aus sich selbst heraus nicht existieren kann. Er ist gewissermaßen das notwendige Übel für die freiheitliche Verfassung dieser Welt, die eine »Wahl zwischen dem Guten und Bösen« beinhaltet. Der Ausgang des Kampfes zwischen Oben und Unten, Himmel und Hölle, Leben und Tod ist deshalb nicht »offen«. Der Gegner hat in dem Prozess der Transmission der bestehenden Verhältnisse keine Chance. Sein Dasein endet, wenn das Ende der Geschichte erreicht ist. Eine Chance hat aber der Mensch, der »durch das

Durchleiden und Überwinden des Bösen«, wie Joseph Ratzinger anmerkt, »neu werden« könne.

Der Zusammenhang zwischen der Taufe Jesu und seiner Wüstenerfahrung spiegelt sich im Übrigen noch heute in der Erneuerung des Taufversprechens, wenn es nach den vierzig Tagen der Fastenzeit im Ostergottesdienst heißt: »Widersagst du dem Satan? – Ja, ich widersage.«

Jesu Kampf gegen das Böse ist zugleich ein Kampf gegen den Irrglauben, Macht und Gewalt könnten eine Veränderung zum Positiven bewirken, ohne durch die Berührung negativer Instrumente selbst von Negativem erfasst zu werden. Das gilt zuallererst als Warnung an die Kirche. Jesus kennt nur »weiche Faktoren«: Indem er Schwerter zu Pflugscharen umwidmet. Indem er Menschen überzeugt, statt sie mit Zwang zu bekehren. Indem er als einzig gültiges Maß die Wahrheit der Liebe gelten lässt. Es geht nie um Quantität, sondern immer nur um Qualität. Niemals fragt Jesus später danach, wie groß seine Anhängerschaft geworden ist. Es scheint ihn gar nicht zu interessieren. Bedeutend ist nur der Einzelne in seinem Erkennen und seiner Umkehr. Der Ernst der Sünde jedoch bleibt bestehen. »Wenn dich deine Hand zum Bösen verführt«, wird der Lehrer später sagen, »dann hau sie ab; es ist besser für dich, verstümmelt in das Leben zu gelangen, als mit zwei Händen in die Hölle zu kommen, in das nie erlöschende Feuer.«

Ich lehnte mich zurück und betrachtete die Ödnis um mich herum. Zu jener Jahreszeit waren die Tage kurz, die Wüstennächte lang und kalt. Aus dem Dunkel tönte das Wimmern der Schakale, das wie Kinderschluchzen klingt. Die Erde war ausgedörrt und rissig wie Elefantenhaut, statt Blumen und Kräutern gab es nur noch Steine und Lehmpatzen, die wie Furunkel aussahen. Hat der Mensch seinen Geist und seine enormen Fähigkeiten nicht auch dazu verwendet, dass inzwischen die Lebensgrundlagen auf diesem Planeten in einem bisher unvorstellbaren Ausmaß beschädigt sind?

Wenn der Mensch sündigt, hatte Hildegard von Bingen prophezeit, leidet der Kosmos. Sie schrieb ihre Warnung zu einer

Zeit, die weder um den Globus ziehende CO_2-Emissionen noch Satelliten kannte, die diese Wolken hätten beobachten können. Nach dem UNO-Umweltbericht für 2007 stehen heute zwölf Prozent der Vogelarten, knapp 25 Prozent der Säugetier- und mehr als 30 Prozent der Amphibienarten vor dem Aussterben. Die Süßwasser-Fischbestände sind in den letzten 20 Jahren um die Hälfte geschrumpft. Jährlich gehen weiterhin weltweit 73 000 Quadratkilometer Waldfläche verloren. 60 Prozent der größten Flüsse der Erde wurden inzwischen aufgestaut oder umgelenkt. Weltweit sterben jährlich bereits dreizehn Millionen Menschen an verschmutztem Wasser, verpesteter Luft und unwürdigen Arbeitsbedingungen.

Im Vergleich zur akuten Bedrohung allen Lebens auf dem blauen Planeten war die Vertreibung aus dem Paradies ein harmloses Vorspiel. Im Februar 2009 meldete das UN-Gremium, inzwischen habe die Wirklichkeit die schlimmsten Annahmen der Klimaforscher noch übertroffen. Im Polarmeer hätten sich nunmehr die Windmuster verändert, der Ozean könne weniger CO_2 aufnehmen. In den tropischen Regenwäldern seien verheerende Buschbrände zu erwarten. In der Tundra drohe durch das Auftauen der Permafrostböden und die Effekte des Klimawandels von Sibirien bis Alaska ein, so der vortragende Wissenschaftler wörtlich, wahrer »Teufelskreis«.

Ein Bericht von »Spiegel-online« vom 26. Oktober 2007 fasste das Ergebnis der rund vierhundert an dem UN-Bericht beteiligten Forscher in folgenden Sätzen zusammen: »Die Welt steht am Abgrund. Die Geschwindigkeit, mit der die Menschheit die Ressourcen der Erde während der letzten 20 Jahre verbraucht hat, hat das ›Überleben der Menschheit‹ infrage gestellt.« Bereits im September 2007 fand UN-Generalsekretär Ban Ki-moon vor der UNO-Vollversammlung in New York Worte, die an Deutlichkeit nichts vermissen ließen: »Was wir nicht haben, ist Zeit. Es geht um nichts Geringeres als um die Rettung der Erde.« So gesehen, überlegte ich auf meinem Wüstenfelsen, könnten auch Atheisten nur hoffen, dass es stimmt, wenn die Bibel sagt, es gebe da wirklich jemanden, der die Kraft hat, »die Sünden dieser Welt hinwegzunehmen«.

Zu verdeutlichen, dass die Macht Christi, dieses äußerlich so Machtlosen und Leidenden, anders aussieht als die Vorgaukelungen des Versuchers, wird die Aufgabe seines gesamten öffentlichen Wirkens. Kein Reich dieser Welt wird das Reich Gottes sein. Dass eine wirklich heile Welt anderswo errichtet wird, deutet der biblische Bericht am Ende der Wüstenzeit an. Die Versuchungen der Vergöttlichung der Macht, ob als militärischer, politischer oder wirtschaftlicher Heilskraft, oder der Vergöttlichung des Menschen selbst sind überstanden. »Den Herrn, deinen Gott, sollst du anbeten und ihm allein dienen«, zitiert Jesus das Gesetz Mose (Dtn 6,13). »Darauf ließ der Teufel von ihm ab«, berichtet Matthäus, »und es kamen Engel und dienten ihm.« Markus ergänzt, »er lebte bei den wilden Tieren, und die Engel dienten ihm« – ganz in Anlehnung an ein Wort des Propheten Jesaja, der darin das Zeitalter des Messias beschrieben hatte: »Dann wohnt der Wolf beim Lamm, der Panther liegt beim Böcklein.«

Papst Benedikt wirft im Zusammenhang der biblischen Berichte über die Versuchungen die Frage auf, was denn Jesus, der keine Steine in Brot verwandelt, der auf die Reiche der Welt verzichtet, der nicht den Weltfrieden, den Wohlstand für alle verwirklicht hat, dann eigentlich gebracht habe? Seine Antwort: »Er hat Gott gebracht. Er hat den Gott, dessen Antlitz zuvor sich von Abraham über Mose und die Propheten bis zur Weisheitsliteratur langsam enthüllt hatte …, den wahren Gott, hat er zu den Völkern der Erde gebracht.« Nun würden wir sein Antlitz kennen, »nun können wir ihn anrufen. Nun kennen wir den Weg, den wir als Menschen in dieser Welt zu nehmen haben. Jesus hat Gott gebracht und damit die Wahrheit über unser Wohin und Woher; den Glauben, die Hoffnung und die Liebe.«

Und wie um einen Trost für die heutzutage arg in Bedrängnis gekommene Christenheit zu geben, fügt der Papst hinzu: »Nur unserer Herzenshärte wegen meinen wir, das sei wenig. Ja, Gottes Macht ist leise in dieser Welt, aber es ist die wahre, die bleibende Macht. Immer wieder scheint die Sache Gottes wie im Todeskampf zu liegen. Aber immer wieder erweist sie sich als das eigentlich Beständige und Rettende. Die Reiche der Welt, die Satan damals dem Herrn zeigen konnte, sind inzwischen alle versunken. Ihre Herrlichkeit, ihre ›Doxa‹ hat sich als Schein erwiesen. Aber die Herrlichkeit Christi, die demütige und leidensbereite Herrlichkeit seiner Liebe, ist nicht untergegangen und geht nicht unter.«

Ich saß längst wieder im Auto, fuhr bei Tempo hundert über den schnurgeraden Highway und warf durch das Seitenfenster gelegentlich einen Blick auf die Sterne, die wie Laternen am tiefschwarzen Himmel funkelten. An einer Raststätte stellte ich mir eine Mahlzeit aus Kichererbsen, Fleischbällchen, Bohnen und Fladenbrot zusammen. Durch die Flügeltüren drang der Lärm der Straße. Die Fahrer der Autos hupten oder ließen die Scheinwerfer aufblitzen, wenn sie überholen wollten. Während ich an einem der billigen Resopaltische auf dem Teller herumstocherte, war ein Schulbus mit Jugendlichen eingetroffen, die das Restaurant in Beschlag nahmen und die Frau an der Kasse zur Verzweiflung brachten. Der Security-Mann vor dem Eingang, der zuvor in seinem weißen Plastikstuhl gelümmelt hatte, nahm Haltung an und suchte mit seinem Augenpaar unentwegt das Gelände nach Selbstmordattentätern ab.

In den drei Versuchungen Jesu werde der *Kern aller Versuchungen* deutlich, die der Mensch zu bestehen habe, so hatte Papst Benedikt XVI. in seiner Meditation zusammengefasst: es sei »das Beiseiteschieben Gottes«. Dieser werde immer wieder »als zweitrangig, wenn nicht überflüssig und störend empfunden«. Stattdessen versuche man, »die Welt aus Eigenem, ohne Gott, in Ordnung zu bringen: auf das Eigene zu bauen, nur die politischen und materiellen Realitäten als Wirklichkeit anzuerkennen und Gott als Illusion beiseitezulassen«. Die Dinge Gottes würden dabei als »irreal« gezeigt werden, als »eine Sekundärwelt, derer es eigentlich nicht bedarf«. Es gehe um Gott: »Ist er der Wirkliche, die Wirklichkeit selbst, oder ist er es nicht? Ist er der Gute, oder müssen wir das Gute selbst erfinden. Die Gottesfrage ist die Grundfrage, die uns an den Scheideweg der menschlichen Existenz stellt.«

Die Inspiration aus der Wüste ging mir nach. Die Welt mag Jesus verharmlosen oder gar verleugnen. Sie neigt noch immer dazu, eher Gott für das Böse verantwortlich zu machen als den Teufel. An dem Ort, an dem die Evangelisten die »Versuchung« vermuten, wird klar, dass Jesus nicht in die Wüste geht, um nach seiner Identität zu fragen, sondern um sich als das Alpha und Omega der Geschichte zu stellen, der Bezwinger von Unglück und Terror, Disharmonie und Zwietracht. Jesus eröffnet. Er macht ein Angebot. Und die Frage ist dann nicht mehr, ob Jesus es schafft. Die Frage ist, ob *wir* es schaffen. Es ist eine Art spiritueller Evolution, in der sich, im Gegensatz zur biologischen, das Gewalttätige von selbst ausschließt.

Die geheime Offenbarung der Wüste korrespondiert dabei mit der *Geheimen Offenbarung* des Johannes, die das Neue Testament abschließt. Die Wüste ist die Konfrontation mit dem Hauptgegner Jesu. Sie endet in der Apokalypse mit dessen vollständiger Vernichtung. Dazwischen liegt die verbleibende Welt-Zeit als eine Zeit der Chance und Bewährung. In der Versuchung des Verführers auf der einen und dem Heilsangebot Jesu auf der anderen Seite scheiden sich die Geister. Gäbe es diese Möglichkeiten nicht, gäbe es auch keine Freiheit des Willens, keine Autonomie des Menschen. »Schaffe die Versuchungen ab«, wusste Wüstenvater Antonius, »und niemand wird gerettet werden.«

»Ob er [Jesus] der Messias *war*«, lautet ein berühmtes Wort des jüdischen Philosophen Franz Rosenzweig, »wird sich ausweisen, wenn der Messias *kommt*.« Vermutlich ist dies der falsche Ansatz. Die Welt ist nicht frei geworden vom Bösen. Sie ist aber mit der Erscheinung Jesu frei geworden von der Unsicherheit, weiter auf einen Erlöser, weiter auf Hoffnung warten zu müssen. Um sie ganz zu wenden, ohne die Freiheit des Menschen in eine Zwangsentscheidung umzumünzen, ohne nicht auch noch eine Weltzeit an Barmherzigkeit zu gewähren – »zur Vergebung der Sünden« –, ist nach einem ersten Akt der zweite erforderlich, die Wende zu vollenden und abzuschließen. So ist in der Logik der ersten Erscheinung Jesu bereits seine zweite Erscheinung enthalten, ohne die am Ende weder der Satan ganz verschwinden noch wirklich Gerechtigkeit hergestellt würde. »Das Kreuz ist nicht Ende«, so Papst Benedikt, »sondern neuer Beginn.« Dennoch: Mit dem Tod Christi beginnt der Anfang vom Ende dieser Welt. Die Welt-Zeit wird verlängert. Für Bewährung und Reifung und Liebe. Aber sie wird nicht ins Unbegrenzte gehievt. Er sei gekommen, um zu retten, was verloren war, sagt Jesus, und nicht, um zu richten. Später fügt er hinzu: noch nicht.

Damit wird ein Phänomen deutlich, dem man auf den Spuren Jesu immer wieder begegnen wird: Jesus als das Prinzip des Wandels. Nicht nur wenn er als *Christus Medicus* erscheint, der göttliche Heiler, der Kranke zu Gesunden macht. Weit mehr ist er auch der *Christus Transformator,* jemand, der Schwerter zu Pflugscharen, Hass in Liebe, Gewalt in Frieden wandeln kann. Es ist der Vorgang der Transformation, der aus einer bestehenden Form eine neue schafft, indem man zunächst selbst die Form wird, um sie gewissermaßen von innen heraus mit veränderter Substanz in eine neue zu bringen. Wir begegnen dem Prinzip bei der *Transfiguration* Jesu, seiner sogenannten Verklärung beziehungsweise Verwandlung auf dem »hohen Berg« Tabor. Sie wird wieder auftauchen in der *Transsubstantiation,* dem Vorgang der *Wandlung,* wie dieser Teil der Feier der heiligen Eucharistie genannt wird, bei der Christen die Veränderung der Substanz von Brot und Wein in Leib und Blut Christi würdigen.

Bei genauerem Hinsehen scheint die Transformation nachgerade die Hauptaufgabe im Programm Jesu. Er wandelt nicht nur das Schlechte in das Gute, Feindschaft in Freundschaft. Er wandelt den alten Adam in den »neuen« Adam. Den Alten Bund in den Neuen Bund. Das Alte Testament in das Neue. Das Reich des höllischen Widersachers in das himmlische Reich Gottes. Er wandelt gar den Tod zum Leben, das Vergängliche in das Ewige. Jesus muss, analysiert Benedikt XVI., »in das Drama der menschlichen Existenz hineintreten, es bis in seine letzten Tiefen durchschreiten«. Aber nicht, um dadurch persönliche Erfahrungen zu sammeln. Er müsse »die ganze Geschichte von ihren Anfängen her – von ›Adam‹ an – aufgreifen, durchschreiten und durchleiden, um sie umwandeln zu können«.

Die Hauptaufgabe Jesu, so wird im Bild der Wüste deutlich, ist nicht der Kampf gegen eine Gruppe von Hohepriestern oder eine bestimmte Schule des Glaubens, wie sie die Pharisäer darstellen. So gesehen geht auch jede Diskussion darüber, wer Christus »ermordet« hat, ob die Römer oder gar »die Juden«, wie das auf tragische Weise im Namen christlichen Glaubens verbreitet wurde, völlig am Kern des Rettungswerkes Jesu vorbei. Wenn man von »Erlösung« spricht, der Überwindung des Todes, geht es nicht um Erlösung von falschen Propheten und schlechten Hirten, sondern um die Erlösung vom Hauptfeind des Guten, wie es im Vaterunser ausgedrückt wird: »Und führe uns nicht in Versuchung, sondern erlöse uns von dem Bösen.«

»Ich habe Gott immer vor Augen«, konnte deshalb ein Wolfgang Amadeus Mozart ausrufen, der eigentlich auf den Namen »Johannes Chrysostomus Wolfgangus Theophilus« getauft war, »ich erkenne seine Allmacht, ich fürchte seinen Zorn: Ich erkenne aber auch seine Liebe, sein Mitleiden und seine Barmherzigkeit gegen seine Geschöpfe. Er wird seine Diener nie mehr verlassen.«

Teil III

17

Menschenfischer

Galiläa, April 28

Es ist Frühling geworden, als Jesus vom Berg Quarantana herabsteigt, »erfüllt von der Kraft des Geistes«, wie Lukas vermerkt. Der Himmel ist blau, die Luft warm und weich. Kein Wüstenstaub, der die Sonne verdunkelt, und Tag für Tag wird es wärmer.

In der Wüste lebte er vom Wort Gottes, das bei Gott war, das Gott selbst war. Und zu dem auch er nun werden wird, *Wort Gottes* in Fleisch und Blut.

Ein Wort, das Kranke heilt, Aussätzige rein macht und Sünder bekehrt. Ein Wort von der Kraft, Gemeinden zu bilden, Gläubige zu erleuchten und Leute wie Saulus vom hohen Ross zu stürzen. Ein Wort, das den Tod nicht mehr fürchten lässt und sich als Klang der Vergebung, den es zuvor nicht gab, über die ganze Welt ausbreiten wird.

Die Nachrichten vom Jordan, Johannes habe vom »Sohn Gottes« gesprochen, verbreiten sich in Windeseile über das Land. Jerusalem ist wie ein brodelnder Kessel, in dem wilde Gerüchte, Ungeduld und blanker Hass ganz schnell zu einem explosiven Gemisch hochkochen können. Pontius Pilatus freilich trägt nichts dazu bei, die Gemüter zu beruhigen. Die Tafeln mit dem Konterfei seines Kaisers, die er bei Nacht und Nebel aufstellen ließ, sind der jüngste Affront gegenüber einer Religion, in der Porträtdarstellungen strengstens verboten sind; erst recht Bilder von Menschen, die sich in eigener Herrlichkeit gleich selbst als Gott feiern.

Tausende von Juden sind in einem Protestmarsch nach Caesarea gezogen, um vor der Residenz des Prokurators die Entfernung der Tafeln durchzusetzen. Pilatus lehnte ab und ließ stattdessen die Menge im Stadion einkesseln und von Bogenschützen bedrohen. Aber selbst die Anordnung, seine Soldaten würden jeden töten, der weiterhin Widerstand leiste, konnte den Widerstand nicht ersticken. Am Ende musste der Prokurator nachgeben. Aber die Lage blieb gereizt. Pilatus zieht nun bei jedem Pessach-Fest ein Heer von Soldaten zusammen, um das neuerliche Aufflackern eines Feuers schon im Keim ersticken zu können.

Jerusalem ist noch nicht reif für Jesus. Der Einzug in die Stadt, die nicht nur von einer fremden Soldateska belagert wird, sondern auch von einem Heer von Spöttern und Mammondienern, von Gleichgültigen und Ehrlosen, eine Stadt, die noch alle Propheten verschlungen hat, die ihr Jahwe gesandt hat, ist eine Angelegenheit für das Finale, nicht für den Beginn. Jesu Botschaft braucht den Ackerboden. Und wie er *von* den Armen und *für* die Armen kommt, geht er zurück nach Galiläa, um dort zu lehren, wo die Anmut und die Freiheit der Landschaft jedes Wort aus seinem Mund wie eine Feder erscheinen lässt, die zart über Gräser und Ähren, über die Wege und über Hütten fliegt, bevor sie sich auf das Knie eines Hirtenjungen senkt, der sie zärtlich in seine Hand nimmt, um sie in kindlicher Freude nach Hause zu tragen.

Markus und Matthäus zufolge beginnt Jesus nach Quarantana sofort mit seiner Lehrtätigkeit: »Er verkündete das Evangelium Gottes und sprach: Die Zeit ist erfüllt, das Reich Gottes ist nahe. Kehrt um und glaubt an das Evangelium.« Der Ausdruck für Umkehr, den Markus verwendet, *metanoia*, meint genau genommen nicht nur eine Art von Besinnung, sondern Umwandlung des Geistes, die *Neugestaltung der Seele*.

Lukas wiederum geht von der Wüste unmittelbar zum Auftritt in der Synagoge von Nazareth über. Nur Johannes liefert als aufmerksamer Chronist das fehlende Teilstück der Jesus-Biografie nach, indem er über die frühen Jünger Jesu und die Hochzeit in Kana informiert, die erste Offenbarung seiner Kräfte.

Während des Hochwassers hatte sich der Täufer vom unteren

Jordan zurückgezogen. Seine neuen Taufstellen liegen im Nordosten des Landes (der heutigen Südwestecke Syriens) in Betanien am Jarmuk, einem Nebenfluss des Jordan, wo der Pilgerweg von Babylon nach Jerusalem vorbeiführt, ursprünglich Erbland von Manasse, einem der verlorengegangenen Stämme Israels. Drei bis vier Tage dauert es, um die Strecke von der judäischen Wüste bis hierher zu bewältigen. Seitlich der Wege lagerten Nomadenstämme mit ihren Viehherden. Und nachts, wenn Grillen zirpen und Stechmücken ihre Opfer quälen, liegt der Rauch der Lagerfeuer wie eine Wolke über dem Tal, die zu fett ist, um weiterzuziehen.

Der dürre, zottelige Täufer hatte als geistlicher Meister einen Kreis von Schülern um sich versammelt, die ihm assistierten und ihm nebenbei Löcher in den Bauch fragten. Die Zeit war reif, das wusste auch er. Das Joch der Erniedrigung durch eine gottlose Besatzungsmacht war Tag für Tag drückender geworden. Und nicht nur einmal hatte der asketische Bußprediger seinen Anhang auf die Zeitenwende des *Mešiah* eingeschworen.

Als Jesus sich nach der Bewältigung der vierzig Tage erneut dem Lager der Johannes-Jünger nähert, ist die Stimmung aufgeladen. Und sie wird geradezu aufgepeitscht durch ein Wort, das die Luft erzittern lässt. Johannes spricht es, als er den Mann aus Nazareth auf sich zukommen sieht. Der Hinweis ist, wie sich herausstellen wird, entscheidend. Er tönt bis heute nach, wenn im Gottesdienst das *Agnus Dei* ertönt: »*Seht, das Lamm Gottes, das hinwegnimmt die Sünden der Welt.*«

Lamm Gottes. Das war die Bezeichnung, die nach alttestamentlicher Überlieferung zunächst an die Propheten denken ließ. Das Lamm ist das Opfertier; und wie Lämmer waren auch die Boten des Herrn von den Unverständigen verfolgt und getötet worden, weil die Menschen ihre Mahnung zurückwiesen wie einen Weckruf, der gerade stört.

Lamm Gottes. Das war die Metapher des Jesaja, der in seiner Vision vom »Gottesknecht« ein Lamm sah, das durch seine Passion die Sünden der Menschheit trägt, um dadurch das Leid der Welt zu lösen (Jes 53,7–12). »Ein Mann voll Schmerzen, mit Krankheit vertraut«, hieß es in seiner Messias-Prophetie, »er wurde durchbohrt wegen unserer Verbrechen, wegen unserer Sünden zermalmt. Zu unserem Heil lag die Strafe auf ihm, durch seine Wunden wurden wir geheilt.«

Lamm Gottes. Das war nicht zuletzt jenes Lamm, das die Israeliten bei ihrem Pessach-Fest opferten: in Erinnerung an den Auszug aus der Knechtschaft in Ägypten, als sie auf das Wort Gottes hin, so der Bericht aus dem Buch *Exodus,* »die beiden Türpfosten und den Türsturz an den Häusern« mit dem Blut eines Lammes bestreichen sollten. Es war das Zeichen der Rettung. Das Volk Gottes musste durch diese *Tür,* um in die Freiheit zu gelangen. Wer sein Haus nicht mit dem Blut des Lammes markierte, konnte nicht ins neue Leben kommen. Ein Bild, das auch Jesus für sich verwenden sollte: »Ich bin die Tür; wer durch mich hineingeht, wird gerettet werden.«

Die Vorhersagen verhießen keine schnelle Erfolgsgeschichte. Nirgendwo in den Schriften war die Rede von einem Retter, unverwundbar, der mit einem glatten Durchmarsch die Sache Gottes zum Sieg führen würde. Allerdings sprach die Bibel von einem »Plan Gottes« (Jesaja), der am Ende bereits das Blut des Kreuzes impliziert, das Hinabsteigen in das Reich der Toten, um in einem gewaltigen Ringen die Welt zu wenden. Und um zu zeigen, dass Gott sich ganz für die Menschen hingibt. Als Gott der Schwachen, der Gebrochenen. Dass Leid und Tod nicht das Letzte im Leben sind, sondern überwunden werden für einen Weg in die Zukunft. »Viele haben sich über ihn entsetzt, so entstellt sah er aus, nicht mehr wie ein Mensch«, heißt es in Jesajas Vision, als sehe er den Gekreuzigten von Golgatha, »jetzt aber setzt er viele Völker in Staunen, Könige müssen vor ihm verstummen. Denn was man ihnen noch nie erzählt hat, das sehen sie nun; was sie niemals hörten, das erfahren sie jetzt.«

Jesu Rückkehr ins Lager des Täufers sorgt für Aufsehen. Zwei Jünger bekommen den Ausruf vom *Lamm Gottes* mit. Wie Schlafwandler, die nicht wissen, wohin genau die Reise führt, trippeln sie nun dem großen, fremden Mann hinterher. Johannes hält den Zeitpunkt der Begegnung fest: Es ist vier Uhr nachmittags, »die zehnte Stunde« des Tages. Die *Zehn* steht nicht nur für

Vollendung und Vollkommenheit. Es ist die Zahl der *geheimen Gottesnamen.*

»Was wollt ihr?«, dreht sich Jesus plötzlich um, zum Erschrecken seiner Verfolger.

»Rabbi«, stottern sie wie ertappte Schuljungen, »wo wohnst du?«

»Kommt und seht.« Jesus hat seine ersten »Nachfolger« gefunden. Er hat sie nicht rekrutiert. Er gibt keinen Befehl. Jesu erstes und ewiges Wort an Menschen, die ihm folgen wollen – ist eine freundliche Einladung. Man soll ihn sich lediglich einmal ansehen. Um dann selbst zu beurteilen, ob es sich lohnt, dem *Máximo Líder* zu folgen. Die ersten Jünger, heißt es im Evangelium des Johannes, »blieben gleich den ganzen Tag«.

Als Leonardo da Vinci vor vierhundert Jahren in Mailand den Auftrag erhielt, zur Ehre Gottes und zur Erbauung der Menschen das *Letzte Abendmahl* zu malen, kniete er Stunden vor dem Tabernakel. Er wollte sich bestmöglich auf die Aufgabe vorbereiten und sie in Würde beginnen. Als Erstes malte er den Saal. Danach suchte er in der Stadt nach Modellen, um die Apostel treffend ins Bild zu setzen. Er nahm ehrwürdige Männer zum Vorbild. Einen Schuster mit mächtigem, grauem Bart; einen Fischer mit von Sturm und Wetter gegerbtem Gesicht. Leonardo tat sein Bestes, und doch lag er verkehrt.

Die ersten Jünger Jesu waren in Wahrheit alles andere als grau und ehrwürdig, sondern eine scheinbar bunt zusammengewürfelte, verwegene Truppe von *twenty-somethings,* die ihre besten Jahre noch vor sich hatten. Und ein Charakteristikum, das sie für eine höhere Aufgabe qualifizierte, ist auf den ersten Blick nicht zu erkennen.

Der nach Angaben des vierten Evangeliums Erste von allen, Johannes, der spätere Lieblingsjünger (siehe hierzu auch die Vita im Evangeliums-Dossier im Anhang), bleibt zunächst anonym. Als Chronist der Heiligen Schrift verbat es sich, im eigenen Text seinen Namen zu nennen oder sich gar an die erste Stelle zu setzen. So ist der Erstgenannte aller Apostel nicht jemand mit jüdischem, sondern heidnischem Namen, Andreas, abgeleitet aus dem griechischen *Anderas*, »der Mannhafte«.

Der Fischreichtum des Sees schuf in Orten wie Magdala, Genezareth, Kafarnaum und Betsaida (»Haus des Fanges«) eine einträgliche Wirtschaft. Der getrocknete und gesalzene Fisch wird als Delikatesse bis nach Rom geliefert, wie der griechische Geograf Strabon um 20 n. Chr. notierte. Die meist als Genossenschaften organisierten Unternehmen teilen sich die Wurf-, Zug- und zweihundert Meter langen Schleppnetze und helfen sich gegenseitig, wenn etwa zwei Boote zum Auslegen bestimmter Netze erforderlich sind. »Sie winkten ihren Gefährten im anderen Boot, sie sollten kommen und ihnen helfen«, heißt es bei Lukas über den »wunderbaren Fischfang«.

Es sind von Sonne und Wind gegerbte, zähe Männer mit viel Geduld und Durchhaltevermögen, geschult im professionellen und solidarischen Anpacken, insbesondere wenn sie nächtelang von Ufer zu Ufer rudern, immer auf der Hut vor einem der plötzlich hereinbrechenden Stürme, die für diesen See so typisch sind.

Andreas, ein aufgeweckter junger Fischer, hatte sich in der Heilserwartung jener Jahre früh dem Täufer in der Wüste angeschlossen. Er ist belesen in der Schrift, begeisterungsfähig und voller Hoffnung auf den Aufbruch in die neue Zeit. Ähnlich wie er seinen Bruder mit Jesus bekannt machen wird, nimmt er auch später die Rolle eines Vermittlers ein.

Die halbe Nacht über hatten Johannes und Andreas Jesus beobachtet und ihm zugehört. Gleich ihre erste Begegnung macht sie zu *Aposteln*, zu »Boten« und »Gesandten« Christi, wie das Wort sagt, die die Kunde vom Heil weitertragen. »Wir haben den Messias getroffen«, ruft Andreas denn auch schon von weitem aufgeregt seinem Bruder Simon zu, völlig überzeugt davon, dass sein Gefühl ihn nicht getäuscht hat. Die beiden stammen, wie auch Johannes und sein älterer Bruder Jakobus, aus dem wenige Kilometer entfernt gelegenen hellenistisch geprägten Betsaida, leben nun jedoch gemeinsam im Haus von Simons Schwiegermutter in Kafarnaum. Andreas' Begeisterung ist Simon noch fremd. Skeptisch betrachtet er die Gestalt, die sich ihm nähert.

Wie wird sich die Begegnung der beiden Hauptfiguren der Geschichte Jesu abspielen? Das Evangelium macht eine nüchterne Beobachtung: »Jesus heftete seinen Blick auf ihn.«

Ein Blick genügt. Jesus nimmt ihn in Augenschein. Nun ruft er ihn bei seinem Namen: »Du bist Simon, der Sohn des Johannes.« Namen sind nicht Schall und Rauch. Als *Simon bar-Jona* ist der Angesprochene zunächst der Sohn eines Johannes oder Jona (hebräisch für »Taube«). Sein Eigenname, hebräisch *Schimeon* oder *Schemel,* bedeutet zum einen »Jahwe hat gehört« (oder auch »Erhörung«), zum anderen birgt *Schemel* das *Sch'ma Israel* in sich, das »Höre, Israel«, das Hauptgebet der Juden. In einer dritten Verknüpfung verweist es auf den »Schemel Gottes«, die Fußbank vor dem Thron des himmlischen Königs.

Jesus scheint Simon nicht nur zu kennen, er *erkennt* ihn. In seiner *ganzen* Person. Das heißt: auch darin, was der Sinn und die Aufgabe dieses Lebens sein werden. So ist Simon der Erste, den Jesus, indem er ihn beim Namen ruft, auch schon verwandelt, gewissermaßen vom Alten ins Neue: »Du sollst *Kephas* heißen«, Kephas, »der Fels«, griechisch *Petros.*

Mehr gibt Jesus zunächst nicht preis. Noch ist der Name nicht mit Leben gefüllt. Erst viel später wird Jesus den Fischer vom See Genezareth in den ganzen Umfang seiner Sendung einweihen. Er tut es mit den Worten, die heute im Inneren der Kuppel des Petersdoms in Rom hoch über dem Altar und dem darunter befindlichen Grab des Apostelfürsten eine ewige Verheißung anzeigen: *Du bist Petrus, und auf diesen Felsen werde ich meine Kirche bauen, und die Mächte der Unterwelt werden sie nicht überwältigen.*

Die endgültige Berufung der Brüderpaare Simon/Andreas und Jakobus/Johannes berichten die synoptischen Evangelien in einer Szene, als die Fischer gerade dabei sind, ihre runden Fangnetze zu schleudern, die man mit der Hand auswirft wie ein Lasso. Erst ein knappes Jahr später, im Februar 29, wird er sie mit anderen Auserwählten offiziell als die Mitglieder seines Zwölferkreises vorstellen. Hier am Ufer des Sees gibt er ein anderes Zeichen: »Kommt her, folgt mir nach«, ruft er den jungen Männern im Wasser zu, »ich werde euch zu Menschenfischern machen.«

Menschenfischer. Es ist kein Funktionär, der mit diesem Wort beschrieben wird, kein Apparatschik. Das poetische Wort drückt die vornehmliche Aufgabe des apostolischen Dienstes aus: Menschen herausfischen aus dem Tümpel ihrer Gewöhnlichkeit und Verlorenheit. Jetzt und jedes Mal, wenn jemand sich ansprechen, sich »fangen« lässt, um gerettet zu werden für das Reich Gottes.

Jesu Anspruch ist dabei weit größer, als es seine Verniedlichung hin zum »Freund und Bruder« vermuten lässt. »Glaubt nicht, dass ich gekommen bin, Frieden auf die Erde zu bringen«, wird er bald verkünden. Und auch sein Wort, er sei dazu da, »um die Sünder zu rufen, nicht die Gerechten«, lässt sich anders lesen als in der Vorstellung vom Arzt, der die Kranken heilt. Es erinnert an die Durchsagen am Flughafen, wenn die Säumigen, die immer Besseres zu tun haben, der letzte Aufruf ereilt.

Die ersten Mitarbeiter, die sich Jesus angelt, sind keine Millionäre, aber auch keine armen Schlucker. Das Haus von Petrus' Schwiegermutter ist eines der wohlhabendsten in Kafarnaum, wie Ausgrabungen belegten, wunderschön gelegen in der Nähe zum See. Der Familienvater, der auf seinen späteren Reisen von seiner Ehefrau begleitet wird (1 Kor 9,5), ist ein Mann von großer Tatkraft, bärenstark, treuherzig, mit dem Gemüt eines Bulldozers; allerdings auch von jugendlicher, teils jähzorniger Unbeherrschtheit; ein ganz und gar unintellektueller, einfach strukturierter Mensch, klug vom Leben, nicht durch Schulmeisterei. Eine gewisse Weltgewandtheit bringt nicht nur das Management seiner Fischereikooperative mit sich, sondern auch der hellenistische Background seiner Geburtsstadt Betsaida, in der jedermann mehrsprachig und in Kontakt mit anderen Kulturen aufwächst.

Der »Fels« wird die Jünger nach außen, aber auch gegenüber Jesus vertreten, indem er ihre Fragen und Bitten an den Meister heranträgt. Er ist dabei weder die entschlossene Führerfigur noch der gutorganisierte, machtbewusste Macher. Autorität und Vorbildfunktion erwirbt er sich durch Offenherzigkeit und die unverfälschte Treue der Sache Jesu gegenüber; die unschuldige Hingabe verleiht seinem Zeugnis Sympathie und Glaubwürdigkeit.

Kein anderer wird vom Meister so hart erzogen und dabei in die Schranken gewiesen werden wie er. Keiner aber auch hat diese Gelassenheit, Gutmütigkeit und Herzensbildung, das zu tragen, was Jesus von ihm verlangen wird.

Mit den Brüdern Johannes und Jakobus wird Petrus den inneren Führungszirkel um Jesus bilden. Als unmittelbare Zeugen werden sie die Heilungen, die Auferweckung der Tochter des Jaïrus, aber auch die »Verklärung« Jesu auf dem Berg Tabor erleben. Kurz vor seinem Martyrium unter Kaiser Nero wird der Primas der Apostel in seinem Testament (2 Petr 1,16) »an die Auserwählten«, die er als Menschenfischer retten durfte, folgendes Bekenntnis machen: »Wir sind nicht irgendwelchen klug ausgedachten Geschichten gefolgt, als wir euch die machtvolle Ankunft Jesu Christi, unseres Herrn, verkündeten, sondern wir waren Augenzeugen seiner Macht und Größe.«

Der vierte unter den Erstberufenen, *Jakobus* (hebr. *Ja'akob*, »möge Gott beschützen«), wird in den Evangelien fast ausschließlich zusammen mit seinem Bruder Johannes genannt. Mit ihrem Vater Zebedäus, einem der wohl reichsten und einflussreichsten Männer von Kafarnaum, führen die beiden die Tagelöhner ihrer Flotte an. Der französische Exeget Henri Cazelles nimmt an, dass Zebedäus zweimal im Jahr Priesterdienst im Tempel zu verrichten hatte. Er pflegte intensiven Kontakt zur Hohepriesterschaft und verfügte in einem vornehmlich von den Essenern bewohnten Stadtviertel Jerusalems über ein Absteigequartier, dem womöglich späteren Schauplatz des letzten Abendmahls.

Der Spitzname »Donnersöhne« (»Boanerges«), den Jesus den Zebedäus-Söhnen gab, kennzeichnet ein gewisses Draufgängertum und die Mentalität des Revolutionärs, der es gewohnt ist, Leute zu kommandieren. Gewalt ist für die Brüder kein Verbrechen. Einmal wollen sie Feuer vom Himmel fallen lassen, als Strafaktion gegen die Samariter. Ein anderes Mal konfrontieren sie Jesus im vollen Selbstbewusstsein der Erben eines großen Familienunternehmens mit der Bitte, er möge ihnen im Himmelreich die besten Plätze reservieren. Das Ansinnen hatte allerdings, ob in ihrem Namen oder nicht, ihre Mutter an Jesus herangetragen,

Salome. Sie war vermutlich, als eine der Schwestern Marias, die leibliche Tante Jesu.

Nach der Himmelfahrt Christi wird Jakobus Mitglied des Jüngerkreises in Jerusalem werden. Eine auf Isidor von Sevilla zurückgehende Überlieferung sieht ihn danach als Missionar in Spanien. Einer anderen Tradition zufolge wurde nur sein Leib nach Spanien gebracht. Fest steht, dass nach keinem anderen Apostel weltweit mehr Kirchen, Plätze und Straßen benannt wurden. Sein Grab wird heute in Santiago de Compostela noch immer von Millionen von Menschen verehrt, die häufig über den »Jakobsweg«, die berühmteste Pilgerstrecke Europas, kommen.

Jakobus wird der Apostelgeschichte zufolge der Erste der Zwölf sein, der sein Leben für Christus gibt, enthauptet unter Herodes Agrippa I. zwischen den Jahren 41 und 44. Sein Mitapostel Andreas wird gut zwanzig Jahre später, am 30. November des Jahres 60, in der griechischen Stadt Patras den Märtyrertod auf einem Kreuz mit schrägen Balken (*Andreaskreuz*) erleiden. Petrus wird um 64 n. Chr. in Rom gekreuzigt werden, mit dem Kopf nach unten.

Die Mission Jesu beginnt im Stillen und im Kleinen. Es ist ein bescheidenes Lauffeuer, das da von Docht zu Docht wandert. Nach Johannes, Andreas, Simon Petrus und Jakobus trifft es irgendwo auf dem Weg den guten Philippus, der ebenfalls aus Betsaida stammt. Bei ihm muss Jesus ein wenig anschubsen (»Folge mir nach«). Offenbar gehört der Junge zu jener Sorte von Menschen, die sich nicht allzu viel zutrauen. Ohne Andreas wirkt er bisweilen hilflos; ein Randgänger, dessen Zurückhaltung womöglich auch aus einer Ängstlichkeit resultiert, die er nicht überwinden kann. Philippus (griechisch *philippos*, »Pferdefreund«) sollte das Verbindungsglied Jesu zu den Griechen in Jerusalem werden. Hier auf dem Weg nach Kana, den Jesu kleine Truppe inzwischen eingeschlagen hatte, sehen wir ihn freudig voraushüpfend wie ein Kalb, das nach dem langen Winter endlich auf die Weide darf. »Wir haben den gefunden«, ruft er in jugendlichem Enthusiasmus seinem Freund Natanaël entgegen, den er unter einem Feigenbaum erspäht hatte, »über den Mose im Gesetz und auch die Propheten geschrieben haben.«

Natanaël ist ein nüchterner Denker. Wer soll das sein, will er wissen. Seine Miene ist umso skeptischer, da er seinen Bekannten womöglich als Mitläufer einschätzt. Die Antwort des Philippus, es handle sich um »Jesus von Nazareth, den Sohn Josefs«, bestätigt ihn: »Aus Nazareth?« Sarkastisch fügt er das bekannte Sprichwort hinzu, das sich offenbar in ganz Galiläa niemand verkneifen will: »Kann von dort etwas Gutes kommen?«

Als Kenner der Schrift weiß er, dass der Gesalbte nicht aus seinem Nachbardorf, sondern aus dem Geschlecht Davids und aus Bethlehem stammen sollte. Philippus lässt sich nicht irritieren: »Komm und sieh.«

Natanaël (hebr. *Natan'el*, »Gabe Gottes«) ist kein leicht zu gewinnender Mensch; ein Lokalpatriot aus Kana mit gesundem Selbstbewusstsein, manchmal behäbig, manchmal auch stur. Jemand, der allem Neuen und Fremden zunächst einmal ablehnend gegenübersteht. In den Apostellisten findet sich sein Name nur bei Johannes. Bei den Synoptikern taucht an der Stelle seiner Plazierung ein »Bartholomäus« auf. Seit dem 9. Jahrhundert werden beide Namen als mit einer Person identisch betrachtet, eine Einschätzung, die unter Wissenschaftlern inzwischen keine ungeteilte Zustimmung mehr findet.

Philippus hatte seinen Bekannten zuallererst auf das »Gesetz« angesprochen. Das ist wichtig. Man habe nicht irgendjemanden gefunden, sondern jenen, von dem das »Gesetz« berichtet, der folglich auch nicht *gegen* das Gesetz oder zu dessen Aufhebung kommt, sondern *aus* ihm und *mit* ihm. Der Begriff »unter dem Feigenbaum sitzen« wiederum, der in dieser Szene den Aufenthalt, die Situation dieses »wahren Israeliten« beschreibt, ist im Judentum ein Ausdruck dafür, sich gerade mit der Tora zu beschäftigen. Der *Feigenbaum* galt zudem als der Baum des Paradieses, von dem Adam und Eva die sprichwörtlichen Feigenblätter nahmen, um ihre Scham zu bedecken.

Jedenfalls hatte sich der junge Theologe den Retter Israels irgendwie anders vorgestellt. Jesus macht ihm das nicht zum Vorwurf. Er mag dieses Freche, Ungebärdete an dem Jungen. Solche Leute sind schwer zu überzeugen, aber sehr verlässlich, sobald sie sich selbst ein Bild machen können. »Da kommt ein echter Israelit«, ruft er ihm entgegen, »ein Mann ohne Falschheit.« Das Wort spielt auf die Bestimmung des auserwählten Volkes an, Gottes Wege zu erkennen und seine Gebote zu achten, wie Mose es vor seinen Landsleuten an der Schwelle zum Gelobten Land beschworen hatte. Wenn sie das täten, so hatte der Gesetzesbringer Israels verkündet, würden sie »leben und zahlreich werden«. Andernfalls jedoch »werdet ihr ausgetilgt werden; ihr werdet nicht lange in dem Land leben, in das du jetzt über den Jordan hinüberziehst ...« (Dtn 30,15–20).

Man verspürt die Sympathie, die Jesus dem neuen Freund entgegenbringt. Alle seine bisherigen Jünger stammen wohlgemerkt aus dem heidnisch geprägten Betsaida. Hier trifft er zum ersten Mal auf jemanden, in dem er Israel vertreten sieht, Israel, wie er es liebt. »Woher kennst du mich?«, will Natanaël wissen. »Kennen« heißt in diesem Fall: Wie kannst du wissen, was ich denke und ersehne, woran ich zweifle?

»Schon bevor dich Philippus rief, habe ich dich unter dem Feigenbaum gesehen.«

In der Antwort kommt nicht nur Jesu Scharfblick zur Geltung. Ein religiös geschulter und kluger Jude wie Natanaël konnte darin die Allwissenheit eines Propheten erkennen, der in Seelen und in die Zukunft schauen kann. Natanaël ist entwaffnet. Von Jesus angesprochen worden zu sein und sich ansprechen zu lassen gibt ihm nun selbst die Fähigkeit zu höherer Erkenntnis. Fassungslos und zutiefst erschüttert wirft er sich vor Jesus in den Staub: »Rabbi, du bist der Sohn Gottes, du bist der König von Israel.«

Wir schreiben Tag zwei der Mission Jesu, und zum ersten Mal gibt der Mann aus Nazareth etwas von seiner Identität und Aufgabe preis. Er tut dies gegenüber einem »echten Israeliten«. Er sieht die Zeit noch nicht gekommen, sich in einer Weise zu zeigen oder ausrufen zu lassen, die keine Missverständnisse mehr aufkommen lässt. Aber er bestätigt im Folgenden indirekt, dass es zwischen ihm und dem Himmel keine Schranken gibt: »Du glaubst, weil ich dir sagte, dass ich dich unter dem Feigenbaum sah?« Jesus schaut Natanaël fest in die Augen: »Du wirst noch Größeres sehen.«

Man sieht förmlich, wie alle Umstehenden gebannt an Jesu Lippen hängen. »Amen, amen, ich sage euch …«, beginnt er. Im jüdischen Sprachgebrauch wird *Amen* für gewöhnlich verwendet, um damit die Aussage eines anderen zu übernehmen (so ist es) oder seinen Wünschen zuzustimmen (so soll es sein). Das Wort stammt von der Sprachwurzel *emuna* ab, dem *Glauben*, was im Hebräischen ein gelebtes Vertrauen zu Gott und die Treue zu ihm bedeutet. Jesus wird mit diesem Markenzeichen in Zukunft anzeigen, dass er mit ganzer, mit göttlicher Autorität sprechen will. Hier und heute fügt er eine ungeheure Aussage hinzu: »Amen, amen, ich sage euch, ihr werdet den Himmel geöffnet und die Engel Gottes auf- und niedersteigen sehen über dem Menschensohn.«

Das Bildwort erinnert zunächst an den Patriarchen Jakob, der im Traum über eine Leiter in direkter Verbindung mit den himmlischen Mächten stand. Dann benutzt Jesus erstmals einen Begriff, der als Hoheitstitel reserviert war für jenen Einzigen, auf dem die Hoffnung der Welt ruhte. Man konnte ihn verwenden, ohne sich penetrant selbst als *Messias* beim Namen nennen zu müssen. Zudem war er nicht mit politischen Vorstellungen verbunden. Denn der Begriff »Menschensohn«, das wusste der bibelfeste Natanaël, kam in den alten Schriften nur in einem bestimmten Zusammenhang vor. Es war der Titel für Christus, den Gesandten Gottes.

Was sind das für Menschen, die Jesus in seine Nähe ruft? Welche Qualitäten zeichnen sie aus? Was wir wissen, ist: Sie werden sich streiten, sich misstrauen und befehden; die einen werden buchstäblich die schwerste Stunde ihres Meisters verschlafen, andere ihn verleugnen. Ist Jesu Auge getrübt, wenn es um Menschenkenntnis und Personalführung geht? Gab es keine Besseren, die man hätte dem »Sohn Gottes« zur Seite stellen können?

Da ist keiner, für den sich ein Heldenkranz flechten ließe. Keiner, der sich durch Vornehmheit oder intellektuelle Brillanz hervorgetan hätte. Aber eines scheint sie dann doch von anderen zu unterscheiden. Wer sein Jünger sein wolle, wird Jesus fordern, »der verleugne sich selbst, nehme täglich sein Kreuz auf sich und folge mir nach«. Im Gegensatz etwa zu einem Gelehrten wie dem Jerusalemer Hohepriester Nikodemus, dem wir bald begegnen werden, oder dem so interessierten »reichen Jüngling«, der sich gleich wieder aus dem Staub machen wird, sind die Fischer vom See wahrhaftig bereit, ihr gewohntes Schema, ihr übliches Denken, den Mainstream des angepassten Lebens hinter sich zu lassen; mutig genug, für sich selbst zu prüfen, was zu prüfen sich lohnte.

Nicht auf die Abstammung kommt es in der Nachfolge Christi an, verdeutlichen die Evangelien. Berufung ist nicht länger eine Frage der Zugehörigkeit zu einer bestimmten Kaste oder einem bestimmten Volk. Die neue Jungerschaft bildet sich vom *Hören* her. Dass selbst diese ersten Jünger mit dem Problem ringen, Jesus ganz erkennen, ihm ganz glauben und vertrauen zu können, macht sie zum Ebenbild der Jesus-Nachfolger aller Jahrhunderte. Ihrer Sehnsucht steht immer auch der Zweifel gegenüber, ihrem Gefühl ein Verstand, der sich von der Vorstellung von einem »Sohn Gottes« provoziert fühlt. Tatsächlich müssen sie bis zuletzt mitgehen; durch die Kreuzigung hindurch, bis hin zur Auferstehung. Erst dann können sie die Fülle Christi nicht nur in ihrem Herzen spüren, sondern auch ganz verstehen.

Die Leute aus Galiläa legten ihre Netze beiseite, sie ließen den Pflug stecken und gaben ihren Rhythmus auf. Aus Fischern, die niemand kannte, die gestorben wären, ohne eine Spur zu hinterlassen, wurden Heilige, die in Christi Auftrag Menschen fischten und die Welt umpflügten. Millionen tragen bis heute ihre Namen. Milliardenfach wird in Gebeten um ihre Freundschaft und Hilfe geworben. Sie sind in doppelter Hinsicht die Zeugen Jesu. Nicht nur in ihrer Treue, sondern auch durch die historische Faktizität ihrer Existenz. Sie ist so unbezweifelbar, dass von den Aposteln aus betrachtet der Gedanke, Jesus habe es gar nicht gegeben, so absurd erscheint, als würde jemand Elvis Presley für eine Automarke halten.

Der heilige Paulus fand neben dem uneingeschränkten Ja der Jünger zur Nachfolge ein weiteres Merkmal, das die Auswahl Jesu nachvollziehbar macht. »Seht auf eure Berufung, Brüder!«, schrieb er in seinem ersten Brief an die Korinther. Der Hinweis war nicht unbedingt schmeichelhaft. Der Apostel sah in die Runde, und er sah »nicht viele Weise im irdischen Sinn, nicht viele Mächtige, nicht viele Vornehme«. Aber seine Beobachtung brachte ihm eine wichtige Erkenntnis. Nun wusste er, dass Gott »das Törichte in der Welt« erwählt hatte, um gerade auf diese – eben nur Gott mögliche – Art »die Weisen zuschanden zu machen«. Genauso wie er »das Schwache in der Welt« erwählt hatte, »um das Starke zuschanden zu machen«.

Die Methode hatte einen hübschen Nebeneffekt. Denn vor diesem Hintergrund konnte sich niemand damit brüsten, aufgrund eigener Leistung erleuchtet zu sein. Eitelkeit und Anmaßung sind fehl am Platz. »Wer sich also rühmen will«, rät Paulus, »der rühme sich des Herrn.«

18

Die Hochzeit

Kana, April 28

Es gibt gleich mehrere Orte, die sich darum streiten, Austragungsort der berühmtesten Hochzeit der Welt gewesen zu sein. Das kleine *Kafr Kanna* (Dorf Kana) auf einem Hügel zwischen Weinbergen und Olivenhainen ist zwar nicht der unumstrittene, aber der durch Ausgrabungen und Pilgerberichte am besten dokumentierte Schauplatz dieses Geschehens. »Nicht weit« von Nazareth entfernt, schrieb im Jahr 392 die römische Patrizierin Paula an ihre Freundin, »sieht man Kana, wo das Wasser in Wein verwandelt wurde«. Es ist mit die geheimnisvollste Offenbarung Jesu, auch wenn Theologen darüber hinwegspazieren, als handle es sich beim Wunder von Kana um ein Wochenendvergnügen.

Ich hatte eine Parklücke für meinen Wagen gefunden, und weil die Katholiken ihrem Tempel Mittagsschlaf verordneten, spazierte ich zu den Orthodoxen, deren Gotteshaus von einem wunderbar unaufgeräumten, üppigen Garten umgeben ist. Es duftete nach Zitronenkraut, und die Orangenbäume bogen sich unter ihren Früchten tief zur Erde. Eine ganz in Schwarz gehüllte griechische Klosterfrau holte den Schlüssel zur Kirche. Seit ihr Mann gestorben sei und die Kinder aus dem Haus seien, erzählte sie im Gehen, habe sie in Israel eine neue Aufgabe gefunden. Es sei Gottes Wille gewesen. Obendrein sei der Priester hier ja erst 23 Jahre alt und brauche dringend Hilfe.

Die Griechin führte mich durch die Kirche. In einer Ecke standen Repliken riesiger Wasserkrüge, groß genug für ein Vollbad im Stehen. »Wer ist dieser Jesus?«, hatte ich einfach so dahingesagt, als spräche ich mit mir selbst.

Der Nonne verschlug es förmlich die Sprache. »Was für eine Frage?«, schüttelte sie den Kopf. »Sohn von Gott natürlich.« Es war das Natürlichste der Welt. Jesus wusste es, alle wussten es. »Oder wissen Sie nicht, wer Sie sind?«

Sie schüttelte weiter den Kopf. »Jesus war zwei Stunden auf der Welt, da konnte er schon sprechen. Er war immer zusammen mit Gott. Wenn er sagte: ›Ich brauche Hilfe‹, sprach er mit Gott. Wer nichts glaubt, ist genau wie eine Kuh.«

Ich wollte weder Kuh noch Ochse sein und setzte nach: »Wie kann man Jesus kennenlernen?«

»Wie?« Gäbe es eine Steigerung von Staunen, hier wäre der Ausdruck angebracht. »Von Papa und Mama«, gab die famose Griechin entgeistert zurück, »von wem denn sonst? Schon wenn man drei Jahre ist, nehmen einen die Eltern doch mit in die Kirche.« Nun ja, sie schien nicht ganz von dieser Welt zu sein.

Inzwischen hatte uns der junge Pope entdeckt und fühlte sich irgendwie in der Pflicht, seiner Landsfrau beizuspringen. Wir setzten uns in den Garten. Hier vor unseren Füßen lägen die Reste der Kirche der hl. Helena aus dem 3. Jahrhundert, erklärte der Priester. Die Perser hätten im 6. Jahrhundert alles kaputt gemacht. Die Mauer aber stamme noch aus den Steinen des alten, zerstörten Klosters. Die späte Nonne brachte ein Tablett mit Gebäck und Limonade, und nach einem kurzen Seufzer, weil er doch eigentlich etwas anderes zu tun hatte, als mit einem Reporter aus Deutschland im Garten herumzuhängen, erzählte mir der Mann Gottes von dem »Wunder von Kana«, das so tief und vieldeutig sei, dass er noch immer nicht fertig sei damit, darüber nachzudenken.

Jesus war mit seinem Gefolge vom See Genezareth durch das *Wadi el-Hamam* aufgestiegen. Das wildromantische Taubental mit seinen himmelhohen Steilwänden war der kürzeste Weg in die untergaliläische Heimat, wo er eine Hochzeit mitfeiern sollte, zu der er »und seine Jünger« eingeladen waren. Es war der *dritte*

Tag, als er auf Kana zuging. Und welch enorme Bedeutung das Evangelium diesem Auftritt beimisst, macht Johannes durch seine Hervorhebung deutlich: *»So tat Jesus sein erstes Zeichen.«*

Ein erstes Zeichen ist wie die erste Begegnung zwischen zwei Menschen, die einer Beziehung den Stempel aufdrückt; ist wie der »erste Eindruck«; der erste Kuss; wie die Jungfernrede oder eine Antrittserklärung, die den Stil und das Programm vorstellen, für das man steht. So etwas macht man nicht einfach so. So etwas bleibt. Und das *erste Mal* hat nicht nur eine besondere Aussage, sondern auch einen besonderen Genius. Wie heißt es doch: Allem Anfang wohnt ein Zauber inne. Erst recht, wenn es sich um einen Akt handelt, der die Ursehnsucht des Menschen zelebriert, sich zu vereinigen und Leben zu schenken. Symbolträchtiger kann ein *erstes Zeichen* nicht sein.

Man hat sich damit begnügt, die Hochzeit von Kana als einen eher folkloristischen Beitrag aus dem Leben Jesu zu betrachten. Die Feier zeige die gemütvolle, heitere Seite eines Menschen, der den Freuden des Lebens nicht abgeneigt zu sein schien.

In der Tat hat kein anderes Zeichen Jesu diesen Liebreiz. Keines zeigt diese Fülle von Liebe, Glück und Schönheit. Freilich geht es um mehr als um Glanz und Freuden eines morgenländischen Festgelages. Und womöglich hat, wer das *erste Zeichen* Jesu in seiner ganzen Tiefe aufzunehmen weiß, damit bereits so etwas wie einen Generalschlüssel in der Hand. Der syrische Kirchenvater Ephräm besang Kana im 4. Jahrhundert sogar als das personifizierte neue Jerusalem, das die Geschichte der Welt vorwegnimmt. Der heilige Augustinus sprach von einem hochzeitlichen Mysterium. »Aus dem Brautgemach«, so deutete er die Metamorphose Jesu, »tritt er hervor als Bräutigam.«

Während ich mit dem Popen – ich wusste noch nicht einmal seinen Namen – im lauschigen Garten saß, kam mir der Rat eines ehrwürdigen Ordensmannes in den Sinn, den ich im Kloster Montecassino kennengelernt hatte. Wer den Spuren Jesu folgen wolle, hatte der Benediktiner in seinen Bart gemurmelt, müsse sich an den Gedanken gewöhnen, dass hinter den Buchstaben des Evangeliums immer auch der entsprechende Subtext zu beachten sei. Ohne den Blick auf die Hintergründe bleibe das Neue Testament »ein Buch mit sieben Siegeln«. Damals wusste ich nicht genau, was der Padre damit meinte. Allmählich lernte ich jedoch zu sehen, dass die Autoren der Schrift neben dem rein Nachrichtlichen auch eine Symbol- und Bildsprache benutzen. Was sie berichten, ist wahre Geschichte. Aber was sie erkannt haben und sagen wollen, bedarf einer eigenen Grammatik, um in der gebotenen Kürze jene Vielschichtigkeit darzustellen, die den Dingen des Geistlichen nun mal eigen ist.

Jesus selbst achtet streng auf die Logik der Gedanken, aber er bemüht sich, mit Hilfe von Gleichnissen und Sprachbildern nicht allein den Intellekt anzusprechen, sondern die tieferen Schichten im Bewusstsein des Menschen. In einem Streitgespräch mit den Pharisäern macht er einmal auf das Problem des Verkennens dieser geistlichen Kommunikation aufmerksam: »Warum versteht ihr denn meine Sprache nicht? Weil ihr nicht imstande seid, mein Wort zu hören.« (Joh 8,43)

Jesus kommt nicht alleine zum Fest nach Kana. Er hat Menschen getroffen, die sich auf seine geistliche Führung einließen. Nun nimmt er sie mit zu dieser mehrtägigen Hochzeit, als ob es seine eigene wäre. Der Brautzug, bei dem der Bräutigam mit den Gästen die verschleierte Braut aus dem Haus ihrer Eltern zur Hochzeitstafel führt, hat vermutlich schon stattgefunden. Jung und Alt lagern nach Geschlechtern getrennt vor dem Haus auf Matten, andere haben sich auf dem flachen Dach niedergelassen.

Es ist ein Singen und Tanzen. Einlagen aus Salomos *Hohelied der Liebe* preisen die Schönheit und Tugend der Brautleute, Rätselraten und Geselligkeit wechseln sich mit Essgelagen und Trinksprüchen ab. Wochenlang hatten die Frauen alles vorbereitet. Lieblingsspeisen wie gesottenes Hammelfleisch, dazu frisches Gemüse und getrocknetes Obst. Wie bei den Griechen gehörte auch in einer jüdischen Festgesellschaft der Wein nicht zu den Genuss-, sondern zu den Nahrungsmitteln. Er wurde mit Wasser und gelegentlich mit Gewürzen vermischt, ein Speisemeister war zuständig, damit alles seine gute Ordnung hatte.

Weiß Jesus, wie seine Mission auszusehen hat? Welche Zeichen sollen geschehen? Wann genau wird seine Stunde gekommen sein? Die Hochzeit in Kana ist ein Muss. Seine Mutter, inzwischen eine Witwe von etwa 54 Jahren, die im Kreis ihrer Sippe lebt, hat das Fest der Verwandten mit vorbereitet. Seit jenem heiligen Erschrecken, als der Engel Gottes ihr verkündete, sie werde den gebären, auf den Israel warte und die Welt hoffe, macht sie sich Sorgen. Ist ihr nun der Sohn nicht auch ein wenig fremd geworden? Kennt sie ihn noch?

Es gibt Menschen, die betreten einen Raum, und aller Augen wenden sich ihnen zu. Sie steigen auf eine Bühne und haben die Aufmerksamkeit von Zigtausenden. Sie erheben die Stimme, und alles verstummt. Ist das nicht der Sohn des Zimmermanns, fragen die Ersten in ihrer Verwunderung über das Erscheinen der jugendlichen Truppe und ihres Anführers. Sein Auftreten, seine Art, sich zu bewegen, sein ganzes Reden, alles hat sich irgendwie verändert. Selbst das Verhältnis zu seiner Mutter scheint nicht mehr das alte zu sein. Als der Wein ausgeht, berichtet das Evangelium, zupft Maria ihren Sohn am Ärmel: »Sie haben keinen Wein mehr.« Aber wie derb ist seine Antwort: »Was willst du von mir, Frau? Meine Stunde ist noch nicht gekommen.«

Die Reaktion wirkt auf den ersten Blick abweisend und hartherzig. Das Evangelium versucht noch nicht einmal mit einem Nebensatz das Verhalten der Protagonisten zu retuschieren. Wobei das Wort »Frau« einfach nur eine gehobene, distanzierte Anrede ausdrückt. »Frau, siehe, dein Sohn«, so wird Jesus auch auf Golgatha seine Mutter ansprechen, wenn er ihr den Apostel Johannes zur Seite stellt. Warum jedoch sieht sie ihn in der Verantwortung? Ist er der Bräutigam? Und warum verweigert sich Jesus? Fühlt er sich überrumpelt? Die wörtliche Übersetzung des Textes scheint darauf hinzuweisen: »Was (ist) mir und dir, Frau?« Mit anderen Worten: Was ist mein Job, und was ist deiner? Willst *du* mir sagen, was *ich* zu tun habe?

Der Text lässt sich freilich auch anders lesen. »Was willst du von mir« – heißt das nicht auch: »Was soll ich tun? Kannst *du* mir das sagen?«

Jesus kennt *seine* Stunde. Sein Satz ist ein Hinweis auf den alles entscheidenden Augenblick seines Werkes, der erst noch kommen muss.

Tatsächlich scheint die Mutter Jesu genau um ihre Aufgabe zu wissen. Sie gibt den Anstoß. Sie ist der erste Mensch, der sein ganzes Vertrauen auf Jesus setzt. Ihr *Zeichen* ist der unerschütterliche Glaube. Und sein Zeichen ist: Alles ist möglich.

»Was er euch sagt, das tut«, trägt sie den Dienern auf. Es ist die Entschiedenheit einer Person, die nun wirklich Frau des Hauses ist; vielleicht sollte man sogar sagen: Prophetin des Hauses. Es wirkt wie ein Losungszeichen. Ganz so, wie die Gottesverkünder aller Zeiten an die Weisung des Herrn und seine Hilfe gemahnen: *»Was er euch sagt, das tut.«*

Die »Stunde ist noch nicht gekommen«, aber Marias Vertrauen nimmt Jesus in die Pflicht. Ihr kann der Sohn nichts abschlagen. Als »Gottesgebärerin« hat sie den Menschen Jesus gewissermaßen zweimal auf die Welt zu bringen. Einmal als das Licht der Völker und einmal als den Bräutigam, der zur Hochzeitstafel geführt wird, um sich mit Israel und allen Menschen guten Willens zu einem neuen, ewigen Bund zu vereinen.

Es war das *erste* Zeichen, und es war der *dritte Tag,* an dem dies geschah, so merkt das Evangelium des Johannes an. Der Hinweis ist mehr als nur eine Fußnote. Denn in allen Gottesbegegnungen der alttestamentlichen Bibel ist die Chiffre *dritter Tag* immer Ausdruck für den Eintritt Gottes in die Erde.

Jesus *verwandelt.* Aber wie! »Sie haben keinen Wein mehr«, sagte Maria. »Sie haben kein Brot mehr«, werden die Jünger bald sagen. Es ist Christus, der die Nahrung, die der Mensch zum Leben braucht, bis ins Unendliche vermehrt. »Füllt die Krüge mit Wasser«, ordnet Jesus schließlich in Kana an. Das genügt. Der Speisemeister verkostet »das Wasser, das zu Wein geworden war«, ohne zu wissen, was vor sich gegangen ist. Fast verärgert sagt er dem Bräutigam, jedermann setze doch »zuerst den guten Wein vor und erst, wenn die Gäste zu viel getrunken haben, den weniger guten. Du jedoch hast den guten Wein bis jetzt zurückgehalten.«

Ist es nicht auch eine Anfrage an den *Herrn*, warum er sich so lange Zeit ließ? Warum er den *guten Wein*, ein Codewort für den Messias, so lange zurückgehalten hat?

Ein Lauffeuer geht durch das Dorf. Jemand hat Wasser in köstlichen Wein verwandelt! Weit mehr, als die ganze Festgesellschaft trinken kann. Kinder laufen von Haus zu Haus. Die Alten gestikulieren. Ihre kehligen Laute klingen als Freudenschreie in die finstere Nacht. Wann ist so etwas je zuvor geschehen? Es ist wie im Schlaraffenland, wo Milch und Honig fließen, das reinste Paradies.

Aber warum musste Jesu erstes Zeichen gleich ein »Wunder« sein? Warum nicht eine weise Rede? Und wenn schon ein Wunder, warum nicht eine Heilung? Wirkt Kana nicht auch etwas maßlos? Und das ist es auch: verschwenderisch, üppig. Überflüssig im wörtlichen Sinne; fast schon zu viel des Guten.

Tatsächlich greift das erste Zeichen – wie Jesus selbst – über die Möglichkeiten des Gewöhnlichen, des Irdischen weit hinaus. Und wenn Gott gibt, dann wie ein Liebender, der im Überfluss seiner Liebe sich völlig ausschöpft. Überfluss ist nachgerade der Ausdruck des Göttlichen schlechthin. Es ist ein Geschenk der reinen Freude, rot wie die Liebe, deren göttliches Maß die Maßlosigkeit ist. »Er offenbarte seine Herrlichkeit«, beschreibt das Evangelium die Szenerie, »und seine Jünger glaubten an ihn.«

Bei dieser Hochzeit hatte Jesus nicht vier oder acht, sondern ausgerechnet *sechs* Krüge voller Wasser in Wein verwandelt. Warum? Eigens vermerkt das Neue Testament, dass es »steinerne« Krüge sind, die er verwendet. Im Gegensatz zu Gefäßen aus Ton können sie nach den Reinheitsgesetzen nicht verunreinigt sein. Der Hinweis ist wie ein Präjudiz: Das *Gesetz* wird streng beachtet. Die genannte Zahl – *sechs* Krüge – darf freilich als Parallele betrachtet werden. Nämlich zwischen der alten Erschaffung der Welt, wie sie in der Genesis, dem ersten Buch der Bibel, in den *sechs* Tagen der Weltschöpfung zum Ausdruck kommt, und der neuen Erschaffung der Welt. Die *Sieben* ist dann, als die Quintessenz dieser Erzählung, Jesus selbst, der seine »Herrlichkeit« offenbart. Und während die sechs Krüge die Dimension der *Welt-*

Zeit symbolisieren, zeigt die Sieben die Dimension der *Heils-Zeit.* »Und Gott segnete den siebten Tag und heiligte ihn«, heißt es auf der ersten Seite der Bibel, »dies ist der Werdegang des Himmels und der Erde, da sie geschaffen wurden.«

Das Zeichen von Kana öffnet den Blick auf die entscheidenden Dinge des Lebens – und was mit ihnen geschehen kann, wenn Christus ins Spiel kommt. Jemand, der aus Wasser Wein, aus einer gewöhnlichen Hochzeit eine himmlische, aus einem Sünder einen Heiligen macht. Man muss nicht überinterpretieren, wenn man sagt, die Codes der *Hochzeit* deuten bereits die ganze Tragweite des Werkes Jesu an:

DER WEIN. Der Weinstock ist Träger einer vielfältigen religiösen Symbolik: Bild für Israel (Ps 80,9–16) und Bild der messianischen Heilszeit (Mk 14,25). In der außerkanonischen Apokalypse nach Baruch wird der Messias selbst ein Weinstock genannt. »Ich bin der Weinstock, ihr seid die Reben«, so bemüht Jesus das Bild vom Wein, »wer in mir bleibt und in wem ich bleibe, der bringt reiche Frucht; denn getrennt von mir könnt ihr nichts vollbringen.«

Mit der Weinfülle von Kana bringe Jesus zum Ausdruck, so der Neutestamentler Klaus Berger, dass grenzenlose Fülle und grenzenloser Segen das kennzeichnende Merkmal des Messias sind – und dass er es ist, auf den sich diese Rede bezieht. »Gott gibt und schenkt ohne Einschränkung – jetzt schon und erst recht am Ende aller Zeiten.«

Damit weist das Bild von der Hochzeit und vom Wein bereits auf das Vermächtnis der Eucharistie. In seinem eschatologischen Ausblick umfasst es aber auch die Endzeit der Weltenwende, in der die schlechten Früchte ins Feuer geworfen werden.

DER BUND. Die messianische Zeit galt nach biblischer Überlieferung als eine hochzeitliche Ära. Das Verhältnis Gottes zu seinem Volk war von den Propheten immer wieder als ein bräutlich-ehelicher Bund gedeutet worden. In dem Synonym von Bräutigam und Braut wird das ältere, tief im Alten Testament verankerte Bild von der Ehe zwischen Gott und Israel aufgenommen. Und wenn Gottes Sohn kommt, beginnt eine hochzeitliche Gnadenzeit.

DIE EHE. Aus der Verbindung von Mann und Frau erwächst das Neue, Weiterführende. Ohne sie ist keine Zukunft. Ohne die Familie als Grundbaustein kann sich eine Gesellschaft nicht reproduzieren. Sie steht für Fruchtbarkeit, Geborgenheit im eigenen Heim, für das Leben selbst, dessen Sinn in der Liebe liegt, die sich wiederum ausdrückt in der Weitergabe des Lebens, der gemeinsamen Verantwortung und der gemeinsamen Freude daran. Über allem, dafür steht das Bild der Hochzeit zuallererst: die Liebe. »Das ist mein Gebot«, wird Jesus nicht müde zu wiederholen, »liebt einander, so wie ich euch geliebt habe.«

Wie hatte der Padre von Montecassino gemeint? Man müsse die Hintergründe beachten. Ansonsten bleibe das Evangelium vielleicht nicht gerade stumm, aber es teile sich nicht in seiner ganzen Fülle mit. Der Apostel Paulus gibt in seinem ersten Brief an die Korinther (1 Kor 2,6) einen unmissverständlichen Hinweis auf diese Grundvoraussetzungen. »Wovon wir aber reden«, heißt es hier, das sei »nicht eine Weisheit dieser Welt … Sondern wir reden von der Weisheit Gottes, die im Geheimnis verborgen ist … Und davon reden wir auch nicht mit Worten, wie sie menschliche Weisheit lehren kann, sondern mit Worten, die der Geist lehrt, und deuten geistliche Dinge für geistliche Menschen. Der natürliche [irdisch gesinnte] Mensch aber vernimmt nichts vom Geist Gottes, es ist ihm eine Torheit, und er kann es nicht erkennen; denn es muss geistlich beurteilt werden«, kann also nur mit Hilfe des Geistes und aus der Grammatik des Glaubens heraus erkannt werden.

Alle diese Symbole wie Wein, Bund und Ehe sind bedeutend und groß genug. Aber ihre ganze Aussagekraft erreichen sie beim Zeichen von Kana erst dadurch, dass Jesus die Hochzeit zu seiner eigenen macht. Der Ruf des Täufers war ein erster Hinweis auf diesen Zusammenhang: »Seht, das Lamm Gottes.«

Bei der Hochzeit in Kana lässt sich Jesus zunächst mit hineinnehmen in das festliche Geschehen. Dann aber macht er durch das von Maria initiierte Zeichen deutlich: Hier ist mehr als nur ein Budenzauber, so angenehm er auch sein mag, hier beginnt ein neues Zeitalter, in dem sich Himmel und Erde, Gott und die Menschheit hochzeitlich vereinigen. Und Gottes Hochzeit mit der Welt ist im Heilsmysterium Christi dann gewissermaßen auch die Versöhnung von Geist und Materie, Himmel und Erde, Raum und Zeit. Es kann zwischen ihnen keinen Widerspruch mehr geben, sondern nur *Einheit.* So wie in der Omnipotenz Jesu und seiner All-Gegenwärtigkeit schon alle Zeit gleichzeitig ist, auch die Zukunft. Das ist am Ende auch der Grund für die unfassbare Präsenz der frohen Botschaft: Was hier geschrieben steht, ist geschehen, geschieht und wird noch geschehen – jetzt und immer und überall.

Ein bizarres, fast märchenhaftes Wunder, das uns mit der Verwandlung von Wasser in Wein teils amüsiert, teils beeindruckt, teils auch ratlos macht, verweist in seinem größeren Zusammenhang nun deutlich auf den eschatologischen Charakter der Erscheinung Jesu. Es will bereits an dieser Stelle anzeigen, dass sein erstes Erscheinen keine endgültige, sondern nur eine vorläufige Mission darstellt, der ein zweites Kommen folgen *muss.*

Es ist das Evangelium nach Johannes, das als einziges die Hochzeit von Kana berichtet, und es ist die *Geheime Offenbarung des Johannes,* in der als der letzten Schrift der Bibel das Geheimnis dieser Hochzeit seine Auflösung findet. Denn in dieser Vision kommt die Festgesellschaft von Kana über eine riesige Bogenbrücke, die von der Erde bis weit in den Himmel reicht, gewissermaßen am anderen Ufer an – und offenbart sich als die »Hochzeit des Lammes«.

Alle Fragen erfahren endlich eine Antwort. Die Apokalypse enthüllt definitiv, was und wer mit diesem *Lamm* gemeint war: »Und ich sah den Himmel aufgetan; und siehe, ein weißes Pferd. Und der darauf saß, hieß: Treu und Wahrhaftig, und er richtet und kämpft mit Gerechtigkeit. Und seine Augen sind wie eine Feuerflamme, und auf seinem Haupt sind viele Kronen; und er trug einen Namen geschrieben, den niemand kannte als er selbst. Und er war angetan mit einem Gewand, das mit Blut getränkt war, und sein Name ist: *das Wort Gottes.*«

In der großen Thronsaalvision wird das Aussehen des Lammes Gottes als »wie geschlachtet« beschrieben (Offb 5,6). Es ist das Zentrum der Anbetung. Denn *allein das Lamm kann das Buch mit den sieben Siegeln öffnen.*

Erneut zeigt die Szene, die die Wiederkunft Christi beschreibt, Engel und Himmlische Heere, wie sie auch bei Jesu Geburt in Bethlehem erschienen; und doch ist alles anders. Christus kommt nicht mehr als Diener, der den Seinen die Füße wäscht, wie bei seiner ersten Ankunft, sondern als König aller Könige. Er tritt zunächst die Kelter des Zorns, das Symbol für alles Gottlose, das die Wiederkunft Christi nun als Strafgericht erfahren muss – bis endlich zur hochzeitlichen Feier geladen wird: »Und ich hörte etwas wie eine Stimme einer großen Schar und wie eine Stimme großer Wasser und wie eine Stimme starker Donner, die sprachen: Halleluja! Denn der Herr, unser Gott, der Allmächtige, hat das Reich eingenommen! Lasst uns freuen und fröhlich sein und ihm die Ehre geben; denn die Hochzeit des Lammes ist gekommen, und seine Braut hat sich bereitet … Und er sprach zu mir: Schreibe: Selig sind, die zum Hochzeitsmahl des Lammes berufen sind« (Off 19,6–9).

Als ich *Kafr Kanna* verließ, sah die Welt irgendwie anders aus. Was für eine frohe, wundervolle Geschichte, überlegte ich. Jesus predigt dabei anderen nicht Wasser. Er predigt Wein – und gibt ihn auch zu trinken; in einer Überfülle, wie es nur jemandem entspricht, der mit unendlicher Kelle unendlich schöpft: Niemand anderer als Jesus selbst hat sich mit dem Bild der Hochzeit identifiziert. Im Himmelreich sei es »wie mit einem König, der die Hochzeit seines Sohnes vorbereite«, erklärte er im »Gleichnis vom königlichen Hochzeitsmahl«. Und im »Gleichnis von den zehn Jungfrauen«, die mit Lampen dem Bräutigam entgegengingen, fügte er hinzu: »Seid also wachsam! Denn ihr wisst weder den Tag noch die Stunde.«

Seine Stunde kannte er offenbar. Sie ist in Kana vorweggenommen, und wie sich von hier, vom Kelch des Weines, der Bogen spannt zum Kelch seines Blutes, so wird die Verkündigung Jesu abschließen, wie sie in Kana eröffnet wurde: mit einem Fest. Vierundzwanzig Monate nach dem Mahl im Hochzeitssaal wird er wieder Wein wandeln. Diesmal im Abendmahlssaal von Jerusalem, wenn er feierlich erklärt: *»Trinkt alle daraus; das ist mein Blut, das Blut des Bundes, das für viele vergossen wird zur Vergebung der Sünden. Ich sage euch: Von jetzt an werde ich nicht mehr von der Frucht des Weinstocks trinken, bis zu dem Tag, an dem ich mit euch von neuem davon trinke im Reich meines Vaters.«*

19

Herr des Tempels

Jerusalem, Sichem, Nazareth, Mai bis September 28

Von Anfang an hat seine Anhänger beeindruckt, dass in Jesus nicht jemand sich selbst sucht, seine eigene Ehre, sein Ansehen, seine Macht, sondern die Mitte der Menschen – um mit seinem Licht auf einen anderen zu verweisen, den viele nicht mehr sehen konnten.

Die nächste Phase des Lebens Jesu zeigen die Evangelien wie einen Episodenfilm. Die Kameras stehen an vier unterschiedlichen Schauplätzen. Sie wollen aufzeichnen, ob jener, der die Rettung der Seelen versprach und die Religion Israels über die Grenzen trug, auch die Autorität hierfür besaß. Sein Verhalten allerdings musste auf Zeitgenossen skandalös und schockierend wirken.

I

Von Kana nach Kafarnaum sind es knapp vierzig Kilometer. Auf der Höhe des heutigen Mizpa taucht der See Genezareth zum ersten Mal auf, dreihundert Meter tiefer, nach einer steil abfallenden Schlucht. Wie eine weiße Wolke liegt eine Decke aus Dunst über dem Wasser. Jesus weiß, dass er nie mehr ganz nach Nazareth zurückkommen wird. Vor ihm liegen nun die weiten Felder seiner neuen Heimat. Die flachen Ufer am See Genezareth mit seinen ausladenden Buchten, wie geschaffen für riesige Kundgebungen. Links zum Horizont hin Kafarnaum, sein künftiges Hauptquartier.

Das Wunder von Kana hatte sich herumgesprochen. Man hatte ihn bedrängt, ihn angefasst, mit Fragen bombardiert. Ob ihm denn bei der Taufe des Johannes diese Kräfte zugeflossen seien. Ob er nun auch ein Prophet sei, und was das alles zu bedeuten habe.

Jesus will zurück zum See. Fischer haben eine andere Mentalität als Bauern und Handwerker, die im Schweiße ihres Angesichts ihr Brot verdienen. Die Weite des »Galiläischen Meeres«, der Handel mit entfernten Ländern, die Kooperativen, die sich hier gebildet haben, das alles macht sie wagemutig und frei. Fürs Erste folgten ihm eine Handvoll Jünger, seine Mutter und einige Verwandte, seine »Brüder«, wie Johannes schrieb. Jesus muss seinen Kreis erweitern. Und er braucht Bühnen für Tausende von Menschen, die er zu versammeln gedenkt.

Auf den letzten Meilen ist es dunkel geworden. In der Ferne sieht man die Lichter der Öllampen, die in den Häusern von Kafarnaum brennen. Es ist keine Gegend, um überfallen zu werden, und gelassen und zufrieden trottet ein Häuflein müder Hoffnungssucher hinter ihrem Anführer her, den sie nun *Rabbi* oder, auf Aramäisch, *Rabbuni* nennen.

Jesus erklärt sich nicht. Er kommentiert weder seine Absichten noch sein Innenleben. Umgekehrt geht eine Sicherheit von ihm aus, die Fragen erst gar nicht zulässt. Ist er ein anderer geworden? In Kana fand er seine »Stunde« noch nicht gekommen. Weiß er inzwischen, was er zu tun und zu sagen hat? Welche Zeichen an welchem Ort und in welchem Umfeld gefordert sind?

Es ist die Zeit des Pessachfestes. Ihr Kult ist den Israeliten ein bedeutender Bestandteil des Lebens. Griechen, Römer und andere Ausländer mögen darüber die Nase rümpfen. Die Juden aber sammeln sich in zentralen Orten wie Kafarnaum zu einer riesigen Karawane. Das Fähnlein, das Jesus um sich geschart hat, zieht mit, um gemeinsam durch unwegsame Gebiete zu wandern und schließlich in der heiligen Stadt zu opfern und im Kreis der Sippen die Erinnerung an den Auszug aus Ägypten zu feiern.

Etwa 200 Millionen Menschen leben in dieser Phase der Geschichte auf der Erde, wie der Historiker Hugh Thomas errechnete. Es gibt gewaltige Metropolen mit Millionen von Einwohnern, wie Babylon, Rom und Alexandrien. Indien und China sind mit 40 und 60 Millionen Einwohnern bevölkerungsreicher als andere Länder. Hier in Jerusalem aber steht der größte religiöse Prachtbau des römischen Imperiums, ja der Welt überhaupt. *Sieben Eingänge* führen auf eine riesige Tempelplattform, die doppelt so viel Fläche hat wie das von Kaiser Trajan erbaute Forum in Rom. Größe und Herrlichkeit werden in Gold und Marmor ausgedrückt, Ehre und Anbetung durch das Spiel der Flöten und den Schall der Pauken und Posaunen. Schon »der äußere Anblick des Tempels«, begeisterte sich Flavius Josephus, »bot alles dar, was Auge und Herz entzücken konnte«.

Für das alte Israel ist Jerusalem, analog zur Mitte des Paradieses, das Zentrum der Welt. Ein alter *Midrasch* (die Bibelauslegung der Rabbiner) bringt es auf den Punkt: »Das Land Israel liegt in der Mitte der Welt und Jerusalem in der Mitte des Landes Israel und das Heiligtum in der Mitte Jerusalems und das Allerheiligste in der Mitte des Heiligtums und die Lade in der Mitte des Allerheiligsten und der Stein Shethiah [= 7. Tag] vor der Lade, denn von ihm aus ist die Welt gegründet worden.«

Sechsundvierzig Jahre lang war der Triumphbau des Herodes, der ein Sechstel des Stadtgebietes einnimmt, eine Baustelle gewesen. Vor 35 Jahren, genau zur Stunde der Geburt Jesu, wurde der Kern der Anlage, das *Allerheiligste,* eingeweiht. Nun fällt der Beginn von Jesu öffentlichem Wirken zusammen mit der Vollendung der Gesamtanlage. Damit aber erlebt das Herzzentrum des auserwählten Volkes auch bereits den Anfang seines Untergangs – und die Errichtung eines *neuen Tempels,* wie Jesus ankündigen wird.

In der Zahl *46,* mit der das Johannesevangelium die Bauzeit des Tempels angibt, steckt nicht nur das Faktische einer historisch nachprüfbaren Zeitangabe, sondern ein Konzentrat theologischer Erkenntnis. *46* ist auch die Summe von *Adam* (1+4+1+40; in griechischer Schreibweise) und damit das Zahlenbild für jenen *neuen Adam,* der nach biblischer Vorstellung der *künftige Tempel Gottes* ist (Joh 2,19–22).

Jerusalem lebt vom Tempel, und das nicht nur im religiösen Sinne. Das Ziel von Millionen von Pilgern, das sich mit seinen hohen Mauerzinnen, den geschmückten Säulen und der goldenen Kuppel auf dem Berg Morija erhebt, Sinnbild der Gegenwart Gottes, nährt unterschiedlichste Wirtschaftszweige. Die engen Gassen sind vollgestopft mit Souvenir- und Lebensmittelgeschäften, hinzu kommen Läden für Kleidung, Schmuck und Parfüm. Um die sieben Marktplätze Jerusalems reihen sich Herbergen jeglicher Güte, Restaurants, Weinstuben und Spelunken. Hinzu kommen Berufszweige wie Altardiener, Wachpersonal, Verkäufer von Opfertieren, Geldwechsler – bis hin zu allerhand Gesindel, das sich auf Tricks und Betrügereien versteht.

Sobald am Freitagabend die ersten drei Sterne am Himmel stehen, verkündet der Schall der Sabbattrompete den Beginn der Sabbatruhe. Nachts gibt es eine Straßenbeleuchtung durch Öllampen oder Fackeln an den Häuserwänden. Aber schon mit dem Morgengrauen beginnt von neuem das lebhafte Treiben der Pessach-Gesellschaft, die acht Tage lang nicht müde wird, zu beten, zu feiern und zu opfern.

Die Opfertiere sind notwendig. Schließlich gehören sie zum vorgeschriebenen Ritual. Ebenso die Geldwechsler, die ihre Tische im »Heidenvorhof«, dem äußeren Tempelbereich, aufgestellt haben. Denn zum einen müssen Pilger aus dem Ausland ihre in Jerusalem ungültige Währung tauschen, zum anderen sind gemäß dem mosaischen Gesetz Münzen mit einem Abbild, etwa dem des Kaisers, für die Belange des Kultes ungeeignet, so dass sie gegen porträtlose Zahlungsmittel gewechselt werden, das »Sühnegeld« für den Tempel, das die Priester nur als Silberschekel akzeptieren. Eines jedoch sucht man im Tempel vergebens: Stille; Ehrfurcht vor der Anwesenheit Gottes.

Als Verwalter des Heiligtums kümmert es die Sadduzäer wenig, dass sich der Kult zunehmend in ein kommerzielles Unternehmen verkehrt hat. Die Hohepriester haben nicht nur ein stillschweigendes Abkommen mit den Händlern geschlossen, die unmittelbar am Tempel Bänke voller Waren und Verschläge für das Vieh aufstellen, sondern verdienen daran kräftig mit. Schritt für Schritt hatte sich die Veränderung eingeschlichen, bis in der allmählichen Gewöhnung niemand mehr etwas dabei fand, dass das Eigentliche dieses Hauses immer stärker ihn den Hintergrund trat.

Jesus mag in den vergangenen Jahren immer wieder einmal hier gewesen sein, stumm beobachtend. Diesmal ist alles anders. Kaum ist er mit seinem Gefolge die 64 Meter breite Freitreppe hinaufgeeilt und durch das Doppeltor getreten, verfinstert sich seine Miene.

Um das Zentrum des riesigen Platzes reihen sich der »Vorhof der Frauen«, der »Israelitenhof« und das »Haus der Leprakranken«, zu dem auch ein Ritualbad gehört. Ein Priester stellt hier Bestätigungen aus, wenn ein Aussatz durch ein Wunder geheilt wurde. Der Tempel selbst ist auf eine Balustrade in der Mitte aufgebaut und fünfzehn Meter hoch. Die neun Eingangstore sind mit Gold und Silber belegt. Davor stehen überall Warnhinweise, die in Griechisch und Latein eine deutliche Sprache sprechen: »Einem Fremden ist es verboten, die den Tempel und seinen Hof umgebende Balustrade zu überschreiten. Wer dabei ertappt wird, wird angeklagt und zum Tode verurteilt.«

In der Haupthalle befinden sich die *Menora* (der siebenarmige Leuchter), der Tisch mit den Schaubroten und der Räucheraltar. Schließlich das »Allerheiligste« selbst, ein fensterloser und leerer Raum. Seine Abmessung von zehn auf zehn Metern symbolisiert die zehn Gesetze des Dekalogs. Einzig dem Hohepriester ist der Zutritt erlaubt, und auch das nur einmal pro Jahr, an *Jom Kippur*, dem Versöhnungstag, wenn er die Sühnehandlung für ganz Israel vollzieht. Die Bundeslade mit den Zehn Geboten, die einst im Allerheiligsten verwahrt wurde, ist bei der Zerstörung Israels durch die Babylonier 587 v. Chr. verlorengegangen. Seither sprengt der Priester das Blut des Bockes, der für die Sünden Israels dargebracht wird, statt an die heilige Lade an den Stein, auf dem sie einst gestanden hat.

Der Zimmermann aus Nazareth ist ein kräftiger Mann, knapp 1,90 Meter groß (wenn er dem Turiner Grabtuch entspricht) und von energischem Auftritt. Er ist schwer auszurechnen. Ein Charakter voller Sanftmut, aber auch jemand, der zupacken kann, wenn es die Situation erfordert. Niemand hat so recht beobachtet, wie es zu der Geißel in seiner Hand kam, die aus Stricken gemacht ist. Als sein Blick auf die »Verkäufer von Rindern, Schafen und Tauben und die Geldwechsler« fällt (Joh 2,14), stürzt er los, ohne Vorwarnung.

Erschrocken springen die Ersten zur Seite und ergreifen die Flucht. Andere reißen reflexartig Arme und Hände über den Kopf. Jesus ist kein Amokläufer, der in unkontrollierter Wut um sich schlägt. Aber auch niemand, der es bei gutem Zureden belässt, wenn das Haus Gottes in Gefahr gerät. »Jesus trieb sie alle aus dem Tempel hinaus«, vermerkt das Evangelium, »dazu die Schafe und Rinder; das Geld der Wechsler schüttete er aus, und ihre Tische stieß er um.«

»Schafft das hier weg«, brüllt er die Taubenhändler an, die Geißel in der erhobenen Hand, »macht das Haus meines Vaters nicht zu einer Markthalle.«

Was für ein Skandal! Dies umso mehr, als bis dahin jedermann das Treiben im Tempel geduldet hatte. Das Feilschen um Preise, das Geschrei der Händler, die mit heiserer Stimme ihre Ware anpriesen, das Blöken der Tiere – all den billigen Basarlärm, der den heiligen Ort umhüllte und die Menschen buchstäblich taub und blind machte.

Jesu Auftritt erinnert an den Zorn Moses. Hatte nicht auch der Befreier Israels dem Volk, das in seiner Abwesenheit um das Goldene Kalb tanzte, mit ganzer Wucht die tönernen Gesetzestafeln vor die Füße geworfen? Jesus zitiert ein Wort der Schrift: »Mein Haus soll ein Haus des Gebetes für alle Völker sein.« Und was ist heute? »Ihr aber habt daraus eine Räuberhöhle gemacht.«

Deutlich wird: Hier spricht ein Hausherr, der niemanden fragen muss, wenn er sich um das Wohl und Wehe seines Besitzes kümmert. Hat er nicht soeben auch den Ausdruck »Haus meines Vaters« gebraucht? Erst später »erinnern« sich seine Jünger an die entsprechenden Belegworte der Schrift: »Der Eifer für dein Haus verzehrt mich.« Die Altardiener stürzen herbei, dazu Wachmänner und Priester, die aus ihrer Schockstarre erwacht sind. Einige der Tempelherren stellen Jesus zur Rede. Allerdings fragt niemand, *warum* er das getan hat. Der schlimme Zustand des Tempels ist jedermann bewusst, auch wenn man darüber den Mantel des Schweigens ausbreitet. Die Frage ist lediglich, ob Jesus zu diesem Handeln befugt ist: »Welches Zeichen lässt du uns sehen als Beweis, dass du dies tun darfst?«

Jesu Antwort ist ungeheuerlich: »Reißt diesen Tempel nieder, in drei Tagen werde ich ihn wieder aufrichten.«

Niemand kann etwas damit anfangen, noch nicht einmal seine eigene Truppe. Erst »als er von den Toten auferstanden war«, heißt es in der Bibel, »erinnerten sich seine Jünger, dass er dies gesagt hatte.« Und nun wussten sie: »Er meinte den Tempel seines Leibes.«

Als Jesus die Plattform des Tempels betritt, hielten sich Tausende, wenn nicht Zigtausende von Menschen auf dem weitläufigen Tempelgelände auf, vergleichbar etwa mit jenen Massen, die sich heute an Ostern auf dem Petersplatz versammeln, wenn der Papst den Segen *urbi et orbi* erteilt. Besser kann der Zeitpunkt nicht gewählt sein. Die soeben abgeschlossene Fertigstellung des Tempels hatte gerade auch aus der Diaspora mehr Pilger als gewöhnlich nach Jerusalem geführt. Sie konnten die Nachricht von einem Mann, den viele bereits für den Messias hielten, sofort nach Rom, Alexandrien, Antiochien und andere Zentren jüdischen Lebens tragen, die das römische Weltreich wie ein Netz überspannen.

Dass die sogenannte Tempelreinigung bei Johannes am Anfang, bei den Synoptikern hingegen am Ende des Evangeliums steht, muss kein Widerspruch sein. Es ist nicht auszuschließen, dass Jesus das »Haus des Vaters« unmittelbar vor seiner Passion ein weiteres Mal reinigte.

Jesu »Tempelreinigung« zeigt sich dabei weder als ein Ausrutscher noch eine Überreaktion, sondern als die demonstrative Inbesitznahme des Tempel, als örtlich und zeitlich exakt geplante Kundgebung zum Auftakt seiner zweijährigen Kampagne. Der Akt sagt unmissverständlich: Ich bin da. Hier ist der, dem der Tempel gebührt – und der ihn verwandeln wird in einen neuen.

Ein »Zeichen« von so überragender Art konnte nicht übersehen werden. Denn:

- Pessach steht wie kein anderes liturgisches Fest für den Bund mit Gott und den Aufbruch in die neue Freiheit.
- Der Tempel ist als Symbol von nicht steigerungsfähiger Größe das »Haus, in dem Gott wohnt«.
- Die Form des »Zeichens« unterstreicht in Wort und Tat die höchste Autorität: Wer im »Haus des Vaters« das Sagen hat, kann nur der Sohn sein. Die Züchtigung verdeutlicht, dass der Herr des Tempels nicht tatenlos zusieht, wenn sein Besitz missbraucht wird.
- Die spektakuläre Zeichenhandlung begründet Jesu Bekanntheit und Ruf weit über Palästina hinaus. »Während er zum Paschafest in Jerusalem war«, notiert Johannes, »kamen viele zum Glauben an seinen Namen, als sie die Zeichen sahen, die er tat.«

2

Der Vorfall im Tempel versetzte den religiösen Apparat Jerusalems in höchste Aufregung. Angefangen bei den einfachen Leviten, die für die untergeordneten Arbeiten im Tempel zuständig sind, über die 24 Klassen der Priester, bis zu den Hohepriestern, die traditionell aus den Familien Hannas, Boethos, Phiabi und Kamith bestellt werden, und schließlich dem amtierenden Obersten Priester selbst, dem Hohepriester Joseph, genannt Kajaphas.

Schon die Nachrichten, die über den Täufer in Umlauf waren – immerhin Mitglied einer angesehenen Priesterfamilie –, hatten bei Jerusalems Eliten nicht gerade Begeisterung auslösen können. Nun war die Stimme des Aufruhrs bis in die Hauptstadt vorgedrungen. Was stand dahinter? Ist es das Fanal für den Aufstand, der das ganze Land in Flammen setzt?

Die Gewalt über den Tempel war zur Zeit Jesu den Angehörigen der Sadduzäer vorbehalten. Als Hohepriester und Älteste dominierten sie auch den Hohen Rat, den *Sanhedrin*. Der hebräische Name ist abgeleitet vom griechischen *Synhedrion* (Versammlung, Rat). Seine 71 Mitglieder waren als oberste jüdische Instanz zuständig für religiöse Fragen, die Verwaltung des Tempels und die Rechtsprechung nach den mosaischen Gesetzen.

Die erste Gruppe im Hohen Rat bildeten die Priester, die zweite die Ältesten, die dritte die Schriftgelehrten. Sie stammten größtenteils aus dem Lager der Pharisäer – hebräisch von *Peruschim*, Abgesonderte, wie ihre Gegner sie nannten – und verstanden sich als Säulen der Frömmigkeit und Hirten Israels. Ihr Ansehen im Volk war geteilt. Einerseits gab es niemanden, der die heiligen Schriften mit höherer Autorität und größerer Akzeptanz auslegte und in Vorschriften für Priester und Laien ummünzte. Andererseits hatten das Reglement ihrer rituellen Reinheitsvorschriften und ihr übertriebener Eifer ausufernde Formen angenommen, ihre Religion hatte dadurch geradezu beklemmende Züge bekommen.

Viele dieser Gelehrten äußerten die Vorstellung, man müsse das gesamte Leben bis in die letzten Details nach den Bestimmungen der Tora festlegen. Dies sei die beste Grundlage für Gottestreue und schaffe die absolute Gerechtigkeit. Einzelne dieser Leute wetteiferten darin, möglichst alle im Laufe der Jahrhunderte irgendwie tradierten und auch nur annähernd geheiligten Bräuche genauestens zu beobachten und deren Einhaltung durchzusetzen.

Schikmi, Starkschultrige, wurden jene Pharisäer genannt, die betont gebeugt gingen, um die schweren Lasten nicht zu verschleiern, die sie zur Rettung der Seelen auf ihre Schultern geladen hatten. Andere liefen gebückt, um nicht versehentlich eine Frau zu erblicken, was zu kuriosen Unfällen führte. Der Volksmund nannte sie scherzhaft *Kizai*, stirnblutende Pharisäer. Was niemanden dieser Stirnbluter hinderte, sich als Maßstab für den rechten Glauben zu betrachten und umfassende Privilegien einzufordern, etwa den Anspruch auf die ersten Bänke in den Synagogen.

Das Pharisäertum generell mit Scheinheiligkeit und Heuchelei gleichzusetzen, ergäbe allerdings ein falsches Bild. Sie selbst nannten sich *Chawerim*, die »Genossen«, eine Gemeinschaft von

Gesetzestreuen. Jesus waren sie nicht gleichgültig. Mit keiner anderen Schule setzte er sich stärker auseinander. »Du bist nicht fern vom Reich Gottes«, beschied er einem Schriftgelehrten, als er sah, dass dieser auf eine Frage »mit Verständnis geantwortet hatte« (Mk 12,34). Nicht nur der im Neuen Testament herausgestellte Pharisäer Nikodemus ist ein Beispiel für den ernsthaft suchenden Theologen. Auch der amtierende Pharisäer-Führer, Gamaliël, ein Enkel des großen Gelehrten Hillel, entsprach nicht dem engstirnigen Buchstabengelehrten. Viele seiner Schüler, berichtet die Apostelgeschichte, schlossen sich später der Jesus-Bewegung an. Gamaliël selbst wurde Sympathie für die neue Kirche nachgesagt. Wenn sie nicht von Gott sei, urteilte er, werde sie bald untergehen. Wenn sie von Gott komme, könne man ohnehin nichts gegen sie ausrichten.

Noch ist Pessach. Jesus versammelte nach seiner Säuberungsaktion auf dem Tempelplatz Gruppen einfacher Gläubiger und wohl auch Angehörige der Oberschicht um sich. Sie bestaunten seine Beredsamkeit und die Autorität, mit der er seine Lehre vortrug. Unter den Zuhörern mag sich ein gewisser Nikodemus aufgehalten haben. *Nikodemos* (griechisch für »Der mit dem Volk siegt«) ist nach Forschungen von David Flusser identisch mit dem reichen *Nakdimon ben Gurion,* einer historisch nachweisbaren Persönlichkeit, die ursprünglich in Galiläa lebte. Nach der Passion Christi wird er noch eine wichtige Rolle spielen. Zunächst faszinierte den Theologen wohl hauptsächlich der Esprit dieses zornigen Revolutionärs, der plötzlich wie aus dem Nichts aufgetaucht war. Als einer der führenden Köpfe des Establishments und Mitglied des Sanhedrins will sich Nikodemus nun selbst ein Bild machen. Er bleibt dabei vorsichtig genug, sich mit Jesus nicht am Tage, sondern heimlich und nachts zu treffen.

Der Dialog, den das Johannesevangelium dokumentiert, gibt in wenigen Sätzen die ganze Programmatik Jesu wieder. Nikodemus beginnt das Gespräch mit Formeln morgenländischer Höflichkeit: »Rabbi, wir wissen, du bist ein Lehrer, der von Gott gekommen ist, denn niemand kann die Zeichen tun, die du tust, wenn nicht Gott mit ihm ist.«

Noch ist nicht recht zu erkennen, ob den Pharisäer die Lust auf einen dieser mit großer Geste geführten Dispute treibt, ob er sich beizeiten rückversichern oder Jesus gar aushorchen möchte. Jesus bleibt distanziert. Er zeigt sich immun gegen Schmeicheleien und kommt sofort zum Thema: »Amen, amen, ich sage dir: Wenn jemand nicht von neuem geboren wird, kann er das Reich Gottes nicht sehen.«

Nikodemus, trainiert auf das Sichtbare und Beweisbare, gibt spitzfindig zurück: »Wie kann ein Mensch, der schon alt ist, geboren werden? Er kann doch nicht in den Schoß seiner Mutter zurückkehren und ein zweites Mal geboren werden.«

Jesus überhört den Hohn in der Stimme seines Besuchers. Er ist der geborene Lehrer: »Wenn jemand nicht aus Wasser und Geist geboren wird, kann er nicht in das Reich Gottes kommen. Was aus dem Fleisch geboren ist, das ist Fleisch; was aber aus dem Geist geboren ist, das ist Geist. Wundere dich nicht, dass ich dir sage: Ihr müsst von neuem geboren werden. Der Wind weht, wo er will; du hörst sein Brausen, weißt aber nicht, woher er kommt und wohin er geht. So ist es mit jedem, der aus dem Geist geboren ist.«

Jesus unterscheidet zwei Arten von Anfängen für ein neues Leben: Wie das Kind aus dem Schoße der Mutter an das Licht der Welt gebracht wird, müsse der innere Mensch an das Licht Gottes gebracht werden, um mit Heiligem Geist erfüllt zu werden. Der Geist sei wie der Wind. Man sieht ihn weder kommen noch gehen. Aber an der Wirkung auf das Leben ist er erkennbar wie jene Blätter, die im sanften Hauch des Windes zu tanzen beginnen. Erst die Geburt aus dem Geist schenke dem Menschen ein geistiges Leben, das anderen Gesetzen, nämlich denen des Geistes, unterliegt.

Nikodemus ist nicht ganz schlau geworden aus der Erklärung. Der Gelehrte kann zwar selbst hautnah Jesu Wirkkraft erleben, aber er weigert sich, geistlich zu denken. »Wie kann das geschehen?«

Jesus ist nicht entsetzt, fast macht er sich sogar ein wenig lustig über den neunmalklugen Lehrer des Gesetzes, als ahne er in ihm die eitle Distanziertheit der Theologen aller Zeiten voraus, die vielleicht sogar Priester sind wie Nikodemus, die aber »unser Zeugnis nicht annehmen«: »Du bist der Lehrer Israels und verstehst das nicht?« Mit einem einzigen Satz kennzeichnet er, was Glauben bedeutet: »Was wir wissen, davon reden wir, und was wir gesehen haben, das bezeugen wir.« Jesus fährt fort: »Und doch nehmt ihr unser Zeugnis nicht an. Wenn ich zu euch über irdische Dinge gesprochen habe und ihr nicht glaubt, wie werdet ihr glauben, wenn ich zu euch über himmlische Dinge spreche?«

Nikodemus ist still geworden. Endlich stellt er seine Vorbehalte zur Seite. Hat der Nazarener nicht recht? Wie sollte jemand, der schon die Fakten über Jesus nicht ernst nimmt – die »irdischen Dinge« –, dann seine geistige Dimension – »himmlische Dinge« – erfassen können? Tatsächlich kann Jesus erst in diesem Moment den anderen mit seinem Geheimnis vertraut machen: »Wie Mose die Schlange in der Wüste erhöht hat«, erklärt er dem Bibelkenner, »so muss der Menschensohn erhöht werden, damit jeder, der an ihn glaubt, in ihm das ewige Leben hat.«

Noch spricht Jesus unbestimmt von einem »Sohn Gottes« und überlässt es Nikodemus, die richtigen Schlüsse zu ziehen. Seine Aussage jedoch ist gewaltig. »Gott hat die Welt so sehr geliebt«, fährt er fort, »dass er seinen einzigen Sohn hingab, damit jeder, der an ihn glaubt, nicht zugrunde geht, sondern das ewige Leben hat.« Denn dieser Sohn sei »nicht in die Welt gesandt, damit er die Welt richtet, sondern damit die Welt durch ihn gerettet wird«.

Niemand kann sich selbst erlösen. Damit knüpft Jesus an die elementare Erfahrung der Menschheit an. Aber jeder hat die Möglichkeit, sich an einer positiven Kraft auszurichten, um sich nicht zugrunde zu richten. Diese Rettung ist unabhängig von Herkunft und Beruf, von Rasse und Hautfarbe, Wissen und Unwissen. Gott hat aus Liebe geschaffen und wird aus Liebe retten: Aber es gibt nur ein Ziel: *Wer an ihn glaubt, wird nicht gerichtet.* Die Bestimmung, die Jesus nun anfügt, wirkte auf die Menschen seiner Zeit allerdings genauso provozierend, wie sie es bis heute geblieben ist: »Wer nicht glaubt, ist schon gerichtet, weil er an den Namen des einzigen Sohnes Gottes nicht geglaubt hat.«

3

Nach seinem Abschied aus Jerusalem zieht Jesus zunächst an die Furten des Jordan, wo zuvor Johannes getauft hatte, der inzwischen an der großen Quelle von Aenon* ei Salim wirkt, scharf beobachtet von den Schergen des Landesfürsten Herodes Antipas. Petrus, Andreas und Johannes beginnen zu taufen, andere kümmern sich um die Organisation der ersten Missionsreisen. Immerhin ist der Zustrom zu seinem Quartier am Jordan so angestiegen, dass einzelne Pharisäer laut darüber klagen, Jesus »gewinne und taufe mehr Jünger als Johannes«.

Aber selbst bei den Schülern des Täufers hat der Erfolg der neuen Bewegung Unruhe ausgelöst. »Rabbi«, bedrängen sie ihren Meister, »alle laufen zu ihm.« Johannes sieht sich gezwungen, sein Zeugnis zu wiederholen. »Ihr selbst könnt mir bezeugen«, ruft er in Erinnerung, »dass ich gesagt habe: Ich bin nicht der Messias, sondern nur ein Gesandter, der ihm vorausgeht.« Mit dem Wesensunterschied der beiden Missionen macht der »Rufer« deutlich, er sei irdisch und könne von daher auch nur irdisch reden. Die himmlischen Offenbarungen könnten nur von jemandem gegeben werden, der »von oben«, also »aus dem Himmel«, komme. Nur »der, den Gott gesandt hat, verkündet die Worte Gottes; denn er gibt den Geist unbegrenzt«.

Damit niemand mehr rätseln muss, wie er zu dem vermeintlichen Konkurrenten steht, fügt der Täufer hinzu: »Wer an den Sohn glaubt, hat das ewige Leben.« Deutlicher kann ein Bekenntnis nicht sein. Und typisch Johannes: »Wer aber dem Sohn nicht gehorcht, wird das Leben nicht sehen, sondern Gottes Zorn bleibt auf ihm.«

Gegenüber dem asketenhaften Mann der Wüste, der in seiner ganzen Erscheinung den Propheten des Alten Bundes entspricht, die ihren Auftrag durch rigorose Strenge unter Beweis stellten, fällt Jesus aus der Rolle. Er ist kein Freund von Traurigkeit. Er

---

* Aenon wurde nach Angaben der Pilgerin Egeria mit Tel Schalom identifiziert, 12 km südlich von Bet-Schean und 2 km westlich des Jordan, heute *Einot Mechazezim* genannt.

mag guten Wein, lässt sich nicht ungern zum Essen einladen und hat keine Berührungsängste, wenn er auf zweifelhafte Gesellschaft trifft. Während Johannes die »Büßer« zu sich ruft und ihnen eine strenge Predigt verpasst, zieht Jesus über Land, geht auf Menschen zu und nimmt sich in einer scheinbar unbegrenzten Liebesfähigkeit ihrer Sorgen an. An den Sabbat-Tagen ist seine Inspiration bald in den Synagogen zu hören, die Woche über spricht er von irgendeinem Hügel aus oder an den Ufern des Sees. In seinen Predigten wird deutlich, dass er mit dem Blick für die Gottesebenbildlichkeit der Menschen jede Person zunächst in ihrem Ich-Sein sieht, liebenswert und wertvoll, ungeachtet jeder äußeren Fassade. Besonders hingezogen fühlt er sich offenbar zu ausgegrenzten Gruppen, kultisch Unreinen, Aussätzigen, Behinderten. Er kann mit zärtlicher Güte reden, aber er ist auch streng und heftig und geißelt die Unbelehrbaren schon mal als »blinde Führer, die ihr die Mücken aussiebt, das Kamel aber verschluckt!«

Seit dem öffentlichkeitswirksamen Intermezzo in Jerusalem ist Jesus Tagesgespräch. Um eine frühe Konfrontation mit den Machthabern zu vermeiden, die er offenbar für Zeitverschwendung hält, entschließt er sich, sein Lager aufzulösen. Für die Rückkehr nach Galiläa wählt er laut Johannesevangelium »den Weg durch Samarien«, eine Strecke durch das Gebiet der verfemten Samariter. Sie ist nicht nur kürzer, sondern auch geschichtsträchtiger als jede andere Verbindung, was Jesu Hang zur Aussagekraft der Zeichen durchaus entgegenkommt.

Auf der antiken Gebirgsstraße, die in etwa die Wasserscheide zwischen Meer und Jordansenke bildet, erreicht Jesus mit seinem Gefolge nach einem anstrengenden Zweitagemarsch *Bet-El* (hebr. für »Haus Gottes«). Es ist der Ort, an dem Jakob in nächtlicher Vision auf der Himmelsleiter Engel auf- und niedersteigen sah. Die Wanderung geht weiter über das berüchtigte »Räubertal« nach *Schilo* (hebr. für »Friedensstifter«), einst Standort des Bundeszeltes, in dem der junge Samuel von Gott berufen wurde.

Kurz vor *Sichem* (oder Sychar, hebr. »Schulter«, »Nacken«), dem heutigen Nablus, befindet sich schließlich jener berühmte, 32 Meter tiefe *Jakobsbrunnen*, angelegt vom Stammvater Israels vor mehr als 3000 Jahren, der bis heute erhalten ist. An den Rändern der Stadt erheben sich wie zwei Wachtürme die Berge Garizim und Ebal. Als Josua das Heilige Land betrat, berichtet die Bibel, erbaute er »dem Herrn, dem Gott Israels, einen Altar auf dem Berge Ebal … und er schrieb dort auf die Steine eine Abschrift des Gesetzes, das Mose … geschrieben hatte« (Josua 8,30–32).

Der Garizim wiederum ist der heilige Berg der Samariter, eines ursprünglich jüdischen Stammes, der zur Zeit Jesu noch mehrere hunderttausend Angehörige zählte (heute sind es noch etwa fünfhundert). Die Samariter leiten ihre Herkunft von Manasse und Ephraim, den Söhnen Josephs, her, hatten sich aber im Zuge der Wanderungen und Gefangenschaften des jüdischen Volkes abgesondert und um ihren heiligen Berg herum einen eigenen Kult entwickelt, was sie in den Augen der Pharisäer zu Heiden machte. Bis zur Zerstörung durch den Hasmonäerfürsten Johannes Hykanos im Jahre 128 v. Chr. schmückte den Garizim sogar ein eigener Jahwe-Tempel, der mit dem Tempel in Jerusalem rivalisierte.

Jesus ist »müde von der Reise«. Als er mit seiner Truppe die Tore Sichems erreicht – »es war um die sechste Stunde«, also um die Mittagszeit –, macht er am Jakobsbrunnen Rast, während die Jünger in das Dorf gehen, »um etwas zum Essen zu kaufen«. Die nun folgende Szene hat etwas nahezu Aufreizendes. Von einem jüdischen Mann, und insbesondere von einem Rabbi, verlangt die Sitte strenge Zurückhaltung gegenüber fremden Frauen. Die meisten Männer vermeiden deshalb, eine Frau auch nur anzusehen. Erst recht, wenn es sich um eine »Ungläubige« oder, schlimmer noch, eine Feindin und Häretikerin handeln könnte. Und dennoch siedelt Jesus ausgerechnet in dieser intimen Begegnung mit ihren allzu menschlichen Begleitumständen eine mächtige Offenbarung an, in der er die Grenzen alles Gewohnten überschreitet und sich zum ersten Mal selbst in seinem ganzen Geheimnis eröffnet.

Man kann sich freilich auch die Bauchschmerzen der Evangelisten und der gesamten Urkirche vorstellen, diese Geschichte weitergeben zu müssen:

Die Samariterin, die an den Brunnen kommt, um Wasser zu schöpfen, erkennt in Jesus den Juden und wagt nicht, ihn anzusprechen. Im Gegensatz zum Treffen mit Nikodemus ist es dieses Mal Jesus, der das Gespräch eröffnet:

»Gib mir zu trinken!«

Zwischen Juden und Samaritern, den verfeindeten Brüdern, gibt es keine Kommunikation. Schon gar nicht am Ort des Stammvaters Jakob. Die Reaktion ist eine Mischung aus Erstaunen und Verärgerung: »Wie kannst du als Jude mich, eine Samariterin, um Wasser bitten?«

Für Jesus ist es das Stichwort: »Wenn du wüsstest, worin die Gabe Gottes besteht und wer es ist, der zu dir sagt: Gib mir zu trinken! Dann hättest du ihn gebeten, und er hätte dir lebendiges Wasser gegeben.«

»Herr, du hast kein Schöpfgefäß, und der Brunnen ist tief; woher hast du also das lebendige Wasser? Bist du etwa größer als unser Vater Jakob, der uns den Brunnen gegeben und selbst daraus getrunken hat, wie seine Söhne und seine Herden?«

Schon bei der Berufung des Natanaël hatte sich Jesus als der größere Jakob offenbart. Seine Jünger würden über ihm den Himmel offen und die Engel Gottes auf- und absteigen sehen, meinte er. »Wer von diesem Wasser trinkt«, erklärt nun der Fremde, »wird wieder Durst bekommen; wer aber von dem Wasser trinkt, das ich ihm geben werde, wird niemals mehr Durst haben …«

Jesus macht eine kurze Pause, um die Reaktion zu beobachten, dann fährt er fort: »Vielmehr wird das Wasser, das ich ihm gebe, in ihm zur sprudelnden Quelle werden, deren Wasser *ewiges Leben* schenkt.«

Die Symbolik des Wassers durchzieht das Evangelium wie ein roter Faden von den ersten bis zu den letzten Seiten. Wasser ist nicht nur Leben, Wasser ist Zeichen für das, was Leben erst ermöglicht. Jesu Verkündigung ist elementar. Sie ist nicht auf eine oberflächlich materielle, sondern auf geistige Erneuerung ausgerichtet. Um in das Reich Gottes einzugehen, so konnte schon Nikodemus erfahren, müsse man wiedergeboren werden aus *Wasser und Geist*. Unvergleichliches Wasser, das im Inneren des Menschen zu einer eigenen, sprudelnden Quelle wird, Quelle für »ewiges Leben«.

»Herr, gib mir dieses Wasser, damit ich keinen Durst mehr habe und nicht mehr hierherkommen muss, um Wasser zu schöpfen.«

Noch ist fraglich, ob es sich hier nur um ein Lippenbekenntnis handelt – oder gar ein Sich-lustig-Machen –, als Jesus das Gespräch plötzlich auf eine ganz andere, persönliche Ebene bringt: »Geh, ruf deinen Mann, und komm wieder her!«

»Ich habe keinen Mann.«

Die Frau schneidet die Frage mit einem kurzen Satz ab. Könnte man die Sache mit dem »lebendigen Wasser« nicht auf einer allgemeinen, abstrakten Ebene belassen? Doch Jesus gibt ihr zu erkennen, dass man sich vor ihm weder verstecken kann noch zu verstecken braucht: »Du hast richtig gesagt: ›Ich habe keinen Mann.‹ Denn fünf Männer hast du gehabt, und der, den du jetzt hast, ist nicht dein Mann. Damit hast du die Wahrheit gesagt.«

Aus der Tiefe ihrer persönlichen Begegnung mit Jesus hat sich eine neue Höhe der Erkenntnis entwickelt. »Herr, ich sehe, dass du ein Prophet bist.« Die Antwort der Frau hat im Gegensatz zu Nikodemus nicht die Spur von Hohn, im Gegenteil. Die Samariterin erkennt die Autorität Jesu an, indem sie ihn um eine Weisung bittet. »Unsere Väter haben auf diesem Berg Gott angebetet«, fragt sie nach, »ihr aber sagt, in Jerusalem sei die Stätte, wo man anbeten muss?«

Jesus verweigert sich nicht. »Glaube mir, Frau, die Stunde kommt«, gibt er preis, »zu der ihr weder auf diesem Berg noch in Jerusalem den Vater anbeten werdet. Ihr betet an, was ihr nicht kennt, wir beten an, was wir kennen; denn das Heil kommt von den Juden. Aber die Stunde kommt, und sie ist schon da, zu der die wahren Beter den Vater anbeten werden im Geist und in der Wahrheit; denn so will der Vater angebetet werden. Gott ist Geist, und alle, die ihn anbeten, müssen *im Geist und in der Wahrheit* anbeten.«

Als Hilfestellung, wie man den wahren Gott noch leichter identifizieren kann, gibt Jesus diesen Hinweis: »Das Heil kommt von den Juden.« Und es kann auch nur in der Verbindung zum Judentum gefunden werden. Zugleich macht er das Wesen Gottes und das Wesen des Glaubens deutlich, das reiner *Geist* sei und dessen Wahrheit nur in diesem Geist zu finden ist. Die wahre Gottesverehrung und Gottesbeziehung spielt sich auf der pneumatischen Ebene ab. Die Frau versteht sofort: »Ich weiß, dass der Messias kommt, das ist: der Gesalbte *(Christus)*. Wenn er kommt, wird er uns alles verkünden.«

Die unverkrampfte Art der Samariterin kennt weder komplizierte Vorbehalte noch Hintertürchen. Sie hat sich in ihrem Glauben weit geöffnet. Es ist gewissermaßen die Voraussetzung, Jesu Wahrheit zu erfahren. Es war wie ein Gebet, als sie davon sprach, sie wisse ja, dass der Messias komme: »Wenn er kommt, wird er uns alles verkünden.« In dieser Haltung wird ihr durch die Offenbarung Jesu der umfassende Glaube zuteil. Sie hat sich ihn nicht »erarbeitet«. Er ist ein Geschenk:

»Ich bin es, ich, der mit dir spricht.«

Nirgendwo vorher gab Jesus sich in dieser Deutlichkeit zu erkennen. Und nun tut er es ausgerechnet einer Frau gegenüber, einer Ungebildeten mit einfacher Herkunft, einer Häretikerin, obendrein einer Sünderin und Angehörigen eines feindlichen Stammes. Dass Jesus selbst aus einem Landstrich kam, der bei Rechtgläubigen als *Galiläa der Heiden* in Verruf ist, war Hypothek genug. Die Offenbarung einer Samariterin gegenüber machte die Last, die später auf den Verkündern seines Evangeliums liegen wird, nicht unbedingt geringer. Jesu Vorgehen ist dabei nicht einfach nur irgendwie anders, unangepasst, rebellisch oder provozierend um der Provokation willen. Seine Aufgabe sei, erklärt er am Jakobsbrunnen, »den Willen dessen zu tun, der mich gesandt hat, und sein Werk zu Ende zu führen«. Davon lebe er. Es sei regelrecht seine »Speise«.

Jesu Konzept basiert nicht auf weltlicher Klugheit oder politischer Opportunität. Die üblichen Kategorien kommen nicht zum Zuge. Der Mann aus Nazareth entspricht damit exakt jenem

Schöpfungsgeheimnis, das er soeben mitgeteilt hatte: »Gott ist Geist«, und alle, die ihn erkennen wollen, können ihn nur in seinem *Geist und in der Wahrheit* erkennen, das über jedes Plausibilitätsdenken hinausgeht. Die Szene am Jakobsbrunnen verdeutlicht ein Muster. Jesus enthüllt sich demonstrativ gegenüber

- *einem einzelnen Menschen* in einer sehr privaten Zuwendung, durch die er eine persönliche Gottesbegegnung möglich macht;
- *einer Frau;* jemand, der zu den Geringen, den Kleinen, den ansonsten Rechtlosen zählt; aber auch jemand, der sein Herz öffnet, der ohne Vorbehalte ist, ohne einen machohaften Hochmut und ohne jede Eitelkeit;
- *einer Sünderin;* jemand, der eigentlich Mühe hat, die Gesetze zu befolgen, sich aber nicht einer Besinnung versperrt;
- *einer Person, die außerhalb des Judentums steht;* womit Jesus die Botschaft Gottes über sein Volk hinausträgt und auf die ganze Welt hin öffnet. Gleichzeitig wird ein auf ewig gültiger Lehrsatz betont: »Das Heil geht aus von den Juden.«

Die Begegnung mit der Samariterin ist zudem ein erster Hinweis auf das besondere Verhältnis, das Jesus zu Frauen einnahm. Für Sokrates waren sie lediglich dummes, aufdringliches Geschöpf. Buddha erlaubte seinen Anhängern nicht, Frauen auch nur anzusehen. Auch Rabbis hatten ihren Blick zu senken, um nicht durch den Anblick einer Frau sündig zu werden. Ihr Zeugnis galt als völlig wertlos. Vor Gericht wurden sie erst gar nicht vorgelassen.

Es sind beileibe keine Heldinnen, mit denen sich der Mann aus Nazareth umgibt, auch keine Heldinnen der Tugend. Ihre persönliche Bereitschaft zählt, nicht ihr Leumund. »Schaut euch diesen Menschen an«, empfiehlt die Samariterin, die niemandem ihre eigene Erkenntnis aufzwingen will, »ob es nicht etwa der Messias ist.« Niemand wird mit Gewalt in Bann genommen. Die Freiheit der Entscheidung bleibt gewahrt. Zweifel sind erlaubt. Kritische Gegenfragen werden nicht zurückgewiesen. Sie werden beantwortet.

In der Begegnung am Brunnen macht Jesus bei all dem Einladenden seines Auftritts eines unmissverständlich deutlich: *Ich bin es.* Damit greift er genau das Wort auf, das Mose empfing, als dieser wissen wollte, wie man Gott denn erkennen könne: *Sag ihnen, ich bin der Ich-bin-da.* Es kann damit weder eine Verwechslung noch eine andere Unsicherheit in der Gottesfrage geben: Ich bin nicht nur einzigartig, ich bin auch der Einzige. Den wahren Gott erkennt man, weil keiner ist wie er.

4

Seit seinem Weggang aus der Heimat ist viel passiert. Die Taufe durch Johannes. Die Konfrontation mit dem »Versucher«. Die Berufung der wichtigsten Jünger. Die Hochzeit von Kana. Das Spektakel im Tempel. Jesus hatte Zeichen seiner Kraft gegeben. Alle Welt spricht von seiner Ausstrahlung. Von seinem Mut. Von seinen sanftmütigen Augen und der Klugheit seiner Rede.

Auf dem Weg nach Nazareth hat er den Sohn eines königlichen Beamten geheilt, der im Sterben lag. Es schien fast, als habe Jesus dieses »zweite Zeichen«, wie das Evangelium vermerkt, ein wenig widerwillig getan. Ein Tribut an die Trägheit des menschlichen Geistes. »Wenn ihr nicht Zeichen und Wunder seht, glaubt ihr nicht.«

Ist er denn lediglich ein Prophet und Wunderheiler? Nach Lukas ist es für Jesus an der Zeit, Klarheit zu schaffen. Sieben Monate nach seiner Taufe und drei Monate nach der Reklamation des Tempels gilt es, in die Phase der Lehrzeit überzugehen. Die Datierung scheint nicht nur biografisch plausibel, sondern entspricht auch der Dramaturgie seiner Mission.

Die alte Synagoge, in der Jesus in seiner Kindheit und Jugend die Heilige Schrift studierte, befindet sich am Ende der langen Straße. Heutige Pilger erreichen sie in der Verlängerung der Casa-Nova-Street nach dem Basar im Innenhof der griechisch-katholischen Pfarrkirche. Die Araber nennen sie *Madrasat al-Masih* – Schule des Messias.

Es ist Sabbat, und jeder, der einigermaßen gehen und hören

kann und nicht ganz blind ist, macht sich auf den Weg. Jeshua ist zurück! Die Synagoge ist bis in die hinterste Ecke gefüllt. Das Gebäude dient in der Regel als Schule, Sitz der Gemeindeverwaltung und Versammlungsraum. Gottesdienst gibt es nur am Tag des Herrn, aber ohne Priester und Opferhandlung. Denn Gott hat auf dieser Welt nur ein einziges Haus: den Tempel von Jerusalem.

Die Synagoge wird im alten Israel von einem gewählten Ausschuss geleitet. Er verfügt über einen Vorsitzer, eine Reihe von »Ältesten«, einen Hazzan (den fest beschäftigten Leser und Diener), einen Schammasch oder Sakristan und sogenannte Gesandte. Das sind Schreiber und Boten, die den »Amtsverkehr« unter den einzelnen Synagogen besorgen, wenn diese als Körperschaften Urkunden ausstellen, Ehrendekrete erlassen und die Strafe körperlicher Züchtigung aussprechen. So hatte Jesus auch davor gewarnt, manche Leute würden seine Anhänger »vor die Gerichte bringen und in ihren Synagogen auspeitschen«.

Größere Synagogen als die von Nazareth waren in der Regel durch Säulen in Haupt- und in Nebenschiffe unterteilt. In einem Geniza genannten Nebenraum, einer Art Sakristei, wurden die heiligen Schriften aufbewahrt. Sakraler Mittelpunkt, vergleichbar einem Hochaltar, ist der ursprünglich tragbare Tora-Schrein an der prächtig ausgeschmückten Hauptwand, die für gewöhnlich nach Jerusalem hin ausgerichtet ist (wie auch christliche Kirchen gen Orient, nach Osten, *orientiert* sind). In der Mitte des Raumes dient ein Pult (ähnlich dem Ambo) zur Lesung der Schrift. Vor dem Tora-Schrein stehen in einem Halbkreis die »Ehrensitze« für die Ältesten, die Schriftgelehrten und die Pharisäer, einer davon wird als *Lehrstuhl des Mose* (Cathedra) bezeichnet (von dem sich die »Cathedra Petri« in Rom ableitet). An der Seite und an der Stirnwand sitzen die Männer der Gemeinde auf treppenartig ansteigenden Steinbänken. Frauen nehmen auf der Empore Platz. Zur rituellen Reinigung vor dem Betreten des heiligen Raumes sind vor der Synagoge Wasserbassins oder auch rituelle Bäder (*Mikwe*) angelegt. Wenn nicht, stehen zumindest Krüge mit Wasser bereit (woran in katholischen Kirchen die Weihwasserbecken erinnern).

Mindestens zehn Männer haben anwesend zu sein, damit am Sabbat und an den Feiertagen ein Gottesdienst abgehalten werden darf. Der Beginn ist festgelegt auf 9.00 Uhr vormittags sowie auf 16.30 Uhr nachmittags (wenn zur selben Stunde im Tempel in Jerusalem das Abendopfer gefeiert wird). Den Vorlesern der Tora-Lektion wird, wenn nötig, ein Dolmetscher beigestellt, der die hebräischen Texte in die aramäische Umgangssprache übersetzt. Über den korrekten Ablauf der heiligen Handlung wachen der Synagogenvorsteher und ein Synagogendiener.

Bereits als Jesus die ersten Schritte in den Ort seiner Kindheit tut, liegt eine fühlbare Spannung über Nazareth, auch wenn niemand so recht darüber spricht. Die Alten geben sich betont gelassen. Hier im Versammlungsraum jedoch sind das Getuschel und Gemurmel und Gezische nicht zu stoppen. Erst allmählich kehrt eine gewisse Andacht ein. Auch die Augen, die verstohlen auf Jesus blicken, scheinen sich beruhigt zu haben.

Der Gottesdienst besteht üblicherweise aus zwei Lesungen: eine aus der Tora des Mose und eine aus den Propheten, die sogenannte *Haphtara*. Darauf folgten die Übersetzung ins Aramäische (Targum) und die Predigt. Zu Beginn spricht ein Mann vor dem Schrein mit den Gesetzesrollen die Segenssprüche und Gebete aus den Büchern Mose, während die Gemeinde stehend zuhört und jeweils mit »Amen« antwortet. Es folgten das *Höre Israel**, das *Achtzehngebet* mit achtzehn Lobpreisungen (»Vergib uns, unser Vater, denn wir haben gesündigt«) und schließlich der *Aaronitische Priestersegen,* der bis heute gleichlautend in katholischen und mit geringen sprachlichen Änderungen auch in evangelischen Gottesdiensten gespendet wird: »Der Herr segne und behüte dich. Er lasse sein Angesicht über dir leuchten und sei dir gnädig. Er wende dir sein Angesicht zu und schenke dir Heil.«

Dass der Sohn des Zimmermanns in der Synagoge auftritt, ist an sich noch keine Sensation. Jedem männlichen Gläubigen ist es gestattet, die erste oder zweite Lesung vorzutragen und diese an-

---

* »Darum sage den Kindern Israels: Ich bin der Herr … Ich bringe euch in das Land, das dem Abraham, Isaak und Jakob zu verleihen ich unter Eidschwur versprochen habe.«

schließend zu kommentieren. Viele tragen ihren Gebetsmantel und ziehen ihn während des Betens über den Kopf. Andere legen an Stirn oder Arm ein schwarzes Kästchen mit Bibeltexten an. Alle sind nüchtern. Eine Mahlzeit gibt es erst nach dem Gottesdienst – nachdem am Ausgang das Opfer für Notleidende in dem Spendensack gelandet ist.

Der Diener reicht Jesus die Schriftrolle mit dem Buch des Propheten Jesaja. Jesus steht unmittelbar vor dem Tora-Schrein. Er trägt einen langen weißen Chiton mit einem weißen Überwurf, die einfache Kleidung der Galiläer. Die wallenden Haare berühren seine Schultern, die Arme baumeln an seinem schlaksigen Körper. In der Regel erwartet man von einem Vorleser drei Verse, Jesus begnügt sich mit dem Minimum von zwei. Aber seine Predigt wird noch prägnanter sein. Nach Lukas besteht sie sogar nur aus einem einzigen Satz.

Der Jesaja-Text, der nun folgt, ist spektakulär genug, auch wenn einige in der Synagoge ihn bereits so oft gehört haben, dass sie gelegentlich darüber eingeschlafen sind. Für die Zeitgenossen Jesu ist die Heilige Schrift das maßgebliche Wort an die Menschen. Hier spricht Gott selbst. So wie sein Wort Welt wurde und wie es Mensch wurde, so war es auch Schrift geworden. Ihm gebührt alle Ehrfurcht. Insbesondere wenn es, wie in diesem Text Jesajas, um die Ankündigung der Zeitenwende geht. Dass sie kommt, weiß jeder. Wann sie kommt, weiß niemand.

Noch liegt Stille über dem Raum. Und Jesus beginnt zu sprechen. »Der Geist des Herrn ruht auf mir, weil er mich gesalbt hat.« Jesus sieht, wie die Alten sich zunächst eher lässig als interessiert zu ihm hinbeugen. Den Text kennen sie ja. Was sollte schon passieren? Auch wenn die Stimme, die hier spricht, die übliche Distanz eines Sprechers auf merkwürdige Weise aufhebt und mit dem Wort Gottes eins zu werden scheint. Plötzlich wird ihnen klar: Etwas ist neu, und jeder kann es hören. Ein bestimmter Satz ist gefallen, den bislang noch niemand zu sprechen wagte. Noch nicht einmal Ezechiel oder Daniel. Auch nicht Johannes, der Täufer. Absolut niemand. Er steht einen Moment frei in der Luft, wie festgehalten, dann schlägt er auf dem Boden auf, schwer wie die Bundeslade.

Die Männer reißen Mund und Augen auf. Sie sehen sich entgeistert an. Sprachlos. Halb verwundert, halb schon empört. War das nun eine göttliche Offenbarung – oder die schlimmste Gotteslästerung, die sich überhaupt denken lässt?

Und Jesus? Ist er verlegen, weil er vielleicht selbst nicht so genau weiß, was er da gerade verkündet hat? Weil ihm noch alles ein wenig zu groß ist? Die Gewänder, die Rolle, die Erwartungen der Menschen? Aber er hat es gesagt. Und ein Wort, das den Mund einmal verlassen hat, kann nicht wieder dorthin zurück.

Und das waren seine Worte, nicht allzu laut, aber sehr bestimmt im Ton: *»Heute hat sich das Schriftwort, das ihr eben gehört habt, erfüllt.«*

Stille. Die Stille nach Blitz und Donner. »Heute hat sich das Schriftwort erfüllt.« Nicht gestern, nicht morgen. Heute. Und von nun an wird es kein Zurück mehr geben. Heute. In dieser Minute, an diesem Ort, durch diesen Mann. Etwas Neues, etwas ganz Unerhörtes beginnt in dieser Sternstunde der Menschheit hinauszueilen in alle Richtungen und Winkel der Erde.

Die Szene ist nicht zu überbieten. Lukas, der sie in seinem Bericht mit unverkennbarer Inspiration festhält, mag über seinem Papyrus nervös gewesen sein wie jeder, der je darüber schrieb. Mit zitternder Hand, so stellt man ihn sich vor. Vor Angst. Vor Scheu, ob seine Hand diese Worte überhaupt richtig schreiben kann. Vor Ehrfurcht.

Jesu Predigt hatte stets eine unbändige Kraft. Die hohen Schriftgelehrten nannten ihn deshalb wie selbstverständlich »Rabbi«. Die Tempelwächter, die später zu seiner Verhaftung ausgeschickt wurden, waren davon so erschüttert, dass sie unverrichteter Dinge zurückkamen: »Noch nie hat ein Mensch so gesprochen«, entschuldigten sie wörtlich die missglückte Festnahme (Joh 7,46). Selbst gegenüber Pilatus genügten wenige Sätze, den Statthalter gewissermaßen zu paralysieren. Jesus hatte einen ganz eigenen, unverwechselbaren Ton. Er sprach in knappen Sentenzen, hatte in Bildworten eine Vorliebe für paradoxe, teils groteske Formulierungen. Aber das Unerklärliche an dieser Rede war, dass sie nicht nur, wie Lukas das empfinden musste, unter die Haut ging. Sie traf, ähnlich wie ein Echolot, das einen Resonanzkörper sucht, einen Bereich des menschlichen Ichs, der für gewöhnlich gar nicht oder nur äußerst schwer erreichbar ist.

War er es selbst gewesen, der die Stelle ausgewählt hatte? Es gibt einen Flash, einen Sog, in einem Bruchteil an Zeit, der nicht mehr messbar ist. Jesu Stimme hatte den Text vorgetragen, und als er wieder zu ihr zurückfand und wieder in seinem Körper Platz nahm, wieder Finger spürte und die Arme bewegte und seinen Mund öffnete und seine Zunge in Gang setzte, da sprach sein Geist nur diese Worte, die ein Erdbeben auslösten. Worte, von denen jener Jesaja einmal sagte, sie seien wie der Regen und der Schnee, der vom Himmel fällt und nicht dorthin zurückkehrt, sondern die Erde tränkt und sie zum Keimen und Sprossen bringt. Diese Worte, die den Mund verlassen, seien wie der Samen des Sämanns und das Brot zum Essen. Sie kehrten nicht leer zum Sprechenden zurück, sondern bewirkten, was er wolle, und erreichten all das, wozu sie ausgesandt worden seien.

Jesus hatte das Buch genommen und hatte verlesen:

»Der Geist des Herrn ruht auf mir, denn der Herr hat mich gesalbt.

Er hat mich gesandt, damit ich den Armen eine gute Nachricht bringe;

Damit ich den Gefangenen die Entlassung verkünde und den Blinden das Augenlicht;

Damit ich die Zerschlagenen in Freiheit setze und ein Gnadenjahr des Herrn ausrufe.«

Es ist die Eröffnungsrede einer Weltmission. Die Präambel eines »Neuen Bundes«, das den alten Bund nicht denunziert, sondern ihn zur Grundlage hat. Das »Gnadenjahr des Herrn«, das Jesus ausrief, das wussten seine Zuhörer, war nichts anderes als die »Königsherrschaft Gottes«, das uralte Bild für die messianische Erlösungszeit, in der mit den Taten des »Gesalbten«, mit Christus, das Heil des Herrn aufblüht.

Freiheit, Liebe, Heilung. Das war alles. Hört auf mit Ausgrenzung und Unterdrückung. Hört auf damit, den Armen, den

Kranken, den Sündern den Zutritt zum Reich Gottes zu verwehren! Hört auf mit Unterscheidung in Bessere und Schlechtere. Ich bin gekommen, die ewige Ordnung des Alls zu verkünden.

Als der Schock überwunden ist, tritt in der Synagoge von Nazareth ein, was Jesus in allen Jahrhunderten bis zu den Titelgeschichten unserer Tage widerfährt: Man glaubt ihm nicht.

Jesus polarisiert. Die einen gehen mit ihm, die anderen strafen ihn ab. Der Sohn des Zimmermanns! Plötzlich tritt Ernüchterung ein. Wie es bei Versammlungen geschieht, wenn von einer Sekunde auf die andere durch Personen, die plötzlich in den Mittelpunkt geraten, durch ein falsches Wort das bisherige Verhältnis ins Wanken gerät. Warum wirkt er an anderen Orten die Wunder und nicht in seiner Heimat?, murmeln die Ersten. Warum geht er eigene Wege, ohne sich den Vorstellungen seiner Sippe unterzuordnen?

Was soll er ihnen sagen? Dass er eines Tages sogar hinabsteigen müsse in das »Reich der Toten«? Dem Aufenthaltsort jener verpassten Leben, die nichts anzufangen wussten mit ihren Anlagen und ihren Chancen? Niemand würde es verstehen. »Kein Prophet wird in seiner Heimat anerkannt«, sagt Jesus illusionslos, bevor er die Synagoge verlässt.

Die Leute von Nazareth können Jesu Worte nicht richtig einordnen, was nur allzu verständlich ist. Wie soll ausgerechnet dieser Mensch, mit dem man gemeinsam spielte, mit dem man aufwuchs, der einem den Türrahmen und den Pflug gerichtet hatte, der Sohn Gottes sein? »Ist er nicht der Sohn des Zimmermanns?«, hört man plötzlich. Einer nach dem anderen macht den Mund auf. »Heißt nicht seine Mutter Maria, und sind nicht Jakobus, Josef, Simon und Judas seine Brüder? Leben nicht alle seine Schwestern unter uns?«

Könnte nun aber die Lesung in der Synagoge von Nazareth nicht auch eine Art »Berufungserlebnis« sein? Hat Jesus möglicherweise so etwas wie eine »göttliche Stimme« gehört, wo er doch »als frommer Jude mit der Hoffnung auf das messianische Reich aufwuchs« (Peter Hirschberg)? War der Flash in der Synagoge nur »die Entdeckung seines Auftrags«? Wenn dem so wäre, würden wohl die Leute von Nazareth recht haben, wenn sie sich irgendwie betrogen fühlen.

Jesus würfelt nicht. Jedenfalls nicht nach dem Zeugnis, das die Bibel von ihm gibt. Seine Stationen wirken bislang geplant und überlegt. »Auch wenn wir bisher Christus nach menschlichen Maßstäben beurteilt haben«, so schrieb Paulus, »so beurteilen wir ihn doch jetzt nicht mehr so.« Nichts deutet auf ein blindes Suchen hin, wie man es in einem Entwicklungsstadium tut, bevor einem gewissermaßen die Augen ganz geöffnet werden. Selbst der Hinweis der Evangelien, Jesus habe in Nazareth keine Wunder vollbringen können, den Ernest Renan als »naive Bemerkung eines seiner Biografen« abwinkt, deutet eher auf eine fundamentale Glaubenswahrheit denn auf eine Unpässlichkeit hin. Jesus kann nicht *gegen* die Menschen Wunder vollbringen, drückt er aus, sondern nur *mit* ihnen. Glaube beruht eben auf glauben, hatte er erklärt, und nicht auf irgendwelchen Beweisen, die man vom Himmel einfordert.

Als die Leute das hörten, so schließt Lukas seinen Bericht aus Nazareth, aus Nottingham, aus Nürnberg, aus Nancy und von wo auch immer ab, »gerieten sie alle in Wut. Sie sprangen auf und trieben Jesus zur Stadt hinaus; sie brachten ihn an den Abhang des Berges, auf dem ihre Stadt erbaut war, und wollten ihn hinabstürzen. Er aber schritt mitten durch die Menge hindurch und ging weg.«

20

Die Stadt Jesu

Kafarnaum, Oktober 28

Schwester Catharina hatte ein großes Herz, und an diesem Morgen war es besonders groß. Wir spazierten im Garten umher, genossen den Blick auf den See und schwärmten von den Früchten, welche die Nonnen in ihrem Living-Water-Haus ernten konnten. »Sehen Sie nur, es ist wie im Paradies. Datteln, Avocados, Grapefruits – thanks god. Alle könnten satt werden. Wenn sie nur Frieden hätten.«

Catharina und Elisabeth waren zuvor in Krisengebieten wie Tripolis und im Irak eingesetzt. Sie hatten das Land auch im Krieg nicht verlassen und sich um hilfsbedürftige Moslems gekümmert. Auf dem Weg zum See sprachen wir über meine Arbeit. Eines der Probleme einer Jesus-Biografie sei, erklärte ich, mit sehr heutigen Kategorien der Wirklichkeit jener Person zu folgen, die man kennenlernen will. Zweitausend Jahre des Für und Wider hätten Vorstellungen geprägt, denen sich nur schwer entkommen lässt. Welches Rankwerk gelte es nun wegzuschneiden, um der Wahrheit Jesu wieder nahe zu kommen? Und wo wiederum könnten die Schlüssel zu finden sein, jene Türen aufzusperren, die wirklich zum zentralen Raum der Geschichte führen?

Da sei beispielsweise die Frage, ob man Jesus überhaupt darstellen könne, ohne damit nicht auch sein Charisma zu verwässern oder ihn auf bestimmte Muster einzuengen. Ist nicht das Bild, das eine Biografie vermittelt, meinte ich zu der Schwester, immer auch abhängig von den subjektiven Möglichkeiten, vom Wissen und vom Bewusstseinsstand des Autors? Müsse man nicht sogar die Unmöglichkeit eingestehen, von diesem Jesus Christus in dem riesigen Raum seiner Wahrhaftigkeit mehr als nur einen winzigen Fleck ausleuchten zu können? Immerhin sei da jemand, der von seinem Leben sage, es unterliege allein seinem freien Willen: »Ich habe Macht, es hinzugeben, und ich habe Macht, es wieder zu nehmen.«

Catharina hatte mir geduldig zugehört. Es war keine Quiz-Show, in der man auf A, B oder C tippen musste, aber manchmal stöhnte sie auf und strich sich nachdenklich über das Kinn. »Das Beste, was Sie tun können«, meinte sie schließlich, »ist, das Evangelium zu lesen.« Sie blickte gedankenverloren auf das Wasser. »Sehen Sie, ich lebe nun seit beinahe zwanzig Jahren im Heiligen Land. Meine Mitschwester Elisabeth seit über vierzig Jahren. Und niemand kann uns sagen, dass das, was in der Bibel steht, nicht die Wahrheit ist.«

Catharina musste zurück ins Haus. Ich hatte mir einen schönen Platz am Ufer gesucht, blinzelte in das tanzende Glitzern auf den Wellen und ließ mein Gesicht von der Sonne wärmen. Vor einigen Tagen hatte ich Gill morgens am See getroffen, den Nachbarn meiner Franziskanerinnen, ein sportlicher Mittdreißiger, Vater zweier Mädchen – und Besitzer des Hundes, der nachts nicht schlafen konnte. Er gehe das Netz einholen, meinte er, und ob ich nicht vielleicht mitkommen wolle. So wurde ich Gills Rudermann.

Der Job war nicht so einfach, wie ich gedacht hatte. »Go, Peter. Peter, go«, kamen die Kommandos. Der Kapitän unseres winzigen Bootes lotste mich zu seinen senkrecht im Wasser hängenden, bodenlangen Netzen. »Go here, Peter; go there, Peter.« Immer wieder verzwickte sich mein Ruder in den Fängen der Fischfalle, und die Wellen, die so harmlos daherkamen, begannen unser Schiff kräftig zu schaukeln. Nach einiger Zeit meinte Gill: »Okay, jetzt weißt du, was du zu tun hast.« Ich wusste es noch immer nicht, ruderte im Zickzack haarscharf am jeweiligen Ziel vorbei, aber wir machten einen reichen Fang und holten mehr als tausend Fische ins Boot.

Als wir uns ausruhten, genossen wir den wundervollen Blick

über die Bucht und die darüberliegenden Hügel, und ich stellte mir vor, wie Jesus da oben auf der römischen Reichsstraße mit seinen Leuten vorbeikam, um sein neues Hauptquartier in Kafarnaum zu beziehen und endlich mit dem Hauptteil seiner Arbeit zu beginnen.

Die Sonne stand bereits hoch am Himmel. Auf der Via Maris zogen Eselsfuhrwerke ihres Weges, und auf dem See waren Fischerboote zu beobachten, die den Hafen ansteuerten. Ich hatte mich in Gedanken an die Seite des Lehrers gestellt, um ein Stück des Weges mitzugehen. *Magdala,* die Heimat der Maria Magdalena, lag bereits hinter uns. In der Ferne sah man die Türme der Hauptstadt Tiberias, wenige Jahrzehnte nach seiner Gründung bereits ein florierender Kurort für römische Verwaltungsbeamte. Überall ringsherum gab es herrliche Obstgärten und lauschige Weinberge. Überall blühten Akazien, Oleander und Myrtensträucher. Flavius Josephus lag völlig richtig, als er das subtropische Gebiet der Ebene von Ginosar als einen »Garten unvergleichlicher Fruchtbarkeit« beschrieb. Der Natur hatte es gefallen, hier die Pflanzen der kalten, der heißen und der mittleren Klimate nebeneinanderzustellen, schrieb er. Es gäbe keine Erntezeit. Erntezeit sei immer.

Als ich Jesus quasi selbst so zuhören und ihn betrachten konnte, wirkte er nüchtern und bestimmt. Das Pathos eines Heroen schien ihm genauso fremd wie der schäumende Fanatismus, den die Eiferer der Religion mit sich führen. Wenn er in ein Haus einkehrte, machte er daraus keine Veranstaltung, bei der man Eminenz den Ring küsst. Schmeißt nur alle Last auf mich, empfahl er. Und das klang eher beiläufig. Jedenfalls nicht als Wahlkampfrede zur Sammlung möglichst vieler Anhänger, sondern in der Autorität dessen, der die Welt längst schon auf diesen Schultern trug.

Die Jünger scheuten sich, ihm Fragen zu stellen. In Jesu Umgebung lag eine Art heiliges Beben. Manche Dinge schienen ihn kaum zu interessieren. Nie sprach er über die Römer und ihr dekadentes Weltreich. Er ließ auch keine Schwärmerei über das biblische Wort Gottes oder Gott selbst hören, hielt keine politischen Reden und entwickelte keine Visionen über eine glorreiche Zukunft oder gar den allgemeinen »Sieg«, wenn er dereinst an der Macht wäre, auch wenn man, wie er einmal einflocht, mit seiner Lehre »Berge versetzen« könnte. Seine Distanz zu diesen Dingen schien stattdessen auszudrücken, dass die Frage nicht nur nicht anstehe, sondern im Grunde längst entschieden sei.

Die Geschichte Jesu lief mit einer Präzision ab, als hätte ein großer Uhrmacher im Himmel höchstselbst dieses Uhrwerk eingestellt. Alles griff ineinander wie fein justierte Zahnräder. Jedes Zeichen hat eine Bewandtnis. Jede Verknüpfung kann eine wichtige Spur enthalten. Selbst die Namen haben ihren eigenen Sinn. *Maria* – »Seherin« und »Herrin«, die den Engel sah und den Herrn empfing. *Josef* – Abkürzung von Joseph-el, »Gott möge (noch andere Kinder) hinzufügen«. *Kajaphas*, der Steinmetz, der den Eckstein verwirft. Dass der Name Jesus kein Zufall, sondern von Gott gegeben ist, wird im Evangelium offen ausgesprochen: *Jeschua – JHWH rettet.*

War das nicht alles schon wieder ein wenig zu viel des Guten? Könnte also nicht doch ein versierter Stückeschreiber …? Andererseits gibt es keine Belege dafür, dass die Texte irgendwie manipuliert worden wären. Wenn wir heute das Evangelium lesen, hatte der Texthistoriker Ulrich Victor zusammengefasst, lesen wir es so, wie es geschrieben wurde.

Obendrein waren die bisherigen Szenen aus dem Leben Jesu für Agitation und Propaganda höchst ungeeignet. Etwa wenn sich Jesus ausgerechnet einer Samariterin offenbart: einer Frau, Feindin, Häretikerin und Sünderin. Die Apostel selbst werden nicht unbedingt als Action-Stars vorgestellt, sondern in einer bisweilen kaum fassbaren Begriffsstutzigkeit, was bei der Genialität der biblischen Berichte mit Sicherheit nicht auf das Unvermögen der Autoren zurückzuführen ist. Beispielsweise in der schönen Szene am Jakobsbrunnen. »Ich lebe von einer Speise, die ihr nicht kennt«, hatte Jesus vieldeutig gemeint. Den Jüngern fiel nichts anderes ein als: »Hat ihm jemand etwas zu essen gebracht?«

Bei einer bildreichen Geschichte wie der vom Leben Jesu mit

ihren Niagarafällen voller Symbole ist die Gefahr von Über- und Fehlinterpretationen nicht gering. Wenn man der Biografie Jesu jedoch die messianischen Prophezeiungen zugrunde legt, stehen Grundelemente dieses Lebens nicht zur Disposition. Nach Jesajas Vision vom Gottesknecht ist im Weg des Messias sogar die Kreuzigung nicht eine Option, sondern unverzichtbarer Bestandteil der Aufgabe, die Weltenwende herbeizuführen. Jesus selbst wird seinen Tod den Jüngern gegenüber drei Mal ankündigen. Und zwar nicht als Drohung, sondern als Versuch, sie rechtzeitig auf dieses Geschehen vorzubereiten, um sie vor falschen Schlüssen zu bewahren.

Mit jedem weiteren Kilometer, den ich Jesus nachgegangen war, hatte ich versucht, die Geschichte mehr und mehr auch aus dem Glauben selbst heraus zu betrachten, gewissermaßen von den Quellcodes her. Die alttestamentliche Symbolsprache verstand ich nun als eigenständiges Nachrichtenmedium, das auf Zusammenhänge aufmerksam machte, die in Worten nicht auszudrücken sind. Ich war sogar auf Visionen eingegangen, als wären sie nicht etwas Irres, sondern kompetent und real und lediglich eine andere Form der Abbildung als jene Bilder, die wir mit bloßem Auge sehen.

Die Frage des Wunders ließ ich einstweilen außen vor. Jesus selbst hatte sie nicht unbedingt in den Vordergrund geschoben. Aber ich war bereit, die Evangelisten als Berichterstatter zu respektieren, die sich an die Zehn Gebote hielten und ihren Lesern nicht unbedingt Lügengeschichten auftischen wollten. Und dennoch. Immer wieder stellten sich neue Zweifel, Bedenken, Vorbehalte ein, als sei das Ziel, das schon zum Greifen nah schien, nur eine Fata Morgana.

»Wer bist du, Jesus?«, hätte ich den Mann an meiner Seite gern gefragt. Warum zeigst du dich nicht deutlicher? Haben wir uns in dir getäuscht, wie Kritiker behaupten? Sind wir nur Opfer unserer eigenen Sehnsüchte geworden, die wir auf eine Figur projizieren, die in ihrer Art faszinierend, aber im Grunde auch nicht so viel anders ist, als wir es sind?

Der Physiker und Philosoph Carl Friedrich von Weizsäcker hat einmal einem Journalisten gegenüber geklagt, es sei in Westeuropa schwierig geworden, über Gott zu reden und weiterhin als Wissenschaftler ernst genommen zu werden. Scharen von Theologen sahen das offenbar ähnlich. Plötzlich war es mit einem kritischen Bewusstsein nicht mehr zu vereinbaren, überhaupt ernsthaft danach zu fragen, ob ein Mann aus Nazareth wirklich jemand hätte sein können, den seine Anhänger auch heute noch als den *Sohn Gottes* verehren.

Die Experten zitierten die Aussagen Jesu, als wäre der Mann aus Nazareth eine Marionette. »Markus lässt Jesus sagen ...«, heißt es da, oder »Lukas lässt Jesus sagen...« Hinter dem »Pseudonym« Johannes vermutete man gar ein Kollektiv von Ghostwritern, das sich anschickte, eine wirre Mirakelschrift zu verbreiten, um auf dieser Basis eine obskure Macht zu installieren, die man Kirche nannte.

Einmal zeigte mir der alte Bibliothekar von Montecassino, Pater Gregorio, in seiner riesigen Bibliothek einen Schrank seiner wertvollsten Bestände, wie er meinte. Es waren die Werke der Kirchenväter. Sie alle hatten sich ein Leben lang über die Evangelien gebeugt, um die Früchte dieser Botschaft noch besser verkosten zu können. Waren alle diese Denker mit Blindheit geschlagen? Hatten Gelehrte wie Erasmus von Rotterdam, Anselm von Canterbury oder Albertus Magnus im Gegensatz zu den Professoren des 20. Jahrhunderts übersehen, dass es sich bei Jesus um einen Aufwiegler und religiösen Wirrkopf handeln könnte? Eine Mischung aus Genie und Wahnsinn, der Leute um sich versammelte, die nicht weniger verrückt, einsam, romantisch oder psychopathisch waren als er selbst?

Und weiter: Waren nicht nur die Philosophen und Theologen früherer Zeiten verblendet, sondern auch die Künstler? Mozart etwa, als er ein *Ave Verum* komponierte, Bach die *Johannespassion*, Händel den *Messiah*? Als der heilige Benedikt seine halb Europa revolutionierende *Regel* schrieb, als Michelangelo die *Pietá* schuf, van Gogh den *Barmherzigen Samariter* malte? Als José Feliciano sein *Feliz Navidad* und Johnny Cash *It was Jesus* sang? Als Gaudí die *Kathedrale von Barcelona* baute? Oder ist es genau umgekehrt, dass nämlich die Kunst erst zur höchsten Höhe kommen konnte, *weil* gerade der Glaube an Gott hierfür den nötigen Auftrieb erzeugte?

Moderne Medien sind darauf trainiert, laut zu bellen und Gefahr zu melden, sobald Jesus, die Evangelisten oder der Papst am Zaun ihrer bürgerlichen Vorgartenidylle erscheinen. Gefahr für was und für wen eigentlich? Und warum nur hat man dabei den Eindruck, dass mit der Verdunkelung der Gottesfrage, die so viele Journalisten betreiben, sukzessive auch deren Licht der Erkenntnis verlischt? Etwa wenn die Jesus-Bewegung von einem großen Nachrichtenmagazin als »Christus-Sekte« vorgestellt wird, obwohl doch sämtliche Eigenschaften zum Sektierertum fehlen. Im Evangelium wird nicht ausgeschlossen, sondern integriert; es wird nicht lehrmäßig verengt, sondern erweitert; der Blick gilt nicht einer Elite, sondern der Not der Unterprivilegierten. Es wird, summa summarum, auch keine völlig neue Heilslehre verkündet, sondern der jüdische Glaube als Träger der Offenbarung Gottes durch eine Person in eine neue Höhe gehoben, die sich exakt durch die in der Heiligen Schrift dargestellten Erkennungsmerkmale eines von den Propheten vorhergesagten Messias ausgewiesen hat.

So etwas kann dann auch keine »Patchwork-Religion« sein, wie *Spiegel*-Fechter glauben machen wollen. Und wer ein- oder zweimal das Alte Testament aufgeschlagen hat und die jüdische Überlieferung kennt, wird auch nicht auf die Idee kommen, Paulus habe den Kreuzestod Jesu in »ein religiöses System aus Sühne und Erlösung umdenken« müssen. Am Ende ist es dann doch die pure Hilflosigkeit, wenn die Autoren solcher Geschichten ihr Konstrukt mit einer billigen Brücke zusammenhalten müssen: »Wer die Idee von der Auferstehung des Herrn und seiner nahen Wiederkunft ausheckte, weiß bis heute niemand.«

Jesus schreitet nicht von Erkenntnis zu Erkenntnis. Er muss keine Erfahrungen machen, um daran reifen zu können. Es gibt da keine Unsicherheiten und keine Durchbrüche. Alles scheint bereits vorhanden. Jesus *ist*. Er ist kein *Werden* und kein *Haben*, sondern nur *Sein*. Zu jeder Phase seines Daseins. Der Begriff *Da-Sein* bekommt in ihm gar einen einzigartigen Ausdruck. Und wenn jemand behauptet: »Ich bin das Leben«, dann ist er gewissermaßen »ausgereift«, völlig entwickelt. Ist Jesus schlichtweg vollkommen und, wie soll man es sagen, das *Sein* an sich?

Ohne einerseits *Mensch* zu sein, wäre Jesu Erlösungstat im Tod am Kreuz nichts wert. Ohne andererseits *Gott* zu sein, wäre sie nicht möglich. Aber ist bei all den Unverständlichkeiten nicht auch denkbar, dass, wenn schon nicht seine Nachfolger, dann vielleicht der Urheber des Christentums selbst ein wenig verrückt gewesen ist? War es eine krankhafte Einbildung, die auch Massen suggerierte, den »Sohn Gottes« zu erleben? Psychologen beobachten an solchen Menschen eine Neigung zu Depression, Ängsten und Wut. Immerhin hatte Jesus die Händler aus dem Tempel gejagt.

Der amerikanische Psychologe Gary Collins ist der Frage nach der geistigen Gesundheit Jesu auf der Grundlage seines in den Evangelien dargestellten Denkens und Verhaltens nachgegangen. Das Ergebnis seiner Untersuchung war niederschmetternd. Allerdings nur für die Ankläger Jesu. Nach den Berichten des Neuen Testaments, so der Professor, war der Mann aus Nazareth »viel gesünder als jeder Mensch, den ich kenne – einschließlich meiner selbst«.

Jesus habe weder unter Wahrnehmungsstörungen noch unter krankhaftem Misstrauen oder gar Verfolgungswahn gelitten. Seine Beobachtungen, so der psychologische Befund, waren realistisch, seine Schlüsse logisch und durchdacht. In seinen meist brillanten Reden komme ein tiefes Wissen um das Wesen des Menschen und die Ordnung der Schöpfung zum Ausdruck. Der Umgang mit anderen, insbesondere Hilfsbedürftigen, sei liebevoll und fürsorglich gewesen, ohne dass er sich von seinem Mitleid habe lähmen lassen. Er habe Menschen annehmen können, ohne ihre Fehler unter den Teppich zu kehren. Die teils grenzenlose Bewunderung, die er bei seinen Anhängern genoss, habe weder zu Blasiertheit, selbstverliebter Wichtigtuerei noch zu rücksichtsloser Egozentrik geführt. Einigermaßen übersteigert hätten allerdings die Prognosen über seine Zukunft geklungen, allerdings erwiesen sie sich letztlich als völlig zutreffend. Und obwohl Leib und Leben immer wieder bedroht waren, sei sein seelisches Gleichgewicht nicht beeinträchtigt gewesen.

Im Übrigen, so Collins, habe Jesus nicht einfach nur von sich behauptet, Gott zu sein – er habe diese Behauptung mit erstaunlichen Heilungen, mit verblüffenden Demonstrationen seiner Macht über die Naturgesetze, mit seinen unvergleichlichen Lehren zum Guten von Mensch und Welt, mit göttlichen Einblicken in die Seelen und letztlich mit seiner eigenen Auferstehung von den Toten auf noch nie da gewesene Weise untermauert.

Ich hatte meinen Platz am Strand verlassen, um allmählich die nächste Station Jesu anzusteuern. Oben auf der Via Maris war das Häuflein der Jünger längst weitergezogen, und ich beeilte mich hinterherzukommen.

Der Lynchversuch von Nazareth und die Abwendung Jesu von seiner Heimat fällt zusammen mit der Festnahme des Täufers, den Herodes Antipas in den Kerker seiner Burg Machärus werfen ließ. Johannes ist damit von der öffentlichen Bühne abgetreten, er wird auch nicht mehr auf sie zurückkehren. In scharfen Anklagen hatte er den Tetrarchen kritisiert, der sich mit der Frau seines Bruders Philippus, Herodias, eingelassen hatte. Seine Verhaftung war so gesehen nur noch eine Frage der Zeit gewesen, auch wenn Antipas die Auftritte von Johannes anfangs mit neugieriger Sympathie verfolgt hatte. Einer der Jugendgefährten Antipas', ein Mann namens Manaën, sollte später sogar der Weggefährte des Paulus in Antiochien werden.

Jesus »verließ Nazareth, um in Kafarnaum zu wohnen, das am See liegt, im Gebiet von Sebulon und Naftali«, berichtet Matthäus. *Kafr Nahum,* die Stadt des Nahum. An seinem Ufer liegt wie ein großes blaues pochendes Herz das *Galiläische Meer,* gesäumt von fruchtbaren Hainen und hochaufragenden Berghängen. Der See hat nicht nur die Form eines Herzens, hier *ist* das Herz Israels. Keine Region Palästinas war fruchtbarer, keine besser im Maß und in der Mitte. Konnte es einen idealeren Platz geben für die Entfaltung der Botschaft vom Reich Gottes als einen Flecken, wo schon die Schönheit der Erde ein Spiegelbild für die Schönheit des Himmels ist?

Die Evangelisten fanden in der Wahl der neuen Heimat gar eine Bestätigung für den ewigen Plan Gottes: »Denn es sollte sich erfüllen, was durch den Propheten Jesaja gesagt worden ist:

Das Land Sebulon und das Land Naftali,
die Straße am Meer, das Gebiet jenseits des Jordan,
das heidnische Galiläa: das Volk, das im Dunkel lebte,
hat ein helles Licht gesehen;
denen, die im Schattenreich des Todes wohnten,
ist ein Licht erschienen.«

Als Jesus auf der Via Maris das heutige Tabgha erreichte, gut zwei Kilometer vor Kafarnaum, muss er fasziniert gewesen sein von der geografischen, ästhetischen, atmosphärischen, aber auch von der spirituellen Besonderheit dieser Topografie. Es mag bei den *sieben Quellen* gewesen sein, wo er auf die Brüderpaare Simon / Andreas und Jakobus / Johannes traf. Der griechische Name für den Ort hieß Heptabegon (»Siebenquell«), aus ihm schliff sich das arabische Tabgha heraus. Die Warmquellen, die sich in einer gleichbleibenden Temperatur von 26 Grad am Fuße des Eremosberges in den See ergießen, gibt es noch heute. Der ursprüngliche Name aber lautete *Ma-Gadan*. Er bedeutet »Die Wasser des Glücks«.

Die Gegend war gut gewählt. Hier lag nicht nur ergiebiger Fanggrund der Fischer von Kafarnaum, hier war vor allem eines: Neuland. Traumland. Ein kleines Himmelreich auf Erden. Unberührtes, unschuldiges Land voll Anmut und Wärme. Zart eingerahmt vom Klang der schäumenden Wellen, die über die Kieselsteine streicheln wie über die Saiten einer Harfe.

Wer heute diesen Flecken Erde besucht, kann in einer guten Stunde ein erstaunliches Areal ablaufen. Es vereint auf einer Fläche von etwa zwei Quadratkilometern die wohl bedeutendsten Schauplätze des Wirkens Jesu zu einer einzigartigen Bühne:

- *Kafarnaum,* eines der eindrucksvollsten biblischen Heiligtümer, ist der Ort, an dem Jesus die eucharistische Verheißungsrede hielt und seine deutlichsten Spuren hinterließ.
- In der *Bucht der Seepredigt* mit ihrer verblüffenden Akustik sprach Jesus von einer schwimmenden Bühne aus vom Samen, den der Sämann ausstreut und von dem nur ein gewisser Teil auf guten Boden fällt.
- Auf dem *Berg der Seligpreisungen* hielt Jesus seine Bergpredigt.
- Am *Ort der wunderbaren Brotvermehrung* in Tabgha speiste Jesus die fünftausend Anhänger, die sich um ihn versammelt hatten.
- An einem als *Mensa Christi* bezeichneten Felsen am Ufer bei Tabgha (heute mit einer Kirche überbaut) speiste Jesus nach der Auferstehung mit seinen Jüngern, um Petrus nochmals in seine Aufgabe einzuweisen: »Weide meine Schafe.«

Auf alten Stichen ist zu sehen, dass noch um 1870 ganz Palästina im Dornröschenschlaf lag. Nichts hatte sich in Jahrtausenden verändert. Aus den alten Bauten waren lediglich Ruinen geworden, aber es kamen kaum neue hinzu. Es war das alte, biblische Land. Erst zu Beginn des 20. Jahrhunderts begannen sich Archäologen für die steinernen Zeugen des Heiligen Landes zu interessieren, zu einer Zeit, als das Christentum den Zenit seiner gesellschaftlichen Bedeutung hinter sich zu haben schien. Nach 200 Jahren Aufklärung galt vielen diese Religion als Auslaufmodell. Sein Ende sei vorhersehbar. Umso spannender waren die Grabungen geworden. Nach Meinung der Skeptiker mussten sie den endgültigen Todesstoß für das Christentum bedeuten, ein letzter Beweis, dass da nichts ist, dass da nie etwas war, sondern nur ein großangelegter Betrug, der viel zu lange schon die Menschheit in die Irre führte.

Tatsächlich hielten bis in unsere Zeit hinein Evangeliums-Kritiker Orte wie Kafarnaum für eine fromme Legende aus der Phantasiewerkstatt der Bibelautoren, die ihrem vermeintlichen Messias etwas Lokalkolorit verpassen wollten. Der Verdacht war nicht ganz aus der Luft gegriffen. Auf unerklärliche Weise schien

»seine Stadt«, die Stadt Jesu, wie Matthäus sie nannte, wie vom Erdboden verschluckt. Für die einen so, als hätte es sie ohnehin nie gegeben. Für die anderen, als müsse sie die Verwünschung, die Jesus am Ende über deren unbelehrbare Bewohner aussprach, in der Unterwelt ganz durchleiden. Die Verwünschung endete exakt am 22. November 1968. Und es war ein Mann Gottes, der das Buch der Geschichte wieder öffnete.

Jahrelang stand Stanislaus Loffreda von frühmorgens bis Sonnenuntergang im Staub der historischen Erde, rührte in Tonscherben und grub sich tief und tiefer ein. Den Franziskanern war es Ende des 19. Jahrhunderts gelungen, am Ufergelände ein Grundstück mit Ruinenresten zu erwerben. Wie beim Hirtenfeld in Bethlehem dauerte es nicht lange, bis auch die orthodoxe Kirche eine Art Konkurrenzgrabung eröffnete, nur einige hundert Meter weiter östlich. An jenem 22. November aber hört Stanislaus' Mitbruder ein aufgeregtes Schreien: »Komm, Virgilio, komm sofort!«

Virgilio machte keine Anstalten, dem Ruf zu folgen. Die Späße des Professors hatten sich in all den Jahren etwas abgenutzt. Als die beiden Archäologen-Patres allerdings gemeinsam über dem freigebuddelten Pflaster standen, von dem sie glaubten, es sei das, wonach sie so lange gesucht hatten, kam es ihnen vor, als hätten sie Jesus selbst ausgegraben. »Ich gestehe es in aller Einfalt«, sagte Loffreda später, »wir haben für einige Augenblicke die kalte Nüchternheit der reinen Wissenschaft vergessen und vor Rührung einfach nur geweint.«

Zweiunddreißig Jahre später, im März 2000, durfte der Padre auch Johannes Paul II. an die Stelle führen, die inzwischen als das Haus des Simon Petrus verifiziert wurde. Mehr noch: als die neben dem Abendmahlssaal erste Kirche der Christenheit überhaupt. Der Fund ist von unschätzbarem Wert, auch wenn er bis heute nicht in seiner ganzen Bedeutung erkannt wurde. Er ist der Beleg dafür, dass schon kurze Zeit nach der Kreuzigung an diesem Ort und exakt in dem Haus, das der Mann aus Nazareth über lange Zeit bewohnt hatte, der Mensch Jesus als Sohn Gottes verehrt wurde. Papst Johannes Paul II., 264. Nachfolger des früheren Hausbesitzers, ging es nicht anders als dem guten Franziskaner – und wie vermutlich fast allen Besuchern, die Tränen vergießen, wenn sie einmal mit eigenen Füßen auf dem Grund stehen, auf dem Jesus »zu Hause« war, wie Markus überliefert.

Als ich ankam, stand die Sonne fast im Zenit. Die wenigen Besucher hatten sich in den Schatten der Bäume zurückgezogen und lauschten ihren jeweiligen Reiseführern, die auf Englisch oder Spanisch ihr Wissen zum Besten gaben. Ihre Augen wanderten dabei über Fragmente von Häusern, einzelne Gassen und eine Unmenge von Steinen, die man in dem ausgegrabenen Areal einsehen kann. Eine leichte Brise ließ die graziösen Palmen vor dem Eingangsportal wispern. Der Duft von Blüten und die tiefblau schimmernde Kulisse des »Galiläischen Meeres« machte es einfach, sich angenehm und wohl zu fühlen. Und durch die späte Wiederentdeckung Kafarnaums gibt es noch nicht einmal Einheimische, die einen mit sakralen Fanartikeln bedrängen könnten.

Die Atmosphäre ist das eine. Aber es macht einen Unterschied, ob man das Evangelium nur liest – oder ob man über steinerne Lettern hinwegspazieren kann und buchstäblich auf den einzelnen Seiten der Heiligen Schrift herumtanzt wie ein von Glück trunkener Bräutigam.

Kafarnaum ist zur Zeit Jesu mit seinen 1500 Bewohnern ein ausgeglichen wirkender jüdischer Ort von bescheidenem Wohlstand, und kein Polit- oder Militärstratege hätte ein geeigneteres Hauptquartier finden können:

1. Am Knotenpunkt der traditionellen Wege nach Syrien, Phönizien, Kleinasien und Zypern gelegen, verfügt Kafarnaum über eine moderne Infrastruktur und ermöglicht eine hohe Mobilität.

2. Als Grenz- und Zollort zwischen den Gebieten der Tetrarchen Antipas und Philippus ist die Stadt wichtiger Umschlagplatz für Waren aller Art und damit Sammelpunkt von Menschen aus der gesamten Region.

3. Das von Philippus in den Jahren 4 bis 2 v. Chr. neu gebaute Betsaida-Julius, vier Kilometer hinter der Grenze, verfügt als

Hauptstadt über die logistischen Möglichkeiten einer regionalen Metropole.

4. Die Bevölkerung ist mehrheitlich jüdisch und kann die Botschaft Jesu damit aus ihren Wurzeln heraus verstehen; sie gilt zudem als aufgeschlossen, worauf schon die Synagoge hindeutet, die erst durch die Unterstützung des römischen Hauptmanns gebaut werden konnte.

5. Die imperiale Reichshauptstraße Via Maris 100 Meter oberhalb des Ortes bindet Kafarnaum an das internationale Verkehrswegenetz an, eine ideale Voraussetzung für die Organisation großer Volksversammlungen. Als Hauptverkehrsader führt sie nicht nur einen immerwährenden Strom von Menschen mit sich, die Reisenden sind auch Nachrichtenträger und können die Jesusbotschaft als lebende Zeitungen sehr schnell weit über Galiläa hinaustragen.

Die Einwohnerschaft Kafarnaums ist nicht homogen, sondern vielschichtig aus Fischern, Bauern, Handwerkern und Händlern zusammengesetzt. An einer der Gassen gibt es sogar eine Ladenzeile mit Geschäften, vorwiegend für Glaswaren, die vor Ort produziert werden. Die Ausstattung der Häuser ist zivilisiert, auch wenn es im Gegensatz zur römischen Kaserne am Ortsrand keine Badezimmer und noch nicht einmal Wasserzisternen gibt. Aber schließlich liegt der größte Teil des auf 60 000 Quadratmetern ausgebreiteten Areals direkt am See. Vor allem gibt es nicht das übliche soziale Gefälle zwischen denen, die alles, und jenen, die gar nichts haben. Sogar die Beziehungen zur römischen Garnison sind ausgeglichen, zumindest zum Centurio, dem durch das Evangelium berühmt gewordenen *Hauptmann von Kafarnaum*, der als Sponsor der Synagoge ein angesehener Mitbürger ist. Für ihn werden sich die Ältesten bei Jesus verwenden, als sein Diener krank wird. »Er liebt unser Volk«, werden sie sagen, »er verdient es, dass du seine Bitte erfüllst.«

Die römische Söldnertruppe aus etwa einhundert Galliern, Germanen und Phrygiern hat ihre Kaserne in der Nähe des Ortsausgangs, ausgestattet mit einem typisch römischen Bad aus

Caldarium, Tepidarium und Frigidarium. Die Garnison sichert unter der Leitung des Centurios nicht nur die Grenze. Nicht allzu weit vom See entfernt, oben in Gamla, am Rande der Golan-Höhen, haben die Anführer der Zeloten ihr nationalrevolutionäres Zentrum eingerichtet. Ihre Schutzmacht dient zudem den ungeliebten Zöllnern. In jener Zeit sind das in der Regel Privatleute, die vom Landesherrn gegen eine feste Jahressumme das Steuer- und Zollrecht über eine bestimmte Region pachten und die vorgeschriebenen Abgaben einzutreiben versuchen. Mindereinnahmen müssen aus eigener Tasche ausgeglichen werden, aus Mehreinnahmen entsteht ein oft ganz erheblicher Gewinn.

Die Harmonie des Ortes zeigt sich nicht zuletzt in einem symbiotischen, quadratisch geschlossenen Grundriss der Wohneinheiten. Sie wirken wie Waben. Jede ist für sich, und doch sind alle miteinander verbunden, Sippe an Sippe, Wand an Wand. Außen führt eine Treppe auf das Flachdach, auf dem Frauen Flachs zum Trocknen auslegen, wo sich aber auch ein großer Teil des öffentlichen Lebens abspielt.

Die einzelnen »Wohninseln«, die sich zumeist drei Familien einer Sippe teilen, umfassen fünf bis zehn ebenerdige Häuser aus unbehauenen Basaltsteinen und beherbergen bis zu einhundert Mitglieder dieser Großfamilie. Jede Einheit hat mehrere Eingänge und einen gemeinsamen Innenhof, ausgestattet mit Kochstellen und Mahlsteinen. Hier arbeiten die Handwerker, hier bereiten die Frauen die Mahlzeiten zu, hier wird gegessen, und hier wird, in den 35 Grad heißen Sommernächten, auch geschlafen.

Eines der Anwesen sticht besonders heraus, dreißig Meter von der Synagoge entfernt. Die Archäologen bezeichnen es als »Wohninsel Nr. 1« oder auch als *Insula sacra*. Es ist das Haus des Fischers Simon bar-Jona, genannt Petrus, in dem Jesus nach dem übereinstimmenden Zeugnis der Evangelisten sein Hauptquartier aufschlug. Hauptquartier ist übertrieben. Jesus genügte ein kleiner Schlafplatz, mehr brauchte er nicht. Von hier aus ging er am Ufer entlang nach Betsaida oder Magdala, um zu predigen. Und wenn er sich zum Gebet zurückziehen wollte, hatte er seinen Berg, drüben in Tabgha.

Identifiziert werden konnte das Quartier nicht nur, weil im 5. Jahrhundert darüber eine achteckige byzantinische Kirche errichtet wurde, die dem Apostel Petrus geweiht war. Als *Domus Ecclesia* war das einstige Fischerhaus durch eine dicke Einfriedungsmauer später von der übrigen Stadt abgetrennt worden. Zugunsten der Mauer mussten sogar einige Häuser abgerissen werden. Die Sensation aber zeigte sich ein Stockwerk unter den byzantinischen Ruinen, als die Archäologen um Pater Loffreda die Mauern der früheren Fischerhäuser ausgruben.

Einer der Räume des Anwesens gab den Wissenschaftlern Rätsel auf. Die Wände waren verputzt worden, der Boden war aus einem Kalkbelag. Im Gegensatz zu den darunter liegenden Schichten waren die immer wieder neu aufgetragenen dünnen Mörtelpflasterungen peinlichst genau sauber gehalten worden. Aber seltsam, es gab hier keinerlei Spuren von Gefäßen des täglichen Lebens wie in den anderen Häusern. Der Wohnraum musste folglich irgendwann eine auffällig andere Ausgestaltung bekommen haben. Aber für welchen Zweck?

Schließlich entdeckten die Archäologen in einzelnen Putzteilen dekorative Symbole und Monogramme. Sie zeigten Rauten, Kreise, Blumenmotive, Feigen und Granatäpfel. Die Darstellung von Menschen und Tieren hingegen war offenbar nicht gestattet. Plötzlich tauchten auch Inschriften auf, geschrieben auf Griechisch, Syrisch, Aramäisch und Lateinisch. Am Ende waren es 150 Graffiti. Sie alle priesen Jesus. Als *Herrn.* Als *Gott.* Und als *Christus.* Zweimal tauchte auch der Name *Petrus* auf, die ersten Anrufungen eines Heiligen des christlichen Glaubens.

Die Entdeckung war spektakulär, auch wenn eine einäugige Jesus-Literatur die Ruinen am See bis heute einer »nachbiblischen« Zeit zurechnet. Tatsächlich wurde durch die Ausgrabungen nicht nur der Standort des Hauses Petri bestätigt, sondern auch, dass dieses Haus bereits zwischen 50 und 100 n. Chr. aufwendig restauriert und in eine Hauskirche umgewandelt worden war. Weitere Untersuchungen ergaben, dass an dieser Stelle bereits ab etwa 75 n. Chr. ein Kult- und Versammlungsraum für die neue jüdische Bewegung existierte. Für die Gläubigen war es in erster Linie eben nicht das Haus Petri in Kafarnaum, sondern das Haus Jesu in Kafarnaum. Die Anhänger, die ihn persönlich erlebten, die ihn sprechen hörten und seine Wunder sahen, huldigten ihm in »seiner Stadt«. Hier war das Zentrum des neuen Evangeliums. Und hier war der Raum, in dem er, mit Unterbrechungen, mindestens ein Jahr lang gewohnt hatte, bevor er seinen langen Marsch nach Jerusalem antrat.

Ich musste an Schwester Catharina denken. »Das Beste, was Sie tun können«, hatte sie gemeint, »ist, das Evangelium zu lesen.« Forscher wie Pater Loffreda und seine Mitarbeiter hatten es getan. Sie hatten ihm vertraut. Und waren fündig geworden. Gerade einmal zwanzig Jahre zuvor hatte der Wind der Geschichte die wertvollen Rollen von Qumran freigeweht und damit die Echtheit der messianischen Visionen des Propheten Jesaja bestätigt. Jesus selbst hatte immer wieder auf die Schlüssel hingewiesen, die in den alten Texten zu finden seien. »Gerade sie legen Zeugnis über mich ab«, zitiert ihn Johannes. Sogar in den Büchern Mose könne man ihn entdecken: »Denn über mich hat er geschrieben.«

Plötzlich erwies es sich als Glücksfall, dass die steinernen Zeugen der Stadt Jesu über Jahrhunderte vom Erdboden verschwunden und dadurch regelrecht versiegelt worden waren. Sie kamen an die Oberfläche just zu einer Zeit, als »aufgeklärte« Jesus-Kritiker mit ihren Thesen den Glauben an Christus unterspülten wie die Wellen des Sturmes, der unentwegt an den Fundamenten nagt.

Ich war zu den Ruinen der Synagoge spaziert und setzte mich auf eine der steinernen Sitzbänke, die in einer Doppelreihe an den Längsseiten der Synagoge plaziert waren. Die heute vorhandenen Gemäuer sind Überreste einer Synagoge aus dem 4. Jahrhundert, die vermutlich auf den Fundamenten der alten Synagoge erbaut wurde. Rätselhaft blieb bis heute, warum diese sogenannte weiße Synagoge, die laut Pater Loffreda »mit Sicherheit das Juwel der Synagogen Galiläas« war, in allen jüdischen Quellen völlig verschwiegen wird, als hätte es sie nie gegeben.

Das zentrale Bauwerk Kafarnaums stand »am höchsten Punkt einer Siedlung«, wie es die jüdischen Gesetze vorschrieben. Es muss ein wenig düster gewesen sein, denn das wenige Licht kam nur über die großen Tore in den Raum. Draußen brannte die Sonne, hier war es angenehm kühl. Von der Via Maris hierher war es ein Katzensprung. Als Erstes würde Jesus in die Synagoge kommen und sich umsehen, bevor er versuchen würde, die Menschen und den Ort für sich einzunehmen.

Man hatte längst von diesem Rabbi gehört. Einige der Honoratioren, vielleicht auch Zebedäus, der Vater von Jakobus und Johannes, mochten überlegt haben, ob man dem fremden Eindringling aus dem kleinen Bauerndorf da oben in Galiläa wirklich so widerspruchslos das Feld überlassen durfte. Wer wusste schon so genau, mochte ein Zöllner wie Levi-Matthäus denken, was er im Schilde führte. Der Centurio wiederum wird womöglich nicht nur eine Gefahr für die Sicherheit des Ortes, sondern der ganzen Region gewittert haben.

Jesus erweckte die große Hoffnung seines Volkes, aber er konnte nicht nur mit Zustimmung rechnen. Händler bangten um ihre Geschäfte, Ehefrauen um ihre Gatten, Mütter um ihre Söhne und Töchter, die sich der neuen Jesus-Gruppe anschließen könnten; Schriftgelehrte um die Hoheit über die Synagoge.

Auf der anderen Seite gab es nirgendwo eine Bevölkerung, die besser für diesen Auftritt vorbereitet gewesen wäre. Die messianische Erwartung war in eine neue Phase getreten. Nur in Galiläa und Judäa konnte eine Erscheinung wie Jesus überhaupt verstanden werden. Nur gegenüber seinen Landsleuten und Glaubensgenossen konnte er sagen: »Wenn ihr mich erkannt habt, werdet ihr auch meinen Vater erkennen. Schon jetzt kennt ihr ihn und habt ihn gesehen.« Nirgendwo anders als im Judentum hätte man es deuten können, wenn er sprach: »Die Worte, die ich zu euch sage, habe ich nicht aus mir selbst. Der Vater, der in mir bleibt, vollbringt seine Werke. Glaubt mir doch, dass ich im Vater bin und dass der Vater in mir ist.«

Und nur auf diesem winzigen Flecken Erde wurde verstanden, dass im Leben auf Erden die Hoffnung auf das Leben im Himmel lag. »Ich gehe, um einen Platz für euch vorzubereiten«, wird Jesus den Menschen sagen, und »wenn ich gegangen bin und einen Platz für euch vorbereitet habe, komme ich wieder und werde euch zu mir holen.«

Die Jünger sind in die Synagoge vorausgeeilt und lehnen nun an den Säulen. Jesus steht in dem großen Tor. Die Umrisse seiner hochgewachsenen Gestalt zeichnen sich im Gegenlicht der untergehenden Sonne ab. »Das Wort hat sich erfüllt ...« Wie oft beginnt er sein Reden mit dieser Feststellung. Der Satz hallt von den Wänden wider. Und schon in diesem Moment ist deutlich, dass ein Entscheidungskampf unvermeidlich wird.

Herausgefordert fühlen sich nicht nur Honoratioren und Schriftgelehrte. Jesu Ankunft ist eine Kampfansage an jenen, dem er sich schon in der Wüste entgegengestellt hat – den Versucher. Der *unreine Geist* ist nun gleichsam bis in die Kirche und sogar in den Gottesdienst vorgedrungen. Was passiert? Die ganze Synagoge ist Zeuge des Vorfalls, als inmitten des Publikums plötzlich ein Mann aufspringt, der, wie Markus schreibt, »von einem unreinen Geist besessen war«. Eine fürchterliche Stimme schreit aus seinem Mund: »Was haben wir mit dir zu tun, Jesus von Nazareth? Bist du gekommen, um uns ins Verderben zu stürzen? Ich weiß, wer du bist: der Heilige Gottes.«

Für das älteste der vier Evangelien, den Bericht des Markus, ist der Akt gar die erste Zeichenhandlung Jesu überhaupt. Jesus zeigt sich dabei nicht eine Sekunde irritiert: »Schweig und verlass ihn!«, befiehlt er, das genügt. Vor seinen Heilungen steht gewissermaßen der Exorzismus, die Reinigung von negativen Kräften.

Es ist eine kleine, überschaubare Welt, in der Jesus seine Offensive startet. Bis dahin hat er sich nur einigen ausgewählten Personen anvertraut, von nun an wird sein Unterricht öffentlich und gezielt. »Die Menschen waren sehr betroffen von seiner Lehre«, hielt Markus fest, »denn er lehrte sie wie einer, der (göttliche) Vollmacht hat, nicht wie die Schriftgelehrten.«

21

Welt der Heilung
und der Wunder

See Genezareth, Oktober bis Dezember 28

Im Sommer kann die Sonne am See unerträglich sein. Hitze-stürme von vierzig, fünfzig Grad fegen mit Sand und Staub über ausgedörrte Schafweiden und mürbe gewordene Ackerbö-den. Jetzt hingegen waren die Temperaturen erfrischend und an-genehm. Kein Laut störte den Frieden dieser Welt. Das weiche Blau des Galiläischen Meeres wirkte freundlich und sauber, und die leichte Brise gab der Luft einen samtenen Touch.

Außer der Passion gibt es keine Zeitspanne im Leben Christi, die in den Evangelien so genau dokumentiert ist wie die ersten zwölf Stunden seines öffentlichen Wirkens.

Die Mission beginnt an einem Sabbat. Als Jesus in »seiner Stadt« eintrifft, führen ihn seine ersten Schritte in die Synagoge. Er »lehrt die Menschen« und treibt den »unreinen Geist« aus. Gleich danach, am Mittag, heilt er die Schwiegermutter seines Gastgebers Simon Petrus: »Er trat zu ihr hin, beugte sich über sie und befahl dem Fieber zu weichen.« Und am selben Abend ver-sammelt sich bereits »die ganze Stadt«, um die Kranken vor Jesus zu bringen. Fischer aus den Kooperativen, Handwerker, Tage-löhner, Kleinbauern, deren neunköpfige Familien von einem Stück Pachtland leben. Vielleicht auch Menschen, die als Sklaven dienen, wie es das Gesetz vorschreibt, weil sie ihre Schulden nicht bezahlen konnten.

Das Zwölf-Stunden-Programm von Kafarnaum scheint einem

bestimmten Schema zu folgen. Der erste Akt: Jesus verkündet das neue Reich Gottes. Der zweite Akt: Jesus befreit einen Besessenen von einem »unreinen Geist«. Der dritte Akt: Jesus nimmt Quartier bei Petri Schwiegermutter. Die Folge: Wo Jesus einzieht, wird der Mensch gesund.

Ist das der immer gleiche Dreiklang im »Erlösungsplan« Jesu: reden – reinigen – retten?

Auch der Epilog dieses Tages gehört noch mit zum Rhythmus: »In aller Frühe, als es noch dunkel war, stand er auf und ging an einen einsamen Ort, um zu beten.« Ohne das Atemholen aus der Versenkung in Gott ist die Aufgabe nicht zu bewältigen.

Jesus versteht es, in den folgenden Tagen und Wochen den Ort für sich einzunehmen. Nicht durch eine »Stadtguerilla«, die ihm in seinen Jüngern zur Verfügung stünde, sondern durch Demut und Zuwendung. Er »predigte in den Synagogen und trieb Dämonen aus« (Markus). Er »verkündete das Evangelium vom Reich und heilte im Volk alle Krankheiten und Leiden« (Matthäus). Die Menschen »priesen Gott und sagten voller Furcht: Heute haben wir etwas Unglaubliches gesehen« (Lukas).

Die Heilungs- und Wundertaten wirken wie Brandbeschleuniger in einer schwelenden Glut, und innerhalb kürzester Zeit wird aus dem Fischerdorf am Rande der Via Maris ein Zentrum der jüdischen Welt, der Sehnsuchtsort einer Karawane von Jungen wie Alten, Kranken wie Gesunden, die sich ein besseres Schicksal erhoffen.

Der Andrang vor Jesu Hauptquartier ist bald so groß, weiß Markus, »dass nicht einmal mehr vor der Tür Platz war«. Sobald sich der Wunderrabbi irgendwo zeigt, geraten die Massen in fast schon hysterische Aufregung. Sie laufen ihm am Ufer nach, wenn er mit dem Schiff davoneilt, und versuchen, noch vor ihm am vermeintlichen Ziel zu sein. Immer wieder müssen die Jünger den Lehrer gar von seiner einsamen Anhöhe herbeiholen, wo er im Gebet den Sonnenaufgang erlebt, um ihn zu den Närrischen zu bringen, die schon frühmorgens sein Haus belagern.

Jesus verstärkt die Wirkung seiner Mission noch, indem er von sich aus das Wirkungsfeld auf »ganz Galiläa« ausdehnt. Er müsse auch »den anderen Städten das Evangelium vom Reich Gottes verkünden«, erklärt er, »denn dazu bin ich gesandt worden«.

Klein und bescheiden hatte sich im April der Sonderzug des Erlösers von der Hochzeit von Kana weg in Bewegung gesetzt. Aber hier am See Genezareth ist das längst kein versprengtes Häuflein mehr, das wie eine Laienspieltruppe über die Dörfer zieht. Die Verkündigungs- und Heilungstour Jesu hat sich zu einer Volksbewegung entwickelt, wie sie Israel seit den Tagen des Auszugs aus Ägypten wohl nicht mehr gesehen hat. Und seit sich – entgegen der Bitte Jesu, nicht über die Wunder zu sprechen – das Geschehen lauffeuerartig herumspricht, kann sich der Heiler »in keiner Stadt mehr zeigen« (Markus), ohne nicht auch einen gewaltigen Auflauf auszulösen.

Der häufig so scheu wirkende Mann aus Nazareth hat kein Problem damit, Meetings zu veranstalten, die eindeutig auch »Event-Charakter« haben. Aber er kennt keine Gebärde des Triumphes. Mit Versprechungen wird nicht gegeizt. »Gebt, dann wird auch euch gegeben werden«, spricht er, »in reichem, vollem, gehäuftem, überfließendem Maß wird man euch beschenken.« Dennoch ist da kein sich vor der Menge produzierender Volkstribun, der im Spiel elementarer Kräfte die Massen in den Rausch der Gefühle peitscht. Die Evangelien überliefern noch nicht einmal ein Wort der Genugtuung über den so sensationell erfolgreichen Start seiner Mission. Alles scheint Aufgabe. Alles ist Arbeit.

Jesus hat ein klares Ziel. Und er will mit Blick auf dieses Ziel bis zuletzt Herr des Geschehens bleiben. Zufälle sind nicht vorgesehen. Selbst das, was aussieht, als wäre es blind zusammengewürfelt, scheint bei ihm, wie es der französische Schriftsteller Georges Bernanos ausdrückte, nichts anderes als »die Logik Gottes zu sein«.

Im Herbst des Jahres 28 erfasst die Kampagne ganz Palästina, vom Hermon-Gebirge bis zum Sinai, von Transjordanien bis zum Mittelmeer. Das Gelobte Land, in dessen Urgrund die Kontinentalplatten der gesamten damals bekannten Welt aufeinandertreffen, beginnt wie ein Muskel zu pochen. Das Staunen über diese Dynamik findet sich auch bei unseren Berichterstattern:

Matthäus: »Er zog in ganz Galiläa umher, lehrte in den Synagogen, verkündete das Evangelium vom Reich.«

Lukas: »In der Ebene blieb er mit einer großen Schar seiner Jünger stehen, und viele Menschen aus ganz Judäa und Jerusalem und dem Küstengebiet von Tyrus und Sidon strömten herbei.«

Matthäus: »Scharen von Menschen aus Galiläa, der Dekapolis ...«

Markus: »... auch aus Idumäa.«

Matthäus: »Sein Ruf verbreitete sich in ganz Syrien.«

Markus: »Die Menschen eilten durch die ganze Gegend und brachten die Kranken auf Tragbahren zu ihm, sobald sie hörten, wo er war.«

Lukas: »Sie alle wollten ihn hören und von ihren Krankheiten geheilt werden.«

Matthäus: »Man brachte Kranke mit den verschiedensten Gebrechen und Leiden zu ihm, Besessene, Mondsüchtige und Gelähmte.«

Lukas: »Alle Leute versuchten, ihn zu berühren.«

Matthäus: »Und alle, die ihn berührten, wurden geheilt.«

Lukas: »Es ging eine Kraft von ihm aus, die alle heilte.«

Matthäus: »Alle Leute staunten und sagten: So etwas ist in Israel noch nie geschehen.«

Zu Recht hebt Markus die Pilger aus der Provinz Idumäa hervor. Sie mussten immerhin eine Wegstrecke von mehr als 300 Kilometern zurücklegen, nicht gerade ein Sonntagsausflug.

Auf Schritt und Tritt folgen ihm nun Kranke und Behinderte, die auf Heilung hoffen. Einmal sind es Aussätzige, dann wieder Gichtbrüchige oder Geisteskranke. Neugierige stellen ihre Fragen. Schriftgelehrte verwickeln ihn in Streitgespräche. Der Zustrom schwillt dermaßen an, dass Jesus die Jünger bitten muss, »sie sollten ein Boot für ihn bereithalten, damit er von der Menge nicht erdrückt werde« (Markus). Die Befürchtungen der Skeptiker allerdings bestätigen sich nicht. Weder kommt es zu Unruhen, noch sehen die Sicherheitskräfte von sich aus einen Grund zum Einschreiten. Immerhin sorgt der enorme Zuzug von Krankentransporten, Schaulustigen und Endzeit-Erwartern für ein kleines Wirtschaftswunder. Die Händler und Fischer von Kafarnaum mögen es gar als Vorgeschmack auf die Zukunft empfinden. Ein Halleluja auf das Himmelreich!

Die häufigsten Krankheiten im Palästina jener Zeit waren Ausschläge (wie Schuppenflechte und Krätze) und Blindheit, verursacht durch die intensive Sonneneinstrahlung und den Staub. Besonders gefürchtet war der Aussatz. Er trat als schmerzhafte Schwellung der Gelenke, als infektiöse Hautkrankheit oder, in seiner schlimmsten Form, als Lepra auf, die mit Verstümmelungen von Händen und Füßen nach langer Qual zum Tod führte. Die Aussätzigen wurden abgesondert, durften nach den Bestimmungen des Gesetzes keine Siedlung mehr betreten und hatten jedem, der sich ihnen näherte, ein lautes »Unrein« entgegenzurufen.

Die Evangelien legen nahe, dass sich zudem eine Art Epidemie seelischer Leiden ausgebreitet hatte, die in den alttestamentlichen Berichten kaum vorkamen. Auch wenn die Situation nicht vergleichbar ist, erinnert sie doch ein wenig an den schwindelerregenden Anstieg gesundheitlicher Deformationen am Beginn unseres neuen Jahrtausends. Nach Expertenschätzung nimmt die Zahl seelisch kranker Menschen in den westeuropäischen Ländern dramatisch zu. Bereits ein Drittel der Bevölkerung ist aus psychischen Gründen auf medikamentöse und ärztliche Hilfe angewiesen. Allein in Deutschland leiden im Jahr 2009 zehn Millionen Menschen unter Angststörungen und Panikattacken. Besonders ernst ist die Situation von Kindern, die zunehmend süchtig oder suchtgefährdet sind, mit Hyperaktivität und Verhaltensstörungen auffallen und immer häufiger an »seelischer Verwahrlosung« *(Der Spiegel)* leiden.

Nach alttestamentlichen Vorstellungen sind Krankheiten, Wahnsinn und Tod Symptome einer Störung, die in der ursprünglich paradiesisch-gesunden Schöpfung nicht vorkamen. Die Welt sei durch negative Kräfte ins *Un*heil gefallen. Viele Krankheiten wurden im alten Israel mit einer bösen Macht im Zusammenhang gebracht oder als Werk der Sünde gewertet. Ein Kranker war daher an seiner Krankheit nicht ganz unschuldig. Zudem konnten

Dämonen von Menschen Besitz ergreifen, ihn zum Bösen verleiten oder mit Geistesverwirrung und epileptischen Anfällen quälen. Der Heilsauftrag war daher, wie es das Dritte Buch Mose vorschrieb, in erster Linie den Priestern aufgetragen; allerdings nicht am Sabbat, an dem nach Auslegung der Schriftgelehrten jegliche Behandlung und sogar das Tragen von Patienten verboten war. Sobald sich jemand als geheilt empfand, hatte er sich bei einem Priester zu melden, um nicht mehr als »unrein« zu gelten (woran sich übrigens auch Jesus hält, der einem von ihm geheilten Aussätzigen aufträgt: »Zeig dich dem Priester und bring das Reinigungsopfer dar, das Mose angeordnet hat«; Mk 1,44).

Es gab sogenannte Heilkünstler, die über Land zogen und wie Hausierer ihre Bannsprüche und geheimnisvollen Zeremonien anboten. In größeren Städten agierten Beschwörer, die mit Rauchfässern auf offener Straße hantierten. Die professionellen Ärzte hatten keinen guten Ruf. »Noch der beste der Ärzte ist für die Hölle bestimmt«, wird in der *Mischna,* der jüdischen Normensammlung, ein Rabbi zitiert. Und es klingt wie ein Fallbeispiel aus unseren Tagen, wenn auch Markus von einer Frau mit chronischen Blutungen berichtet. Sie war »von vielen Ärzten behandelt worden und hatte dabei sehr zu leiden … Ihr ganzes Vermögen hatte sie ausgegeben, aber es hatte nichts genutzt, sondern ihr Zustand war immer schlimmer geworden.«

Jesus kommt in eine kranke Welt. Allein die gesundheitliche Lage der Menschheit macht deutlich, wie erlösungsbedürftig sie ist. Neid, Hass, Egomanie und Missgunst zersetzen das Leben in der Gemeinschaft. Eine quälende innere Zerrissenheit und die Instabilität von Körper, Geist und Seele stören die Harmonie des Einzelnen. Ärzte können zwar kurieren, aber sie können niemanden wieder »ganz« machen.

Jesus ist anders. Er legt die Hand auf, und das Fieber weicht. Ein Wort genügt, und er bannt einen bösen Geist. Einmal berührt er die Ohren eines Taubstummen: »*Effata*«, öffne dich – und der Taubstumme kann hören und reden. Er heilt Blinde, Epileptiker, Gichtbrüchige, Wassersüchtige, Verkrüppelte und Gelähmte. Er wird sogar Tote ins Leben zurückholen. Sein Imperativ: Glaube an die Heilung – und du erfährst Heilung durch Glauben.

Die Energie, die bei den Heilungen offenbar von ihm abfließt und sich auf die Kranken überträgt, kann der Heiler körperlich spüren. »Es hat mich jemand berührt«, äußert er, als eine Frau, die an Blutungen litt, inmitten einer Menge den Saum seines Gewandes berührt, »denn ich fühlte, dass eine Kraft von mir ausging.«

Nicht immer jedoch kann sich diese Kraft ganz entfalten, etwa in Nazareth, wo man ihm mit großer Distanz begegnet. »Und er konnte keine Wunder tun«, bemerkt Markus, »nur einigen Kranken legte er die Hände auf und heilte sie. Und er wunderte sich über ihren Unglauben.« Hatte er nicht stets auch bekräftigt, dass die Heilung den Glauben voraussetzt? Gegen inneren Widerstand des Patienten ist auch der Heiler machtlos.

Der Vater eines epileptischen Jungen ist von Zweifeln geplagt, ob denn alles mit rechten Dingen zugehe. »Ich glaube«, stöhnt er deshalb, »hilf meinem Unglauben«, und seine verzweifelte Klage wird gehört.

Auf einen königlichen Beamten jedoch, der ihn unterwegs anfleht, seinen zu Hause liegenden Sohn zu heilen, »denn er lag im Sterben«, reagiert Jesus zurückhaltend: »Wenn ihr nicht Zeichen und Wunder seht, glaubt ihr nicht.« Dennoch verweigert er sich nicht: »Geh, dein Sohn lebt!«

Im Judentum vor Jesus geht der Vergebung stets die Umkehr voraus. Jesus hingegen sieht die Schwäche der Sünder und wendet sich ihnen zu, ohne zuvor eine Predigt zu halten. Gottesliebe ist vorausgehend und bedingungslos. Es gibt auch keine Schelte für die Kranken. Noch nicht einmal einen Satz wie »Ich vergebe dir«, dem so häufig etwas Gönnerhaftes beigemischt ist. Jesus verweist lediglich auf die jedem Menschen innewohnende Kraft, die durch die Verbindung mit einer höheren Macht aktiviert werden kann: *Dein Glaube* hat dich gerettet«, sagt Jesus, »gehe hin in Frieden und sei gesund von deiner Plage.«

Auch das Evangelium betrachtet viele Gebrechen als eine Erscheinungsform zerstörerischer Kräfte. Jesus ist konfrontiert mit

Menschen, die unter einer qualvollen Persönlichkeitsspaltung leiden. Ihre seelische Zerrissenheit wirft sie buchstäblich hin und her. Die Betroffenen sind in der Hand einer fremden, negativen Gewalt. Etwa jene Frau, die seit achtzehn Jahren einen krummen Rücken hat, »weil sie von einem Dämon geplagt wurde«, wie Lukas festhält. Jesus legt ihr in der Synagoge die Hände auf. Noch im »gleichen Augenblick richtete sie sich auf und pries Gott«. Die Umstehenden aber klärt der Heiler über die Zusammenhänge auf, dass diese Kranke »der Satan schon seit achtzehn Jahren gefesselt hielt«.

Viele dieser Geistes-Kranken leben als Gefangene ihrer Besessenheit in der Wüste. Andere vegetieren als lebende Tote in verfallenen Grabstätten. Jesus hat eine erstaunliche Wirkung auf die »Dämonen«. Schon sein Erscheinen provoziert einen dieser Krankheitserreger, als drückte ein Arzt auf eine hochentzündete Stelle und ließe damit den Dämon, der den Kranken förmlich besetzt hält, vor Schmerz und Entsetzen aufbrüllen.

»Sündige nicht mehr«, verlangt Jesus von den Geheilten, denen er ein neues Leben gibt. Hintergrund dieser Therapie: negative Kräfte haben im Grunde keine Gestaltungsmacht. Sie sind kein Sein an sich, sondern können, wie eine Schmarotzerpflanze, nur durch einen Wirt existieren. Sie schmarotzen gewissermaßen auf den Sünden des Menschen. Und je »sündhafter« sein Lebenswandel, desto fetter die Dämonen seiner Krankheiten.

Es fällt auf, dass niemand im Umfeld Jesu über seine Identität besser Bescheid zu wissen scheint als ausgerechnet die bösen Geister. Die Welt und ihre hintergründigen Zusammenhänge, wird damit ausgedrückt, sind in der geistlichen Sphäre voll und ganz einsichtig. Es gibt weder Fragen noch Zweifel. Freilich scheint Jesus kein Interesse daran zu haben, ausgerechnet durch die Mächte der Unterwelt verkündet zu werden. Der Heiler fährt die Dämonen denn auch »schroff an und ließ sie nicht reden«, bemerkt Lukas, »denn sie wussten, dass er der Messias war«.

Und häufig verbietet er sogar den Geheilten, die Heilung marktschreierisch hinauszuposaunen. Will er vermeiden, dass eine Art Wunderglaube entsteht, ein nur oberflächliches Bekenntnis, das für eine persönliche Gottesbeziehung eher ein Hindernis darstellt? Das rätselhafte Verhalten Jesu ging unter dem Begriff »Gottesgeheimnis« in die theologische Literatur ein. Zum Besonderen der Heilungen gehörte freilich nicht nur die Energie, um Wunder zu tun, sondern auch eine Eigenschaft, die weltliche Führer und Verführer noch nie ausgezeichnet hat: schweigen statt prahlen. Und das umso mehr, als die eigene Eitelkeit einen Erfolg am liebsten in die ganze Welt hinausposaunen möchte. Durch Jesu Schweigegebot sollte sich erfüllen, erkannten die Jünger im Nachhinein, »was durch den Propheten Jesaja gesagt worden ist«: »Er wird nicht zanken und nicht schreien«, heißt es darin über den Verheißenen, der »den Völkern das Recht verkünden« wird, »und man wird seine Stimme nicht auf den Straßen hören«.*

Jesus ist kein »Wunderheiler« im üblichen Sinne. Er wendet weder magische Methoden noch Zaubersprüche an. Geschweige denn Beschwörungen mit Hasenpfoten, wie das zu seiner Zeit üblich war. Seine Heilungen wirkten auch nicht, wie etwa bei einem Placeboeffekt, mit Verzögerung, sondern sofort, selbst im Fall einer Lähmung oder Blindheit. Die Menschen sahen seine Heilungen als *Kraft,* Jesus nannte es *Vollmacht.* Vollmacht im Sinne des Ausweises seiner Identität, aber auch im Sinne der *Voll-macht.*

Moderne Exegeten tun sich schwer mit den Heilungs- und anderen Wundern Jesu. Was in den entsprechenden Passagen der Evangelien mitgeteilt wird, sei vom naturgesetzlichen Standpunkt nicht möglich, folglich müsse es sich um Ausschmückungen handeln. Wobei es gerade bei Theologen einer gewissen Logik entbehrt, einerseits die Existenz Gottes für möglich zu halten, andererseits dem Schöpfer des Universums vorzuschreiben, was ihm möglich ist und was nicht. Jesus-Biografen lösen das Problem in der Regel damit, dass sie alles, was irgendwie anstößig oder schwer erklärbar ist, kurzerhand ausblenden. Man kennt das von

---

* Lediglich in den außerjüdischen Gebieten wie in der Dekapolis sollte Jesus sein Schweigegebot aufheben. Dort waren die von Jesaja angegebenen Erkennungszeichen unbekannt.

Diktatoren, die auf Pressefotos Gesichts- und Bauchfalten weg-retuschieren lassen, und nicht selten auch ganze Personen, die gerade in Ungnade gefallen sind.

Ein frühes Beispiel für dieses Verfahren ist Thomas Jefferson, einer der brillantesten Köpfe der Aufklärung. Er hatte in seinem Werk »Leben und Lehre Jesu« 1820 ohne Skrupel sämtliche in den Evangelien erzählten Wunder beiseitegelassen, um, wie er meinte, endlich dem Standpunkt des Rationalismus Rechnung zu tragen. Die Wunder seien fortschrittlichen Menschen nicht mehr zumutbar. Der derart polierte Jesus warf dann zwar keine Fragen mehr auf, er war nun allerdings so papieren geworden, dass ihn auch Jefferson nur noch mitleidig als blassen Moralisten betrachten konnte.

So einfach also wird man das Thema nicht los. Immerhin besteht nicht weniger als die ganze erste Hälfte des Markusevangeliums im Wesentlichen aus der Darstellung von Kräften des Übernatürlichen. Matthäus tut es ihm in der Aufzählung der Wunder fast gleich. Lukas mischt Lehren und Wunder, ohne darin eine Diskrepanz zu sehen. Und Johannes bringt bereits durch die *Zahl* der »Zeichen«, die er neben dem vielen anderen, »was Jesus getan hat«, einer ausführlichen Würdigung für wert befindet und ins Zentrum seines Evangeliums stellt – er nennt exakt *sieben*, die heiligste aller Zahlen –, zum Ausdruck, dass darin nicht nur das Potenzial Jesu zu erkennen sei, sondern auch sein Wesen.

Die historische Forschung bestätigt, dass es vor und nach ihm keine andere Person gab, die ähnlich gewirkt hätte wie der Mann aus Nazareth. Die Wunder Christi waren kein »Versehen« oder nachträgliche »Einschübe«, sondern für die Geschichte wie auch das Phänomen Jesus geradezu existenziell. Gerade der »historische« Jesus, der nicht bloß Wort-, sondern weit mehr noch ein Tat-Mensch war, ist ohne die in der Bibel dargestellten »Zeichen« gar nicht vorstellbar. Sie sind zunächst eine Grundvoraussetzung für die Dramaturgie und die enorme Dichte seines so kurzen öffentlichen Wirkens. Die enorme Ausstrahlung, die Jesu Heilungen auf Menschen aller Schichten und Regionen ausübte, ersparte ihm eine langwierige und ermüdende Kampagne. Aber sie bewirkten nicht nur den sensationellen schnellen Zulauf zu seiner Bewegung. Ohne die in den messianischen Prophezeiungen vorhergesagten Wundertaten hätte Jesus, salopp gesprochen, gar nicht anzutreten brauchen. Freilich, man musste von diesen Dingen nicht nur sprechen, man musste sie auch tun können.

Hinzu kommt: Durch die Egalisierung der in den Evangelien erzählten Zeichen würde Christus nicht nur glatt gebügelt zu einem billigen Klischee des reduzierten, rein rationalistischen Denkens. Vor allem würde damit schon im Vorfeld die Hauptfrage tabuisiert, um die es in allem, was mit Leben und Werk Jesu zusammenhängt, letztlich immer geht: die Gottesfrage. Denn wer die Wunder nicht anerkennt, wusste ein Altmeister der protestantischen Theologie, Adolf Schlatter, hat ganz einfach ein anderes Gottesbild.

»Die Zeit ist erfüllt. Das Reich Gottes ist nahe. Kehrt um, und glaubt an das Evangelium« (Mk 1,15), ist die kürzeste programmatische Zusammenfassung der Botschaft Jesu. Mit Jesus, dem Christus, ist »die erfüllte Zeit« (Gal 4,4) angebrochen. Er selbst sieht sich als die personale Einlösung und Erfüllung der alttestamentlichen Verheißungen, wie es seine an den Prophezeiungen Jesajas orientierte Antwort erkennen lässt, mit der ihn die Jünger des Täufers fragen, ob er der Messias sei: »Blinde sehen wieder (Jesaja 29,18b; 35,5a), Lahme gehen (Jesaja 35,6a), Taube hören (Jesaja 35,5b), und Tote stehen auf (Jesaja 26,19).« Ein Jesus ohne Wunder wäre demnach nicht der im Alten Testament verheißene Messias. »Wenn ich die Dämonen durch den Finger Gottes austreibe, dann ist das Reich Gottes schon zu euch gekommen«, erklärt er (Lk 11,20).

Der Kirchenlehrer Origenes glaubte sogar, selbst »die Apostel hätten keinen Glauben gefunden, wären ihnen nicht die Wunder zur Seite gestanden«. Sicher ist, dass auch die christliche Urgemeinde weniger mit Predigten als mit dem Charisma ihrer Heilkraft überzeugte. Die Apostelgeschichte liefert zahlreiche Heilungsberichte von Paulus, Petrus und anderen, bis hin zur Auferweckung von Toten: »Selbst die Kranken trug man auf die Straßen hinaus und legte sie auf Betten und Bahren, damit, wenn Petrus vorüberkam, wenigstens sein Schatten auf einen von ihnen fiel. Auch aus den Nachbarstädten Jerusalems strömten die Leute zusammen und brachten Kranke und von unreinen Geistern Geplagte mit. Und alle wurden geheilt« (Apg 5,15–16). Über das Wirken des Apostels Paulus, das sich »in der Kraft von Zeichen und Wundern, in der Kraft des Heiligen Geistes« (Röm 15,18–19) vollzog, wird berichtet: »Auch ungewöhnliche Wunder tat Gott durch die Hand des Paulus (in Ephesus). Sogar seine Schweiß- und Taschentücher nahm man ihm vom Körper weg und legte sie den Kranken auf; da wichen die Krankheiten, und die bösen Geister fuhren aus« (Apg 19,11–12).

Im Jakobusbrief wird ausdrücklich die Jesus-Therapie empfohlen: »Ist einer von euch krank? Dann rufe er die Ältesten der Gemeinde zu sich; sie sollen Gebete über ihn sprechen und ihn im Namen des Herrn mit Öl salben. Das gläubige Gebet wird den Kranken retten, und der Herr wird ihn aufrichten« (Jak 5,14). Selbst so zaghafte und zurückhaltende Naturen wie der Apostel Philippus erregten mit ihrer Heilkraft ungeahntes Aufsehen. Die Menschen »hörten zu und sahen die Wunder, die er tat«, berichtet die Apostelgeschichte, »denn aus vielen Besessenen fuhren unter lautem Geschrei die unreinen Geister aus; auch viele Lahme und Krüppel wurden geheilt. So herrschte große Freude in jener Stadt« (Apg 8,7).

Der Heilungsdienst ist dabei kein »Nebenprodukt« der Mission Jesu, sondern ausdrücklich Bestandteil seines Auftrags. »Heilt Kranke, weckt Tote auf«, so sandte der Meister seine Jünger aus, »macht Aussätzige rein, treibt Dämonen aus! Umsonst habt ihr empfangen, umsonst sollt ihr geben« (Mt 10,7–8). »In meinem Namen werden sie Dämonen austreiben«, zitiert Markus die expliziten Abschiedsworte Jesu, »und die Kranken, denen sie die Hände auflegen, werden gesund werden« (Mk 16,17). »Der Herr stand ihnen bei«, meldet der Evangelist dann auch den Vollzug, »und bekräftigte die Verkündigung durch die Zeichen, die er geschehen ließ« (Mk 16,20).

Die »Zeichen« Jesu hatten dabei offenbar so viele Zeugen, dass noch nicht einmal seine schärfsten Gegner es wagten, diese Dinge anzuzweifeln. »Selbst die, welche nicht an ihn glaubten, waren von diesen Taten ergriffen und suchten dabei zu sein«, vermeldet sogar ein notorischer Zweifler wie Ernest Renan. Hilflos reagierten die Pharisäer: »Mit Hilfe des Anführers der Dämonen treibt er die Dämonen aus«, versuchten sie die Heilungen zu erklären. »Dieser Mensch tut viele Zeichen«, heißt es später auch in einer Versammlung des Hohen Rates, »wenn wir ihn gewähren lassen, werden alle an ihn glauben« (Joh 11,47 f.).

Für den biblischen Menschen war das Wunder nie das Unmögliche, sondern lediglich das Außerordentliche. Die Trennung zwischen »natürlich« und »übernatürlich« wurde erst durch die Anfänge der Naturwissenschaften eingeführt. Alles, was ist und geschieht, war Gottes Werk: die Erde, die Pflanzen, die Tiere, die Bewegung der Sonne genauso wie das Schicksal des einzelnen Menschen. Alles war sozusagen Wunder. Die Welt ist, weil Gott will, dass sie ist. Und es war die Haltung des Menschen, darüber zu staunen und zu vertrauen, zu bitten und zu danken.

So gesehen ist dem Menschen auch immer klar: Er, Gott, ist hier, jetzt, in diesem Geschehen, an jedem Ort, Er ist allhaft. Und wenn Er ewig ist, so ist Er in jedem Augenblick nicht nur gleichzeitig existent, sondern dann zeigt sich im Geheimnis der Heilung auch der Eintritt Gottes in die Welt. »Wir sagen von allen Wundern, sie seien gegen die Natur. Das ist nicht richtig«, postulierte der heilige Augustinus, »wie soll gegen die Natur sein, was durch Gottes Willen ist? Ein Wunder geht nicht gegen die Natur, sondern gegen unsere Naturerkenntnis.«

»Nur der kann über diesen Glauben lächeln«, pflichtete der Philosoph Arthur Schopenhauer bei, »der die Welt ganz und gar begreiflich findet. Das kann man aber nur, wenn man mit überaus flachem Blick in sie hineinschaut …«

Eines Tages, als Jesus in Kafarnaum vor einem Publikum »aus allen Dörfern Galiläas und Judäas und aus Jerusalem« lehrt, darunter auch »Pharisäer und Gesetzeslehrer«, schleppen vier Männer einen Gelähmten auf einer Tragbahre herbei. Den Wohnraum Jesu im Anwesen des Simon Petrus erreicht man über einen

L-förmigen, geschlossenen Innenhof, der mit 84 Quadratmetern allerdings nur eine begrenzte Menschenmenge fassen konnte. Vom Innenhof tritt man auf die Nord-Süd-Hauptstraße des Ortes, auf der die Warteschlange der Heilungssuchenden bis hinunter zum Hafen reicht. Von der 8,35 Meter langen Außenmauer führt eine Freitreppe auf das flache Dach über den Räumen, das aus Holzbalken und einer Schicht aus Strohmatten und gestampftem Lehm gefügt ist. Und weil es kein Durchkommen gibt, decken die Männer kurzerhand das Dach ab, um den Gelähmten von oben abzuseilen, direkt vor die Füße Jesu.

Markus und Lukas erzählen die Geschichte im selben chronologischen Zusammenhang, Matthäus fügt sie etwas später ein. Die Szene wirkt zunächst fast beiläufig, bei genauem Hinsehen wird deutlich, dass hier in der Verborgenheit das zentrale Geheimnis der Heilkraft Jesu eingebaut ist, ähnlich einer kostbaren Perle, die man nicht im billigen Straßenverkauf feilbietet.

Der Gelähmte und seine Helfer liegen zu Füßen des Meisters. »Als Jesus ihren Glauben sah«, fährt Matthäus fort, ist er so bewegt, dass er den Kranken ohne Umstände segnet: »Hab Vertrauen, mein Sohn, deine Sünden sind dir vergeben!« Ein deutliches Raunen geht durch die Zuhörer. Denn was hier geschieht, hat nun nichts mehr mit einem Wunderheiler zu tun, sondern mit einem handfesten Skandal. »Wer ist es, der eine solche Gotteslästerung wagt?«, mögen die Ersten geflüstert haben. Nur Gott allein steht es zu, Sünden zu vergeben. Jesus bleibt die Gemütslage der Kritiker nicht verborgen. »Was habt ihr für Gedanken im Herzen?«, spricht er sie plötzlich an, ganz zu ihrem Schrecken.

Was folgt, ist der Versuch, es dieser offenbar so schwergläubigen Gruppe etwas leichter zu machen: »Ihr sollt aber erkennen, dass der *Menschensohn* die Vollmacht hat, hier auf der Erde Sünden zu vergeben.« Er will belegen, dass das, was er sagt, auch zutrifft. »Was ist leichter«, fährt er fort, »zu sagen: Deine Sünden sind dir vergeben!, oder zu sagen: Steh auf und geh umher?«

Es ist das erste Mal, dass Jesus vor einem großen Publikum den Begriff *Menschensohn* für sich reklamiert. Die Schriftgelehrten kennen die Stelle beim Propheten Daniel. Darin wird eine

Erscheinung angekündigt, die vom Himmel kommt, aber das Aussehen eines »Menschensohnes« besitzt. Wenn Jesus sich nun den Titel im Zusammenhang mit einem Akt anheftet, der nach jüdischem Glauben nur Gott allein zusteht, dann ist der *Menschensohn*, der diese Vollmacht mitbringt, niemand anders als der Gesandte Gottes.

Die Spannung im Raum wird schier unerträglich. Jesus wendet sich dem Gelähmten zu: »Ich sage dir, steh auf, nimm deine Tragbahre, und geh nach Hause.« Immerhin war der Angesprochene gelähmt und kein Olympionike, der an der Startbahn steht. Doch das Unfassbare wird wahr. »Vor aller Augen«, so berichtet Lukas, bekanntlich selbst Arzt, stand der Mann auf: »Er nahm die Tragbahre, auf der er gelegen hatte, und ging heim, Gott lobend und preisend.« Der Evangelist überliefert auch die Reaktion der Tatzeugen: »Da gerieten alle außer sich; sie priesen Gott und sagten voller Furcht: Heute haben wir etwas Unglaubliches gesehen.«

Christus heilt an Leib *und* Seele, und den Hinweis auf den zentralen Wirkstoff seines Heilsystems hält er nicht geheim: »Dein Glaube hat dir geholfen.« Das Vertrauen auf die Fürsorge Gottes ist Voraussetzung und Mittel zugleich, wenn der Mensch wieder gesund werden will: »Dein Glaube hat dir Heilung gebracht … Fürchte dich nicht, glaube nur.« Jesus definiert Heilung damit als einen geistigen Prozess, eine »Kraft aus der Höhe«. Und in dem immer und immer wieder und noch einmal wiederholten Patentrezept »Dein Glaube hat dir geholfen« liegt die Botschaft, dass wahre Heilung dann eintritt, wenn Gott in den Herzen der Menschen wohnt.

Auch wenn Jesus das komplexe Geschehen einer Krankheit nicht auf eine simple Diagnostik reduziert, die in jedem *Un*heil auch gleich schon eine »Strafe Gottes« sieht, bestätigt er das überlieferte Wissen, in Krankheiten auch »Sünden« zu sehen, also eine Form von Fehlverhalten gegen die Natur des Menschen. Schon die Häufigkeit der Heilungen von »unreinen Geistern« zeigt an, wie Jesus die Hierarchie der Krankheiten sieht und was für den Heiler Priorität hat: Wer seelisch nicht gesund ist, kann auch körperlich nicht heil werden.

Der Fall des Gelähmten, der gewissermaßen über die Notaufnahme in das Krankenhaus des Dr. Jesus Christus eingeliefert wird, ist das Paradebeispiel, um wie im Hörsaal vor Medizinstudenten sowohl den *Heiland* als auch die *Heilung* zu demonstrieren:

- Mit der Autorität jenes Höchsten, der Sünden vergeben kann, legt Jesus seine Approbation vor; wer sich damit ausweisen kann, ist gewissermaßen der Chefarzt.

- Jesus operiert nicht an Symptomen, sondern packt das Übel bei der Wurzel: der Macht der Sünde. Er setzt nicht Krankheit mit Sünde gleich, aber Sünde mit Krankheit. Damit benennt er die Sünde als den Krankheitserreger schlechthin. In ihr liegt die wahre Tragödie der menschlichen Spezies. Das Laster ist die Last der Welt, der Stressfaktor Nummer eins. Es ist die Ursache ungeheurer Verletzungen. Sündhaftes Verhalten zerstört Beziehungen, schafft statt Vertrauen Misstrauen, statt Glück Unglück, statt Frieden Krieg. Es verändert die Seele des Menschen und pulverisiert letztendlich seinen guten Kern.

- Die Antwort ist: Vergebung der Sünden. Das ist die eigentliche Heilung. Eine bessere Medizin kann es nicht geben. Der Patient bringt seine Sünde/Krankheit vor Gott. Die Kapitulation der Selbstherrlichkeit, bis zur bitteren Neige (»lieber Gott, es geht nicht mehr«), ist gewissermaßen die Voraussetzung der Heilung. Der Mensch ist allein zu schwach, um den Verführungen des guten schlechten Lebens zu widerstehen. In der Katharsis oder auch in manchem Leid liegt eine Art Grundreinigung, die jene verpasst bekommen, die gar zu *un*leidig geworden sind, nicht bereit zu Einsicht und Reue. Über die notwendige Läuterung, in der die Untugenden mit Tugenden ausgeglichen werden müssen – der Stolz etwa durch Demut, Neid durch Nächstenliebe, Zorn durch Sanftmut –, können Kräfte zur Verbesserung des eigenen Selbst frei werden, die für gewöhnlich nicht aktiviert sind. Ohne Einsicht in das eigene

Fehlverhalten jedoch und ohne die Bereitschaft, darüber zu sprechen, bleibt jede Bemühung erfolglos.

- Mit seinem Auftrag macht Christus jeden, der ihm nachfolgt, zu einem Assistenzarzt. Seine Heilkraft liegt in der Vergebung. Nicht Opfer will ich, sagt Jesus, sondern Barmherzigkeit. In menschlichen Beziehungen entsteht eine neue Qualität. Sie werden wieder schön, wenn sie frei werden von ihrer Belastung, auch von ihrer Verlogenheit.
- Jesus selbst vergibt nicht nur die Sünden, er wird sich für sie regelrecht aufopfern. Wenn du Christus in deinem Leib lebendig werden lässt, so der Glaube, und in deinem Denken, Fühlen, deinen Einstellungen wirklich zulässt, verändert sich dein Leben hin zu äußerer und innerer Heilung.

In der ersten Phase der Offenbarung Jesu gibt es neben dem Mann mit der Bahre zwei weitere Hauptzeugen, die den Heil-Auftrag und die Heil-Kunst Jesu verdeutlichen: den in der Stadt beliebten Centurio, den Hauptmann von Kafarnaum – und den verachteten Matthäus, zunächst »Levi« genannt, den Zöllner des Ortes, eine Spezies, die man im alten Israel gleichsetzt mit »Räubern, Betrügern und Ehebrechern« (Lk 18,11). Schon als Jesus den unbeliebten Geldeintreiber an der Zollstation in seine Truppe beruft (»folge mir nach«), überschreitet er die Grenzen der Konvention. Niemanden von seiner Freundschaft auszuschließen schafft nicht nur Freunde. Als Jesus aber auch noch »in seinem Haus beim Essen« ist, zusammen mit seinen Jüngern und anderen »Zöllnern und Sündern«, wer immer das auch sein mag, ist für die Zivilgesellschaft das Maß voll.

Die Pharisäerschaft tobt, Jesus hingegen nutzt die Empörung der Spießbürger, um in aller Deutlichkeit die Heilung als den Hauptzweck seiner Aufgabe darzulegen: »Nicht die Gesunden brauchen den Arzt«, erklärt er der versammelten Öffentlichkeit, »sondern die Kranken. Ich bin gekommen, um die Sünder zur Umkehr zu rufen, nicht die Gerechten.«

Das Matthäusevangelium liefert bei der Berufung des Zöllners einen wichtigen Hinweis. Jesus zitiert darin den Propheten Hosea: »Darum lernt, was es heißt: Barmherzigkeit will ich, nicht Opfer.« Bei dem Mann mit der Bahre hatte er sich als die maßgebliche, einzige Autorität vorgestellt, der es nach dem Gesetz zusteht, Sünden zu vergeben. Nun überträgt er die Vollmacht der Vergebung auch auf die Menschen. Er macht die Barmherzigkeit gewissermaßen zum Heilmittel Nummer eins – ganz so, als kenne er das Problem psychosomatischer Krankheiten, die ihren Ursprung so häufig in schwierigen persönlichen Beziehungen haben, die keine Vergebung finden.

Es genügt nicht, nur von Gott Absolution zu erbitten. Denn nur in dem Maße, wie man anderen vergibt, wird man selbst seinen Frieden finden. »Wenn ihr aber den Menschen nicht vergebt«, heißt es aus Jesu Mund, »dann wird euch euer Vater eure Verfehlungen auch nicht vergeben.« Denn nichts kann wieder heil werden, ohne nicht vorher die Salbe der Vergebung eingesetzt zu haben. »Und wenn ihr beten wollt, und ihr habt einem anderen etwas vorzuwerfen, dann vergebt ihm, damit auch euer Vater im Himmel euch eure Verfehlungen vergibt.«

Vielleicht waren es Sätze wie diese, die den Dramatiker und Nobelpreisträger George Bernard Shaw (1856–1950) zu der Erkenntnis hinrissen: »Ich bekenne, dass ich, nachdem ich sechzig Jahre Erde und Menschen studiert habe, keinen anderen Ausweg aus dem Elend der Welt sehe als den von Christus gewiesenen Weg. Es ist unmöglich, dass die Erde ohne Gott auskommt.«

Der Fall des Hauptmanns hat noch eine andere Dimension. Der Römer ist der Förderer der Synagoge, er anerkennt den Bund, den Gott mit Israel geschlossen hat, und weiß im heilsgeschichtlichen Zusammenhang um seine Stellung als Heide. So steht seine Figur gewissermaßen stellvertretend für die Völker der Welt, wenn er im Kontext von Krankheit wohlüberlegt die jüdischen Ältesten vorschickt, um bei Jesus um die Heilung eines ihm anvertrauten Untergebenen zu bitten. Er sei es nicht wert, lässt er demütig ausrichten, dass Christus sein Haus betrete. Er ahne und wisse aber von der unendlichen Macht Gottes: »Sprich nur ein Wort, dann wird mein Diener gesund.«

»Jesus war erstaunt, als er das hörte«, hält Matthäus fest: »Einen solchen Glauben habe ich in Israel noch bei niemand gefunden.« Durch diese Bestätigung wird der Hauptmann der »Stadt Jesu« gewissermaßen zum ersten nichtjüdischen Christen der Welt. Mit ihm ist die Mission über die Grenzen Israels hinausgetreten. Jesus hebt diese Situation hervor, indem er sie in dramatischen Worten mit einem eschatologischen Ausblick verbindet: »Ich sage euch: Viele werden von Osten und Westen kommen und mit Abraham, Isaak und Jakob im Himmelreich zu Tisch sitzen; die aber, für die das Reich bestimmt war, werden hinausgeworfen in die äußerste Finsternis; dort werden sie heulen und mit den Zähnen knirschen.«

Zum Hauptmann gewandt, meint er: »Geh! Es soll geschehen, wie du geglaubt hast.« Eine deutliche Botschaft: *Jedem* soll geschehen, wie er *geglaubt* hat. Und in derselben Stunde, vermerkt der Evangelist, wurde der Diener gesund.

Die Kirche hat dem Hauptmann von Kafarnaum einiges zu verdanken. Von seinem Vorbild übernahm sie das Heilungs-Wort, das in jedem eucharistischen Gottesdienst gesprochen wird. Es bringt den Gesundheitsbegriff des Christentums auf den Punkt: »HERR, SPRICH NUR EIN WORT, SO WIRD MEINE SEELE GESUND.«

Das Erscheinen Christi gab der Heilkraft des Himmels ein Gesicht. Jesus ist der Heiler und Arzt schlechthin, der *Christus Medicus,* wie ihn das Mittelalter nannte. Von den 661 Versen beispielsweise des Markusevangeliums beschäftigen sich (nach einer Zählung von Gerhard Prause) denn auch nicht weniger als 201 mit Heilungstaten. Von dieser Haupteigenschaft Jesu leitet sich auch das Synonym *Heiland* ab, ein Wort aus dem althochdeutschen »heilant«, heilen, erlösen. »Nicht die Gesunden brauchen den Arzt«, so hatte der Mann aus Nazareth sich vorgestellt, »sondern die Kranken.«

Die wahre Kraft, die Menschen heilen kann, der Urheber aller Heilkraft, der Therapeut schlechthin, hatte sich inkarniert. Mit der Heilung am Sabbat, dem Tag Gottes, die Jesus so häufig von seinen Gegnern vorgehalten wird, gibt er ein Zeichen dafür, dass das Heil *vom* Herrn und in der Zuwendung *zum* Herrn kommt, dem Einzigen, der die Macht des Unheils wirklich brechen kann.

Christus spricht nicht irgendwie eine anonyme Masse an, sondern die Person, die er beim Namen nennt – als individuelles, unverwechselbares Wesen von Gott geschaffen, unteilbar in seiner Würde, schützenswert, ob jung, ob alt, arm oder reich, gesund oder krank. Das unterscheidet ihn von allen Weltverbesserern. Niemals heiligt bei ihm der Zweck die Mittel. Sein Augenmerk gilt stets dem einzelnen von Gott gegebenen Leben, das auf dieser Welt oftmals so gefährdet und häufig auch so einsam ist.

Ganz gesund sein heißt bei Jesus, jemandem sagen zu können: »Du wirst nicht sterben.« Kein anderer Heiler hatte je diese Zusage gemacht. »Ich bin die Auferstehung und das Leben«, erklärt er, »wer an mich glaubt, wird leben, auch wenn er stirbt, und jeder, der lebt und an mich glaubt, wird auf ewig nicht sterben.«

Die Heilungswunder sind bei Jesus weder Effekthascherei noch eine zirkusmäßige Vorstellung übernatürlicher Fähigkeiten. Der »Heiland« stellt damit nicht erst für die Ewigkeit, sondern bereits im Hier und Jetzt sowohl den Umgang mit der Krankheit als auch mit den Kranken auf eine völlig neue Stufe. Dieser Paradigmenwechsel führte letztlich zur Bewegung der weltweiten christlichen Caritas und des in der Geschichte der Menschheit ersten umfassenden Netzes einer Kranken- und Armenpflege:

- Krankheit wird nicht länger als Strafe Gottes verstanden.
- Christus befreit als »der große Exorzismus, der die Welt reinigt« (Joseph Ratzinger) von der bis dahin alles durchwaltenden Dämonenfurcht.
- Kranke werden nicht länger ausgesondert, sondern in die Mitte der Gesellschaft geholt. Ihre Pflege ist als Werk der Barmherzigkeit ein Grundzug des Christentums.
- Indem Jesus am Sabbat heilt, zeigt er: Gott ist immer für den Mensch da, er ist im Innersten Heilung und Liebe.

Die Wunder Jesu sind Zeugnis der Heilungsmöglichkeit, die im Glauben liegt. Sie haben zum Zweiten die Aufgabe, den Anbruch eines neuen Zeitalters anzuzeigen: »Wenn ich mit dem Finger Gottes die Dämonen austreibe, dann ist doch das Reich Gottes schon zu euch gekommen« (Lk 11,20). Und sie sind drittens die Einlösung der messianischen Prophezeiungen: »Er trieb mit seinen Worten die Geister aus und heilte alle Kranken«, hält Matthäus fest: »Dadurch sollte sich erfüllen, was durch den Propheten Jesaja gesagt worden ist: *Er hat unsere Leiden auf sich genommen und unsere Krankheiten getragen*« (Mt 8,17). »Glaubt mir doch, dass ich im Vater bin und dass der Vater in mir ist«, wird Jesus nicht müde zu wiederholen. »Wenn nicht«, sagt er, wenn das Herz oder der rechte Mut dazu fehle, dann »glaubt wenigstens aufgrund der Werke«.

Jesus holte das verlorene Schaf zurück; er heilte die Aussätzigen; er machte den barmherzigen Samariter zum Vorbild. Retten und Heilen ist ein Grundelement der Mission Christi. Die Jünger wurden von Christus explizit mit diesem Charisma bevollmächtigt. Sein Vermächtnis an die Apostel: »Wer an mich glaubt, wird die Werke, die ich vollbringe, auch vollbringen.« Ja, mehr sogar: »Und er wird *noch größere* vollbringen.«
Das »Größere« meinte dabei nicht einen Gigantismus an Zauberei, sondern die Breitenwirkung jener, die Zeugnis geben für den Dienst an den Menschen. Da sind Philipp Neri, Juan de Dios, Mutter Teresa, um nur wenige zu nennen, die neben der persönlichen Hilfe riesige Netzwerke von Hospitälern, Armen- und Krankenfürsorge aufbauten. Hinzu kommen die ungezählten Ordensleute, Bischöfe, »Barmherzigen Brüder«, Laien und Priester, die immer zuerst die Armen im Blick haben. Jesus versammelte einige tausend Menschen am See Genezareth, in San Giovanni Rotondo aber, der Wirkungsstätte des legendären *Padre Pio* in Apulien, nehmen heute jährlich inzwischen acht Millionen Menschen an Gottesdiensten teil, weil sie sich durch den 1968 verstorbenen italienischen Charismatiker Hilfe in psychischen oder physischen Nöten versprechen. Immerhin wurden dem Ka-

puzinerpater, der über fünfzig Jahre lang die Wundmale Christi trug, Gaben wie Seelenschau und Bilokation (gleichzeitige Anwesenheit an unterschiedlichen Orten) nachgesagt. Vor allem aber war er ein Heiler, der mit der Kraft Jesu, die er herabrief, angeblich sogar Krebs und multiple Sklerose heilte. Und im Umfeld von Don Bosco, Patron der Jugendfürsorge und Gründer des Salesianerordens, war die Häufigkeit der Wunder, die um ihn herum passierten, gar so hoch, dass Papst Pius XI. den Satz prägte, bei Don Bosco sei das Übernatürliche fast natürlich und das Außergewöhnliche fast gewöhnlich geworden.

Die einfach Frommen nehmen seit Jahrhunderten ihr Kreuz auf sich, gehen auf Wallfahrt und legen ihre bedrängte Seele in die Hände Gottes, den sie mit Bedacht den *Heiland* nennen. Die Parade der Votivtafeln in den »Gnadenorten« gibt ein eindrucksvolles Zeugnis über die Wirkung von Kräften, die durch den Glauben aktiviert wurden. Sogenannte Mirakelbücher wie in der Wieskirche in Bayern verzeichnen seit Jahrhunderten detailliert Hunderttausende von Heilungen, die auf die Anrufung göttlicher Hilfe erfolgten. Die Wissenschaft tat sich lange Zeit schwer mit der Homöopathie Gottes. Heilerfolge durch den Einsatz des Gebetes wurden bestenfalls als Placeboeffekte akzeptiert. Inzwischen ist nicht nur der Gesundheitsbegriff im Wandel – als ein mehrdimensionales und dynamisches Geschehen –, die Wissenschaft selbst findet über Hirnforschung und Psychologie immer neue Zusammenhänge von Leib, Geist und Seele – und ihren Bezug zu etwas, das außerhalb des Selbst ist.

Spirituelle Menschen, die im wahrsten Sinne auf Gott vertrauen, so der Heidelberger Medizinsoziologe Ronald Grossarth-Maticek, der von 1973 bis 1993 die Daten von 35 000 Personen verglich, lebten eindeutig gesünder: ihr Glaube mindert Angst, macht weniger depressiv, stärkt das Selbstwertgefühl. Ein stilles Gebet, ein Choral, eine Meditation reduzierten die Ausschüttung des Stresshormons Cortisol und stärkten das Immunsystem, senkten Herzfrequenz und Blutdruck. Unter den fünfzehn Positiv-Faktoren, die ausschlaggebend sind für ein hohes Alter, war einer entscheidend: die »positive emotionale Gottesbeziehung«.

Das »Handbook of Religion and Health« zitiert inzwischen über 1200 Studien, die einen positiven statistischen Zusammenhang zwischen körperlicher Gesundheit und Religion belegen. Wer glaubt, ist demnach gesünder, verfügt über mehr Bewältigungsstrategien, genießt eine höhere Lebenszufriedenheit und hat eine höhere Lebenserwartung. Im Umkehrschluss heißt das, so der Psychologe Michael Ehm: »Das spirituelle Nichtpraktizieren ist ein bislang unterschätzter Risikofaktor für psychische Belastungssymptome«; kurz: Wer nicht glaubt, ist schlechter heilbar.

Entschieden christliche Mediziner gehen noch einen Schritt weiter. Eine Heilung ohne Gott könne es im Grunde gar nicht geben, so der Arzt Gottfried Hertzka, in den Siebzigerjahren ein Pionier der von ihm neu entdeckten Medizin der Hildegard von Bingen. In diesem Programm, so Hertzka, gehe es nicht um ein »Zurück zur Natur« im Sinne von Wiesen und Kräutern, sondern um ein »Vorwärts zur Natur«, nämlich zur Natur des Menschen selbst. Schulmedizin könne immer nur an Symptomen arbeiten, so auch der Heilpraktiker Wighard Strehlow, weil das häufigste Störungsbild sich aber von psychosomatischen Syndromen ableite, müsse eine neue Medizin »das Heilungszentrum der Seele und die Kräfte der Natur« aktivieren. Mit spirituellen Erlebnissen habe man die Chance, an die Quellen zu gelangen, »und der Ort dieser Quelle ist per definitionem immer die Nähe des Göttlichen«.

Exkurs in die Welt der Wunder

Ein Mann wie der Philosoph Jean-Jacques Rousseau empfand allein schon die Frage, ob Gott Wunder wirken könne, als »an sich absurd«. Für den, der sie verneint, sei es besser, ihn nicht zu bestrafen, sondern »ihn einfach ins Narrenhaus zu schicken«. Nach der Definition der Kirche sind Heilungswunder und andere außergewöhnliche Vorgänge in der sichtbaren Natur als unmittelbare Werke der Allmacht Gottes zu betrachten. Sie stehen im Sinne des Glaubens nicht *gegen* die Naturgesetze, sondern *über* denselben.

Bis weit über das Mittelalter hinaus hatte der Abt eines Klosters nicht nur Vater der Mönche, sondern auch Astrologe und Heiler zu sein. Augustinus gibt in seinen Schriften Zeugnis von Heilungen, die in seinem Haus allein durch Gebete erwirkt wurden. Der bis heute gebräuchliche Ausdruck »gesundbeten« ist das sprachliche Denkmal für diese überlieferte medizinische Kunst. Durch die Institutionalisierung und Profanisierung des Glaubens ging dieser urtümliche – um nicht zu sagen originale und eigentliche – Grundzug des Christlichen mehr und mehr verloren. Aber dass Heilungen auf der Basis einer Geist-Wirkung möglich sind, gehört bis heute zum unverhandelbaren Grundschatz des Glaubens. Die katholische Kirche macht deren Nachweis im Verfahren einer Heiligsprechung sogar ausdrücklich zur Bedingung. Johannes Paul II. hat in seinem Pontifikat die Rekordzahl von 482 Christen heilig- und 1338 seliggesprochen, und noch immer warten im Vatikan etwa 15 000 Akten allein aus den Jahren 1588 bis 1982 auf einen Abschluss. Wohlgemerkt: Hinter jeder Heiligsprechung stehen ein oder mehrere Wunder.

Tatsächlich gehen die Berichte über Wunder im Laufe der Geschichte des Christentums wohl in die Hunderttausende. Ob Heilungswunder, Wandlungswunder, Hostienwunder, Tausende von Marienerscheinungen, Christuserscheinungen, Stigmatisationen, Bilokationen, Unverwesbarkeit – die »Zeichen« treten in einer Häufigkeit und Vielfalt zutage, dass ihre Dokumentation riesige Bibliotheken füllt. Alle diese Dinge seien, so der frühere Bischof von Essen Kardinal Franz Hengsbach »in kirchlichen Untersuchungsprozessen in einem denkbar strengen juristischen Beweisverfahren überprüft« worden, sie müssten als »wirklich bis heute unwiderlegt erwiesen« gelten. Es hätten sich dabei »nahezu alle Wunder der Bibel bis in die jüngste Zeit wiederholt«.

Die Vorstellung von einem Quasiuniversum, also einer Welt auf einer anderen Ebene, in der unsere Zeit-Raum-Kategorien keine Bedeutung mehr haben, werden inzwischen von der neueren Quantenphysik bestätigt. Hier spricht man anstatt von Masse nun von einem Welle-Teilchen-Dualismus, und anstatt mit der Annahme eines bestimmten Ortes operiert man mit Begriffen wie »Nichtlokalität« und »Unschärferelation«. Verstehen heißt gerade auch in der Physik nichts anderes, als ein Phänomen zuerst einmal zu akzeptieren. Die nahezu metaphysisch klingende Welt der neueren Wissenschaft hat den französischen Philosophen Jean Guitton (1901–1999) zu dem Ausruf veranlasst: »Zwischen der Hauskapelle, in der man auf Knien um die Wahrheit betet, und dem Laboratorium, wo man sie mit dem Mikroskop entdeckt, gibt es keinen Kampf mehr. Gebetsraum und Laboratorium nähern sich einander an.«

Einige Beispiele zur Phänomenologie von Wundern:

DAS WUNDER VON LANCIANO: Die Überlieferung berichtet von einem Basilianermönch, der im 8. Jahrhundert in der italienischen Gemeinde Lanciano Eucharistie feierte, aber den Glauben an die Realpräsenz Gottes und die Wandlung in Fleisch und Blut Christi zutiefst ablehnte. Eines Tages jedoch habe sich bei der Wandlung die Hostie in echtes Fleisch und der Wein des Kelches in echtes Blut verwandelt. Die Reliquie ist bist heute unverwest. Auch das Blut ist erhalten. Es ist in fünf ungleiche Teile geteilt, die alle zusammen ebenso viel wiegen wie jeder einzelne Teil davon. Im 19. Jahrhundert wurde die Reliquie auf Anordnung des Erzbischofs Pacifico Perontoni durch die Universität Siena und verschiedene Fachprofessoren untersucht. Papst Johannes Paul II. ließ eine weitere Prüfung durchführen. Nach wissenschaftlichem Befund handelt es sich um menschliches Fleisch und Blut, das die Struktur des Herzgewebes aufweist.

DAS BLUTWUNDER VON NEAPEL: Die alljährlich neue Verflüssigung des Blutes des heiligen Januarius in Neapel ist wohl das am längsten und besten dokumentierte außergewöhnliche Phänomen der Geschichte. Inzwischen gibt es über 1470 Bücher, die sich damit beschäftigen. Januarius war Bischof von Benevent in Italien und wurde während der Christenverfolgung durch Diokletian um das Jahr 305 in Pozzuoli bei Neapel enthauptet. Gleich nach seiner Hinrichtung, so die Überlieferung, habe eine Frau

das Blut des Märtyrers in zwei Ampullen aufgefangen. Die Blut-
verflüssigung vollzieht sich seit Jahrhunderten jeweils Anfang
Mai; am 19. September (und den darauffolgenden sieben Tagen);
dazu noch am 16. Dezember und bei, wie es heißt, »außergewöhnlichen Gelegenheiten«.

DAS WUNDER DER LEVITATION: Es ist eine Parallele zu der
Aufhebung der Schwerkraft beim Wandeln Jesu und Petri auf
dem See Genezareth: Bei einer Levitation hebt sich ein Mensch
ohne Hilfe Dritter in die Luft, um über dem Boden zu stehen
oder durch die Luft zu schweben. Nach einer Untersuchung des
Jesuiten Wilhelm Schamoni wird Levitation bei mehr als 200
Heiligen und heiligmäßigen Personen berichtet. Grundlage der
Untersuchung ist ein 1977 in Paderborn eingerichtetes hagiogra-
fisches Studienzentrum mit über 2000 Bänden mit Unterlagen
aus Heiligsprechungsprozessen.

DAS WUNDER VON LOURDES: Am 11. Februar 1858 hatte die
Müllerstochter Bernadette Soubirous bei den Grotten von Mas-
sabielle die erste Erscheinung einer geheimnisvollen Frau, die
sich später als »Unbefleckte Jungfrau« vorstellte. Bei der fünfzehnten von insgesamt achtzehn Erscheinungen versammelten
sich bereits zwischen zehn- und zwanzigtausend Menschen an
der Grotte. Nach den ersten Heilungen durch das Wasser der
Quelle stieg die Zahl der Geheilten stetig an, so dass 1883 ein
ständiges Ärztebüro eingerichtet wurde, um die einzelnen Heilungen wissenschaftlich zu untersuchen. Von insgesamt 6800 ge-
meldeten Heilungen wurden bislang 67 kirchlich anerkannt.
»Gott kann in seiner souveränen Freiheit auch die gewohnten
Naturgesetze aufheben und Werke vollbringen, die den Verstand
überschreiten«, so Dr. P. Theillier, ständiger Arzt im Ärztebüro.
Über ein Heilungswunder an der Deutschen Thea Angele heißt
es in einem Dokument des zuständigen Bischofs von Tarbes und
Lourdes vom 28. Juni 1961: »Kraft der Autorität, die Uns in dieser Hinsicht vom Konzil von Trient erteilt ist, und unter völliger
Unterordnung Unserer Entscheidung unter die Autorität des

Papstes erklären [Wir] hiermit, dass die Heilung von Thea Angele, als Ordensfrau Schw. Maria-Mercedes, am 20. Mai 1950 in Lourdes geschehen, wunderbar ist und zuerkannt werden muss einer besonderen Machtkundgebung der Allerseligsten und Unbefleckten Jungfrau Maria und Gottesmutter.«

DAS WUNDER DER EDITH STEIN: Als Nonne hieß sie Teresia Benedicta a Cruce. Die gebürtige Jüdin, Wissenschaftlerin von hohem Rang, wurde von den Nazis in Auschwitz ermordet. Papst Johannes Paul II. erklärte sie zur Patronin Europas und sprach sie heilig. Das Verfahren der Heiligsprechung ist kompliziert. Es gibt darin sogar einen Ankläger (»advocatus diaboli«), der einzig die Aufgabe hat, kritische Einwände zu erheben. Beizufügen ist den Untersuchungen ein »Buch des Lebens« wie auch ein »Buch der Wunder«. Denn erst wenn für den Zeitraum nach der Seligsprechung zwei unzweifelhafte Wunder festgestellt werden – die der Fürsprache des oder der Seligen zuzuschreiben sind –, kann der eigentliche Heiligsprechungsprozess beginnen. Im Falle Edith Steins war es die Heilung der zweijährigen US-Amerikanerin Benedicta McCarthy von einer Vergiftung mit akutem Leber- und Nierenversagen. Das Kind wartete 1987 vergeblich auf eine Lebertransplantation. Schließlich baten die Eltern im Gebet Edith Stein um ihre Fürsprache, worauf Benedicta spontan gesund wurde – wissenschaftlich nicht erklärbar.

Als eines der spektakulärsten unerklärlichen Ereignisse aller Zeiten gilt das große SONNENWUNDER VON FATIMA. Die Geschichte begann am 13. Mai 1917. An diesem Tag erlebten die Hirtenkinder Lucia de Jesus dos Santos (10), Jacinta Marto (7) und Francisco Marto (9) in der Nähe ihres Heimatdorfes in Portugal in einem strahlenden Licht erstmals die Erscheinung einer Frauengestalt. Sie werde in den folgenden fünf Monaten jeweils am 13. zur selben Stunde erscheinen, so ihre Mitteilung, »damit sich die Menschen bessern. Sie sollen doch aufhören, den Herrn zu beleidigen«.
Am 13. September 1917 nahmen bereits 25 000 bis 30 000 Menschen an dem Ereignis teil. Genau um 12.00 Uhr verminderte die

Sonne, die bis dahin strahlend am Himmel gestanden hatte, ihren Glanz. Die Luft nahm eine goldgelbe Färbung an. Die Beteiligten erlebten eine leuchtende Erdkugel, die von Osten nach Westen durch den Luftraum glitt und ein helles, wohltuendes Licht ausstrahlte.

Am 13. Oktober war die Spannung auf dem Höhepunkt. Das Ereignis war drei Monate zuvor von der Erscheinung Mariens angekündigt worden. Unzählige Zeitungen hatten darüber berichtet. Es war ein unfreundlicher, kalter und regnerischer Tag. Gegen 11.30 Uhr schätzte man die Zahl der Besucher auf etwa 50000 bis 70000: einfaches Volk, Journalisten, Wissenschaftler, Priester, Polizisten.

Punkt 12.00 Uhr erlebte die Menschenmenge einen Blitzeinschlag. Eines der Seherkinder, Lucia, rief, sie könne die Erscheinung jetzt sehen und hören (die von Lucia aufgezeichneten Mitteilungen wurden bekannt als die »Drei Geheimnisse von Fatima«). Der Augenzeuge Professor da Fonseca gab seinerzeit zu Protokoll:»Plötzlich hat es aufgehört zu regnen ... Die Sonne erscheint im Zenit, ähnlich einer Silberscheibe. Die Augen können sie anschauen, ohne geblendet zu werden ... Plötzlich beginnt sie zu zittern und sich in heftigen Bewegungen zu schütteln, und schließlich dreht sie sich um sich selbst wie ein Feuerrad, indem sie nach allen Richtungen hin Lichtbündel auswirft, deren Farben mehrere Male wechseln. Firmament, Erde, Bäume, Felsen, die Gruppe der Seher und die Riesenmenge erscheinen nacheinander gelb, grün, rot, blau und violett gefärbt ... Und das dauert vier Minuten. Das Tagesgestirn hält für einige Augenblicke inne. Dann nimmt es seinen Lichttanz wieder auf, und zwar auf noch viel blendendere Weise ... Verzückt, unbeweglich, mit angehaltenem Atem steht die Menge der siebzigtausend Seher ... Plötzlich haben alle ohne Ausnahme den Eindruck, als ob die Sonne sich vom Firmament löse und in Sprüngen, im Zickzack auf sie zustürze, gleichzeitig eine ungeheure Wärme ausstrahlend. Ein schrecklicher Schrei löst sich von allen Lippen ... ›Ein Wunder, ein Wunder!‹, rufen die einen. ›Ich glaube an Gott!‹, ruft ein anderer ... ›Mein Gott, Barmherzigkeit!‹, flehen andere. Und bald ist dieser

Ruf der vorherrschende. Und das ganze Volk wirft sich in dem Schlamm auf die Knie und betet laut einen Reueakt.«

So betroffen die Menschen waren, so unbeeindruckt blieben die Tiere, von denen keines eine Reaktion zeigte.

Der Hildesheimer Wissenschaftler Günther Stolze, Jurist, Mediziner und Theologe, hat sich ein halbes Leben lang mit dem Sonnenwunder von Fatima beschäftigt. Er sammelte alle erreichbaren Daten, sprach mit Naturwissenschaftlern wie dem Nobelpreisträger John Eccles und stellte eigene Experimente an. In seiner Analyse kommt er zu dem Schluss, dass es sich bei dem Sonnenwunder von Fatima weder um ein astronomisch-meteorologisches Phänomen noch um eine massenpsychologische Suggestion oder ein parapsychologisches Ereignis gehandelt haben könne. Was von den Zigtausenden Augenzeugen bestätigt worden ist, sei ein *Factum sui generis, eine Nova,* ein völlig einmaliges Geschehen.

Als Richter würde er folgendes Urteil sprechen: »Es steht fest, dass die Hirtenkinder … am 13. Oktober 1917 auf der Hochebene bei Fatima mit einer personalen Intelligenz gesprochen haben, die nicht von dieser Welt ist, weil ihre Intelligenz weit über den Intelligenzquotienten der Erdenbewohner liegt.«

Das Sonnenwunder sei im Grunde kein Wunder der Sonne, sondern ein Wetterwunder. Was die 70 000 Zuschauer gesehen hätten, seien Spiegelungen des Sonnenlichts gewesen, die Sonne selbst habe sich nicht verändert. Das Ereignis sei als eine Kombination von »mehr als siebzig kleinen Wundern« zu werten, die »haargenau ineinandergepasst wurden. Diese Kombination wurde umrahmt von einer Wetterzelle über Fatima«, die insgesamt zwölf Minuten gehalten habe.

Mit den technischen Möglichkeiten unserer Zeit sei es heute bestenfalls möglich, eine Wettervorhersage für drei Tage zu machen, die mit etwa 85-prozentiger Wahrscheinlichkeit zutreffe. Längerfristige Berechnungen sind als Wetteranzeige unbrauchbar. Eine so lange Vorhersage wie in Fatima aber wäre, als ob »ein Arzt seinem Patienten sagt, er werde in 153 Tagen an einer unbekannten Blutvergiftung erkranken, die unheilbar erscheine und drei Tage später um 13.52 Uhr vor dem Hauptportal des Kölner Domes bei dichtem Schneefall vollständig geheilt werde. Bewiesen wäre das Wunder, wenn die Angaben unter den Augen der Öffentlichkeit präzise erfüllt werden.«

Stolze erkannte in der Zeitspanne von 153 Tagen, die zwischen der ersten und der letzten Erscheinung lag, die »Geheimzahl für Jesus«, wie sie auch in der Bibel genannt wird (Joh 21,11). Über dem Erscheinungsplatz machte er einen speziellen Luftraum in Form eines umgekehrten Trichters mit einer Höhe von einigen hundert Metern aus. Bei den Erscheinungstagen habe es jeweils pünktlich zur Mittagsstunde ein spezielles Wolkengebilde gegeben, eine Art »Wolkenschiff«, das in Form und Größe, wie Fotos zeigen, an ein Segelschiff erinnert. In dessen Innerem erlebten die Seherkinder die Gestalt einer schönen Frau, deren leise Stimme auch von den Zuschauern wahrgenommen wurde.

Das Sonnenwunder selbst müsse man sich als Kaleidoskop vorstellen, dessen zahlreiche Einzelteile am 13. Oktober ineinandergefügt wurden, »gleich einem riesigen Uhrwerk und begleitet von einem grandiosen Wettersturz, der einen Energieumsatz von etwa hunderttausend Zentner Gewicht erfordert«. Insgesamt habe sich für eine Viertelstunde ein Mikroklima entwickelt, »das nach Ansicht der Naturwissenschaftler unmöglich« sei.

Was folgte, sei ein himmlisches Schauspiel in drei Akten gewesen, das noch kein menschliches Auge je gesehen habe, gestaltet von einer »prospektiven Intelligenz«, die über *das vollständige Wissen über jeden Gegenstand und seine kausalen Vernetzungsmöglichkeiten* in der Zukunft verfügt. Im Falle Fatimas also über das Wissen sämtlicher Bestandteile und Bewegungen der Atmosphäre unseres Planeten.

Der Aufwand der materiellen Energie für das Sonnenwunder, so Stolze, betrage »das Millionenfache eines Heilungswunders«. Für den Juristen ist klar, »dass dieses Himmelsschauspiel ein Artefakt war, von einem denkenden Wesen für denkende Wesen geschaffen. Ein *Wetter*, das zu uns spricht.« Der Intelligenzquotient, der hierfür erforderlich sei, übersteige alles Menschenmögliche. Stolzes Fazit: »Keine Religion, keine Weltanschauung und keine Wissenschaft hat Vergleichbares erfahren. Die Wundertäterin ist also das intelligenteste Geschöpf des Weltalls.«

Nicht zuletzt hatte auch Johannes Paul II. seine Rettung vor dem Todesschützen auf dem Petersplatz einem Wunder zugeschrieben. Es sei die heilige Maria von Fatima gewesen, die die Kugel umgelenkt habe. Im Nachhinein wies der Papst darauf hin, er habe mit der Botschaft von Fatima im März 1984 an die Gottesmutter appelliert, die Niederlage des Kommunismus herbeizuführen. Dem Fall der Mauer 1989 war ein vom Pontifex Maximus ausgerufenes *Marianisches Jahr* vorausgegangen.

»Es ist nichts Außergewöhnliches«, so fasst der Theologe Alfred Läpple zusammen, einer der produktivsten geistlichen Schriftsteller des 20. Jahrhunderts, »sondern es ist die von Jesus, dem Christus, selbst angesprochene ›Normalität‹, wenn die Geschichte des christlichen Glaubens immer auch die Geschichte der Wunder ist. In den Wundern der Kirchengeschichte erfahren die Wunder Jesu ihre vielgestaltige Fortsetzung und Ausweitung. Durch den auferstandenen Christus erhalten die Wunder eine ganz neue Dimension, so dass der Glaubende zum Werkzeug noch ›größerer‹ Werke und Wunder wird, als Jesus sie gewirkt hat.«

Aus dem Munde Jesu klang das so: »Alles, um was ihr in meinem Namen bittet, werde ich tun, damit der Vater im Sohn verherrlicht wird« (Joh 14,12–14).

22

Im Namen des Vaters

Eremos-Höhle, November 28

Es war später Nachmittag, aber die Zeit schien nicht mehr zu existieren. Es gab sie nur noch als Idee, wie Proust sagt. Kein Lufthauch bewegte das Gras. Der See zu meinen Füßen war glatt wie Seide, und als ich in der kleinen Höhle am Berg saß, wo ich wie aus einer großen Pupille heraus quasi die Welt mit anderen Augen sah – Jesu Lieblingsplatz –, bekam ich eine Ahnung davon, was der Himmel auf Erden bedeuten könnte, tiefster Frieden, unaussprechliches Glück.

Alles Land, das sich vor dieser Augen-Höhle ausbreitete, war Jesus-Land, Biotop seiner ganzen Fruchtbarkeit. Links unten Kafarnaum, seine Stadt, wo sich die Menschen in den Gassen stauten, um an seine Tür zu kommen. Rechts der Ort der Bergpredigt. Unten am Fuße des Hügels die Schauplätze der großen Speisung und der Predigten am See. Raum der Offenbarung, des Frohen und Heiligen, ungetrübt von den Schatten einer kranken Welt und ihrer steinernen Ordnung.

Der Berg, die Stille, die Einsamkeit und die Innigkeit des Gebets waren Jesu Zuflucht. Sein Sehen. Sein Hören. Seine Poesie. Ganze Nächte verbrachte er hier. »Und er war dort allein«, berichten die Evangelisten. Im Verborgenen. Im großen, geheimnistiefen Schweigen. Im pulsierenden Erleben der Nähe des Allerhöchsten. Es ist kein Gott zum Anfassen, aber zum Reden.

Als ich neben Jesus Platz genommen hatte, seine Stimme hören und ihn erneut betrachten konnte, sein Gesicht, seine Mimik, seinen ganzen Ausdruck, wurde mir noch einmal stärker bewusst, dass hier jemand ist, der gar nicht sich selbst verkündet. Gewiss, er ist die »Tür« und der »Weg«. Aber setzt er sich nicht immer in Bezug zu einem anderen, den er mit dem, was er sagt und tut, gleichsam auf die Erde herunterzieht? Ist er nicht gar so etwas wie eine Mensch gewordene Geschichte, die Zeile für Zeile ausschließlich mit dem Wort Gottes geschrieben wurde:

»Die Worte, die du mir gegeben hast, gab ich ihnen.«

»Vater, nicht wie ich will, sondern wie du willst.«

»Meine Speise ist es, den Willen dessen zu tun, der mich gesandt hat.«

»Was nämlich der Vater tut, das tut in gleicher Weise der Sohn.«

»Selig sind, die das *Wort Gottes* hören und es befolgen.«

Die Nähe zu Gott ist eine Frage der Kommunikation. Ein Hingehen und Zuhören, ein Nehmen und Weitergeben. »Ich danke dir, Vater, dass du mich erhört hast«, drückt Jesus diese Beziehung aus. Bei ihm ist es gar, als würde er in der Verborgenheit der Nacht wie auf einer Leiter zwischen Erde und Himmel auf- und niedersteigen.

Liegt darin das eigentliche Geheimnis des Jesus Christus? Der Kern seiner oft so schwer fassbaren Wirklichkeit? Das Innerste seiner ganzen Wahrheit? Vielleicht auch die Diskrepanz zu jener All-Macht, von der Jesus nur ein Teil ist? Ist Jesus dann eben doch »nur« der Gesandte Gottes? Der gute Bote? Ein Mensch, der gefunden, gereinigt, gewandelt wird – um sich in seiner ganzen Keuschheit und Erhellung in einen heiligen Dienst zu stellen und den Menschen wieder das Antlitz, das Wesen und die unverfälschten Basics der Botschaft Gottes nahezubringen?

»Ich habe deinen Namen den Menschen offenbart«, wird er am Ende sagen. Die Menschen hätten »jetzt erkannt«, dass nichts von ihm selbst sei, sondern, tautologisch gesprochen, »alles, was du mir gegeben hast, von dir ist«. Er habe dabei »das Werk zu Ende geführt, dass du mir *aufgetragen* hast«.

Auch wenn er in diesem »Abschiedsgebet«, das ihn zurückführt zu seiner Herkunft, geheimnisvoll anmerken wird: »Vater, verherrliche du mich jetzt bei dir mit der Herrlichkeit, die ich bei dir hatte, *bevor die Welt war.*«

Der wahre Jesus ist aus dieser Beziehung heraus zumindest immer auch der Jude Jesus. Nichts an ihm lässt sich von seiner Herkunft trennen, die aus den Tiefen der jüdischen Geschichte kommt. Von hierher stammt das Bild von Gott, wie wir es kennen. Hier liegen die messianischen Verheißungen, die eine Erscheinung wie Jesus einbinden in den großen heilsgeschichtlichen Zusammenhang. Der alttestamentliche Hintergrund ist nachgerade die Voraussetzung dafür, dass ein Messias erkannt werden konnte. Er ist die Grundlage dafür, seine Botschaft überhaupt begreifen zu können. Ja, dieser Hintergrund schafft genau genommen auch erst die Möglichkeit, dass ein Christus, der die Welt wieder heilt, kommen kann. Um daran zu erinnern: »Christus« ist lediglich das griechische Wort für das *mašiah* der Hebräer, der Messias. Er war von Gott in seiner Güte niemand anderem als gerade diesem Volk versprochen worden, dessen unter allen Völkern herausragendes, unvergleichliches Schicksal auf diesen einen Moment der Weltenwende zugelaufen war.

Mit der Ausbreitung des Christentums jedoch, glaubt der Rabbiner Abraham Joshua Heschel, wurden die originären jüdischen Elemente des »Neuen Weges«, wie die Bewegung Jesu anfangs genannt wurde, mehr und mehr zurückgedrängt. Die Machtübernahme durch Heidenchristen aus der griechisch-römischen Welt bewirkte schließlich einen »Prozess der Anpassung an den Geist ebenjener Welt«. Und zunehmend hätten die Christen ihr Selbstverständnis nicht mehr aus der Verpflichtung zum Judentum, sondern aus dem Gegensatz zum Judentum gewinnen wollen. Das Ergebnis sei »eine bewusste oder unbewusste Entjudaisierung des Christentums« gewesen – die Basis für antisemitische Tendenzen in Religion und Gesellschaft, die in den Jahrhunderten der Geschichte ihre Spuren hinterließen.

Zweifellos haben große Teile des Christentums die Entfernung von den jüdischen Wurzeln nicht nur nicht gestoppt, sondern vielfach sogar gefördert; wobei die römische Kirche mit ihrem

Festhalten an der Tradition noch die größte Treue bewahrte. Entstand aus der Abgrenzung zu den alttestamentlichen Vorgaben dann nicht doch auch eine Falschinterpretation Christi? Wurde gewissermaßen der Fokus auf eine »Solo-Karriere« gerichtet, die er so nie angestrebt hat? Und wird nicht auch durch das Kreuz, das in Übergröße die Kirchenschiffe beherrscht, der Blick zum Vater häufig ein wenig verstellt, obwohl doch gerade dieses Kreuz wie ein Richtungspfeil auf jenen Gott hinzeigt, der in seiner ganzen Liebe sogar den Sohn hingab, um die Menschen wieder zu erreichen?

Niemand hat diese Perspektive stärker deutlich gemacht als Jesus selbst. »Vater, in deine Hände lege ich meinen Geist«, das sind nach Lukas seine letzten Worte. Er wolle »im Haus meines Vaters« einen Platz vorbereiten, so verabschiedete er sich von den Jüngern, dann »komme ich wieder und werde euch zu mir holen« (Joh 14,2–3). »Es ist vollbracht«, notiert der Evangelist die letzten Worte dieses *mašiah* auf Golgatha, gerichtet an niemand anderen als jenen, von dem er sich gesandt wusste.

Der alttestamentliche Rahmen ist nicht nur eine gewisse Hilfe für das Verständnis Jesu und seiner Zeit, sondern grundlegend. Ihn zu verkennen oder gar zu leugnen ergibt ein völlig anderes Jesus-Bild. Es schafft zunächst tatsächlich auch Raum für eine Interpretation mit antijüdischen Akzenten. Aber was antijüdisch ist, ist im Grunde immer auch antichristlich, zumindest antijesuanisch. Nicht nur weil es gegen den Geist des Christentums gerichtet ist, sondern auch gegen seinen Ursprung. Umgekehrt wiederum hat im Grunde das, was gegen das ursprünglich Christliche, gegen das christliche Gottes- und Weltbild, das rein biblisch ist, ins Feld geführt wird, objektiv gesehen immer auch einen antijüdischen Akzent.

Aber es geht um noch etwas anderes. Mit dem Bewusstsein für den alttestamentlichen Background wird nun auch deutlich, dass der »wahre« Jesus eben auch nicht erst durch das Ostergeschehen als Christus zu erkennen ist, sondern längst bereits durch die vielfältigen alttestamentlichen Ankündigungen. War es nach dem Glauben denn nicht auch JHWH selbst, der den Messias durch den Mund der Propheten verkünden und genauestens beschreiben ließ, als würde er mit Vorauspost schon mal einen Steckbrief auf die Erde schicken? »Alles muss in Erfüllung gehen, was im Gesetz des Mose, bei den Propheten und in den Psalmen über mich gesagt ist«*, macht auch der Jude Jesus mehr als einmal deutlich (Lk 24,44). Haben wir diesen Hinweis zu wenig ernst genommen? Vielleicht auch deshalb, weil wir geneigt waren, die Aussagen Jesu immer eher einem der Evangelisten zuzuschreiben, als in ihnen das originäre Wort Jesu zu sehen?

»So steht es in der Schrift«, verkündete Jesus, »der Messias wird leiden und am dritten Tag von den Toten auferstehen.« Allein dieser Hinweis verändert die Sicht auf die Erscheinung Jesu fundamental. Kein Apostel und kein Autor musste so gesehen eine Auferstehung »erfinden« oder das Geschehen der Passion umdeuten, um damit ein etwaiges »Versagen« Jesu zu übertünchen. Es stimmt, die Hohepriester und Schriftgelehrten verhöhnten ihn, er solle doch heruntersteigen vom Kreuz, wenn er denn der Sohn Gottes sei. Aber genau ihnen, diesen Gelehrten der Schrift, hatte Jesus auch vorgehalten, sie würden die Schrift ignorieren. Alttestamentlicher Überlieferung nach stand die Geschichte längst im Script. Der *Menschensohn* wird nicht erst durch Kreuzigung und Auferstehung zu Christus, dem Wort Gottes, er ist es, weil Gott es vor aller Zeit in seiner göttlichen Vorsehung so bestimmt hat.

So gesehen ist Jesus Christus von Anfang an. Auch ohne Wunder. Auch ohne Passion. Selbst ohne Auferstehung. Diese Dinge bestätigen ihn. Und es ist seine Aufgabe, sie zu erfüllen, aber nicht sie sind es, die ihn zu dem machen, was er ist, sondern es ist, wie Jesus es sagte, »der Vater im Himmel« (Lk 11,13).

War in den ihm folgenden Jahrhunderten denn nicht auch wahr geworden, was Jesus *nach* der Auferstehung den Jüngern erklärte? Für ihn stand diese Entwicklung nie in Frage. Auch sie

---

* »Wenn ihr Mose glauben würdet, müsstet ihr auch mir glauben; denn über mich hat er geschrieben« (Joh 5,46). In den Fünf Büchern Mose gibt es, nach einer Zählung von Sr. Monika Schilgen, etwa fünfzig Stellen, die mit der Erscheinung Jesu in Verbindung stehen.

ist in den heiligen Schriften längst niedergelegt. »In seinem Namen«, so Jesus über Jesus, »wird man allen Völkern, angefangen in Jerusalem, verkünden, sie sollen umkehren, damit ihre Sünden vergeben werden. Ihr seid Zeugen dafür« (Lk 24,47 f.). Die Prophezeiung wurde zu einem Zeitpunkt ausgesprochen, zu dem niemand auch nur eine Vierteldrachme darauf gewettet hätte, dass sie wahr werden könnte. Sie hat sich Wort für Wort erfüllt. Noch heute wird dieser Text aus dem Lukasevangelium in der Osteroktav in allen christlichen Kirchen rund um den Globus verlesen.

Schon Mose hat über mich geschrieben, sagt Jesus. »Begreift ihr denn nicht«, so sehen wir ihn nach der Auferstehung den Kopf schütteln. »Wie schwer fällt es euch, alles zu glauben, was die Propheten gesagt haben?« Müssen auch wir wieder lernen, was, wie Jesus es sagte, »in der gesamten Schrift über ihn geschrieben steht«? Folgt daraus dann nicht auch die Erkenntnis, dass dieser Vater, von dem Jesus spricht, kein anderer geworden ist und noch immer da ist? »Der Vater wirkt«, sagt Jesus (auch wenn er hinzusetzt: *»und auch ich wirke«*). Dass genau dieser »Vater«, weil es nach jüdisch-christlichem Glauben keinen anderen gibt, derselbe Gott ist, den sowohl Juden als auch Christen verehren? Dass es vielleicht sogar falsch ist, von zwei Religionen zu sprechen, und erst recht, von unterschiedlichen Offenbarungen?

Allerdings hatten sogar die engsten Jünger versäumt, das Schicksal des Messias über das Studium der Schriften zu erkennen. Selbstkritisch merkt Johannes an, erst als sich Petrus und der Jünger, »den Jesus liebte«, davon überzeugten, dass das Grab leer war, seien Letzterem die Zusammenhänge endlich komplett einsichtig geworden: »Er sah und glaubte« (Joh 20,8). Fast entschuldigend fügt der Apostel an: »Denn sie wussten noch nicht aus der Schrift, dass er von den Toten auferstehen musste.«

Jesus brachte Stumme zum Sprechen, Taube zum Hören, Lahme zum Gehen. Das gilt für alle Epochen und in jeglichem Sinne. Genau so war der Messias angekündigt worden. Und wenn er Tote ins Leben zurückholte – worin bestand dieses Wieder-»lebendig«-Machen? Bestand es nicht genau darin, »dich, den einzigen wahren

Gott, zu erkennen« (leise fügt Jesus hinzu: »*und Jesus Christus, den du gesandt hast*«)? Gerade auch in seinen Wundern, die spektakulär genug gewesen wären, um die eigene Person als Star feiern zu lassen, wird deutlich, dass Jesus nirgendwo sich selbst inszeniert. Er ist kein Gegengott. Er hebt keine Gesetze auf. Gewiss, er wird einen neuen Bund gründen, aber auch dieses war bereits in den alttestamentlichen Schriften angekündigt worden.

Mit seiner Kraft geht er äußerst diskret und ehrfürchtig um, oft sogar widerwillig, wie es scheint. »Dein *Glaube* hat dich geheilt«, sagt er, nicht ich. Und jede Heilung Jesu ist nicht ein weiterer Erfolg für ihn selbst, sondern ein weiteres Zeugnis für die Verbundenheit mit der Allmacht Gottes und dessen Liebe zu den Menschen: »Ich weiß, Vater, dass du mich allzeit erhörst« (Joh 11,42). Es ist eben nie er selbst, den Jesus verkündet, sondern immer nur der eine Gott. Der Gott des Mose und der Propheten. Der Gott Israels. Der allschaffende, allgegenwärtige, einzig schöpferische und alleinige Gott überhaupt. Wie es am Berg Sinai verkündet wurde: »Ich bin der Herr, dein Gott. Du sollst keine anderen Götter neben mir haben.«

Und doch gibt es etwas grundlegend Neues in dieser Geschichte. Jesus hatte sich immer wieder auf die Propheten bezogen. Das ist das Erkennungszeichen, sein Personalausweis. Aber niemals machte er sich dabei mit ihnen gleich. Jesus »schaute« Gott nicht, wie etwa der Prophet Elija, der die Gegenwart des Allerhöchsten als »Stimme der Stille« erlebte. Er vernahm ihn auch nicht, wie Elija am Sinai, im Säuseln des Windes oder wie Mose in einem brennenden Gebüsch. Es gibt keine einzige mit den Erfahrungen der großen Propheten Israels vergleichbare Szene in den Evangelien. Nirgendwo auch tritt er gleich Mose nur wie ein Mittler auf, der die Offenbarung übergibt, ohne auch selbst als Person Botschaft zu sein. Worte wie »So hat Jahwe gesprochen« und »Also spricht der Herr« oder »Geh und sage dem Volk« kommen ihm nicht über die Lippen.

Mose tritt als Gesandter dem Volk mit dem Pathos des Zornes Gottes gegenüber. Jesus hingegen sagt: »Ich bin …«, und: »Ich aber sage«. Und wenn er, wie in diesen Tagen, sich auf seinen

Berg zurückzieht, schaut er nicht Gott – sondern er *ist* bei Gott. Denn seine innigste Verbundenheit mit dem »Vater« ist das Existenzielle in seinem Leben, das Allerheiligste in seinem Innersten, zu dem niemand Zutritt hatte, noch nicht einmal seine Mutter. Die anderen, die Urväter, die Patriarchen, die Propheten, selbst ein Mann wie Johannes der Täufer – sie alle sind Vorläufer. Er aber ist der Erfüller und Vollstrecker. Denn mit dem Segen, der von ihm ausgeht, ist das Reich des Vaters endlich Gegenwart geworden.

Sollte Jesus diesem Gott ein Gesicht und einen Namen geben? Etwas, das mehr war als ein Kürzel, das obendrein niemand auszusprechen wagte? Musste er in seinen Bewegungen, seinem Denken, Sprechen, Handeln und Lieben zeigen, dass dieser Gott nicht irgendwie nur als Geist in der Welt existiert oder als eine allgemeine Mathematik des Weltalls zu begreifen ist, sondern dass er Person ist? Er ist der Schöpfer der Natur, der Ursprung der Harmonie, der Lebendige, der Herr. Brauchte es Menschengestalt, um vor dem Allerhöchsten nicht länger nur in Schockstarre zu verfallen, ihn nicht nur als irgendwie »höhere Macht«, sondern als den Gott der Liebe zu sehen, der einen kennt, anspricht, mag und hilft?

Unten auf dem See kreuzte ein Schiff mit einem Segel, eine Attraktion für Touristen, die damit wie seinerzeit die Apostel die Ufer abfahren. Wie mächtig die Boote von Simon Petrus und den anderen waren, zeigt ein Fund aus der Zeit Jesu. Arbeiter hatten bei Kanalbauten am Westufer im Schlamm ein gut konserviertes Schiff von drei Metern Breite und acht Metern Länge entdeckt. Besonders auffallend war das ausgeprägte Heck, das an den Bericht des Evangelisten Markus über den »Seesturm« erinnerte: »Er aber war im Heck und schlief auf einem Kopfkissen.«

In meiner Eremos-Höhle kam mir plötzlich das Wort des französischen Kardinals Henry de Lubac in den Sinn, wonach der bevorzugte Platz des Mysteriums Christi sein *Leben* sei. Die Taten Jesu seien zwar einerseits echte menschliche Taten, hineingestellt in unsere Geschichte. Aber eben auch »Taten einer göttlichen Person«. In jeder von ihnen mache Gott sich sichtbar und fassbar. Wenn dem so ist, ist dann Jesus, als Mittler zwischen Himmel und Erde, vielleicht auch so eine Art Scharnier, das immer zwei Seiten haben muss, damit es funktioniert? In diesem Falle: eine Seite, die ganz Gott, und eine andere, die ganz Mensch ist? »Einer ist Gott«, wusste Paulus, »einer auch Mittler zwischen Gott und den Menschen: der Mensch Jesus Christus, der sich als Lösegeld hingegeben hat für alle, ein Zeugnis zur vorherbestimmten Zeit« (1 Tim 2,5 f.).

In seinem Verhältnis zu Gott tritt Jesus nirgendwo als Bittsteller auf. Er ist auch kein verlorener Sohn. Er zeigt sich liebevoll und gehorsam gegenüber dem Vater, aber während er den Jüngern im Vaterunser ein »Vergib uns unsere Schuld« empfiehlt, bezieht er diese Bitte niemals auf sich selbst. Gott ist »ihr« Vater, »euer« Vater. Jesus allein betet: »Mein Vater«.

»Er betet wie einer, der die Sünde nicht kannte«, drückte es Karl Adam aus, »in seiner menschlichen Seele war ein Punkt, und zwar gerade der tiefste, innerste Punkt, der völlig menschenleer, völlig erdenfrei, der restlos allen irdischen Beziehungen entrückt, der in einer schlechthin unirdischen, überirdischen Jungfräulichkeit des ganzen Seins dem Vater geweiht war.«

Es ist eine Beziehung, die man eine »Gemeinschaft des Ich und des Du« nennen könnte. Auf dieser Augenhöhe verbirgt sich niemand vor dem anderen, weil es keine Diskrepanz mehr gibt. Und genau hier liegt das Moment, das Jesus von allen anderen Figuren der Geschichte Israels, ja der Religionsgeschichte überhaupt, unterscheidet: das volle Selbstbewusstsein des Sohnes, des »Erstgeborenen der Schöpfung« (Paulus), des Erben, *gezeugt* und nicht *geschaffen,* wie etwa Adam und Eva geschaffen wurden. Es ist jemand, der so nah am Vater ist, dass er sich mit ihm identisch weiß.

Jesus definiert sich in der Horizontalen wie in der Vertikalen. So kann er auf die Erde gerichtet sagen: »Was ihr den Geringsten meiner Brüder getan habt, habt ihr mir getan.« Und kann gleichzeitig, in den Himmel gerichtet, das Paradoxon anfügen: »Wer mich sieht, sieht den Vater.« In der Überlagerung – wie zwei

Scheiben, die deckungsgleich werden – ist dann auch diese eine göttliche Kraft ausgedrückt, die Jesus meint, wenn er sagt: »Der Vater wirkt, und auch ich wirke« (Joh 5,17).

Niemand anderer als der Vater ist es dann auch, von dem die »Werke« stammen, die Jesus »übertragen« sind, »damit ich sie zu Ende führe« (Joh 5,36). Sie »legen Zeugnis davon ab, dass mich der Vater gesandt hat«. Und was müssten das für Werke sein, wenn nicht solche, die unmöglich von Menschenverstand und Menschenhand ersonnen und umgesetzt werden konnten? Die alles Gewöhnliche übersteigen und unmittelbar auf eine Kraft verweisen, die stärker ist als alles Irdische, indem sie sogar über die Naturgesetze gebietet? »Du hast ihm Macht über alle Menschen gegeben«, sagt Jesus zum Vater über sich als »deinen Sohn«. Eine Macht sogar, die größer ist als jede andere, weil sie darin besteht, aus Liebe in die tiefste Ohnmacht zu gehen.

Der Mann aus Nazareth ist Teil der Ortsgemeinschaft geworden. Er lebt mit den Familien von Andreas und Petrus und dessen Schwiegermutter in der gemeinsamen Wohneinheit. Johannes, Jakobus und die anderen haben ihre Häuschen in unmittelbarer Nachbarschaft, und man kann in den lauen Abendstunden gemütlich im Innenhof sitzen, um an den Lehrstunden des Meisters teilzunehmen.

»Kommt alle zu mir, die ihr euch plagt und schwere Lasten zu tragen habt«, so pflegt der Lehrer sein Publikum zu sich zu rufen, »ich werde euch Ruhe verschaffen.« Güte, Demut und Ruhe finden sind einige seiner Lieblingsvokabeln. »Ich bin gütig und von Herzen demütig, so werdet ihr Ruhe finden für eure Seele.«

Der Unterricht ist vielfältig. »Wenn ihr fastet«, doziert Jesus, »macht kein finsteres Gesicht wie die Heuchler.« Diese gäben sich »ein trübseliges Aussehen, damit die Leute merken, dass sie fasten«.

In einer anderen Lektion lehrt er geistliche Gesundheitskunde. Manche mögen ihn gar für einen Buddhisten aus dem fernen Indien halten. »Das Auge gibt dem Körper *Licht,* wenn dein Auge gesund ist, dann wird dein ganzer Körper heil sein.«

Als Weisheitslehrer verweist er auf die Kunst des Lebens. »Sammelt euch nicht Schätze hier auf der Erde, wo Motte und Wurm sie zerstören und wo Diebe einbrechen und sie stehlen, sondern sammelt euch Schätze im Himmel.« Die Einstellung beeinflusse das Selbstbewusstsein, aber auch den Umgang mit anderen: »Denn wo dein Schatz ist, da ist auch dein Herz.«

Und immer bringt er den *Vater* ins Spiel. Man könne nicht zwei Herren dienen, nicht »Gott und dem Mammon«.

Die guten Fischer mögen dabei ein wenig unruhig werden. Wer sich zu viele Gedanken um sein Fortkommen mache, müssen sich die Männer mit ihren von Wind und Sonne gegerbten Gesichtern anhören, diene einem fremden Herrn. »Deswegen sage ich euch: Sorgt euch nicht um euer Leben oder darum, dass ihr etwas zu essen habt, noch um euren Leib und darum, dass ihr etwas anzuziehen habt.«

Gewiss, Jesus hat leicht reden. Kein Haus, kein Boot, keine Familie. Andererseits, hat er nicht recht, wenn er fortfährt: »Ist nicht das Leben wichtiger als die Nahrung?«

In keinem seiner Vorträge verkündet er ein besonderes Arbeitsethos. Stattdessen empfiehlt er Gelassenheit. »Was nützen euch die Sorgen?«, fragt er sein Publikum. Und was nützt auch das Anhäufen von Reichtum in euren riesigen Scheunen, wenn morgen die Scheune verbrennen kann und wenn ihr übermorgen, wie der gierige Reiche, abberufen werdet.

Manche räuspern sich, andere zupfen sich am Ohr. Jesu Blick schweift über die Runde.

»Wer von euch«, sagt er, »kann mit all seiner Sorge sein Leben auch nur um eine kleine Zeitspanne verlängern?«

Zustimmendes Nicken. Und wie kurz doch dieses Leben ist! Und wie groß die Gefahr, im *Haben* das *Sein* zu verlieren.

Der Mann aus Nazareth spricht von den ewigen Wahrheiten. »Sei ohne Furcht«, pflegt er zu raten. Aber grenzt sein Verhalten nicht auch ein wenig ans Irrationale? Mit seinem absoluten Vertrauen in die Barmherzigkeit Gottes erinnert er an einen weltfremden Bruder Leichtfuß. Sorge dich nicht, lebe. Ging so nicht auch ein Hans Guck-in-die-Luft durch die Welt; oder jene Blumenkinder, die im Rausch von Love and Peace die Bodenhaftung verloren?

Die Gefahren des Lebens scheinen ihm andererseits nicht fremd. »Siehe, ich sende euch wie Lämmer unter die Wölfe«, sagt er. Aber welcher wirklich verantwortungsbewusste Führer macht so etwas? Ein Auftrag für ein Kamikaze-Unternehmen! Er wird seinen Leuten sogar befehlen, auf den Wegen der Mission nichts mitzunehmen; kein Brot, keine Tasche, kein Geld. Hat er Freude daran, seine Anhänger ins Leere laufen zu lassen oder gar ins Unglück zu stürzen? »Sorgt euch nicht«, ist seine lapidare Mitgift, immer und immer wieder. Und wenn sie ihn fragend ansehen oder vor einem unlösbaren Problem stehen, meint er nur: »Wo ist euer Glaube?«

Jesus ist bei aller Demut und Bescheidenheit ein Mann des Großmuts. Und so häufig er für das Kleine eintritt und sich selbst klein macht, im Glauben verlangt er das Große. Geradezu ausufernd, maßlos, unersättlich solle man darin sein. Und alles verlangen, was man verlangen wolle. Grenzenlos, allumfassend, kindlich einfach. In jeder Situation. In jedem Belang. Es sei sogar Sünde, sich auf sich selbst zu beschränken und nicht von Gott alles zu verlangen, ihm nicht auch die eigenen Sorgen aufzuladen, und das schwere Joch, das man trägt, mit dem Joch Jesu zu tauschen. »Ihr Kleingläubigen«, tadelt er seine Schüler, auch jetzt wieder.

Glaube ist der Schlüssel. Glaube schafft eine eigene Realität. Jesus sagt, glaubt nur

- und ihr werdet geheilt werden;
- und ihr könnt Berge versetzen;
- und euch wird alles andere hinzugegeben;
- und ihr könnt ins Reich Gottes eintreten.

Wenn ihr den Schlüssel nicht habt, verdeutlicht er, könnt ihr nicht aufsperren. Ohne ihn bleibt euch das Tor, das zum Eigentlichen führt, versperrt. Das ist dann so etwas wie ein Verbleiben im Raum der Krankheit, der Spaltung, des Neides, des Ehrgeizes, der Hetze, der Gier und eines Lustverlangens, das nie befriedigt werden kann – letztlich der nicht zur Vollendung gekommenen Liebe. Genau die Liebe aber mache das Eigentliche des Menschen aus, seinen Kern. Wer diesen Kern nicht schützt, wird irgendwann in seinem Wesen zerstört.

Das ist am Ende dann die Grenzlinie; der tiefe Graben zwischen den lebenden Toten und den wirklich Lebenden. Es geht hier nicht um eine bestimmte Ethik, es geht um die Möglichkeit der Erlösung, um das Ticket für den Eintritt in die andere Welt. »Wenn du [das Evangelium] zurückweist, liegst du tot da«, schrieb Augustinus, »und wenn du etwas so Großes, wie ich gesagt habe, verachtest [die Gnade des Glaubens], bist du begraben. Wenn du bekennst, kommst du hervor ... Aber dass du bekennst, bewirkt Gott, indem er mit lauter Stimme, das heißt mit seiner großen Gnade ruft.«

»Macht euch also keine Sorgen«, postuliert der Meister am Ende dieser geistlichen Volkshochschule im Innenhof von Kafarnaum, »und fragt nicht: Was sollen wir essen? Was sollen wir trinken? Was sollen wir anziehen?« Der »himmlische Vater« wisse doch, »dass ihr das alles braucht«. Jesus macht eine kleine Pause: »Euch aber muss es zuerst um sein Reich und um seine Gerechtigkeit gehen.«

Und dann?

»Dann wird euch alles andere dazugegeben.«

Ein schöner Schluss ist das. Und während sich die Männer müde erheben, um ihr Nachtlager aufzusuchen, meint Jesus schmunzelnd: »Sorgt euch also nicht um morgen; denn der morgige Tag wird für sich selbst sorgen. Jeder Tag hat genug eigene Plage.«

Jesus trägt weder Gold noch Purpur. Dienen war noch nie populär, aber die Dienerschaft, die er predigt, lebt er immer auch selbst vor. Weder postuliert er sich als heroischer Führer, noch fordert er die unterwürfige Verehrung in einem götzenähnlichen Personenkult. Wirft sich jemand vor ihm auf den Boden, hebt er ihn flugs wieder auf. Er kann ungeduldig werden (»O du ungläubige und unbelehrbare Generation! Wie lange muss ich noch bei euch sein und euch ertragen?«), aber er fiebert nicht wie Politiker oder Börsenspekulanten irgendwo mit, ob seine Sache gut ausgehen wird oder schlecht. Erfolg ist keine Kategorie, die ihn in irgendeiner Form interessieren würde. »Amen, ich sage euch«, erklärt er stattdessen, »was ihr für einen meiner geringsten Brüder getan habt, das habt ihr mir getan.«

Sein Anspruch an Macht, vorgetragen mit der Selbstsicherheit des absoluten Souveräns, muss so gesehen nahezu grotesk wirken. Bei den Anhängern jedoch verstärkt Jesu überlegene Gelassenheit den Eindruck, dass jemand die Attribute der Macht nicht nötig habe, wenn er die Macht selbst ist.

Deutlich wird dies in der kleinen Geschichte mit der Tempelsteuer, die zur Zeit Jesu in Höhe einer Doppeldrachme bei jedem Hausvorstand eingetrieben wurde. »Was meinst du, Simon?«, fragt er listig, als eines Tages die Steuerbeamten auch im Haus des Petrus aufkreuzen. »Von wem erheben die Könige dieser Welt Zölle und Steuern? Von ihren eigenen Söhnen oder von den anderen Leuten?«

Der verdutzte Simon Petrus kann sich keinen Reim darauf machen. »Von den anderen.« Er hat die Anspielung auf die Verbindung von Tempelsteuer und dem Tempel als dem Haus des Vaters nicht recht verstanden.

»Also sind die Söhne frei«, sagt Jesus. Er gibt dennoch seinen Obulus. »Damit wir bei niemandem Anstoß erregen«, wie er augenzwinkernd hinzufügt. Allerdings macht er es auf eine überlegene Weise, auf die noch nicht einmal ein »Gott« wie der römische Kaiser bezahlen kann. Es ist das einzige Mal, dass Jesus seine Kraft nonchalant für ein Zauberkunststück einsetzt. Petrus solle die paar Schritte hinunter zum See gehen und die Angel auswerfen: »Den ersten Fisch, den du heraufholst, nimm, öffne ihm das Maul, und du wirst ein Vierdrachmenstück finden. Das gib den Männern als Steuer für mich und für dich.« Es scheint funktioniert zu haben.

Jesus kann streng sein, insbesondere zu den durch Gnade Berufenen: »Der Knecht, der den Willen seines Herrn kennt, sich aber nicht darum kümmert und nicht danach handelt, der wird viele Schläge bekommen.« Den Pharisäern, die so sehr auf Reinheit achten, rät er: »Gebt lieber, was in den Schüsseln ist, den Armen, dann ist für euch alles rein.«

Als eines Tages seine Mutter und die Verwandten aus Nazareth erscheinen, wegen der Menschenmassen aber nicht zu Jesus vordringen können, relativiert er gar den Begriff von Familie. »Deine Mutter und deine Brüder stehen draußen und fragen nach dir«, wird er auf die Wartenden aufmerksam gemacht. Jesus erwidert: »Wer ist meine Mutter und wer sind meine Brüder?« Er breitet die Arme aus: »Das hier sind meine Mutter und meine Brüder«, eine Familie aus Menschen, »die das Wort Gottes hören und danach handeln«.

Jesus fällt aus der Rolle. Wie er eine einschnürende Bindung an Heimat und Familie ablehnt, zeigt er auch keine Begeisterung für alles Nationalreligiöse. Besitz und Reichtum scheint er ohnehin als Ketten zu empfinden. Er selbst ist frei genug, noch nicht einmal eine eigene Bleibe zu haben: »Die Füchse haben ihre Höhlen und die Vögel ihre Nester; der Menschensohn aber hat keinen Ort, wo er sein Haupt hinlegen kann.«

Im Herzen Jesu seien Quellen aufgebrochen, empfand der Theologe Karl Adam, die im Alten Bund mehr geahnt als gesehen wurden und die zu seiner Zeit fast völlig verschüttet waren. Er habe in der Offenbarung der befreienden Wahrheit und der strahlenden Freude des Gott-Vaters, eines Gottes der Gnade und der barmherzigen Liebe, »das tiefste und letzte Wort über das Geheimnis des göttlichen Heilswillens« ausgesprochen.

Es scheint in der Tat, als bekäme durch diesen Mann der alte, manchmal wie abgestanden wirkende Text einen neuen Klang; als werde durch ihn jedes Wort lebendig und nun erst richtig wahr. Wie etwas, das zuvor nur schemenhaft im Nebel erkennbar war und nun endlich in seiner ganzen Größe auftaucht. »Dann fing er an zu reden mit jener unerschrockenen und schlagenden Beredsamkeit«, schildert Giovanni Papini, »die die Pharisäer beschämte, die Sünder rührte, die Armen gewann, die Frauen entzückte.«

Vor allem den Knechten, den schwachen Alten, die hinten in der Synagoge auf die Rücken der »besseren Herren« sehen, die in den ersten Reihen Platz nahmen, muss Jesus wie ein neues Licht erscheinen. Hier in der Synagoge haben sie so viel Recht wie alle anderen auch. Aber es musste jemand kommen, der dies auch wieder benennt und einlöst. Der wie niemand sonst von Gerechtigkeit und Liebe spricht, von den Letzten, die die Ersten sein werden, der die Kaufleute, die hohen Gelehrten und all die Reichen in ihre Schranken weist und den Hirten, den Bauern, den Waisen und Kranken, all den Elenden ein Himmelreich verkündet, von dem sie so lange schon träumen. Niemand liebt Jesus so wie sie, und es lässt sich gut vorstellen, wie die Ausgemergelten und die Sehnsüchtigen an seinen Lippen hängen, in der Hoffnung, dieser neue Prophet möge ewig so weitersprechen – oder am besten jenes Reich, auf das man so lange gewartet hat, an Ort und Stelle beginnen lassen.

Das Leben des Nazoräers wird unstet. Sein Heim ist nun die Straße, der Weg auf dem Feld, der Platz im Olivenhain, das Gastlager in den Häusern von Freunden. Häufig nimmt er das Boot, um auch die Menschen an den anderen Ufern anzusprechen. Sobald er mit der Mannschaft in seine Stadt zurückkommt, »lief wiederum das Volk zusammen«, berichtet das Evangelium, »so dass sie nicht einmal essen konnten«.

Einmal stürzt ein Mann namens Jaïrus auf ihn zu, der Synagogenvorsteher Kafarnaums. Seine Tochter sei »eben gestorben«, klagt er lauthals, Jesus möge sich bitte beeilen: »Leg deine Hand auf, dann wird sie wieder lebendig.«

Es ist eines der bildhaftesten Zeugnisse für die Umsicht Jesu, die kein Aufsehen will, und zugleich für den unerschütterlichen Glauben an die Hilfe Gottes, die er predigt. Jaïrus wird von der Menge weggestoßen. Was sei da noch zu machen, wenn die Tochter doch schon tot ist. Jesus handelt ohne Zögern. »Sei ohne Furcht«, tröstet er den Vater, »glaube nur!« Dann bahnt er sich einen Weg durch die Menge. Unterwegs berührt eine Frau, die »schon zwölf Jahre an Blutungen litt«, den Saum seines Gewandes. Die religiösen Gesetze verbieten es ihr als einer »Unreinen«, am Gottesdienst teilzunehmen oder andere anzufassen. »Hab keine Angst, meine Tochter«, wendet er sich kurz der Kranken zu, »dein Glaube hat dir geholfen.«

Im Haus des Synagogenvorstehers erntet er zunächst verzweifeltes Gelächter, als er den wehklagenden Angehörigen und Nachbarn erklärt, das Kind sei »nicht gestorben, es schläft nur«. In Naïn, einem Ort in der Nähe von Nazareth, hatte er ebenfalls einen Toten auferweckt, den einzigen Sohn der Mutter. Es geschah nicht auf eine Bitte hin, sondern aus »Mitleid«, wie Lukas anmerkte. Er stoppte die Träger der Bahre und sprach: »Ich befehle dir, junger Mann: Steh auf!« Niemand hatte jemals von einem derartigen Befehl gehört. Anders als zunächst im Haus des Jaïrus war der Eindruck so gewaltig, dass die Beteiligten »von Furcht ergriffen« wurden; jener typischen Furcht, deren Menschen sich nicht erwehren können, wenn sie mit der unmittelbaren Gewalt und Herrlichkeit Gottes konfrontiert sind. »Ein großer Prophet ist unter uns aufgetreten«, gingen die Leute von Naïn in die Knie. »Gott hat sich seines Volkes angenommen.«

Hier, im Falle der Tochter des Synagogenvorstehers, werden zunächst die Gaffer des Platzes verwiesen. Nur sein engster Zirkel (Petrus, Jakobus und Johannes) und die Eltern verbleiben im Raum. Zwölf Jahre lang war die blutflüssige Frau krank, die soeben geheilt wurde, zwölf Jahre ist die Tochter des Jaïrus alt, die nun ins Leben zurückkehrt, eine Symbolik, die gleich auch bei der Bestimmung der Apostel eine Rolle spielen wird. Der Evangelist berichtet präzise sogar das aramäische Wort, mit dem Jesus die Verstorbene anspricht: »*Talita kum.*« *Talita* ist das »Lämmlein«, ein liebevoller Ausdruck für ein kleines Mädchen. *Talita kum*, Mädchen, komm, steh auf: »Da kehrte das Leben in sie zurück, und sie stand sofort auf.«

In die Phase des Heilens und der Zeichen fällt auch eine Geschichte aus Jerusalem, die nur das vierte Evangelium verzeichnet. Wie Johannes immer wieder Abschnitte übergeht, die in anderen Texten bereits mitgeteilt sind, ergänzt er, was bei den Synoptikern fehlt. Dass er das Ereignis zeitlich an dieser Stelle der Wegstrecke Jesu erzählt, ist nachvollziehbar. Denn wer in wenigen Monaten mit der *Bergpredigt die Tora des Messias* vorstellen will, musste zuvor seine Autorität und Vollmacht ganz unter Beweis gestellt haben. Die Heilung eines Mannes, der 38 Jahre lang gelähmt war, ist nicht nur ein weiteres Dokument der Selbstoffenbarung Christi, sie unterstreicht, dass Jesus sich nicht nur durch Reden ausdrücken will (die stets der Interpretation ausgesetzt sind), sondern durch Zeichen, mit denen er – und nur er – das Wort der Propheten einlösen kann.

Jesus war zu einem »Fest der Juden« gewandert, »hinauf nach Jerusalem«. Gemeint ist nach der von Bargil Pixner erstellten Chronologie das jährliche Laubhüttenfest im September/Oktober des Jahres 28. In der Nähe Jerusalems lebten mit Lazarus und seinen Schwestern gute Freunde Jesu, und in direkter Nähe zum Tempelbezirk, wo das Elternhaus seiner Mutter steht, wohl auch noch eine Reihe von Verwandten. Unmittelbar hinter diesem Gebäude befand sich bei den sogenannten Schafteichen eine Badeanstalt mit dem Namen *Betesda,* in der Kranke auf Heilung hofften. Wieder begegnet man einem der vielen »sprechenden Namen« in der Geschichte Jesu. »Betesda« bedeutet »Haus der Barmherzigkeit«.

Die Existenz der Teiche wurde von Kritikern in den Bereich der Phantasie verwiesen. 1936 behauptete der französische Religionsgeschichtler Alfred Loisy, Johannes habe einen Teich mit fünf Hallen erfunden, um ein Gesetz aus den Fünf Büchern Mose zu zitieren, das Jesus angeblich mit seiner Krankenheilung erfüllt habe. Kein Historiker, nicht einmal der in Jerusalem geborene Flavius Josephus, habe diesen Teich erwähnt. Die Heilung des Gelähmten habe es nie gegeben. Als freilich 1947 die Schriftrollen von Qumran entdeckt wurden, fanden sich darunter auch Texte mit Hinweisen auf die Doppelteiche von Betesda (mit einem geheimen Versteck der Essener), die den Evangelisten rehabilitierten. Durch Ausgrabungen von 1958 bis 1964 konnten Archäologen schließlich unter dem jahrhundertealten Schutt, der bis zu 25 Meter hoch über den Teichen lag, die Bäder mit ihren größeren und kleineren Bassins bestätigen – einschließlich der »fünf Säulenhallen«, genau wie Johannes es beschrieben hatte.

Zur Zeit Jesu hatten viele der Kranken hier in den Säulenhallen Helfer, die sie zu den Bassins bringen konnten, sobald das Wasser – durch einen Engel, wie man glaubte – in Wallung gebracht wurde. Und nur wer das Wettrennen gewann, hatte überhaupt eine Chance auf Heilung. Im Grunde ein entwürdigendes Schauspiel.

Als Jesus die Szenerie betritt, fällt sein Blick auf eine verkrüppelte, elende Kreatur: zerrissene Kleidung, abgeschürfte Haut, zerzauste Haare, von allen verlassen. Niemand wird den Mann zum Wasser tragen. Der Kranke kennt Jesus nicht. Von dem Wunderrabbi aus Galiläa hat er offenbar noch nichts mitbekommen. Jesus hingegen scheint sofort zu wissen, was diesem buchstäblich hilflosen Menschen am Rand der Gesellschaft fehlt.

Es gibt keine Belehrung und keine Bedingung. Nur eine kurze Frage nach dem Einverständnis, ohne das er nicht heilen kann: »Willst du gesund werden?« Das Sabbat-Gesetz? Hier ist der Herr über den Sabbat. »Steh auf, nimm deine Bahre und geh«: Du kannst es. Du bist frei. Es ist fast ein Auftrag. Jesus macht deutlich, dass es nicht auf eine Wellenbewegung des Wassers ankommt, wenn man heil werden will, sondern auf den, der alle Wellenbewegung verursacht. »Jetzt bist du gesund«, so sein Befund, mit dem er den Zusammenhang zwischen Seele und Heil deutlich macht, »sündige nicht mehr, damit dir nicht noch Schlimmeres zustößt.«

Etwas Außergewöhnliches ist geschehen. Ein seit 38 Jahren unheilbar Kranker ist spontan frei von allen Gebrechen. Die Reaktion der Beobachter jedoch wirkt zunächst erbarmungslos. »Es ist Sabbat«, wird dem Geheilten in der Stadt entgegengehalten, »du darfst deine Bahre nicht tragen.« Auch Jesus wird wegen des Verstoßes in den Gassen der Stadt verfolgt und schließlich gestellt. Seine Erklärung für sein Handeln muss nun als ungeheure Provokation aufgefasst werden. »Mein Vater ist noch immer am Werk«, erklärt er sich, »und auch ich bin am Werk.« Das Wunder hatte die Gesetzestreuen nicht beeindrucken können, und dass hier jemand nicht nur den Sabbat bricht, sondern auch noch »Gott seinen Vater nannte und sich damit Gott gleichstellte« (Joh

5,18), bringt die Spießer zur Raserei. In allen Jahrhunderten wird sich diese Geschichte wiederholen. Dieser Heiland, der etwas macht, was nicht sein darf und nicht sein kann, muss möglichst schnell aus der Welt geschafft werden. Von nun an, bemerkt die Schrift, waren sie »noch mehr darauf aus, ihn zu töten«.

Die Szene ist nur verständlich mit Blick auf die religiöse Situation Israels. Die Sabbatfrage ist eines der zentralen Themen in der Auseinandersetzung, die Jesus mit Pharisäern und Schriftgelehrten führt. Es geht dabei allerdings nicht um Bagatellen, ob man nun beispielsweise sonntags Ähren abreißen darf oder nicht. Herausgefordert ist das eherne Gesetz Israels, der zentrale Ausdruck des Bundes mit Gott und der Kern der jüdischen Sozialordnung. »Du aber gebiete den Israeliten: Beobachtet meine Sabbate«, vernahm Mose, »denn sie sind ein Zeichen zwischen mir und euch von Geschlecht zu Geschlecht, damit man erkenne, *dass Ich, Jahwe, es bin, der euch heiligt.* Darum sollt ihr den Sabbat halten. Er soll euch heilig sein …« (Ex 31,12).

Die Sabbatruhe dauert vom Sonnenuntergang des Vortags bis zum Sonnenuntergang am Sabbat. Jesus geht nicht leichtfertig mit diesem Gesetz um. Er kritisiert auch keine scheinbar engstirnige, legalistische Praxis, die nun liberalisiert werden müsse. Immer wieder betont er, er sei nicht gekommen, das Gesetz aufzuheben. Die Heilung am Sabbat ist bei Jesus allerdings der Ausdruck dafür, auf die Menschen in ihrer konkreten Situation einzugehen, sie aus ihrer Verlorenheit herauszuholen, um neue Lebenskraft zu schenken. »Was ist am Sabbat erlaubt«, fragt er seine Kritiker, »Gutes zu tun oder Böses, ein Leben zu retten oder es zugrunde gehen zu lassen?« (Mk 3,4) Dieser Gott ist ein Gott der Liebe und kein Paragrafenreiter. Jesus wird klarstellen: »Der Sabbat ist für den Menschen da, nicht der Mensch für den Sabbat.«

Vor allem aber liegt in seiner Handlung ein weiteres, nicht zu überhöhendes Selbstzeugnis. Wenn jemand am Sabbat mit Autorität heilt, wird wahr, »*dass Ich, Jahwe, es bin, der euch heiligt*«. Denn jenes Wort, das Mose verkündet hatte, wird in Jesus erfüllt.

Er sagt es mit dem Hinweis, er würde »nichts von sich aus tun«, sondern halte den Bund Gottes mit den Israeliten auf eine Weise, wie es nur jemand tun könne, der mit diesem Gott eins sei: »Was nämlich der Vater tut, das tut in gleicher Weise der Sohn.« Und an anderer Stelle bei Johannes: »Der Menschensohn ist Herr über den Sabbat.«

Wie fand Jesus zu seiner Identität, so haben wir am Beginn dieser Spurensuche gefragt. Ab wann ist ihm seine Göttlichkeit bewusst? Entwickelt sich dieses Bewusstsein, indem er gewissermaßen Rätsel für Rätsel löst und mit jedem Stein, den er dabei umdreht, auch seiner Berufung jeweils ein Stück näher kommt?

Jesus passt in kein Schema. Da ist nicht jemand, dem etwas »geschieht«, sondern er geschieht pausenlos selbst. Er reagiert nicht, sondern agiert. »Man sieht, wie Er Mensch ist unter Menschen; will Ihn begreifen und vermag es nicht«, schrieb Romano Guardini. »Jahrelang kreist man um Ihn, sucht Einlass und findet Ihn nicht. So sehr man sich darum bemüht – man kommt zu keiner Psychologie Jesu.«

Man müsse den bisherigen Standort verlassen, hatte der inzwischen weitgehend vergessene Theologe Karl Adam geraten, wenn man weiter zu Jesus vordringen wolle. Man müsse »höher steigen, hinauf zum Hochland seiner Seele, dorthin, wo er *Abba, Vater,* ruft«. Nach dem Geschehen im »Haus der Barmherzigkeit« scheint zumindest die Frage nach seinem Ego eine Antwort gefunden zu haben.

Dass es der Evangelist Johannes ist, der hier mit Entschiedenheit jedes weitere Herumdeuteln unterbricht, hat eine gewisse Logik. Immer war er der Jüngste gewesen, der Lieblingsjünger und Vetter Jesu, den man vorschickte, wenn es darum ging, dem Meister heikle Fragen zu stellen. Er war sein erster Gefolgsmann. Er war Zeuge bei der Auferweckung der Tochter des Jaïrus, er wird es bei Christi Verklärung auf dem Berg Tabor sein. Johannes allein erzählt von der Ergriffenheit Jesu, als er am Grab des Lazarus stand. Er durfte beim letzten Abendmahl an der Seite des Meisters lagern. Nur ihm wurde der Name des Verräters kundgetan. Er war mit Christus im Garten Gethsemane. Und von allen Aposteln stand er als einziger neben Maria unter dem Kreuz. Er war der Erste von allen, der an die Auferstehung Christi glaubte. Der Erste, der den Meister erkannte, als er nach seinem Tod den Aposteln am See Genezareth erschien. Er litt den Abschiedsschmerz bei Christi Himmelfahrt, und er war bei der Herabkunft des Heiligen Geistes auf Zion zugegen.

Johannes hat gesehen, gehört, berührt. Spätestens mit »Jesu Rede über seine Vollmacht«, mit der der Evangelist unmittelbar an die Heilung des Gelähmten am Teich von Betesda anschließt, ist für ihn die Frage nach der Identität des Meisters ein für alle Mal geklärt. Um es vorwegzunehmen: In der ganzen Religionsgeschichte gibt es keine einzige Figur, die für sich in Anspruch nahm, was Jesus beansprucht. Und keine, auf die zutrifft, was auf Jesus zutrifft. Sein nun folgender Vortrag ist programmatisch. In ihm liegt ein flammender Appell, weit über die Menschen seiner Zeit hinaus. Ein Auszug:

Jesus macht nach der Heilung bei den Schafteichen zunächst deutlich, dass er mit Gott in einer geistigen Beziehung steht. Und nicht etwa als eine Art verlängerter Arm, sondern als jemand, der mit dem Ursprung untrennbar verbunden ist wie Leib und Seele, Fleisch und Blut. Beide sind nicht nur ineinandergestellt, sondern sie verhalten sich absolut parallel: »*Wahrlich, wahrlich, ich sage euch: Der Sohn kann nichts aus sich selbst tun, sondern nur, was er den Vater vollbringen sieht. Was dieser wirkt, wirkt in gleicher Weise auch der Sohn. Denn der Vater liebt den Sohn und zeigt ihm alles, was er selbst tut. Ja, noch größere Werke als diese wird er ihm zeigen ...*«

Jesus erklärt, ihm sei die Macht über das Leben gegeben. Er könne Menschen aus dem geistigen Todesschlaf befreien: »*Denn wie der Vater Tote erweckt und lebendig macht, so macht auch der Sohn lebendig, wen er will.*«

Jesus als den »Sohn« ehren ist kein Personenkult. Die Geschichte seines Lebens ist identisch mit Gottes Wort, seinen Geboten und Empfehlungen. Wer Jesus nicht ehrt, kann nicht gleichzeitig behaupten, Gott zu ehren: »*Auch richtet der Vater* niemand, er hat vielmehr das Gericht ganz dem Sohn übertragen, damit alle den Sohn ehren, wie sie den Vater ehren. Wer den Sohn nicht ehrt, ehrt auch den Vater nicht, der ihn gesandt hat.«

Ein neues Zeitalter hat begonnen. Es ist das Angebot der Rettung, um vom Unheil wieder zum Heil zu gelangen: »Wahrlich ich sage euch: Wer auf mein Wort hört und dem glaubt, der mich gesandt hat, hat ewiges Leben und kommt nicht ins Gericht, sondern ist vom Tod hinübergegangen ins Leben.«

Das Gottesreich ist angebrochen, aber vollendet wird es in der großen Heimholung am Ende der Geschichte. Sie entreißt den Menschen dem Tod, um nicht in der Kälte der Gottesferne zu verbleiben: »Die Stunde kommt, und sie ist schon da, in der die Toten die Stimme des Sohnes Gottes hören werden; und alle, die sie hören, werden leben.«

Was Jesus sagt, ist das Wort Gottes und damit die Richtschnur: »Der Vater gab mir Vollmacht, Gericht zu halten, weil ich der Menschensohn bin.«

Ohne Gericht keine Gerechtigkeit. Ohne Gerechtigkeit wäre Gott nicht Gott. Das betrifft die komplette Menschheit, alle, die je geboren wurden seit Adam und Eva, und in dem großen Endgericht geschieden werden: »Und es werden hervortreten, die Gutes getan haben, zur Auferstehung des Lebens, die das Böse getan haben, zur Auferstehung des Gerichtes.«

Jesu Gericht ist im Gegensatz zu weltlichen Gerichten, die nach wechselnden Maßstäben und häufig parteiisch richten, universal und gerecht. Es steht im Einklang mit dem Weltgesetz, das aus der Weisheit Gottes kommt: »So wie ich höre, richte ich, und mein Gericht ist gerecht; denn ich suche nicht meinen Willen, sondern den Willen dessen, der mich gesandt hat.«

Jesus verkündet sich nicht selbst, und er bezeugt sich nicht selbst. Es ist sein himmlischer Vater, der ihn über die Kraft und Zeichen bestätigt, die rein irdisch nicht möglich sind: »Ich aber habe ein gewichtigeres Zeugnis als das des Johannes: Die Werke, die mein Vater mir übertragen hat, damit ich sie zu Ende führe …«

Gott kann man nicht sehen, aber die Heilige Schrift kann man sehen und entschlüsseln. Es gehe dabei freilich nicht um die Schrift allein oder die Schrift an sich, so überragend ihre Regeln auch sein mögen: »*Ihr erforscht die Schriften, weil ihr meint, in ihnen das ewige Leben zu haben; gerade sie legen Zeugnis über mich ab. Und doch wollt ihr nicht zu mir kommen, um das Leben zu haben.*«

Jesus ist ausgewiesen durch den Vater selbst, und wieder genügt es nicht. Jene billige Ehre, die man ihm erweist, gründet sich auf weltliche Dinge – etwa seine Eloquenz, seine Ethik, die gute Gesinnung –, nicht aber auf seine Göttlichkeit. Ansonsten würde man über sein Wort weniger diskutieren, sondern es beherzigen: »*Meine Ehre empfange ich nicht von Menschen. Ich habe erkannt, dass ihr die Liebe zu Gott nicht in euch habt.*«

Verkehrte Welt: Das Gute wird verteufelt, das Teuflische verherrlicht. Und während Gott tausendmal hinterfragt wird, wirft man sich bereitwillig jedem in die Arme, der selbstherrlich nur eigene Macht, Gewalt oder Luxus im Sinn hat: »*Ich bin im Namen meines Vaters gekommen, und doch lehnt ihr mich ab. Wenn aber ein anderer in seinem eigenen Namen kommt, dann werdet ihr ihn anerkennen. Wie könnt ihr zum Glauben kommen, wenn ihr eure Ehre voneinander empfangt, nicht aber die Ehre sucht, die von dem einen Gott kommt?*«

Wer sich die Mühe machte, Jesu Leben, Wort und Tat mit den Schriften des Mose zu vergleichen, könnte ihn sofort als den durch die Propheten verkündeten Messias erkennen. Die Schriftgelehrten von damals ignorierten die Messias-Aussagen im Alten Testament, die Schriftgelehrten von heute ignorieren und relativieren sie im Neuen: »*Denkt nicht, dass ich euch beim Vater anklagen werde; Mose klagt euch an, auf den ihr eure Hoffnung gesetzt habt. Wenn ihr Mose glauben würdet, müsstet ihr auch mir glauben; denn über mich hat er geschrieben. Wenn ihr aber seinen Schriften nicht glaubt, wie könnt ihr dann meinen Worten glauben?*«

Jesus hat seine Kritiker nicht einfach abgefertigt. Es ist schließlich nicht rundherum böser Wille oder Verbohrtheit, wenn die Pharisäer und andere diesen energischen Menschen mit äußerster Skepsis betrachten. In ihren Augen spricht hier ein Provokateur und Hochstapler, vielleicht sogar ein Irrer, gegen den sie ihren

Gott zu verteidigen haben. Jesus kommt zum Höhepunkt seiner Rede:

»Amen, amen, ich sage euch: Die Stunde kommt, und sie ist schon da, in der die Toten die Stimme des Sohnes Gottes hören werden; und alle, die sie hören, werden leben. Denn wie der Vater das Leben in sich selbst hat, so hat er auch dem Sohn gegeben, das Leben in sich selbst zu haben.«

Das Leben in sich selbst zu haben, wie es in dieser alten Übersetzung des Johannes-Textes heißt, ist ein Ausdruck für All-Macht, die Schöpfer-Kraft schlechthin. Hier ist niemand, der *das Leben* empfangen hat und abhängig bleibt vom Strahl der Sonne, sondern hier ist das Leben selbst, Licht vom Licht, Ursprung all dessen, was sich bewegt. Dieses geheimnisvolle Etwas, das Tote lebendig macht und das tötet, wenn es nicht mehr vorhanden ist.

Man hört das Murmeln in der Menge. Erster Unmut wird laut. Jeder Satz Jesu muss auf seine Zuhörer wie ein Stich ins Herz wirken. Er ist das Leben. Er ist der Menschensohn, der Sohn Gottes. Er hat die Vollmacht des Gerichts. Die Toten werden seine Stimme hören und herauskommen. Er ist sogar dem Vater gleich, und der himmlische Vater hat Zeugnis über ihn abgelegt. Seine Werke stehen noch weit über den Wundern. Denn es sind die Werke der Gnade in den Seelen, die Gott niemandem aufdrängt, aber jedem anbietet.

»Wer bist du denn schon?«, mögen einige laut dazwischenrufen. Es klingt nicht mehr fragend, sondern höhnisch.

Jesus hatte seine Rede nach oben geschraubt. Er wolle nicht über sich selbst aussagen, meint er. Schließlich gebe es das Wort des Täufers. *»Das Zeugnis, das er über mich ablegt, ist gültig.«* Doch niemand sei darauf angewiesen, nur einer Zeugenaussage vertrauen zu müssen. Es gehe nicht nur um Hören und Glauben, sondern um Sehen und Wissen. Jedermann, der ihn begleite, könne sich persönlich davon überzeugen: *»Diese Werke, die ich vollbringe, legen Zeugnis davon ab, dass mich der Vater gesandt hat.«*

Mehr kann man nicht anbieten. Jesu Grundsatzrede ist ein Flehen, nicht einfach wegzugehen, wegzuschauen, sich zu verschließen, sondern stattdessen die Augen zu öffnen. Nichts scheint ihm wichtiger, als dass die Menschen ihn in seinem ganzen Wesen erkennen können. Es ist, als müsse er auf jemanden einreden, der im Begriff ist, sein Leben achtlos wegzuwerfen oder sich jemandem anzuschließen, der ihn ins Verderben führen wird: »*Wer nicht glaubt, ist schon gerichtet, weil er an den Namen des einzigen Sohnes Gottes nicht geglaubt hat.*«

Jesu Reaktion zeigt, dass er die Skeptiker ernst nimmt. Die Messias-Frage entscheidet die Zukunft Israels, genau genommen die Zukunft der ganzen Welt. Niemand muss glauben, ohne auch auf die Mittel der Vernunft und auf handfeste Fakten bauen zu können.

Das kommt in jenen Wochen auch in einem anderen Ereignis zur Geltung, das nicht weniger spektakulär ist als die Rede über seine Vollmacht. Es ist der letzte Dienst, den der Täufer Jesus noch aus dem Gefängnis heraus erweist. Seine Jünger sollten dem Mann aus Obergaliläa, so rät er, doch öffentlich die Frage stellen, die inzwischen ganz Israel bewege: »Bist du der, der kommen soll, oder müssen wir auf einen anderen warten?«

Wie würde Jesus wohl antworten? Mit einem klaren »Ja«. Aber so könnte auch ein Lügner antworten. Mit einem Gleichnis? Man würde es vielleicht falsch interpretieren. Nein, wie in der Synagoge von Nazareth bezieht sich der Gefragte erneut auf Jesaja, den Künder des Gottesreiches. Den Messias, so hatte der Prophet angekündigt, werde man an Dingen erkennen, die für gewöhnlich nicht geschehen. »Geht und berichtet Johannes, was ihr hört und seht«, gibt denn auch Jesus zur Antwort. »Blinde sehen wieder, und Lahme gehen; Aussätzige werden rein, und Taube hören; Tote stehen auf, und den Armen wird das Evangelium verkündet.«

Ich hatte mich von meinem Platz in der Eremos-Höhle erhoben und freute mich darauf, unten am See im Haus der Schwestern das Abendbrot einzunehmen. Auch Jesus mag seine Meditation beendet haben, gestärkt durch eine Kraft, die aus der Stille kommt. Er hatte niemals die Jünger um einen Rat gefragt, niemals mit ihnen über seine Pläne gesprochen, niemals sich auch um ihren Trost bemüht. Der Raum, den er für die Bewältigung seiner Herausforderungen brauchte, war hier, war im Gebet. Schon als Zwölfjähriger machte er in den ersten Worten, die wir von ihm kennen, deutlich, dass er »in dem sein muss, was meines Vaters ist«. Als er von Johannes am Jordan getauft wurde, »betete er, und es tat sich der Himmel auf«. Und auch wenn er demnächst darangehen wird, einzelne Jünger in den Zwölferkreis seiner Apostel zu erwählen, wird er »auf einen Berg« steigen, »um zu beten« und »die ganze Nacht im Gebet zu Gott« zu verbringen.

Jesus machte sich nicht zum Junior-Chef, und er baute keine Konkurrenz auf. Seine Biografie lässt weder einen Vater-Konflikt noch einen Vater-Komplex erkennen. Sein ganzes Sinnen und Trachten ist einzig und allein, diesen Gottvater, der vielen so fern geworden war, wieder nahe und nahbar zu machen: »Wer mich gesehen hat, hat den Vater gesehen« (Joh 14,9).

Jesus *ganz* zu erkennen bedeutet nach dem Evangelium, mit und in ihm stets auch den *ganzen* Gott zu sehen. Es ist nach wie vor kein anderer als jener Einzige und Allmächtige, der sich den Juden offenbarte und den sie durch so viel Leid bezeugten. Dieser Gott, der in seinem Sohn in den heiligen Schriften so weit vorausgesehen wurde, als habe jemand schon damals von einer anderen Galaxie aus auf dieses kleine, aber gelobte Land zoomen und hier die Gestalt sehen können, die gewissermaßen schon auf den Weg gebracht war, so wie auch das Licht aller Sterne längst auf dem Weg ist und schon wieder Geschichte ist, bevor es sich irgendwann einmal im Auge des Menschen realisiert.

Es ist der alte Gottvater, der in Jesus ewig jung ist, »der Schöpfer des Himmels und der Erde«, wie es im apostolischen Glaubensbekenntnis heißt. Es ist der Gott, der sich ein Volk erwählte (und diese Erwählung auch niemals zurückgenommen hat). Der Gott, den wir aus den Psalmen kennen und den wir manchmal so schlecht verstehen.

Wer Jesus sieht, sieht den Vater. Aber man muss wohl immer auch auf den Vater sehen, um auch Jesus in seinem großen Ganzen und seiner ganzen Größe erkennen zu können.

23

Zeichen eines neuen Bundes

Eremos-Berg, Februar 29

Wenn auf den Höhen des Golan der Schnee schmilzt, zieht in Galiläa der Frühling ein. Die Temperaturen steigen auf über zwanzig Grad, und Mitte Februar hat auch der Regen ein Ende. Es gibt noch wolkenreiche Tage, aber der Winter ist definitiv vorüber.

Die Vögel zwitschern, Blumen spreizen ihre Knospen, und selbst nachts ist es warm genug, unter freiem Himmel zu schlafen. Wer eine Reise plante, macht sich jetzt auf den Weg, und es ist kaum Zufall, dass die drei großen Volksversammlungen Jesu in eine Jahreszeit fallen, die schon vom Klima her phantastische Voraussetzungen bot, die Bewegung nach vorne zu treiben.

Innerhalb weniger Monate war ein Nobody, ein bis dahin völlig unbedeutender Mann, ein kleiner Handwerker, den niemand kannte, noch dazu aus einem Nest irgendwo da oben hinter den sieben Bergen, zum *Hero* eines ganzes Landes geworden. Mit unzähligen Anhängern und Sympathisanten. Mit Massenmeetings Tausender Pilger, die Strecken von mehr als 300 Kilometern zurücklegten, um den Wunderrabbi einmal sehen und vielleicht sogar berühren zu können.

Jesus, so schien es, war nicht mehr aufzuhalten. Seine Bewegung hatte das ganze jüdische Land erfasst. Von den Gebirgen des Nordens bis zum Sinai. Von Transjordanien bis zur Küste des Mittelmeers. Die Straßen jener Tage waren voll von Einzelwanderern, Gruppen und ganzen Trecks, die dem galiläischen Meister entgegenfieberten. Stimmte es, dass schon eine Berührung genügte, jedes Gebrechen zu vertreiben? Und wie war es mit dem Klang seiner Rede, der einem angeblich das Herzblut zum Sieden brachte? War er nun der Messias – oder war er es nicht?

Dem Lehrer war nicht verborgen geblieben, dass mit wachsendem Erfolg nicht nur die Anhängerschaft zunahm. Unter den Massen tauchten immer häufiger Gestalten auf, die man durchaus unfassbar finden konnte. Die einen sammelten Informationen, um möglicherweise ein Strafverfahren wegen des Verbreitens falscher Lehren einleiten zu können, sobald er eine Stelle des Gesetzes nicht im Sinne der Überlieferung auslegte. Die anderen schmissen mit Verschwörungstheorien um sich. Jesus, tuschelten die Provokateure, habe in Ägypten Magie studiert und arbeite mit *Belzebul*, dem obersten der Dämonen – nach der alten kanaanitischen Gottheit *Baal Zebul,* dem »Herrn des Palastes« – Hand in Hand, kein Wunder. Solche Mutmaßungen dürften allerdings kaum mehr als ein Stirnrunzeln verursacht haben.

In seiner Burg in Tiberias grübelte Herodes' irrer Sohn Antipas, ob es endlich wagen könnte, Johannes den Täufer umzubringen, ohne damit einen Aufstand zu riskieren. Seit seiner Festnahme schmachtete der Herold Jesu in der hochgelegenen Festung Machärus am Ostufer des Toten Meeres. Die Burg in der Nähe der alten Weihrauchstraße galt als der am besten befestigte Platz Judäas und diente der Überwachung des nabatäischen Grenzgebiets. In Jerusalem grübelte ein anderer hoher Herr, der Hohepriester und Sadduzäer Joseph Kajaphas. Seit zehn Jahren Vorsitzer des Hohen Rates, des obersten jüdischen Gerichts, suchte er einen Weg, mit dem anderen der beiden Aufwiegler fertig zu werden. Hatte ihm nicht schon der römische Prokurator Valerius Gratus, der unmittelbare Vorgänger von Pilatus, der ihn ins Amt gehievt hatte, den Rat gegeben, diesen Jesus um der öffentlichen Ruhe und Ordnung willen baldmöglichst zu beseitigen?

Der neue *Praefectus Iudaeae,* Pontius Pilatus, hatte sich zu Jesus noch nicht geäußert. Er regierte das Land seit zwei Jahren vom mondänen Caesarea Maritima aus, und das mit zunehmender Härte. Im ersten Jahr war es zu dem Konflikt um die Anbringung vergoldeter Schilder, Kaiserbilder und figürlicher Darstellungen gekommen. Das Volk reagierte mit Sprechchören wie »Errege keinen Aufstand!« und »Entfessle keinen Krieg!« – »Entehrung alter Gesetze bedeutet keine Ehrung für den Kaiser«, lautete eine weitere Parole, wie aus einem Brief des späteren Agrippa I. hervorgeht. Flavius Josephus hatte es anders berichtet. »Zutiefst erstaunt über die Glut ihrer Frömmigkeit«, schrieb er im »Jüdischen Krieg«, habe Pilatus nach einem Protestzug Jerusalemer Juden, die sich eher hätten töten lassen, als nachzugeben, den Befehl erteilt, »die Feldzeichen sofort aus Jerusalem zu entfernen«. Nach Agrippa hingegen war es Kaiser Tiberius, der seinen Statthalter »aufs schärfste wegen seiner ungewöhnlichen Unüberlegtheit« tadelte und befahl, »sofort die Schilder zu entfernen«.

Die neueste Idee des Prokurators: Er will die Wasserversorgung für Jerusalem verbessern. Dummerweise müssten die Mittel hierfür, meint der Römer, aus dem *Korban* genommen werden, dem heiligen Tempelschatz, was in den Augen der Juden kein geringes Sakrileg bedeutet. Und dass er seit einiger Zeit Soldaten in Zivil in die Menge einschleusen lässt, die mit Knüppeln bewaffnet jeglichen Protest im Keim ersticken sollen, trägt auch kaum zur Beruhigung der Lage bei.

Für Jesus ist es Zeit, dem zarten Pflänzchen seiner Revolution einen organisatorischen Halt zu geben. Er will sein Haus bestellen und braucht mutige Männer, die bereit sind, Entbehrungen auf sich zu nehmen. Ein gewisses Talent, die kommenden Großveranstaltungen zu organisieren und dafür zu sorgen, dass die Euphorie nicht in Tumult umschlägt, konnte dabei nicht schaden. Die Spanne war zu knapp, in der verbliebenen Zeit nun noch jeden Ort persönlich aufzusuchen. Gefragt waren fähige Boten, seine Botschaft auch ohne ihn unter die Menschen zu bringen.

Sogenannte *Scheluchim* (griechisch »Apostolos«), Gesandte Gottes, hatte es bereits im Alten Testament gegeben. Aber warum sind es gerade zwölf, die Jesus beruft? Ist das eine seiner »sprechenden« Zahlen, die man auch als einen Schlüssel zum Geheimnis seiner Sendung betrachten könnte? Und weiter: Lässt die Auswahl dieser Männer oder auch seine strategische Linie gewisse Vorgaben für eine Kirche der Zukunft erkennen? Oder gar für die

Zukunft einer neuen, völlig andersgearteten Welt, wenn aus einem *Volk der Erde* dann gewissermaßen ein *Volk des Himmels* gestaltet würde?

Was will dieser Jesus? Wohin eigentlich steuert seine Mission, die bislang weder ein Programm formulierte noch wirklich ein Ziel erkennen ließ? Die noch nicht einmal einen bestimmten Erfolg ins Auge fasste, für den man kämpfen sollte. Die vergangenen Monate hatte der Meister mit Exorzismen, mit Heilen und Lehren verbracht. Wo aber bleibt das Signal zum Aufstand? Warum bleibt alles in dieser seltsamen Schwebe? Kein Wort über die Römer. Ist der Lehrer blind gegenüber dem Terror der Besatzungsmacht? Noch nicht einmal die religiöse Führung in Jerusalem wird attackiert. Dabei würde ein Wink genügen, die Stadt in ein flammendes Inferno zu verwandeln.

In den letzten Monaten hatte sich ein Zirkel von Männern und Frauen gebildet, die Jesus auf seinen Predigt- und Heilungstouren begleiteten, darunter zwei Schwestern seiner Mutter, Maria, die Frau des Klopas, und Salome, die Frau des Zebedäus. Sie kümmern sich um Geld, Verpflegung und Quartiere und erzählen den Pilgergruppen nicht ohne Genugtuung, wie Jesus die Wucherer aus dem Tempel gejagt hat. Es war Provokation genug, dass Jesus als Lehrer auftrat, ohne selbst je Schüler gewesen zu sein. Von der erforderlichen Ernennung durch eine maßgebliche Autorität ganz zu schweigen. Natürlich leben auch andere Meister mit ihrem Schülerkreis zusammen, aber ganz gewiss waren darunter noch niemals Frauen gewesen. Zu allem Überfluss nimmt Jesus auch kein Reittier, wie es für Rabbis und Schriftgelehrte üblich ist, die als Lehrer und Richter herumziehen, sondern er geht zu Fuß wie seine Schüler.

Wenn er nun einen Rat von Auserwählten installiert, kann man darin nicht gar die Einsetzung einer Exil- oder Gegenregierung wittern? Erst recht, wenn die Anzeigetafel für die Zahl der ständigen Mitglieder eine Zahl nennt, die in ihrer Symbolkraft nicht ihresgleichen hat: *zwölf*. Die Zahl der Himmelszeichen. Die Zahl der Offenbarung. Die Zahl der Vollkommenheit – und die Zahl der Stämme Israels. Auch wenn von deren ursprünglicher

Anzahl inzwischen *elf* verschwunden waren. Ausgerechnet elf, diese »irdische Zahl«, die als Symbol der unvollkommenen Welt und des unvollständigen Menschen gilt, während die Zwölf ausdrückt, dass etwas ganz ist. Oder verbirgt sich dahinter nur eine Art Reminiszenz an die heilige Bestimmung Israels?

Mit den vielen Frauen in seinem Umfeld hatte Jesus mit Tabus gebrochen, bei der Auswahl seiner Apostel jedoch hält er sich an die Ordnung Israels, die nur Männer in kultisch-religiösen Funktionen vorsieht. Einige von ihnen haben wir bereits kennengelernt. Aber das waren einzelne Berufungen. Hier nun geht es um die Wahl zu einem Organ, das gewissermaßen verfassungsmäßigen Charakter haben wird.

Nach welchen Kriterien wird Jesus vorgehen? Nach einem Proporzsystem? Ausgerichtet nach Abstammung, Alter, Ansehen? Und wo sucht er? Ausschließlich in seinem galiläischen Umfeld? Oder auch in Jerusalem und anderen Landesteilen, um in der Zusammensetzung des Rates auch die regionalen Besonderheiten Israels zu berücksichtigen?

Wie lautet das Anforderungsprofil? Welche Qualifikation ist erforderlich für ein Gremium, dem, wie wir aus heutiger Perspektive wissen, von Anfang an nichts Geringeres als eine spirituelle Weltrevolution anvertraut werden soll? Führungsstärke, Teamfähigkeit, Kommunikationstalent?

Die Frage ist, ob es Jesus gelingen wird, für die Urzelle seiner Mission eine Zusammensetzung zu finden, die nicht schon vom Auftritt her ein völlig falsches Bild dessen gibt, was ihm vorschwebt. Aber wie könnte eine Kernmannschaft am besten überzeugen? Als Kompetenzteam? Als Promi-Mannschaft, die in ihrer Honorigkeit auch ein Gegengewicht zu Jesu einfacher Herkunft bilden könnte? Die größte Wirkung erzielte er mit Sicherheit durch die Präsentation eines Trupps von Freischärlern, jederzeit bereit, in Todesverachtung römische Unterdrücker zu meucheln. Und die geringste Wirkung? Wir wissen es nicht. Vermutlich exakt mit jener Mannschaft, die er dann handverlesen aufs Spielfeld schickte. Nicht unbedingt ein Dreamteam. Dennoch sagt der Trainer: »Ich weiß wohl, welche ich erwählt habe« (Joh 13,18).

Der Tag, von dem eine bis heute ununterbrochene Linie von auserwählten, gesegneten Männern begründet wurde, um das »Gottesvolk der Endzeit« (Einheitsübersetzung der Heiligen Schrift) zusammenzurufen, hat kein Datum, aber einen Ort. »In diesen Tagen ging er auf einen Berg, um zu beten«, schreibt Lukas. Es ist kein Berg der Versuchung, kein Berg des Absturzes, auch noch keiner der Verklärung oder gar der Berg von Golgatha. Auch kein mächtiges Gebirge wie der Sinai. Er ist klein, fast unscheinbar, und noch heute liegt er so bescheiden in der Landschaft, dass man ihn glatt übersehen könnte. Aber wenn Glaube Berge versetzt, dann wurde dieser hier als Berg der Seligpreisungen zum Berg, der in die ganze Welt hinauswirkte, um der Menschheit die zwölf Zeichen des Bundes zu geben und eine Charta zu verkünden, die nicht nur die religiöse Zivilisation auf eine neue Ebene hob.

Wir wissen nichts über das Zeremoniell. Wo Journalisten und Politiker den »historischen Stunden« gern einen feierlichen Trommelwirbel geben, lassen die Evangelien hier jegliche Sentimentalität und Monumentalität vermissen. Markus schreibt nur einen seiner wahren Sätze, die Hemingway so inspiriert hatten: »Jesus stieg auf einen Berg und rief die zu sich, die er erwählt hatte, und sie kamen zu ihm.« Gerade diese Schlichtheit scheint der Unvergleichlichkeit dieses Augenblicks angemessen: »Und er setzte zwölf ein, die er bei sich haben und die er dann aussenden wollte.« Mit den Stammvätern eines neuen, universalen Gottesvolkes wird die Religion Israels über alle Grenzen geführt, inhaltlich, aber auch räumlich. Das Neue wird nicht gegen das Alte ausgetauscht, sondern ihm entnommen, wie Sauerteig.

Die Synoptiker und die Apostelgeschichte überliefern vier Namenlisten der von Jesus erwählten Apostel. Sie weisen in der Abfolge der Namen Schwankungen auf, stimmen aber im Wesentlichen überein. Identisch ist die Aufzählung der ersten vier (Petrus, Andreas, Jakobus, Johannes), der sogenannten Kopfgruppe, wobei Simon Petrus stets an vorderster Stelle steht. Vier der zwölf sind Teil von Brüderpaaren, Petrus/Andreas und Jakobus/Johannes. Mit Letzteren ist Jesus blutsverwandt. Ihre

Mutter Salome ist seine Tante. Möglicherweise waren auch Jakobus (der Jüngere) und Judas Thaddäus Brüder. Sollte beider Mutter die Maria des Kleophas sein, eine weitere Schwester von Jesu Mutter, was einige Forscher annehmen, gäbe es ein drittes Brüderpaar im Apostelkreis – und zwei weitere Vettern Jesu.

Einige der »Menschenfischer« haben wir bereits kennengelernt (siehe Kapitel 17). Mit Jesu Hilfe fingen sie »eine so große Menge Fische, dass ihre Netze zu reißen drohten« (Lk 5,6). Was hätte wohl Kommissar Maigret, der legendäre Chef der Pariser Kriminalpolizei am Quai des Orfèvres, anhand der Zusammensetzung des Kreises über dessen Besonderheiten und Bestimmung herausgefunden? Aber nehmen wir zunächst die einzelnen Kandidaten noch einmal genauer unter die Lupe. Was lässt sich heute festhalten:

1. *Simon bar-Jona* (hebr. *Schimeon*, *Schimon* oder *Schemel*, »Jahwe hat erhört«) aus Betsaida, von Jesus bereits bei der ersten Begegnung umgetauft in *Kephas* (griechisch *Petros*, »der Fels«), ein aufrichtiger, tatkräftiger Charakter. Sein Haus in Kafarnaum ist der Mittelpunkt des »Galiläischen Frühlings«. Zusammen mit Johannes wird der Sprecher der Jünger, der auf Grund einer Erleuchtung Jesus als den Messias erkannte, das letzte Abendmahl vorbereiten und zu den Erstzeugen der Erscheinung des auferstandenen Jesus gehören. Eher unwahrscheinlich ist, dass der zähe Fischer wirklich zur Labilität neigte. Die dreimalige Verleugnung des Namens Jesu ist hierfür kein ausreichender Beleg. Ab dem Pfingsttag übernimmt er als Säule der Urgemeinde die Weitergabe des Evangeliums, heilt Kranke, weckt Tote auf, unterstützt die Aussendung zu den Samaritern. Petrus organisiert alles in allem die Grundlagen dieser progressivsten Bewegung, die die Welt je gesehen hat, und macht Rom zum Hauptsitz, ein Status, den die Metropole für die größte Kirche der Christenheit, die »apostolische Kirche«, die in der ununterbrochenen apostolischen Sukzession steht, bis heute behalten hat.

2. *Andreas* (griechisch *Anderas,* »der Mannhafte«), geboren in Betsaida, arbeitet mit seinem Bruder Simon Petrus in dessen Fischerei-Kooperative und bewohnt mit ihm und dessen Familie dasselbe Gehöft in Kafarnaum. Ein stiller und lauterer Charakter. Durch seine besondere Zutraulichkeit (»Wo wohnst du?«) einer der ersten Gefolgsleute. Der frühere Jünger des Täufers gilt wie sein Bruder als Kenner der Schrift und der Verheißungen der Propheten und gehört neben dem engen Dreierkreis um den Meister (Petrus, Jakobus, Johannes) zu den vier bevorzugten Jüngern.

3. *Jakobus der Ältere* (von hebräisch *Ja'akob,* »möge Gott beschützen«), Fischer in Kafarnaum, Sohn des wohlhabenden Fischereibesitzers Zebedäus und der Salome, gehört wie Petrus und sein Bruder Johannes zum engsten Zirkel. Der Beiname »Donnersöhne«, den Jesus ihm und seinem Bruder zusprach, lässt auf einen energischen, leidenschaftlichen bis ehrgeizigen Charakter schließen.

4. *Johannes (*hebräisch *Johanan, Jehohanan,* »der Herr ist gnädig«), Jakobs jüngerer Bruder und ebenfalls Fischer, war zunächst ein Jünger des Täufers. Der jüngste der Apostel, fast militant im Auftritt, voller Eifer im Wir-Bewusstsein einer neuen Führungselite, ist gleichzeitig von engelsgleicher Reinheit, zartbesaitetem Herzen und einer tiefen, mystischen Seele. Neben Petrus ist er der Sprecher der Apostelkommune. Im Johannesevangelium taucht er ausschließlich unter einem Synonym auf – »der Jünger, den Jesus liebte« –, da er sich als Autor offenbar nicht selbst beim Namen nennen wollte. Wobei der Liebesbegriff nicht im Sinne einer intimen Beziehung, sondern eines Meister- und Lieblingsschülers zu verstehen ist. Im selben Evangelium heißt es auch: »Denn Jesus *liebte* Martha, ihre Schwester, und Lazarus« (Joh 11,5). Er ist der Apostel, der beim letzten Abendmahl »am Herzen Jesu ruht«, der ihn also aus tiefer Herzenserkenntnis begreift und von diesem *Erkennen* und Sehen – aus dem Glauben heraus – ganz durchdrungen wird.
Der Apostel gründet um das Jahr 66 mehrere Gemeinden in

der Gegend um Ephesus und leitete als Patriarch und Vater der Bischöfe sämtliche Kirchen Kleinasiens. Nach Berichten des in der Apostelgeschichte erwähnten Diakons Prochorus wurde Johannes als fast Hundertjähriger wegen seines Bekenntnisses vor dem Lateinischen Tor zu Rom durch Kaiser Domitian in einen Kessel mit siedendem Öl getaucht, aus dem er verjüngt hervorging. Vom Imperator auf die Insel Patmos verbannt, schaute er einer frühkirchlichen Überlieferung zufolge an einem Sonntag des Jahres 96 die *Apokalypse*, wohl das gewaltigste Buch, das je auf Erden geschrieben wurde.

»Herr, was wird denn mit ihm«, hatte Petrus den Meister über das Schicksal seines Mitapostels gefragt. Jesu Antwort: »Wenn ich will, dass er bis zu meinem Kommen bleibt, was geht das dich an?« (Joh 21,22)

Sein Bruder Jakobus war getötet worden. Andreas, mit dem er von der Taufstelle im Jordan weg Jesus gefolgt war, wurde in Griechenland gekreuzigt, sein Freund Petrus war in Rom der Verfolgung Neros zum Opfer gefallen. Die spät verfasste Apokalypse kann als Beleg für eine überaus lange Lebenszeit des Apostels gelten. Eine derart mystische Schrift wäre von den Vätern der Kirche mit hoher Sicherheit als apokryph verworfen und niemals in den Kanon des Neuen Testaments aufgenommen worden, hätte dahinter nicht die Autorität eines noch wirkenden Apostels gestanden.

Der Überlieferung nach wurde Johannes in Ephesus bestattet. Diakon Prochorus teilt in einer Schrift mit: »Als wir am folgenden Tag wieder hinausgingen, fanden wir seinen Leib nicht mehr vor.« Der hl. Augustinus wiederum berichtet, dass noch zu seiner Zeit († 430) glaubwürdige Männer versichert hätten, dass sich das Grab des Johannes ruhig atmend hebe und senke. Wie auch immer, fest steht, dass es von diesem Heiligen im Gegensatz zu seinen Mitaposteln weder menschliche Überreste noch ein authentisches Grab gibt, an dem er verehrt werden könnte.

5. *Philippus* (griechisch *philippos*, »Pferdefreund«) stammt wie Petrus und Andreas aus Betsaida und ist vermutlich ebenfalls

Fischer. Er führt Natanaël zu Jesus und vermittelt in Jerusalem den Kontakt zu den griechisch sprechenden Besuchern des Pessach-Festes, bleibt aber ohne eigenes Profil. Bei den Fragen, die Jesus ihm stellt, wirkt er überfordert (»Ich weiß es nicht – oder weißt du es etwa?«); ein Randgänger und Mitläufer, der sich selbst nicht allzu viel zutraut. Die Mittlerrolle, die Jesus zum »Vater« einnimmt, bleibt ihm trotz wiederholter Erklärungen unverständlich. »Herr, zeig uns den Vater; das genügt«, fordert er auf. Jesus schüttelt den Kopf: »Schon so lange bin ich bei euch, und du hast mich nicht erkannt, Philippus? Wer mich gesehen hat, hat den Vater gesehen ...« Der »Legenda aurea« zufolge missionierte Philippus zwanzig Jahre in Skythien im heutigen Russland.

6. *Bartholomäus* (bar-Tholomäus, Sohn des Tholmai) wird, weil er in den Apostellisten stets neben seinem Freund Philippus steht, gleichgesetzt mit *Natanaël* (der nur im Johannesevangelium genannt wird), jenem distanzierten, selbstbewussten jungen Mann aus Kana, der zunächst kritisch hinterfragt, ob denn aus Nazareth »etwas Gutes kommen« könne. Er wird überrascht davon, dass ihn Jesus in seinem Herzen sieht und *erkennt* (»ein echter Israelit, ein Mann ohne Falschheit«). Aus diesem Herzen, quasi dem Herzen der Hoffnungen Israels, kommt dann auch das erste Messiasbekenntnis: »Rabbi, du bist der Sohn Gottes, du bist der König von Israel« (Joh 1,49). Jesus antwortet auf das Wort des Glaubens Israels mit einem Offenbarungswort aus ebendiesem Glauben: »Du wirst noch Größeres sehen.« Bartholomäus hat laut Eusebius in Indien, Mesopotamien und Parthien gepredigt und in Armenien das Martyrium erlitten.

7. *Thomas,* genannt Didymus (hebräisch *Thoam,* »Zwilling«, griechisch *Didymos).* Keine Angaben über Herkunft und Beruf. Innerlich wohl eher ängstlich. Er erhebt Einwände, widerspricht, wo er den Lehrer nicht versteht, will dann aber mit Jesus gleichsam großmütig, aber eigentlich resignierend in den Tod gehen. Der Apostel fehlt zunächst, als Jesus nach der Auferstehung den Jüngern erscheint, und will sich nicht

mit dem Zeugnis der anderen begnügen. Schließlich fällt er erschüttert auf die Knie, als ihn Jesus durch die Konfrontation mit seinen Wunden beschämt. Ihm wird klar, dass ihm das Geheimnis Jesu verborgen blieb, »da er sich selber aus dem Akt des Glaubens herausnehmen wollte« (Klaus Mertes). Als der »ungläubige Thomas« ist der Apostel eine Art Patron der Zweifler, aber auch ein wichtiger Zeuge, dessen leibhaftige Begegnung mit dem Auferstandenen ihm die Gewissheit des Glaubens gewährt. Die Mission führt ihn bis nach Indien. Noch heute verehren sogenannte Thomas-Christen in Madras sein Märtyrer-Grab.

8. *Levi-Matthäus* (hebräisch *Mattai* oder *Matja,* Abkürzung von *Mattenai,* »Gabe Gottes«) führt als Pächter im Dienst von Herodes Antipas die ertragreiche Zollstation in Kafarnaum. Das Amt des Zöllners galt im alten Israel als heidnisch und sündig. Juden, die solche Ämter annahmen, wurden für gewöhnlich aus der Gemeinde ausgeschlossen und durften nicht mehr als Zeugen auftreten. Rechtslehrer verboten, an ihrer Kasse Geld zu wechseln. Von den zelotischen Partisanen wurden sie als Kollaborateure verachtet. Für die Position des *telônês,* des Zöllners, benötigte Matthäus die Fähigkeit, in einer Art Kurzschrift, die seit dem 3./2. vorchristlichen Jahrhundert geläufig war, schnell und knapp zu protokollieren. Nicht von ungefähr enthält unter den Synoptikern das Matthäusevangelium die meisten und längsten aller Jesus-Reden, darunter die wichtigste, die Bergpredigt. Der von Archäologen ausgegrabene Teil der Zollstation am Seeufer vor Kafarnaum liegt nur einige hundert Schritte unterhalb jenes Hügels, der jüngeren Forschungen zufolge als Ort der Seligpreisung gilt. Geschrieben eigentlich für das Judentum, gilt gerade das Evangelium nach Matthäus als das *Evangelium der Kirche,* nicht zuletzt aufgrund seiner Eignung für die Liturgie. Nach Klemens von Alexandrien hat Matthäus im Jahre 42 Palästina verlassen, um als Missionar in Äthiopien, Parthien und Persien zu wirken, wo er von Knechten eines Königs vor dem Altar erschlagen wurde.

9. *Jakobus,* Sohn des Alphäus, der zur Unterscheidung vom Bruder des Johannes im Allgemeinen als *Jakobus der Kleine* oder *der Jüngere* bezeichnet wird, Sohn einer Maria und Bruder eines Joses, ist der einzige Apostel neben Simon Kananäus, über den die Evangelien außer seiner Erwähnung in der Apostelliste keinerlei Angaben machen.

10. *Judas Thaddäus* (hebräisch *Jehuda,* »Preis«, »Lob« und aramäisch *Taddeai,* »der Mutige«), der in der Apostelliste bei Matthäus nur »Thaddäus« genannt wird, erwähnt das Evangelium des Johannes einzig mit einer Frage: »Herr, warum willst du dich nur uns offenbaren und nicht der Welt?« Nach der Überlieferung soll er in Edessa bei König Abgarus, in Mesopotamien, Pontos und Persien missioniert habe, wo er zu Tode gemartert wurde.

11. *Simon,* der bei Lukas mit dem Beinahmen *der Zelot,* bei Matthäus und Markus auch *Kananäus* genannt wird, bezieht seinen Beinamen (aramäisch *Quananajja,* griechisch *Kananaios,* »der Eiferer«) mit hoher Sicherheit aus seiner früheren Mitgliedschaft in der Partei der Zeloten. Die Angehörigen der jüdischen Aufstandsbewegung gegen die römische Besatzungsmacht sahen sich auch als leidenschaftliche Vorkämpfer für eine rigorose Beachtung der mosaischen Gesetze. Als ihre Vorbilder galten die großen »Eiferer« der Geschichte Israels, Gestalten wie Pinchas, der einige Israeliten vor der ganzen Gemeinde tötete, weil sie in seinen Augen Götzendienst betrieben. Oder auch Elija, der auf dem Berg Karmel die Baals-Priester töten ließ.

12. *Judas Iskariot,* Sohn des Simon Iskariot, bezieht seinen Beinamen entweder von dem Ort Kerijot südlich von Hebron, vom griechischen *Skrarier* oder *Sikarios* (»Dolchmann«, eine radikale Variante der Zeloten) oder vom aramäischen *Ischkarja* (»Lügner, Heuchler«), wobei, wie Johannes mitteilt, bereits sein Vater Simon diesen Beinamen trug. Er ist der einzige Nichtgaliläer in der Gruppe und offenbar auch kein Fischer. Als Verwalter der gemeinsamen Kasse wird ihm nachgesagt, Geld unterschlagen zu haben. Der Judaskuss, mit dem er Jesus

den Schergen ausliefert, ist zu einer Metapher für Verrat geworden. Im Lukasevanglium heißt es: »Der Satan aber ergriff Besitz von Judas.« Nach Johannes sagt Jesus: »Habe ich nicht euch, die Zwölf, erwählt? Und doch ist einer von euch ein Teufel.« Aber Jesus sagt auch: »Ich weiß wohl, welche ich erwählt habe, aber das Schriftwort muss sich erfüllen: *Einer, der mein Brot aß, hat mich hintergangen*« (Joh 13,18).

Judas ist mit die spannendste und vielleicht auch die verkannteste Figur im Kreis der Zwölf. Ist sein Verrat wirklich auf niedere Motive zurückzuführen? Oder vollzieht der »Verräter« nur den Willen des Vaters, wenn er Jesus in die Hände der Sünder ausliefert? Ist er vielleicht sogar der einzige in die Pläne Jesu eingeweihte Vertraute, wie einige Exegeten spekulieren, und damit im Grunde schuldlos? Und wenn nicht, haben nicht auch die anderen Jünger, die sich scheinbar feige aus dem Staub machten, Jesus verraten?

Wie aber ist es möglich, dass Jesus, der angeblich in die Herzen der Menschen sieht, einen so gravierenden »Fehlgriff« macht? Der eine Judas (Thaddäus) blieb. Der andere ging. Gab es einen Auslöser, der eine Entwicklung einleitete, die ihn als Glied aus der Kette sprengte, ins Abseits, in die Isolation und Unerlöstheit trieb, die bis zur physischen Vernichtung führte? Oder entsprechen Schicksal und Person nicht auch den Archetypen des Menschen, die eben auch sehr unterschiedlich empfänglich und standhaft sind?

Die Idee, dass Jesus die Zwölf auch gemäß den astralen Profilen des Sternkreises zusammenstellte, liegt nicht zuletzt dem *Letzten Abendmahl* Leonardo da Vincis zugrunde. Leonardo galt als Kenner der Schriften des Ptolemäus, eines Mathematikers und Astronomen der Alexandrinischen Schule um etwa 90 bis 160 n. Chr. Er gab selbst einen astronomischen Sternenkatalog heraus und verfasste mit dem »Werk der vier Bücher« eine Gesamtschau über das damalige Wissen der Astrologie. In seinem berühmten Wandfresko in der Mailänder Kirche Maria delle Grazie, so fand der Astrologe Bernd Mertz heraus, ordnete Leonardo die zwölf Apostel mit ihren unterschiedlichen Merkmalen im Sinne der astrologischen Typologie links und rechts neben Jesus in vier unterschiedlichen Dreiergruppen gemäß der vier Jahreszeiten. Die einzelnen Apostel symbolisieren damit auch die Eigenschaften der Sternzeichen. Etwa Judas-Thaddäus als kopflastiger Stier, ein Johannes als Waage, die zu kippen scheint, oder der »skorpionisch« unsichere, mit Ängsten behaftete Judas, dessen Kopf als einziger im Schatten liegt und der bei der Enthüllung Jesu, einer werde ihn verraten, das Gefäß mit Salz umstürzt, jener Substanz, die im Altertum als heilig angesehen wurde.

Die Figur des Christus hat Leonardo dabei unverkennbar als Dreieck angezeigt. Es ist der Ausdruck für seine Göttlichkeit. Die hellste Stelle des gesamten Bildes findet sich auf dem Scheitelpunkt seines Kopfes. Jesus in der Mitte, so Mertz, »symbolisiert zwischen 30 Grad Jungfrau und 0 Grad Waage sozusagen den Moment der Herbst-Tagundnachtgleiche und zeigt damit an, dass jetzt die Zeit des Mondes beginnt, die Zeit des Schattenreiches, da die Sonne an Kraft und damit an Macht verliert ... um dann neu aufzuerstehen.«

Die zwölf Apostel geben jedenfalls nicht das Bild einer Tafelrunde wie in einem Ritterepos, dessen Helden weder Furcht noch Tadel kennen. Der Kreis, den Jesus um sich versammelt, ist zutiefst menschlich; gerade in den Schwächen, die in seinen Mitgliedern zum Ausdruck kommen; letztlich auch im Versagen der Berufung, die die Kirchengeschichte nicht nur auf dem Blutacker von Jerusalem erlebte. Judas ist so gesehen ein bestimmter Archetypus. Er steht für eine nicht gelebte Berufung, die in die völlige Vernichtung seines Seins führt. Er ist ein Bischof der ersten Gemeinde, und es wird noch viele geben, die im Verrat an Jesus Christus seinem Schicksal ähnlich werden.

Was sagt nun diese Liste aus? Ist sie überhaupt geeignet, Schlüsse zu ziehen? Oder ist es nur eine Zufallswahl, weil der Mann aus Nazareth Menschen berief, die ihm eben gerade über den Weg liefen? Andererseits hat er zu Protokoll gegeben: »Ich weiß wohl, welche ich erwählt habe.«

Welche Kennzeichen und Erkenntnisse hätte wohl Georges Simenons Kommissar Maigret aus dem Arrangement Jesu herausgefiltert? Womöglich hätte er zunächst die Schwierigkeit bestaunt, die es doch machen musste, so unterschiedliche Herkünfte, Temperamente und Einstellungen unter einen Hut zu bringen. Hätte er danach die Liste akribisch nach einem gemeinsamen Merkmal abgeklopft? Oder zeigte umgekehrt gerade die Abwesenheit eines ganz bestimmten Merkmals das gemeinsame Gleiche an? So wie es manchmal weniger darauf ankommt, *was* gesagt wird, sondern was **nicht** gesagt wird.

Festzuhalten gilt: Es sind allesamt junge Leute. Als der Älteste gilt Simon Petrus, der nach Auffassung vieler Forscher kaum älter als fünfundzwanzig gewesen sein dürfte. Die anderen sind echte Twens, manche vielleicht erst, wie Johannes, achtzehn oder neunzehn, und damit halb so alt wie der nunmehr 36-jährige Jesus. Dass der größte Teil aus *Fischern* besteht, wissen wir bereits. Mindestens zwei kamen aus dem Kreis der Zeloten – Simon Kananäus und Judas Iskariot – und wären nach heutigen Maßstäben damit alles andere als konservativ, sondern politisch einer extremen Linken zuzurechnen. Was die Analyse der Gruppe nicht gerade erleichtert.

Und spätestens nach dieser Feststellung hätte sich Kommissar Maigret eine Pfeife angezündet oder gar sein Büro gegen die Brasserie *Dauphin* getauscht, um bei einem kühlen Bier oder einem guten Calvados sich Gedanken über ein Schema zu machen, das es bei allen Ungereimtheiten ja dann doch irgendwie geben musste. Auf einem Schmierzettel notiert er:

Erstens: Die Apostel haben kein sonderlich hohes gesellschaftliches Ansehen. Es sind Männer aus dem Volk, die die Sorgen und Nöte der Menschen teilen können. Einige sind so gegensätzlich wie Feuer und Wasser. Der frühere Partisan steht neben dem Zöllner und Kollaborateur; der strenggläubige Jude neben dem Jüngling, dessen griechischer Name, Philippus, seine Herkunft aus einem eher heidnischen Umfeld verrät. Erkennbar haben sie mehr Schwächen als Stärken, mehr suchenden als festen Glauben.

Zweitens: Es sind weder Generäle noch Banker, Advokaten oder Krämer in der Mannschaft, auch keine Bauern, die zäh an Acker und Hof hängen. Sofern die Berufe genannt sind, sind bemerkenswert viele Fischer darunter, Männer mit schwieligen Händen vom Ziehen der Seile, rauh und schrundig vom Seewasser. Ihre Herkunft zeigt, dass Jesus Leute versammelt, die mitten im Leben stehen; gleichwohl aber sind es Menschen mit einer großen Offenheit für die Weite des Lebens. Trainiert auf Teamwork, stämmig und breitbeinig, halten sie auf schwankenden Booten aus. Der See bietet ihnen ein Auskommen. Dennoch müssen Fischer ausdauernde, geduldige Männer sein. Ihr Leben verläuft ohne trügerische Träumereien. Sie werfen ihre Netze aus und vertrauen auf Gott – in jener höheren Erwartung, die den Menschen nicht kleiner, sondern größer macht.

Drittens: Eine jüdisch-nationalistische Gesinnung ist allenfalls bei Judas Iskariot und Simon, dem Zeloten, zu vermuten. Aufgewachsen in hellenistisch geprägten Orten wie Betsaida, muss ein Großteil der Apostel in den Augen strenger Juden fast schon als Heiden gelten, wie generell Galiläa, der »Heidengau«, als in seiner Jüdischkeit nicht besonders zuverlässig gilt. Auch Levi-Matthäus wird aufgrund seines Berufes als »Heide« und »Sünder« eingestuft. Philippus und Andreas tragen sogar heidnisch-griechische Namen. Selbst der Name von Simon ist neben der jüdischen Tradition bereits seit Jahrhunderten auch bei den Griechen geläufig. Große Städte wie Sepphoris (der Nachbarort Nazareths) und Tiberias (die Landeshauptstadt am See Genezareth) waren weitgehend hellenistisch geprägt. Magdala, die Heimat der Maria Magdalena und Hauptort der Fischereiwirtschaft mit einer Fangflotte zwischen 230 und 330 Booten, trug gar den griechischen Namen *Tarichea* (von »Tarichos«, Einsalzen der Fische). Die »Stadt Jesu«, Kafarnaum, war Umschlagplatz für Produkte aus der griechischen Dekapolis.

Das Merkmal ist bedeutend. Es verweist auf jene heilsgeschichtliche Fügung, die auch die Apostelgeschichte erwähnt, wonach es den Aposteln um Paulus »vom Heiligen Geist verwehrt wurde, das Wort in der Provinz Asien zu verkünden« (Apg

16,6). Und stattdessen die Mission im früheren griechischen Kernland zu beginnen. Es sei kein Zufall, so der Theologe Joseph Ratzinger in seiner »Einführung in das Christentum«, dass die christliche Frohbotschaft »bei ihrer Gestaltwerdung zuerst in die griechische Welt eintrat und sich hier mit der Frage nach dem Verstehen, nach der Wahrheit verschmolzen hat«. Glaube und vernehmende Vernunft, das Gotteszeugnis der hebräischen Bibel und die um vernünftig-verstehende Rede von Gott bemühte Theologie gehörten christlich notwendig zusammen. Aufgrund ihrer Sozialisation im hellenistischen Nordosten des Sees Genezareth brachten viele der Apostel hierfür eine sprachliche und kulturelle Weltläufigkeit mit, die ihnen helfen konnte, das auf Universalität angelegte Projekt Jesu über das Judentum hinauszutragen, das zunächst noch auf Israel konzentriert ist.

Viertens: Die Größe der Aufgabe steht in krassem Missverhältnis zu den Möglichkeiten und Begabungen der Jünger. Natanaël/Bartholomäus ist vermutlich der Einzige in der Gruppe, den man als Intellektuellen oder als Theologen bezeichnen könnte. Die Jünger hatten häufig Mühe, Jesus in seinen Gedankengängen zu folgen. Ganz verstehen konnten sie ihn erst, nachdem alles, was er vorausgesagt hatte, eingetreten war. Nur aus dieser Christus-Erkenntnis ist auch erklärbar, dass alle Apostel bereit waren, für Jesus notfalls in den Tod zu gehen. Judas Iskariot nahm sich selbst das Leben. Aber außer Johannes wurden alle Apostel mit hoher Sicherheit Opfer eines Martyriums.

Fünftens: Der Berufung durch Jesus liegt keine bestimmte Begabung zugrunde. Er entscheidet offenbar weder nach Herkunft noch nach Leistung, Kraft oder Aussehen. Auch deutet nichts darauf hin, dass er eine Ausgewogenheit nach Regionen, Altersgruppen oder Berufen herstellte. Es gibt auch keinen Überzeugungs-Check, wonach nur eine »korrekte« Meinung zählt. Niemand wird im Denken gleichgeschaltet. Jesus selektiert nicht. Er nimmt offenbar immer auch die, die ihm gewissermaßen über den Weg laufen – und sich dann nicht nur in seinen Dienst stellen, sondern auch den Mut aufbringen, sich von ihm formen zu lassen.

Sechstens: Wirklich auffällig ist bei der Zusammensetzung der Zwölf nicht eine bestimmte Qualität, sondern im Grunde die *Abwesenheit* einer ganz bestimmten Qualität, die Jesus offenbar nicht für förderlich hielt. Denn trotz ihrer ganzen Unterschiedlichkeit, in einem ist die Gruppe buchstäblich geschlossen wie eine Auster: Es gibt in ihr keine Angehörigen der alten Eliten. Aber warum? War es Jesus trotz seiner Beredsamkeit nicht gelungen, auch Menschen aus den entsprechenden Gesellschaftsschichten an sich zu binden? Einen Mann wie Nikodemus beispielsweise, der von sich aus Kontakt zur Gruppe aufgenommen hatte, auch wenn er nur versteckt mit der neuen Bewegung sympathisierte.

Jesus umgibt sich jedenfalls weder mit Mitgliedern des Königshofes noch mit reichen Kaufleuten oder anderen Honoratioren. Wer fehlt noch? Sehen wir ein Mitglied des Hohen Rates? Einen Rabbi? Einen Synagogenvorstand? Nein. Kein einziger Schriftgelehrter. Es sind noch nicht einmal Priester unter den Erwählten.

Es geht bei der Berufung der Apostel immerhin um den Grundbaustein, aus dem ein riesiges Werk entstehen soll. Mehr als irgendein Werk. Hier sind die Apostel des Bundesvolkes Israel, das sich in Christus für alle Völker öffnet, um zu einem neuen Bund aus Juden und Heiden zu werden. Jesus hätte also zumindest den Versuch machen können, die Gelehrten- und Priesterschaft einzubinden und zu reformieren. Sie eines Besseren zu belehren, um aus dieser Schicht, den so klugen und gebildeten Männern und Autoritäten des Landes, seinen engsten Stab zu organisieren. Fest steht: Er hat es nicht getan.

Die komplette Abwesenheit bestimmter Stände, insbesondere der Schriftgelehrten, eine der tragenden gesellschaftlichen Gruppen Israels, kann nur als Signal gewertet werden. In den Augen Jesu hat diese Klasse offenbar ihr Talent verwirkt. Er hält sie für nicht mehr tauglich. Jedenfalls nicht als Fundament eines neuen Weges, der irgendwann einmal in den Himmel führen soll. »Ich preise dich, Vater, Herr des Himmels und der Erde, weil du all das den Weisen und Klugen verborgen, den Unmündigen aber offenbart hast«, ruft er provokativ aus, »ja, Vater, so hat es dir gefallen« (Mt 11,25–26).

Erinnern wir uns, warum Jesus Nikodemus in Jerusalem abgewiesen hatte: »Was wir wissen, davon reden wir, und was wir gesehen haben, das bezeugen wir, und doch nehmt ihr unser Zeugnis nicht an.« Jesus gab pausenlos Zeichen. Doch sie waren blind geworden. »Ihr Heuchler«, hatte sie Jesus zur Rede gestellt, »das Aussehen der Erde und des Himmels könnt ihr deuten. Warum könnt ihr dann die Zeichen dieser Zeit nicht deuten? Warum findet ihr nicht schon von selbst das rechte Urteil?« – »Wenn jemand nicht von Neuem geboren wird«, musste sich Nikodemus anhören, »kann er das Reich Gottes nicht sehen.«

Mit der Offenbarung der ewigen Gesetze war für Israel die Aufgabe verbunden, zum »Licht der Völker« zu werden. Von Jahrhundert zu Jahrhundert hatte sich in den Büchern der Propheten die Verheißung verdichtet, das Heil Gottes, des Gottes **aller** Völker und *aller* Menschen, werde über Israel hinausfluten. Die bisherigen Grenzen zugunsten einer neuen Universalität zu sprengen sei geradezu eine heilsgeschichtliche Notwendigkeit. Es werde eine Entwicklung eintreten, die den Glauben voranbringt, ohne die Ursprünge zu verleugnen.

»Seht, Tage kommen – Wort des Herrn –, in denen ich mit dem Haus Israel und dem Haus Juda einen neuen Bund schließen werde«, kündigte der Prophet Jeremias die Veränderung der Beziehung zwischen Gott und den Menschen an, »nicht wie der Bund war, den ich mit ihren Vätern geschlossen habe, als ich sie bei der Hand nahm, um sie aus Ägypten herauszuführen. Diesen meinen Bund haben sie gebrochen, und ich musste als ihr Gebieter auftreten …« (Jer 31,31 ff.). »Ich schenke euch ein neues Herz«, heißt es beim Propheten Ezechiel, »und gebe euch einen neuen Geist. Ich nehme das Herz von Stein aus eurer Brust und gebe euch ein Herz von Fleisch. Ich lege meinen Geist in euch hinein …« (Ez 36,26–27).

Schriftgelehrte hielten sich für etwas Besseres, gerade auch im Tempel, wo der fromme Pharisäer Gott lobte, dass er nicht »wie die übrigen Menschen« sei. Jesus kritisierte ihr elitäres Bewusstsein; ihren Anspruch auf die vordersten Plätze; ihre Doppelmoral, dem Volk Lasten aufzuerlegen, die sie selbst nicht trugen; ihren Unwillen zu Reue und Umkehr; ihren Prunk, der sich in den herrschaftlichen Kleidern und den riesigen Hüten ausdrückte, die getragen wurden, um das hochmütige Haupt noch höher zu machen. Am allermeisten aber erzürnte ihn, dass ausgerechnet die Gotteslehrer Gott den Menschen vorenthielten, weil sie sich weigerten, aus ihrem Wissen die richtigen Schlüsse zu ziehen.

Die Auswahl der Apostel demonstriert ein Alternativprogramm, wie es krasser nicht sein kann. Es zeigt sich insbesondere in Einfachheit, Demut, Mut, Authentizität und einer nahezu kindlichen Hingabe an die Offenbarung seines Wortes. Diese Leute machen keine eigene Politik. Es sind Menschen, die der Versuchung widerstehen, durch das Ausleben eigener Vorstellungen, mögen sie nun kreativ sein oder nicht, den Auftrag Jesu zu missbrauchen. Die insbesondere durch ihre Sozialisation in einer pluralistischen Gesellschaft die Bereitschaft mitbringen, das Evangelium ohne Berührungsängste auch zu den sogenannten Ungläubigen zu tragen.

Die Botschaft Jesu entstammt weder einer Denkschule noch einem Gremium besonders kluger Theologen. Und so »heilig« sie ist, so soll sie auch bewahrt und überliefert werden, ohne sie, wie es später die Gnostiker versuchen, mit eigener Theosophie und Okkultismus anzureichern. Das ist das Fazit: Was die auserwählten Apostel als Botschafter Jesu so besonders geeignet macht, ist nichts anderes als ihre Treue zur authentischen Lehre Christi – in der Ehrfurcht vor der Göttlichkeit Jesu und der Wahrheit seiner Sendung.

Mit der Installation der Apostel als den künftigen Hirten des Volkes geschieht eine spektakuläre Ablösung. Das Alte wird dabei nicht verworfen. Das Gesetz bleibt, weil es das Gesetz Gottes ist. Verworfen aber werden mit der bisherigen Herrschaftsklasse die alten Strukturen, die alten Ordnungen, das alte Denken schlechthin. Es ist die Revolution des Bewusstseins, ein Paradigmenwechsel ohnegleichen.

Bislang regelte die Tora Israels alle Bereiche des individuellen und gesellschaftlichen Lebens. Das ging von Anordnungen des täglichen Lebens bis hin zu Vorschriften für die Politik im Krieg. Jesus sprengt diesen Rahmen.

Es ist ein ungeheuerlicher, in der Geschichte des Volkes nie da gewesener Vorgang. Denn durch Jesus werden die bisherigen Hirten ersetzt, die bisherigen Begrenzungen aufgehoben. Seine Boten sollen erst gar nicht auf Eigenes, auf Erklügeltes setzen und damit nicht erneut mit »Satzungen von Menschen« regieren, wie er Jesaja zitiert, sondern ausschließlich auf das Wort Gottes vertrauen, die »Kraft aus der Höhe«, die sie durch ihn erfahren würden. »Es waren jedenfalls keine Formate, die aus eigenem Wissen und Können eine Weltmission entzünden konnten«, analysiert Joseph Ratzinger in »Gott und die Welt«, sie seien ein Beispiel dafür, »dass Gott durch einfache Menschen hindurch das tut, was nur er selber tun kann …« Jesu »vox populi«, die Organisation des Volkes durch Vertreter des Volkes, stellt dabei nicht nur die Religionsgeschichte auf ein neues Gleis. Sie ist geeignet, Triebfeder des gesellschaftlichen Fortschritts zu werden. Denn erstmals in der Geschichte geschieht der Sturz der bisherigen Klasse nicht durch einen blutigen Feldzug, eine Palastrevolte oder einen anderen Gewaltakt, sondern es ist gewissermaßen ein *Umsturz durch Umkehr*, mit dem diese Vertreter des Volkes an die »Macht« kommen. Die Herrschaft wird nicht durch eine andere Herrschaft ersetzt. Es gibt weder Kommissare noch Revolutionswächter oder intellektuelle »Vordenker«. Von einem »Gottesstaat« ist nicht die Rede. Die neuen Herren sollen eben keine »Herren« mehr sein, sondern Hirten im guten Sinne. Gedacht als Diener, als demütiger Rat der Beauftragten Christi, denen der Meister am Ende sogar noch zeigen wird, wie man anderen die Füße wäscht. Und wie Jesus seine Apostel nicht als seine Untergebenen ansieht – er nennt sie »Freunde« und »meine Kinder« –, so sollen auch sie weder neue Fürsten noch hochmütige Schriftgelehrte sein oder gar eigene Untergebene kreieren – eine der Vorgaben Christi, die in der Kirchengeschichte bis in unsere Zeit hinein auf schändlichste Weise missachtet wird.

Deutlicher konnte man den Strich nicht ziehen. Die Wahl einfacher, aufrichtiger, wirklich frommer und gutgesinnter Männer aus dem Volk ist kein Akzent aus einer Sympathie für Arme und Schwache heraus – denn arm und schwach sind die Apostel nicht wirklich –, sondern macht nur noch augenfälliger, wie umfassend der Austausch der bisherigen Vertreter Gottes auf Erden tatsächlich ist. Die alten Eliten und Machtapparate, verdeutlicht Jesus, haben das Vertrauen Gottes nicht eingelöst und in ihrer Aufgabe versagt. Nun werden sie beiseitegesetzt, um den Gläubigen selbst Platz zu machen, die das Salz der Erde sind, das Licht der Welt. Die wieder eine Stadt auf dem Berg bauen, die man nicht übersehen kann.

Regieren wird nun ein anderer. Wie hatte *Ezechiel* verkündet: »So spricht Gott, der Herr: Wehe den Hirten Israels, die nur für sich selbst sorgen! ... Ich setze sie ab, sie sollen nicht mehr die Hirten meiner Herde sein.« Und er fügte hinzu: »Jetzt will ich meine Schafe selber suchen und mich selber um sie kümmern ... Ich schenke euch ein neues Herz und gebe euch einen neuen Geist.«

Jesus rief die herbei, »die er wollte«, heißt es in einer alten Übersetzung bei Markus, »und er *machte* zwölf«. So wie der Schöpfer viele Jahrtausende zuvor »Menschen *machte*« (Genesis). Es sei bereits die Zeit der Ernte angebrochen, und »die Ernte ist groß«, sagt Jesus. Mit der Einsetzung der Apostel werden nun auch die Schritte erkennbar, die er auf dem Weg zu einer neuen Ordnung vollziehen will:

- Durch die Einsetzung der *Apostel* gibt er die Zeichen eines *neuen Bundes* und installiert einen sich fortpflanzenden Rat von Lehrern, Heilern und Hirten, der »Menschen fischen«, sie retten und die Lehre Christi treu weitergeben soll.
- In den nachfolgenden Seligpreisungen und den einzelnen Ausführungsbestimmungen der Bergpredigt wird die *Tora des Messias* als *neue Verfassung* dieses Bundes vorgestellt.
- Beides ist Grundlage des neuen Reiches, das Jesus als das *Reich Gottes* proklamiert. Es wird nicht wie bisherige Reiche als

äußerlich-weltliches, sondern als innerlich-geistiges Reich realisiert. Dem Volk der Erde folgt das Volk des Himmels. Die Frage scheint nur, wer an diesem *Himmelreich* teilnehmen darf. Es sei »für viele«, aber nicht für alle.

• Das Endziel ist erreicht bei der *Wiederkehr Christi*. Für diesen Zeitpunkt erwarten sowohl Christen als auch jene Juden, die den »neuen Weg« Jesu nicht mitgegangen waren, ein und denselben Messias.

Der Fahrplan Jesu wird unterstrichen durch den Aussendungsbefehl, den er den neuen Hirten mit auf den Weg geben wird. »Geht und verkündet: Das Himmelreich ist nahe«, wird es in seiner »Anweisung für die Mission« heißen, »heilt Kranke, weckt Tote auf, macht Aussätzige rein, treibt Dämonen aus! Umsonst habt ihr empfangen, umsonst sollt ihr geben« (Mt 10,7 ff.).

Jesus weiß um die Gefährlichkeit dieser Aufgabe. Es sei, als wurde man »Schafe mitten unter die Wölfe« schicken. »Ihr werdet um meines Namens willen von allen gehasst werden«, sagt er voraus, als könne er bis an das Ende der Geschichte sehen. »Fürchtet euch nicht vor denen, die den Leib töten«, gibt er mit, »sondern fürchtet euch vor dem, der Seele und Leib ins Verderben der Hölle stürzen kann.« Man solle sich nicht ängstigen. Es werde seinen Jüngern »in jeder Stunde eingegeben, was ihr sagen sollt.« Die Zusage Jesu ist deutlich: »Wer aber bis zum Ende standhaft bleibt, der wird gerettet« (Mt 10,22).

»Wenn ihr in eine Stadt oder in ein Dorf kommt, erkundigt euch, wer es wert ist, euch aufzunehmen«, erklärt Jesus dem Kreis der um ihn versammelten Männer, »bei ihm bleibt, bis ihr den Ort wieder verlasst. Wenn das Haus es wert ist, soll der Friede, den ihr ihm wünscht, bei ihm einkehren. Ist das Haus es aber nicht wert, dann soll der Friede zu euch zurückkehren.«

Im Gegenzug heißt dies: »Wenn man euch aber in einem Haus oder in einer Stadt nicht aufnimmt und eure Worte nicht hören will, dann geht weg und schüttelt den Staub von euren Füßen« (Mt 10,14).

Die Apostel werden zwar ausgesandt, die Botschaft Gottes bis in die letzten Winkel der Erde zu tragen. Das heißt freilich nur, das Evangelium allen anzubieten, und nicht auch, das Gesetz der Freiheit zu verletzen und alle zu bekehren, mit welchen Mitteln auch immer.

Auch zum Verständnis der Wahl der Apostel gibt es im Evangelium einen besonderen Schlüssel. Er liegt erneut in einer Zahl. Was hat es damit auf sich?

Zahlen waren auf jeder Stufe der Zivilisation die Voraussetzung für Erkenntnis und Weiterentwicklung. »Du hast alles geordnet«, heißt es im alttestamentlichen *Buch der Weisheit*, »nach Maß, Zahl und Gewicht.« Nicht von ungefähr waren viele Theologen des Mittelalters auch bedeutende Mathematiker, die ihre Theologie mit »Zahlenkunst« unterstützten. Der berühmte Abt Hrabanus Maurus forderte seine Mönche auf, Arithmetik zu studieren, um damit auch die Zusammenhänge der mystischen Zahlen der Bibel begreifen zu können. Schließlich hatte bereits der hl. Augustinus die Zahlenangaben des Neuen Testaments nicht einfach nur als unbedeutendes Beiwerk aufgefasst, sondern vielfältige Berechnungen darüber angestellt.

Führten nicht auch die Zahlen, die die Sterndeuter aus dem Osten vom Himmel ablesen konnten, sie auf die Spur und das Datum der Geburt Christi? »Ohne die Zahl vermag der Geist nichts zu leisten«, ließ sich der heilige Nikolaus von Kues vernehmen, »ohne sie kann nichts erkannt werden.«

Jesus selbst verwendete Zahlenbilder. Nur bei jenem, der »das Wort hört und es auch versteht«, sagt er, ist der Samen auf guten Boden gefallen: »*Er bringt dann Frucht, hundertfach oder sechzigfach oder dreißigfach.*« Er könnte damit $(1+6+3)$ auf die allumfassende göttliche Ordnung angespielt haben, die sich in der Zahl *zehn* ausdrückt, der Schlüsselzahl der Zehn Gebote. Sie ist gleichfalls die Basis für den *Zehent*, das Zehntel aller Einnahmen, der Gott gehört, wie es eine gemeinsame Tradition von Juden, Christen und Moslems überliefert.

Wenn Jesus eine so bedeutende Handlung wie die Wahl seiner Apostel unter das Zeichen der *Zwölf* stellte, lag darin eine ungeheure Herausforderung – und zugleich das Selbstverständnis von jemandem, der genau wusste, welche Akzente er zu setzen hatte und was er damit postulierte. Jesus hätte acht Apostel benennen können. Oder auch zehn, ebenfalls eine ausdrucksstarke Zahl. Wer im alten Israel jedoch seine Auserwählten mit der Symbolzahl *Zwölf* verband, ging nicht nur auf Konfrontation zu den bisherigen Verhältnissen, er machte gleichzeitig auch seinen eigenen Machtanspruch deutlich.

Ein stärkeres Signal konnte er nicht setzen. Es war, als würde ein neuer König seine hoheitliche Fahne auf einem Gebäude hissen, das nicht nur das Wahrzeichen des Landes ist, sondern auch seine Identität ausdrückt. Damit erklärt sich auch der verborgene Charakter der Einsetzung der Apostel, die Matthäus chronologisch schlüssig *vor* der Bergpredigt, Markus *nach* dem »Andrang des Volkes« und Lukas *vor* dem »Andrang des Volkes« vermeldet. Die öffentliche Ausrufung von zwölf Geschworenen als den zwölf Zeichen eines neuen Bundes hätte in der aufgeladenen Atmosphäre der Zeit als Signal zum allgemeinen Aufstand verstanden werden müssen.

Zwölf ist eine der Symbolzahlen Israels. Sie greift zurück auf die Zahl der Söhne Jakobs. Von diesen zwölf stammen die zwölf Stämme Israels, das Volk Gottes, vom Allerhöchsten selbst gewählt und im Bund mit ihm vereint. Zwölf ist zugleich aber auch die kosmische Zahl schlechthin, das Symbol für *Vollkommenheit.*

Erst das Dutzend (von lateinisch *duodecim,* zwölf) macht die Sache rund. Erst mit zwölf ist etwas vollständig, vollkommen (weshalb nach dem Verrat des Judas auch sofort ein neuer zwölfter Apostel erwählt werden musste).

Gleich der perfekten Sieben (3 *plus* 4) steht die Zwölf (3 *mal* 4; die Multiplikation der *göttlichen Drei* mit der *irdischen Vier*) aber auch für die Idealzahl, durch die neben dem Vollständigen stets auch eine gewisse Zeitgrenze symbolisiert wird. Zwölf Stunden hat ein Tag, zwölf Stunden hat eine Nacht, zwölf Monate hat ein Jahr, zwölf Sternzeichen kennzeichnen den Verlauf der Erde um die Sonne.

Als Zahl für das Ganze ist die Zwölf nicht nur in der Heiligen Schrift präsent, etwa bei der Erzählung von Josef und seinen elf Brüdern, sondern auch in Legenden, Märchen und Mythen. So in den zwölf Titanen, dem ältesten Göttergeschlecht der griechischen Mythologie, in König Arthurs Tafelrunde, in der der zwölfte Platz für den Ritter frei gehalten wird, der den Gral finden würde. Regelrecht auf die Spitze getrieben wird die vollkommene Zwölf schließlich in der *Apokalypse* des Johannes. Sie schließt als letztes Glied einer langen Kette den gesamten Ring der heiligen Schriften ab und macht damit als letzter Text der Bibel aus dem Alten und dem Neuen Testament ein geschlossenes Ganzes.

Kaum verwunderlich, dass deshalb gerade dieser geheimnisvolle Text von der Symbolik der Zwölf durchdrungen ist. Als Maßzahl für die Stadt Gottes, den Ort der Erlösten, erleuchtet sie wie die Raketen eines Feuerwerks beim großen Finale den Endzweck der Mission Christi: den Einzug in die »himmlische Stadt«. Denn dieses *neue Jerusalem* ist folgerichtig auf *zwölf* Fundamenten gebaut, von *zwölf* Toren umgeben, die auf *zwölf* Edelsteinen ruhen, aus *zwölf* Perlen bestehen und von *zwölf* Engeln bewacht werden. Dass nun etwas zur Vollendung kommt, die lange Reise des wandernden Gottesvolkes, symbolisiert nicht zuletzt die Zahl der Auserwählten, die mit *12 mal 12 000 Heiligen* in das himmlische Jerusalem einziehen.

Die Apokalypse birgt noch ein weiteres Geheimnis: Denn dass die *12*, als *Zahl der Vollkommenheit* und der erfüllten Hoffnung, hier – man möchte sagen: ausgerechnet – mit der *21* korrespondiert, scheint mehr als Zufall: es ist die Zahl der *Vollständigkeit*. Die Einundzwanzig, die sich in der Zählung des gegenwärtigen Jahrhunderts spiegelt, ist Symbol für das Ziel des Lebensweges des Menschen. Sie bezeichnet den Platz, an den wir gehören, unser eigentliches Zuhause, das auf einer umfassenderen, höheren Ebene liegt als die Tränentäler dieser Welt.

Dieses 21. Kapitel der *Apokalypse* leitet den Schlussteil ein; er ist bezeichnenderweise mit *Die neue Welt Gottes* überschrieben. Er beginnt mit den Worten: »Dann sah ich einen neuen Himmel und eine neue Erde; denn der erste Himmel und die erste Erde sind vergangen.« Vor dieser Verheißung muss man sich nicht fürchten: »Da hörte ich eine laute Stimme vom Thron her rufen: Seht, die Wohnung Gottes unter den Menschen! Er wird in ihrer Mitte wohnen, und sie werden sein Volk sein; und er, Gott, wird bei ihnen sein. Er wird alle Tränen von ihren Augen abwischen: Der Tod wird nicht mehr sein, keine Trauer, keine Klage, keine Mühsal. Denn was früher war, ist vergangen.«

Die Auswahl der Apostel soll durch die heilsgeschichtliche Symbolik der Zahl Zwölf die großen Zusammenhänge des Weltgeschehens deutlich machen. Mit Jesus wird nun etwas wieder ganz. Es kommt zum Ende, zur Vollendung, durch den neuen Bund Christi, der am Ende der Zeit heimgeführt wird in das Himmelreich Gottes.

Dass Jesus die Sprache der Symbole bewusst als eigene Ausdrucksform verwendet, wird nicht zuletzt auch durch die Auswahl einer zweiten Jüngergruppe deutlich. Sie besteht nun nicht aus zwölf, sondern aus 70 Männern. Stand die 12 dabei als Symbol für Israel und seine Ursprünge – so gilt die 70 nach der Heiligen Schrift (Dtn 10,22 und Ex 1,5) als Zahl der Weltvölker. 70 Gelehrte waren es der Legende nach, wie wir bereits wissen, die durch eine besondere Eingebung des Heiligen Geistes die berühmte *Septuaginta* (griechisch für »siebzig«) fertigten, die im 3. Jahrhundert vor Christus entstandene Übersetzung des Alten Testaments, ein Werk, das als Öffnung des Glaubens Israels für die Völker der Welt gedeutet wurde. Die Apostel wissen sich also zunächst zu den verlorenen Schafen des Hauses Israel gesandt – dann aber, dem universalen Charakter des Evangeliums gemäß, »bis an die Grenzen der Erde«.

Ausgerechnet den Männern aus Kafarnaum, diesen nicht besonders gebildeten, oft so ungelenk wirkenden Menschenfischern, ist eine Bürde aufgetragen, wie sie noch keinem Patriarchen, keinem Propheten je aufgeladen worden war. Ihre Aufgabe als Boten Christi mit der Maßgabe, »sich selbst zu verleugnen«, bringt eine ungeheure Verantwortung mit sich: »Wer euch hört, der hört mich; und wer euch verwirft, der verwirft mich; wer aber mich verwirft, der verwirft den, der mich gesandt hat.«

Denn da ist nun nicht mehr nur ein Meister und Pädagoge, der selbst ein Vorbild geben will, um sein Umfeld zu einem sittlichen Lebenswandel zu veranlassen. Da ist auch nicht der Überbringer einer Entscheidung oder Botschaft. Da ist in Jesus als Person nun die Entscheidung selbst aufgetaucht. »Wer an ihn glaubt, wird nicht gerichtet«, sagt er über sich selbst in unüberbietbarer Autorität, »wer nicht an ihn glaubt, ist schon gerichtet.« Denn: »Wenn ihr nicht glaubt, dass ich es bin, werdet ihr in euren Sünden sterben …«

Die Weihehandlung hatte Jesus erschöpft. Er war müde und zog sich zurück. Aber schon in den Morgenstunden kam Simon Petrus erneut keuchend und mit den Armen wedelnd auf ihn zugelaufen: »Alle Leute suchen dich.«

»Ich weiß«, hatte Jesus geantwortet.

Und er wusste auch, dass es von nun an bis zum Ende aller Zeiten in einer ununterbrochenen Folge Hirten geben würde, die sich auf seine persönliche Berufung am Berg der Seligpreisungen beziehen könnten. Einer würde dem nachfolgenden die Hand auflegen, und so würde das Feuer des Geistes brennen bis zu jenem Tag, an dem er wiederkommen würde. Auch, um die Fackelträger zu fragen, was sie aus ihrem Amt gemacht hatten.

24

Schriftgelehrte und Pharisäer

Kafarnaum, Februar/März 29

Kein anderer hätte darauf verzichtet, Erfolge, wie Jesus sie errungen hatte, auch entsprechend zu feiern. Er hingegen blieb zurückgezogen, merkwürdig schüchtern sogar. Sein Habitus ist reduziert auf Einfachheit, und sein Vorbild ist nicht überlebensgroß, so dass es Menschen erdrückt. Aber dass es ihm Schmerzen bereitet, wenn er mit ansehen muss, wie Menschen aneinander vorbeireden, wie lau ihre Überzeugungen sind und wie groß ihre Neigung für Verführungen, zeigt sich nicht zuletzt in einer gewissen Melancholie.

Die Auseinandersetzung war heftiger geworden. Mochte man in Jerusalem noch glauben, mit der Verhaftung des Täufers auch den Hauptunruhestifter beseitigt zu haben, erlebten die Autoritäten in der Provinz, wie die Wellen immer höher schlugen. Sie verstanden die Auftritte des Nazoräers längst nicht mehr nur als Nadelstiche, sondern als Kampfansage. Und nicht wenige erinnerten sich an einen Mann namens Judas, ein Galiläer, was sonst. Der Guerillakrieg, den er gegen die Römer und die jüdischen Großgrundbesitzer anzettelte, hatte vor gut zwanzig Jahren ein wahres Blutbad zur Folge gehabt.

Waren nicht auch die Anklagen Jesu an einen Punkt angekommen, an dem ihm so etwas wie Eifer nachgesagt werden konnte? »Nehmt euch in Acht vor den Schriftgelehrten!«, trat er lautstark vor sein Publikum. »Sie gehen gern in langen Gewändern umher, lieben es, wenn man sie auf den Straßen und Plätzen grüßt, und sie wollen in der Synagoge die vordersten Sitze und bei jedem

Festmahl die Ehrenplätze haben. Sie bringen die Witwen um ihre Häuser und verrichten in ihrer Scheinheiligkeit lange Gebete. Aber umso härter wird das Urteil sein, das sie erwartet.«

Man observierte ihn. Lauerte ihm auf. In Synagogen. Sogar auf den Kornfeldern. Es galt den Nachweis zu erbringen, dass der neue Hero der Massen nicht auf dem Boden des Gesetzes stand. Der Gewandtheit des Zimmermanns jedoch waren die Schergen nicht gewachsen. Und häufig ließ er sie nicht nur als besonders unmenschlich, sondern auch noch als ungelehrt dastehen. Etwa als sie seine Jünger beschimpften, weil einige von ihnen, obwohl Sabbat war, Ähren abrissen und die Körner aßen. Ob sie nichts von David wüssten, stellte er sie bloß, der sogar von den heiligen Broten nahm, die nur der Priesterschaft zustanden, als ihm und seinen Begleitern vor Hunger der Magen knurrte. Wenn es falsch sei, am Sabbat »Gutes zu tun«, würden ja doch auch die Priester am Sabbat durch ihre Handlungen den Tempel entweihen.

Zornig fügte er hinzu: »Wenn ihr begriffen hättet, was das heißt: Barmherzigkeit will ich, nicht Opfer, dann hättet ihr nicht Unschuldige verurteilt.«

Die Reglementierung des Sabbats hatte aus einer ursprünglichen Wohltat eine Pein gemacht. Auf ihren Listen hatten die Schriftgelehrten inzwischen 39 Beschäftigungen zusammengestellt, die zu unterlassen waren. Verbot Nummer drei beispielsweise betraf das »Ernten«. Es wurde im Laufe der Zeit so verschärft, dass am Sabbat noch nicht einmal Feigen gegessen werden durften, die zufällig vom Baum fielen, wenn Kinder darin herumturnten.

Verboten war, Eier zu verzehren, die am Sabbat gelegt worden waren. Überhaupt waren alle Speisen für die Sabbat-Mahlzeiten am Tag zuvor zuzubereiten, auch wenn am Sabbat selbst, der ein Tag der Freude sein sollte, drei statt zwei Mahlzeiten aufgetischt wurden. Wobei fromme Pharisäer davon ausgingen, dass bei den Tischgesprächen religiöse Themen angeschnitten wurden.

Ein anderes Beispiel: Die Propheten hatten seinerzeit dagegen protestiert, dass Kaufleute mit ihren Karawanen auch dann eine

Reise fortsetzten, wenn Sabbat war. Die Schriftgelehrten hingegen verboten nicht nur das Reisen, sondern den Transport überhaupt. Sogar Geldbörsen durfte man nicht tragen (sie sollten dann einem Nichtjuden übergeben oder einem Lasttier aufgeladen werden). Frauen durften nicht mit einer Nadel aus dem Haus gehen, wenn diese ein Öhr hatte. Grundsätzlich war verboten, am Sabbat seinen Wohnort für eine Entfernung von mehr als zweitausend Ellen (etwa eintausend Meter) zu verlassen; bei den Essenern galt gar eine Begrenzung auf tausend Ellen.

Nicht weniger streng waren die Bestimmungen für Krankenbehandlung und Erste Hilfe. Verboten waren Brechmittel und das Einrenken eines Bruches. Wer sich das Fußgelenk stauchte, durfte den Fuß zwar waschen, aber nicht im Wasser hin und her bewegen. Die Essener erlaubten noch nicht einmal, am Sabbat Vieh zu retten, das in einen Brunnen oder eine Grube gefallen war.

Jesus lässt nicht erkennen, dass er das Sabbat-Gesetz auflösen möchte, aber er gibt dem dritten Gebot seinen originären Sinn als segenspendende Gabe Gottes zurück. Sabbat bedeutet, Gott zu heiligen. Zeit zu haben für Gespräch, Meditation, Gebet, Gottesdienst, für echte Ruhe. Damit wenigstens einmal in der Woche das Getriebe unterbrochen wird. Damit wenigstens einmal, am Tag des Herrn, nicht das Gesetz der Geschäftigkeit die Welt regiert. Nun aber waren die Gläubigen ganz damit beschäftigt, möglichst keine einzige der umfassenden Sabbat-Regeln zu verletzen, was sie fast schon wieder außer Atem brachte.

Anders, aber nicht minder erdrückend als ihr rabiates Regelwerk war eine weitere Eigenart der Pharisäer: ihr elitäres Bewusstsein. Sie hatten Kampfesmut bewiesen, als es darum gegangen war, während der Makkabäerzeit den Glauben der Väter gegen griechisch-heidnische Einflüsse zu verteidigen. Längst aber hatte sich der Vorsatz, sich von den laxen und »gesetzlosen« Mitmenschen abzusondern, in Dünkel verwandelt, ja sogar in regelrechten Hass auf alles, was irgendwie unpharisäisch war. »Dieses Volk, das vom Gesetz nichts versteht, verflucht sei es«, zitiert denn auch das Johannesevangelium (Joh 7,49) einen Pharisäer, der voll Zorn die

Gerichtsdiener schalt, die sich geweigert hatten, Jesus festzunehmen.

Einmal erzählte Jesus eine Geschichte von zwei Männern, einem Pharisäer und einem Zöllner (Lk 18,9), die zum Tempel hinaufgingen, um zu beten. Der fromme Pharisäer verband sein Gebet mit dem Dank dafür, dass er nicht sei »wie die anderen Menschen«. Er stand da und klopfte sich selbst auf die Schultern. Für sein häufiges Fasten zum Beispiel. Oder für die wackere Leistung, dem Tempel seinen Zehnten abzuführen, absolut verlässlich und korrekt – nicht »wie dieser Zöllner dort«. Der Zöllner stand weit entfernt. Er wagte nicht, die Augen zum Himmel zu richten, schlug sich stattdessen an die Brust und betete: »Gott, sei mir Sünder gnädig!«

»Ich sage euch«, fasste Jesus sein Gleichnis zusammen, »dieser kehrte als Gerechter nach Hause zurück, der andere nicht.« Jesus schloss mit Worten, die sich seither millionenfach bewahrheitet haben: »Jeder, der sich selbst erhöht, wird erniedrigt, wer sich selbst aber erniedrigt, wird erhöht werden.«

Insbesondere die *Am-ha-arez* (»Volk der Erde«), der Ausdruck für Menschen vom Lande, speziell für Bauersleute, galten den Pharisäern nicht nur als »Unwissende«, sondern durch ihre Unwissenheit automatisch auch als Sünder und Frevler, eine minderwertige Schicht, die nur Verachtung verdiente. Wer ein guter Pharisäer sein wolle, hieß eine Regel, »verkauft an den Am-ha-arez weder feuchte noch trockene Früchte; er kauft von ihm keine feuchten; er kehrt nicht als Gast bei ihm ein und nimmt ihn nicht als Gast bei sich auf«. Als geradezu ekelhaft galt es unter pharisäischen Schriftgelehrten, sich mit Am-ha-arez zu verheiraten. Wenn man schon nicht die Tochter eines Gelehrten oder Gelehrtenschülers bekommen könne, dann wenigsten die Tochter eines Synagogenvorstehers; oder wenigstens eines Almosenerhebers oder Kinderlehrers. »Nie aber nehme er die Tochter eines Am-ha-arez«, schloss der eheliche Knigge, »denn diese sind Geschmeiß, ihre Weiber sind ein Greuel.«

Viele der Schriftgelehrten lebten selbst in Armut, angewiesen auf Spenden, aber sie trugen prächtige Mäntel, damit niemand auf die Idee kam, ihren Rang und ihre Würde zu übersehen. Dass sie sich durch ihr Gehabe, durch den absoluten Gehorsam, den sie unter Berufung auf die Heilige Schrift einforderten, durch ihre Verflechtung mit dem wirtschaftlich-politischen System und die Fesseln, die sie anderen auferlegten, keine Freunde machten, war den Schriftgelehrten durchaus bewusst. »Der Hass, mit dem die Am-ha-arez die Schüler der Schriftgelehrten hassten«, zitiert Franz Willam einen Rabbi aus jener Zeit, »ist größer als jener, mit dem Götzendiener die Israeliten hassen.« Rabbi Eliezer sagte es noch härter: »Wenn sie uns in Handel und Wandel nicht nötig hätten, würden sie uns erschlagen.«

Wie gern hätte man nun den Nazoräer, der in einem Stall zur Welt gekommen war und als Handwerker bei den Am-ha-arez in diesem halb heidnischen Galiläa gelebt hatte, allein schon über die Entlarvung seiner Gaukeleien und üblen Tricks als Irrlehrer und Scharlatan enttarnt! Die überzeugende Realität seiner sonderbaren Kraft aber ließ sie dann doch schon vom Versuch zurückschrecken, diese Dinge auch nur ansatzweise in Zweifel zu ziehen.

Einmal stellten sie Jesus zur Rede, weil seine Jünger Brot mit ungewaschenen Händen gegessen hatten. Die Frage der Reinheit war so etwas wie das Steckenpferd der Pharisäer. Aber dieses Pferd lahmte. Der Wert einer Handlung hänge doch nicht von der äußeren Befindlichkeit eines Menschen ab, antwortete Jesus, sondern von seiner inneren Reinheit. Er zitierte den Propheten Jesaja. Dieser habe »recht mit dem, was er über euch Heuchler sagte: Dieses Volk ehrt mich mit den Lippen, sein Herz aber ist weit weg von mir. Es ist sinnlos, wie sie mich verehren; was sie lehren, sind Satzungen von Menschen.«

Die peinlich genauen Reinheitsvorschriften der Pharisäer standen nicht nur im Widerspruch zu ihrer inneren Verfassung, schlimmer noch: sie waren im Laufe der Zeit regelrecht zur *Ersatzhandlung* für authentischen Glauben geworden, hinter der man sich verstecken konnte. »O ihr Pharisäer!«, graute Jesus. »Ihr haltet die Becher und Teller außen sauber, innen aber seid ihr voll Habgier und Bosheit.«

Schließlich wurde er noch deutlicher: »Sehr geschickt setzt ihr Gottes Gebot außer Kraft und haltet euch an eure eigene Überlieferung.« Und noch einmal: »Seht ihr nicht ein, dass das, was von außen in den Menschen hineinkommt, ihn nicht unrein machen kann? Es gelangt ja nicht in sein Herz, sondern in den Magen und wird wieder ausgeschieden« (Mt 15,17).

Es klang wie eine Unterrichtsstunde in innerer Medizin. Aber dahinter verbarg sich eine der bedeutendsten Gratwanderungen des religiösen Kultes. Er bewahrte Milliarden von Nachfolgern Christi davor, ein aufgesetztes, sinnloses Kultgebaren weiterzuführen. Der Evangelist Markus postulierte die neue Verordnung denn auch wie einen Befreiungsschlag, der ihm persönlich am Herzen lag: »Damit erklärte Jesus alle Speisen für rein« (Mk 7,19). Wirklich unrein mache einen Menschen das, erläuterte Jesus im kleinen Kreis, was aus ihm herauskomme. »Denn von innen, aus dem Herzen der Menschen, kommen die bösen Gedanken.«

Einmal veranlassten die Pharisäer ihre Jünger, zusammen mit den Anhängern des Herodes zu Jesus zu gehen, um ihn zu provozieren. Das Gespräch begann mit den üblichen morgenländischen Höflichkeitsformeln: »Meister, wir wissen, dass du immer die Wahrheit sagst und wirklich den Weg Gottes lehrst, ohne auf jemand Rücksicht zu nehmen; denn du siehst nicht auf die Person.« Als die jungen Leute die Aufmerksamkeit Jesu hatten, kamen sie zum Punkt: »Sag uns also: Ist es nach deiner Meinung erlaubt, dem Kaiser Steuer zu zahlen, oder nicht?« Jesus ließ sich nicht für dumm verkaufen. »Ihr Heuchler«, meinte er zunächst, »warum stellt ihr mir eine Falle?« Dann bat er sie: »Zeigt mir die Münze, mit der ihr eure Steuern bezahlt!« Jemand fingerte einen Denar aus der Tasche.

»Wessen Bild und Aufschrift ist das?«

»Des Kaisers.«

Die nun folgende Antwort hat buchstäblich Geschichte geschrieben. Sie gab den Christen die Möglichkeit, in der Frage der Trennung zwischen Kirche und Staat den richtigen Weg zu finden, auch wenn es etwas dauerte, bis sich diese Erkenntnis durchsetzte: »So gebt dem Kaiser, was dem Kaiser gehört, und Gott, was Gott gehört!«

Jesus war gesetzestreu. Gesetzestreuer als die Schriftgelehrten selbst, weil er das Gesetz von seinem Ursprung und seinem Geist her auslegte und nicht nach persönlichem Gutdünken, den Moden der Zeit oder ganz einfach den Interessen einer bestimmten Gruppe. Auch die Leidenschaft, mit der er stritt, lag ganz im Rahmen der üblichen Gepflogenheit rabbinischer Tradition. Nicht aber seine Anklage. »Wehe euch Pharisäern«, konnte er loslegen, »ihr gebt den Zehnten von Minze, Gewürzkraut und allem Gemüse, die Gerechtigkeit aber und die Liebe zu Gott vergesst ihr« (Lk 11,42). »Söhne der Prophetenmörder«, donnerte es aus ihm heraus. Er nannte sie »Heuchler, Nattern, Schlangenbrut«. Ein guter Mensch bringe Gutes hervor, »weil er Gutes in sich hat, und ein böser Mensch bringt Böses hervor, weil er Böses in sich hat«. An seinen Früchten könne man jedermann erkennen.

Im Kreis seiner Jünger und Sympathisanten führte der Lehrer aus, die Schriftgelehrten und die Pharisäer hätten sich »auf den Stuhl des Mose gesetzt«, nun schnürten sie »schwere Lasten zusammen und legen sie den Menschen auf die Schultern, wollen selbst aber keinen Finger rühren, um die Lasten zu tragen« (Mt 23,4). Ihre Falschheit erzürnte ihn, wenn sie den Propheten Grabstätten errichteten und scheinheilig beteuerten, hätten sie nur selbst schon in den Tagen der Väter gelebt, so »wären wir nicht wie sie am Tod der Propheten schuldig geworden«.

»Weh euch«, pflegte er zu sagen, »ihr verschließt den Menschen das Himmelreich, ihr selbst geht nicht hinein; aber ihr lasst auch die nicht hinein, die hineingehen wollen.«

Obwohl er die Moral und die spezifische Lehre der Pharisäer verurteilte, so akzeptierte er sie dennoch als Bewahrer der Gesetze des Mose, die von Generation zu Generation mündlich überliefert wurden. Als Ideal galt dabei, diese Überlieferung nicht aus eigenem Gutdünken weiterzugeben, sondern quasi zu einer Art gekalkter Zisterne zu werden, die keinen Tropfen des kostbaren Inhalts mehr verliert. »Lehren« war nicht mit eigener Interpretation verbunden, das Wort war vielmehr gleichbedeutend mit

»wiederholen« und »immer wieder vorsagen«. Alles Lernen geht vom Gesetz aus, so die Maxime, und kehrt zum Gesetz zurück.

»Darum tut und befolgt alles, was sie euch sagen«, konnte Jesus deshalb seinen Jüngern empfehlen, »nach ihren Werken aber richtet euch nicht« (Mt 23,3).

»Meister«, so tastete sich ein anderes Mal ein Gesetzeslehrer an Jesus heran, als sich ein Kreis von Pharisäern in seinem Quartier in Kafarnaum einfand, »welches Gebot im Gesetz ist das wichtigste?« (Mt 22,36) Die Frage kam wie gerufen. Sie erscheint später noch einmal an zentralster Stelle des Evangeliums in der Bergpredigt. Das Thema war ein Dauerbrenner unter den Theologen. Ganze Generationen von Gelehrten hatten versucht, alle Gebote, die sich offen oder auch versteckt, etwa in einer Allegorie, in den Texten der Tora fanden, freizulegen, hierarchisch zu ordnen und daraus die knappste Formulierung herauszudestillieren. Diese Formel sollte das gesamte Wesen, die Weisheit, den Gedanken aller Gedanken des Glaubens auszudrücken vermögen, wie ein einzelner Tropfen, in höchster Konzentration.

Die Spannung unter den Gelehrten, die sich wie ein Tribunal um Jesus herum aufgebaut hatten, stieg wie das Quecksilber im Thermometer, das jemand versehentlich in die pralle Sonne gelegt hatte. Bis Jesus eine Antwort formulierte (Mt 22,37), mit der er für alle Menschen aller Zeiten das Gebot der Gebote zusammenfasste, das Gesetz der Gesetze: *Die Goldene Regel.*

Die Formel ist unvergleichbar in ihrer Dichte, ihrem inneren Feuer, ihrem wärmenden und zugleich erhellenden Licht. Ihre Anwendung greift für das Wohlergehen aller – aber genauso für das Glück des Einzelnen, unabhängig von Herkunft, Aussehen oder Fähigkeiten. Jesus hat das Doppelgebot der Liebe nicht nur wieder in die Welt gebracht, er hat es vollendet, indem er die Regel der Nächstenliebe schließlich auch zum Maßstab des Weltgerichtes machte.*

---

* »Was ihr den geringsten meiner Brüder getan habt, das habt ihr mir getan.« (Mt 31,40)

»Höre, Israel«, begann Jesus, dann sagte er:

»Der Herr, unser Gott, ist der einzige Herr,
und du sollst den Herrn, deinen Gott, lieben
mit deinem ganzen Herzen, mit deiner ganzen Seele
und mit deinem ganzen Gemüt.
Das ist das wichtigste und erste Gebot.
Ebenso wichtig ist das zweite:
Du sollt deinen Nächsten lieben wie dich selbst.
An diesen beiden Geboten hängt das ganze Gesetz
samt den Propheten.«

Gottesliebe, Nächstenliebe. Selbstliebe. Mit der »Goldenen Regel« erhebt Jesus die Liebe zum Maßstab allen Seins. »Alles, was ihr von anderen erwartet«, so die noch knappere Formulierung, die er in der Bergpredigt gebraucht, »das tut auch ihnen! Darin besteht das Gesetz und die Propheten« (Mt 7,12). Jesus bestätigt damit das von Mose am Sinai übergebene Gesetz als göttliche Offenbarung, um zugleich seinen eigenen Status als Bevollmächtigter zu unterstreichen. »Wer den andern liebt, hat das Gesetz erfüllt«, wird der griechisch gebildete Ex-Pharisäer Paulus später kommentieren, ein Schüler des berühmten Rabbiners Gemaliel I. Denn: »Die Liebe tut dem Nächsten nichts Böses. Also ist die Liebe die Erfüllung des Gesetzes« (Röm 13,8 f.).

Nicht alle Pharisäer verschlossen sich. Schriftgelehrte wie Nikodemus wurden später wichtige Stützen der Christusbewegung. Ein von den besten ihrer Lehrer ausgebildeter Pharisäer, eben jener zitierte Zeltmacher Scha'ul, zunächst eifrigster Christenverfolger, wurde über eine Jesus-Vision regelrecht umgedreht und als Paulus gewissermaßen in den Kreis der Apostel nachnominiert; ein Jude, ein Pharisäer, der bald das Christentum in Person war.

Im Gegensatz zu den Sadduzäern, die sich verbissen an den Buchstaben der Schrift hielten, bestand zumindest der alte Kern der pharisäischen Lehre in der Überzeugung, dass der Geist Gottes nicht nur in der Heiligen Schrift, sondern auch im Leben und in den Lehren der »Väter« bekundet wird. Eine Doktrin, die bis heute Bestand hat. Wie überhaupt wichtige Elemente der pharisäischen Frömmigkeit in der christlichen Praxis überlebten. Etwa der Sonntag als Tag, der Gott gewidmet ist; der Zyklus der beweglichen Feiertage; der Aufbau des Gottesdienstes; die Morgen- und Abendandachten; die Weihe von Neugeborenen; die Anrufung von Heiligen; die Opfergaben; das Segnen von Menschen und Früchten; die Ernennung durch Handauflegen; rituelle Gesten wie das Emporheben der Hände und das Sich-auf-die-Brust-Schlagen; die heiligen Gelübde; das Fasten; die Bußtage; die reinigenden Gebete und vieles mehr.

Jesus hielt den Pharisäern denn auch nicht vor, dass sie ihn nicht sofort anerkannten. Was er verurteilte, war ihr Mangel an *Glauben*. Sie kannten alle Stellen der Schrift, konnten jeden Propheten zitieren. Sie liebten es geradezu, ihre Sätze mit schön eingefügten Zitaten oder gar einer Kette von Zitaten schöner zu machen. Aber das war Buchstabenglaube, toter Glaube. Hätten sie geglaubt, so wie Jesus wahren Glauben bei einem Natanaël (»ein echter Israelit«) oder bei seinen Heilsuchenden vorfand, dann hätten sie mit dem Licht des Glaubens auch erkennen können.

In diesem Kontext ist nachvollziehbar, wenn Jesus die pharisäische Forderung nach einem eigenen »Zeichen« harsch zurückwies. Es werde für dieses Geschlecht kein weiteres Zeichen mehr geben »als das Zeichen des Propheten Jona.« Jona war drei Tage im Bauch eines riesigen Fisches verborgen gewesen. Die Schriftgelehrten mögen sich achselzuckend angesehen haben, bis Jesus hinzufügte: »So wird auch der Menschensohn drei Tage und drei Nächte im Innern der Erde sein.«

Jona war aber auch das Zeichen, das Gott der Stadt Ninive schickte, damit sich deren Einwohner besannen und umkehrten. Die Leute von Ninive hätten sich »auf die Predigt Jonas bekehrt«, fügte Jesus hinzu, »hier aber ist mehr als Jona«. Die Pharisäer hätten sich jedoch weder von Johannes taufen oder bekehren lassen, noch seien sie bereit, sich überhaupt offen mit der Messias-Frage zu beschäftigen, sondern versperrten sich in Ignoranz und Dünkel. Sie seien wie *Gräber,* schüttelte er sich, außen weiß angestrichen und schön anzusehen, innen aber »voll Knochen, Schmutz und Verwesung«.

Unverkennbar ist aus den Evangelien der Schmerz Jesu herauszuhören, den bei ihm die Auseinandersetzung mit seinen Gegnern verursachte, in denen er die Hauptverantwortlichen für den Zustand des Glaubens sah. »Ich sende Propheten, Weise und Schriftgelehrte zu euch«, sagt er den Pharisäern voraus, »ihr aber werdet einige von ihnen töten, ja sogar kreuzigen, andere in euren Synagogen auspeitschen und von Stadt zu Stadt verfolgen.« Dadurch werde »all das unschuldige Blut über euch kommen, das auf Erden vergossen worden ist« (Mt 23,34 f.).

Und vielleicht ahnten die Ersten bereits, dass hier jemand im Begriff war, das Geschick des Volkes Israel, der einzigen rein religiös geprägten Nation der Welt, auf die Kippe zu stellen und die größte Krise seiner jahrtausendealten Geschichte auszulösen. Jesus selbst kam nicht umhin, in diesem Zusammenhang eine große Prophezeiung vom Niedergang und von seiner Wiederkehr hinzuzufügen: »Darum wird euer Haus von Gott verlassen«, rief er aus. »Und ich sage euch: Von jetzt an werdet ihr mich nicht mehr sehen, bis ihr ruft: *Gesegnet sei er, der kommt im Namen des Herrn*« (Mt 23,38–39).

Dass eine Spaltung bevorstand, war nicht mehr zu übersehen. Die Pharisäer als die bislang größte religiöse Gruppe zählten laut Flavius Josephus 6000 Mitglieder. Andere Richtungen wie die Sadduzäer oder die Essener hatten weit weniger Gefolgschaft. Die Bewegung des »Neuen Weges« hingegen wird mit ihren Tausenden von Anhängern und Sympathisanten allmählich eine Macht im Lande.

Er war von Dorf zu Dorf, von Stadt zu Stadt gezogen. Er hatte Hunderte, ja vermutlich sogar Tausende von Kranken geheilt. Er hatte Frauen um sich versammelt, die wenig darauf achteten, ob sie mit ihrem Verhalten für Empörung sorgten. Wer in seiner Nähe war, spürte trotz oder gerade wegen seiner akzentuierten Unnahbarkeit eine gewisse Festtagsstimmung, ein aufregendes Herausgehobensein aus den Banalitäten des Alltags, das man nicht mehr missen wollte. Dass die religiösen Machthaber in Je-

rusalem vor der Dynamik dieser Entwicklung erschrecken mussten und allmählich über eine Lösung nachdachten, die eine
schnelle Wirkung versprach, war da nur verständlich.

Denn es war längst nicht bloß das Programm, dem die Massen
folgten. Viel schlimmer noch: Es war die Person. Sie folgten ihm,
weil sie ihm glaubten. Und sie glaubten ihm, weil sie ihn liebten.

25

Die Tora des Messias (I)

Berg der Seligpreisungen, Februar 29, vormittags

Die Fürsorge meiner Franziskanerinnen war in all den Tagen nicht geringer geworden. Schwester Catharina schaltete abends jeweils Lichter an, sobald sie auch nur annähernd zu erkennen glaubte, wo ich gerade hinwollte. Sie steckte mir einen Zettel mit ihrer Handynummer in die Tasche, für alle Fälle.

Schwester Elisabeth holte flugs noch Obst aus dem Garten. Die Vitamine! Sie packte Lunchpakete und entschuldigte sich, dass sie nicht Deutsch oder Englisch könne, um sich besser mit mir unterhalten zu können. Den Weg zum Berg der Seligpreisungen zeigte sie mir dann gewissermaßen mit Händen und Füßen, und als ich mich auf die Suche machte, meinte ich fast ein keckes Augenzwinkern Jesu erkennen zu können, dass es zum wahren Ort seiner Verkündigung noch nicht einmal einen Wegweiser gibt.

Der Begriff »Bergpredigt« ist abgeleitet von Matthäus' Hinweis, Jesus habe seine große Rede auf einem »Berg« gehalten. Theologen sahen darin weniger eine geografische Angabe als eine bewusste Analogie zum Berg Sinai, auf dem Mose die Zehn Gebote empfing. Bei Lukas werden die entsprechenden Stellen als »Feldrede« bezeichnet, was nicht unbedingt auf zwei unterschiedliche Ereignisse deuten muss. Im Aramäischen wird das Wort *tur*, »Berg«, auch für »Feld« gebraucht. Lukas fügt sogar eine Ortsangabe hinzu, die auf dieselbe Topografie verweist, die auch bei Matthäus aufscheint. Nachdem Jesus »all seine Reden vor dem lauschenden

Volk beendet hatte«, vermerkt er, sei der Lehrer wieder »nach Kafarnaum hinein« gegangen (Lk 7,1).

»Nicht weit von Kafarnaum befindet sich eine Anhöhe«, so notierte denn auch im Jahr 383 die Pilgerin *Aetheria.* »Auf sie stieg der Herr, um die Seligpreisungen zu verkünden.«*

Ein in der Literatur als »Pilger von Florenz« bezeichneter Wallfahrer hielt im 13. Jahrhundert fest: »Auf dieser heiligen Höhe sangen wir das Evangelium, bedachten das achtmalige Selig, setzten uns ins Gras und aßen unser Brot mit Tränen der Freude.«

Bis zum Jahr 1935, als auf dem *Mount of Beatitudes* Ruinen einer byzantinischen Kirche entdeckt wurden, war die Erinnerung an den genauen Ort der Seligpreisungen verloschen. 1938 errichteten die Franziskaner gewissermaßen auf Verdacht an einer Stelle, die die »Gesellschaft für die Unterstützung der italienischen Missionare« festlegte, etwa 1200 Meter über dem Seeufer eine Gedächtniskirche. Heute bilden der Kuppelbau und der wunderschöne Garten, der ihn umgibt, ein großflächiges Pilgerzentrum. Die Form des Gotteshauses als *Oktogon,* als *Achteck,* ist als Entsprechung zur geheimnisvollen Zahl der Seligpreisungen gedacht. Das Oktogon gilt als Symbol alles Lebendigen, weil es die Grundstruktur im Universum ausdrückt, in dem jede Zelle wie ein Achteck gebaut ist.

Hatte die gute Aetheria nicht von einer »Grotte« gesprochen? Ich arbeitete mich voran. Links eines kleinen Stegs, den man mit viel gutem Willen als Treppe bezeichnen könnte, waren stachelige Disteln, rechts spitze Steine. Ich kam schnell ins Schwitzen und dachte an die letzte Zigarette, die vielleicht die eine zu viel gewesen war. Aber bald gab es die Belohnung. Kurz oberhalb der Eremos-Höhle eröffnet sich auch heute noch eine Art Terrasse, die mit dem Berg im Rücken den Charakter eines Amphitheaters hat – Platz für Hunderte, vielleicht sogar Tausende von Zuhörern. Genau an dieser Stelle (und nicht oben bei der Seligprei-

---

* Umstritten ist, ob im ursprünglichen Text der Pilgerin das Wort *specula*, »Anhöhe«, oder vielleicht auch *spelunca*, »Grotte«, gestanden haben könnte. Letztendlich befindet sich aber auch Jesu *spelunca* auf dieser *specula*.

sungskirche) vermutet denn auch der Mönchsarchäologe Bargil Pixner den authentischen Bergpredigt-Ort, wie er »von der ältesten Tradition« angezeigt wurde. Und wer sich die Mühe macht, seitlich über Tabgha diese zauberhafte Stelle aufzusuchen, wird es sehr schwer haben, sich der Aura dieses Platzes auch nur für eine Sekunde zu entziehen.

Jesus hatte einen intimen Schülerkreis wie ein Rabbi. Er erhob wie dieser den Anspruch, Gottes Willen zu verkünden. Er trat in den Synagogen als Lehrer auf und bediente sich, wie Textanalysen ergaben, der traditionellen Lehrmethoden der Rabbiner, um die Kerninhalte seiner Botschaft so einprägsam wie nur möglich weiterzugeben. So gesehen ist es nicht ganz verkehrt, wenn im Talmud von den *Talmidim* Jesu, den Schülern Jesu, die Rede ist, ein Begriff, der den Schülern von Rabbinern vorbehalten war. Der Anspruch des Nazareners allerdings hat mit dem gewohnten Bild von Lehrer und Schüler nicht mehr viel zu tun. Und seine nun folgende Predigt auf dem Berg – »die einzige Botschaft, die die Welt retten könnte« (Mahatma Gandhi) – ist so unfassbar neu, dass sie zuvor noch nicht einmal von jemandem gedacht wurde.

Mit hoher Sicherheit ist diese Rede nicht nur die größte, sondern auch die verwegenste, die je gehalten wurde. Sie ignoriert jegliche Sachzwänge. Sie ist wider die Vernunft. Sie widerspricht der Lebenswirklichkeit. Dennoch wurde sie als eine Art Weltverfassung für Menschenrechte und Kultur die Grundlage eines neuen, freiheitlichen und sozialen Denkens. Jesus ließ denn auch nicht den Hauch eines Zweifels daran, dass diese Botschaft trotz der Hürden, die sie hat, und trotz ihrer enormen Höhe »auf der ganzen Welt verkündet werden« würde: »damit alle Völker es hören«, prophezeite er, »dann erst kommt das Ende« (Mt 24,14).

Ich suchte mir einen guten Sitz auf den Rängen, um das Stück besser verfolgen zu können. Im Februar blühen hier rote Anemonen und blaue Iris, und die weichen Strahlen der Sonne verwandeln die Landschaft in ein Paradies. Jesus war in Begleitung seiner Jünger gekommen, wie Matthäus notierte, der einige hundert Meter von hier seine Zollstation betrieb. Noch nahm der Lehrer nicht Platz, sondern beobachtete die Gruppen seiner Zuhörer. Die Region am See gehörte zu den am dichtesten besiedelten Gebieten des ganzen Landes. Es waren zumeist einfache Leute, Fischer, Tagelöhner, auch viele *Am-ha-arez*, das »Volk der Erde«. Aus der 40 000-Einwohner-Metropole Tiberias hatten sich zudem Handwerker, Esel- und Kameltreiber eingefunden, aus dem zwölf Kilometer entfernten Magdala Beschäftigte aus den über achtzig Weberei-Geschäften und den großen Fabriken zum Pökeln der Fische. Vielleicht auch eine gewisse Maria, die bis heute nicht aufgehört hat, unsere Phantasie zu beschäftigen.

Jesus stand in seiner weißen Tunika in der Mitte des Ovals vor seinem Publikum wie ein Professor im Hörsaal vor seinen Studenten. Der Hintergrund des türkisblauen Sees gab seiner Gestalt einen unerhörten Kontrast. Dies hier war nicht der Hermon, der imposante Götterhimmel des Pan, der mit seiner immerwährenden Kappe aus Schnee im Norden über Israel leuchtet. Und im Vergleich zum gewaltigen Massiv des Mose-Berges Horeb im Süden nahm sich der namenlose Berg Jesu aus wie ein Segelboot neben einem Panzerkreuzer. Und dennoch, oder gerade deshalb, gab es wohl keinen besseren Ort als die *geografische Mitte* des Heiligen Landes, um auch den *Kern* der Reich-Gottes-Botschaft zu verkünden; Prinzipien, die von nun an bis in Ewigkeit gelten sollten. Um präzise zu sein: die gewissermaßen erst zur Ewigkeit befähigten.

Jesus schwenkte den Blick von den Rängen seines Amphitheaters auf den weiten Spiegel des »Galiläischen Meeres«, das in Form eines riesigen Herzens ins Weltall leuchtet. Zu seiner Linken lag östlich des Jordangrabens das Gebiet der heidnischen *Dekapolis* (griechisch für *Zehn-Stadt*). Der Geschichtsschreiber Flavius Josephus ignorierte es, aber der autonome griechische Städteverband, der sich nach dem Siegeszug Alexanders des Großen vom Golan bis hinunter nach Philadelphia, dem heutigen Amman, etablierte, strahlte über seine Kultur und sein reges Wirtschaftsleben auf die gesamte Region aus, insbesondere auch auf Betsaida, den Geburtsort einiger wichtiger Apostel. Die Idee der griechischen *Polis* stammte aus dem kleinasiatischen *Ionien*, wo sich bereits um 800 v. Chr. Siedler um einen mauerbewehrten Burghügel *(Akropolis)* niederließen, um eine Stadt freier Menschen zu bilden, in der jeder gleichermaßen für die Gemeinschaft verantwortlich sein sollte. In einer Phase der Kolonisation entstanden insbesondere an den Küsten des Mittelmeeres unzählige Tochterstädte. Alleine die Polis *Milet* brachte es auf diese Weise zu achtzig Stadtgründungen in der Ferne.

Die enorme Expansion entwickelte bald ihre eigenen Gesetze. Zwar sanken die Lebensmittelpreise, dafür begannen die billigen Einfuhren aus den Kolonien zunehmend die heimische Wirtschaft zu destabilisieren. Dass der globale Arbeitsmarkt zu einer rapiden Ausbreitung des Sklavenhandels führte, vertrug sich wiederum schwer mit den ursprünglichen Idealen von einem unabhängigen Geist und der Freiheit des Individuums. Was blieb einem übrig, als die alten Errungenschaften Stück für Stück auf dem Altar der Ökonomie zu opfern, so leid es einem auch tat.

»Jesu kleine Welt« rund um den See Genezareth ist eben nicht das vergessene Hinterhügelhausen, wie es vielfach kolportiert wird. Diese »Welt« hatte das größte Reich erlebt, das je existiert hatte, das riesige Imperium der Perser. In der Nachfolge verknüpfte Alexander der Große unterschiedliche Kulturen zu einer hochstehenden Zivilisation, die bis in die Zeit des Römischen Imperiums überdauerte. Als genialer Feldherr war der Grieche nicht nur erfolgreicher als jeder andere General der Geschichte, sondern auch Wegbereiter für hellenistische Philosophie, Demokratie und Lebensart. Griechisch schuf als einheitliche Sprache der Gebildeten eine erste internationale Weltgemeinschaft, dessen Bürger sich in Ägypten und Sizilien so heimisch fühlen konnten wie in Athen oder eben in der Dekapolis. Schon im dritten Jahrhundert v. Chr. begannen deshalb auch immer mehr Juden in Diaspora-Gemeinden wie Antiochien und Ephesus Griechisch zu sprechen, reiche griechische Städte, die bald zu ersten Brückenpfeilern des jungen Christentums werden sollten.

Ein prosperierender Transitverkehr schuf neben der euroasiatischen Kulturzone einen für damalige Verhältnisse globalen

Wirtschaftsraum. Der Handel florierte: mit Elfenbein aus Indien und Afrika, Perlen aus dem Persischen Golf, Balsam aus Jericho, Weihrauch aus dem Jemen. Alexandrien beispielsweise, mit einer Million Einwohnern die Metropole des Altertums, importierte Metalle, Wolle, Farbstoffe, Marmor, Wein, Gewürze und Pferde. In den Export wanderten Weizen, Papyrus, Glas, Leinen, Parfüm und Elfenbein. Zypern führte Kupfer aus. Getreide kam aus Ägypten und von der Krim, der beste Wein aus Syrien und Ionien. Bekannt für Purpur wiederum war die alte Heidenstadt Tyrus am Mittelmeer, die Jesus bald aufsuchen sollte.

Der Mann aus Nazareth wurde in eine Zeit hineingeboren, als das Römische Weltreich so groß und kraftvoll war wie nie zuvor. Die 75 bis 100 Millionen Einwohner des Imperiums blickten mit dem bedeutendsten ihrer Kaiser, Augustus, auf eine glanzvolle Epoche zurück, und vermutlich gab es in der gesamten Antike keinen anderen Landstrich, der so viele Schnittmengen an Weltkulturen aufwies wie gerade der Wirkungsbereich Jesu. Das zentral gelegene Galiläa war eine Art Schmelztiegel geworden, in dem sich hebräische Weisheit, hellenistische und nun auch römische Zivilisation gegenseitig durchdringen konnten. Dass Mehrsprachigkeit ganz selbstverständlich zur Lebenskultur gehörte (mit Aramäisch, Hebräisch, Griechisch und Latein), schlug sich später auch in drei der vier Evangelien nieder, die erst gar nicht auf Hebräisch, sondern in der Weltsprache Griechisch verfasst wurden.

Zu seiner Rechten blickte Jesus freilich auf eine nicht minder geschichtsträchtige Landschaft, die Ebene Ginnosar. Es ist das Gebiet, so der Historiker Nathan Schur, »in dem der Mensch erstmals auftauchte«, die Wiege der Zivilisation. Bei dem heutigen Ubeidya entdeckten Archäologen eineinhalb Millionen Jahre altes Handwerkszeug. Der Fundort ist damit außerhalb Afrikas die erste Stelle, an der Spuren des *Homo erectus* nachgewiesen werden konnten, des ersten Lebewesens mit aufrechtem Gang, der unmittelbare Vorfahre unserer eigenen Spezies, die wir noch immer *Homo sapiens* nennen, »vernunftbegabter Mensch«. Unweit davon wurde in einer Höhle des Wadi el-Amund 1925 der Schädel des sogenannten *Galiläa-Mannes* entdeckt. Die Wissenschaft nannte diesen Typus der Altsteinzeit *Palaeanthropus palaestinensis,* den Palästina-Menschen. Er belegt, dass Jesu kleines Paradies am See seit 100 000 Jahren von Menschen besiedelt ist.

Einige der Jünger wiesen den Nachzüglern die letzten freien Plätze zu, andere umringten den Meister mit der Geschäftigkeit von Leibwächtern, die einem großen Auftritt entgegenfiebern. Ich lehnte mich zurück und ließ meine Augen über den türkisfarbenen See schweifen. Wie lange schon dreht sich ein kleiner blauer Planet, den wir zärtlich »Mutter Erde« nennen, inmitten von Myriaden von Galaxien und Sternhaufen – ganz am Rande des Universums in einem der Spiralarme der Milchstraßen-Galaxie – um seine ihn wärmende und Licht spendende Sonne? 4,6 Milliarden Jahre, wie die Wissenschaft annimmt? Oder gar länger? Rund 1000 Millionen Jahre nach seiner Entstehung müssen erste lebendige Zellen erwacht sein. Vor etwa 300 Millionen Jahren tauchten die ersten Reptilien auf. Für 120 Millionen Jahre, eine Ewigkeit, wurden dann riesige Dinosaurier die Herren des Planeten – um urplötzlich wieder zu verschwinden und Vögeln und Säugetieren Platz zu machen.

Vor etwa 60 Millionen Jahren kamen die ersten Primaten. Und seit gut 100 000 Jahren gibt es, wie die Funde am See Genezareth zeigen, den Typus des fortgeschrittenen Menschen, Vorfahr nicht nur einer, sondern *aller* heute existierenden Rassen, ob weiß, schwarz oder gelb. Nach der großen Eiszeit vor 10 000 Jahren gab die Erde schließlich wieder große Teile ihrer schönsten Gebiete frei. Niederschläge nahmen zu, Wüsten wichen zurück, um im Mittleren Osten unserer Spezies eine ganz neue Existenz zu ermöglichen. Und wenn es stimmt, überlegte ich, dass in der Zeit Gottes tausend Jahre wie ein Tag sind, dann ist es gar nicht so lange her, seit hier auf der Höhe über dem See, wo ich jetzt die Beine übereinanderschlug, die neuen Seiten des entscheidenden Kapitels der Menschheit aufgeschlagen wurden, das wir noch immer nicht ganz gelesen haben.

Es entbehrt dabei nicht einer gewissen Logik, dass nirgendwo sonst, sondern ausgerechnet auf diesem winzigen Flecken Erde, auf dem die Entwicklung des Geschöpfes wie in einem dieser Schüttelglaskugeln für Kinder zu beobachten war, nunmehr die Zivilisation durch die Botschaft Jesu auf ihre höchste Stufe hochgebeamt werden sollte; in eine Qualität, die bislang nicht überhöht werden konnte, ja, die gewissermaßen über die ersten Ansätze hinaus noch nicht einmal verwirklicht wurde. So gesehen beginnt im Februar des Jahres 29 der *Final Countdown* der Geschichte unserer Spezies, die ganz im Zeichen Christi steht.

Endlich. Die Zuhörer drückten ihre Rücken durch und verschränkten die Arme. Alles schien möglich. Sogar der erhoffte Aufruf zur Revolte, dem endlich Schwerter und Lanzen folgen könnten. »Er setzte sich, und seine Jünger traten zu ihm«, beobachtete der Zöllner Matthäus. Setzen ist Ausdruck für die *Vollmacht.* Und hier auf dem Berg nahm einer gar auf dem Lehrstuhl der Propheten Platz, der *Cathedra Moses,* die in allen Synagogen als Zeichen der alleinigen gesetzgebenden Autorität nachgebildet war. Bislang war der Lehrer über die Dörfer gezogen, und niemals hatte er sich als Schüler eines berühmten Lehrers ausgewiesen. Sich auf Vätertraditionen zu berufen, wie es rabbinische Sitte war, kannte er nicht. Und wenn die anderen Meister ausschließlich in Synagogen lehrten, tat er dies auch auf dem Feld, auf Stadtplätzen, am Seeufer oder, so wie hier, am Berghang.

Nein, hier war jemand, der sich offenbar höher einschätzte als alle Rabbis und Propheten zusammen. Sogar höher als Mose. Der bis dahin größte Lehrer Israels war mit Gesetzestafeln unter dem Arm vom Gipfel zurückgekommen. Dieser hier aber war selbst der Gipfel.

»Er setzte sich«, hatte Matthäus bemerkt, »dann begann er zu reden und lehrte sie. Er sagte:

1. *Selig, die arm sind vor Gott; denn ihnen gehört das Himmelreich.*
2. *Selig die Trauernden; denn sie werden getröstet werden.*
3. *Selig, die keine Gewalt anwenden; denn sie werden das Land erben.*

4. *Selig, die hungern und dürsten nach der Gerechtigkeit; denn sie werden satt werden.*
5. *Selig die Barmherzigen; denn sie werden Erbarmen finden.*
6. *Selig, die ein reines Herz haben; denn sie werden Gott schauen.*
7. *Selig, die Frieden stiften; denn sie werden Kinder Gottes genannt werden.*
8. *Selig, die um der Gerechtigkeit willen verfolgt werden; denn ihnen gehört das Himmelreich.«*

Aufklärer wie Ernest Renan betrachteten die Maßgaben der Seligpreisungen noch als weltfremde Träumereien eines Idealisten. Der Kritiker aber ignorierte, dass bereits Christus selbst, der in der Ohnmacht so Mächtige, den Beleg dafür lieferte, dass seine Prinzipien funktionieren und dass überall dort, wo die Seligpreisungen umgesetzt wurden, Seligmachendes geschah. Und tatsächlich: Dinge wie die Ächtung von Krieg, Gewalt und Rassismus, die Caritas gegenüber Opfern, die Initiativen für eine gerechtere, friedlichere, solidarischere Welt – all dies, und da sind sich sogar die Exegeten ausnahmslos einig, wäre ohne die große Rede Jesu, ohne die Ethik aus den Wurzeln der jüdisch-christlichen Religion so nicht möglich gewesen.

Die Seligpreisungen und die nachfolgende *Bergpredigt* haben das Denken verändert. Ihr Geist wurde über die Verfassungen der demokratischen Länder und die Charta der Menschenrechte zur Grundlage für die Entwicklung einer humanen, friedlichen und gerechten Gesellschaft in Wohlstand und Frieden. Sie bestimmt bis heute den moralischen Kodex der westlichen Hemisphäre. Sie definiert die Skala dessen, was wir für gut und richtig halten und was nicht – auch wenn ganze Gesellschaften partiell immer wieder von dieser Grundlinie abweichen.

Die Bergpredigt ist am Ende dann auch der Grund, warum ein Heinrich Böll, Literatur-Nobelpreisträger des Jahres 1972, sagen konnte, er würde eine noch so verlotterte christliche Welt jeder anderen vorziehen – weil darin Platz sei für Kranke, Arme, Alte und Schwache.

Wer sich an den Geboten der Seligpreisungen orientiert, geht nicht durch das weite, sondern durch das »enge Tor«, hatte Jesus erklärt. Bei genauer Betrachtung steckt in den acht Paragrafen tatsächlich eine Absage an all jene Verhaltensweisen, von denen es heißt, sie würden die Welt regieren. »Gleicht euch nicht dieser Welt an«, konnte Paulus deshalb appellieren, »sondern wandelt euch durch ein neues Denken« (Röm 12,2).

Friedrich Nietzsche, der Philosoph des »Übermenschen«, verspottete die Bergpredigt als eine Anweisung, sich als Unterdrückter und Gedemütigter mit seiner Situation abzufinden oder sie gar noch zu verklären. Umgekehrt wird ein Schuh draus. In der vermeintlichen »Sklavenmoral« steckt die progressive Umwertung der Werte. Es ist der in der Geschichte der Zivilisation signifikante Paradigmenwechsel vom Negativen zum Positiven, vom Hass zum Frieden, von der Zerstörung zum Erhalt, vom Stillstand zum Fortschritt, vom Stop zum Go, vom Tod zum Leben. Erst nach zweitausend Jahren können wir die Bedeutung dieser Wende ganz begreifen. Mag sein, dass dann in einer Welt, in der Wohlverhalten als spießig gilt, die Seligkeiten nicht bei jedermann das beste Image genießen. Denn nach der Neujustierung der Maßstäbe für eine gesündere, überlebensfähige Gesellschaft sollten fortan selig und zu preisen sein:

1. nicht länger die geistig Hochmütigen, die in Eitelkeit und Überdehnung nur sich selbst zum Eichmaß haben, sondern jene geistig *Demütigen,* die ihr Schicksal im Vertrauen auf Gott gestalten, im Lobpreis des Schöpfers auch seine Schöpfung bewahren und ihr Herz nicht verhärten im Angesicht von Schmerz und Not der anderen;

2. nicht länger die Gierigen, Eitlen und Selbstgerechten, sondern die *Trauernden.* Denn die Traurigkeit, von der Jesus spricht, erläutert Papst Benedikt, sei »eine Weise des Widerspruchs gegen das, was alle tun … Es sind Menschen, die nicht mit den Wölfen heulen, die sich nicht in das Mitläufertum mit dem selbstverständlich gewordenen Unrecht hineinstellen lassen, sondern darunter leiden«;

3. nicht länger die Machtmenschen, Kriegsfürsten und Profiteure der Gewalt, sondern die *Sanftmütigen,* »die keine Gewalt anwenden«, die durch Deeskalation und Vergebung den Grundstein für den Frieden legen. Sanftmut ist biblisch verstanden der Hauptcharakterzug des vollendeten Menschen; wie Jesus von sich sagte, er sei »sanftmütig und demütig von Herzen«;

4. nicht länger die Lügner und Betrüger, die Geizigen, Kleinkrämer und Vorteilssucher, sondern die *Gerechten,* wie die Bibel die Treue zum Wort Gottes ausdrückt; Menschen, die auf der Suche nach dem Großen sind, die sich nicht mit den Gegebenheiten abfinden; deren Herz unruhig geblieben ist, deren innere Sensibilität sie empfänglich macht für die leisen Zeichen, die Gott in die Welt hinein sendet und die auf diese Weise »die Diktatur des Gewöhnlichen zerbrechen«;

5. nicht länger die Ellenbogentypen, die Ich- und Ego-Menschen, die Berechnenden und Karriere-Besessenen, sondern die *Barmherzigen,* jene, die gelernt haben, sich für einen anderen zu bücken, mit ihm zu teilen, ihn zu retten;

6. nicht länger die Lustgierigen und Vergnügungssüchtigen, die sich in Schund und Schmutz wälzen, sondern *die ein reines Herz haben* und deshalb »Gott schauen« können; jene, die das Böse meiden und sich vor schlechtem Denken fürchten, vor dem Billigen, Niederträchtigen; die das Gemeine und Hässliche verabscheuen und stattdessen im Schönen, Guten und Wahren Erfüllung suchen;

7. nicht länger die Hetzer und Aufwiegler, jene, die nach Vergeltung rufen und dem Terror frönen, auch im Namen Gottes, die ausgrenzen statt zu vermitteln, die spalten, verleumden, verletzen, Menschen verachten, die einer billigen Pointe wegen ihre Ehre verkaufen, Unruhe und Unfrieden stiften, die Unterschiede und Rangordnungen betonen, die kein gutes Haar am anderen lassen, die manipulieren und verfälschen, die Öl ins Feuer gießen und mit gespaltener Zunge reden – sondern jene, *die Frieden stiften.* Sie werden gar »Kinder Gottes genannt« werden, ein Ausdruck des versöhnten Menschen, der die Zerrissenheit mit Gott, die Ursache aller Vergiftungen,

überwunden hat und von daher auch andere versöhnen und Frieden stiften kann;

8. nicht länger die Opportunisten, die Mitläufer, die Jasager, die Ignoranten, jene, die ihr Fähnchen in den Wind hängen und ihre Meinung vom Gängigen und Gewünschten abhängig machen, die den Mode- und Lebenslügen hinterherlaufen, aus Prestige- oder ideologischen Gründen die Wahrheit beugen und in ihrem hippen Anpassertum dann nicht löschen, wo es brennt – sondern all jene *Gläubigen* werden am Ende selig werden, die etwas gewagt haben, die für die Wahrheit Gottes stritten und »um der Gerechtigkeit willen« Nachteile und sogar Verfolgung in Kauf nahmen. Ihnen gehört mehr, als man auf Erden je haben könnte: »Ihnen gehört das Himmelreich.«

Wo aber war das Grundmaß für all diese Seligkeiten, mochten sich Jesu Zuhörer fragen. Wovon sollten sich denn ein »reines Herz«, »Frieden«, »Gerechtigkeit« ableiten? Und wohin ausrichten? Gibt es denn nicht auch die Gleichwertigkeit der Wahrheiten? Je nachdem, welchen Gott, welchen Götzen, welche Weltanschauung man als seine Maxime ansieht?

In jenem weiteren Paragrafen, der deutlich von den anderen acht abgesetzt ist, zeigte Jesus gewissermaßen das Urmeter, auf das alles Verhalten, alles Richtige ausgerichtet ist: »Selig seid ihr«, sagte er, »wenn ihr *um meinetwillen* beschimpft und verfolgt und auf alle mögliche Weise verleumdet werdet. Freut euch und jubelt: Euer Lohn im Himmel wird groß sein. Denn so wurden schon vor euch die Propheten verfolgt.«

Der so bescheidene Mann aus Nazareth, der nichts besitzt und nichts braucht, der im Nichts alles ist, machte sich zum absoluten Zentrum jeglicher Moral, jeglicher Ethik, zum alleinigen Kern dessen, worum es gehen sollte. Punktum. Das ist das Maß. Das ist die Mitte. Das ist der Weg und das Leben. »Ich bin die Wahrheit«, rief er ganz laut. Für die Leute in der letzten Reihe.

Jesus wusste, dass er seinem Publikum einiges abverlangte. Das Evangelium vermerkt denn auch an dieser Stelle weder Begeisterungsstürme noch allgemeinen Zuspruch. Die Menschen hingen an seinen Lippen. Sie hörten den neuen Klang, der in dieser Rede lag. Sie spürten dieses Andere, das Neue, das noch nie Gesprochene. Diese Lehre, die sich so wohltuend von den Phrasen der Pharisäer unterschied, war nicht nur voller Überraschungen, sie erweiterte das Herz. Sie füllte die Leere in den Seelen und hob einen regelrecht in die Höhe. Man wurde so schwerelos, als könnte man fliegen.

Die Entrechteten und Erniedrigten, die vom Schicksal Geschlagenen mochten aufgehorcht haben, als es um Hunger und Durst ging, um Gerechtigkeit für die Opfer. Alles war groß. Alles war gut. Zunächst aber hielten viele erst mal die Luft an. Denn wo, bitte, blieb die Verurteilung der Reichen? Sie waren unterdrückt – und nun sollten sie gegen ihre Unterdrücker noch nicht einmal Gewalt anwenden? Obendrein: Warum sprach der Meister nun ausgerechnet zu denen, die ohnehin schon verfolgt sind, noch von einer weiteren Verfolgung – einer Verfolgung um seinetwillen?

Jesus blieb die Stimmung nicht verborgen. Man hört aus dem Evangelium heraus, wie er sofort darauf reagiert: »Denkt nicht, ich sei gekommen, um das Gesetz und die Propheten aufzuheben«, stoppt er mit ausgestreckten Armen das Geraune im Publikum, »ich bin nicht gekommen, um aufzuheben, sondern um zu erfüllen.« – »Amen, das sage ich euch«, fügte er in präsidialer Rhetorik hinzu, während sein Wort noch in der Luft stand, »bis Himmel und Erde vergehen, wird auch nicht der kleinste Buchstabe des Gesetzes vergehen, bevor nicht alles geschehen ist« (Mt 5,17–18).

Die Seligpreisungen waren tatsächlich nicht als Vertröstung der Armen oder gar als Lob der Armut zu verstehen. Dass Jesus gegen Habgier predigte, hieß nicht, dass Erlösung die Armut voraussetzt. Er forderte seine Anhänger nicht auf, jeglichen Besitz aufzugeben, nicht den reichen Nikodemus und nicht Johanna, die wohlhabende Frau eines Hofbeamten. Menschen werden nach ihren Taten gerichtet, nicht nach ihrem Einkommen. Wohl aber fordert Jesus »Armut im Geiste« beziehungsweise »Armut vor Gott«, ein Begriff aus den heiligen Schriften, wo die Wörter *anavim* und *ebionim* (Arme) oft als Synonyme für »Gerechte« gebraucht werden, also Menschen des Glaubens, die ihre ganze Hoffnung auf Gott setzen.

Der Nazarener ist kein politischer Rattenfänger. Den Sieg über die Feinde und die Bekämpfung der Armut hätten auch ein Spartakus oder ein Anführer der Zeloten verkünden können. Jesu Seligpreisungen hingegen sind eine Kampfansage an die Entfremdung des Menschen durch die Kräfte der Zerstörung. Sie machen deutlich, dass die Gefahr in der Versuchung zur Selbstherrlichkeit liegt, einer Anmaßung, die dann keine Grenzen, keine Moral, keine Rücksicht mehr kennt, um im Monströsen, in der Hybris gegen Gott, ganz nach eigenem Gutdünken ausbeuten zu können, was sich nur irgendwie ausbeuten lässt; ob im Kleinen oder im Großen, ob in der Selbst- oder in der Weltzerstörung.

Jesus sagt an, was den Menschen besser machen kann. Er formuliert mit den *Seligpreisungen* und den ihr folgenden sieben Gesetzen der *Bergpredigt* eine bis dahin nicht gekannte universelle Ethik. Sie ist real umsetzbar – und dennoch bleibt sie gleichzeitig als eine Lehre der Vollendung auch Vision. Denn es geht im Kern der Predigt um die Verkündung eines Gesetzes, das vom Irdischen ins Überirdische, vom Zeitlichen ins Ewige führt – um schlussendlich aus den Am-ha-arez, dem *Volk der Erde,* ein *Volk des Himmels* zu machen.

Dass die Seligpreisungen Jesu nicht unbedingt auf aktuelle Zeitumstände abhoben, begriff das frühe Christentum schon aus der Zahlensprache dieser Formel, die nicht zufällig eine *Acht* zum Symbol hatte. »So heilig den Alten die Siebenzahl war«, schreibt Otto Betz mit Blick auf die Achtzahl der Seligpreisungen, »den Christen wurde die *Acht* noch bedeutsamer.« Die Acht galt als Zahl des Gleichgewichts, der Gerechtigkeit und der Erneuerung, wie sie in den Seligpreisungen als Zuspruch für die Leidenden zum Ausdruck kommt. Sie ist darin Bindeglied und Mittlerin zu einer neuen, höheren Ordnung.

In den Ornamenten mittelalterlicher Kathedralen, die von den alten Baumeistern im Gedenken an die Seligpreisungen gestaltet wurden, ist diese Symbolik noch zu finden. »Die Oktav«, so der Kunsthistoriker Hans Sedlmayer, sei hier »als wiederhergestellte vollkommene Konsonanz gleichsam Rückkehr zur ursprünglichen Harmonie und ›Seligkeit‹, der Eins, der Prim.« Und wie im *achten* Ton analog zu den Seligpreisungen die Tonleiter zu ihrem Beginn zurückkehrt und gleichzeitig einen Neuanfang auf höherer Ebene darstellt, gibt es auch in Gotteshäusern eine vergleichbare Symbolik.

Sie stellt sich in dem *Achteck* dar (ein Bild für die Mitte zwischen Himmel und Erde), das sich in vielen Kirchen über der *Vierung* (Bild für die Erde) erhebt, bevor es in die *Kuppel* (Bild für den Himmel) übergeht – als Zeichen für die Schwelle, bis zu der sich der Mensch auf Erden dem Ideal der Ewigkeit, des Göttlichen annähern kann. Aber auch dafür, dass der Himmel der unvollkommenen, schwachen Kreatur weit entgegenkommt.

So ist denn auch der Stern in Jesu Geburtsgrotte in Bethlehem nicht zufällig als achtstrahliges Zeichen gestaltet. Und wenn Christen über Jahrhunderte ihre Taufkapellen als Oktogon bauten, sollte dies andeuten, dass mit der Taufe dem Menschen der Weg zum ewigen Leben geöffnet wird. An der Decke dieser achteckigen Baptisterien (etwa in Pisa, Florenz oder der Lateranbasilika in Rom) geht das Achteck dann, der Apokalypse des Johannes gemäß, in einen goldenen Kreis über – Symbol der Heiligen Stadt, des himmlischen Jerusalem. Letztendlich Ausdruck von Ewigkeit und Unendlichkeit, die schließlich, wen wunderts, mit dem Symbol ∞ dargestellt wird, einer *8*, die um 90 Grad gedreht wurde.*

Die Mitteilung der Zahlen schützt davor, die Bergpredigt als eine von anonymen Autoren einigermaßen passend zusammengestellte Sprüchesammlung zu betrachten. Vielmehr geht es darum, auf der Metaebene ihre ganze, also gerade auch ihre *spirituel-*

---

* Das Bild für ein Hinübergehen in ein anderes Bewusstsein wird im Übrigen auch sprachlich über die Zahl *Acht* zum Ausdruck gebracht. Diese Phase des Übergangs wird durch ein »n« für »nein« oder »no« angezeigt. Noch nicht in der *acht* sein heißt dann im Deutschen *N-acht*, im Englischen *n-ight* (statt *eight*), im Französischen *n-uit* (statt *huit*), in Italien *n-otte* (statt *otto*), in Spanien *n-oche* (statt *oche*).

le Wahrheit zu erkennen. Die Bedeutung der *Acht* wird zusätzlich unterstrichen, indem Lukas in der Parallele zur Bergpredigt ebenfalls *acht* große Rufe aufzeichnet. Hier ist die Symbolik des Oktogonalen mit seiner Mittellinie, die Himmel und Erde trennt, offen angezeigt: durch *vier Seligpreisungen* einerseits – und *vier Weherufe* andererseits.

Wenn die *acht* Seligpreisungen dann durch eine Art Zusatzzahl ergänzt werden – statt »*selig die…*« heißt es nun »*selig seid ihr, wenn …*« –, ist es ein schöner Zusammenfall, dass die »neue« Seligkeit in der Nummer *neun* zum Tragen kommt (wie sich auch sprachlich das *Neue* von der *Neun* herleitet). Die *Neun* steht von alters her für eine Initiative, eine Initiation. Sie kennzeichnet eine Sammlung – bevor der Schritt ins Neue geht, den Weg zum Ziel hin. In der jüdischen Buchstabensymbolik ist der neunte Buchstabe – das *Teth* –, der auch als Gebärmutter mit einem Embryo verstanden wird, Symbol für das keimende und kommende Leben. Die Zahl steht dann auch für eine Phase oder eine Gruppe, die etwas Neues gebiert.

Folgerichtig also, dass Jesus sich in der *neunten* Seligpreisung ausdrücklich seinen Jüngern zuwendet (in der 2. Person Plural, während die vorhergehenden *acht* Seligkeiten in der 3. Person formuliert sind). Es ist jene kurz zuvor eingesetzte Gruppe, die zur Sammlung der Herde für das Himmelreich berufen ist: »Selig seid ihr, wenn ihr um meinetwillen beschimpft und verfolgt und auf alle mögliche Weise verleumdet werdet.« Und Jesus fügt nicht von ungefähr hinzu: »Freut euch und jubelt; euer Lohn im Himmel wird groß sein.«

Jesus hebt die Tora nicht auf, sondern erfüllt sie, indem er das Alte aufgreift, es dann aber übersteigt. In der genialen Vereinfachung durchschlägt er den Gordischen Knoten, ein Knäuel von Bestimmungen, die nichts mehr mit dem ursprünglichen Willen Gottes zu tun, sondern die Menschen regelrecht gefesselt und ihrer Freiheit beraubt haben. Und überall dort, wo Mose nur Weg und Wegzehrung war, ist hier bei ihm schon Ziel und Erfüllung.

Es war Mittag geworden. Der Meister zog sich zurück, die Pilger lagerten in Gruppen irgendwo im Gras, aßen ihr Brot, schauten auf die herrlich blauen Wellen des Sees und genossen nach der anfänglichen Aufregung ein Gefühl von Freiheit, das ihnen neu war.

Jesus war nun exakt an dem Punkt, den er so zielstrebig angesteuert hatte. Die vorangegangenen Debatten mit den Pharisäern wirken von hier aus gesehen wie ein Vorbereitungskurs. Denn auf dieser Höhe nun konnte in der ganzen Schönheit und Wahrheit seines Wortes etwas verkündet werden, das aus dem Alten kommt und das Neue bringt: die *Tora des Messias*.

26

Die Tora des Messias (II)

Wir hatten die Präambel gehört, aber der Hauptteil der Rede stand noch bevor. Einige glaubten, falsch verstanden zu haben. Hatte der Lehrer da wirklich in das Gesetzeswerk eingegriffen? Hatte er tatsächlich auch von einem »Lohn im Himmel« gesprochen, der so »groß« sein würde, dass man jubeln sollte?

Es ging um das unantastbare Gut Israels. In den Gesetzen lag seine Identität als das auserwählte Volk Gottes. Nur jemand, den die Propheten als den Messias verheißen hatten, *durfte* so sprechen. Nur jemand, der sich selbst als der Messias verstand, *konnte* so sprechen. Und nur jemand, von dem man annahm, dass er tatsächlich der Messias sei, wurde für eine solche Rede nicht gesteinigt. Und stattdessen sogar noch gefeiert, wie es seine Zuhörer taten, als sie wenige Wochen später versuchten, den Mann aus Nazareth »in ihre Gewalt zu bringen und zum König zu machen« (Joh 6,15).

Mit dem Blick auf zweitausend Jahre Christentum sehen wir heute, dass die jüdische Jesus-Kampagne die erste umfassende und von einer einzelnen Person initiierte rein religiöse Bewegung in der Geschichte der Menschheit ist, die seither diese Geschichte nicht nur dominiert, sondern sie erklärtermaßen auch zu ihrem Abschluss bringen will. Aber was genau machte ihre Kraft aus? Wie konnte sie in relativ kurzer Zeit ganze Völker für sich einnehmen? Worin lag insbesondere der Wert der Bergpredigt, die bis heute Artikelserien in Zeitschriften auslöst und ganze Kongresse beschäftigt?

Es gab genügend Versuche, diese Botschaft wieder aus der Welt zu schaffen, nicht nur im politischen Raum. Ein Großteil der Exegeten etwa hatte sich angewöhnt, die Heilige Schrift nur noch als eine Art Knetmasse zu betrachten, mit der irgendwelche antiken Autoren ein Evangelium modellierten. Der Text sei genial (Augstein: »mit welchen Tricks auch immer«), aber stets mit größter Vorsicht zu genießen. »Matthäus kommt es darauf an ...«, heißt es dann in den Formulierungen der Theologen, oder: »Hier konnte sich Matthäus nicht der Polemik gegenüber den Schriftgelehrten enthalten.«

Zunächst war es nur die eine oder andere Passage, die man diesem »Matthäus« unterschob. Zumindest ein Teil der Bergpredigt dürfe erst gar nicht in eine Bewertung mit einbezogen werden, so Peter Hirschberg, da »berechtigte Zweifel an der Authentizität vorgebracht werden können«. Zunehmend aber wurde nun das gesamte Evangelium zum Machwerk. »Matthäus hat seinen Q-Stoff ziemlich souverän neu geordnet«, legt der Neutestamentler Gerhard Schneider aus. Von hier aus war es dann nur noch ein Katzensprung, bis aus einer Hypothese die feste Überzeugung entstand, eine Bergpredigt habe es im Grunde gar nicht gegeben.

Bereits die Ortsangabe – »auf einem Berg« – sei von den Evangelisten »geschaffen« worden, um eine Entsprechung zum Berg Moses zu haben. Dass »Matthäus« ohnehin nur ein Anonymus sei, jemand, dessen Absichten ungeklärt, vielleicht sogar zweifelhaft sind, gehörte bald zum Grundwortschatz jedes Theologiestudenten. »Alle vier Evangelisten sind anonyme Christen des 1. Jahrhunderts. Wir wissen von keinem von ihnen den Namen«, erklärt der Theologe Ingo Baldermann. »Wo angeblich Jesus von sich selbst spricht«, weiß der Exeget John Crossan, »spricht gewöhnlich nicht der historische Jesus, sondern eine ehrfürchtige spätere christliche Gemeinde.«

Bereits 1960 hatte Ernst Käsemann, der Frontmann der »kritischen« Theologen, erklärt, die gesamte in den synoptischen Evangelien ausgebreitete Botschaft sei »größtenteils nicht authentisch, sondern Ausprägung des urchristlichen Gemeindeglaubens in seinen verschiedenen Stadien«. Heute kommentiert sogar die of-fizielle Bibelübersetzung der deutschen Bischöfe, nicht Jesus selbst, sondern ein »Matthäus« habe »aus der Bergpredigtüber-lieferung ... und aus anderen Jesusworten eine große Rede über die wahre Gerechtigkeit geschaffen«.

Die Gelehrten waren so verliebt in ihre Thesen, dass sie andere Überlegungen erst gar nicht mehr anstellten. Ob etwa nicht doch vorstellbar sei, dass nicht irgendein dahergelaufener Unbekann-ter, sondern genau jener Zöllner, den Jesus berufen hatte, Zeuge der Versammlung war und bei seinem Bericht sowohl auf eigene als auch auf fremde Notizen zurückgreifen konnte. Oder ob denn ein Mann wie Jesus nicht auch durchaus in der Lage gewesen sein könnte, die Hauptpunkte seiner Verkündigung in einer geschlos-senen Predigt selbst zu formulieren. Und zwar in jener besonders einprägsamen, katechismusartigen Form, die dem auf Merkfähig-keit geschulten Publikum besonders entgegenkam.

Gut. Wenn es nicht Jesus war, wer war es dann? Wie konnte ein Anonymus, dessen Handschrift dann in keinem anderen Schriftwerk der Antike wieder auftaucht, einen Text in die Welt bringen, für den es das Genie eines Plato oder Homer gebraucht hätte? Jene Geistesgrößen, die schon von zeitgenössischen römi-schen Dichtern wie Vergil, Horaz oder Ovid nicht erreicht wur-den. Die Evangeliums-Kritiker können darauf keine Antwort geben.

Wer die Bergpredigt auf eine redaktionelle Bearbeitung durch die Urgemeinde zurückführen will, hat nicht nur ein Problem mit dem Ergebnis wissenschaftlicher Forschung, wonach eine Urschrift der authentischen Jesus-Worte bereits kurz nach dem Tod Jesu (wenn nicht sogar schon zu seinen Lebzeiten) in Um-lauf gewesen ist. Die Originalzitate konnten folglich jederzeit mit den Evangelien verglichen werden. Er müsste auch für glaub-würdig halten, dass ein »Matthäus« (oder wer auch immer) die Rede Jesu »verbessert« oder gar selbst erfunden hätte (was nicht zuletzt auch ein Komplott aller zwölf Apostel voraussetzt, die dieser Manipulation völlig gleichgültig gegenübergestanden ha-ben müssten). Oder dass sich ein Kollektiv gutwilliger Urchristen mit der Feder in der Hand über den Tisch beugte, um die Zehn Gebote Gottes durch eine eigene Tora zu verbessern. Eine Botschaft dann, deren Visionen alle eintrafen, und die es nicht zuletzt vermochte, die Welt zu verändern, ja, ihr regelrecht einen neuen Stempel aufzudrücken.

Die These von der nachösterlichen Erfindung des Evangeliums missachtet zudem den Glauben der Juden an die messianischen Prophetien des Alten Testament (an die Jesus unentwegt anknüpft, weil er seine Erscheinung dezidiert in den Zusammenhang der ganzen Heilsgeschichte stellt; er sei schließlich nicht gekommen, »um das Gesetz oder die Propheten aufzuheben«, sondern »um sie zu erfüllen«). Und sie übersieht die gewaltige Dynamik im Prozess der Bewegung des »Neuen Weges« selbst. Ostern war der Kristallisationspunkt der Botschaft Jesu, aber gehört und mit Begeisterung aufgenommen wurde sie längst zuvor. In ebenjenen wunderbaren Landschaften und bei den Menschen Galiläas, die hier auf dem sanften Hügel über dem See Genezareth soeben seine Seligpreisungen vernommen hatten.

Um es zu wiederholen: Jesus war nicht irgendein Anführer eines Häufleins einfältiger Fischer, die es nicht besser wussten, als einem ehemaligen Zimmermann auf den Leim zu gehen, sondern ein Hero für Tausende, vermutlich sogar Zigtausende von Juden im Lande, die ihm mit Begeisterung zuströmten. »Um diese Zeit lebte Jesus, ein weiser Mensch, wenn man ihn überhaupt einen Menschen nennen darf«, notierte der Zeithistoriker Flavius Josephus in seiner berühmten Passsage der »Jüdischen Altertümer«, die man heute wieder für authentisch halten darf, »so zog er viele Juden und auch viele Heiden an sich.« Und »obgleich ihn Pilatus auf Betreiben der Vornehmsten unseres Volkes zum Kreuzestod verurteilte, wurden doch seine früheren Anhänger ihm nicht untreu.«

Niemand hatte von Gott je so gesprochen wie Jesus, der ihn seinen Vater und sich den Sohn nannte. Niemand hatte sich, wie es Jesus in Jerusalem demonstrierte, als den Herrn des Tempels gesehen. Niemand verfügte über derartige Kräfte. Niemand hatte solche Macht über die Dämonen. Das war nicht irgendein Weisheitslehrer, kein Götterbote oder Philosoph, wie sie bei den alten Griechen im Spiel waren. Die Bergpredigt treibt das Selbstverständnis Jesu nachgerade auf die Spitze. Kurz: Niemand in Israel, kein Mose, kein Elija, kein Salomo und kein David waren jemals mit solchem Anspruch vor das Volk getreten. Und schon gar nicht, um wie hier auf dem »Berg der Seligpreisung« nach Gottes Gesetz selbst zu greifen – und es mit Vollmacht zu vollenden.

»Ihr habt gehört, dass zu den Alten gesagt worden ist …«, so wird Jesus gleich die Verkündung seiner Tora einleiten, um dann, wenn er die ganze Konzentration seines Publikums auf sich gezogen hat, in ruhigem Ton sein neues Kapitel aufzuschlagen: »Ich aber sage euch …«

Und er wird das *Ich aber sage euch* nicht nur einmal sagen.

Ich hatte mich ebenfalls auf die Wiese geworfen und nahm mir meine kleine Bibel zur Hand, um mir schon mal einen Überblick zu verschaffen. Der Aufbau der *Bergpredigt* ist ein wenig so, wie man auch ein Grundgesetz für eine neue Bundesrepublik gestalten würde. Nach den Seligpreisungen, die als Präambel das Verfassungswerk vorab zusammenfassen, beginnt das Werk mit dem Grundsätzlichen, ebendem »Gesetz« an sich. Es folgen die Paragrafen über Krieg und Frieden, über die Familie als Grundzelle der Gesellschaft, über Wahrhaftigkeit und Rechtsprechung, den Verzicht auf Vergeltung, die Aussöhnung mit dem Gegner, über soziale Pflichten (wie Almosen geben), über spirituelle Pflichten (wie Beten und Fasten) und schließlich einige Anleitungen, sich das Leben ein wenig leichter zu machen, indem man sich von falschen Sorgen befreit und darauf verzichtet, über andere selbstgerecht zu richten.

Bereits im Vorspann des Textes blitzt die ganze revolutionäre Kraft dieses Dokuments auf, wenn Jesus zwischen Prolog und Hauptteil seiner Bergpredigt einen großartigen Appell einfügt. Er bildet gewissermaßen die Brücke, die vom Alten ins Neue führt. Seine Lehre sei keine Philosophie, macht er darin deutlich, sie ist Auftrag: »Ihr seid das Salz der Erde«, ruft er seinen Jüngern zu, »ihr seid das Licht der Welt.« Das Salz soll salzen, den neuen

Geschmack vermitteln. Das Licht soll »vor den Menschen leuchten«. Nicht als Fackel einer neuen Ideologie, sondern als gutes Vorbild, »damit sie eure guten Werke sehen und euren Vater im Himmel preisen«.

Paragraf 1 der Bergpredigt handelt *Vom Gesetz und von den Propheten*. »Denkt nicht, ich sei gekommen, um das Gesetz und die Propheten aufzuheben«, erklärt Jesus erneut. Wenn das Gesetz von Gott kommt, ist es notwendig, sinnvoll und absolut. Es kann nicht aufgehoben werden. Es gibt auch nicht die eine Wahrheit und dann noch eine zweite oder dritte. Anders verhält es sich mit den Auslegungen, der *Halacha* (hebräisch für »gehen«), die im Kontext der Veränderungen der Gesellschaft fortgeschrieben werden. Jesus geht es dabei nicht um Quantität, sondern um das *Wesen* dieser Gebote. Und während dem bisherigen Gesetz eine rein formale Gesetzestreue nach dem Buchstaben genügte, wie sie die Pharisäer zur Schau stellten, fordert er nun ein Verhalten nach dem Geist des Gesetzes. »Wenn eure Gerechtigkeit nicht weit größer ist als die der Schriftgelehrten und der Pharisäer«, macht der Lehrer klar, »werdet ihr nicht in das Himmelreich kommen.«

Paragraf 2 handelt *Vom Töten und von der Versöhnung.* »Ihr habt gehört, dass zu den Alten gesagt worden ist: Du sollst nicht töten…«, beginnt er seine Gegenüberstellung – und vollendet sie mit einem: »Ich aber sage euch: Jeder, der seinem Bruder auch nur zürnt, soll dem Gericht verfallen sein …«

Leben zu schützen, gehört zu den Grundvoraussetzungen einer humanen Gesellschaft. Kein Gesetz wirkt daher verständlicher als das Verbot des Tötens – und dennoch wird keines häufiger verletzt. Töten ist dabei nicht nur eine Sünde gegen andere, sondern eine Sünde wider Gott. Töten ist: nicht lieben. Tod-Sünde heißt eben auch: Wer tötet, ist selbst schon tot. Er kann aus dem Fluch seiner Tat nicht mehr herauskommen und verfällt gewissermaßen schon zu Lebzeiten dem »Feuer der Hölle«.

Jesus kennt die Menschen. Die Hemmschwelle des Tötens ist gering, wenn Zorn und Rachegefühle die Herrschaft über Herz und Hirn übernehmen. Er verweist darauf, dass das Töten schon im Kopf beginnt. Geboten wird deshalb, den Hass, die Wurzel des Verbrechens, aus dem Herzen zu vertreiben – um dann den Gegner nicht nur nicht zu töten, sondern ihm gar entgegenzugehen: »Schließ ohne Zögern Frieden mit deinem Gegner.«

Denn ohne Versöhnung ist eine Veränderung zum Besseren nicht möglich, ob auf persönlicher, gesellschaftlicher oder völkerrechtlicher Ebene. Vergeben kann dabei immer nur derjenige, der verletzt wurde. Wenn »dein Bruder etwas gegen dich hat«, fordert Jesus jenen auf, der eigentlich zum Opfer wurde, solle man noch vor dem Altar umkehren, um sich zu versöhnen. Dies sei wichtiger als jede Opfergabe – oder sogar deren Voraussetzung.

Das Gebot von Vergebung und Versöhnung kennzeichnet denn auch wie kaum ein anderer Passus des Evangeliums den Durchbruch zur neuen Weltordnung. In Verbindung mit dem Gebot der Feindesliebe, das den Vergebungsgedanken auf eine weitere, nicht mehr zu überbietende Höhe treibt, gibt Christus die Lösung, um die unendliche Spirale von Gewalt und Gegengewalt endlich durchbrechen zu können. Und gleichzeitig den höchsten Lohn. Denn der versöhnte Mensch hat auch seine eigene Zerrissenheit, den Sprung in Herz und Seele, geheilt. Er ist befreit von den Dämonen des Hasses, der Vergeltung, der Rache. Wahre Vergebung und Versöhnung heißt dann auch, es irgendwann einmal »gut sein« zu lassen. Ansonsten wird »Schuld« instrumentalisiert zu einer Geißel, die man bei jedweder Gelegenheit neu einzusetzen gedenkt.

In den Paragrafen 3 und 4 – *Von Ehebruch und Ehescheidung* – ordnet Jesus die partnerschaftlichen Verhältnisse. Sie sind Grundlage einer dauerhaften Ehe und Familie, der Stammzelle jeder Gesellschaft, zumindest solcher, die sich noch fortpflanzen und weiter fortbestehen möchte. »Du sollst nicht die Ehe brechen« war jüdisches Gesetz, Jesus aber erklärt: »Wer eine Frau auch nur lüstern ansieht, hat in seinem Herzen schon Ehebruch mit ihr begangen.«

Im Lauf der Geschichte wurden gewaltige Mengen an Theorien zusammengemixt, um den Schutzwall an Normen aufzusprengen, der ursprünglich Ehe und Familie umzäunte. Liebe sei

keine Frage der Treue, heißt es da über den »Mythos Monoga-
mie«. Jesus ist kein Spießer. Nirgendwo beginnt er eine Begegnung mit dem erhobenen Zeigefinger. Er weiß um die Macht der
Verführung. »Wer ohne Sünde ist, werfe den ersten Stein«, verteidigt er eine vermeintliche Ehebrecherin. »Das Fleisch ist
schwach«, sagt er an anderer Stelle. Aber es geht hier nicht um
kleinliche Verhaltensnormen.

Jesus will Schutz. Schutz vor Verstrickung, um nicht Unheil
anzurichten oder selbst unheil zu werden. Wie in der Frage des
Tötens setzt er auch den Ehebruch nicht erst dort an, wo er vollzogen wird, sondern bereits beim sprichwörtlichen »Spiel mit
dem Feuer«. Nicht jeder Ehebruch endet in einer Zerstörung,
aber jeder hat das Potenzial dazu. Für alle Beteiligten – und am
meisten noch für die Unbeteiligten, die Kinder, deren Wunden
kaum vernarben. Im Nachteil waren immer auch die Frauen, die
per Scheidungsbrief wie Dienstmägde auf die Straße geworfen
werden konnten.

Paragraf 5 – *Vom Schwören* – behandelt die Frage von Wahrheit und Rechtschaffenheit, den Voraussetzungen für das geistig-
moralische Klima einer Gesellschaft. Ohne Lüge kein Betrug und
keine Betrogenen. Keine Falschheit. Kein Misstrauen. Keine Ver-
unglimpfung. Keine Demagogie.

Ohne die Flut an Lügen wäre die Brücke des Eides gar nicht
notwendig. Mit dem Schwur wird Gott in einen Fall hineingezo-
gen, der gar nicht erst entstünde, wenn ein »Ja« ein »Ja« und ein
»Nein« ein »Nein« wären. Durch den Notbehelf des Schwörens
wird zwar der leichtfertige Umgang mit der Wahrheit nicht akzeptiert, aber er zementiert eine Gewöhnung an eine gesellschaftliche Realität, in der Menschen sich mit Lügen behelfen und gewissermaßen nur im »Notfall« per Schwur die Wahrheit sagen.
Jesus hebt das Gesetz auf eine weit höhere Stufe: »Ich aber sage
euch: Schwört überhaupt nicht, weder beim Himmel, denn er ist
Gottes Thron, noch bei der Erde, denn sie ist der Schemel für
seine Füße ...«

Vielleicht kam an dieser Stelle eine erste Unruhe auf. Möglicherweise waren viele der Zuhörer auch ein wenig erschöpft, so dass sie in ihrer Konzentration nachließen. Als der Lehrer jedoch vom »Auge um Auge und Zahn um Zahn« sprach, der juristischen Grundregel der alten Völker, und damit in Paragraf 6 das Thema *Von der Vergeltung* behandelte, wurde das Publikum plötzlich wieder hellwach.

Das orientalische »Auge um Auge« stammte aus dem Codex Hammurabi, eingeführt im 17. Jahrhundert vor Christus. Die Regel war keine Aufforderung zum Gegenschlag, sondern sie sollte im Gegenteil den bisherigen Exzessen an Strafe ein Ende setzen, indem ein ausgeglichenes Maß vorgegeben wurde, eben Zahn gegen Zahn. Jesus will mehr. Nicht ein Mehr an Strafe, sondern ein Mehr an Barmherzigkeit. In einer Menschenwelt, die es gewohnt war, Gewalt und Krieg als Politik mit anderen Mitteln zu betrachten und in ihnen gar die relevanten Faktoren zu sehen, Geschichte nach vorn zu bringen, proklamiert er einen Gedanken, der fast schon einer anderen Welt zugehört. »Ich aber sage euch«, postuliert er, »leistet dem, der euch etwas Böses antut, keinen Widerstand, sondern wenn dich einer auf die rechte Wange schlägt, dann halt ihm auch die andere hin ...«

Statt Vergeltung, und sei sie noch so maßvoll, fordert Jesus, auf Vergeltung völlig zu verzichten. Es ist ein Paragraf, der nicht nur dem allgemeinen Rechtsempfinden widerspricht, sondern auch noch gegen die Natur des Menschen gerichtet und absolut widersinnig zu sein scheint. Doch Jesu Forderung zielt auf die Frage, wie sich die unglückselige Spirale von Angriff und Vergeltung, Schlag und Gegenschlag endlich durchbrechen und Frieden finden lässt. Die Geschichte zeigt, dass, ob im Kleinen oder im Großen, noch kein Regime auf Dauer durch bloße Machtausübung Bestand hatte. Aber es gibt die ungezählten anderen Fälle, in denen das Prinzip von Verständnis, Vergebung und Versöhnung Epochen des Friedens begründete. Die Politik des Verzichts auf Vergeltung nach dem Zweiten Weltkrieg etwa, eingeleitet durch christliche Politiker wie Robert Schuman (Frankreich), Konrad Adenauer (Deutschland) und Alcide de Gasperi (Italien), schuf (im Gegensatz zu Hitlers sogenannter *Vergeltung* für den »Schand-Vertrag« von Versailles) den dauerhaftesten Frieden, den Europa je erlebt hatte – und damit einen Wohlstand, der in der Geschichte des Kontinents ohne Parallele ist.

Jesus propagiert das Prinzip der Transformation. Hart gegen hart zerbricht, aber wenn hart auf weich trifft, kann es verwandelt werden. Die Macht der ertragenden Liebe, des Er-Leidens wirkt offenbar so, als könnte man mit der hohlen Hand eine Kugel in der Luft auffangen. Sie kann nicht mehr einschlagen. Ihre Vernichtungskraft ist gestoppt. Weiches ist paradoxerweise hier stärker als Hartes. Böses kann man nicht mit Bösem besiegen, nur die Liebe ist stärker als der Hass.

Virtuos hatte der Lehrer bisher immer wieder auch aus den heiligen Schriften zitiert; den Psalmen, dem dritten Buch Mose (Levitikus), dem vierten Buch Mose (Numeri), den Worten der Propheten. Die Zuhörer waren sprachlos über die Kühnheit, mit der er ein Gesetz zwar bestätigte, aber es zugleich auf eine neue Höhe trieb. Nun setzte Jesus sein Gipfelkreuz. Einen bis zum Ende aller Tage nicht zu übersteigenden Punkt, der bereits die Grenze des Absurden und Grotesken zu überschreiten scheint – und dennoch als geistiges Fundament einer neuen, friedlicheren Gesellschaft unverzichtbar ist. Es geht in Paragraf 7 um die *Liebe zu den Feinden*.

»Ihr habt gehört, dass gesagt worden ist: Du sollst deinen Nächsten lieben und deinen Feind hassen«, setzt Jesus wie gewohnt an. *»Ich aber sage euch:* Liebt eure Feinde und betet für die, die euch verfolgen, damit ihr Söhne eures Vaters im Himmel werdet; denn er lässt seine Sonne aufgehen über Bösen und Guten, und er lässt regnen über Gerechte und Ungerechte.«

Man vernimmt in der verfassunggebenden Versammlung am Berg förmlich ein kollektives Aufstöhnen. Bereits das alte jüdische Gebot der Nächstenliebe war eine Bürde. Man akzeptierte es notgedrungen als Bindemittel für den Zusammenhalt des eigenen Volkes. Wenigstens schloss der Begriff des Nächsten nur die Genossen des eigenen Stammes ein. Von einer Liebe zu den *Fein-*

den war bislang nicht die Rede. Nun lösten die Worte Jesu regelrecht Schmerz aus. Was für ein Maß ist das!

Die Weisungen zum Verzicht auf Vergeltung und zur Pflicht zur Vergebung waren anspruchsvoll genug. Die Predigt war eine Provokation für alle vorgefertigten Vorstellungen, die sich im Kopf der Menschen eingenistet hatten. »Betet für die, die euch hassen«, forderte Jesus nun in seinem Übermaß der Liebe. Man solle sogar, noch absurder, »Gutes tun und leihen, auch wo ihr nichts dafür erhoffen könnt«. – »Seid barmherzig«, meinte er, »wie es auch euer Vater ist«, der sogar »gegen die Undankbaren und Bösen« noch »gütig« sei.

Wer Gott erkannt hat und von ihm erkannt werden will, von dem wird mehr erwartet als von anderen. Es geht dabei nicht um eine noch höhere Leistung. Aber erst die Steigerung des Bestehenden führt zu jener Vollendung, die die *Tora des Messias* zum Gesetz der Gesetze macht. Vollkommenheit zeigt nicht, was einfach ist, aber sie zeigt, was möglich und erstrebenswert ist. Weder die Spiritualität des ägyptischen Isis-Kultes noch die Gelehrtheit der Philosophen auf dem Areopag in Athen oder in den Säulengängen des römischen Senats kannten einen so auf die Spitze getriebenen Gedankengang. Im höchsten Gebot seines Gesetzes sagte Jesus deshalb abschließend: »Ihr sollt also vollkommen sein, wie es auch euer Vater im Himmel ist.« Der es selbst für die Bösen regnen lässt, damit jene ihre Chance nicht verlieren und selbst noch im letzten Atemzug zur Umkehr finden können.

»Liebt eure Feinde«, heißt es in dem der Bergpredigt entsprechenden Passus bei Lukas, »tut denen Gutes, die euch hassen. Segnet die, die euch verfluchen; betet für die, die euch misshandeln.« Denn auf diese Weise »wird euer Lohn groß sein, und ihr werdet Söhne des Höchsten sein.«

Jesus selbst ist bereits der Inbegriff des neuen Menschen, der keine Abgrenzungen, kein enges Behaustsein mehr kennt. Keine Höhle wie die Füchse oder Nester wie die Vögel. Er ist die Öffnung in die universale Gemeinschaft des *ganzen* Menschengeschlechtes hinein. »Wenn ihr nämlich nur die liebt, die euch lieben, welchen Lohn könnt ihr dafür erwarten?«, erklärt er.

»Und wenn ihr nur eure Brüder grüßt, was tut ihr damit Besonderes?«

Eine bezaubernde Logik. Und dennoch ist es wohl mit eines der größten Phänomene des Christentums, dass dieses die irdischen Triebe doch so überfordernde Gebot tatsächlich breiten Eingang fand in das Denken der Menschheit und heute weltweit als unverzichtbare Maxime gilt.

»Jesus kennen wir nicht. Wir wissen nicht, was Jesus ›gewollt‹ hat«, schrieb Rudolf Augstein in seiner Abrechnung. Sollte der Galiläer wirklich nur ein »Anarchist« gewesen sein?

Jesus wendet sich gegen ein *falsches* Bild des Messias, den Israel zu seiner Stunde erwartet. Aber schon vor der Bergpredigt, dem Höhepunkt, liefert er unentwegt – eigentlich in so gut wie jeder Begegnung – unverklausulierte Belege der *richtigen*, nämlich seiner *eigenen* Messianität. Unverkennbar ist, dass das hochheiligste Gesetz, das Gott seinem auserwählten Volk gab, tatsächlich nur derjenige mit einem Mehr an Weisheit, an Gerechtigkeit, an Endzeitlichkeit erfüllen kann, der hierfür die Vollmacht hat.

Denn »erfüllen« heißt, etwas wahr werden lassen. Was noch verborgen war oder nur als Keim existierte, wird nun Wirklichkeit. Es ist der Beginn einer neuen Realität. Es ist der umfassende und nie mehr wieder rückgängig zu machende Paradigmenwechsel des israelitischen Glaubens, der gewandelt wird zur globalen geistigen Gemeinschaft. Und die kann in der Tat nur vollzogen werden in der Versammlung um diese eine, neue, messianische Erscheinung: Jesus, den Christus.

These und Antithese geben nun das Neue, die Synthese Jesu, das vollendete, vollkommene Gesetz. Und die Gegenüberstellung dessen, was »zu den Alten gesagt worden ist«, mit dem, was Jesus *neu* zu allen, die ihn hören wollen, sagt, macht deutlich: Das Gesetz aus der besonderen Bestimmung Israels wird aus dem begrenzten Gültigkeitsbereich heraus in die Universalität und Allgemeingültigkeit eines Weltgesetzes gehoben – um damit zu *erfüllen*, dass Israel die Weite der Völker umspannt und dass die Verheißung Gottes in alle Enden der Erde getragen wird. In dieser »Neuheit der messianischen Wende« (Benedikt XVI.) ist nicht mehr das *Fleisch,* also die Abstammung, entscheidend, sondern der *Geist,* die Zugehörigkeit zu einem Bund, der aus dem Erbe Israels aufsteht, um sich in und mit Christus zu vervollkommnen. Nicht zuletzt hatte dieser Lehrer auch deutlich gemacht, welche Konsequenzen mit seiner Lehre verbunden sind. Der »kluge Mann« würde ihr folgen, verdeutlicht er. Sein Haus, seine Familie, seine Seele würde deshalb jedem Sturm standhalten und für die Ewigkeit gebaut sein. Jener aber, der »meine Worte hört und nicht danach handelt, ist wie ein unvernünftiger Mann, der sein Haus auf Sand baute«. – »Es stürzten die Regen nieder«, heißt es in einer älteren Übersetzung dieser Bibelstelle, »und es kamen die Wasser daher, und es fuhren die Winde los und warfen sich auf das Haus. Da begann es zu wanken, und sein Einsturz war schlimm.«

Das Gesetz Jesu kennt keinen Legalismus, der alle Details des Lebens nach einer genau fixierten Ordnung festlegen will, ob als Hygienevorschrift oder Anweisungen für den Kult. Keine Spur von komplizierten Auslegungsfragen, die im Namen der Gerechtigkeit die Gerechtigkeit zur Farce machen. Es gibt auch keine *Scharia,* wie sie der Koran ausbreitet, der für jede Situation ein gewisses Normverhalten und bei Nichtbefolgung einen entsprechenden Katalog an Bestrafung vorschreibt. »Zur Freiheit hat uns Christus befreit«, konnte Paulus deshalb im Brief an die Galater ausrufen. Nicht eine anarchische Alles-ist-erlaubt-nichts-ist-verboten-Freiheit, sondern eine Freiheit zum Positiven, zum Friedlichen, zum Guten. Eine Freiheit, die auf Kosten anderer geht, könnte freilich auch schon nicht mehr als Freiheit im eigentlichen Sinne bezeichnet werden.

Hier ist genau auch der Punkt, in dem sich das Christentum in seinem Ideal von allen Philosophien und anderen Religionen unterscheidet. Ist dieses Ideal für die Griechen der schöne und tugendhafte Mensch an sich, für die Römer der disziplinierte Krieger, für die Juden der Gerechte, für die Konfuzianer der Aristokrat, für die Hindus der Asket, für die Buddhisten der Erleuchtete, für die Moslems der vollkommen der Allmacht Allahs Unterworfene – dann ist das Ideal für die Christen: *der Heilige*. Ein Mensch, der nichts können muss; der vielleicht ein Tor sein kann; von niederer Herkunft oder auch nicht. Aber ein Mensch von reinem Herzen. Mit anderen Worten: ein Mensch, der liebt. »Wer seinen Bruder liebt, bleibt im Licht«, heißt es im Johannesbrief. Aber genauso gilt: »Wer nicht liebt, bleibt im Tod« (3,14). Biblische Ausdrücke, die deutlich machen, dass es eine Wahl gibt zwischen einer Verwirklichung im Leben und einer Verwirklichung in der Sinnlosigkeit.

Dass Jesus in seiner Predigt auf das komplette Sozialsystem der Tora verzichtet, erläutert Joseph Ratzinger, habe »in seiner vollen Tragweite erst in der Neuzeit erfasst« werden können. Es sei ein »weltgeschichtlicher Vorgang, der als solcher in keinem anderen Kulturraum stattgefunden« habe. Die bis in feinste Verästelungen abgefassten politischen und sozialen Ordnungen seien damit »aus der unmittelbaren Sakralität, aus der gottesrechtlichen Gesetzgebung entlassen und der Freiheit des Menschen übertragen, der durch Jesus im Willen Gottes gegründet ist – und von ihm aus das Recht und das Gute sehen lernt«. Damit waren Menschen und Völker nun frei, im Sinne dieser Willensgemeinschaft jeweils selbst die rechtlichen Ordnungen zu gestalten.

Niemand hatte diesen Schritt bisher gewagt. Was verständlich ist angesichts des Sakrilegs, das es für die Mehrheit der Juden bedeutete, auch nur ein Jota am Gesetz zu ändern. Erst recht in einer Zeit, in der fundamentalistische Bewegungen wie die der Zeloten die Gesetzesbeachtung noch verschärfen wollten. Der Sprung in die Universalität war im Rahmen des Judentums auch nur durchsetzbar und als geschichtsbildende Kraft wirksam zu machen für eine Autorität, die als nicht geringer angesehen wurde als die Autorität des ursprünglichen Textes selbst.

Für jeden gläubigen Juden musste damit aber auch klar sein, »dass das, was Jesus von mir fordert«, so der Rabbiner Jakob Neusner, »allein Gott von mir verlangen kann«. In der Tat stellte sich Jesus damit auf die Höhe der Tora selbst und sprach damit gewissermaßen auf der Höhe Gottes. Denn nur »wenn Jesus Gott ist«, so arbeitet auch Ratzinger heraus, »kann und darf er so mit der Tora umgehen, wie er es tut. Nur dann darf er die mosaische Ordnung der Gottesgebote so radikal neu interpretieren, wie es allein der Gesetzgeber – Gott selbst – tun kann.«

Zumindest in diesem Zusammenhang sei dann auch die Frage beantwortet, was denn ein Messias Jesus, der weder Kriege noch menschliches Elend hinter sich gelassen habe, überhaupt gebracht habe. Er hat, so antwortet der Papst, »den Gott Israels zu den Völkern getragen, so dass alle Völker nun zu ihm beten und in den Schriften Israels sein Wort, des lebendigen Gottes Wort, erkennen«.

Am Ende nämlich ist »Christus selbst das entscheidende Heilsmoment«, wie Romano Guardini zusammenfasste; einfachhin seine Person. »In Jesus ist die Verheißung des neuen Propheten erfüllt«, so Benedikt XVI. »Bei ihm ist nun vollends verwirklicht, was von Mose an nur gebrochen galt: Er lebt vor dem Angesicht Gottes, nicht nur als Freund, sondern als Sohn; er lebt in innerster Einheit mit dem Vater. Nur von diesem Punkt her kann man die Gestalt Jesu wirklich verstehen.«

Auf dem Amphitheater über dem See herrschte mittlerweile große Erregung. Einigen der Zuhörer mag schon bei seinen ersten Worten der Atem gestockt haben, doch nun waren alle ergriffen. Manche begannen zu tuscheln. Einige Pharisäer verließen fluchtartig das Feld, um nicht mitschuldig zu werden an einer Provokation ohnegleichen.

Ich war bei meinem Blättern in der Bergpredigt gerade bis zum *Vaterunser** gekommen. Aber plötzlich hatte ich etwas vor Augen, das ich zuvor nie gesehen hatte: die absolute Symmetrie des Evangeliums. Der Text schälte sich auf einmal bis zu seinem innersten Kern auf. Erkennbar wird:

- Die Mitte des Evangeliums ist die *Bergpredigt* mit ihren *sieben Geboten.*
- Die Mitte dieser Bergpredigt wiederum ist ein *Gebet mit sieben Bitten.* Es ist das einzige, das Jesus lehrte.

* siehe hierzu im Anhang: Das Vaterunser

- Und die Mitte dieses *Gebets* nun offenbart in seiner *vierten Bitte* an zentralster Stelle, dort, wo in der Tora des Messias, wie könnte es anders sein, der Vater, Gott selbst, angesprochen wird, das entscheidende Heilsangebot dieses Messias. Genau hier ist exakt die Mitte des Evangeliums. Es ist gewissermaßen der Atomkern, das innerste Feuer der ganzen Mission Jesu, dort, wo er ganz der ist, der er ist: »Gib uns heute das Brot, das wir brauchen«, heißt die Stelle. Denn das Brot, »das wir brauchen«, ist nicht irgendein Brot, es ist ein ganz besonderes.

Der Evangelist Lukas zitiert das Vaterunser bei einer späteren Gelegenheit, als die Jünger noch einmal baten, Jesus möge sie beten lehren. Ich hatte deshalb beschlossen, die Geheimnisse des sogenannten *Herrengebets,* das Forscher mit einer musikalischen Komposition verglichen, die in ihrer Anordnung der einzelnen Töne sich pausenlos neu erschaffe, ein wenig später zu meditieren, auf der Reise nach Jerusalem. Origenes entdeckte in der vierten Bitte im Original einen geheimnisvollen Ausdruck, der bis dahin im Griechischen nicht vorkam. Und wenn diesem Gebet nun auch noch eine Grammatik der Zahlen unterlegt war, dachte ich, würden sich daraus Details herauslesen lassen, die bislang völlig verschüttet waren.

Zunächst aber lauschte ich weiter den Worten des Lehrers, der nun seinen Vortrag fortsetzte. »Ihr habt gehört ...«, begann er. »Ich aber sage euch«, fuhr er fort. Er sprach ruhig, ohne Zeigefinger, ohne Tremolo in der Stimme, aber mit einer ungeheuren Eindringlichkeit. Die Rede war Provokation und Offenbarung zugleich. Die Menge fühlte, dass mit diesen neuen Paragrafen, die Jesus Absatz für Absatz vorstellte und erläuterte, Ungeheures geschah. Sie stand regelrecht unter Schock. Und ich konnte die Erregung gut verstehen, die Matthäus in seinem Bericht ausdrückte. Ältere Bibelausgaben übersetzen diesen Zustand denn auch nicht nur als »sehr betroffen«, wie es in der Einheitsübersetzung heißt, sondern als ein regelrechtes »Erschrecken«. Denn dieser Meister, hielt Matthäus die Überzeugung des Publikums fest, »lehrte sie wie einer, der göttliche Vollmacht hat, und nicht wie ihre Schriftgelehrten.«

Teil IV

27

Die Geschichte
der Maria Magdalena

Magdala, April 29

Der Himmel war strahlend blau, und auf den Feldern beugten sich Garbenbinder und Ährenleserinnen über die erste Ernte des Jahres. Gemächlich schaukelten Esel riesige Kornbündel auf dem Rücken, und auf den Dreschplätzen führten Kinder ihre Kamele im Kreis, um mit schweren Walzen die goldgelben Gerstenkörner aus den Ähren zu lösen.

Wenn Jesus das Hochland Galiläas durchstreifte, konnte man durchaus den Eindruck einer Karawane haben, so bunt war der Tross, der sich in seinem Schlepptau gebildet hatte. Manchmal ruhten sie unter den silbern schimmernden Blättern der Olivengärten, begleitet von der einschläfernden Musik der Zikaden. Das Allerweltsgetriebe von Beruf und Familie war weit weg. Nie waren sie so frei, nie in so heiterer, fast fiebriger Erregung.

Wie viel Zeit würde noch bleiben? Würde sie ausreichen, die Mission ganz zu Ende zu führen? »Umgürtet die Lenden«, hatte der Lehrer gedrängt, »haltet das Öl in den Lampen bereit.«

Die hohe, fast schlaksige Gestalt, das wallende Haar, seine gleichmäßige Stimme, die Behaglichkeit erzeugte – alles an Jesus war wie immer. Nur die Sicht auf ihn hatte sich gewandelt. Da war dieses Erfülltsein von dem ungeheuren Neuen, das im Werden war, dem Großen, ganz Anderen und Geheimnisvollen, das in ihm aufschien und das sie auf besondere Weise in seine Gemeinschaft hineinzog. Die drängende Kraft, die aus jedem Wort, jedem seiner

Schritte auf sie übersprang. Sein festes Wissen um das, was geschehen müsse und geschehen würde. »Jetzt schon habe ich es euch gesagt, bevor es geschieht«, pflegte er zu sagen, »damit ihr, wenn es geschieht, zum Glauben kommt.«

Er besaß noch nicht einmal einen Esel oder einen eigenen Acker, aber er trat auf wie ein König und sprach vom neuen Reich des Himmels. »Die Zeit ist erfüllt, und die Gottesherrschaft ist nahe herbeigekommen … Ihr stammt von unten, ich stamme von oben«, meinte er, »ihr seid aus dieser Welt, ich bin nicht aus dieser Welt.« Er sah sich als Vollender, als den Lehrer Israels: »Ihr nennt mich den Lehrer und Herrn, und ihr habt recht, denn ich bin es«, sagte er und fügte hinzu: »Nur einer ist euer Lehrer, der Meschiach!« (Mt 23,10)

Unter den Anhängern, die mit Jesus »von Stadt zu Stadt und von Dorf zu Dorf« (Lukas) zogen, wurde die Zahl der Frauen immer größer. Einige von ihnen hatte er von ihren Krankheiten und bösen Geistern befreit, andere, wie »die Frau des Chuzas, eines Beamten des Herodes«, oder eine gewisse Susanna, waren so etwas wie Charity-Ladys: »Sie alle unterstützten Jesus und die Jünger mit dem, was sie besaßen«, wobei ungeklärt blieb, ob damit finanzielle Zuwendungen oder nur ein Ehrendienst gemeint war.

Ganz hinten im Prozessionszug wanderten Mutter Maria, seine Tanten – und eine Jüngerin, die neben seiner Mutter zur bedeutendsten Frauengestalt des Neuen Testaments aufsteigen sollte. Sie war nicht mehr ganz jung, sie war ganz unscheinbar, und sie war schwer krank. Vielleicht wurde keine andere Figur der Bibel so missbraucht, umgedichtet und mit Schmutz beworfen wie diese Maria Magdalena, ob sie nun zur Heroin des Feminismus oder zur »Sünderin« und Dirne erklärt wurde, ob abwechselnd zur Witwe Johannes' des Täufers oder zur erotischen Gespielin Jesu. Aber vielleicht trug auch keine andere mehr Licht in sich als diese Mutter Courage des Glaubens, die erste voll und ganz emanzipierte Frau der Welt.

Jesus öffnete und befreite, und sein Beitrag zur Emanzipation des weiblichen Geschlechts ist nicht minder bedeutend als seine Öffnung des Glaubens Israels zu den Heiden hin. Die Hinwendung zu den Frauen machte im Grunde die Öffnung in die Universalität erst perfekt. Nicht auszudenken, das Christentum wäre ohne diese Freiheit, Ganzheitlichkeit und Schönheit in die Welt gekommen, für die erst eine gründliche Reinigung des Glaubens vonnöten war. Auch wenn es fast zweitausend Jahre dauerte, bis die Menschheit der Modernität Christi nachzukommen scheint, nicht zuletzt das Christentum selbst, das immer wieder weit hinter Jesu Weisungen zurückfiel.

In diesem Jahr 29 wird Rom wieder einmal von einer der fast schon üblich gewordenen Palastintrigen erschüttert. Diesmal ist es der ehrgeizige Lucius Aelius Seianus, Kommandant der Prätorianergarde und Stellvertreter des Kaisers, der die Macht an sich reißen will. Seiner gescheiterten Verschwörung folgen die üblichen Verhaftungs- und Bestrafungswellen. Etliche der Aufrührer werden zum Selbstmord gezwungen, andere über das Töten durch Verhungern aus dem Weg geräumt. Höhepunkt des Vergeltungsaktes ist eine Umsiedlung von 4000 römischen Juden, die bei dieser Gelegenheit gleich zwangsbekehrt werden.

Rom ist auf dem Zenit seiner Macht; den Höhepunkt seiner moralischen und sittlichen Gestaltungskraft jedoch hat das Imperium bereits überschritten. Waren nicht die Ideale der Philosophen von der »Reinheit in Gedanken, Worten und Werken« längst der Moral der Gosse geopfert worden? Um die Grundfesten einer bisher allgemein gültigen Ethik steht es nicht besser. Sie zerbröselten wie schlecht gearbeitetes Mauerwerk. Und was die Ausschweifungen der enthemmten Oberschicht und ihre Gier nach allen möglichen Arten von Befriedigung anbelangt, so konnte man diese schwerlich als einen Beitrag zur höheren Bildung des Volkes werten.

Der alteingesessene Götterhimmel erwies sich in solchen Zeiten weder als brauchbares Vorbild noch als besonders tröstend. Und erlösend war er schon gar nicht. Ihre Götter, pausenlos verstrickt in eigene Liebeshändel, Falschheit und Unberechenbarkeit, bewirkten nichts weiter, protestierte der Philosoph *Seneca*, als dass sie den Menschen die Scham vor der Sünde nehmen. »Venus, die Mutter des römischen Volkes, wird als Liebende getanzt«, beschrieb ein zeitgenössischer Autor eine öffentliche Schauspielaufführung, »und durch alle Affekte buhlerischer Gemeinheit in schamloser Nachahmung ihrer bacchantischen Begierde dargestellt.« Bei alldem seien die Räume des Theaters erfüllt von »wieherndem Gelächter und rauschendem Beifall des Volkes«. Die verspotteten Götter seien freilich dieselben, die man am nächsten Tag in den Tempeln wieder feierlich anbete.

Der 72-jährige Tiberius Iulius Caesar Augustus, seit nunmehr 28 Jahren Imperator Roms, versuchte gegenzusteuern. Für aufwendige Spiele, um die vergnügungssüchtige römische Spaßgesellschaft bei Laune zu halten, hatte er ohnehin nie Begeisterung gezeigt. Ein Senatsbeschluss verbot im Jahre 18 das Tragen von durchsichtigen Seidengewändern. Ein Gesetz aus dem Jahre 22 sollte endlich auch dem exzessiven »Tafelluxus« Einhalt gebieten. Und auch die Maßnahmen gegen die Verschwörung des Seianus wurden mit der Bekämpfung der Ausschweifungen begründet.

Tiberius galt als menschenscheuer Charakter. Viele nannten ihn bei seinem Spitznamen *tristissimus hominum*, »der traurigste unter den Menschen«. Seine Mutter Livia war als Hochschwangere geschieden worden, weil Kaiser Augustus sie unbedingt zur Frau nehmen wollte. Der Junge war neun, als er die Leichenrede für seinen leiblichen Vater hielt. Als erfolgreicher Feldherr in Pannonien, Illyrien, Raetien und Germanien sicherte er die Grenzen im Norden des Imperiums. Die Expansion des Reiches jedoch war gestoppt. Nach der Niederlage des Varus in Germanien sah sich Rom nicht mehr in der Lage, auf Dauer acht Legionen in Germanien stationieren zu können, ein Drittel seiner gesamten Militärmacht. Der Kaiser setzte ein rigoroses Sparprogramm durch, strich die großen Bauprogramme zusammen (mit Ausnahme einiger Tempel und des militärisch bedingten Straßenbaus in Gallien, Nordafrika und Dalmatien) und konsolidierte Verwaltung und Finanzen. Sein Nachfolger fand immerhin einen Schatz von 2,7 Milliarden Sesterzen in der Staatskasse vor.

Die Moden der Metropole ließen auch die Menschen in der Provinz nicht kalt. Für viele Israeliten war Rom die neue Hure

Babylon, und dass sich die Imperatoren auch noch als wahren Gott verherrlichen ließen, konnte den Ekel vor dieser Kultur nicht verringern. Auch die besonderen Vorlieben des Kaisers dürften sich herumgesprochen haben. Denn zunehmend machten Berichte über einen durch Hautgeschwüre entstellten Lustgreis die Runde, der sich auf der abgeschotteten Insel Capri in den kaiserlichen Thermalbecken seinen pädophilen und sadistischen Neigungen hingebe. Auch seinen Enkel, den späteren Kaiser Caligula, habe Tiberius nach Capri geholt. Großvater und Enkel, berichtet der antike Historiker Sueton, habe ein gemeinsames Interesse an Folterungen und sexuellen Ausschweifungen verbunden.

Vor dem Hintergrund dieser römischen Sitten konnte der Auftritt des Nazareners aufleuchten wie der Polarstern in dunkler Nacht. Bei Jesus war alles anders. Statt von den Vergnügungen des Ehebruchs sprach er vom Schutz der Ehe, insbesondere der Ehefrauen. Der bacchantischen Ausgelassenheit stellte er Barmherzigkeit und Nächstenliebe gegenüber. Und war in der lustorientierten Gesellschaft Keuschheit ein Schimpfwort, lobte er die Tugenden von Reinheit und Herzensbildung. Auf Frauen wie Maria aus Magdala musste die neue Lehre angesichts einer Welt voller Intrigen und Bosheit ungeheuer modern und befreiend wirken. Und wenn Jesus nicht die *Ver-*, sondern die *Voll*kommenheit nach überirdischem Vorbild forderte und dem Verruchten das Heilige gegenüberstellte, wirkte er nicht als verklemmter Moralist, sondern als progressiver Retter und bewundernswertes Vorbild.

Die Frauen liebten Jesus. Sie blieben stehen, wenn er vorüberging; schauten ihm nach, wenn er mit Pilgern sprach. Sie führten ihm ihre Kinder zu, riefen ein »Hosianna!«, berührten den Saum seines Kleides und schätzten sich glücklich, ihm irgendwie dienen zu können. »Selig der Schoß, der dich getragen hat«, riefen sie ihm zu, »selig die Brust, an der du getrunken.«

Frauen mussten nicht, wie die Männer, täglich das »Höre, Israel!« rezitieren oder dreimal im Jahr nach Jerusalem wallfahren, aber das war weniger eine Befreiung von Pflichten als ein Ausschluss von Rechten. Und wenn Mädchen das Studium des mosaischen Gesetzes erspart blieb, so waren sie damit auch von der Schulbildung ausgeschlossen. »Das Gesetzeswort magst du lieber verbrennen«, lautete ein zeitgenössischer Rabbinerspruch, »als dass du es den Weibern zum Lernen gibst.«

Den Tempel in Jerusalem erlaubte man ihnen nur bis zum »Vorhof der Frauen« zu betreten. Der weitere Zugang, etwa zum Israelitenhof oder zum großen Altar, blieb ihnen durch das große Bronzetor versperrt. Weil sie während ihrer monatlichen Regel als »unrein« galten, durften sie in diesen Tagen noch nicht einmal bis zum »Vorhof der Heiden«. Zutrittsverbot galt auch in den ersten vierzig Tagen nach der Geburt eines Knaben. Nach der Geburt eines Mädchens verdoppelte sich der Zeitraum. In den Synagogen gab es zunächst einen durch Schranken und Gitterwerk vom übrigen Haus abgetrennten »Raum der Frauen«. Später verlegte man ihren Platz auf die Emporen, zugänglich nicht mehr über das Hauptportal, sondern über einen separaten Eingang.

Wo Frauen vor Gott kein Recht hatten, hatten sie auch keines in der Gesellschaft. Zuerst waren sie Eigentum des Vaters, anschließend Eigentum des Ehemanns. Ihrer Zurückstellung im Gotteshaus entsprach ihr Status vor Gericht, wo Aussagen von Frauen keinerlei Beweiskraft hatten. War ein Neugeborenes ein Mädchen, wurde die Geburt in einer Familie als Trauerfall behandelt. Der Vater war berechtigt, es bis zum 12. Lebensjahr als Sklavin an einen Juden zu verkaufen. Dass es seinen Ehepartner nicht ohne Zustimmung suchen konnte, verstand sich von selbst, wobei das Gesetz für den Fall, dass Töchter über Erbbesitz verfügten, die Ehe mit Verwandten vorschrieb.

Um dann eine Frau aus der Ehe wieder entlassen zu können, musste ihr Mann zwar etwas »Anstößiges« entdeckt haben. Damit war jedoch nicht nur Ehebruch gemeint. Das konnten auch eine verbrannte Mahlzeit oder zunehmende Alterserscheinungen sein. Prinzipiell wurden einer Ehefrau sogar eine oder zwei »Nebenfrauen« zugemutet, wobei dieser Fall aufgrund der wirtschaftlichen Lage im einfachen Volk kaum vorkam.

»Das ganze sich in der Öffentlichkeit abspielende Leben

schickt sich für Männer«, erklärte der jüdische Philosoph Philo von Alexandrien, ein Zeitgenosse Jesu. »Weiblichen Wesen gebühren das Hüten des Hauses und Zurückgezogenheit, wobei Jungfrauen sich in den hinteren Gemächern aufhalten sollen ...« Auf dem Lande waren die Umgangsformen weniger streng. Mädchen holten Wasser am Brunnen, wuschen Wäsche im Bach. Sie arbeiteten mit bei der Olivenernte oder verdienten ihr Geld in der Fischverarbeitung. In Jerusalem hingegen galt es als angemessen, dass Frauen außerhalb des Hauses ihr Gesicht durch Kopftücher und ein Stirnband mit bis zum Kinn herabfallenden Bändern verhüllten. Noch besser war, wenn eine Frau das Haus erst gar nicht verließ. Sollten sie sich doch auf der Straße zeigen, widersprach es den guten Sitten, sich mit Frauen auf ein Gespräch einzulassen. Für Rabbis und Gelehrte galt es gar als Vergehen, eine Frau auf der Straße auch nur anzusehen.

Der gesellschaftliche Stellenwert einer Frau war freilich außerhalb des Judentums noch weit geringer. Dort wurde ihr teils sogar die menschliche Natur abgesprochen. Selbst für griechische Gelehrte wie Pythagoras waren Frauen »vom bösen Prinzip« geschaffen, »das auch das Chaos und die Finsternis gezeugt hat«. Im Römischen Reich schloss der Mithraskult, der bis zur Durchsetzung des Christentums das religiöse Leben bestimmte, Frauen vom Ritus gänzlich aus.

Jesu Umgang mit Frauen zeigt einen neuen Stil. Von den Hütern der Religion werden sie ausgestoßen, Jesus hingegen holt sie in seine Nähe. Aber nicht um des bloßen Effektes willen und um sie dann gleich wieder zu vergessen. Eine Frau ist es, die Samariterin am Brunnen, der er sich erstmals als der Messias offenbart. Eine (anonyme) Frau in Betanien ist es, die seinen Leib salbt, bevor er nach Jerusalem aufbricht, um dort am Kreuz zu sterben. Und eine Frau ist es, die ihn erstmals als den Auferstandenen sehen darf.

Jesu Begegnungen mit Männern sind, zugespitzt formuliert, vielfach hart und streitbetont. Häufig auch mühevoll, weil die Apostel so schwer von Begriff sind. Die Männer zeigen sich als rechthaberisch und doppelzüngig (wie die Pharisäer), skeptisch und zynisch (wie Natanaël), berechnend und gewaltbereit (wie Johannes und Jakobus) oder auch verbohrt und blasiert, wie Thomas, der nichts glauben will, bevor er es mit eigenen Augen gesehen hat.

Frauen hingegen erscheinen im Neuen Testament als neugierig, offen, geduldig und auf Gott vertrauend. Sie wirken nie verrucht, selbst als »Sünderinnen« nicht. Sie haben nie schlechte Gedanken (wie der Pharisäer Simon). Sie sind weder wie die Prasser noch wie die Leute, die ihre riesigen Vorratsscheunen füllen. Sie sind auch nicht wie die herzlosen Leviten, die einen von Räubern zusammengeschlagenen Reisenden liegen lassen.

Speziell in der Beziehung zu Jesus zeigen sich die Frauen des Glaubens als demütig und leidensstark (wie Jesu Mutter Maria, die vorbehaltlos dem Ruf Gottes folgt, ungeachtet der Schwierigkeiten, die dadurch für sie entstehen); als geschwisterlich und hellsichtig (wie Elisabeth, die ihre Base willkommen heißt und die damit verbundene Vorsehung erfasst); als aufmerksam und offenherzig (wie die Samariterin am Brunnen); als vertrauensvoll und gläubig (weil sie sich helfen lassen und der Heilkraft des Glaubens vertrauen); als liebevoll und zärtlich (wie die Sünderin, die Jesus salbt); als fürsorglich und aufopferungsvoll (wie alle Jüngerinnen, die Jesus mit ihrer Habe dienen); als wachsam und treu (wie die »frommen Frauen« unter dem Kreuz); als glaubend und hoffend (wie die Frauen am Grab); und nicht zuletzt als erkennend – wie Maria aus Magdala, die in der Nachfolge Jesu gewissermaßen zur Erleuchtung gelangt.

Das Weinen der Witwe von Naïn rührte Jesus so, dass er ihren Sohn ins Leben zurückholte. »Frau, dein Glaube ist groß«, spendete er wiederum einer Heidin höchstes Lob, »was du willst, soll geschehen« (Mt 15,28). Gleich zu Beginn seiner Mission heilt er die Schwiegermutter des Petrus, erweckt die Tochter des Jaïrus, stoppt die Krankheit jener Frau, die zwölf Jahre schon an Blutfluss litt. Es ist nicht zuletzt eine Frau, für die er zum ersten und einzigen Mal einige Worte in den Sand malt. Niemand hat je erfahren, was Jesus geschrieben hat. Aber sein Wort rettet der vermeintlichen Ehebrecherin das Leben. »Wer von euch ohne Sünde ist«, beschämt er die umstehenden Männer, die sie steinigen wollen, »werfe als Erster einen Stein.«

Jesus ist dabei weder feminin noch Feminist. Nach Darstellung der Evangelisten trägt er typisch männliche Züge. Er ist ein Drachentöter, der die Dämonen in Schach hält. Ein Arzt, der heilt. Ein großer Lehrer, der mit lauter Stimme riesige Volksmassen unterrichtet. Ein vorbildlicher Erzieher, der seine Jünger durchaus mit Worten züchtigt, aber sie auch fürsorglich vor Gefahren schützt und ihre Entwicklung fördert. Eine Vaterfigur, die Frauen (»meine Tochter«) Würde und Recht verleiht und die Kinder zu sich kommen lässt.

Er ist am Ende auch ein Führer des Volkes, der die ihm Anvertrauten mit großer Verantwortung, Liebe und Nachsicht, aber auch mit gebotener Strenge auf den rechten Weg bringt. Sogar ein Feldherr, der seine Missionare in eine feindlich gesinnte Welt hinausschickt. Jesus ist ganz Mann. Aber ebenjener Mann als Vorbild einer neuen, besseren Gesellschaft, der in seinem Mann-Sein auch die weiblichen Komponenten in sich vereint, die bei weniger entwickelten Exemplaren seiner Spezies ungenutzt bleiben. Zum Nachteil des Mannes selbst, seiner umfassenden Fähigkeiten, seiner erstrebenswerten Kompetenz, kurz: der wunderbaren Möglichkeiten einer voll entwickelten Männlichkeit.

Dass Jesus selbst nicht verheiratet ist, fällt aus dem Rahmen des Üblichen heraus, widerspricht ihm aber nicht. Auch Propheten wie Jeremia und Johannes der Täufer waren nicht verheiratet. Und im Gegensatz zu den Zölibatären, etwa in den Mönchsgemeinschaften oder den säkularen Kommunen der Essener, die sich streng gegen das andere Geschlecht abschotten, hat Jesus ungezwungenen Umgang mit Frauen. Eine Konzentration auf eine eigene Familie wäre seiner Berufung in Israel genauso im Wege gestanden wie einer überzeitlichen Sendung als »Bräutigam der gesamten Heilsgemeinde«, wie es Theologen ausdrücken. »Das hier sind meine Mutter und meine Brüder«, so definiert Jesus selbst seine Familie, »denn wer den Willen meines himmlischen Vaters erfüllt, der ist für mich Bruder und Schwester und Mutter« (Mt 12,49 f.).

Eines Tages folgt Jesus der Einladung eines Pharisäers namens Simon zum Essen, als plötzlich »eine Sünderin, die in der Stadt lebte« (Lukas), hereinstürzt und von hinten an Jesus herantritt, in der Hand ein Alabastergefäß mit feinstem, wohlriechendem Öl. »Dabei weinte sie, und ihre Tränen fielen auf seine Füße. Sie trocknete seine Füße mit ihrem Haar, küsste sie und salbte sie mit dem Öl.«

Es herrscht eine beklemmende Stimmung. Die versammelten Pharisäer wollten sich diesen plötzlich so berühmt gewordenen Rabbi einmal aus der Nähe ansehen; Ehre erweisen sie ihm nicht. »Wenn er wirklich ein Prophet wäre«, sagt sich der Gastgeber insgeheim, »müsste er wissen, was das für eine Frau ist, von der er sich berühren lässt.« Plötzlich richtet Jesus das Wort an den Pharisäer:

»Simon, ich möchte dir etwas sagen.«

»Sprich, Meister!«

»Ein Geldverleiher hatte zwei Schuldner; der eine war ihm fünfhundert Denare schuldig, der andere fünfzig. Als sie ihre Schulden nicht bezahlen konnten, erließ er sie beiden. Wer von ihnen wird ihn nun mehr lieben?«

»Ich nehme an, der, dem er mehr erlassen hat.«

»Du hast recht. Siehst du diese Frau? Als ich in dein Haus kam, hast du mir kein Wasser zum Waschen der Füße gegeben; sie aber hat ihre Tränen über meinen Füßen vergossen und sie mit ihrem Haar abgetrocknet. Du hast mir zur Begrüßung keinen Kuss gegeben; sie aber hat mir, seit ich hier bin, unaufhörlich die Füße geküsst. Du hast mir nicht das Haar mit Öl gesalbt; sie aber hat mir mit ihrem wohlriechenden Öl die Füße gesalbt. Deshalb sage ich dir: Ihr sind ihre vielen Sünden vergeben, weil sie so viel Liebe gezeigt hat. Wem aber nur wenig vergeben wird, der zeigt auch nur wenig Liebe« (Lk 7,40 ff.).

Die »Sünderin« brauchte nur ein einziges, erlösendes Wort, das jemand an sie richtet. Erst wenn ein anderer sie annimmt, kann sie sich auch selbst wieder achten. Als sie Jesus berührt, verliert sie die Fassung. Bäche von Tränen stürzen herab.

»Deine Sünden sind dir vergeben«, spricht Jesus das Wort der Erlösung.

Augustinus, so heißt es, war davon so gerührt, dass er mit der Sünderin jedes Mal auch selbst in Tränen ausbrach, sobald er sich diese Szene ins Gedächtnis rief. Denn plötzlich war eine große Kluft offenbar geworden: Der Unterschied zwischen einer großen Sünderin, die sich bekehrte, und einem kleinlichen Mann, der sein engherziges Wesen selbstgefällig für den Inbegriff von Frömmigkeit hält. Freispruch durch Gott – mit der Möglichkeit, aber auch der Aufgabe des Neuanfangs: »Dein Glaube hat dir geholfen«, meint Jesus, *Ma' essalame!*, »geh in Frieden.«

»Sie weint nicht nur über ihre Schmach«, schreibt Giovanni Papini über die Sünderin, sie weint auch »über ihre dem Bösen abgewonnene Seele, ihre wunderbar wiederhergestellte Reinheit, über die für immer, ewig widerrufene Verdammung. Ihr Weinen ist Glück der Wiedergeburt, Jubel über die entdeckte Wahrheit, Freude über die plötzliche Umkehr, über die Wiederkehr der schon verlorenen Seele ...«

Jesu Lehre und sein Verhalten sind eine Herausforderung für jedwede Doppelmoral, die im Gewand hochmoralischer Entrüstung den Splitter im Auge des Nächsten kritisiert, den Balken im eigenen aber übersieht. Jesus will den Unterschied zwischen Sünde und Nichtsünde nicht egalisieren. Aber er kennt auch die moralische Not des Menschen, der gegen Versuchung und Fehlverhalten nicht gefeit ist. Es kann sogar Priestern passieren. Wer ohne Sünde ist, der werfe den ersten Stein.

Der Fall der Maria aus Magdala liegt völlig anders. Aber was wissen wir eigentlich über die Frau, die Thomas von Aquin die *apostola apostolorum* nannte, die »Apostelin der Apostel«? Anders gefragt: Was können wir überhaupt wissen? War sie wirklich die *femme fatale* des Heiligen Landes? Eine Hure, die als Heilige Karriere machte?

Ihrem Beinamen zufolge stammt Maria aus dem griechisch geprägten Magdala, neben Tiberias der bedeutendste Ort am See Genezareth. Die Stadt ist reich. Der Name *Migdal Nunaija* (»Turm der Fische«), den der Talmud überliefert, verweist genauso wie die griechische Bezeichnung *Tarichea* (»Stadt der gesalzenen Fische«) auf die hier ansässigen Pökelfabriken. Neben der Fischwirtschaft gibt es viel Kleingewerbe, darunter einen weithin berühmten Handel mit Opfertauben. Die Hafenstadt mit ihren Tavernen, in denen alle Welt verkehrt, gilt freilich nicht unbedingt als tugendhaft. Als im Jahre 66 n. Chr. der römische Feldherr Titus ein fürchterliches Blutbad anrichtet, sehen viele darin eine Strafe Gottes. Migdal Nunaija sei wegen seines Reichtums und seiner Sittenlosigkeit untergegangen, hält der Talmud fest, aus keinem anderen Grund.

Maria rechnet sich wohl eher zur Generation von Jesu Mutter und ihrer Schwestern, mit denen sie in der Bibel zusammen genannt wird. Über ihren Familienstand lässt sich nur spekulieren. Als Alleinstehende könnte sie sich ihren Unterhalt in einer der Pökelfabriken verdient haben. Denkbar, dass sie von ihrem Mann aus einem beliebigen Grund aus der Ehe entlassen wurde. Nicht auszuschließen ist freilich auch, dass Maria Witwe war und bereits erwachsene, verheiratete Kinder hatte, die für ihren Unterhalt aufkamen.

Ihre Begegnung mit Jesus wird im Evangelium nicht geschildert. Lukas erwähnt »Maria Magdalene« zunächst nur als eine der Frauen im Gefolge von Jesus. Der Eintrag lautet: »Die Zwölf begleiteten ihn, außerdem einige Frauen, die er von bösen Geistern und von Krankheiten geheilt hatte: Maria Magdalene, aus der sieben Dämonen ausgefahren waren, Johanna, die Frau des Chuzas, eines Beamten des Herodes, Susanna und viele andere« (Lk 8,2 f.). Das ist alles. Bei Matthäus, Markus und Johannes wird sie erst im Zusammenhang mit der Passion erwähnt. Sie sei eine der »vielen Frauen« gewesen, die Jesus »seit der Zeit in Galiläa nachgefolgt und ihm gedient hatten« (Mt 27,55). Als einzige Aktivität wird beschrieben: Sie stand gemeinsam mit anderen beim Kreuz, gab Jesus das Geleit, als der Leichnam ins Grab gelegt wurde, und kaufte Duftstoffe zur Salbung des Leichnams.

Maria nennt Jesus respekt- und liebevoll »Rabbuni«, Meister. Alles andere hätte auch dem Rahmen dieses Milieus und Kulturkreises völlig widersprochen. Das galt erst recht für eine Beziehung zu einem Mann, den eine große Anhängerschaft immerhin für den Messias hält, und das hat hier nichts mit einem der erotisch frivolen Göttersöhne griechischer Fasson zu tun.

Wie aber kam es zu dem Bild, das in Maria aus Magdala plötzlich eine »Sünderin« sah? Einen wesentlichen Beitrag zu dieser Verfälschung lieferte bereits die »Legenda aurea« des Dominikaners Jacobus de Voragine. Der Erzbischof von Genua gab in seiner Geschichtensammlung um 1400 Maria von Magdala königliches Geblüt, machte sie zur Schwester des Lazarus und Besitzerin einer Burg namens »Magdalum« am See Genezareth. Von hier ließ der bischöfliche Dichter die Magdalenerin nach dem Tod Jesu mit ihren Geschwistern in einem steuerlosen Schiff aufs offene Meer hinaustreiben, bis das schiffbrüchige Trio eines Tages in Marseille landete.*

Wo erotische Phantasien geweckt wurden, machte es auch Malern wie Tizian um 1533 wenig Freude, eine faltengezeichnete »Magdalenerin« mit Schleier darzustellen. Tizian entschied sich für eine busenfreie Schönheit mit offenem Haar und sehnendem Blick. Die Erfindung Marias als glückliche Ehefrau tauchte in den Achtzigerjahren des 20. Jahrhunderts auf. Der Heiland heilte Maria Magdalena nicht nur, behauptete der amerikanische Fiction-Autor Dan Brown, er zeugte mit ihr auch eine Tochter, Sarah, die Stammmutter der Merowinger. Dass Jesus und Maria Magdalena verheiratet waren, sei »eine historisch verbürgte Tatsache«. Nur durch »die größte Verschleierungsaktion in der Geschichte der Menschheit« sei es der Kirche gelungen, dieses »peinliche Geheimnis« zu unterdrücken. Süffisant fügte Brown hinzu: »Maria Magdalena war das heilige Gefäß, sie war der Kelch, der Christi königliches Blut aufgefangen hat.«

Inzwischen haben unterschiedliche Autoren vor Gericht über das Copyright an diesem Plot gestritten. Denn mit Fakten haben

---

* Tatsächlich wird bis heute in der Provence in St.-Maximin-la-Sainte-Baume ihre mutmaßliche Grabstätte verehrt, unter anderem als Patronin der »verführten Frauen«, Friseure, Gärtner und Parfümfabrikanten. Einer weniger blumigen Erzählung zufolge ging Maria zusammen mit der Mutter Jesu nach Ephesus, um dort eine Gemeinde aufzubauen. Dort sei sie schließlich auch begraben worden.

die Geschichten der Jesus-Verschwörer ohnehin nichts zu tun, auch wenn Brown ganz im Gestus eines Tatsachenenthüllers auftritt. Der *Sakrileg*-Autor aber hat nicht etwa eine Fälschung aufgedeckt, er hat eine Fälschung vielmehr skrupellos weitergedreht und ausgebeutet. Eine Geheimgesellschaft namens *Prieuré de Sion* beispielsweise, angeblich 1099 in Jerusalem gegründet, um das Geheimnis um Jesu Ehe mit Maria von Magdala zu hüten, hat es nie gegeben. Bei den »Dokumenten« dieses 1956 ins französische Vereinsregister eingetragenen Vereins handelt es sich um falsche Ahnentafeln, die von dem bekannten Fälscher Pierre Plantard in die Pariser Nationalbibliothek eingeschmuggelt wurden.

Nie gegeben hat es auch die sogenannten Sangreal-Dokumente, die angeblich »Zehntausende beschriebener Seiten … in vier großen Truhen« umfassen, welche die Geheimnisse um Jesus darstellen. Der Hinweis, Jesus habe Maria Magdalena auf den Mund geküsst, das Hauptindiz für die Sex-These um Jesus und seine Jüngerin, stützt sich auf die apokryphe Schrift einer gnostischen Sekte aus der zweiten Hälfte des 3. Jahrhunderts, das sogenannte Philippus-Evangelium (siehe auch Anhang: Das Evangeliums-Dossier). Das im ägyptischen Nag Hammadi aufgefundene Manuskript ist an der Stelle, wo es angeblich »Mund« heißen müsste, aufgrund seines schlechten Zustandes allerdings voller Lücken. Der fragmentarische Text lautet: *»Der Hei te ria Mag lena mehr als Jüng küss sie mals auf ihren.«**

Als *wahre* »Gefährtin des Heilands« wird in diesem Text einen Satz zuvor im Übrigen »die Weisheit« angegeben. Wie fragwürdig die apokryphen Schriften sind, zeigt das sogenannte *Thomas-Evangelium*, in dem Jesus mit den Sätzen zitiert wird, »Frauen sind des Lebens nicht würdig« und nur »jede Frau, die sich männlich macht, wird in das Himmelreich gelangen«; Aussagen, die in krassem Widerspruch zu den kanonischen Evangelien stehen.

Um ein Fazit zu ziehen: Maria ist weder mit der im Evangelium genannten »Sünderin« identisch noch mit jener Frau, die

---

* Forscher erarbeiteten aufgrund des Fragments folgende Hypothese: *»Der Hei*[land lieb]*te* [Ma]*ria Mag*[da]*lena mehr als* [alle] *Jüng*[er, und er] *küss*[te] *sie* [oft]*mals auf ihren* [Mund].«

Jesus in Betanien mit Öl salbt. In diesem einen Punkt gibt es in der gesamten neutestamentlichen Forschung seit etwa einhundert Jahren völlige Übereinstimmung. »Für eine Ehe Jesu Christi mit Maria Magdalena gibt es keinerlei historische Grundlage«, hält der Dogmatik-Professor Manfred Hauke fest, der sich intensiv mit der Figur befasste, »weder bei den Kirchenvätern noch bei den Gnostikern, noch bei jüdischen oder heidnischen Quellen. Im Altertum wird nichts über leibliche Kinder Jesu berichtet, nicht einmal in der jüdischen Polemik, die sich gegen das Christentum richtete und dabei keineswegs zimperlich war.«

Maria zu einer »Sünderin« gemacht zu haben ist freilich nicht allein die Schuld von Fälschern wie Dan Brown, sondern das zweifelhafte Verdienst eines Papstes. Gregor I. hatte es im Jahre 591 gefallen, zur Erleichterung seiner Predigt das Evangelium ein wenig großzügiger auszudeuten und aus drei darin eigenständig agierenden Frauen eine einzige zu machen. Die katholische Kirche hat die lässige Verknüpfung 1969 offiziell für irrig erklärt, aber da waren die Dämme längst gebrochen. Im Gegensatz zu den Katholiken war die orthodoxe Kirche im Übrigen nie der Versuchung verfallen, in Maria aus Magdala die »Sünderin« zu sehen, weil sie die Evangelien ganz einfach nicht gegen ihren Inhalt interpretierte.

Was ist nun wirklich passiert? Was lässt sich aus der geheimnisvollen Figur herauslesen?

Maria aus Magdala ist zunächst wohl eine von den vielen, die dem Glauben eher fernstehen, wie das mit dem Hinweis auf die »sieben Dämonen« angedeutet ist, die sie plagen.

Eines Tages hört sie die Stimme Jesu, die sie erschüttert. »Wer meine Gebote hat und sie hält«, vernimmt sie, »der ist es, der mich liebt, wer mich aber liebt, wird von meinem Vater geliebt werden, und auch ich werde ihn lieben und mich ihm offenbaren.«

Maria geht auf diesen Prozess ein. Mit allem, was sie hat und was sie ist. Ihrer ganzen Vergangenheit, ihrem Scheitern, ihren oft so verschütteten Fähigkeiten. Die Begegnung mit Jesus verändert ihr Leben. Sie orientiert sich neu, bleibt von nun an in seiner Nähe, nimmt das ungesicherte Leben der Nachfolge auf und wird seine Jüngerin – um sich schließlich aus der Fremdbestimmung durch die Zwänge der Gewohnheiten befreien und buchstäblich ein neuer Mensch werden zu können, eine *Verwandelte*.

Um in diesem Bild zu bleiben: Die eine Maria, die Immaculata, die Unbefleckte und Gnadenvolle, war als Mutter Jesu rein von Sünden, die andere Maria, die Jüngerin, ist der erste Mensch, der umfassend von den Sünden gereinigt wurde. Gott hat durch Christus aus ihren sieben *Plagen* sieben *Gnaden* gemacht. Sie entspricht damit ganz der Erwartung der alttestamentlichen Schriften, dass die Macht Satans in den »Tagen des Messias« gebrochen werde. Insofern ist sie nicht nur die erste *Zeugin* des Auferstandenen, sondern in Person auch das erste *Zeugnis* für den Beginn des werdenden Reiches Gottes.

Im Gegensatz zu allen anderen Kranken nennt das Evangelium bei Maria aus Magdala eine Zahl. Sie ist gar die einzige namentlich genannte Person im gesamten Evangelium, die mit speziell dieser Zahl versehen wird, der heiligen *Sieben*. Das Symbol wirkt wie eine Art Kleid, das dem Betrachter helfen soll, die ganze Tiefe dieses Geschehens erkennen zu können. Maria war nicht schuldig geworden, sie war Opfer, besetzt wie von Dämonen, die irre, depressiv, verzweifelt, die einfach krank machen. »Die Begriffe ›Sünde‹ und ›Besessenheit‹ werden in der Sprache der Bibel nicht gleichgesetzt«, erklärt der Theologe Klaus Mertes. Die Siebenzahl bezeichnet hier gewissermaßen das Ganze, das eben nicht nur das Weltliche, sondern auch das Geistliche umfasst.

Im Falle der Maria aus Magdala heißt das: Sie war *ganz* besessen – und wurde *ganz* geheilt. Ganz, also mit Leib *und* Seele. Sie kann als der durch Jesus gewandelte Mensch alle sieben Saiten ihres Seins, die verstimmt waren, wieder zum Klingen bringen – in den sieben Tönen der Sphäre, die eine Seele in harmonische Schwingung versetzen. In ihr wurden Gott und Welt wieder versöhnt. Sie wurde, mit anderen Worten, reinen Herzens.

Die Ereignisse nach Jesu Tod und Auferstehung bringen diese Wandlung ganz zum Vorschein. Der Jünger Johannes ist ebenfalls früh am Grab: »Er sah und glaubte«, berichtet das Evangelium. Um dann den Primat der Maria herauszustreichen. Denn Johannes schweigt. Er ordnet sich dieser Frau unter. Maria war geblieben. All die schwere Zeit hindurch. Nur wer bleibt, kann erkennen. Und nur ihr wird die Aufgabe zuteil, die nur einem Engel zustehen konnte: Sie verkündet als Erste, dass der Sohn Gottes auferstanden ist – um diese Nachricht nun und immer wieder neu – als Frau – zu den Aposteln zu bringen. Männer mögen Priester sein, aber Frauen können besser sehen. Die *Theologie des Kopfes,* wird durch Maria Magdalena deutlich, bleibt eine halbe Sache, wenn zu ihr nicht auch die *Theologie des Herzens* hinzukommt.

Jesus nahm die Frauen respektvoll an, lehrte sie, machte sie zu Jüngerinnen und eröffnete damit eine völlig neue Kommunikation mit dem bislang unterdrückten Teil der Gesellschaft. Es war ein nie da gewesener Akt, der den Frauen als religiös und gesellschaftlich vollwertigen Personen erstmals in ihrer Geschichte Anteil an den elementaren Dingen des Lebens gab. Niemand anderer als Jesus hätte die Befreiung der Frau überhaupt durchsetzen *wollen.* Weder ein König noch ein Hohepriester oder ein Philosoph. Dazu bedurfte es der Freiheit und Souveränität eines Denkens, das von Gott her denkt. Und niemand anderer als er hätte sie dann auch durchsetzen *können.* Dazu bedurfte es der Autorität einer Person, der alte Gesetze keine Grenzen setzen.

Erst im Zusammenhang mit der Situation der Frauen lassen sich der Tabubruch Jesu und seine revolutionäre Umwälzung ganz ermessen:

- Er respektiert Frauen als Partner und unterstreicht ihre Vollwertigkeit.
- Er stärkt ihre rechtliche Position in der Ehe.
- Er befreit sie aus der Umklammerung des Vaters und des Mannes, indem er den Weg zu Gott öffnet (»Nur einer ist euer Herr«).
- Er entbindet die Frauen aus der einseitigen Bindung an das Haus.

- Er lehrt sie in seinem Schülerkreis und eröffnet über die religiöse Bildung gleichwertigen Anteil an den Ressourcen des Geistes.
- Er macht die vordem Zeugnisunfähigen zu den Erstzeugen seiner Auferstehung und gibt ihnen Rechtsfähigkeit und Würde.

Wie Jesus das mosaische Gesetz vervollkommnete, so vervollkommnet er nun die Religion, die bislang nur für die eine Hälfte der Gesellschaft ganz zugänglich war. Die Wirkung ist beträchtlich. Denn indem er den Frauen den gleichberechtigten Zugang zum Reich Gottes, zum Vater, aufschließt, der ihnen nur aus der zweiten Reihe und über einen Seiteneingang gestattet war, verbrieft er das Recht auf geistige Interessen, das über den eingegrenzten Platz am heimischen Herd hinausreicht. Die Heilsbotschaft und das Reich Gottes gehören Männern und Frauen gemeinsam. Für Jesus ist das keine Theorie. In der Gemeinde lebt er es vor, indem er erstmals beide Geschlechter integriert, um sie auf einer neuen, höheren Stufe miteinander zu versöhnen.

Es kann kaum ein Zufall sein, wenn der Mann aus Nazareth in einem von Markus aufgezeichneten Disput mit den Pharisäern im Zusammenhang mit den Geschlechterrollen festhält: »Am Anfang der Schöpfung aber hat Gott sie als Mann und Frau geschaffen.« Jesus bezieht sich damit demonstrativ auf den *ersten* Schöpfungsbericht, wonach Gott Mann und Frau zugleich und gleichberechtigt erschaffen hat.*

Er widerspricht der Auffassung, dass die Frau von Natur aus minderwertig sei, da sie nicht unmittelbar von Gott, sondern aus der Rippe des Mannes geschaffen worden sei (und zwar ausdrücklich, wie Luther übersetzte, als dessen »Gehilfin«). In der Jesus-Version ist davon nicht mehr die Rede. Mann und Frau sind beide »aus einem Fleisch« gemacht – unterschiedlich im Geschlecht, aber nicht unterschiedlich in ihrem Wert.

Welch bahnbrechender Weg der jungen Christenheit damit vorgegeben wurde, zeigt sich ebenfalls am Beispiel Maria Magda-

---

* »So schuf Gott den Menschen nach seinem Abbild, nach Gottes Bild schuf er ihn, als Mann und Frau erschuf er sie.« (1 Mos 1,26 ff.)

lenas und an den Umständen nach dem Tod Jesu. War der Glaube an die Auferstehung Jesu an sich bereits eine ungeheure Zumutung, wird die Situation noch auf die Spitze getrieben, indem diese Auferstehung nun ausgerechnet von einer Angehörigen einer »minderwertigen« Gruppe bezeugt wurde, deren Aussagen im Allgemeinen so wertlos waren wie eine Münze ohne Prägung. Freilich blieb auch diese Fügung ganz in der bisherigen Logik der Offenbarung, die schon die Geburt Christi nicht hochmütigen Sachverständigen, sondern zuallererst einfachen Hirten auf dem Felde vermeldete.

Am Ende zeigte sich darin auch eine nicht für möglich gehaltene Kraft, den Glauben selbst unter Umständen gesellschaftsfähig machen zu können, die schwieriger nicht hätten sein können. Die Frauen wurden so gesehen in mehrfachem Sinne zu Zeugen. Denn dass diese für die Apostel doch so peinlichen Umstände nicht verschwiegen wurden, so der Kapuzinerpater Raniero Cantalamessa, sei »eines der sichersten Zeichen für die Aufrichtigkeit und historische Glaubwürdigkeit der Evangelien«.

Die Jünger hat Jesus durch die Gewalt seiner Lehre und die Autorität eines Messias beeindruckt – seine Jüngerinnen aber durch die Heilkraft seiner Liebe. Erstere sind ihm mit Respekt gefolgt (und in der entsprechenden Distanz), Letztere dienend, beseelt von seiner Liebe. Die Frauen wollten den Geist des Evangeliums nicht zuallererst selbst erfassen, sondern sich von diesem Geist erst einmal erfassen lassen. Ihnen geht es nicht darum, eine »große Sache« voranzubringen oder auf persönliche Vorteile zu spekulieren, sondern darum, aus der Nähe weit besser, persönlicher urteilen zu können. »Sie hat so viel Liebe gezeigt«, drückte Jesus etwa die Beweggründe der »Sünderin« aus, die ihm die Füße salbte.

Bezeichnend, dass am Ende dann die Frauen des Evangeliums das herkömmliche Geschlechterbild durchkreuzen. Denn hier sind sie, und nicht die Männer, die Treuen, die im Gefolge bleiben; die Starken, die unter dem Kreuz verweilen; die Demütigen, die nicht schon berechnend nach den besten Plätzen im Paradies fragen; und die Mutigen, die auch eine Passion durchstehen, weil sie ihre Gefolgschaft nicht aufgeben und Manns genug sind, der Wahrheit ins Auge zu blicken.

So gesehen kann dann auch das vielverspottete Mütterchen, das scheinbar so einfältig und einsam in der Kirchenbank sitzt, ein Bild der Emanzipation sein. Unbeeindruckt und freigeschwommen von einer geschäftigen Gesellschaft, von der sich die aufgeblasene Männerwelt derart in Beschlag nehmen lässt, dass sie die wirklich wichtigen Dinge des Lebens glatt übersieht.

Jesus hebt die Unterscheidung zwischen Männern und Frauen nicht auf, er macht keine Gender-Generation mit einer Egalisierung des Geschlechts. Auch löst er die unterschiedlichen Aufgaben nicht auf. So ist bei ihm das Hirtenamt Aufgabe der Männer. Die sakramentalen Vollmachten, die er gibt, gibt er Männern. Aber er schafft ein Gegen- und damit ein Gleichgewicht, indem er die Frauen als das Vorbild des Glaubens zeigt und das Wesen seiner Kirche nicht männlich, sondern mütterlich-weiblich definiert. Der *Aussendung* der Jünger steht dann das *Bleiben* der Jüngerinnen gegenüber. Den einen gibt er Gewalt, Dämonen auszutreiben, die anderen behält er bei sich, damit sie ihm besser folgen können.

Durch Maria Magdalena wird deutlich, was Glaube sein kann: ein Empfangen und Annehmen. Die Gegenwart Jesu annehmen. Und erst einmal akzeptieren. Jesus ist kein Wunderheiler. Er sagt nicht: »Ich habe dir geholfen«, sondern: »Dein *Glaube* hat dir geholfen.« Nicht dein Geld, nicht dein Erfolg oder dein Ansehen. Auch nicht dein Wissen. Jesus geht noch einen Schritt weiter. Er setzt Glauben mit Leben gleich. Ohne Glauben könne es eigentlich gar kein richtiges Leben geben. Un-Glaube ist gleich Un-Leben. Und Un-Leben ist nur ein anderes Wort für den Tod. Wer nicht glaubt, gehört im Grunde bereits zu den Toten, auch wenn er noch nicht gestorben ist.

Maria von Magdala ist keine Patronin der Dirnen. Eher schon jener Frauen Lateinamerikas, die mit den Fotos ihrer verschleppten Männer und Söhne auf die Straße gehen, die sie nicht vergessen und deren Auferstehung sie nachhaltig erhoffen. Sie verkörpert die Emanzipation nicht nur des Weiblichen, sondern des Menschen überhaupt. Eine Emanzipation, die nicht *gegen* Gott geführt wird, sondern *mit* und im Hinblick *auf* ihn. Wer diese Beziehung ins Sexuelle zieht, macht sie klein. Er nimmt ihr das Emanzipatorische und die Couragiertheit des Glaubens. Maria gar zurückzuverweisen in die Rolle einer heimlichen Geliebten oder sie als Dirne auf untergeordnete Plätze zu verweisen ist nichts anderes als ein gegenemanzipatorischer, frauenfeindlicher Akt. Jesus hatte sie gerade herausgeholt aus ihrer Besetztheit durch einen unguten Geist, ihr die höchste Erkenntniskraft attestiert und ihr durch die Erstverkündung der Frohbotschaft den öffentlichen Raum zu Füßen gelegt. Nun wurde sie wieder zurückgestuft zu einer Art Pin-up-Girl der Religion, das den Ruch des ewig Weiblichen, des Verführerischen, Bestrafungswürdigen nicht ablegen darf.

Bereits in Jesu Stammbaum spielen Frauen eine geheimnisvolle Rolle. Fünf Frauen werden genannt. Sie alle waren schwanger. Der Clou dabei: keine einzige davon bekommt das Kind vom eigenen Ehemann. »Bei Gott muss man darauf gefasst sein«, kommentiert der Theologe Klaus Berger, »dass er das Zelt seines Heils auch mitten unter Sündern aufschlägt.«

Aber womöglich vermittelt die Sprache der Zahl auch hier eine weiterführende Information.

In der Fünfzahl der Stammfrauen steckt nicht nur die Symbolzahl für den *Menschen,* sondern auch für die *Quintessenz* der Dinge, also für das, worauf es wirklich ankommt, für den Sinn, der in der Schöpfung verborgen ist und Geist und Materie miteinander verbindet. Der fünfte Punkt ist gewissermaßen die höchste Stelle, der Sitz des Göttlichen. In der Form der Pyramide kommt dies zum Ausdruck, wenn deren fünfter Punkt als Spitze über dem quadratischen Grundriss gipfelt. Diese fünf Frauen wirken so gesehen wie eine kleine Öffnung im Stammbaum Jesu, durch die das Licht des unsichtbaren Gottes hereindringt. Die Quintessenz des Weiblichen wird damit als die Quintessenz des Lebens schlechthin angezeigt: die Liebe.

Liebe ist stärker als der Tod. Nur die Liebe erlöst und errettet. Oder wie Paulus sagte: »Die Erkenntnis macht aufgeblasen, die Liebe dagegen baut auf.«

Wäre die Auferstehung ohne die Frauen überhaupt möglich gewesen? Weil sich dieser Christus nur Menschen ganz offenbaren kann, die nicht auf ihren Vorbehalten beharren? Aber einmal angenommen, nur die Apostel wären am Grab gewesen: Hätte man da nicht befürchten müssen, dass sie zunächst einmal darüber diskutierten, ob die Auferstehung a) theoretisch möglich, b) praktisch durchführbar und c) theologisch sinnvoll sei? Und tatsächlich, viele stehen da noch heute. Sie diskutieren endlos weiter, ob als Theologen, als Journalisten und selbst als Priester, wie authentisch die Geschichte sei – um sich in männlicher Bekenntnisangst, die auch von den Aposteln berichtet wird, umso leichter davonstehlen zu können.

28

Menschensohn und Gottesreich

Bucht der Parabeln, März 29

Aus dem bisherigen Verlauf seiner Biografie war deutlich geworden, dass politische Fragen für Jesus nicht im Vordergrund stehen. »Richtig ist, dass er sich besonders zu den Armen und Benachteiligten seiner Zeit gesandt wusste«, schreibt der Leipziger Neutestamentler Jens Schröter, »auffällig ist aber auch, dass politische Aspekte ... nur eine sehr untergeordnete Rolle spielen.«

Die Forderung nach einer Machtübernahme taucht nicht auf. Es scheint fast, als ob Jesus Begriffe wie Sieg oder Niederlage schlichtweg unbekannt sind. Das einzige in den Evangelien überlieferte Sieg-Zitat lautet: »In der Welt seid ihr in Bedrängnis; aber habt Mut: Ich habe die Welt besiegt« (Joh 16,33). Es stammt ausgerechnet aus einer Situation, in der es nahezu absurd anmutet, von einem »Sieg« zu sprechen, nämlich in der unmittelbaren Nähe zu Jesu Tod am Kreuz. »Jetzt redest du offen und sprichst nicht mehr in Gleichnissen«, atmeten die Jünger dankbar auf, »jetzt wissen wir, dass du alles weißt ...«

Dennoch zeigt sich in der Analyse seines bisherigen Weges ein Schema, das an die Gründung eines Staates erinnert:

1. Jesus offenbart sich durch Worte und Zeichen als der von den Propheten angekündigte Messias, mit dem nunmehr die *Stunde des Neubeginns* eingetreten ist: »Heute hat sich das Schriftwort, das ihr eben gehört habt, erfüllt.«

2. Jesus ruft ein neues Reich aus, das *Reich Gottes:* Er »verkün-

dete das Evangelium vom Reich und heilte im Volk alle Krankheiten und Leiden«.

3. Jesus setzt durch die Wahl der Zwölf in Anlehnung an die
   zwölf Stämme Israels den von den Propheten verheißenen
   Neuen Bund ein.

4. Jesus gründet mit den Aposteln einen *Rat der Hirten,* die das
   Wort Gottes verkünden, segnen, heilen, die Macht des Bösen
   brechen, aber auch Unterscheidungen treffen sollen: »Wenn
   man euch aber in einem Haus oder in einer Stadt nicht aufnimmt und eure Worte nicht hören will, dann geht weg und
   schüttelt den Staub von euren Füßen …«

5. Jesus stellt in der Bergpredigt die *Verfassung* des neuen Reiches vor: »Alles, was ihr von anderen erwartet, das tut auch
   ihnen.«

6. Jesus erklärt in der nun folgenden »Seepredigt« in den Gleichnissen vom Himmelreich die *Einbürgerungsbestimmungen:*
   »Auf gutem Boden ist der Samen bei dem gesät, der das Wort
   hört und es auch versteht …«

7. In einem nächsten Schritt wird Jesus folgerichtig die Lebensgrundlagen dieses Reiches zeigen: »Ich bin das Brot des Lebens; wer zu mir kommt, wird nie mehr hungern, und wer an
   mich glaubt, wird nie mehr Durst haben.«

Schritt für Schritt hatte Jesus seine Jünger an das Verborgene her-
angeführt. Dorthin, wo das Leben kein Spiel mehr ist. Wo alle
Äußerlichkeiten, all die alltäglichen Sorgen, die vorgegebenen
Wichtigkeiten, all die falschen Freundschaften und billigen Vergnügen, der ganze Selbstbetrug abfallen wie zerschlissene Kleidung. Aber wenn Jesus tatsächlich der ist, für den ihn die Gläubigen halten, dann ist er nicht gekommen, um ein paar Lebensre-
geln zu verkünden. Dann genügt es auch nicht, ein neues Gesetz
zu offenbaren.

Die Seepredigt sollte nun als seine zweite große Lehrstunde
seine Anhänger noch deutlicher als bisher mit den Hintergrün-
den seiner Mission vertraut machen. Erstmals sprach Jesus offen
von dem großen Ziel, das er vor Augen hat. Er führt dabei in eine

andere Region. In die Höhe des Geistes. Und weil das, was er meint, mit gewöhnlicher Sprache so schwer zu kommunizieren ist, drückt er eine hochtheologische Materie in Gleichnissen aus, seinen wunderbaren Sinn-Bildern. In ihnen schimmert erneut das zentrale Thema seiner Verkündigung durch, die Vermittlung dessen, wer er ist.

Der Ort der Seepredigt, die sogenannte Bucht der Parabeln, ein sichelförmiger Kieselstrand in der Nähe von Tabgha, liegt wenige hundert Meter unterhalb des Hügels der Bergpredigt. Etliche Forscher haben mit Tests an Ort und Stelle herausgefunden, dass sie aufgrund ihrer Lage eine verblüffende Akustik aufweist, was erneut Jesu Gespür für die Möglichkeiten einer Situation veranschaulicht. Die Szene zeigt überhaupt viel von seiner Kreativität und seinen unkonventionellen Methoden. Denn angesichts der »großen Menschenmenge« (Matthäus), die sich plötzlich um ihn versammelt hatte, ließ er kurzerhand ein Boot vorfahren, von dem aus Jesus nun anhob, der Tora des Messias gewissermaßen auch die Verheißung des Messias folgen zu lassen.

Ich setzte mich irgendwo an den Strand und warf gedankenverloren Kieselsteine ins Wasser. Die ersten Sonnenstrahlen hatten den See mit einem feinen, vornehmen Licht überzogen. Mücken tanzten auf der seidigen Oberfläche, und in der Ferne sah ich einige Fischer, die in ihren Booten einem Fangplatz zusteuerten.

»Warum redest du zu ihnen in Gleichnissen?«, wollten die Jünger eines Tages von ihrem Lehrer wissen. Jesus zögerte nicht mit einer Antwort. »Euch ist es gegeben, die Geheimnisse des Himmelreichs zu erkennen«, klärte er auf, »ihnen aber ist es nicht gegeben.« Die Voraussetzung sei, einen gewissen Grundschatz an religiösem Wissen und Bewusstsein zu haben. Erst auf dieser Basis könne es Erkenntnis geben: »Denn wer hat, dem wird gegeben, und er wird im Überfluss haben.« An anderen werde man erleben, dass ihnen die Erkenntnismöglichkeiten sukzessive verlorengehen: »Wer aber nicht hat, dem wird auch noch weggenommen, was er hat.«

Es wirkte wie die Ankündigung einer Welle von Verwirrung

oder auch Verdummung. Der eine Teil der Menschen könne die Dinge, die da passieren, verstehen und einordnen. »Euch hat Gott das Geheimnis der Gottesherrschaft geschenkt«, sprach er zu den Jüngern. »Dem anderen Teil aber, denen, die draußen sind, ist alles rätselvoll, auf dass sie (wie geschrieben steht) sehen und doch nicht sehen, hören und doch nicht verstehen, es sei denn, dass sie umkehren und Gott ihnen vergebe« (Mk 4,11).*

Ich war nachdenklich geworden. Ist es nicht doch nur einfach unsere Schwäche, warum wir nach Gott, nach dem Starken suchen? Ist es nicht in erster Linie unsere Unwissenheit, warum wir uns nach dem Wissenden sehnen? Wo aber ist denn dieser Gott, wenn wir ihn brauchen? Wie kann es so viel Elend geben, so viel Unrecht und Bosheit in der Welt?

Ich musste plötzlich an eine kleine Geschichte von Anthony de Mello denken. Auf der Straße traf ich ein kleines, hungriges Mädchen, zitternd und ohne Hoffnung, heißt es darin. Ich wurde zornig und sagte zu Gott: »Wie kannst Du das zulassen? Warum tust Du nichts dagegen?« Ich bekam keine Antwort. »In der Nacht träumte mir«, erzählt de Mello, »dass er zu mir sprach: ›Ich habe wohl etwas dagegen getan. Ich habe Dich (!) geschaffen.‹«

Für Christen ist Jesus noch immer der Sohn Gottes. Das ist, was sie glauben erkannt zu haben, und das ist schon mal ein hoher Grad an Erkenntnis, der nicht billig zu haben ist. Die Kritiker sehen das anders. »Die Bibel wörtlich zu nehmen, ist purer Aberglaube«, klärt etwa der Wissenschaftsteil einer süddeutschen Zeitung auf. Im Alten und Neuen Testament würden »immer wieder Intentionen« angenommen, wo doch eigentlich nur »der bloße Zufall wirkt«. Im Übrigen sei die Vorstellung, Christus sei für die Sünden der Menschheit gestorben, »nicht mehr angemessen«.

---

* Nach einer Übersetzung von Joachim Jeremias. Jesus knüpft dabei an eine Vision Jesajas an: »Hören sollt ihr, hören, aber nicht verstehen; sehen sollt ihr, sehen, aber nicht erkennen. Denn das Herz dieses Volkes ist hart geworden; und mit ihren Ohren hören sie nur schwer; und ihre Augen halten sie geschlossen, damit sie mit ihren Augen nicht sehen und mit ihren Ohren nicht hören; damit sie mit ihrem Herzen nicht zur Einsicht kommen, damit sie sich nicht bekehren und ich sie nicht heile.« (Jes 6,9 f.)

Wer daran festhalte, nähere sich »immer mehr den Fundamentalisten an, die weltweit auf dem Vormarsch sind«.

Auch andere Medien haben Gott für tot erklärt und stattdessen das Gehirn als die *Gottesmaschine* ausgerufen, die gewissermaßen als »Sinnerzeuger« arbeite. Leider kann niemand erklären, wer diese Maschine gebaut hat. Ins Grundsätzliche war auch Kritiker Augstein gegangen. »Wer denkt, kann nach wie vor nicht glauben, dass ein persönlicher Gott, um die Menschen zu entsühnen, seinen persönlichen Sohn zur Menschwerdung und Hinrichtung auf die Welt geschickt und von den Toten hat auferstehen lassen«, schrieb der *Spiegel*-Mann, der bekanntlich sehr viel dachte. Ein denkender Mensch könne also kein Christ sein.

Wie sagte Paulus? »Christus ist für unsere Sünden gestorben, *gemäß der Schrift* ...« (1 Kor 15,3). Wer denkt, kann also auch kein gläubiger Jude sein, kein Anhänger der Propheten, die doch diesen Gesalbten, der die Welt »entsühnen« sollte, eindeutig avisiert hatten. Ergo: Nur wer *nicht* denkt, kann ein Christ sein. Nur wer niemals seinen Verstand benutzt, kann ein gläubiger Jude sein. Eine erstaunliche Analyse angesichts des unermesslichen Reichtums an Kultur, Kunst und Wissenschaft, der weltweit insbesondere von Menschen christlicher und jüdischer Herkunft geschaffen wurde.

Richtig ist, dass Jesu Erscheinung alles bisher Dagewesene übersteigt, das Fassbare und das Unfassbare. So gesehen ist es durchaus verständlich, warum Kritiker verzweifelt zu erklären versuchen, dass das, was hier ist, gar nicht sein kann.

Die Szenerie in der »Bucht der Parabeln« nahm allmählich Gestalt an. Wie viele Menschen mögen zugegen gewesen sein? Zweihundert? Zweitausend? Jesus mag noch alte Bekannte umarmt, einige Pilger gesegnet haben, bevor er auf die Planken des Bootes stieg, das Petrus und die anderen inzwischen herbeigeholt hatten.

Stille. Wie immer, bevor der Lehrer eine neue Predigt begann. Die weiße Toga. Die Arme ausgebreitet. Wobei die Hände aus den weiten Ärmeln herausragten wie die »Follow me«-Kellen der Lotsen, die am Airport die Jets in ihre Position winken. Gespannte Blicke. Man sieht förmlich, wie die Zuhörer die Ohren spitzen, als der Lehrer einen Einstieg wählt, der jedermann sofort elektrisiert: »Mit dem Himmelreich ist es so …«

Der See lag flach und ruhig in seinem Bett, und wäre da nicht das leise Rauschen der Wellen gewesen, die sich am Kiesel brachen, man hätte die sprichwörtliche Nadel fallen hören, so gebannt folgte das Publikum seinen Gleichnissen vom Sämann, dann vom Unkraut unter dem Weizen, vom Senfkorn, vom Sauerteig, vom Schatz und von der Perle; oder auch vom Fischnetz, das die Fischer ins Meer geworfen hatten, »um Fische aller Art zu fangen«.

Einige der Zuhörer mochten dabei immer wieder einen ängstlichen Blick auf die kräftigen Körper der Apostel geworfen haben, die sich neben Jesus im Boot aufgebaut hatten. Denn als das Netz voll war, so hatte Jesus gesagt, lasen diese Fischer »die guten Fische aus und legten sie in Körbe, die schlechten aber legten sie weg«.

Der Lehrer machte eine Pause, und vielleicht wurde er bei den folgenden Worten, die alle erschüttern mussten, wirklich laut und theatralisch: »So wird es auch am Ende der Welt sein: Die Engel werden kommen und die Bösen von den Gerechten trennen und in den Ofen werfen, in dem das Feuer brennt.«

Jesu Gleichnisse vom Himmelreich unterstreichen, dass er die Erlösung des Menschen definitiv als seine ureigenste Aufgabe betrachtete. Eine Wendung der Welt, die in einer gewaltigen Transformation ihren Höhepunkt findet. Und sie zeigen erneut die endzeitliche Ausrichtung seines Konzepts. Er sei gekommen, wird er sagen, um Feuer zu werfen. Seine Apostel seien auserwählt, um wie an der Gangway zu einem Überseedampfer nach den Eintrittskarten zu verlangen.

Das neue Reich ist kein Land für jedermann. Jesus erzählt von einem Sämann, dessen Aussaat auf unterschiedlichen Boden fiel. Jene Körner, die auf den Weg fielen, wurden von Vögeln gefressen. Andere, die auf felsigem Boden keine Wurzeln fanden, verdorrten. Wieder andere wurden von Dornen erstickt. Nur ein geringer Teil fiel auf guten Boden und brachte vielfache Frucht.

»Wer Ohren hat, der höre!«

Das »Gottesreich« war die Zeit der Ernte, dämmerte dem Publikum. Aber was meinte er mit den Körnern? Jesus wartet nicht erst eine Wortmeldung ab. »Immer wenn ein Mensch das Wort vom Reich hört und es nicht versteht«, legt er sein Gleichnis aus, »kommt der Böse und nimmt alles weg, was diesem Menschen ins Herz gesät wurde.« Die Körner waren gewissermaßen auf den Weg gefallen. »Auf felsigen Boden ist der Samen bei dem gefallen«, fuhr er fort, »der das Wort hört und sofort freudig aufnimmt, aber keine Wurzeln hat, sondern unbeständig ist.« Bei der geringsten Bedrängnis komme er zu Fall. Mit den Dornen verglich Jesus jene Seelen, die das Wort zwar hören, aber es dann durch ihre Sorgen, die immer im Vordergrund stünden, auch die Sorgen um ihren trügerischen Reichtum, ersticken. Nur bei jenem, der »das Wort hört und es auch versteht«, sei der Samen auf guten Boden gefallen.

Im *Gleichnis vom Unkraut* vertieft der Lehrer sein Beispiel. Hier wird nachts, wenn niemand wacht, der gute Samen vom Feind des Sämanns durch Unkraut verunreinigt. Als die Saat aufgeht und sich Ähren bilden, wird auch das Unkraut sichtbar. Es ist die Frage nach der Herkunft des Bösen, welche die Knechte sogar an der guten Gesinnung des Gutsherrn zweifeln lässt: »Herr, hast du nicht guten Samen auf deinen Acker gesät?« Die Knechte wollen schließlich die Saat des Feindes ausreißen, der Herr aber verwehrt es, denn so würde zusammen mit dem Unkraut auch der Weizen ausgerissen. In der »Zeit der Ernte« würde dann das Unkraut verbrannt, der Weizen aber in die Scheune des Herrn gebracht werden.

»Der Mann, der den guten Samen sät«, erklärt er später, »ist der Menschensohn; der Acker ist die Welt; der gute Samen, das sind die Söhne des Reiches; das Unkraut sind die Söhne des Bösen; der Feind, der es gesät hat, ist der Teufel; die Ernte ist das Ende der Welt; die Arbeiter bei dieser Ernte sind die Engel.«

Jesus findet immer neue Ansätze. Mit dem Himmelreich sei es »wie mit dem Sauerteig, den eine Frau unter einen Trog Mehl mischte, bis das Ganze durchsäuert war«. Es ist eine Anspielung auf den Geist seiner Botschaft; wobei er an anderer Stelle umgekehrt vom »Sauerteig der Pharisäer und Sadduzäer« sprach, vor dem man sich hüten müsse.

Oder: Mit dem Himmelreich sei es wie mit einem Schatz, der in einem bestimmten Acker vergraben war, oder wie mit einer besonders wertvollen Perle. Wer diese Dinge entdecke, gebe alles andere leichten Herzens auf, um im Gegenzug diese unvergleichlichen und unschätzbaren Werte zu erwerben.

Im Kreis seiner Apostel spricht der Meister Klartext. Und er lässt nicht den geringsten Zweifel daran, dass mit seinem Erscheinen eine Endzeit begonnen habe, die nach einer gewissen Zeitspanne mit der Ent- und End-Scheidung abgeschlossen würde:

»Wie nun das Unkraut aufgesammelt und im Feuer verbrannt wird, so wird es auch am Ende der Welt sein. Der Menschensohn wird seine Engel aussenden, und sie werden aus seinem Reich alle zusammenholen, die andere verführt und Gottes Gesetz übertreten haben, und werden sie in den Ofen werfen, in dem das Feuer brennt. Dort werden sie heulen und mit den Zähnen knirschen. Dann werden die Gerechten im Reich ihres Vaters wie die Sonne leuchten.« (Mt 13,40 f.)

Das ist nun keine Parabel mehr, sondern die konkrete Ansage vom Ende der Zeit.

»Habt ihr das alles verstanden?«, fragt Jesus am Schluss seiner Lektion wie ein gestrenger Dozent.

»Sie antworteten: Ja«, schreibt Matthäus.

Die Gleichnisse Jesu sind ein eigenes Sujet, das es in dieser Form im bisherigen Schrifttum Israels nicht gab. Jesus baut zwar auf die jüdische Erzähltradition auf, weicht aber dann vom bekannten Terrain ab, um seine Hörer auf eine neue, höhere Ebene mitzunehmen. Dass er als großer Pädagoge die Erfahrungen seiner Zuhörer berücksichtigt, zeigt die Entwicklung seiner Gleichnisse, die in Galiläa, dem Land der Kornbauern und Fischer, zunächst Bilder aus Ackerbau und Fischfang heranziehen, später aber – ein Beleg auch für die Stimmigkeit der in den Evangelien wiedergegebenen Chronologie – in Judäa, dem Umfeld der Großstadt Jerusalem, Beispiele aus dem Bankgewerbe und dem Weinbau verwenden.

Wie sind die Texte der Bibel zu verstehen? Wir wissen, dass sie vielschichtig sind und mehrere Ebenen haben. Dass sie sowohl Fakten beinhalten als auch Sinn-Bilder, Symbole und Mitteilungen in Zahlen, die ihrerseits die großen Zusammenhänge zu verdeutlichen suchen. Die Aufgabe ist, zu lernen, sie dialektisch zu lesen: mehr als nur wörtlich – aber nicht zugleich un-wörtlich. Sie unwörtlich zu nehmen hieße, sie nicht beim Wort zu nehmen. Wer nicht beim Wort genommen wird, wird nicht ernst genommen. Oder man will von ihm nur hören, was einem in den eigenen Kram passt. Der objektive Maßstab wird dann dem subjektiven unterstellt. Das ist ein wenig so, als entscheide über Recht und Unrecht nicht der Gesetzgeber, sondern der Gesetzesübertreter.

Wenn Matthäus in seinem Evangelium vom »Reich der Himmel« spricht, ist das die im Judentum übliche Umschreibung für Gott, dessen Name und Geheimnis aus Ehrfurcht nicht ausgesprochen wird. Jesus belässt das »Reich Gottes« in der Unbeschreiblichkeit. Alle sprachlichen Möglichkeiten würden nicht ausreichen, es ganz zu verstehen, alle Hilfskonstruktionen nur falsche Vorstellungen nähren. »Womit sollen wir das Reich Gottes vergleichen, oder in welchem Gleichnis sollen wir es darstellen?«, überlegt er laut, als würde er selbst nach dem richtigen Bild suchen. Er will nicht irgendwelche abstrakten Erkenntnisse vermitteln oder gar, wie die Revolutionäre aller Zeiten, das »Paradies auf Erden« versprechen, sondern zum *Licht* der Geheimnisse führen.

Das Himmelreich »gleicht einem Senfkorn«, erklärt Jesus schließlich und findet damit ein sehr aussagekräftiges Bild. Das Senfkorn ist das kleinste aller Samenkörner. Geht es aber auf, wird es »größer als alle anderen Gewächse«. Das absolut Neue, das Niedagewesene, die Zukunft der Kinder Gottes, so die Botschaft, ist größer, phantastischer, mächtiger, wunderbarer als alles, was sich mit menschlichem Verstand ersinnen ließe. In dem winzigen Samen ist bereits ein staunenswertes, unerschöpfliches

Wunder enthalten, aus dem sich eine gewaltige Pflanze entwickeln wird.

Ausgeschlossen ist damit freilich, dass das Gottesreich am Anfang schon groß ist. Ausgeschlossen ist aber auch, dass es nicht wachsen und sich nicht durchsetzen kann. Und ausgeschlossen ist definitiv, dass es am Ende noch klein sein wird.

Die Gleichnisse vom Himmelreich sind keine x-beliebigen Geschichten. Es sind archetypische Sinnbilder. Und sie sollen in der Gesamtschau vor allem eines erkennen lassen: die Schritte des Projektes Jesu, das hier als ein Prozess in drei Phasen skizziert wird, von seinem Anfang bis hin zu seinem Abschluss. Nicht von ungefähr stand das hebräische Wort für »Gleichnis«, *mašal*, neben Bedeutungen wie Vergleich, Allegorie, Fabel, Sprichwort und Rätselspruch auch für, wie Joachim Jeremias zeigte, die »apokalyptische Offenbarungsrede«:

Das erste Paradigma:
Verkündigung des Gottesreiches und
Erlösung durch Christus

Der Menschensohn bestellt als Sämann seinen Acker, die Welt. Erstmals wird wieder neue, reine Saat gesät. Der Samen ist Gegenwart des Zukünftigen. Das Reich ist damit bereits da und zugleich noch im Werden. Mit der Anwesenheit Christi als Wille und Vorstellung, als physische und metaphysische Wirklichkeit, liegt die Zukunft nicht länger vor uns, sondern hat in ihm bereits begonnen. So wie Origenes Jesus als die *autobasileia* bezeichnete, das *Reich in Person*. »Das Reich Gottes kommt nicht so, dass man es an äußeren Zeichen erkennen könnte«, hat Jesus den Pharisäern auf eine ihrer Fangfragen geantwortet, »man kann auch nicht sagen: Seht, hier ist es!, oder: Dort ist es! Denn: Das Reich Gottes ist (schon) mitten unter euch.« (Lk 17,20)

Das zweite Paradigma:
Die Zeit der Fülle

Unter den neuen Bedingungen des Wissens und Bewusstseins dessen, was Jesus offenbart hat, kann der göttliche Samen aus sich selbst wirken, wie es bei Markus das »Gleichnis vom Wachsen der Saat« verdeutlicht. »Durch seine Gegenwart und sein Wirken ist Gott als Handelnder ganz neu jetzt und hier in die Geschichte eingetreten«, so Papst Benedikt XVI., »aber eben weil Jesus selbst Gott – der Sohn – ist, darum ist seine ganze Verkündigung Botschaft seines eigenen Geheimnisses, die Christologie, das heißt Rede von der Anwesenheit Gottes in seinem eigenen Tun und Sein.« Es geht dabei nicht um die Quantität, sondern um Qualität. Das Salz, mit dem Jesus seine Nachfolgerschaft vergleicht, ist immer eine geringe Menge, die aber vollauf genügt, einer größeren Menge den Geschmack zu geben. Das Gleichnis vom Netz vergleicht die Zeit von der ersten bis zur zweiten Ankunft Christi mit jenen Stunden, in denen das Fischernetz im Wasser ausgeworfen ist, um sich zu füllen.

Das dritte Paradigma:
Wiederkunft Christi und Jüngstes Gericht

Die Zeit der Aussaat und des Wachsens ist zu Ende. Der Sämann und Herr der Ernte tritt wieder in Erscheinung – nunmehr in seiner ganzen Macht und Herrlichkeit –, um die Spreu vom Weizen zu trennen und die Ernte in seine Scheune zu bringen.

In Jesu Selbstbewusstsein begegnen sich Gegenwart und Zukunft, Zeit und Ewigkeit. Er weiß sich als denjenigen, der die jetzige Generation genauso umfasst wie die der Endzeit, wo er die Völker vor sich versammelt sieht, um wie der Hirte die Schafe von den Böcken zu scheiden. Und das Paradoxon vom Gottesreich, das bereits vorhanden ist und zugleich noch aussteht, wird in der neuen Wirklichkeit, die er darstellt, bald nachvollziehbar. Etwa wenn er die Kaste der Unreinen und Unberührbaren aufhebt, die durch eine Pervertierung der Reinheitsgesetze entstanden ist. Wenn er den Einzelnen aus der Macht der Sippe befreit, dem oft so verhängnisvollen Gebinde aus Herkunft und Ahnengeschichte, der er die Öffnung hin zur Familie Christi beistellt. Und nur einer Gestalt wie Jesus kann es auch gelingen, das schwierige Gebot der Nächstenliebe und die Idee des Universalismus der einen Menschheit in der einen Welt so zu verankern, dass beides nicht gleich wieder aus der Welt verschwindet.

Das Problem der Schöpfung bestand nach religiösen Vorstellungen in ihrem Bruch, mit dem sie im Widerspruch zur göttlichen Bestimmung stand. Ihre Entfaltung war eingeschränkt durch die Macht des Widerspruchs, die Kräfte der Negation. Dieser Macht war mit der Erscheinung Jesu das Ende angesagt, aber sie war noch nicht gebrochen. Nach den in den Gleichnissen angedeuteten Schritten war die Wiederkunft Christi eben gerade *nicht* mit einer Naherwartung verbunden. Die Analyse vieler Theologen, die Bewegung Jesu hätte ihre Energie und ihre Überzeugungskraft aus der Erwartung bezogen, der Messias werde noch zu ihren Lebzeiten zurückkehren, greift daneben. Schon die Erfahrungen der jüdischen Religionsgeschichte lehrten, dass Gottes Uhren anders gehen. Dreizehnhundert Jahre lag es zurück, dass Mose das Volk aus der ägyptischen Knechtschaft befreit und ihm die Zehn Gebote übermittelt hatte, doch das Geschehen war so gegenwärtig, als wäre es gestern geschehen.

In diesem übergeordneten Zeitrahmen steht dann auch Jesu Wort, »dieses Geschlecht wird nicht vergehen, bis dass dieses alles geschehe«. »Geschlecht« meint nicht eine bestimmte Jahrgangsstufe, sondern im Falle der Pharisäer eine bestimmte Sippe, Gruppierung und Haltung. Eine frühe »Rückkehr« Jesu war für die Urgemeinde schon deshalb nicht zu erwarten, da nach seinem Auftrag zuerst das Evangelium zu verkündigen war. Und zwar nicht nur in Galiläa, nicht nur in Israel, nicht nur am Mittelmeer: »Geht hinaus in die ganze Welt«, hatte er gefordert. Die Apostel sollten »zum Zeugnis für alle Völker« werden. Die Hereinkunft des Gottesreiches wurde von Jesus dabei ausdrücklich als Prozess beschrieben, ein langwieriger Vorgang, ähnlich dem der

Durchsäuerung eines Teiges: »Dieses Evangelium vom Reich wird auf der ganzen Welt verkündet werden, damit alle Völker es hören; dann erst kommt das Ende.«

Wann dies sein wird? Jedenfalls nicht in nächster Zukunft. »Es ist Jesus ein Anliegen, das Menschenleben, jedes Menschenleben, gerade in das ungewisse Dämmerlicht des Endtags und Endgerichts zu stellen«, so der Theologe Karl Adam. »Jeder Augenblick eines jeden Menschenlebens steht unter der Krise, unter der ungeheuren Möglichkeit eines sofortigen Gerichts.« Jesus verwies gar noch auf den Hass, den seine Nachfolger in allen Völkern »um meines Namens willen« ernten werden. Und sogar auf eine geistige Auszehrung innerhalb des Christentums: »Und weil die Missachtung von Gottes Gesetz überhandnimmt, wird die Liebe bei vielen erkalten« (Mt 24,12). »Jenen Tag und jene Stunde kennt niemand«, erklärte er, »auch nicht die Engel im Himmel, nicht einmal der Sohn, sondern nur der Vater.« Wenn er aber kommt, werde dies urplötzlich geschehen. Wie zu Noahs Zeiten werden die Menschen nichtsahnend essen und trinken und sich vergnügen.

Es sei »die Kraft des Heiligen Geistes, die uns und unsere Welt auf das Kommen des Gottesreiches ausrichtet«, erläuterte Benedikt XVI. vor Zigtausenden von Jugendlichen beim Weltjugendtag in Sydney. Die Welt brauche Erneuerung, weil sich »neben dem materiellen Wohlstand eine geistliche Wüste« ausbreite, »eine innere Leere, eine namenlose Furcht und ein heimliches Gefühl der Hoffnungslosigkeit«. Im Gegensatz hierzu komme eine »neue Zeit, in der die Liebe nicht gierig und selbstsüchtig, sondern rein, treu und wahrhaft frei, offen für andere und voll Achtung für ihre Würde ist, ihr Wohl sucht und Freude und Schönheit ausstrahlt«.

Das Reich Gottes ist höher als alles Vergängliche, und wer da hineinwill, weicht vom Mainstream ab und nimmt nicht das große Tor. »Und er wird die Engel aussenden«, heißt es im Evangelium, »und die von ihm Auserwählten aus allen vier Windrichtungen zusammenführen, vom Ende der Erde bis zum Ende des Himmels« (Mk 12,27). Auch wenn das Thema heute tabuisiert wird, diese Sehnsucht des Christentums ist nach wie vor ein Hauptanliegen jeder heiligen Messe, wenn das Volk betet:

»Geheimnis des Glaubens:
Deinen Tod, o Herr, verkünden wir, und Deine Auferstehung
preisen wir – bis Du kommst in Herrlichkeit.«

Jesu Gleichnisse vom Himmelreich besagen, dass jeder Mensch bereits zu seinen Lebzeiten an dem von ihm ausgerufenen *Reich Gottes* teilhaben kann. Der Gedanke ist völlig neu in der Geschichte der Menschheit. Die Teilnahme geschieht auf verschiedenen Stufen und in unterschiedlicher Intensität. Je nach eigener Bereitschaft. Vergleichbar beispielsweise mit dem Weiterkommen beim Lernen. Oder der zunehmenden Nähe zu Musik, Poesie und Malerei, die Menschen immer deutlicher spüren, je mehr sie sich in diese Sphären hineinbegeben.

Um wie viel erfüllender, so versuchte Jesus deutlich zu machen, müsse dann erst eine Vereinigung mit einer Kraft sein, die nicht eine Entäußerung ist – wie etwa die Kunst –, sondern das Eigentliche, das Zentrum, die unbeschreibliche, unfassbare Energie, der ewige, unendliche, allwissende, allseiende Geist: Gott selbst. Jener einzige Gott, von dem die Einzigartigkeit der Welt in allen Teilen kündet. Speziell in der Stunde Christi, in der sich Gott in einer alles Bisherige überschreitenden Weise in der Geschichte als deren Herr, als der lebendige Gott zeigt.

Der Himmel war zugezogen. Mit einem Mal standen dicke schwarze Wolken über dem See, schwere Regentropfen spritzten auf der Wasseroberfläche wie Einschläge von Gewehrsalven. Innerhalb einer Minute waren meine Kleider nass. Es war nicht der berühmte Fingerzeig des Himmels, dennoch musste ich an die Worte eines Theologen denken. Jesus verkünde ganz einfach den da-seienden Gott. Die im Hier und Jetzt wirkende All-Macht.

Ich sah auf meine durchweichte Kleidung, die von der hier und jetzt wirkenden Allmacht ziemlich durchgewalkt wurde. Und es war nur das bisschen Regen.

29

Brot des Lebens

Meine Tage am See Genezareth neigten sich dem Ende zu, aber der Koffer stand noch in der Ecke. Erste Sonnenstrahlen blinkten silbern und golden vom See herauf, und wenn man sich ein Handtuch um die Hüften band, konnte man zu dem Bach im Garten springen, einer der sieben warmen Quellen von Tabgha, und ein wunderbares Bad nehmen.

Ich war früh aufgestanden, und die Schwestern verwöhnten mich mit Butterbroten und Avocado-Creme. Wir sprachen über die vergangene sternenklare Nacht, den Mond und die Weiten des Universums. Wie war es möglich, schüttelten wir den Kopf, mit dem Hubble-Teleskop bis an die Grenzen des Alls zu spähen, das vierzehn Milliarden Lichtjahre entfernt ist? Aus der Zeitung wusste ich, dass unser Universum bis zu 100 Milliarden Galaxien enthält – mit insgesamt 70 Trilliarden Sternen wie unsere Sonne. Das ist eine Sieben, gefolgt von 21 Nullen.

Einige Forscher hatten sogar das Gewicht des Alls ermittelt. Es sei 10^{54} Kilogramm schwer. Dabei hatte sich herausgestellt, dass die Masse der *sichtbaren* Himmelskörper nur etwa fünf Prozent des Universums ausmache. Der Hauptteil bestehe aus *unsichtbarer* Dunkler Masse und Dunkler Energie. Kein Mensch wisse allerdings, referierte ich am Küchentisch, wie Dunkle Materie aussieht und woraus sie besteht.

Ein Professor aus Tübingen habe berechnet, dass Teilchen Dunkler Materie pausenlos auch den menschlichen Körper durchfluten. Wobei sie schon mal mit dem einen oder anderen unserer

Atomkerne kollidierten und diesen dann etwas ins Schwingen brächten.

Die Schwestern zeigten sich beeindruckt. Bei der Vorstellung von »Dunkler Masse« und »Dunkler Energie« waren sie allerdings zusammengezuckt. Dunkel werde diese Materie nur genannt, beruhigte ich sie, weil man sie nicht sehen kann. Genauso gut könnte man vielleicht ja auch von *heller* oder *weißer* Materie sprechen. Vielleicht sogar von *heiliger*. Catharina strahlte mich erleichtert an. Sie und Elisabeth, gestand sie mit einem verschämten Lächeln, hätten mich, seit ich hier bin, in ihr Gebet eingeschlossen. So könne mir nichts passieren. Ob nun durch Dunkle Materie oder andere fragwürdige Elemente.

Es war der Tod des Täufers, der die neue Phase in der Mission Jesu einleitete. Seit Johannes Herodes Antipas wegen dessen Hochzeit mit Herodias kritisiert hatte, der Gattin von Antipas' Halbbruder Philippus, schmachtete er im Gefängnis. Einzig die Angst vor einem Volksaufstand hatte den Landesfürsten zurückgehalten, seinen Kritiker sofort hinzurichten. Zum Verhängnis wurde Johannes nun ein waghalsiges Versprechen des Herrschers. Berauscht von ihrem Tanz, versprach der Lebemann der jungen Salome, der Tochter seiner Gattin, sie dürfe sich wünschen, was sie wolle, »und wenn es die Hälfte meines Reiches wäre«. Salome wollte kein Reich, sie wollte, auf Drängen ihrer rachedurstigen Mutter, das Haupt des Täufers. Künstler wie Lovis Corinth haben die biblische Szene ausgemalt. Aber es ist kein schöner Anblick, wenn der Scharfrichter den Kopf des Heiligen auf einer silbernen Schale serviert.

»Als Jesus all das hörte«, heißt es, »fuhr er mit dem Boot in eine einsame Gegend, um allein zu sein.« Später identifiziert er im Stillen den Propheten mit dem Täufer. Die Jünger hatten nach der Wiederkunft des Elija gefragt, die den Schriften gemäß dem Erscheinen des Messias vorangehen sollte: »Ich sage euch, Elija ist schon gekommen, doch sie haben mit ihm gemacht, was sie wollten, wie es in der Schrift steht« (Mk 9,13).

Die Hinrichtung des Propheten ist das Signal. Jesus erhöht das

Tempo. Nie verweilt er nun lange an einem Ort. Sein Programm wird dichter, drängender. Er geht nicht mehr selbst in jedes Dorf, sondern schickt die Apostel aus, um zunächst »zu den verlorenen Schafen des Hauses Israel« zu gehen. »Heilt Kranke, weckt Tote auf, macht Aussätzige rein«, so die Anweisung. Damit Geschäfte zu machen wird ausdrücklich untersagt: »Umsonst habt ihr empfangen, umsonst sollt ihr geben.« Deutlicher kann man die künftige Kirche nicht mahnen: »Steckt nicht Gold, Silber und Kupfermünzen in euren Gürtel.« In dieselbe Richtung zielt auch die Maßgabe, »keine Vorratstasche mit auf den Weg« zu nehmen, »kein zweites Hemd, keine Schuhe, keinen Wanderstab«. Sie sollten das Wenige, das sie brauchen, vom Volk einfordern, »denn wer arbeitet, hat ein Recht auf seinen Unterhalt«.

Historischer Hintergrund ist das Unwesen der sogenannten Götterboten, die zur Zeit Jesu von Syrien aus über Land zogen, um Opfergaben für bestimmte Heiligtümer einzusammeln, etwa für die Kultstätte des Pan im Hermongebirge. Viele dieser Boten begannen als Bettler. Aber wenn es die Einnahmen zu Ehren ihres Gottes erlaubten, kauften sie einen Esel. Zu dem Esel kam ein zweiter hinzu, zum zweiten ein dritter, zum vierten und fünften noch ein Treiber. Am Ende schleppte der früher so einfache Bote bis zum Heiligtum einen Besitz hinter sich her, der kaum noch zu bewältigen war.

Der heilige Franziskus, der nicht nur seine Kleider und seinen Geldgürtel, sondern auch sein Schuhwerk ablegte, um stets zu spüren, welch harter Weg es sein kann, auf Christi Spuren zu gehen, und welche Not jene leiden, für die bequemes Schuhwerk noch immer eine Frage des Einkommens ist, hat die Mahnung Jesu verstanden wie kein Zweiter. Er sah darin nicht eine von vielen Möglichkeiten, das Haus Gottes wieder aufzubauen, sondern die einzige.

Mit dem Aussendungsbefehl lernen wir eine Seite an Jesus kennen, die so gar nicht ins Schema liberaler Deutung passt. Ohne ihn freilich wäre seine Währung nichts weiter als falsche Münze. Die Aussendung der Jünger unterstreicht nach den Gleichnissen vom Himmelreich: Christus ist gekommen, zu suchen und zu retten. Dazu gehört aber auch, das Gute vom Bösen zu trennen, das Überlebbare vom Toten. Die Sache ist ernst: »Wer mich aber verleugnet vor den Menschen, den werde auch ich verleugnen vor meinem Vater im Himmel« (Mt 10,33).

Mission ist kein Hausierertum. Wer seine Tür nicht öffnen will, dem wird sie nicht eingetreten. Es geht um ein Hinhören, eine Entscheidung des Herzens. Reden um des Redens willen hält Jesus für fruchtlos. Wen sollte man mit eitler Klugheit auch beeindrucken? Gott? Jesus genügt schon, wenn jemand seinen Jüngern die Tür öffnet. Und Erfolg ist nicht dann erreicht, wenn ihm möglichst viele folgen, sondern wenn die, die ihm folgen, ihn ganz annehmen. So gesehen ist es folgerichtig, nicht von *Umsturz* sondern von *Umkehr* zu sprechen, nicht von der Vertreibung einer bestimmten Herrschaftsclique, sondern von der Vertreibung böser Geister.

Jesus nachzufolgen äußerte sich in einer Haltung und nicht unbedingt in der Aufgabe von Heim und Beruf. Seine Jünger sollten das alte Denken hinter sich lassen, nicht ihre Familie, die es zu ernähren galt. »Folgt mir nach!«, hatte er den Fischern am See zugerufen. *Er* nahm sie mit – und *sie* baten ihn in ihr Haus. Die Jünger gingen mit *ihm* – er aber nahm bei *ihnen* Wohnung. Und fast scheint, als wollte Jesus am Ende nicht mehr in seiner eigenen Gestalt existieren, sondern nur noch in der Gestalt jener Menschen, die ihn verinnerlicht hatten.

Die Gesandten Jesu sollten sich zunächst erkundigen, »wer es wert ist, euch aufzunehmen«. Es ist nicht irgendjemand, der hier anklopft: »Wer euch aufnimmt, der nimmt *mich* auf; wer euch hört, der hört *mich*.« Und erst nach eingehender Prüfung, »wenn das Haus es wert ist«, solle »der Friede, den ihr ihm wünscht, bei ihm einkehren«. Aber Vorsicht! Das Himmelreich kann verlorengehen wie ein Haus, dessen Hypothekenschulden nicht bedient wurden. Sinkt damit der Wert, »soll der Friede zu euch zurückkehren«. Später wird er hinzufügen: »Wem ihr die Sünden vergebt, dem sind sie vergeben, und wem ihr die Vergebung verweigert, dem ist sie verweigert« (Joh 20,21 f.). Die Vollmacht ist umfassend: »Alles, was ihr auf Erden binden werdet, das wird auch im Himmel gebunden sein, und alles, was ihr auf Erden lösen werdet, das wird auch im Himmel gelöst sein« (Mt 18,18).

Jesus ist an *vielen* interessiert, aber nicht an *allen*. Das Thema der Auswahl wird noch eine gewichtige Rolle spielen; etwa bei der großen Krise von Kafarnaum. In der »Geheimen Offenbarung« kommt es zum Abschluss, wenn es heißt, dass die alte Erde und der alte Himmel vergangen sein und eine neue Erde und ein neuer Himmel entstehen werden.

So entschieden, wie er anderswo die Vergebung einfordert, so entschieden zieht er den Trennungsstrich: »Wenn man euch aber in einem Haus oder in einer Stadt nicht aufnimmt und eure Worte nicht hören will, dann geht weg und schüttelt den Staub von euren Füßen. Amen, das sage ich euch: Dem Gebiet von Sodom und Gomorra wird es am Tag des Gerichts nicht so schlimm ergehen wie dieser Stadt« (Mt 10,14 f.). Freilich, wer einem seiner Boten, »weil es ein Jünger ist«, auch nur »einen Becher frisches Wasser zu trinken gibt«, der werde »gewiss nicht um seinen Lohn kommen«.

Jesus kennt die Welt, er kennt die Menschen. Die Jünger mit seiner Botschaft auszusenden, weiß er, das sei, als schickte man »Schafe mitten unter die Wölfe«. Man werde seine Leute »vor die Gerichte bringen und in ihren Synagogen auspeitschen«. Sogar Familienangehörige und Freunde würden sie um seinetwillen hassen und »ausliefern«. Mehr noch, »manche von euch wird man töten«. Aber wenn man sie vor Statthalter und Könige führe, dann eben auch, »damit ihr vor ihnen und den Heiden Zeugnis ablegt«. Gefordert sind Entschiedenheit und Mut. »Wer nicht sein Kreuz auf sich nimmt und mir nachfolgt«, sagt er, »ist meiner nicht würdig.«

Es ist Frühjahr. Goldene Getreidefelder und rote Rosen zeigen die Landschaft am See Genezareth in ihrer ganzen Pracht und Fülle. Oleander und ein Meer aus Klatschmohn verwandeln die Uferpromenaden in ein Reich aus Purpur. Es beginnt das letzte Jahr der Sendung Jesu. Genau zwölf Monate später wird ein ganz anderes Rot in die Welt leuchten.

Als die Jünger, die Jesus in die Städte und Dörfer sandte, wieder nach Kafarnaum zurückkommen, werden sie vom Erfolg ihrer Mission buchstäblich überrollt. So gewaltig ist der Andrang neuer Massen, »die kamen und gingen« (Markus), dass die erschöpfte Crew »nicht einmal Zeit zum Essen« findet. »Kommt mit an einen einsamen Ort«, reagiert der Lehrer, »wo wir allein sind, und ruht ein wenig aus.«

Die aufgewühlte Menge ist nicht abzuschütteln. Kaum erkennen die Anhänger, wohin das Boot der Jesus-Gruppe steuert, rennen sie am Ufer dem vermeintlichen Ziel voran. Der Auflauf wird immer größer. Laut gestikulierend begleiten bald Tausende von Menschen jede Bewegung des Schiffes, dessen Segel weithin leuchten wie die weißen Fahnen einer Gesandtschaft.

Viele hatten von Jesus gehört, aber nicht alle hatten ihn erlebt. »Sie liefen zu Fuß aus allen Städten dorthin«, berichtet Markus. Es gab kein Entrinnen. Bereits vor Ankunft des Schiffes Jesu ist die weite Ebene am Ufer voll von Männern, Frauen und Kindern, deren erwartungsvolle Augen den Meister in Empfang nehmen. »Als er ausstieg und die vielen Menschen sah, hatte er Mitleid mit ihnen«, erzählt Markus, »denn sie waren wie Schafe, die keinen Hirten haben. Und er lehrte sie lange.«

Viele Theologen betrachten die nachfolgende Perikope aus dem Leben Jesu als rein symbolhafte Erzählung. Das Evangelium spricht eine andere Sprache. Nach dem Bericht seiner Autoren fand am See Genezareth gar die bis dahin wohl größte Volksversammlung Galiläas, vielleicht sogar ganz Israels statt. Laut Matthäus hatten sich nicht nur »etwa fünftausend Männer« versammelt, sondern auch deren »Frauen und Kinder« (Lukas), was insgesamt auf eine Menge von zehn- bis zwanzigtausend Menschen schließen lässt. Was geschah?

Jesus hatte sich intensiv mit seinen Zuhörern beschäftigt. »Er empfing sie freundlich, redete zu ihnen vom Reich Gottes und heilte alle, die seine Hilfe brauchten« (Lukas). Für seine Zuhörer war es nicht so wichtig, ob sie nun seine Worte sofort verstanden. Sie vernahmen zunächst ihre Wirkung, den bezaubernden Klang von Harmonie, den sie verströmten. Mit Jesus war es, als ginge eine neue Sonne auf, ein Licht, in dem die Welt nicht mehr aussah, wie man sie gesehen hatte, sondern wie man von ihr träumte.

Es war spät geworden, so dass die Jünger glaubten, ihren Meister auf eine Verlegenheit aufmerksam machen zu müssen. »Schick sie weg«, drängten einige voller Unruhe, »damit sie in die umliegenden Dörfer gehen und sich etwas zu essen kaufen können.«

Der Siebenquell, mit hoher Sicherheit der historische Ort dieser Versammlung, lag etwas abgelegen, aber jenseits des Tel Kinneret, nur ein paar hundert Meter weiter, war das Dorf Genezareth. Ein weiterer Ort, Khor, befand sich etwas höher auf dem Berghang. Wenige Kilometer weiter lagen Kafarnaum und Chorazin. Und bis zur Großstadt Magdala ging man wohl eine Stunde. Aber Jesus gab eine denkwürdige Antwort, als spräche er weit in die Zeit hinein, an alle, die es angeht: »Gebt ihr ihnen zu essen!«

Die Gemeinde Jesu war keineswegs arm. Die Kasse zählte mindestens zweihundert Denare. Das entsprach in etwa dem Jahreslohn eines römischen Legionärs in der Provinz Syrien-Palästina. Oder zweihundert Tagelöhnen eines Arbeiters. Doch die Jünger reagierten wie alle, die über Besitz verfügen: Sie zuckten mit den Schultern und suchten nach Ausreden. Es klang gar ein gewisser Sarkasmus an: »Sollen wir weggehen, für zweihundert Denare Brot kaufen und es ihnen geben, damit sie zu essen haben?« Immerhin hätte die Summe ausgereicht, um dafür etwa 3600 Brote zu kaufen.

Keiner der Evangelisten kann sagen, wie es geschah. Niemand schreibt von einem Wunder. Oder von Henkelkörben, die nun plötzlich wie im Märchen sich aus sich selbst heraus reproduzierten und vor Broten und Fischen geradezu überquollen. Noch nicht einmal von einem Erstaunen ist die Rede. Die Menschen setzten sich nach der Anweisung Jesu »in Gruppen zu hundert und zu fünfzig« ins grüne Gras. Die Einteilung entsprach der Überlieferung der Vorfahren, die sie von der Wanderung durch die Wüste Sinai mitbrachten.

»Wie viele Brote habt ihr? Geht und seht nach!«

Es waren *fünf* Brote und *zwei* Fische vorhanden. Der folgende Hinweis sollte später auf die entscheidende Spur zur Auflösung dieses Rätsels führen: »Darauf nahm er die fünf Brote und zwei Fische, blickte zum Himmel auf, sprach den Lobpreis, brach die Brote und gab sie den Jüngern, damit sie sie an die Leute austeilten. Auch die zwei Fische ließ er unter allen verteilen. Und alle aßen und wurden satt. Als die Jünger die Reste der Brote und auch die Fische einsammelten, wurden zwölf Körbe voll.« Das ist alles. Punktum. Keine Erklärung. Kein Kommentar. Nichts.

Was die Jünger gar nicht erst versuchen wollen, Jesus tut es. Das Geringe genügt. Noch das Wenigste ist mehr als nichts. Und wie immer steht Jesus für etwas, das es im Grunde nicht geben kann – und dann eben doch gibt. Denn für gewöhnlich gilt das Gesetz, dass jemand, der etwas teilt, danach nur noch die Hälfte dessen besitzt, was er vordem hatte. Mit Jesus hingegen verwandelt sich die Division in eine Multiplikation: Wer teilt, heißt es, hat nicht die Hälfte weniger, sondern doppelt so viel wie zuvor.

Den heutigen Ort Magadan-Tabgha, ein großer Hain am See, mit Zypressen, Akazien und Eukalyptus, ziert neben der »Kirche der Brotvermehrung« auch ein Kloster und ein Gästehaus, das von Benediktinern der Dormitio-Abtei in Jerusalem geführt wird. Dass Tabgha früh als der originale Schauplatz der Speisung verehrt wurde, bezeugt ein Vermerk unserer Pilgerin Ätheria aus dem 4. Jahrhundert: »Dort am Meere ist eine Ebene mit viel Gras und Palmen und daneben sieben Quellen, die reichlich Wasser spenden. Hier hat der Herr mit fünf Broten und zwei Fischen das Volk gespeist. Der Stein, auf den der Herr die Brote legte, ist zu einem Altar gemacht.«

In der Nähe der Quelle Birket Ali ed-Daher, einer der sieben Quellen von Tabgha unmittelbar an der Straße nach Kafarnaum, sah man bis ins 19. Jahrhundert nur noch einige Mauerreste aus dem Boden ragen. 1887, als der »Palästina-Verein für das katholische Deutschland« den Uferstreifen von Chirbet el-Minje (dem früheren Genezareth) bis zu Ain et-Tabgha (dem Siebenquell) erwarb, wurde bei Ausgrabungen eine von den Persern zerstörte dreischiffige byzantinische Kirche aus dem 5. Jahrhundert entdeckt. Darunter tauchte eine weitere Kirche auf, die bereits im 4. Jahrhundert zum Gedenken an das Wunder Jesu errichtet worden war.

Das heutige Gotteshaus wurde 1982 vom damaligen Vorsitzenden der deutschen Bischofskonferenz Joseph Kardinal Höffner eingeweiht. Errichtet wurde es nach den Plänen der antiken Vorlage. Unter dem Altar befindet sich der mit dem berühmten Brot-Fisch-Mosaik geschmückte Steinblock, auf dem Jesus gemäß judenchristlicher Tabgha-Tradition die fünf Brote und zwei Fische ausgebreitet hatte, über die er den Segen sprach.

Alle großen Ereignisse im Leben Jesu stehen in Verbindung mit dem liturgischen Kalender Israels, dessen Feste wiederum alle an das geschichtliche Handeln Gottes erinnern. Sie sprechen von Schöpfer und Schöpfung und wollen als Geste der Hoffnung dem kommenden Herrn entgegengehen. Es war die Zeit vor Pessach. Das Wunder am See, das wohl größte und bedeutendste spirituelle Ereignis seit den Tagen, als Mose das Volk Israel mit *Manna* verpflegte, dem *Brot vom Himmel* (Ps 105,40), war deshalb kaum Zufall. Es gibt einen Hinweis bei Johannes: »Er selbst wusste, was er tun wollte« (Joh 6,6).

Was hatte Jesus mit seinem Wunder beabsichtigt? Immer wieder kreiste er um dieses eine Thema: *Brot.* Und die Kreise wurden immer enger. Aber welche Erwartungen sind damit verbunden. Brot ohne Ende. Wie vom Himmel. Heißt das nicht auch: Nie mehr wieder hungern? Nie mehr Not leiden! Nie mehr Grund zur Sorge haben. Konnte da, wo so jemand in der Mitte ist, nicht jeder Tag ein Festtag sein? Denn was hinderte den Messias, sein wunderbares Tun nicht zur Gewohnheit werden zu lassen? Hatte er nicht schon auch Wasser in Wein verwandelt?

Hätten diese tapferen Männer nun heimgehen sollen, ganz so, als sei nichts geschehen? Die ersten Rufe wurden laut: Er muss unser König sein! Es waren Leute wie Judas oder auch Simon der Zelot, die politisch denkenden unter der Schar der Frommen. Keiner könnte es mit diesem Anführer aufnehmen. Nicht in

Alexandrien, nicht in Rom, und in Jerusalem schon gar nicht. Mit ihm würden sogar die Nachschubprobleme für ein kämpfendes Heer wegfallen.

Den Agenten der Pharisäer mochte der Atem stocken. Bei der Brotvermehrung kam das ungeheure Potenzial eines Mannes zum Vorschein, dem es offenbar nicht einmal Mühe machte, aus dem Stegreif heraus ein ganzes Volk zu verköstigen. Den Beobachtern des Herodes Antipas ging es nicht anders. Der Täufer war beseitigt, aber gegen den Sturm Jesu war Johannes ein Lüftchen gewesen. Solange er seine Gleichnisse erzählte und Kranken die Hand auflegte, war das kein Problem. Nun jedoch hatten ihn die ersten zum König ausgerufen!

War Jesus möglicherweise zu weit gegangen? Blitzte da nicht auch die Verführung zur Macht und die Macht der Verführung auf? Grund genug dafür gab es. Wem sonst wäre es gelungen, solche Massen zu mobilisieren? Niemand war so berühmt wie er. Niemand so beliebt. Und niemand so stark.

Gerade ein Jahr war es her, als der Versucher an ihn herangetreten war, er solle doch in der Wüste Steine zu Brot machen. Und jetzt? Hatte er nicht soeben etwas Ähnliches vollbracht?

Hastig brach Jesus auf. Warf seinen Mantel über. Zog sich von dem nächtlichen Lager am See mit seinen Hunderten von Feuern und den Tausenden von Menschen, die sich darum versammelt hatten, schnell auf den Hügel zurück, hinauf in seine Grotte. »Er allein«, wie Johannes bemerkt.

Die Knappheit der Berichte der Evangelien, der Mangel an jeglichem Triumphalismus kann durchaus den Eindruck erwecken, hier dem allzu menschlichen Jesus begegnet zu sein. Jemandem, der über sich selbst erschrocken ist. Der Menschenflüsterer, der gern in tiefsinnigen Gleichnissen sprach, plötzlich als Volkstribun? Er hätte die Menge nach Hause oder in die nächsten Ortschaften schicken können, wie es die Apostel empfohlen hatten. Keiner seiner Zuhörer wäre verhungert. War er also doch der Verführung erlegen? Hatte er dabei vielleicht auch das falsche Zeichen gegeben?

Ein Ereignis von der Größe der Speisung in Magadan, mit seinen Tausenden von Augenzeugen, lässt sich nicht nachträglich in die Geschichte hineinfälschen. Es wurde wohl auch in anderen Schriften verzeichnet, die neben den vier Evangelien die Worte und Taten Jesu festhielten, wie Lukas bemerkte.*

Das Geschehen ist Fakt. Es ist zugleich aber auch weit mehr als Fakt. Für die Israeliten enthielt jeder Buchstabe der Tora ein Stück der Schöpfung. Ja, die Schöpfung insgesamt, glaubte man, werde in der Schrift hier gewissermaßen Wort für Wort vor den Menschen aufgeblättert. Das hieß dann auch: Alles, was auf Erden ist, ist im Himmel. Und alles, was im Himmel ist, ist also auch auf Erden. Zeit spielt dabei nur eine untergeordnete Rolle. Denn für Gott ist alles zugleich. So gesehen ist die »wunderbare Brotvermehrung« neben dem Fakt auch Prophetie, also etwas, was nicht nur den Augenblick, sondern auch die Zukunft verändert, ja vielleicht sogar seine Formkraft erst in der Zukunft ganz entfalten kann.

Die Evangelisten haben gar nicht erst versucht, das Ereignis zu erklären oder zu deuten. Der Bericht über die »wunderbare Brotvermehrung«, die jedes Vorstellungsvermögen sprengt, lässt keinen Zweifel mehr daran, dass sie die *Bilder der Zahlen* verwenden, um mit deren Hilfe die erhabensten Dinge auszudrücken – die dann wiederum das schon im Menschen Ein-gebildete, im Sinne eines Ein-geborenen, zum Sprechen bringen.

Für die Menschen mit biblischem Denken waren diese Zahlen wie ein Memorystick. Sie konnten in unvergleichlicher Dichte eine Fülle von Informationen aus der Heilsgeschichte Gottes abspeichern. Im Übrigen schützten sie den Kern der Überlieferung vor Fehldeutungen. Denn dort, wo mit den Zeichen und Zahlen schon mal Pflöcke eingerammt waren, hatten Fälscher und Falschausleger keine Chance.

Nein, Jesus war keiner Versuchung erlegen. Er hatte keine Formeln angewendet, wie man das von Zauberern kennt. Und er

---

* »Schon viele haben es unternommen, einen Bericht über all das abzufassen, was sich unter uns ereignet und erfüllt hat. Dabei hielten sie sich an die Überlieferung derer, die von Anfang an Augenzeugen und Diener des Wortes waren.« (Lk 1,1–2)

hatte erst recht keine Steine verwandelt. Er hatte etwas, das vorhanden war – einfach nur potenziert.

Die topografischen Angaben über den Ort der Brotpredigt waren präzise genug, um die Wirklichkeit des Schauplatzes jederzeit überprüfen zu können. Genauso klar ist jedoch auch, dass die in allen vier Evangelien in gleicher Anzahl genannten Brote und Fische keine faktische, sondern eine symbolische Angabe darstellen. Dabei solle niemand sagen, warnte der protestantische Theologe Paul Tillich, es sei halt »nur ein Symbol«. Es müsse vielmehr heißen: »Nichts Geringeres als ein Symbol!«

Das Brot, das Jesus hier verteilt, kennzeichnet das *Lebensbrot*, das Manna des Himmels. Die Analogie zu jenem Brot, das Mose den Israeliten nach der Befreiung aus Ägypten auf ihrer Wanderung durch die Wüste geben konnte, ist unverkennbar; und doch wird sich ein wesentlicher Unterschied zeigen. Der *Fisch* wiederum ist in der Sprache der Bibel ein Bild für den Glaubenden. Genau wie das Brot wurde später auch der Fisch zu einer Metapher für Christus selbst. Die Urchristen nutzten das Symbol in der Zeit der Verfolgung als geheimes Erkennungszeichen. Bestärkt wurden sie darin, weil das griechische Wort für »Fisch«, *IΧΘΥΣ (ICHTHYS)*, sich als die Abkürzung für »Jesus Christus, Gottes Sohn, Erlöser« lesen ließ. Als Symbol für die Gläubigen, die von den Aposteln (»Menschenfischer«) für Jesus gewonnen werden, steht der Fisch auch im Amtsring des Papstes, dem »Fischerring«.

Bedeutender aber sind die Zahlen, die hier buchstäblich zur Sprache kommen. Warum sind es ausgerechnet *fünf* Brote, aus denen Jesus eine unendliche Menge macht? Was hat die Zahl zu sagen?

In ersten Ansätzen haben wir die *Fünf* – die so ausdrucksvoll im *Pentagramm* ☆ verkörpert ist – bereits kennengelernt. Aristoteles nannte das fünfte Element »Äther«. Es ist die Zahl für die ganze Welt, den Kosmos*, aber auch für das Gesetz; dargelegt etwa auch im *Pentateuch* (den fünf Büchern Mose). Die Fünf

---

* In der Proto-Elamitischen Schrift heißt *Pentagramm:* »das Universum«.

steht für das Wesentliche, die *Quint*essenz (quint = fünf). Sie liegt in der Schöpfung verborgen und kann Geist und Materie miteinander verbinden (so wie dann etwa auch Brot in zweierlei Gestalt erscheint, als materielle, aber auch als geistige Nahrung), die nicht als Gegensätze, sondern als Einheit verstanden werden müssen.

Mit der Fünf wurde im antiken Modell des Fünfsterns – in den sich unendlich oft immer wieder ein neuer Fünfstern einpassen lässt – auch das »hermetische Gesetz« veranschaulicht. Es besagt, dass die Erscheinungen des Makrokosmos eine Entsprechung im Mikrokosmos haben (»wie oben so auch unten«; ähnlich auch, wenn Jesus erklärt, wer ihn aufnehme, »der bleibt in mir, und ich bleibe in ihm«). Wer sich geistig in die Figur des Fünfsterns hineinbegebe, hieß es, könne sich mit seiner Hilfe über sich selbst hinausbegeben und im mikroskopisch kleinsten Wesenskern erleben – oder eben entsprechend im makroskopisch größten.

Die Zahl von fünf Broten symbolisiert im Evangelium gewissermaßen das Zusammenkommen von Himmel und Erde, von Makrokosmos und Mikrokosmos, von Geist und Materie. Schlussendlich steht die Zahl hier für die Gegenwart des Höchsten. Er ist es, der in seiner Zuneigung zu den Menschen vom Himmel her die Nahrung gibt; eine Nahrung, deren Essenz wiederum mehr ist als nur materielle Gabe.

Das hebräische Wort für »Brot«, *lechem* (30-8-40), erzählt im Übrigen die Zahl 78. Die fünf Brote ergeben damit in ihren Zeichen die Zahl 390 (5 × 78). Und dies ist nun ausgerechnet die Zahl *schamajim*, das Wort für »Himmel«.

Aber das war längst nicht alles, wie ich später bei der zweiten Brotvermehrung, der »Speisung der Viertausend«, erfahren sollte.

Kommen wir zu den beiden Fischen, von denen beim Wunder Jesu die Rede ist. Warum zwei? Die Zwei gilt als die Zahl der Polarität, des Gegensatzes – aber auch der Vereinigung der Gegensätze und damit der Erneuerung in einer neu gewonnenen Zweisamkeit. Als Grundeinheit steht sie zum einen für die Halbierung (x geteilt durch zwei) – zum anderen aber auch für die Verdoppelung (x mal zwei). Die Frage ist, wie man es angeht.

Zunächst stehen sich in den zwei Polen unvereinbare Gegen-satzpaare gegenüber: Tag und Nacht zum Beispiel, Sein und Nichtsein, Leben und Tod, oben und unten. Jedes Ding, sagt der Volksmund, hat eben zwei Seiten. Der Frevel vom Baum der Er-kenntnis zeigt denn auch: das Paradies bricht ent*zwei*, der Mensch fällt aus dem geschlossenen Kreis heraus in die Polarität der Welt – mit der immerwährenden Sehnsucht nach der verlorenen Einheit als dem höchsten Gut, nach dem es zu streben gilt.

Die Eins (auch Zahl für den Schöpfer) allein kann nicht exis-tieren. Eins macht *ein*sam. Die Eins muss sich verdoppeln. Eins und zwei bedingen einander. Ausgedrückt etwa auch in: Mann und Frau, zwei Gesetzestafeln des Mose, zwei Teile der Heiligen Schrift (Altes und Neues Testament), zwei Naturen in Jesus (göttliche und menschliche), zwei Hauptgesetze (Gottes- und Menschenliebe). Die zwei Fische symbolisieren dann auch, dass die Unvereinbarkeit überwunden werden kann. Es ist die auf Einheit bezogene Zweiheit, ein Dualismus, der zu einer höheren Ordnung führt, nämlich von der *Ein*samkeit in die *Zwei*samkeit einer neuen Einheit.

Die zwei Fische und fünf Brote ergeben in der Addition, was sonst, die berühmte, die göttliche Sieben, die perfekteste und hei-ligste Zahl überhaupt, Sinnbild von Rhythmus, Fülle, Urbild der vollkommenen Werke. Sie ist, von den sieben Tagen der Schöp-fung an, die Hauptzahl sowohl des Alten als auch des Neuen Tes-taments und dominiert insbesondere den Abschluss der Bibel, wenn in der Offenbarung des Johannes die Zahl *Sieben* das defi-nitive Ende des alten und die volle Wirklichkeit des neuen Kos-mos verkündet. Nicht von ungefähr kennt der Heilige Geist sie-ben Gaben, zählt das Buch des Lebens sieben Siegel und wird gerade auch mit sieben Sakramenten das ganze irdische Dasein umfasst, die Heiligung des Lebens insgesamt.

In der gesamten Bibel wird die Sieben wie eine blinkende An-zeigentafel verwendet. Sie taucht immer da auf, wenn das Han-deln Gottes mit den Menschen angezeigt wird. Gott ist dabei weder ein Krämer, der kleinlich zählt und rechnet, noch ein Schmalhans als Küchenmeister. Sein Paradies ist kein asketisch nüchterner Designergarten, sondern ein Schlaraffenland. Die Überfülle ist eines seiner hervorstechendsten Attribute. »Alle wurden satt«, heißt es bei der wunderbaren Brotvermehrung. Das ist gut und schön, aber wirklich göttlich ist etwas anderes. Die zwölf Körbe, die am Ende der großen Speisung noch übrig bleiben, zeigen es an: Hier ist Überfülle ohne Ende, hier ist ein Vielfaches mehr, als am Anfang war.

Zwölf Stämme zählte das alte Israel, zwölf Apostel verteilen das neue Manna, von dem gar noch zwölf Körbe übrig bleiben. Die Zahlen drücken ein zeichenhaftes Geschehen aus. »Altes« Gottesvolk und neu hinzukommendes Gottesvolk aus allen Völkern und Nationen ergeben gemeinsam das wiedergewonnene Ganze. Etwas allerdings, das nicht an Ort und Stelle eintritt, sondern sich erst in der eschatologischen Fülle des Heilshandelns Christi mit einem Freudenmahl am Ende aller Tage vollenden wird.

Und wenn Jesus mit *zwei* Fischen und *fünf* Broten *sieben* Gaben hat, um Tausende von Menschen am See Genezareth zu sättigen, dann kann er damit auch die ganze Menschheit nähren – und das nicht mit Fastfood.

Die Geschichte von der wunderbaren Brotvermehrung, so lässt sich über die Aussagekraft der Zahlen erkennen, erzählt etwas vom Wirken Gottes für die Menschen, insbesondere vom Auftrag, der Christus gegeben ist. In immer neuen Anläufen hatte Jesus das »Brot« als den Zentralbegriff seiner Sendung thematisiert. Wie um Schülern durch die x-fache Wiederholung etwas nicht nur verständlich, sondern unvergesslich zu machen. Brot war das Thema der Versuchung in der Wüste. Brot war die mystische Mitte der Bitten des Vaterunsers. Brot war die Nahrung bei der Speisung am See. Jesus wird dabei als jemand erkennbar, dem die Situation des Menschen nicht gleichgültig ist. Dass durch sein Beispiel auch Caritas eingefordert wird (»Gebt ihr ihnen zu essen«), ist unübersehbar. Aber das ist nicht die einzige Erkenntnis, die es aus den Texten der Heiligen Schrift zu gewinnen gilt. Wer hier stehen bleibt, bleibt vor dem Eigentlichen stehen, das sich nun immer mehr als *sein* Geheimnis schlechthin zeigen wird.

Jesus zaubert nicht. Er speist ja das Volk explizit aus den »Vorräten«, die sie bei sich haben: dem Vorrat der alttestamentlichen Offenbarung. Aber sehr schnell wird sich zeigen: Hier ist jemand, der mehr ist als Mose in der Wüste.

Im Angesicht dieses stillen Wunders hatte es den Evangelisten regelrecht die Stimme verschlagen. Thomas von Aquin, der ein monumentales wissenschaftliches Werk hinterließ, ging es nicht anders. Dem größten Theologen des Mittelalters war am Ende seines Lebens die theologische Gelehrsamkeit immer fragwürdiger geworden. Nachdem er während der heiligen Messe am 6. Dezember 1273 über ein einziges mystisches Erlebnis die »wunderbare Brotvermehrung« als das erkannte, was sie ist: die Vorwegnahme der heiligen Eucharistie, legte er die Feder aus der Hand. Er schrieb nichts mehr, und er lehrte nichts mehr, bis zu seinem Tod.

Dieses »größte der Wunder Christi«, wie Thomas es formulierte, ist ausgedrückt im zentralen Satz der bald folgenden Brot-Rede in der Synagoge von Kafarnaum. Es werden tumultartige Szenen folgen, in die Jesus hineinruft: »Ich bin das lebendige Brot, das vom Himmel herabgekommen ist. Wer von diesem Brot isst, wird in Ewigkeit leben.«

In der alten Kirche war das Wissen um die wahre Bedeutung des Brotes Christi noch ganz gegenwärtig. Nicht von ungefähr lautete der Name für Eucharistie *pharmakon athanasias* – Heilmittel der Unsterblichkeit.

30

Die Entscheidung

April/Mai 29

Bei der Bergpredigt hatte Jesus den Finger noch in die Wunde einer Gesellschaft gelegt, die sich in einer Spirale von Schlag und Gegenschlag verfangen hatte. »Liebet eure Feinde«, das war die Ultima Ratio, um aus der Kette des Unglücks auszusteigen. In dieser höchsten Erkenntnis wurde aus Glaube Vernunft und aus Vernunft Glaube. Aber jetzt ist es anders. Und wenn der »Seewandel« Jesu, der nun endgültig alle menschliche Logik hinter sich lässt, eine Form von Wirklichkeit ist, dann kann dieser Mensch tatsächlich nur auf einer erweiterten, höheren Ebene ganz geschaut und erkannt werden – oder eben gar nicht. Dann gibt es auf dem Weg zu ihm auch irgendwann einmal die Entscheidung, entweder zu glauben – oder ihn zu verlassen.

Es geschah in jener Nacht der himmlischen Brote. Die Jünger sollten mit dem Boot nach Betsaida vorausfahren. Jesus stieg inzwischen »auf einen Berg, um in der Einsamkeit zu beten«. Das Boot war mitten auf dem See. Es wurde von den Wellen »hin und her geworfen; denn sie hatten Gegenwind«. Jesus sah, wie sich seine Leute »beim Rudern abmühten«. Endlich, »in der vierten Nachtwache [drei Uhr morgens] kam Jesus zu ihnen«. Lapidarer als Matthäus kann man die Szene nicht in Worte fassen: »Er ging auf dem See.« Der Anblick muss gewaltig gewesen sein. »Sie schrien vor Angst«, heißt es. War das nun, wie man vermuten könnte, eine kollektive Halluzination? Sahen die Jünger, wie sie zunächst selbst dachten, »ein Gespenst«?

»Habt Vertrauen«, ruft ihnen Jesus entgegen. Aber wer hätte schon die Macht, dieses Vertrauen voll und ganz einzulösen? In diesem Fall folgt eine Begründung, die jeden Verdacht einer billigen Beruhigung wie mit dem Flammenschwert beiseitewischt: »Ich bin es.« Dann sagt Jesus den Satz, den Papst Johannes Paul II. zum Leitsatz des letzten Pontifikats des zweiten Jahrtausends wählte: »Fürchtet euch nicht!«

Es gibt in den wörtlichen Aussagen Jesu eine Vielzahl dieser *Ich bin*-Worte. Theologen entdeckten darin eine Verbindung zur Religionsgeschichte Israels. »Wie heißt du?«, hatte Mose auf dem Berg Sinai gefragt, als sich Gott im brennenden Dornbusch zu erkennen gab. Als Antwort bekam er den rätselhaften Namen JHWH zu hören, den Gott selbst auslegte mit den Worten: »Ich bin der Ich-bin-da.« – »Vor mir wurde kein Gott erschaffen. Und auch nach mir wird es keinen geben«, übermittelte der Prophet Jesaja, »ich bin JHWH, ich, und außer mir gibt es keinen Retter.«

»Ich bin der Ich-bin-da.« Dieser Gott *ist* ganz einfach. Er *ist* das Absolute. Er *ist* das Sein allein. Und wenn Jesus sagt: »Ich bin«, dann nimmt er nicht nur diese Geschichte auf, er bezieht sich darauf in der nur ihm eigenen Untrennbarkeit von Vater und Sohn.

Nachts auf dem stürmischen See ist es Petrus, der als Erster wieder zur Besinnung kommt: »Herr, wenn du es bist …« In der Überwindung der »theophanischen« Furcht, die Menschen überfällt, sobald sie sich der unmittelbaren Gegenwart Gottes ausgesetzt fühlen, gelingt es ihm tatsächlich, ähnlich wie sein Meister die Naturgesetze zu überschreiten. »Komm«, sagt Jesus. Er spricht nur ein einziges Wort. Und wenn Jesus das sagt, genügt es, und schon wird eine Seele gesund. Schon gelingt es, Berge zu versetzen, Dämonen zu vertreiben oder eben auch auf einem so unfesten Element wie Wasser festen Boden unter den Füßen zu haben. Tatsächlich, Petrus steigt aus dem Boot. Anfangs zaghaft. Balancierend. Dann geht der stärkste aller Jünger »über das Wasser auf Jesus zu«.

Jesus wandelt nicht nur auf dem Wasser, der Transformer der Welt *ver*wandelt auch dessen Substanz. Es wird zu einer soliden

Tragfläche, die neue Wege eröffnet. Oder ist das, was hier geschieht, vielleicht doch nur Gaukelei? Eine Art Fata Morgana im Namen Gottes? Widerspricht es nicht allem, was die Gesetze der Natur dem Menschen erlauben? Es ist der Augenblick, in dem der Apostel zu grübeln beginnt. Glaube und Vernunft geraten plötzlich in einen Streit. Und wo Zweifel aufkommen, lassen die Wirkkräfte des Geistes abrupt nach. Am Beispiel Petri, des Felsens der Kirche, geht dieses Bild weit über den Einzelnen hinaus: »Als er aber sah, wie heftig der Wind war, bekam er Angst und begann unterzugehen.«

Jesus streckt die Hand aus. Er muss seinen Stellvertreter beim Schopfe packen, um ihn aus den Fluten zu ziehen. Und es ist nicht nur Mitleid, was in seinen Worten mitschwingt. »Du Kleingläubiger, warum hast du gezweifelt?«

JHWH *rettet*. Gott kommt zu Hilfe, er, »der den Himmel ausspannt, er allein, der über den Wogen des Meeres einherwandelt«, wie es im Buch Hiob heißt. In jenem, der die Hand ausstreckt, erkennen die Jünger die Gegenwart Gottes selbst. Es sei kein Zweifel, so Joseph Ratzinger, dass diese Begebenheit als *Theophanie* geschildert werde, als Begegnung mit dem göttlichen Geheimnis Jesu. Folgerichtig würde sie bei Matthäus auch mit einer Anbetung abgeschlossen: »Wahrhaftig, du bist Gottes Sohn.«

Genauso wichtig aber scheint in diesem Zusammenhang ein anderes, vielfach übersehenes Detail. Markus hielt es für so bedeutsam, dass er es als Quintessenz an den Abschluss dieser Geschichte setzt.

Petri Erkennen Jesu war zunächst ein Teil-Erkennen. »Herr, wenn du es bist …« Er sieht, aber er glaubt (noch) nicht, was er sieht. Das schrittweise Zugehen auf den Messias versinnbildlicht die Schwierigkeit des Glaubens. Erst recht, als er im Zweifel sofort den Boden unter den Füßen verliert. Jesus hatte bei der Brotvermehrung ein unvorstellbares Wunder vollbracht. Aber selbst die Jünger dachten eher an ein »Gespenst«, als dass sie glaubten, der Messias könne auch Herr über die Naturgesetze sein. »Denn sie waren nicht zur Einsicht gekommen, als das mit den Broten geschah«, vermerkt Markus.

Aber wie geschieht Einsicht, das Hineinsehen in etwas, das gar nicht so leicht zu verstehen ist?

Der Hinweis bei Markus ist umso erstaunlicher, weil er auf einen inneren Prozess abhebt, der von der modernen Hirnforschung bestätigt wird. Von Platon über Aristoteles bis hin zu den Aufklärern galten Verstand und Vernunft als die weit überlegene Instanz. Gefühle hingegen wurden eher als primitiv, weiblich und unzuverlässig abgetan. Inzwischen wissen Neurologen, dass Gefühle eine eigene, dem Verstand mitunter weit überlegene Form von Intelligenz besitzen. Sogenannte Botenstoffe zeigen wie innere Engel, die sich in der Blutbahn bewegen, in einem komplizierten Prozess mit bestimmten Hormonen kompassartig an, in welche Richtung ein Mensch handeln sollte, um auf die beste Weise durchs Leben zu kommen.

Die Entdeckung dieser Zusammenhänge hat das Bild der Wissenschaft radikal verändert. Lautete das frühere Axiom: »Der Fuß folgt dem Befehl des Gehirns«, wissen Forscher heute, dass es auch andersherum geht: »Das Gehirn folgt dem Weg des Fußes.« Und so wie es stimmt, dass wir nicht nur tun, was wir wollen, sondern auch wollen, was wir tun, sind wir auch nicht nur das, was wir denken, wie der US-Psychologe Richard Davidson formuliert, sondern noch weit mehr das, was wir fühlen. Menschen mit dem sogenannten Cotard-Syndrom beispielsweise, einer krankhaften Störung der für Gefühle zuständigen Hirnareale, erleben nichts mehr, sie registrieren nur noch. Nichts in der Welt hat für sie noch Bedeutung. Denn wer von seiner Gefühlswelt abgeschnitten ist, so die Erkenntnis der Forscher, der ist vom Leben abgeschnitten.

Die Evangelien nehmen dieses Wissen vorweg. Die Jünger seien »nicht zur Einsicht gekommen«, heißt es darin. Aber nicht, weil sie dumm wären oder ihren Verstand nicht benutzt hätten. Sondern weil sie nur den Verstand benutzten, der sie in Glaubensdingen so schwerfällig machte wie Dinosaurier. Der medizinische Befund bei Markus ist eindeutig: »Ihr Herz war verstockt«; jenes Organ, das bei den Juden als Sitz des Gewissens und die Mitte der Gemütsregungen galt. Das Zentrum der emotionalen Intelligenz, von Gefühlen wie Sicherheit, wie Zutrauen, wie Liebe.

Mit dem Verstand betrachtet, erscheint den Fischern ein Jesus, der über physikalische Gesetze herrscht, beängstigend. Weil sie diese unbekannte Wirklichkeit rational nicht fassen können, erklären sie seine Erscheinung zum Gespenst, zum Trugbild. Doch »zur Einsicht«, steht bei Markus, kommt man nicht nur mit dem Verstand, der im Hochmut der Klugheit häufig zur Selbstherrlichkeit verführt. Um wirklich tief in etwas hineinsehen zu können, muss man mit dem Herzen sehen.

Jesus hat es eilig. Nach der Sensation der Speisung gilt es, das aufgewühlte Galiläa für einige Zeit hinter sich zu lassen. Die Evangelisten sprechen von einem schnellen Wandern durch Städte und Dörfer. Noch immer bringt man Kranke auf Tragbahren oder trägt sie auf die Straße, sobald die Menschen hören, dass der Lehrer und seine Gruppe in der Gegend sind: »Und alle, die ihn berührten, wurden geheilt.«

Es ist das erste Mal, dass er für längere Zeit einen heidnischen Landstrich ansteuert, »das Gebiet von Tyrus und Sidon«. Die kürzeste Verbindung hierhin verläuft am Rande der Ebene von Ginnosar bei der Höhle »Golgolet« (der Schädel) durch das Tal des Wadi Amud. Die hinter dem Meister einhertrottenden Jünger wandern an hoch emporstrebenden Felssäulen vorbei. An den steilen Wänden bestaunen sie die Nester der Geier, die pausenlos über dem Tal kreisen. Nach zwanzig Kilometern erreichen sie das 900 Meter hoch gelegene Gis'chala, das heutige *Safed*, nach Hieronymus die Heimat der Eltern des Apostels Paulus.

Gis'chala war in den Jahren 4 v. Chr. und 6 n. Chr. Ausgangspunkt blutiger Aufstände der Zeloten. Ab dem Jahr 66 n. Chr., als er noch nicht Geschichtsschreiber in Diensten Roms war, sondern ein jüdischer Rebellenführer gegen Rom, ließ Flavius Josephus die strategisch wichtige Stadt im Norden zur Festung ausbauen. Safed zählt heute als Zentrum der jüdischen Mystik, insbesondere der *Kabbala*, einer Lehre über den direkten Kontakt zu Gott, neben Jerusalem, Hebron und Tiberias zu den vier »heiligen Städten« des Judentums. Nirgendwo im Norden sieht man denn auch so viele Männer mit Kippas, Schläfenlocken und Kaf-

tan herumlaufen. Nirgendwo so viele junge Mütter neben weiß-
bärtigen Greisen sitzen, die an die Propheten des Alten Bundes
erinnern. Aber auch nirgendwo so viele junge Leute mit geschul-
terten Maschinenpistolen.

Vom See bis zur Grenze nach Syrophönizien waren es rund
50 Kilometer. Tyrus, die Mutterstadt Karthagos, lag auf einer
dem Festland vorgelagerten Insel im Mittelmeer. Berühmt wurde
der Ort durch den Tempel Melkarts, des phönizischen Baal. Der
Kopf des Götzen schmückte die tyrischen Silbermünzen. Israel,
der unmittelbare Nachbar, empfand die Religion der Phönizier
als eine überaus barbarische Form des Heidentums. Nicht zuletzt wegen ihrer wollüstigen Riten und der massenhaften Ritual-
morde an Kindern.

Die Ereignisse der vergangenen Tage waren aufregend genug
gewesen. Die seltsame Vermehrung der Speisen; der Jubel der
Massen, als sie das Wunder mitbekamen; der Versuch, Jesus noch
an Ort und Stelle zum König auszurufen. Bislang hatte der Lehrer
alles getan, um die Erwartungen der Massen zu unterlaufen. Seine
unbegreifliche Friedfertigkeit, sein Verkehr mit Zöllnern und Sündern, der freizügige Umgang mit Frauen, all das war eine Provokation des »gesunden« Volksempfindens. Jesus ist der Messias, wie
er im Buche steht. Aber was im Buche steht, entspricht nicht unbedingt den Erwartungen der Menschen. Hatte er mit dem Wunder
der Brotvermehrung nun womöglich ein Zeichen gegeben, das
anders verstanden wurde, als es gemeint war?

In Gis'chala war man offenbar erneut Agenten des Hohen Rates aus Jerusalem begegnet. Kaum ein Dorf, in dem sie nicht versuchten, den Lehrer mit Fangfragen aufs Kreuz zu legen. Jesus
wich aus. Er wollte nicht, dass jemand von seinem Aufenthalt erfuhr. War er deshalb so schroff, als ihn eine syrophönizische Mutter mit ihren Bitten verfolgte? Es war nichts Ungewöhnliches. Sie
flehte lediglich darum, ihre kranke Tochter zu heilen. »Erbarme
dich meiner, Herr, du Sohn Davids«, hatte sie ihm nachgerufen.
»Sohn Davids«, nur die Juden sprachen ihn so an. Jesus gab keine
Antwort. »Entlass sie doch«, forderten die Jünger genervt, »sie
schreit ja hinter uns her.« Warum reagierte er nicht?

War es, weil sie eine Heidin war? Aber waren nicht auch bei der Brotvermehrung Heiden zugegen gewesen? Das ganze Land am See Genezareth war hellenisiert. Das Ostufer beherrschte der rein griechische Zehn-Städte-Bund. Im Westen lag das hellenistisch orientierte Tiberias des halbheidnischen Tetrarchen Herodes. Im Nordwesten die Hafenstadt Tarichea (Magdala) mit ihren griechischen Fischfabriken. Im Nordosten Betsaida, das noch immer hellenistisch war, auch wenn der Tetrarch Philippus die Stadt nun in *Julias* umbenannt hatte, nach der Tochter des römischen Kaisers. Und bestand nicht auch sein engster Zirkel aus Jüngern, die einen griechischen Hintergrund mitbrachten? Obendrein: War er nicht selbst bereits in heidnisches Gebiet aufgebrochen, als er den Besessenen von Gadara/Gergesa heilte?

Vielleicht muss man an dieser Stelle kurz ausholen, um die zunächst so verstörende Begegnung mit der Syrophönizierin besser verstehen zu können. Vorangegangen war in Kafarnaum ein Streitgespräch mit den Pharisäern. Die Schriftgelehrten hatten sich darüber beklagt, Jesu Jünger würden »sich nicht die Hände vor dem Essen« waschen. Erneut waren damit die Reinheitsvorschriften zum Thema geworden. Aber diesmal wurde die ungeheure Tragweite erkennbar, die Jesus durch seine Reaktion auslöste. Denn als er mit einem einzigen Satz den Wust von Ausführungsbestimmungen beiseitewischte, schrieb er damit zugleich die religiöse Landkarte Israels neu.

»Ihr Heuchler«, so fuhr er die Pharisäer an. Er nannte sie sogar »blinde Blindenführer«. Das war kein Ausrutscher. »Dieses Volk ehrt mich mit den Lippen, sein Herz aber ist weit weg von mir«, zitierte er seinen Lieblingspropheten Jesaja. Sehr geschickt würde »Gottes Wort um eurer Überlieferung willen außer Kraft gesetzt«, fügte er hinzu. Auf diese Weise war aus dem Glauben eine Art Religion nach Vorschrift entstanden. Die persönliche Beziehung zu Gott war wie ein totes Gerippe, das Geist und Heilkraft verloren hatte. Hier versteht man Jesu Wort, er sei gekommen, Feuer auf die Erde zu werfen. Es ist dieses Feuerschwert, das Jesus nun in die Hand nimmt, um auszubrennen, abzutrennen, was faul und nicht mehr zu retten ist, aber auch um neu zu entflammen.

Der Hausarzt kommt nicht bei jedem kleinen Husten, und wenn das Eingreifen der himmlischen Mächte erforderlich ist, muss es sich um eine das Leben auf Erden bedrohende Situation handeln. War die Macht der Gegenkräfte so groß geworden, dass sie begonnen hatten, Besitz vom Tempel zu nehmen? Damit wäre die eigentliche Kraftquelle menschlichen Lebens – die »Erfüllung des Gesetzes« – in Gefahr geraten, von innen heraus zerstört zu werden und verlorenzugehen. Kurz: Die Hüter des Gesetzes selbst waren zu einer Gefahr für die Herde geworden.

Nach den Reinheitsvorschriften der Pharisäer konnten eben nicht nur Speisen verunreinigt werden. Unrein und für den Gottesdienst »unwürdig« wurde man auch durch die Berührung von Menschen, insbesondere von Sündern und Kranken. Aber auch von Heiden. »Damit«, notierte der Evangelist Markus mit der Nüchternheit eines Stenografen am Bundesverfassungsgericht die Verfügung des Nazareners, »erklärte Jesus alle Speisen für rein.« Auf viele Pharisäer mochte die Weisung geradezu lächerlich wirken. Jesus hatte keinerlei Gewalt, wie sollte er seine Verfügung auch nur annähernd durchsetzen können? Die Wirkung jedoch – und das zeigt erneut die ganz auf Zukunft gerichtete ungeheure Veränderungskraft Christi – war einschneidender, als sie der gewaltigste Staatsstreich herbeiführen könnte. Denn:

- Mit seiner neuen Ordnung nahm Jesus den Schriftgelehrten und Pharisäern, was sie zu ihrem Hauptaufgabenfeld ausgebaut hatten. Fielen aber die Speisegesetze, fiel auch die Speisepolizei.
- Die bisherigen Autoritäten verloren ihre Autorität zugunsten jener neuen Hirten, die bei Jesus in die Schule gingen und wieder zum Eigentlichen der Religion zurückkehrten.
- Durch die Abschaffung der völkisch-jüdischen Bestimmungen wurden die Zugangsschranken beseitegeräumt, mit denen sich Schriftgelehrte und Pharisäer gewissermaßen die Exklusivrechte an dieser Religion gesichert hatten. Die Offen-

barung des einen Gottes wurde für alle Völker der Erde zugänglich.

In diesem Zusammenhang ist nicht unbedeutend, dass da, wo die Evangelisten kritisch von »den Juden« sprechen, nicht die Israeliten in ihrer Gesamtheit gemeint sind, sondern vorwiegend die Einwohner von Judäa, meist auch nur von Jerusalem, oder die Mitglieder einer hauptstädtischen Oberschicht. Umgekehrt betrachtete das jüdische Establishment etwa die Einwohner von Galiläa oder die Am-ha-arez, die bäuerliche Landbevölkerung, als nicht wirklich jüdisch.

Jesus ist die einzige Kraft, der es ein Anliegen ist, den Gott Israels zu den Heiden zu bringen. Er ist zugleich der Einzige, der dieses Anliegen auch durchsetzen kann. Im Übrigen hätten breite Schichten unter Griechen und anderen Völkern die Offenbarung des alleinigen Gottes wohl kaum angenommen, wäre sie von der unbeliebten jüdischen Obrigkeit oder von Schulen wie den Pharisäern angeboten worden und nicht von jemandem, der eben auch von diesem Establishment verfolgt und sogar gekreuzigt wurde.

Im Hinblick auf den Streit mit den Pharisäern bekommt Jesu Schweigen gegenüber der Phönizierin nun eine andere Note. »Ich bin nur zu den verlorenen Schafen des Hauses Israel gesandt«, hatte er den Aposteln bei einer früheren Gelegenheit erklärt. Aber hatte er nicht dennoch ohne Zögern den Diener des römischen Hauptmanns geheilt? Erhielten nicht alle Griechen, die ihn sprechen wollten, Rat und Hilfe? War er nicht soeben ganz bewusst in ein rein heidnisches Gebiet gezogen? Hatte er sich nicht auch zuallererst einer Heidin gegenüber, der Samariterin am Jakobsbrunnen, offenbart? Waren es nicht heidnische Hirten und heidnische drei Weise aus dem Morgenland gewesen, die als Erste von seiner Geburt erfahren hatten?

Von Jahrhundert zu Jahrhundert hatten die prophetischen Schriften in der Definition des Tempels zu Jerusalem eine zunehmende Öffnung gegenüber anderen Nationen erkennen lassen.

Der erwartete Erlöser der Welt, erklärten die Propheten, werde nicht nur ein Licht für die Juden, sondern ein Licht für alle Völker sein. Die Begegnung mit der Syrophönizierin gibt Jesus nun die Gelegenheit zu einer Klarstellung. Er verwendet hierfür nicht zufällig das Bild einer Tischgemeinschaft. »Lasst zuerst die Kinder satt werden«, entgegnet er den Bitten der Frau, »denn es ist nicht recht, das Brot den Kindern wegzunehmen und den Hunden vorzuwerfen.« Es geht erneut um das Lebensbrot. Jesus macht deutlich, dass die Erscheinung des Messias auch dann, wenn sie allen Völkern gilt, nicht gegen die bisherigen, die eigenen Kinder Gottes gerichtet ist, sondern diese mit einschließt. Ja, mehr noch: Ihnen müsse sogar – Gott ist treu – das Brot zuallererst angeboten werden. Und er unterstreicht damit, dass sein Erscheinen einzig und allein aus der Heilsgeschichte Israels herrührt und niemals von dieser zu trennen ist. Er ist nicht der Neue, der anstatt des Alten kommt. Er ist der Neue, der aus dem Alten kommt und das Alte mitnimmt, indem er es reinigt und vollendet.

»Ja, du hast recht, Herr«, so erkennt nun die Heidin die Priorität der erstgeborenen Kinder Gottes und zugleich die Autorität Jesu an, »aber auch für die Hunde unter dem Tisch fällt etwas von dem Brot ab, das die Kinder essen.«

Die Wortwahl »Hunde« – im griechischen Text steht die Diminutivform »Hündlein« – ist eine Anspielung auf die entwürdigende Redeweise, mit der viele Juden von den Heiden sprachen. Sie wurde sogar in einer Erklärung der »Mischna« verwendet (»Für euch und nicht für die Hunde«, heißt es hier im Rahmen einer Festversammlung). Die Evangelien verkündigen die Gleichheit, die Achtung vor dem Menschen und einen Universalismus, wie es ihn in der Geschichte bislang nicht gab. Die absolute Gleichheit aller Menschen gründet darin, dass alle denselben Vater haben, mit dem Christus sich identisch zeigt. So nimmt sich denn Jesus genau dieser »Hündin« mit ganzer Zuwendung an: »Weil du das gesagt hast, sage ich dir: Geh nach Hause, der Dämon hat deine Tochter verlassen.«

Jesu Wanderschaft beschreibt nun einen weiten Bogen. Von Tyrus und Sidon aus wandert der Tross nach Caesarea Philippi am Fuße des Hermongebirges, und von hier aus auf dem alten Handelsweg über den Golan in die Gegend von Hippos, einer Region der griechischen Dekapolis. Hoch oben auf einem Felskamm liegt *Gamla*, das Zentrum der jüdischen Freischärler, zu denen auch einige der Apostel Verbindung haben. Jesus ist kein Unbekannter in der Gegend. In der Stadt Gerasa war er auf dem Forum und auf den Rängen des Theaters Tagesgespräch. »Viel Volk« sei zusammengekommen, weiß Matthäus, als die weithin sichtbare Truppe, die buchstäblich Staub aufwirbelt, wieder das Ufer des Sees erreicht. »Lahme, Krüppel, Blinde, Stumme und viele andere« werden herangeschleppt, um sie dem Lehrer vor die Füße zu legen. Als man »Stumme reden, Krüppel gesund, Lahme umhergehen und Blinde sehen« sieht, geschieht, was bei Heiden noch nie geschah: »Sie priesen den Gott Israels.«

Und je mehr man den Leuten verbot, etwas zu erzählen, bemerkt der Chronist mit einem Augenzwinkern, »desto mehr machten sie es bekannt«.

Drei Tage lang lehrte Jesus bei hochsommerlichen Temperaturen auf einem Hügel am See, immer dichter wurden die Menschentrauben um ihn herum. Archäologen haben den *Tel Hadar* in der Nähe von Betsaida als den Schauplatz dieser Versammlung ausgemacht, ein bezaubernder Strand, an dem heute ein Gedenkstein an das zweite Brotwunder Jesu erinnert, die *Speisung der Viertausend.*

Diesmal ist es Jesus, der bemerkt, dass seinen Anhängern der Proviant ausgeht. Sie würden »unterwegs zusammenbrechen«, sorgt er sich. Jesus fordert sein Publikum auf, sich zu setzen. Anschließend nimmt er die sieben Brote, die sich noch finden ließen, spricht das Dankgebet, bricht die Brote und gibt sie den Jüngern zum Verteilen. »Die Leute aßen und wurden satt«, notiert Markus. »Dann sammelte man die übriggebliebenen Brotstücke ein, sieben Körbe voll«, so Matthäus weiter, »es waren viertausend Männer, die an dem Mahl teilgenommen hatten, dazu noch Frauen und Kinder.«

Die Speisung der Viertausend widerspricht erneut der These, Jesu Hingabe habe in der kurzen Spanne seines Lebens ausschließlich seinem eigenen Volk gegolten. Er hatte Juden *und* Heiden geheilt. Er war mit seinem Anhang soeben gut 200 Kilometer durch nichtjüdisches Gebiet gezogen. Dass er nun analog zur ersten Speisung, die vornehmlich Juden galt, eine zweite für die Heiden ansetzt, verdeutlicht die Ausrichtung seiner Mission auf Vervollkommnung. Vollkommen machen heißt, etwas ganz zu machen. Wie er das meinte, verdeutlichte der Lehrer in seinem *Gleichnis vom guten Hirten.* »Ich habe noch andere Schafe, die nicht aus diesem Stall sind«, sagt er darin, »auch sie muss ich führen, und sie werden auf meine Stimme hören.« Denn am Ende »wird es nur eine Herde geben und einen Hirten« (Joh 10,16).

Viele Exegeten betrachten die zweite Speisung lediglich als eine schriftstellerische Variante der ersten, weil sie bei Lukas und Johannes nicht mehr eigens erwähnt wird. Nach dieser Argumentation wäre freilich auch die eucharistische Handlung beim letzten Abendmahl eine »Erfindung«; sie ist im Johannesevangelium ebenfalls nicht aufgeführt. Den Kritikern entging dabei, wie präzise die Bibel die zwei Ereignisse unterscheidet. Bei der Speisung in Tabgha werden im griechischen Original des Markusevangeliums die mitgebrachten Körbe *kophino* genannt, die Bezeichnung für den typischen Henkelkorb der Juden (lateinisch: *cophinus).* Bei der Speisung in der griechischen Dekapolis wird hingegen, wie der Bibelforscher Carsten Peter Thiede anmerkte, für die Körbe der Begriff *spyris* gebraucht, der typische Henkelkorb der Griechen.

Wieder sind es die Zahlen, die aus dem Text der Erzählung herausragen wie Leuchttürme, um gerade auch auf die *spirituelle Topografie* dieser Geschichte hinzuweisen. Jesus selbst hat seine Apostel später regelrecht mit der Nase darauf gestoßen (und damit auch die Speisungen als zwei separate Ereignisse bestätigt): »Begreift ihr immer noch nicht«, mahnte er, »erinnert ihr euch nicht an die *fünf* Brote für die Fünftausend und daran, wie viele Körbe voll ihr wieder eingesammelt habt? Auch nicht an die *sie-*

ben Brote für die Viertausend, und wie viele Körbe voll ihr da eingesammelt habt?« (Mt 16,9 f.).

Zu den Details: Bei beiden Speisungen hatte Jesus die Menge von *sieben* Lebens-Mitteln benutzt, um buchstäblich unendlich viele Menschen zu speisen. Die Bedeutung der Zahl Sieben kennen wir inzwischen hinlänglich. Die weiterführenden Informationen scheinen in der Nennung der Teilnehmerzahlen eingewoben zu sein. Bei dem Treffen mit den Juden, symbolisch gewissermaßen die Versammlung des Alten Bundes, sind es 5000. Bei der Einberufung der Heiden, die Versammlung des Neuen Bundes, sind es 4000. Vielleicht musste das nichts heißen. Auffälligerweise ergibt die Addition der zusammengenommen von Jesus Gespeisten die aussagekräftige Zahl *Neun*. Die Zahl galt als Symbol für eine vorbereitende Sammlung, bevor ein Schritt ins Neue erfolgt. Als Potenzierung der göttlichen Drei (3 × 3) hat die Neun seit jeher enorme religiöse Bedeutung. Sie bezeichnet, so der Zahlenforscher Hajo Banzhaf, die Schwelle am Übergang in eine neue Ebene, in einen höheren Bereich, zu einem höheren Bewusstsein.

»Alles steht geschrieben, damit wir belehrt werden«, schrieb Paulus in seinem Brief an die Korinther. Als Zahl der Vorbereitung spielt die Neun eine Schlüsselrolle in Einweihungsriten. Pythagoras, der Vater der abendländischen Zahlensymbolik, verbrachte dreimal *neun* Tage in einer Zeusgrotte, um in die Mysterien eingeweiht zu werden. Die Jakobsmuschel, die dem Pilger den Weg zum Ziel weist, wird mit *neun* Wölbungen dargestellt (so auch in der Muschel im Wappen Benedikts XVI.). In katholischen Ordensgemeinschaften etwa kennzeichnet die Neun bis heute die Zeit der Sammlung, bevor sich der Gottsucher im *neunten* Jahr auf Lebenszeit bindet – um dann, irgendwann, geleitet von den *neun* himmlischen Chören in den *neun*stufigen Himmel aufgenommen zu werden, wie Dante beschrieb.

Im Zusammenhang der Speisungen Jesu symbolisiert die Neun womöglich auch »eine Kraft, die anderen hilft, eine Schwelle zu überwinden und dabei authentisch zu bleiben« (Banzhaf). Sie kann als Hinweis auf den alttestamentlichen Glauben verstanden werden, der nun über eine Schwelle gehoben wird, ohne dabei egalisiert zu werden. Die Neun nämlich lässt sich mit jeder anderen Zahl mischen und bleibt sich dennoch stets »treu«. Denn womit man 9 auch multipliziert, die Quersumme des Ergebnisses ist immer wieder 9 oder durch 9 teilbar (Beispiele: $3 \times 9 = 27 = 2 + 7 = 9$; $14 \times 9 = 126 = 1 + 2 + 6 = 9$ usw.). Die Neun hilft zudem anderen Zahlen über die nächste Zehnergrenze, ohne sie dabei zu manipulieren oder zu verdrehen. Denn zu welcher einstelligen Zahl man sie auch addiert, die Quersumme entspricht immer der Quersumme der Ausgangszahl ($7 + 9 = 16 = 1 + 6 = 7$).

Der jüdische Religionsphilosoph Friedrich Weinreb geht mit der Deutung der Zahlen noch ein Stück weiter. Für ihn fügt sich jedes Wort der Bibel und jede Zahl »zu einer unvorstellbaren, erstaunlichen Einheit zusammen«. Selbst einzelne Wörter (die im Hebräischen immer auch durch Zahlen ausgedrückt werden können) hätten eine innere Bedeutung. Das Wort *Adam* etwa (gekennzeichnet mit den Zahlen 1-4-40) würde sich verändern, sobald man die *Eins* (das Göttliche) weglasse. Von *Adam*, Erde, bleibt dann *dam*, Blut, übrig. Aus dem hebräischen Wort *emeth* (1-40-400), Wahrheit, wird *meth* (40-400), also »tot«, wenn die »1« wegfällt.

In den Zahlen der Teilnehmer der beiden Brotvermehrungen liest der jüdische Zahlenmystiker unter anderem die *Eins*, die Zahl Gottes, als die Differenz zwischen den beiden Mengen heraus. Sie stehe hier für das Geheimnis, das Verborgene, das ewige Sein. »Wenn sie eins wären, diese beiden, das Sein und das Werden, wäre doch der Sinn des Lebens erfüllt … denn dies ist die Einheit von Herr und Gott.« Die Zahl Tausend wiederum sei gleichzusetzen mit der vollen Einheit von Vergangenheit und Zukunft, verbunden durch das Jetzt.

Man müsse immer bedenken, fügt Weinreb an, dass in der Sprache der Zahlen nie alles nur logisch-kausal zu verstehen sei. In der Rückschau könne man staunend erkennen, dass die fünf Brote, die vor der Speisung »zufällig« noch vorhanden waren, genügten, um der Anfang einer neuen Sache zu sein. Denn immer sei vom Himmel her im Zeitlichen irgendetwas oder irgendjemand gerade »zufällig« da. Man klage deshalb nicht, so wie die

Jünger es taten, dass es zu wenig sei. Gerade *das Geringe* genügt zum Anfangen. Für Gott genügt es. Er sorge schon dafür, dass alles kommt, was man braucht, und noch viel, viel mehr. Und es bleibe für andere Zeiten, für andere Welten noch unvorstellbar viel übrig.

Weinreb: »Der Weg der 4000 erzählt das Sein des Menschen, von Gott in ihm und von ihm in Gott. Es ist die Vermischung des ›Ich‹ mit dem scheinbar außen stehenden ›Er‹. Entsprechend will es sagen: Suche alles, was im Worte erzählt wird … erst einmal in dir. Deine Verborgenheit enthält schon alles vom Wort; im Erscheinenden in der Welt und in deinem Leben erscheint auch alles nach diesem Modell des Wortes. Der Mensch, du, jeder, lebt vom Brot des Himmels, von allem, was aus dem Mund des Herrn hervorgeht.«

Jesu Brotvermehrung in Tel Hadar war ein Happening am Strand unter Pappeln und Palmen. Schon auf dem Golan, der alten Gebirgsstraße, mag Jesus die Arme in die Luft geworfen haben, glücklich wie schon lange nicht mehr. Hier pries er Gott, dankbar für Menschen, die nicht mit Fangfragen auf ihn lauerten oder bereits das Urteil über ihn gesprochen hatten. Sie tanzten, lachten und sangen. Wie Kinder. Oder wie ein wenig trunken. Und das waren sie auch, trunken in der Freude des Herzens.

Wie jener Blinde etwa, den Jesus hier in der Gegend »bei der Hand« genommen hatte, um ihn wieder sehend zu machen. Nicht jede Heilung wirkt sofort. »Ich sehe Menschen«, zitiert Markus amüsiert den Kranken, als er die Augen öffnete, »denn ich sehe etwas, das wie Bäume aussieht und umhergeht.«

*

Zwei große Reden hatte Jesus gehalten. In der ersten, der *Bergpredigt,* hatte er die Vollendung des Alten Bundes erklärt und das Gesetz des Neuen Bundes vorgestellt. In der zweiten, der *Gleichnispredigt,* stellte er das Reich Gottes vor und offenbarte, wie man daran teilhaben kann. In seiner dritten nun, der *Brotpredigt,* spricht er davon, wie er künftig unter den Menschen empfangen werden und bleiben kann.

Als er nach seiner großen Reise wieder an Land geht – Markus nennt den Landungsplatz Dalmanuta in der Nähe der sieben Quellen –, verlangen Pharisäer erneut »ein Zeichen vom Himmel«. Jesus ist noch nicht einmal mehr erzürnt, er hat fast Mitleid mit ihnen (»da seufzte er tief auf«). Wofür würden solche Leute ein »Zeichen« fordern, meint er. Menschen mit dieser Einstellung werde »niemals ein Zeichen gegeben werden«.

Die nach der Brotvermehrung euphorisierte Menge hat inzwischen jeden Winkel der Gegend abgesucht, um des Mannes aus Nazareth doch noch habhaft zu werden. Sogar aus Tiberias sind Boote gelandet. Jeder will dabei sein, wenn hier möglicherweise der neue König der Juden proklamiert würde. In der Synagoge von Kafarnaum kommt es schließlich zur entscheidenden Begegnung. Es ist die Zeit, in der Jesus Feuer auf die Erde wirft. Die Zeit von Klärung und Scheidung.

Was geschieht nun? Jesus könnte sich für sein fulminantes Brot-Wunder feiern lassen. Wer wollte ihn daran hindern? Stattdessen reagiert er mit äußerster Zurückhaltung, ja nahezu mit Ablehnung. Seine überragende Gestalt baut sich in der Synagoge vor der Menge auf. Ja, ihr sucht mich, erklärt er frei heraus, aber nicht, weil ihr das Zeichen erkannt habt. Aber bedenkt: Es gibt eine »Speise, die verdirbt«, und es gibt eine, die niemals verdirbt. Müht euch lieber ab, fordert er, »für die Speise, die für das ewige Leben bleibt und die der Menschensohn euch geben wird«.

»Was müssen wir tun«, rufen einige, die offenbar nachdenklich geworden sind, »um die Werke Gottes zu vollbringen?«

Jesus blickt über die Köpfe der Versammelten. Haben sie ihn verstanden? Er bietet ihnen eine Beziehung an, die sie in die Höhe Gottes führen kann, aber sie denken noch immer in den Vorschriftenkategorien der Schriftgelehrten. Es sei ganz einfach, antwortet Jesus: »Das ist das Werk Gottes, dass ihr an den glaubt, den er gesandt hat.«

»Welches Zeichen tust du«, riefen keck einige der Pharisäer dazwischen, »damit wir es sehen und dir glauben?«

Ein anderer plärrt: »Unsere Väter haben das Manna in der Wüste gegessen, wie es in der Schrift heißt: ›Brot vom Himmel gab er ihnen zu essen.‹«

Jesus schweigt.

Die Situation in der Synagoge wird zunehmend gereizter. Jeder spürt, dass etwas in der Luft liegt, eine riesige Anspannung, die sich Raum schaffen muss. »Amen, amen, ich sage euch«, erhebt der Meister nun die Stimme in einem ehrfurchtgebietenden Ton, »nicht Mose hat euch das Brot vom Himmel gegeben, sondern mein Vater gibt euch das wahre Brot vom Himmel. Denn das Brot, das Gott gibt, kommt vom Himmel herab und gibt der Welt das Leben.«

Einige der Schriftgelehrten mögen bei dem Wort »mein Vater« wie üblich vor Empörung aufschreien, bei anderen hat Jesus damit genau den Punkt getroffen, an dem sich ihre ganze Sehnsucht konzentriert: »Herr«, rufen sie wie aus einem Mund, »gib uns immer dieses Brot!«

Es ist das Stichwort. Der Lehrer tastet mit den Augen die Schar seiner Zuhörer ab, als wolle der jedem einzelnen persönlich ins Gesicht schauen. Dann hebt er die Arme: »Ich bin das Brot des Lebens«, so verkündet er, »wer zu mir kommt, wird nie mehr hungern, und wer an mich glaubt, wird nie mehr Durst haben.«

Aber er bleibt nicht stehen bei diesem Wort. Sofort macht er den zukunftsweisenden Charakter seiner Verkündigung deutlich. Er sei »vom Himmel herabgekommen«, sagt Jesus. Pause. Aber nicht, »um meinen Willen zu tun, sondern den Willen dessen, der mich gesandt hat«.

Für einen kurzen Moment tritt eine Art Starre ein. Und in die Stille spricht Jesus laut und deutlich: »Es ist aber der Wille dessen, der mich gesandt hat, dass ich keinen von denen, die er mir gegeben hat, zugrunde gehen lasse, sondern dass ich sie auferwecke am Letzten Tag.«

Einige springen auf, anderen verschlägt es den Atem. Die Pharisäer werfen die Fäuste hoch, als Jesus förmlich in die Menge hinein schreit, donnert, brüllt, verheißt: »Denn es ist der Wille meines Vaters, dass alle, die den Sohn sehen und an ihn glauben, das ewige Leben haben und dass ich sie auferwecke am Letzten Tag.«

Die Empörung der Gegner ist kaum noch zu bändigen. Mit der Gewalt eines Feldherrn aber nimmt sie Jesus in den Griff: »Murrt nicht.« Es ist ein Wort, wie Mose es gesprochen hat. »Jeder, der auf den Vater hört und seine Lehre annimmt«, sagt er, »wird zu mir kommen. Niemand hat den Vater gesehen außer dem, der von Gott ist; nur er hat den Vater gesehen.«

Das große Finale. Der Lehrer mag heiser sein, aber die Gewalt seiner Stimme hallt bis in unsere Zeit. Mit aller Kraft, die in ihm steckt, ruft er die wohl bedeutendsten Worte seiner ganzen Mission. Es ist etwas ganz Unmögliches. Sätze, die nur ein Verrückter sagen kann – oder eben ein Gott: »Ich bin das Brot des Lebens. Eure Väter haben in der Wüste das Manna gegessen und sind gestorben. So aber ist es mit dem Brot, das vom Himmel herabkommt: Wenn jemand davon isst, wird er nicht sterben.«

Begreifen seine Zuhörer, dass es ein einmaliges Angebot ist, das der Himmel ihnen *in seiner Person* macht? Genau so, wie es von Ewigkeit her verheißen war? Reinheit des Herzens. Vergebung der Sünden. Auferstehung der Toten. Dann wiederholt Jesus sehr langsam: »Ich bin das lebendige Brot, das vom Himmel herabgekommen ist. Wer von diesem Brot isst, wird in Ewigkeit leben. Das Brot, das ich geben werde, ist mein Fleisch (ich gebe es hin) für das Leben der Welt.«

Und in den Tumult hinein: »Amen, amen, das sage ich euch: Wenn ihr das Fleisch des Menschensohnes nicht esst und sein Blut nicht trinkt, habt ihr das Leben nicht in euch.« Werdet eins mit mir. Macht meine Augen zu euren Augen, meine Hände zu euren Händen. Macht mein Leid zu eurem Leid, meine Hilfe zu eurer Hilfe und meine Liebe zu eurer, so dass mein Herz in eurem schlägt.

Für viele der Zuhörer ist es unerträglich geworden. Aber als ob der Skandal nicht schon groß genug sei, übertrifft Jesus jetzt alles, was man je gehört hat: »Denn mein Fleisch ist wirklich eine Speise, und mein Blut ist wirklich ein Trank. Wer mein Fleisch isst und mein Blut trinkt, der bleibt in mir, und ich bleibe in ihm.

Wie mich der lebendige Vater gesandt hat und wie ich durch den Vater lebe, so wird jeder, der mich isst, durch mich leben.« Es ist wie eine Antwort auf alle Fragen: »Dies ist das Brot, das vom Himmel herabgekommen ist ... Wer aber dieses Brot isst, wird leben in Ewigkeit.«*

Jesus hat mit dieser Rede nicht nur einen Skandal provoziert, er ist damit selbst zum *skandalon*, zum Ärgernis, geworden. Soeben wollte man ihn noch zum König ausrufen, nun würden ihn viele am liebsten steinigen. *Er* selbst sei das Himmelsbrot, hat dieser Messias plötzlich gepredigt. *Ihn* müsse man essen. Seine ganze Person in Wort und Bild, sein Fleisch und Blut, das Blut Christi, sei buchstäblich die Speise des Himmels.

Was für eine Zumutung! Erst recht, wenn man bedenkt, welche Bedeutung das Blut im religiösen Leben der Juden hat. Blut ist Leben. Blut war der Stoff schlechthin für die Erschaffung des Menschen. Erst durch diesen Lebenssaft wurden die Menschen im Schöpfungsakt Gottes zu lebendigen Wesen (Gen 9,4–6).

Blut war ein Heiligtum, sein Genuss strengstens untersagt. Die Sakralität bezeugte Mose, als er zum Zeichen des »Bundes«, den Gott mit den Menschen schloss, das Volk mit Blut besprengte. Mit Blut wurde Sühne getan für die Sünde der Welt. Ein Eingriff in diese Lebenspotenz war gleichbedeutend mit einem Eingriff in einen Zustand, der nur einem Einzigen zustand – Gott, und niemandem sonst.

Bis hierher war die Bewegung Jesu in einer rasenden Geschwindigkeit, fast wie im Rausch, immer nur vorwärtsgegangen. Erfolg hatte sich an Erfolg gereiht. Alles schien ihm zu gelingen. Und alles schien ihm möglich. Da war jemand, für den es keine Grenzen gab. Den nichts aufhalten konnte. Er hatte mit der Brotvermehrung die Volksseele zum Siedepunkt gebracht. Nun war es, als schütte man Kübel voll Wasser in eine lodernde Glut.

---

*   Es ist eine schöne Fügung, dass die Zahl 5 (aus der Speisung der Juden) und die Zahl 4 (aus der Speisung der Heiden) sich in der Brotpredigt nun ausgerechnet in Vers 54 vereinen, dem zentralen Satz der Himmelsspeise wie überhaupt des Geheimnisses Jesu: Wer mein Fleisch isst und mein Blut trinkt, hat das ewige Leben, und ich werde ihn auferwecken am Letzten Tag.

Er hatte dieses Mal keine Gleichnisse gewählt. Niemand sollte ihn falsch interpretieren können. Und er hatte auf einer anderen Ebene gesprochen. In einer geistlichen Sprache, die man vielleicht erst sehr viel später würde deuten können. War Jesus in einen dunklen Mystizismus verfallen? War es klug gewesen, sich in dieser Schärfe und mit diesen Bildern zu erklären? Die Pharisäer witterten Oberwasser. »Wie kann er uns sein Fleisch zu essen geben?«, höhnten sie auf ihren Sitzen in den vorderen Reihen.

Kein Vertrauensvorschuss hätte hoch genug sein können, diese Brüskierung ohne Bruch zu überstehen. Eine Welt brach zusammen. Für viele war es ein Traum, fast zu schön, um wahr zu sein. Aber wie leicht hatten sie sich verführen lassen? Die Vorstellung ist beendet. Es war ein Trugbild. Wie hätte es auch anders sein können? Ein Handwerker aus der Provinz als Sohn Gottes! Es ist so lächerlich. So erbärmlich. Nach Hause. Je schneller, desto besser. Und Schande über diesen Irrlehrer.

Und plötzlich gab es wieder sehr viele, die es schon immer gewusst hatten.

Die Stimmung war gekippt. Ein Blender war er. Vielleicht sogar ein bösartiger Betrüger. »Was er sagt, ist unerträglich«, protestierten selbst die Sympathisanten, »wer kann das anhören?«

Aber was hatte Jesus erwartet? War es nicht allzu verständlich, dass sich viele der Anhänger betrogen fühlten? Es war wie ein Faustschlag. Die brutalstmögliche Zurückweisung. Warum nimmt er ihnen die Illusion, wie ihre Vorväter Brot zu empfangen, das einfach so vom Himmel fällt?

Wo zuvor Vertrauen war, wird nun Misstrauen erkennbar, das Symptom jeder Glaubenskrise. Die Agenten der Gegenseite sehen es mit Genugtuung. Der Weg des Messias schien unaufhaltsam. Nur noch Jesus selbst konnte Jesus stoppen. Und nun, mit einem einzigen Streich, fällt die ganze Bewegung in sich zusammen, als hätte es sie nie gegeben.

Andererseits: Lief Jesus nicht wirklich auch Gefahr, zu einem Messias der Träume zu werden? Sie wollten keinen Gott, wie er ist, sondern einen, wie er sein soll. Eine stärkere Missachtung Gottes war im Grunde allerdings gar nicht vorstellbar. »Du sollst keine anderen Götter neben mir haben«, lautet das erste Gebot. Auch keinen, den man sich nach eigenen Wünschen und Bedürfnissen zurechtlegt. Einen Gott in der Hand des Menschen, der dann nicht erhöht, sondern im Grunde nur erniedrigt wird, je nach aktuellen Befindlichkeiten. Was am Ende darauf hinausläuft, den Aufstand gegen Gott, die Ursünde des Menschen, immer wieder auf die Spitze zu treiben.

Aber hieß Gott folgen nicht auch, ihm zu vertrauen? Und ihn im Vertrauen ganz aufzunehmen. Dass er einem gewissermaßen in Fleisch und Blut übergeht?

»Diese Rede ist hart. Wer kann sie anhören«, hatte sich die Menge aufgelehnt. Aber sie war auch für die Jünger ein Schock. Die Männer hatten ihn verehrt. Die Frauen hatten ihn umsorgt. Und wenn der Rabbi nur die Hand hob, standen schon Schüler bereit, jedes seiner Worte für die Nachwelt zu erhalten. Dass man bei ihm auf alles gefasst sein musste, war kein Geheimnis mehr. Aber plötzlich glaubte man zu spüren, dass der Meister offenbar nicht die Magie besaß, die Menschen eben einfach in seine Offenbarung hineinzuzwingen, sie regelrecht zu bannen, wie unter Hypnose. Freiheit hin oder her. Man dürfe sein Haus nicht auf Sand, sondern auf Felsen bauen, hatte er gesagt. Aber wie stabil und überlebensfähig war eigentlich sein eigenes Haus?

Nach der Hinrichtung Johannes' des Täufers, die das Volk empört hatte, hätte niemand seinen Triumphzug nach Jerusalem noch stoppen können. Aber Jesus blies ab. Er nahm von einer Minute auf die andere der Sache den Wind aus den Segeln. Sozialpsychologen sprechen bei solchen punktgenauen Überraschungseingriffen von einer *paradoxen Intervention*. Sie soll festgefahrene Erwartungen und Verhaltensmuster aufsprengen und auf diese Weise neues Leben möglich machen. Jesus nahm nicht nur in Kauf, falsch verstanden zu werden und auch die Wohlwollenden unter seinen Zuhörern vor den Kopf zu stoßen. Er schien sogar fest damit zu rechnen, dass ein Großteil seiner Anhänger aus der Synagoge flüchtet. Ja, er provozierte diese Scheidung regelrecht. Als ob es ihm gar nicht so wichtig sei, ob seine Kirche nun voll ist oder nicht.

Wie lässt sich das Verhalten Jesu deuten? Hatte er Angst, die Kontrolle über den weiteren Verlauf seiner Bewegung zu verlieren? Oder gar die Kontrolle über sich selbst? Bei anderen Menschen würde man von Versagensängsten sprechen. Fühlte sich Jesus überfordert?

Es gibt keine andere Erklärung für die Krise von Kafarnaum als die einer wohlkalkulierten und selbst initiierten Katharsis. Es ist das Gewitter, das es braucht, um gewissermaßen die Luft zu reinigen, frei zu machen von den Staubwolken, die den Weg und das Ziel zu verdunkeln drohen.

Jesus ist nicht der passive, sondern der aktive Teil des Geschehens. Er gestaltet, und er wird es so einrichten, dass alle Fragen, die sein Verhalten aufwirft, auch beantwortet werden. Das hier ist keine Lehre mehr. Das hier ist ein Faktum. Und deshalb muss das, was hier mit den Worten vom Fleisch und vom Blut angesagt wird, auch real eingelöst und dadurch nachvollziehbar werden. Durch Tod und Auferstehung, durch die ewige Eucharistie. Es ist sogar zwingend notwendig, um mehr zu sein als nur ein Symbol.

Dass Jesus das Geheimnis an dieser Stelle noch offenlässt, ist ein Beleg dafür, dass er a) einen festen Plan verfolgt und b) in dem Wort von seinem Fleisch und Blut nicht ein Bild, ein Symbol sieht, sondern einen wirklichen Vorgang. Ja, so kann eigentlich nur reden, wer bereits einen Blick in die Zukunft getan hat und alles kennt, was folgen wird.

Die Spanne zwischen dem Brotwunder auf dem Berg und der Brotrede in der Synagoge ist ohne Zweifel die Scheidewand in der Offenbarung des Lebens Jesu. Ist Jesus der Messias, oder ist er es nicht? Ist er Gottes Sohn, oder ist er es nicht?

Mit dem Scheitelpunkt der Krise von Kafarnaum geschieht ein Wechsel von der Horizontalen in die Vertikale, vom Flachen ins Steile, von der Verkündigung zur Verklärung, vom Lehren zum Leiden. Mit den Maßstäben der Welt gemessen, die den politischen und quantitativen Erfolg zählt, geht es von nun an bergab. In der Perspektive Jesu jedoch geht es von nun an bergauf; vom Berg des Hermon mit dem Messiasbekenntnis Petri über die

»Verklärung« auf dem Berg Tabor bis hin zum Gipfel von Golgatha – zu einer Herrschaft über die Völker, die keinen politischen Herrscher mehr hat, sondern einen König, der in völlig neuer Weise ganz vom Kreuz her herrscht, nur durch die Macht des Glaubens und der Liebe.

Wie er durch den Vater lebe, hatte Jesus erklärt, »so wird jeder, der mich isst, durch mich leben«. Mit dem Wort von seinem Fleisch und seinem Blut gebraucht er das Bild eines geheimnisvollen Vorgangs. Es ist der Prozess der Assimilation, der Einverleibung. Paradox: Man ist etwas im Anderen, und das Andere ist zugleich in einem. Durch das Durchdringen des nur Stofflichen und das Eindringen in das *Wesenhafte* eines Dings lässt es sich am Ende ganz eins sein mit diesem, ohne Störung und Spaltung.

In der Verbindung mit Jesus hat Assimilation eine mystische Komponente. Aber auch wer einen Nagel einschlagen will, muss ihn assimilieren, um ihn richtig treffen zu können. Und kein Golfprofi kann ein Champion werden, wenn er nicht ganz mit seinem Schläger und seinem Ball eins wird. Und nicht nur damit, auch mit der Landschaft und den Witterungsbedingungen, in denen und unter denen er agiert. Assimilation ist die einzige Möglichkeit, den Schläger in der richtigen Art zu halten, die genaue Entfernung zu einem Ziel zu messen, die Schlagwucht einzustellen und dem Ball den nötigen Effet zu geben, damit er in ein Loch fällt, das vom Spieler aus noch nicht einmal zu sehen ist.

Auch die Beziehung zwischen Menschen ist nicht eigentlich eine äußerlich körperliche, sondern »nur« ein Gefühl. Aber ein Gefühl, das Kraft, Glück, Vertrauen, Glaube und Hoffnung schafft; ganz real und nicht im Traum – um in ebendieser Vereinigung mit dem anderen ein Herz und eine Seele zu sein, den anderen in sich aufzunehmen und sich vom anderen aufnehmen zu lassen und etwas ganz Neues auf die Welt zu bringen.

Jesus sagt es so: Wenn ihr mich nicht ganz verinnerlicht und mit mir eins werdet wie zwei Menschen, die sich lieben, wisst ihr nicht, was Leben ist.

Wer von seinen Jüngern genau hinhörte, konnte in der Brotpredigt bereits dieses seltsame Paradoxon vernehmen. Jesus sagt ja nicht nur, man solle ihn in Fleisch und Blut aufnehmen: »und ich bleibe in *Ihm*«. Dieses Bild läge schließlich noch im Bereich des Gewöhnlichen. Wer etwas isst, hat das Essen eben in sich aufgenommen. Aber Jesus übersteigt alles Gewöhnliche. Er sagt zugleich: Wer mich isst, »der bleibt in *Mir*«.

Genau darin liegt auch der Unterschied zum Brot der Väter. Was Mose brachte, war reales, irdisches Brot. In ihm aber, der als Gottes Sohn und damit als eins mit Gott und dem Geist Gottes auf die Erde herabkommt, sagt Jesus, empfange man die überirdische, rein geistliche Nahrung. Sie mache nicht nur dauerhaft satt, sondern auch unsterblich. Und *jeder, der mich isst,* wird künftig *durch mich leben.*

Unverkennbar hat Jesus in seiner Offenbarung die Handlung des letzten Abendmahls vorweggenommen, die Eucharistie, in der Christus durch die Wandlung von Wein und Brot personal in den Menschen eintritt. Die Auffassung, die Jesus in der Brotrede mitteilt, ist in der Religionsgeschichte ohne Beispiel. Diese Bilder können auch erst in einem späteren, größeren Zusammenhang verständlich werden. Es ist eine hohe Hürde. Wer Jesus nur aufgrund seiner Ethik, seiner Menschenliebe, seiner Beredsamkeit oder Weisheit gefolgt war, kann sie nicht bewältigen. Denn zu erkennen, dass der erwartete Messias sich nun selbst zum Opfer erklärt, als ein Gott, der sich für die Menschen ganz hingeben will und immerwährendes Sakrament wird, setzt den höchsten Maßstab, es setzt *Glauben* voraus.

Mit der Wende von Kafarnaum ist auch klar, dass die Bewegung Jesu keine der Erfolgsgeschichten ist, die von Triumph zu Triumph eilen, wie es die meisten seiner Anhänger angenommen hatten. »Von da an zogen sich viele von seinen Jüngern zurück und wanderten nicht mehr mit ihm umher«, vermeldet Johannes an dieser Stelle.

Jesus sieht sich um. Wo sind Petrus, Judas, Bartholomäus und die anderen?

»Wollt auch ihr weggehen?«, stellt er die Vertrauensfrage. Die Antwort kommt nicht gerade wie aus der Pistole geschossen.

Simon Petrus wird von den anderen angestupst, doch etwas zu sagen. »Herr«, so stottert er herum, »wohin sollen wir gehen?«

Das ist kein Bekenntnis, das ist eher Ausdruck von Hilflosigkeit. Der Tumult, die Beschimpfungen durch Nachbarn, die sich getäuscht wähnen, und der Hohn der Pharisäer sind ihnen in die Glieder gefahren. Andererseits, sie haben genug gesehen. Sie können sich ein Urteil bilden. Sie wissen längst, auf was sie sich da eingelassen haben. Gibt es denn wirklich einen Grund, Jesus nicht länger zu vertrauen? In seinem Umfeld würde es immer wieder welche geben, die seine Botschaft in Verruf bringen, sich schuldig machen durch Missbrauch und Verrat. »Habe ich nicht euch, die Zwölf, erwählt«, spricht er ein Wort in die Zukunft, »und doch ist einer von euch ein Teufel« (Joh 6,70). Aber wo enttäuscht *er* selbst die Menschen? Wo lässt er *sie* im Stich? Wenn sie Hilfe brauchen, hilft er ihnen. Und wenn sie seine Worte noch nicht ganz verstehen, setzt er sich zu ihnen in den Kreis und beginnt geduldig, sie aufzuklären. Spürt nicht jeder auch den Geist, der mit ihm einhergeht? Petrus zögert kurz, aber dann spricht er weiter, und die anderen nicken zustimmend. Um Jesus zu trösten. Aber auch, weil sie einverstanden sind: »Herr, du hast Worte ewigen Lebens. Wir sind zum Glauben gekommen und haben erkannt: Du bist der Heilige Gottes.«

Jesus verunsichert. Er ist eine Herausforderung für das gewöhnliche Denken. Er hätte an dieser Stelle alles haben können. Sogar die Königskrone. Er wollte etwas anderes. Die Brotvermehrung und die skandalöse Rede in Kafarnaum sind die Vorbereitung auf das noch weit Unfassbarere, das noch kommen sollte. Andererseits: Kann man es den Menschen in der Synagoge wirklich verübeln, dass sie ihm (noch) nicht folgen konnten? Kann man es Petrus verdenken, wenn er in der Schlüsselszene auf dem Wasser Jesus wie ein Kleinkind, das noch nicht richtig gehen kann, nur wenige Schritte entgegenläuft und dann in seinen Zweifeln fast untergeht? Geht es nicht allen Gläubigen immer wieder auch ähnlich? Drohen sie nicht immer wieder auch unterzugehen in diesem unbekannten Terrain?

Ein einziger Blick in die ungeheuren Tiefen des Glaubens genügt, um einen schwindelig werden zu lassen.

Man bekommt es nicht auf die Reihe. Ist dieser Jesus in seiner Übernatürlichkeit, ist diese ganze Religion nicht vielleicht doch nur ein Gespenst? Ein »Hirngespinst«? Die Gläubigen aller Epochen teilen sich mit den Aposteln das gewaltige Erschrecken vor dem ganz Anderen, das da plötzlich auftaucht. Sie können es nicht fassen. Sie sind erschüttert, verwirrt, dass da etwas ist, was eigentlich gar nicht sein kann.

Und hätte es nicht Menschen gegeben wie Franziskus, wie den Pfarrer von Ars, wie Teresa von Ávila, Katharina von Siena und Karol Wojtyła, man könnte es wohl heute noch nicht fassen.

31

Licht der Welt

Caesarea Philippi und Berg Tabor, Oktober 29

Die Felder sind abgeerntet, die Trauben geschnitten. Alles ist fruchtbar und reif geworden. Der Weizen, der auf der Tenne liegt, der Wein, die köstlichen Feigen. Allerdings haben sich die Straßen in wahre Ungeheuer verwandelt. Jeder Schritt löst eine Wolke aus feinkörnigem Staub aus, die einen zu verschlingen droht.

Johannes zufolge hatte sich der Lehrer nach der Krise von Kafarnaum zunächst zurückgezogen. Dem Laubhüttenfest in Jerusalem bleibt er anfangs fern: »Weil meine Zeit noch nicht erfüllt ist.« Nach Markus und Matthäus tritt er im Oktober des Jahres 29 mit den zwölf Aposteln eine längere Reise an. Ziel ist das Hermongebirge im hohen Norden. Die Gruppe wandert diesmal ohne Anhang. Jesus beabsichtigt offenbar eine Art Klausur zur Schulung seiner Vertrauten. »Wenn man dort ist, versteht man es sofort«, hatte mir Pater Jeremias nachgerufen, als ich am frühen Morgen auf dem Klosterparkplatz in Tabgha in den Wagen stieg. Ich schlug die Tür zu, winkte und drückte aufs Gas. Dummerweise hatte ich in der Eile vergessen nachzufragen, was er damit eigentlich meinte.

Die erste Station ist Betsaida, der Geburtsort eines Großteils der Apostel. Jesus und seine Leute hatten das Schiff genommen. Vermutlich schon deshalb, um nicht immer wieder angehalten zu werden. Der Fischerort lag zwei Kilometer stromaufwärts auf einem Hügel am Ostufer des Jordan. Tetrarch Philippus hatte ihn zur Stadt erhoben, wobei ein kleiner Teil seines Gebietes am Westufer in Galiläa verblieb.

Es war Bargil Pixner, der den Ort wiederentdeckte, verschlossen unter einer hermetischen Schicht aus Stein und Erde. Heute wird die Ausgrabungsstätte von der Universität von Nebraska in Omaha, weiteren 14 US-Universitäten und der Uni München als »Excavations Project« betrieben. Ich löste eine Eintrittskarte, und plötzlich stand ich mutterseelenallein in einer der früheren Gassen des Ortes, deren Mauern teils meterhoch rekonstruiert worden waren. »Betsaida is very nice«, hatte mir Schwester Catharina noch mit auf den Weg gegeben. Ich machte einen Schritt nach links und betrat Küche, Wohnraum, Weinkeller und schließlich einen Innenhof, den man »the Fisherman House« nannte, ergriffen von der Vorstellung, möglicherweise im Geburtshaus von Simon Petrus zu stehen. Seine Karriere konnte niemand ahnen. »Lasst euch als lebendige Steine zu einem geistigen Haus aufbauen«, hatte der ehemalige Fischer seinen Mitbrüdern wenige Jahre nach dieser Reise geschrieben, im Dienste jenes Herrn, »der euch aus der Finsternis in sein wunderbares Licht gerufen hat«.

Die gut sechzig Kilometer lange Strecke zum Hermon führte von Betsaida aus durch das Hula-Tal mit der artenreichsten Flora und Fauna Israels. Die Hitze des Sommers mochte das öffentliche Leben für einige Wochen fast zum Erliegen gebracht haben. Immer mehr verlor sich die ausgedörrte Landschaft in aschgrauen und gelblich weißen Tönen. Mittags wurde alles stumm, wie erstarrt. Erst am späten Nachmittag, wenn der Westwind Erleichterung brachte, war dieser todesähnliche Schlaf vorbei. Die Menschen standen von ihren Lagerstätten auf, rieben sich die Augen und überlegten, ob der Traum, den sie soeben geträumt hatten, schön war oder nicht.

Caesarea Philippi, ursprünglich Paneas (heute Banyas), war mit seinen prächtigen Wohnhäusern und Kolonnaden das alles überragende Zentrum der Region. Die Residenzstadt war ursprünglich ein Geschenk des römischen Kaisers Augustus an König Herodes den Großen; sein Sohn Philippus gab ihr Rang und

Namen, indem er sie nach dem Kaiser und sich selbst benannte. Und wohl schon damals leuchteten hoch über dieser Zitadelle die schneebedeckten Gipfel des 2814 Meter hohen Hermon wie eine Stola aus Hermelin, die sich der majestätische Riese des Golan, dessen stumpfer Kegel sich bis nach Syrien und in den Libanon erstreckt, zur Zierde seiner gewaltigen Kuppel umgelegt hatte.

Warum der Hermon? Wieso zieht Jesus in dieses unwirtliche und fremde Gebiet weitab vom See? Um ungestört zu sein, hätte es genügt, sich irgendwo im Hula-Tal einzunisten, wo nur Störche und Füchse wohnten. »Wenn man dort ist, versteht man es sofort«, hatte der Pater gemeint.

Ich kurbelte das Fenster herunter und genoss den Fahrtwind. Jesus ging wie ein Dramatiker vor, überlegte ich, er achtete darauf, wie sein Auftritt wirkte und dass er wirkte. »Wegen der Menge, die um mich herum steht, habe ich es gesagt«, bekannte er einmal. Immer war da auch ein Raum, der seinem Reden und Handeln den entsprechenden Resonanzboden gab. Er nutzte nicht nur magische Momente, er nutzte auch magische Orte. Dort, wo das Göttliche gewissermaßen irdischen Boden berührt. Andererseits ist es kein Novum, für außergewöhnliche Dinge besondere Orte zu suchen. Eine Hochzeit macht man auch nicht in der Besenkammer und ein feierliches Gelübde nicht am Küchentisch.

War es das, was ihn nach Caesarea Philippi trieb?

Der Himmel war bewölkt, und es war totenstill, bis auf das Iah eines Esels, der irgendwo in der Gegend plärrte. Immer wieder landete ich in Sackgassen. Manchmal auch vor Kasernentoren. Einmal sogar an einer richtigen Grenze. Ich hatte mir etwas Obst und Wasser mitgenommen, allmählich jedoch bekam ich Angst, verhungern zu müssen. Inzwischen war es Nachmittag geworden. An Umkehr war nicht zu denken. Ich brauchte den Ort, um die Lösung zu finden. Außerdem war ich neugierig darauf, worauf der Pater angespielt hatte.

Unvermittelt tauchte am Straßenrand plötzlich ein Schild mit zwei Wörtern auf: Tel Dan. Es sollte »Pan« heißen, »Tel Pan«, aber weil die Araber Schwierigkeiten mit dem P haben und Verkehrsschilder in dieser Region mehrsprachig beschriftet sind, wurde daraus unbewusst ein Hinweis auf »Dan«, das Buch des Propheten Daniel. Die Straße führte steil bergauf, die Luft wurde kühler. Schilder warnten vor »Danger Mines«, gefährlichen Minen. Endlich war ich richtig. Ich parkte das Auto, und kaum war ich einige Schritte gegangen, wusste ich, was Jeremias gemeint hatte. Es ist der Zentralplatz des Heidentums, die Symbolmitte der gesamten Alten Welt, die in einem Himmel voller Gottheiten die große, unbekannte Kraft vermutete, die der Mensch spürte, ohne sie genau zu kennen.

Wer den Ort besucht hat, den Matthäus für diese Szene angibt (»das Gebiet von Caesarea Philippi«, Mt 16,13), wird kaum mehr auf die Idee kommen, bei dem *Messiasbekenntnis des Petrus,* das nun folgen sollte, handle es sich um einen »nachösterlichen Eintrag«. Hier ist der Fels, der für den Apostelfürsten steht und den Jesus im Auge gehabt haben muss. Und hier sind die unergründlichen Felsspalten als Symbol einer Unterwelt, deren Macht sich nur erahnen lässt. Ich trat einige Schritte näher. »Temple of Pan« war auf einem der Schilder zu lesen, »Temple of Zeus« auf dem nächsten. Es kamen der »Temple of the sacred Goats« (»Tempel der heiligen Ziegen«), der »Temple of Pan and the dancing Goats«, der »Temple of Nemes«, der »Temple of the big Alexander«, der sich selbst als *filius dei,* als Sohn Gottes, bezeichnete, und schließlich, als Tempel Nummer sieben, der »Temple of Augustus«. Die große Versammlung der falschen Götter.

Exakt diese Stelle wählt Jesus zur Gründung der Kirche für die neue Welt. Sein Tempel ist, ähnlich wie der *achte* Tag, der die Neuschöpfung der Welt anzeigt, der, der über alle anderen hinausreicht. Man kann sich den Schrecken der Jünger gut vorstellen. Wie konnte der Meister sie an den Eingang des Hades führen? Aus einer riesigen Bergwand mit undurchdringlichen Höhlen und finsteren Abgründen, die die Tempel des Pan umgaben, flossen Ströme von Wasser, als müsse der kreißende Berg unaufhörlich bluten und damit die riesigen Bassins füllen, die terrassenförmig um ihn herumgebaut sind. Davor lauerte womöglich, wie heute auch, eine gehörige Anzahl von Tempelwächtern: Untiere, die dich mit böser Fratze gierig ansehen, als würden sie dich in der nächsten Sekunde anfallen und zerfleischen wollen. Hatten nicht vielleicht doch jene besser entschieden, die diesen Mann nach dem Skandal der Brotrede verlassen hatten? Dass er ihnen Reichtümer zeigte, hatte keiner der Apostel erwartet. Aber nun sah es aus, als wolle er sie in den Feuerofen werfen, um wenigstens den verbliebenen Rest von Schlacke zu befreien und abzuhärten. Aber wofür? Für kalte Tage, die noch kälter waren als kalt?

Schon während der Wanderung war eine sonderbare Spannung entstanden. »Für wen halten mich die Leute?«, hatte Jesus die Jünger plötzlich gefragt. Nach der Krise von Kafarnaum wurde der Lehrer von einem Großteil der Bevölkerung offenbar nicht mehr als der erwartete Messias betrachtet. Einige der Leute würden ihn nun, klärten ihn die Apostel auf, »für Johannes den Täufer« halten, »andere für Elija, wieder andere für sonst einen von den Propheten« (Mk 8,28).

»Ihr aber«, will Jesus nun wissen, »für wen haltet ihr mich?«

Es ist eine spannende Gegenüberstellung, die durchaus auch zeitlos verstanden werden kann und seltsamerweise an die moderne Medienwirklichkeit erinnert. Auf der einen Seite steht die Meinung der Leute, die sich vom Gehörten, vom allgemeinen Gerede und vom Nichtwissen herleitet, ohne auch nur eine Spur an Grundverständnis über Christus mitzubringen. Auf der anderen Seite steht die Meinung derjenigen, die Jesus aktiv begleiten und ihn auch aus seinem Gebetsleben, der Innigkeit mit dem »Vater« heraus, kennen.

Petrus stellt sich der Frage Jesu. Aber es geht ihm dabei, wie herauszuhören ist, nicht um eine subjektive Erfahrung. Dieser sind immer auch Grenzen gesetzt. Die subjektive Erfahrung kann keine Verbindlichkeit beanspruchen. Also sagt Petrus nicht: »Für mich bist du …« Die Formelhaftigkeit seiner Antwort verdeutlicht vielmehr, dass er etwas sagt, was aus ihm herausbricht, ohne dass er es reflektiert hätte. Ja, ohne überhaupt genau zu ahnen, was er da spricht. Es ist eigentlich, als müsse ihm im Aufscheinen seiner Erleuchtung die eigene Stimme versagen. Für wen haltet ihr mich, hatte Jesus gefragt. Und Petrus antwortete: »*Du bist der Messias, der Sohn des lebendigen Gottes.*«

Von Generation zu Generation hatten die Propheten Israels die Vorstellung vertieft, dass der Tag komme, an dem die Macht der Finsternis besiegt und die Barrieren fallen würden, die die Welt von Gott trennten. Der Verborgene selbst würde in die Welt kommen und sich den Menschenkindern offenbaren. Nun schien die Stunde erreicht. Jesus weist das Bekenntnis Petri nicht zurück. Im Gegenteil, er preist ihn selig. Selig, weil er die Gottessohnschaft als das innerste Geheimnis seiner Person schauen durfte: »Selig bist du, Simon, Sohn des Jona, denn nicht Fleisch und Blut haben dir das offenbart, sondern mein Vater im Himmel.«

Petrus sagt, wer Jesus ist. Und er bekommt in dessen Entgegnung nicht nur gesagt, wer er, Petrus, ist und welche Aufgaben er von nun an zu schultern hat, er bekommt auch einen Einblick in den Verlauf der nachfolgenden Geschichte bis zu ihrem Ende: »Ich aber sage dir: Du bist Petrus – der Fels – und auf diesen Felsen werde ich meine Kirche bauen, und die Mächte der Finsternis werden sie nicht überwältigen.«

Es ist ein Auftrag. Es ist eine Kampfansage. Und es ist eine Garantieerklärung. »Ich werde dir die Schlüssel des Himmelreiches geben«, fährt Jesus nach dem Bericht des Matthäus fort. Er unterstreicht damit die endzeitliche Dimension seiner Verkündigung: »Was du auf Erden binden wirst, das wird auch im Himmel gebunden sein, und was du auf Erden lösen wirst, das wird auch im Himmel gelöst sein.« Binden und Lösen sind die Zeichen der Ausübung einer geistigen Gewalt. Binden an Jesus, und lösen – so wie Jesus in Kafarnaum gelöst hatte.

Ein Einzelner wird im Namen Christi vorangestellt, eine Hierarchie verbindlich gemacht. Auf einem Felsen der Heiden wird die Kirche Jesu Christi ausgerufen. Der Gründungsakt von Caesarea Philippi aber ist mehr als eine Urkundenverteilung. Er markiert im biblischen Denken den Beginn einer neuen Periode der Heilsgeschichte: Der erste Äon – ein Zeitalter von 2000 Jahren –

begann mit Adam und endete mit der Sintflut. Der zweite Äon, die Zeit des Alten Bundes, begann mit Abraham und endete mit Johannes dem Täufer. Der dritte Äon aber beginnt mit Jesus, und er wird, so steht geschrieben, auch mit ihm enden.

Die Szene ist so komplex in ihrer Symbolik, als müsse sie wirklich auf Generationen hinaus standhalten können. Um in der Logik des Evangeliums zu bleiben: Die Erkenntnis Petri ist der Schlüssel, der in die inneren Räume des messianischen Geheimnisses führt. Es geht schließlich nicht um irgendeinen dieser Messiasse, die sich selbst verkünden oder von interessierter Seite verkündet werden. »Der Menschensohn muss vieles erleiden«, gibt Jesus nun zum ersten Mal preis. Er werde »von den Ältesten, den Hohepriestern und den Schriftgelehrten verworfen werden; er werde getötet, aber nach drei Tagen werde er auferstehen« (Mk 8,31). Mit der Ankündigung seines Kreuzweges wird damit kein unbestimmter Hero oder ein *filius dei* von eigenen Gnaden ins Bild gesetzt, sondern präzise genau jene Gestalt, wie sie von den Propheten angekündigt worden ist. Denn dessen Wahrheit kann sich wirklich nur erweisen, wenn sie auch unter Beweis gestellt wird. Bis zur bitteren Neige.

Aber nicht genug. In der Geschichte Jesu bleibt es niemals beim Vordergründigen. Immer kommt noch etwas hinzu, eine Übersteigerung, eine plötzliche Wende. Als sei es unerlässlich, dem Irdischen auch das Siegel des Überirdischen zu geben, den Stempel der »höheren Wahrheit«, die nicht immer schmerzlos zu haben ist.

Denn plötzlich bekommt die Szene eine neue Qualität. »Weg mit dir, Satan«, hören die Jünger den Lehrer in der Ferne donnern. Es ist ausgerechnet Simon Petrus, der eben noch zum Fels der Kirche erklärt wurde, dem der Meister das Schlimmste an den Kopf wirft: »Geh mir aus den Augen! Denn du hast nicht das im Sinn, was Gott will, sondern was die Menschen wollen« (Mt 16,23).

Was ist passiert? Während seines gesamten öffentlichen Wirkens treibt Jesus einen hohen Aufwand damit, ein falsches Messiasbild zu korrigieren. Seine erste Leidensankündigung nun ist die radikale Zurückweisung aller nationalrevolutionären Vorstellungen von einem Erlöser, wie sie in den Köpfen der Menschen herumspukten. Petrus hatte den Meister beiseitegenommen, um vertraulich mit ihm zu reden. Er »machte ihm Vorwürfe«, schreibt Markus. »Das soll Gott verhüten, Herr«, hielt der Apostel dem geliebten Lehrer auf die Ankündigung der Passion entgegen – ohne dabei zu erkennen, welchen Widerspruch zu seinem soeben abgegebenen Bekenntnis er damit zum Ausdruck brachte. Hatte Jesus nicht in Kafarnaum ausdrücklich verkündet, er sei nicht vom Himmel herabgekommen, um *seinen* Willen zu tun, sondern den Willen dessen, der ihn gesandt hat, wie Johannes schreibt? Und nun soll Gott verhindern, was offenbar Gottes ureigenster Plan ist?

Warum ist die Frage so wichtig? Der Grund liegt auf der Hand. Petrus macht sich in seinem Denken einen Gott nach eigener Vorstellung. Dieser Gott funktioniert so, wie ich will, dass er funktionieren soll. Nicht ich unterwerfe mich Gott, sondern Gott wird meinen Wünschen unterworfen. Diese Haltung ist in ihrem Wesenskern identisch mit jener Grundauflehnung gegen Gott im ursprünglichen Paradies, die die Heilige Schrift als die größte spirituelle Katastrophe der gesamten Menschheitsgeschichte betrachtet. Es ist nicht zuletzt die Haltung derer, die Gott instrumentalisieren wollen. Wenn sie ihn schon nicht aus der Welt schaffen können, dann wollen sie zumindest ihren eigenen Gott schaffen, einen Falsch-Gott, eine Art Double, jemanden, der Steine zu Brot machen soll.

Der ewige Gegenspieler ist es, dem der Befehl gilt: Weg mit dir, Satan. Jesus sieht ihn förmlich ins Gesicht seines eigenen Apostels gezeichnet. Es ist der Schatten, der mit der Gründung der Kirche einhergeht und der sie, bei all ihrer Größe und Heiligkeit, nie mehr wieder verlassen wird. Denn selbst Petrus muss immer wieder zur Ordnung gerufen werden, wenn er mit einer allzu bequemen Haltung »nicht das im Sinn hat, was Gott will, sondern was die Menschen wollen«.

Mit seinem Bekenntnis war Petrus zum höchsten Gipfel vorgedrungen, den ein Mensch erklimmen kann: zur Anerkennung

Gottes. Er hatte damit, im Gegensatz zu anderen, die es nicht schafften, über ihren Schatten zu springen, den Teufelskreis überschritten. Auf dieser Höhe erhielt er den Schlüssel zum Reich Gottes. Mit der Vorstellung eines »Messias« hingegen, der wieder nur mit Macht und Gewalt herrscht (wie ihn die Welt in einem »Führer« in der schrecklichsten aller Prüfungen noch kennenlernen sollte), war er wieder zurückgefallen in die Kategorien rein weltlichen Denkens, in die Abhängigkeit des Schattenmannes.

Jesus siegt nicht, indem er eine möglichst große Menge Menschen hinter sich bringt. Damit entspräche er wieder nur einem weltlichen Führer, einer weltlichen Macht. Er will stattdessen die Menschen mitnehmen auf einen Weg, der sich als Erlösung im Eigentlichen versteht: als Erlösung von Sünde, der Wurzel *allen* Übels.

Ich hatte mich von den Tempeln des Pan verabschiedet, nicht jedoch ohne über die Symbolik zu staunen, die die biblischen Berichte so unvergleichlich macht: Am Endpunkt des Jordan, seiner tiefsten Stelle, unmittelbar vor der Mündung in das Tote Meer, war mit der Taufe Jesu der Alte Bund in einen Neuen übergegangen. Am Anfang des Jordan, seiner höchsten Stelle, unmittelbar an seiner Quelle, wo unterschiedlichste kulturelle, politische und religiöse Elemente zusammentreffen, Jüdisches, Hellenistisches, Römisches, wo man gewissermaßen die ganze Welt im Blick hat, wird Petrus der Schlüssel für den neuen Äon überreicht.

Und wie der Berg Horeb bei Mose an der Grenze zu den Heiden stand, die das Alte Testament hinter sich lassen wollte, so steht der Berg Hermon bei Jesus an der Grenze zu den Heiden, die das Neue Testament gewinnen will.

Die Reifen quietschten, als ich von der Schnellstraße abbog. Die Rückfahrt vom Gebirge hatte zu viel Zeit in Anspruch genommen. Aber ich wollte die nächste Station Jesu noch unbedingt am selben Tag schaffen. Die beiden Orte gehören irgendwie zusammen. »Tabor und Hermon jauchzen bei deinem Namen«, heißt es schon im Psalmwort (Ps 89,13).

Der Berg Tabor ist eines der bedeutendsten Zeichen Israels, und dennoch hat man fast ein wenig Mitleid mit diesem 588 Meter hohen Maulwurfshügel, der da einsam und traurig in der Landschaft steht. Aus der Nähe freilich erscheint er wie eine aufgehende Sonne, die sich aus dem Innersten der Erde emporschiebt, um die Strahlen ihres goldenen Fächers über die Welt zu breiten. Ganz nah herangekommen, wird einem freilich auch bewusst, worüber dieser seltsame Hügel Wache hält und brütet. Es ist Harmagedon, das Zentrum der Apokalypse (siehe auch 13. Der Aufbruch).

Vier Kilometer lang schrauben sich die Serpentinen den Berg hoch, schmal und steil wie die Geschichte selbst, die das Evangelium hier erzählt. Mit jedem Höhenmeter wird die Stimmung bedächtiger, die Ehrfurcht größer, wenn sich vor dem Auge des Reisenden die gigantische Weite der Ebene Jesreel ausrollt, das Schlachtfeld des Jüngsten Gerichts, wie es in der »Geheimen Offenbarung« des Johannes verkündet wird. Über das Geschehen auf dem »hohen Berg« selbst, bei dem er Zeuge war, hat der Evangelist kein Wort verloren. In der *Apokalypse* aber sollte er nicht nur Harmagedon als Ort des Jüngsten Gerichtes benennen, sondern auch auf Jesus als den Verklärten zurückkommen. »Fürchte dich nicht«, vernahm er in der Vision die Stimme Christi, dessen Gesicht »leuchtete wie die machtvoll strahlende Sonne«. Er sei tot gewesen, sprach die Stimme, »doch nun lebe ich in Ewigkeit, und ich habe die Schlüssel zum Tod und zur Unterwelt« (Offb 1,17).

Noch ewig geht es Kehre für Kehre weiter, bis endlich das lange Hochplateau auftaucht, bewachsen mit Steineichen, Terebinthen und Johannisbrotbäumen. Der Ort schien völlig verlassen. Ich passierte das steinerne »Tor des Windes«. Dann eine Allee, unendlich lang, ein angelehntes Eisentor, unverschlossen. Irgendwo schlug eine Uhr mit einem einzigen Gong. Auf dem riesigen Ziffernblatt standen die Zeiger auf 17.17 Uhr. Das Uhrwerk war längst ruiniert, aber wie sagte jemand: Selbst kaputte Uhren zeigen zweimal am Tag die richtige Zeit an. Ganz am Ende des gepflasterten Weges aber erhob sich die Kathedrale des Heiligen Grals, schmal und irrsinnig hoch, mit meterhohen, tonnenschweren Toren, die verschlossen waren.

Es war frostig geworden. Ein fester, kühler Wind streifte über den Berg. Und wohin ich auch ging hier oben, alles wirkte wie ein Friedhof. Weißes Friedhofsgestein, ausgebleicht, die Schriften kaum noch zu erkennen. Nirgendwo ein Lebewesen. Nur einige Tauben, die sich im Turm eingenistet hatten.

Kalt macht die Einsamkeit hier oben. Dann färbt sich das Firmament noch einmal feuerrot, bis die Dunkelheit über mir hereinbricht.

Es ist die Vorausahnung der Passion.

Als ich das Tor erreichte, um zu fliehen, war es zu spät. Ich war plötzlich eingesperrt. Ängstlich sah ich mich nach Hilfe um, bis, ich weiß nicht, woher, ein Mönch in einer braunen Kutte auftauchte, über der er einen Anorak trug. Sein Gesicht war in der Dunkelheit nicht zu erkennen, aber noch heute höre ich die tiefe Stimme, die mich donnernd schalt, weil ich offenbar verbotenes Terrain betreten hatte. Ich sei zu spät gekommen, das Tor müsste eigentlich schon geschlossen sein. Abends im Heim der Schwestern kamen mir die Worte noch einmal in den Sinn. Aber im Nachhall klangen sie nicht mehr drohend, sondern eher schon wie eine Verheißung, durch die man einer großen Sache auf die Spur kommen könnte: *Follow the rules,* folge den Regeln. Oder wie es Jesus formulierte: »Halte die Gebote« (Mt 19,17).

Jesus hatte bis hierher alles eingelöst, was in den messianischen Prophezeiungen angekündigt war. Er hatte sich zu erkennen gegeben und durch Heilungen seine Vollmacht gezeigt. Er hatte das Himmelreich verkündet und mit der Bergpredigt erklärt, wie man hineinkommt. Er hatte einen Kreis enger Mitarbeiter als Hirten eingesetzt, ausnahmslos Juden, und mit ihnen einen neuen Bund gegründet. Er schuf diesen Bund nicht anstelle des alten, sondern aus ihm heraus; fast so, wie Gott Adam eine Rippe entnahm, um ihm daraus das Zugehörige zu bauen. Ihm Glauben zu schenken war sein größtes Anliegen. *Er* sei es doch, auf den sie gewartet hätten. Für ihn war das eine Frage von Leben und Tod: »Wenn ihr nicht glaubt, dass ich es bin, werdet ihr in euren Sünden sterben« (Joh 8,24).

Nun ist er noch einmal auf den heiligen Berg in der Nähe Nazareths gestiegen, den er seit seiner Kindheit vor Augen hatte.

Jesus weiß, wie schrecklich dieses Harmagedon sein kann, das Kornfeld und Blutacker zugleich ist. Kein anderer Landstrich hat mehr Schlachten gesehen als die Ebene zwischen dem Berg Tabor, dem Gottesberg, und dem gegenüberliegenden *Har Mageddon*, dem Berg des Krieges. Hier rangen die Pharaonen mit Babylon. Hier kämpften die Assyrer mit den Hethitern, die Kanaaniter mit den Hebräern. Es kam König Saul mit seinen Streitwagen. Es kamen Phönizier, Perser, Griechen, Parther, Römer. Die ganze lange Menschengeschichte stellte sich hier dar, vom Anfang bis zum Ende – wenn die sieben Engel mit den Schalen des Zorns erscheinen, um sie auszugießen »über ein Drittel der Menschheit« (Offb 9,15).

Jesus sieht die Bilder vorbeiziehen. Blut und Fleisch, und Qualm von brennendem Fleisch, das zum Himmel stinkt. Wie aus einem gigantischen Kessel dringt aus den Tiefen das Geschrei von Mördern und von Verbohrten und Verschlossenen herauf, und von solchen, die jene mitrissen in diese letzte Schlacht. Ein Geruch von Verwesung durchzieht das Tal. Die Schlacht ist vorüber. Die vier apokalyptischen Reiter streifen auf ihren riesigen Rossen in pechschwarzen Panzern über ein Gebirge aus gewesenen Menschen, die es vorzogen, das ewige Leben zu verwerfen. Aus den blühenden Feldern ist verbrannte Erde geworden, aus Fruchtbarkeit eine Hölle.

Es müssen aufregende Tage gewesen sein, seit die Gruppe aufgebrochen war, um von Jesus »auf einen hohen Berg abseits« geführt zu werden. Die Beschreibung des Evangeliums, so der Heilig-Land-Experte Heinrich Fürst, treffe »auf den Tabor besonders zu, da er vom übrigen Bergland abgesetzt ist«. Mit dem »hohen Berg« war dabei weniger eine gebirgige, sondern vor allem eine geistige Höhe gemeint. Genauso bedeutend aber ist: Wieder trifft man bei der Verkündigung Jesu auf ein Symbol, das seine Botschaft in eine Beziehung setzt: Denn es war der Tabor, von dem aus Israel jenes Land in Besitz nehmen konnte, das Gott seinem Volk versprochen hatte. Den Befehl für den Kampf gab im Übrigen eine Frau, Deborah, die Richterin und Prophetin. Ausgeführt hat ihn ein Feldherr namens Barak (»Von dem Berge Tabor hinab und die zehntausend Mann ihm nach«; Richt 4,14). Richterin Deborah sprach: »So gehen alle deine Feinde, Israel, zugrunde, doch die, die den Herrn lieben, sind wie die Sonne, wenn sie aufgeht in ihrer Pracht« (Richt 5,1 f.).

Im Evangelium steht der Berg Tabor zunächst für eine sonnengleiche Enthüllung der Herrlichkeit Jesu, der sich den Eingeweihten nun unverhüllt als das *Licht der Welt* zu erkennen gibt. Nicht seine hohe Menschlichkeit, sondern seine tiefe Göttlichkeit tritt hier in den Vordergrund eines Aktes, den Benedikt XVI. »ein Gebetsereignis« nennt. Die Geschichte ist auf besondere Weise eine Bestätigung dessen, was auf dem Hermon mit dem Messiasbekenntnis des Petrus seinen Anfang nahm:

Lukas: Etwa acht Tage nach diesen Reden ...

Matthäus: sechs Tage danach ...

Markus: nahm Jesus Petrus, Jakobus ...

Matthäus: und dessen Bruder ...

Markus: ... Johannes beiseite und führte sie auf einen hohen Berg,

Lukas: um zu beten.

Markus: Aber nur sie allein.

Lukas: Und während er betete, veränderte sich das Aussehen seines Gesichtes.

Markus: Und er wurde vor ihren Augen verwandelt.

Matthäus: Sein Gesicht leuchtete wie die Sonne.

Markus: Seine Kleider wurden strahlend weiß.

Matthäus: Blendend weiß wie das Licht.

Markus: So weiß, wie sie auf Erden kein Bleicher machen kann.

Lukas: Und plötzlich redeten zwei Männer mit ihm. Es waren Mose und Elija. Sie erschienen in Herrlichkeit und redeten über seinen Exodus, seinen Ausgang, der sich in Jerusalem erfüllen sollte. Petrus und seine Begleiter aber waren eingeschlafen, wurden jedoch wach und sahen Jesus in strahlendem Licht und die zwei Männer, die bei ihm standen. Als die beiden sich von ihm trennen wollten …

Markus: … sagte Petrus zu Jesus: »Rabbi, es ist gut, dass wir hier sind. Wir wollen drei Hütten bauen. Eine für dich, eine für Mose und eine für Elija.«

Lukas: Er wusste aber nicht, was er sagte.

Markus: Denn sie waren vor Furcht ganz benommen.

Matthäus: Noch während er redete, warf eine leuchtende Wolke ihren Schatten auf sie.

Markus: Und aus der Wolke rief eine Stimme: »Das ist mein geliebter Sohn …«

Lukas: »… mein auserwählter Sohn«,

Matthäus: »… an dem ich Gefallen gefunden habe.«

Markus: »Auf ihn sollt ihr hören.«

Matthäus: Als die Jünger das hörten, bekamen sie große Angst und warfen sich mit dem Gesicht zu Boden. Da trat Jesus zu ihnen, fasste sie an und sagte: »Steht auf, habt keine Angst!«

Es gibt Berge, die rufen, und es gibt Berge, die erzählen. Vielleicht sollte man zunächst beachten, was mit den Gestalten *Mose* und *Elija* gesagt wird, die bei der Verklärung an Jesu Seite stehen. Der eine personifiziert das Gesetz, der andere die Propheten, zwei Begriffe, die für Israel grundlegend sind. »Denkt nicht, ich sei gekommen, um das Gesetz und die Propheten aufzuheben«, hatte Jesus erklärt, »ich bin nicht gekommen, um aufzuheben, sondern um zu erfüllen.«

Elijas Zeit war die Zeit des Königs Ahab; jenes Menschen, der Gott so verachtete, dass es hieß, seinetwegen sei der Zorn Gottes nicht mehr vom Volk gewichen. Mit seinen Opferstätten des Baal und des Götzendienstes ist er das Urbild der Auflehnung. In den Jahren des Ahab war Finsternis im Lande; Finsternis aus der Hölle. Elijas Sendung richtete sich gegen die falschen Gottesbilder. Er musste wider die Mauer der Finsternis angehen, schrieb Romano Guardini, wider die Wand verhärteten Unglaubens; wider den Frevel, der überall im Lande umging.

Und Mose, der Lehrer und Befreier, der Gesetzesüberbringer,

der Mann des Manna und des Bundesschlusses? Auch seine Anwesenheit auf dem Tabor (dessen hebräischer Name nun ausgerechnet »Steinbruch« bedeutet) ist ein sprechendes Bild: Wie Jesus stieg Mose einst auf einen Berg, auf dem sich »die Herrlichkeit des Herrn« niedergelassen hatte. »Und die Wolke bedeckte den Berg *sechs* Tage lang«, heißt es im Buch Exodus (Ex 24,16). Im Unterschied zu Jesus freilich, der im Einssein mit dem Vater selbst Licht ist, strahlte Mose, »weil er mit dem Herrn geredet hatte«, nicht aus sich selbst heraus, sondern über »die Haut seines Gesichtes«.

Mose überbrachte die Gesetze, erinnert man sich, eingeschrieben als die Zehn Gebote auf zwei großen Steinplatten. Aber was passierte nun? Ausgerechnet ein Priester, der Hohepriester Aaron, hatte während seiner Abwesenheit dem Volk auf dessen Drängen hin ein Götzenbild, das Goldene Kalb, gegossen, um das sich sofort ein rauschartiger Kult entwickelte. Der Hohepriester hatte erkennbar »nicht das im Sinn, was Gott will, sondern was die Menschen wollen«. Im Zorn warf Mose die steinernen Gesetzestafeln zu Bruch.

Die Geschichte des sich nun anschließenden Zuges durch die Wüste ist die Geschichte eines endlosen Ringens. Nicht nur mit der Härte der Natur, sondern mehr noch mit der Dumpfheit und Widerspenstigkeit der Geführten selbst. Letztendlich kommen auf der geheimnisvoll langen Wanderung alle Israeliten um, die in Ägypten freigekauft worden waren. Lediglich den Kindern, die in Ägypten oder während der Wüstenwanderung geboren wurden, war es vergönnt, das Reich zu betreten, das Gott ihnen gelobt hatte.

Wieder ist es eine Zahl, die im Evangelium eine Brücke herzustellen vermag. Sechs Tage lang lag die Wolke über dem Berg des Mose, auf dem er Gott in einem brennenden Dornbusch erkennen durfte. Sechs Tage lang war nun Jesus von Berg zu Berg, vom Hermon zum Tabor, unterwegs gewesen, die in seinem Zeit- und Lehrplan unbedingt zusammengehörten. Und sechs Tage beträgt die Differenz zwischen den zwei großen Festen, die nach dem jüdischen Festkalender im Herbst gefeiert werden.

Das eine war *Jom ha-Kippurim,* das große Versöhnungsfest. Es steht gewissermaßen für die Erzählung des Elija sowie die Botschaft, die der Hermon mit dem Messiasbekenntnis symbolisiert. Dieses Fest ist der einzige Zeitpunkt im Jahr, an dem der Hohepriester im Tempel zu Jerusalem feierlich den Namen JHWH aussprechen darf.

Das andere Fest, sechs Tage danach, ist *Sukkot,* das Laubhüttenfest, mit dem eine ganze Woche lang das Ende der Wüstenwanderung Israels gefeiert wurde. Für Sukkot steht die Erscheinung des Mose und das, was auf dem Berg Tabor geschieht. Es symbolisiert das Heraustreten aus der Blindheit, dem Kreislauf der Wüste, in dem Israel vierzig Jahre lang gefangen war. Petrus, der sich sofort angeboten hatte, Hütten zu bauen, so der Theologe Jean Daniélou, habe damit erkennen können, »dass die in den Festriten vorgebildeten Wirklichkeiten nun erfüllt waren«. Die Verklärungsszene bekunde nichts anderes als »den Anbruch der messianischen Zeit«.

Der Auszug aus der Gefangenschaft war für Israel das grundlegende Heilsereignis, das Urbild der Erlösung, das sich nun im Kommen des Messias vollenden sollte. Das Gespräch mit Mose und Elija über den »Exodus« Jesu, so Joseph Ratzinger, mache darüber hinaus klar: »Das Kreuz Jesu ist Exodus – Heraustreten aus diesem Leben, Hindurchgehen durch das ›Rote Meer‹ der Passion und Hinübergehen in die Herrlichkeit.« Damit sei verdeutlicht, »dass das Grundthema von Gesetz und Propheten die ›Hoffnung Israels‹ ist – der definitiv befreiende Exodus ...«

Was bedeutet am Ende nun aber die seltsame Wolke, die den Berg Tabor umhüllte? Die Rabbiner der Zeit Jesu sahen in den »heiligen Wolken« nichts anderes als das Zeichen für die mystische Anwesenheit Gottes. Friedrich Weinreb macht auf das hebräische Wort für »Wolke« aufmerksam, *anan.* Es ist eng verwandt mit *anah,* »antworten«. Das Erscheinen Gottes in der Wolke ist gleichzeitig seine Antwort.

Es war eine Wolkensäule, welche die Hebräer durch das Meer und durch die Wüste führte. Es war eine Wolke, aus der Mose das

Wort Gottes vernahm. Es war eine Wolke, aus der heraus bei der Taufe am Jordan Jesus als Sohn Gottes offenbart wurde. Und es wird gleichfalls eine Art Wolke sein, aus der heraus ein Christenverfolger wie der Pharisäer Saulus in den Christenmissionar Paulus *verwandelt* wird. Denn der Mann, an den ihn in der Vision die Stimme Jesu verwies, heißt im Evangelium vermutlich nicht ganz zufällig *Anajah,* was so viel bedeute wie »Wolke-Herr«. Man kann auch übersetzen: »In der Wolke ist der Herr.«

Die Wolke am Berg Tabor und insbesondere die Verwandlung Jesu, so Weinreb, habe den starr denkenden Jüngern verdeutlicht, dass Jesus nicht einer starren Form unterworfen ist. Weder im Raum noch in der Zeit. Er lebte so, dass Mose und Elija hier und jetzt mit ihm sein könnten. Dies zeige auch den Menschen, dass sie ein anderes, ein verborgenes, ganz persönliches Leben hätten, das als Vorgeschmack auf die Ewigkeit bereits existent sei. Im Übrigen, so der jüdische Religionsphilosoph, warne die Verklärung Jesu davor, ihn in allzu starren Theorien festzuzurren. Wie das Evangelium nicht nur eindimensional zu lesen sei, genüge es auch nicht, Jesus nach nur menschlichen Maßstäben erklären zu wollen. Man könne Gott nicht »machen«. Und könnte man Gott ganz verstehen, wäre er nicht Gott. Gleichzeitig werde mit der Verklärung auf dem Tabor Jesu Überzeitlichkeit deutlich. Niemand, meint Weinreb, könne deshalb im Grunde sagen: »Gut, das war einmal so; sehr interessant. Aber was haben *wir* heute mit alldem zu tun?«

Die Verklärung auf dem Tabor ist kein »Jesus von unten«, der allzu menschliche und verniedlichte, sondern der »Jesus von oben«, der göttliche, der Herr, der für einen kurzen Augenblick aus der Verborgenheit heraustrat, um sich in seiner ganzen Heiligkeit zu zeigen. Rund vierhundert Jahre nach dem vom Evangelium geschilderten Ereignis wurden auf dem »hohen Berg« die ersten Kirchen gebaut. Die heutige »Verklärungsbasilika«, die ich bei meinem zweiten Anlauf (»follow the rules«) dann doch noch einsehen durfte, entstand nach syrisch-römischen Vorbildern und wurde 1924 eingeweiht. Eine breite Treppe führt vom Mittelschiff hinunter zur Krypta, in der die alte Apsis und der antike Altar erhalten sind. Plötzlich entdeckte ich in den Mosaiken ein ganz bestimmtes Wort.

Es war wie des Rätsels Lösung: »Transfiguratio« hieß das Wort, das weit besser als die Übersetzung durch den Begriff »Verklärung« einen Eindruck davon zu geben vermag, was auf dem Tabor erzählt wird. Transfiguratio meint die Umformung und Umgestaltung, das Hinübergehen eines Zustandes, einer Energie oder auch der Information einer Zelle in einen anderen Zustand, in etwas, das weit über das Bisherige hinausgeht. Mit einem Wort: Wandlung.

32

Die Reise nach Jerusalem

Galiläa und Transjordanien, November 29 bis März 30

Die Lage war immer bedrohlicher geworden. Bereits zu Beginn des Jahres, nach der Heilung eines Mannes am Sabbat, hatten einige Pharisäer und Herodianer den »Beschluss« gefasst, »Jesus umzubringen« (Mk 3,6). Inzwischen verbreitete man die Nachricht, Landesherr Herodes Antipas selbst wolle Jesus unschädlich machen (»Verlass dieses Gebiet, denn Herodes will dich töten«, Lk 13,31). An Chanukka, dem Tempelweihfest, von dem Johannes berichtet, war es zum zweiten Versuch einer Steinigung gekommen.

»Du bist nur ein Mensch«, hatten ihn Zuhörer angefaucht, »und machst dich selbst zu Gott!«

Aber war der Protest nicht auch verständlich? Wie oft hatten sich die Schriftgelehrten über das »Buch der Weisheit« gebeugt, um die richtige Antwort zu finden. »Er ist uns unbequem und steht unserem Tun im Weg«, konnten sie darin über den Gesandten Gottes lesen, »denn er führt ein Leben, das dem der anderen nicht gleicht.«

Konnte der Text aber nicht auch als Handlungsanweisung verstanden werden? »Wir wollen sehen, ob seine Worte wahr sind, und prüfen, wie es mit ihm ausgeht. Ist der Gerechte wirklich der Sohn Gottes, dann nimmt sich Gott seiner an und entreißt ihn der Hand seiner Gegner.« Ein Gottesurteil musste her. Ein echter Messias würde nie sterben! Spätestens am Kreuz hätte man Sicherheit. »Roh und grausam wollen wir mit ihm verfahren, um seine Sanftmut kennenzulernen, seine Geduld zu erproben«, hieß es in der Vision, »zu einem ehrlosen Tod wollen wir ihn verurteilen; er behauptet ja, es werde ihm Hilfe gewährt.«

Einen weiteren Satz, der da stand, hätten die Gelehrten freilich allzu gern überlesen: »So denken sie, aber sie irren sich; denn ihre Schlechtigkeit macht sie blind. Sie verstehen von Gottes Geheimnissen nichts ...«

Jesu letzte Tage am See Genezareth standen bereits im Zeichen der Passion. In einer zweiten Leidensankündigung versuchte der Lehrer die Apostel erneut darauf vorzubereiten, was sie in Jerusalem erwartete. »Der Menschensohn wird den Menschen ausgeliefert werden«, erklärt er im kleinen Kreis, »und sie werden ihn töten; aber am dritten Tag wird er auferstehen.«

Vielleicht war er gelegentlich ein wenig ungeduldig, manchmal sogar zornig gewesen, niemals jedoch findet man bei ihm auch nur das kleinste Anzeichen für ein Zaudern. Und niemals stellt er die Frage, ob etwas so, wie er es im Geiste vor sich sah, auch eintreten würde.

Um mich der Reisegruppe Jesu anzuschließen, musste ich nun Abschied nehmen von meinen Schwestern im Living-Water-Haus. Menschen wie sie sind mit ihrer Güte und Liebenswürdigkeit nicht der schlechteste Beleg für die Wirkkraft des Evangeliums, von dem sie sich leiten ließen. Ich bedankte mich für ihre Fürsorge und versprach, eine Karte zu schicken. Catharina und Elisabeth drückten mich fest an die Brust, und als sie losließen, sah ich kleine Tränen aus ihren Augen kullern. Ich stieg ins Auto und wollte nicht mehr zurückschauen, aber ich schaffte es nicht. Im Rückspiegel wurden die beiden klein und kleiner. Sie hatten weiße Taschentücher in den Händen, wie früher, wenn man im Bahnhof am Zug stand, mit dem ein Sohn oder eine Tochter auf große Fahrt ging, von der man nicht wusste, ob sie davon je wieder zurückkämen.

Allein die Apostel hatten Jesus auf der Reise zum Hermon begleitet. Nun, im November 29, versammelte sich wieder der gewohnte Treck aus Jüngern beiderlei Geschlechts. Einige der früheren Gesichter waren verschwunden, aber viele der Abgesprungenen konnten ersetzt werden, insbesondere durch Frauen, die sich um die Mutter Jesu und Maria aus Magdala scharten.

Ein großer Teil der langen Wanderung fällt in die Zeit des winterlichen Regens. Die Sonne geht später auf und früher unter. Die Nächte sind kühl. Dafür ist die Luft gereinigt vom Staub, und es ist eine Lust, wieder frei atmen zu können.

Die neue Familie Jesu ist mit Christus *unterwegs*. Das Mitgehen wird regelrecht zum Charakteristikum seiner Gemeinde. Für die Jünger ist es eine Freude, *ihn* erkannt zu haben, ihn begleiten zu dürfen. Ganz nahe beim »Herrn« zu sein. Sich mit den großen, den ganz großen Dingen des Lebens beschäftigen zu können. »Wohl dem Mann, der nicht dem Rat der Frevler folgt«, hieß es im Psalm 1, »nicht im Kreis der Spötter sitzt«, sondern »Freude hat an der Weisung des Herrn« und darüber »nachsinnt bei Tag und bei Nacht«. So jemand werde wie ein Baum sein, »dessen Blätter nicht welken«.

Jesus will sich vorwiegend in Transjordanien aufhalten, wo auch der Täufer gewirkt hat, und vielleicht war darüber, wer in dem Prozessionszug an welcher Stelle gehen durfte, auch der »Rangstreit der Jünger« entbrannt, von dem Matthäus berichtet. Jesus schlichtete wie einst Salomo. Er nahm ein Kind, stellte es in die Mitte und formulierte wie nebenbei einen Satz, den in seiner Gänze auszudeuten ganze Bibliotheken nicht ausreichen. Es ist einer jener Schlüssel, die am Rande liegen und eher beiläufig bemerkt werden. Wer sie freilich nicht aufhebt, kann unmöglich weiter vorrücken: *»Wenn ihr nicht umkehrt und wie die Kinder werdet, könnt ihr nicht in das Himmelreich kommen. Wer so klein sein kann wie dieses Kind, der ist im Himmelreich der Größte. Und wer ein solches Kind um meinetwillen aufnimmt, der nimmt mich auf.«*

Als Vorhut der Bewegung fungierten Boten, die Jesus zu den Orten vorausschickte, durch die er auf seinem Weg nach Jerusalem kommen würde. Wenn dem Zug Apostel vorangingen, sah man an der Spitze den Führungszirkel aus Petrus, Johannes und Jakobus. Die drei waren als Einzige nicht nur bei der Verklärung auf dem Tabor zugegen, Jesus wird sie auch in die Stunde der

Agonie am Ölberg in seiner Nähe haben. Seine Treffsicherheit bei dieser Auswahl wurde beeindruckend unter Beweis gestellt. Kein anderer aus dem Kreis der Zwölf erzielte in der Geschichte des Christentums eine größere Wirkung. Johannes als der unerreichte Theologe, der Seher der Apokalypse. Jakobus als das Sinnbild der Pilgerschaft, dessen nach ihm benannte Wallfahrtsstrecken (die »Jakobswege«) heute allein in Europa ein Streckennetz von 100 000 Kilometer umfassen. Petrus als der Fels, auf dem die Pontifikate seiner Nachfolger ruhen. »Grüßt einander mit dem Kuss der Liebe!«, wird der frühere Fischer aus Kafarnaum bald seinen ersten Brief an die Gemeinden in Kleinasien schließen. Unterschrift: »Petrus, Apostel Jesu Christi«.

Dahinter folgte vermutlich Jesus selbst. Meist wurde er bedrängt von Menschen, die ein Leiden hatten. Andere, wie der reiche Jüngling, wollten wissen, was sie zu tun hätten, »um das ewige Leben zu gewinnen« (Mt 19,16). »Viele Menschen begleiteten ihn«, weiß Lukas. Häufig war er umringt von Kindern, die ihm von den Müttern gebracht wurden, »damit er ihnen die Hände auflegte und für sie betete« (Matthäus). Anfangs musste er die Apostel zurechtweisen, die, wohl zum Schutz des Meisters, die Leute recht »schroff« behandelt hatten.

Petrus konnte sich noch immer nicht mit dem Maß der Vergebung abfinden. »Herr, wie oft muss ich meinem Bruder vergeben?«, wollte er erneut wissen. »Nicht siebenmal, sondern siebenundsiebzigmal«, wiederholte Jesus stoisch.

Einige bewegte das Thema Ehe und Ehelosigkeit.

»Manche sind von Geburt an zur Ehe unfähig«, meinte Jesus, »manche sind von den Menschen dazu gemacht, und manche haben sich selbst dazu gemacht – um des Himmelreiches willen.«

Einige hoben die Augenbrauen, andere wurden verlegen.

»Wer das erfassen kann, der erfasse es«, schloss der Lehrer.

»Stärke unseren Glauben«, baten die Eilfertigen, während sie sich in Ergebenheitsgesten am liebsten auf den Boden geworfen hätten.

Jesus schüttelte den Kopf. »Wenn euer Glaube auch nur so groß wäre wie ein Senfkorn, würdet ihr zu dem Maulbeerbaum hier sagen: Heb dich samt deinen Wurzeln aus dem Boden, und verpflanz dich ins Meer! Und er würde euch gehorchen.«

Er sah in die Runde: »Ich sage euch: Viele Propheten und Könige wollten sehen, was ihr seht, und haben es nicht gesehen, und wollten hören, was ihr hört, und haben es nicht gehört.«

Der Himmel war blau, die Luft angenehm und mild. Vögel zwitscherten in den Bäumen, und einige gar nicht scheue Hunde hüpften wild im braunen Gras umher, um einen Kameraden zum Spielen anzulocken.

Was hätte man Jesus gefragt, wäre man nun selbst in dem Zug mitgepilgert und hätte an seine Seite treten können? Vielleicht, warum er es einem so schwermache, ihn ganz fassen zu können? Warum er sich nicht noch deutlicher zeigte, für jedermann ganz unverkennbar? Ist es deshalb, würde man fragen, weil wir es uns nicht zu leicht machen sollen mit dir? Oder gar, weil wir von Natur aus allzu gern zur Behäbigkeit neigen und eine »heilsame Unruhe« brauchen, um nicht über unseren Gewissheiten einzuschlafen? Kurz: Weil wir nur dann, wenn wir in Bewegung bleiben, uns auch aufmachen, um über das Gewöhnliche hinauszugehen und wach zu bleiben für die Stunde, die jedem einmal geschenkt wird, die Rückkehr Christi, die sich in der Seele vollzieht?

Ich konnte die Frage der Pharisäer ganz gut verstehen. »Wie lange noch willst du uns hinhalten?«, hatten sie ihn beim Tempelweihfest bedrängt. »Wenn du der Messias bist, sag es uns offen!« Würde er auch uns heute so antworten, wie er es damals getan hatte: »Ich habe es euch gesagt, aber ihr glaubt nicht. Die Werke, die ich im Namen meines Vaters vollbringe, legen Zeugnis für mich ab«?

Und wenn man ihn über sein Aussehen hätte fragen können, über das die Evangelisten so auffallend schweigen, was hätte er geantwortet? Hätte er gesagt: Du siehst mich doch die ganze Zeit? Hatte er nicht eine ähnliche Antwort gegeben, als er seine Apostel über das Weltgericht aufklärte? »Ich war hungrig, und ihr habt mir zu essen gegeben«, sagte er, »ich war nackt, und ihr habt mir Kleidung gegeben.« Und die Menschen an seiner Seite wussten erst gar nicht, was er damit meinte. »Herr, wann haben wir dich hungrig gesehen und dir zu essen gegeben, oder durstig und dir zu trinken gegeben?«, fragten sie. Und die Antwort war: Was sie allein schon für den geringsten seiner »Brüder« getan hätten, »das habt ihr mir getan« (Mt 25,35 f.).

Nach einer Gruppe weiterer Apostel und Jünger, die im schweigsamen Trott einherschritten, kamen die Frauen, in ihrer Mitte Maria, die Mutter Jesu, die alles »in ihrem Herzen bewahrte«. Nur mit der anderen Maria hatte sie darüber gesprochen, wie ihr Herz nun von Schritt zu Schritt schwerer wurde; wie sie, je näher sie Jerusalem kamen, wie ein fernes Echo wieder die Worte des Sehers vernahm. Wie hatte er doch gleich wieder geheißen? Ach ja, Simeon. »Ein Licht, das die Heiden erleuchtet«, so hatte der Greis beim Anblick ihres neugeborenen Sohnes die Arme in die Luft geworfen. Aber plötzlich hatte sich seine Miene verändert. Viele würden durch das Kind »zu Fall kommen«. Es werde »ein Zeichen sein, dem widersprochen wird«. Und zu ihr gewandt: »Dir selbst aber wird ein Schwert durch die Seele dringen.« Musste sie sich nicht endlich eingestehen, dass sie längst wusste, was dieser Satz zu bedeuten hatte?

Maria aus Magdala war inzwischen vollständig in der Gemeinde integriert. Ihre Leiden waren Vergangenheit. Und die Klarheit und Reinheit, die sie ausstrahlte, zeigten sich besonders im Umgang mit den Kranken, die in den Dörfern auf den Heiland hofften. Sie hatte eine merkwürdige Erfahrung gemacht. Je länger sie Jesus begleitete, seine Stimme hörte, und je besser sie sein Denken verstand, umso seltsamer erschien ihr das gewöhnliche Denken. Seine Welt war so phantastisch und groß, die Menschenwelt hingegen oft so jämmerlich und klein. Mehr und mehr schien ihr das Phantastische seiner Lehren völlig real zu sein, und das Reale der Welt nahezu wahnsinnig.

Wenn er von Sorglosigkeit redete, lebte er sie vor. Wenn er Barmherzigkeit forderte, war er sie in Person. Wenn er von Liebe sprach, schien sie in ihm vollendet. Und wo die anderen nur *Haben* waren, war Jesus nur *Sein*. Nicht das Sein im philosophischen Sinne – als ein Sein an sich –, sondern als ein Sein für andere. Vielleicht müsste man diesen Gedanken noch ein wenig komplizierter und unverständlicher formulieren, überlegte sie. Denn manche Dinge sind so einfach, dass viele Leute regelrecht davor zurückschrecken, sie in dieser Einfachheit für wahr zu halten.

Wo aber war Judas? Der Apostel aus Iskariot war weder in der Nähe Jesu noch bei den Frauen zu finden, sondern mit den Boten vorausgeeilt. Als Kassenwart hatte er für die Finanzen zu sorgen. Dazu gehörte das Empfangen, aber auch das Geben von Spenden. Hatte er sich angesprochen gefühlt, als Jesus nach dem Tumult von Kafarnaum meinte, er habe zwar alle seine Apostel mit Bedacht berufen – »und doch ist einer von euch ein Teufel«?

Was und vor allem wer war damit gemeint? Hatte jemand einen Fehler gemacht?, überlegte Judas. So wie Petrus, den der Herr sogar als »Satan« bezeichnet hatte? Warum fühlte er sich immer weniger aufgehoben in der Gruppe? War es nicht eine ungeheure Auszeichnung, zu den Auserwählten zu gehören? Wurden sie nicht überall bestaunt und hofiert? Woher kam das Fremde, das Misstrauen, die zunehmende Kälte, die er spürte? Er fühlte Einsamkeit in sich aufsteigen. War es, weil er von diesem Messias etwas ganz anderes erwartet hatte?

»Wohl dem Mann, der nicht dem Rat der Frevler folgt, nicht auf dem Weg der Sünder geht ...« Auch er kannte den Psalm 1 gut. Aber waren denn die anderen so richtig eins mit dem Herrn? Hatten nicht auch sie sich im Messias eine ganze andere Macht erhofft? Einige, von denen es niemand für möglich hielt, hatten sich auf Jesus zubewegt, wie der Pharisäer Nikodemus. Der Mann hatte ja auch leicht reden, mit seinem Batzen Geld im Rücken. Er, Judas aus Iskariot, hatte sich vom Meister wegbewegt. Aber durfte er sich als Kämpfer und Eiferer, der er war, nicht auch zu Recht in seinen Idealen verraten fühlen?

Jesus nannte ihn noch immer »Freund«. Er behandelte ihn mit demselben Respekt und derselben Zuneigung wie alle anderen. Warum nur hatte er ihn erwählt? Konnte er vielleicht doch nicht so tief in die Seelen schauen, wie man glaubte? Wie könnte er sonst übersehen, welchen Abgrund es da gab? Wie gewaltig der

Kampf, der hier noch immer tobte. Inzwischen ließ sich die Krise, in der er sich befand, kaum noch verbergen. Wieso musste auch ausgerechnet er die Kasse führen? War er damit nicht regelrecht in Versuchung geführt worden?

Er hatte angefangen, nicht mehr richtig hinzuhören, wenn Jesus sprach. Es war ihm überdrüssig geworden. Ein Sermon. Viel zu weich. Viel zu lieb. Dann das Getue mit den Gleichnissen. Warum nicht gleich zu Feuer und Schwert greifen? Alles herausreißen mit Stumpf und Stiel und vernichten. Auch das Böse vernichten, das einen so plagte. Unerträglich war diese Geduld. Freilich, wenn es einen selbst betraf, war man dann doch wieder ganz dankbar dafür.

Wie war das beim letzten Chanukkafest in Jerusalem, am »großen Tag«, der nach dem Volksglauben als der Schicksalstag für das Gelingen oder das Scheitern des kommenden Jahres galt, je nachdem, in welche Richtung sich die Rauchsäule des Opferaltars hinbewegte. War das nicht auch sehr arrogant gewesen, als der Rabbi sagte: »Wer Durst hat, komme zu mir, und es trinke, wer an mich glaubt. Wie die Schrift sagt: Aus seinem Inneren werden Ströme von lebendigem Wasser fließen.«

Der Meister war Stadtgespräch gewesen, auch wenn es gefährlich war, laut über ihn zu reden. »Ist das nicht der, den sie töten wollen?«, hörte er die Leute flüstern. »Er ist wahrhaft der Prophet«, meinten die einen. »Nein, er führt das Volk in die Irre«, schimpften die anderen. Auch die Spötter waren nicht verschwunden. »Kommt denn der Messias aus Galiläa?«, lachten sie. Wieder andere hatten sich empört gezeigt, aber das waren bezahlte Provokateure. Der Nazoräer sei ja »von einem Dämon besessen«, brüllten sie aus der Menge heraus. Aber musste Jesus wirklich auch noch Abraham ins Spiel bringen? Ausgerechnet auf dem Berg Morija, dem jetzigen Tempelberg, wo Abraham bereit gewesen war, Gott sogar seinen einzigen Sohn zu opfern. »Amen, Amen, ich sage euch«, so hatte er in feierlichem Ton seine Vollmacht unter Beweis zu stellen versucht, hier sei einer, der noch weit größer sei als Abraham: denn »noch ehe Abraham wurde, *bin ich*«. Danach waren Steine geflogen.

Ja, auch er sollte in den Dörfern Dämonen austreiben. Und es gelang ihm sogar. Aber machte ihn der Beruf allein schon zu einem besseren Menschen? Spürte er nun nicht sogar, dass der Dämon in ihm selbst immer größer wurde?

Warum nur hatte Jesus ihn erwählt? War es, wie es im Gleichnis vom Weizen und vom Unkraut hieß, weil er auch in der eigenen Gruppe »Unkraut« dulden wollte? Dieser Gutmensch! Und was war mit Philipp, diesem Feigling und Dummkopf, der nichts kapierte? Würde einer von den anderen Aposteln sich wirklich todesmutig vor den Meister stellen, wenn es Spitz auf Knopf stand? Wie hatten sie doch alle gebibbert, nachts auf dem See. Ein Gespenst, ein Gespenst! Dabei war es nur der Herr. Und neigten nicht auch die anderen immer wieder zu Jähzorn, Eifersucht und Engherzigkeit? Wollten sie nicht soeben erst die Kinder davonjagen, die der Herr so liebte? War es nicht auch an ihnen, eine dunkle Seite zu sehen? Ja, ja, der Mensch könne sich ändern. Wirklich? Man müsse Geduld haben. Mit den anderen. Mit sich selbst. Schöne Worte. Nichts als Phrasen. Es ist, wie es ist. Und es bleibt, wie es war.

Ich fuhr gemächlich auf dem Highway durch die Westbank und genoss die Aussicht auf die Weiten des Jordantals. Manchmal traten Schafherden ins Blickfeld, manchmal auch Düsenjets, die die Grenze nach Jordanien entlangfegten. Und manchmal Siedlungen, mit denen die Israelis die angestammten Palästinenser zu verdrängen suchen.

Die lange Reise nach Jerusalem, die die Lehre Jesu noch einmal ausbreiten und vertiefen sollte, ist die Stunde des Evangelisten Lukas. Ihm ist es zu verdanken, dass wir heute über die unvergleichlichen Bilder und Gleichnisse Jesu verfügen. Theologen nennen diesen Teil die »große Einschaltung«. Viele dieser besonders einprägsamen Texte waren bis dahin vielleicht nur mündlich in Umlauf. Im Arrangement des griechischen Arztes wurde daraus, wie es der Neutestamentler Josef Dillersberger formulierte, »eine Kunde von der Allbarmherzigkeit Gottes, von seiner Liebe und Güte zu den Sündern und Ausgestoßenen des Lebens«.

Die meisten dieser Erzählungen, wie etwa vom »barmherzigen Samariter« oder vom »verlorenen Sohn«, sind Volksgut geworden. Sie möchten den Menschen zu einem uneigennützigen und solidarischen Verhalten erziehen. Jesus lässt in seinen Gleichnissen freilich keinen Zweifel daran, dass er nicht gekommen sei, um einen billigen, trügerischen Frieden auf die Erde zu bringen. Dies gelte insbesondere für die Selbstzufriedenen, die auf einen sicheren Platz bauen, wenn sie sagen: »Wir haben doch mit dir gegessen und getrunken, und du hast auf unseren Straßen gelehrt.« Sie könnten allzu leicht draußen vor der Tür bleiben, macht der Lehrer deutlich, während nun andere »von Osten und Westen und von Norden und Süden kommen und im Reich Gottes zu Tisch sitzen«.

Im Gleichnis vom treuen und vom schlechten Knecht forderte er zur ständigen Wachsamkeit auf: »Seid wie die Knechte, die der Herr wach findet, wenn er kommt.« Man müsse lernen, die »Zeichen der Zeit« zu erkennen. »Haltet auch ihr euch bereit! Denn der Menschensohn kommt zu einer Stunde, in der ihr es nicht erwartet.«

»Herr, meinst du mit diesem Gleichnis nur uns oder auch all die anderen?«, warf Petrus erregt dazwischen.

»Wenn der Knecht denkt: Mein Herr kommt noch lange nicht zurück«, antwortete Jesus, »und anfängt, die Knechte und Mägde zu schlagen; wenn er isst und trinkt und sich berauscht, dann wird der Herr an einem Tag kommen, an dem der Knecht es nicht erwartet.«

»Herr, sind es nur wenige, die gerettet werden?«, wollte jemand aus dem Volk wissen.

»Bemüht euch mit allen Kräften, durch die enge Tür zu gelangen, denn viele, sage ich euch, werden versuchen hineinzukommen, aber es wird ihnen nicht gelingen.«

Jesus gab dabei auch Hinweise auf den richtigen Gebrauch des Geldes – »damit ihr in die ewigen Wohnungen aufgenommen werdet, wenn es mit euch zu Ende geht«. Niemand könne auf Dauer zweigleisig fahren: »Ihr könnt nicht beiden dienen, Gott und dem Mammon.« Er fügte hinzu: »Was die Menschen für großartig halten, das ist in den Augen Gottes ein Greuel.«

Gegenüber einigen Pharisäern, die ihn erneut vor einem Anschlag des Herodes Antipas warnten, gab er zur Antwort, er werde so oder so sein Werk vollenden, und zwar »am dritten Tag«. »Jerusalem, Jerusalem«, ruft er dabei aus, »du tötest die Propheten und steinigst die Boten, die zu dir gesandt sind. Wie oft wollte ich deine Kinder um mich sammeln, so wie eine Henne ihre Küken unter ihre Flügel nimmt; aber ihr habt nicht gewollt. Darum wird euer Haus von Gott verlassen« (Lk 13,34).

Viele der Gleichnisse laufen darauf hinaus, dass die bestellten Hirten ihre Aufgabe nicht mehr wahrgenommen und damit ihre Position verspielt haben. Im Gleichnis von dem einen Schaf, dem der Hirte nachgeht, um es voll Freude auf seine Schultern zu nehmen und zu den 99 anderen heimzutragen, erinnert er an die alttestamentliche Prophetie bei Ezechiel. Hier hatte Gott, der wahre Hirte, angekündigt, er wolle angesichts von selbstsüchtigen Hirten nun selbst seine Schafe suchen und sich um sie kümmern.

In dieselbe Richtung geht auch das Gleichnis vom betrügerischen Verwalter, der mit der ihm anvertrauten Habe Verschwendung betreibt. Einmal verjubelt er geradezu eine Unsumme, nämlich 10 000 Talente, was einem heutigen Geldwert von etwa sechzig Millionen Euro entspricht. Die Höhe der Summe deutet an, dass die Schuld im Grunde von dem Verwalter gar nicht mehr zurückbezahlt werden kann. Umso größer die Geste des Herrn, der davon kein Aufhebens macht und die Schulden komplett erlässt. Allerdings wird dieser Erlass aufgehoben, als sich die Uneinsichtigkeit des Verwalters zeigt, der sich obendrein auch noch als besonders hartherzig erweist. Die Bilanz ist verheerend: »Lege die Abrechnung für deine Verwaltung vor; denn du kannst nicht mehr länger Verwalter sein« (Lk 16,1–9).

Jesus führt einen Befreiungskampf, aber Priorität hat nicht die politische, sondern die spirituelle Ebene. Die Römer als die größte Militärmacht der Geschichte, die ganze Kontinente ausbeuten, sind in den Evangelien kein Thema. Ihr Imperium wird sich bald selbst erledigt haben. Was nicht heißt, dass die gesellschaftspolitische Realität für Jesus keine Relevanz besäße. »Ihr wisst, dass die Herrscher ihre Völker unterdrücken«, klagte er an, »und die Mächtigen ihre Macht über die Menschen missbrauchen« (Mt 20,25). Er spricht damit in die Geschichte hinein, um zugleich die Alternative des christlichen Weltbildes aufzuzeigen: »Bei euch soll es nicht so sein, sondern wer bei euch groß sein will, der soll euer Diener sein, und wer bei euch der Erste sein will, soll euer Sklave sein.« Auch der »Menschensohn« sei »nicht gekommen, um sich dienen zu lassen«, fügt er hinzu, »sondern um zu dienen und sein Leben hinzugeben als Lösegeld für viele«.

Es geht nicht darum, einfach nur frische Kräfte an die Spitze zu bringen. Jesus will mehr. In seinen Lektionen fragt er gewissermaßen nach dem Urgrund. Denn was war es eigentlich, was die vormals vielleicht ganz aufrichtigen Hirten zum Negativen veränderte? So dass die Sorgen um Ansehen, Macht und Pfründe auf der Skala ihrer Wichtigkeiten ganz nach oben rutschten? Wie kam es, dass sie sich korrumpieren ließen – um in der Folge auch die Lehre Gottes zu korrumpieren? Welches Denken hat in ihrem Bewusstsein die Herrschaft übernommen? Mit anderen Worten: Wes Geistes Kind sind sie eigentlich geworden?

Den Ernst der Lage, ja, die »entscheidende Wirklichkeit der Geschichte überhaupt« (Joseph Ratzinger) macht Jesus mit dem Gleichnis vom armen Lazarus und vom reichen Prasser deutlich, der sich mit Vorliebe in Purpur kleidete, die Farbe des Königsornats (und heute der Würdenträger der Kirche). Einsam und verachtet saß der kranke Bettler vor der Tür des Reichen, ohne dass auch nur der kleinste Bissen vom Tisch des Prassers für ihn abgefallen wäre. Die Hunde leckten seine Geschwüre, Vorbeigehende bedachten ihn mit Spott. Schließlich aber kommt der Bettler in den Himmel, um in Abrahams Schoß zu sitzen. Der namenlose Reiche jedoch fährt hinab in die Unterwelt. Er ist noch nicht in der *Gehenna,* der Hölle, sondern im *Hades,* dem vorläufigen Ort, bevor das große Gericht erscheint.

Da er nun sieht, dass die Welt wirklich gerichtet wird, fleht er verzweifelt gen Himmel, man möge doch den armen Lazarus noch einmal auf die Erde schicken. Er selbst habe an die höhere Gerechtigkeit nicht geglaubt, aber wenigstens seine »Brüder«

sollten gewarnt sein. Abraham gibt zur Antwort: »Wenn sie auf Mose und die Propheten nicht hören, werden sie sich auch nicht überzeugen lassen, wenn einer von den Toten aufersteht.«

Wer der Schrift nicht glaubt, ist damit gesagt, der wird sich auch nicht von jemandem überzeugen lassen, der gerade aus dem Jenseits zurückkommt. Solche Leute lassen sich nur von Materiellem beeindrucken. Jesus wird bald selbst einen Beleg dafür liefern, wenn er seinen mit dem Mann im Gleichnis namensverwandten Freund Lazarus aus dem Tod zurückholt. Und er ist am Ende selbst das Beispiel für die im Gleichnis veranschaulichte Wahrheit von der Verachtung des Wortes Gottes. Wie der geschundene Bettler wird auch er, nackt am Kreuz, dem Spott der Leute preisgegeben sein. Anders als der Bettler wird er ins Leben zurückkommen. Aber noch nicht einmal seine Auferstehung wird den selbstherrlichen Skeptikern ein Beweggrund sein, zur Besinnung zu kommen.

Nur aus einer ganzheitlichen Sicht heraus, so die Moral der Lazarus-Geschichte, lässt sich die umfassende, die »höhere Wahrheit« der Welt erkennen. Das Materielle hat nicht die hohe Evidenz des Geistlichen. Wer die metaphysische Wirklichkeit nicht wahrnimmt, bleibt im Eigentlichen blind. So wie in der gewöhnlichen Betrachtung, die in den üblichen Kategorien von Macht und Gewalt verharrt, auch Jesus nicht als der Christus erkennbar wird; insbesondere weil Jesus es vorzieht, die Menschen gerade *nicht* mit der Offensichtlichkeit einer Macht zu erobern.

Von hier aus wird noch deutlicher, warum Jesus fast schon stereotyp auf die Erkenntnisfähigkeit des Glaubens verwies: »Dein Glaube hat dir geholfen.« Den Glauben zu haben war in seinen Augen: das Leben ganz zu haben; es ganz sehen und damit ganz erfahren zu können. Mochten sich viele ihres kritischen Verstandes rühmen, ohne Glauben waren sie in den Augen Jesu nur mit einer minderen Sehkraft, einem schwachen Geist ausgestattet. So ähnlich, als könne jemand nur die dunkle Wasseroberfläche eines Meeres sehen, aber nie die phantastischen Korallenriffe unterhalb des Spiegels.

Jesus tritt den Menschen nicht mit einem »Basta« entgegen. Er argumentiert. Er will begreiflich machen, was hier geschieht und warum etwas geschieht. Auch das berühmte Gleichnis vom barmherzigen Samariter, der sich im Gegensatz zu den Wegsehern um einen verunglückten Fremden kümmert, steht unter diesem Aspekt. Dass die Erste Hilfe für das Leben nicht von Ansehen und Person abhängig sein dürfe, ist das eine, was der Protagonist dieser Geschichte mitteilen will. Der Begriff vom »Nächsten« umfasst ausnahmslos jede menschliche Kreatur, und nicht nur den Landsmann und Genossen. Eine Weltgesellschaft darf nicht achtlos vorübergehen, wenn ganze Völker ausgeplündert und halbverhungert am Abgrund liegen. Der andere Aspekt des Gleichnisses macht deutlich, dass hier ausgerechnet ein Priester und dann ein Levit, die Kenner des Gesetzes, die schon von Berufs wegen um die Heilsaufgabe wissen und ihr dienen sollten, an dem Hilfsbedürftigen vorübergehen, der »unter die Räuber«, also in die Hände des Bösen gefallen war.

Durch die Versäumnisse und Fehlentwicklung der Hirten ist die ganze Herde in Gefahr geraten. Und damit nicht nur Gottes eigener Besitz, sondern sein Erbgut für alle Völker dieser Erde. Denn wenn der Gefallene das Bild für »Adam«, für den *Menschen* schlechthin, ist, wie die Kirchenväter das Gleichnis auslegten, dieses Geschöpf, das die ganze Geschichte hindurch von den Mächten unterdrückt und gemartert wird, entfremdet seines eigentlichen Wesens – dann kann der Samariter, fügt die Christus-Exegese Papst Benedikts XVI. an, nur das Bild für Jesus sein, in dem sich der ferne Gott zum Nächsten macht, um sich nun selbst seines geschundenen Geschöpfes anzunehmen.

Jesus selbst ist der Neuanfang. Mit ihm hat Gott dem Menschen gewissermaßen das Du angeboten. Er bestätigt die Gesetze und vollendet sie. Er zeigt in sich, wie Gott wirklich ist. Er demonstriert die göttliche Logik, nach der das Kleine das Große und das Machtlose das Starke ist. Er stellt die Liebe als das allumfassende göttliche Gesetz vor – um die Zukunft wieder aufzuschließen für eine paradiesische Ewigkeit, als die die Schöpfung ursprünglich gebaut war.

Denn bei aller Dramatik der Rechenschaft wird in den Reden

und Gleichnissen Jesu immer auch deutlich, dass in der Welt Christi nicht ein gnadenloser Richter am Werk ist. In seinem wohl berühmtesten Gleichnis, dem vom verlorenen Sohn, bringt er seinen Zuhörern die Gefühle nahe, die den Vater im Himmel erfüllen, wenn ein scheinbar Verlorengegangener sich bekehrt. Der lieblosen Verachtung der Sünder stellt er das rettende Erbarmen Gottes gegenüber. Keine Verschuldung und Verstrickung, so die Mega-Botschaft des Christentums, könne so schlimm sein, dass die Rettermacht nicht einen neuen, heilvollen Anfang schaffen könnte.

Es ist freilich eine andere Art des Wandels, als er heute über Wellness, Coaching, Cleaning, Lifting oder Psycho-Training versucht wird. »Wer sein [bisheriges] Leben erhalten will, der wird's verlieren«, lehrt der Meister auf der Reise nach Jerusalem, aber »wer sein Leben verliert um meinetwillen und um des Evangeliums willen, der wird's erhalten.«

Während der Zeit in Transjordanien, wo sich viele Rückkehrer aus der jüdischen Diaspora niedergelassen hatten, gelang es der Bewegung Jesu, sich zu regenerieren. »Viele Menschen begleiteten ihn«, schreibt Lukas. Einmal sogar »strömten Tausende von Menschen zusammen, so dass es ein gefährliches Gedränge gab« (Lk 12,1). Johannes bestätigt: »Viele kamen dort zum Glauben an ihn.«

Anfang März des Jahres 30 wandert Jesus mit seinem Anhang durch den Jordangraben. Die erste Nacht verbringt er in Pella oder Bet Shean, die zweite in einer Höhle am Fuße der samaritischen Berge. Die dritte wird er beim Zöllner in Jericho verbringen.

Die 35 Kilometer nordöstlich von Jerusalem gelegene Oase Jericho, die aus einer gewaltigen Quelle gespeist wird, ist zur Zeit Jesu die bedeutendste Handelsstadt Israels. Auf dem Basar drängen sich neben Händlern und Wechselstuben die Büros von Transportunternehmen und Banken. Terminspekulationen an der Getreidebörse und Scheckverkehr, etwa zur Bezahlung von Ziegenfellen, gehören in der Finanzwelt bereits zum Alltag. Der Bedeutung der von Herodes dem Großen zur luxuriösen Residenzstadt ausgebauten Metropole entsprach auch ein Hauptzoll-amt, dessen aktueller Generalpächter, ein Mann namens Zachäus, zu den Superreichen des Landes zählt.

Als Jesus sich mit seinem Gefolge Jericho nähert, ist die Auf-regung groß. Hunderte, vielleicht sogar Tausende von Menschen strömen zusammen, um den Mann aus Nazareth zu sehen, der als Rabbi nach Jerusalem zieht, um, wie man sich zuflüstert, als Mes-sias wiederzukommen. »Jesus von Nazareth geht vorüber« (Lk 18,37), plärren die Leute in den Gassen, als beginne ein neues Weltzeitalter.

Auch der Bettler Bartimäus, der irgendwo am Straßenrand kauert, bekommt die Erregung zu spüren. Wie soll er sich verhal-ten? Blind und gehbehindert, fängt er an zu rufen: »Jesus, Sohn Davids, hab Erbarmen mit mir.« Es klingt tollpatschig und auch ein wenig einfältig. Die Leute »wurden ärgerlich und befahlen ihm zu schweigen«, notiert das Evangelium. Nun schreit er noch viel lauter: »Sohn Davids, hab Erbarmen mit mir.« Es ist genau dieser Ruf, der bald nachhallen wird in allen Einsiedeleien, allen Klöstern, in Armen- und bisweilen auch in Herrschaftshäusern, ein geheimnisvolles Mantra, das später sogenannte *Jesusgebet*, das in der stillen Wiederholung eine besondere Beziehungsebene herzustellen vermag.*

»Jesus blieb stehen«, als er gerufen wurde, heißt es im Evange-lium. »Was soll ich dir tun?«, beugte er sich zu dem Bedürftigen.

Der Blinde hat keine Mühe damit, genau zu wissen, was er will. »Du sollst wieder sehen«, verspricht ihm Jesus daraufhin, »dein Glaube hat dir geholfen.«

Der andere Akteur ist das Gegenbild eines Armen. Aber auch Zachäus wird angesteckt. Er will »gern sehen, wer dieser Jesus sei« (Lk 19,3). Die besten Plätze sind schon besetzt. So steigt er

---

* Im 6. Jahrhundert taucht in der Lebensbeschreibung des hl. Dositheus zum ersten Mal die Form *Herr Jesus Christus, erbarme dich meiner!* auf, das »Jesusgebet« oder »Gebet des Herzens«. Das im 19. Jahrhundert erschienene Buch eines anonymen Mönchs der Ostkirche – »Aufrichtige Erzählungen eines russischen Pilgers« – machte das »Jesusgebet« schlagartig auch im abendländischen Christentum be-rühmt.

kurzerhand auf einen Maulbeerfeigenbaum, um zu warten, bis Jesus vorbeikommt. Zachäus ist reich. Zachäus ist oberster Zollpächter. Zachäus steht aber ebenso am Rand dieser Gesellschaft wie der blinde Bettler, denn er gilt allein aufgrund seiner Position als »Erzsünder«.

Jesus trifft jeden in seiner ganz eigenen Situation an. Und diesmal ist es erforderlich, dass er selber ruft: »Zachäus, komm schnell herunter. Denn ich muss heute in deinem Haus zu Gast sein.«

Er hatte den »Sünder« beim Namen gerufen, und die Einkehr Jesu ist für Zachäus der Anlass zur Umkehr. Dem Bettler Bartimäus wurden die Augen geöffnet: »Da pries er Gott«, schreibt das Evangelium, »und folgte Jesus.« Auch beim Zöllner wird die »Idee« Jesu zur weltverändernden Realität, indem er künftig gerecht teilen und »die Hälfte« seines Vermögens »den Armen geben« wird. Er will zudem tun, was mit dem schönen Wort »Wiedergutmachung« gesagt wird: »Wenn ich von jemand zu viel gefordert habe, gebe ich ihm das Vierfache zurück.«

»Heute ist diesem Haus das Heil geschenkt worden«, ruft der hohe Gast im Heim des Zachäus aus, »denn der Menschensohn ist gekommen, um zu suchen und zu retten, was verloren ist.«

Nun beginnt die letzte Etappe des Aufstiegs nach Jerusalem, er führt über die Schlucht des Wadi Quelt. Von nun an, bemerkt Markus eigens, »ging Jesus voraus«.

Der Aufbruch steht ganz im Zeichen des bevorstehenden Pessachfestes. Noch im Jordantal schwört der Meister die Apostel erneut auf seine Passion ein. Es ist dies seine dritte Leidensankündigung. Man werde den Menschensohn »zum Tod verurteilen«, so die Vorhersage, und danach »den Heiden übergeben«, damit sie Spott mit ihm trieben, ihn geißelten und kreuzigten. Aber »am dritten Tag« werde er »auferstehen«.

Die Ankündigung musste umso schlimmer wirken, da gerade absehbar wurde, dass die Bewegung ganz zu alter Stärke zurückkehren könnte. Die jüngsten Nachrichten hatten bei einem Teil der Bevölkerung bereits eine Art Fieber ausgelöst. »Weil Jesus schon nahe bei Jerusalem war«, teilt Lukas mit, waren viele der

Überzeugung, »das Reich Gottes werde sofort erscheinen.« Jesus sieht sich gar gezwungen, mit dem Gleichnis vom anvertrauten Geld die Ekstase der Anhänger zu dämpfen. Es erzählt von einem Herrn, der erst einmal »in ein fernes Land reisen« musste, »um die Königswürde zu erlangen und dann zurückzukehren«. Eine sofortige Krönung war also nicht zu erwarten. Schon deshalb nicht, weil sich »die Einwohner seines Landes« verschworen hatten: »Wir wollen nicht, dass dieser Mann unser König wird.«

Der Evangelist Johannes, der häufig nachzutragen scheint, was die vorhergehenden Autoren nicht oder zu wenig beachtet hatten, berichtet in dieser Phase als Einziger von der Auferweckung des Lazarus. Exegeten hat diese merkwürdige Exklusivität lange Zeit verunsichert. Bis deutlich wurde, dass die Schriften über das Leben Jesu nicht als Memoiren im üblichen Sinne zu verstehen sind, die eine biografische Vollständigkeit beanspruchen wollen. Es ist eines der spektakulärsten Wunder und eines von insgesamt sieben »Zeichen«, die das Johannesevangelium auflistet – und zugleich das letzte, das unmittelbar vor Pessach wie eine Art *Last exit*-Schild allen, die diesen Hinweis beachten, noch einmal eine Ausfahrt zur Umkehr anbietet.

Ausführlich schildert der Evangelist die Vorgeschichte. Als Jesus von Maria und Marta, den Schwestern seines langjährigen Freundes Lazarus, Nachricht über den besorgniserregenden Zustand ihres Bruders erhält, reagiert er völlig gelassen. »Diese Krankheit wird nicht zum Tod führen«, erklärt er mit der Sicherheit eines Mannes, der nicht nur über Stürme gebietet. Es geht freilich nicht um eine Demonstration beeindruckender Kräfte, sondern der Wahrhaftigkeit der Offenbarung Christi: »Durch sie soll der Sohn Gottes verherrlicht werden« (Joh 11,4).

»Zwei Tage« lang bleibt Jesus noch »an dem Ort, wo er sich aufhielt«. Am dritten Tag macht er sich auf den Weg. »Ich gehe hin, um ihn aufzuwecken«, erklärt Jesus. »Lazarus ist gestorben; und ich bin froh um euretwillen, dass ich nicht da gewesen bin, denn ich will, dass ihr glaubt.«

Betanien lag an der Straße von Jericho nach Jerusalem am Hang des Ölbergs, von dem aus man den Tempelbezirk einsehen kann. In die Heilige Stadt waren es knapp drei Kilometer. Der Archäologe und Qumranforscher Yigael Yadin glaubt, dass sich in dem Dorf essenische Aussätzige niedergelassen hatten, die wegen ihrer Unreinheit nicht in die Stadt gelassen wurden (worauf auch die Einkehr Jesu »im Haus Simons des Aussätzigen« hinweisen könnte, die von Markus berichtet wird).

Die Jünger steigen die vielen Windungen des Wadi Quelt empor, das Bachbett und Weg zugleich ist. Hoch über den grauweißen Hängen sehen sie Beduinen ihre Herden weiden. Als Jesus in Betanien eintrifft, belagern bereits Scharen von Freunden und Nachbarn das Haus oder lagern im Haus auf Matten, um dem komplizierten Zeremoniell gerecht zu werden, das der Talmud für die Tröstung der Hinterbliebenen vorsieht. »Vier Tage« bereits liegt Lazarus im Grab. Wegen der rasch eintretenden Verwesung ist es Sitte, einen Toten noch am Abend oder gleich am Morgen nach dem Ableben zu bestatten. Marta läuft dem Meister entgegen. »Herr, wärst du hier gewesen, dann wäre mein Bruder nicht gestorben.« Es ist Klage und Glaubensversicherung zugleich: »Aber auch jetzt weiß ich: Alles, worum du Gott bittest, wird Gott dir geben.«

»Dein Bruder wird auferstehen«, versichert Jesus.

»Ich weiß, dass er auferstehen wird bei der Auferstehung am Letzten Tag.«

Der pharisäische Teil der Juden glaubte an eine Auferstehung am Jüngsten Tag. Mit der Erscheinung des Messias würde das neue Zeitalter Wirklichkeit werden. Es ist für Jesus das Losungswort für das grundlegende Geheimnis, das von der Christenheit seit den Tagen von Betanien buchstäblich auf Milliarden von Kreuzen, Grabsteinen und Bildtafeln wiederholt wird: *Ich bin die Auferstehung und das Leben. Wer an mich glaubt, wird leben, auch wenn er stirbt, und jeder, der lebt und an mich glaubt, wird auf ewig nicht sterben.«*

Die Worte sind ohne Vorbild. Nur Gott selbst kann eine derartige Versicherung anbieten. »Glaubst du das?«, fragt Jesus. Nach der Erleuchtung des Petrus in Caesarea Philippi ist es nun Marta, die mit ihrem Bekenntnis als Frau den Kreis schließt: »Ja,

Herr, ich glaube, dass du der Messias bist, der Sohn Gottes, der in die Welt kommen soll.«

Die Lazarus-Geschichte sprengt den Rahmen. Jeder Satz, jedes Wort, das der Evangelist hier mitteilt, scheint wie eine Verschlüsselung der Geheimnisse des Glaubens. Als Jesus sieht, wie Martas Schwester Maria weint »und wie auch die Juden weinten, die mit ihr gekommen waren, war er im Innersten erregt und erschüttert«.

Jesus macht sich das Leid der Trauernden zu eigen. In schroffem Kontrast zur Gleichgültigkeit und dem fehlenden Mitgefühl der Götter- und Götzenwelt zeigt sein Gefühl, dass er mit jedem Menschen verbunden ist. »Er ergrimmte im Geist«, heißt es im Original. Exegeten legen diese Beschreibung auch als Zorn über die Tyrannei Satans aus, der durch die Sünde Leid und Tod in die Welt bringt. Der Evangelist benutzt für seine Trauer das Wort *edakrysen*, ein stilles Tränenvergießen, im Gegensatz zu *klaiontas*, dem Klagegeschrei der Trauergäste.

»Wo habt ihr ihn bestattet?«

»Herr, komm und sieh.«

Er geht zum Grab, »abermals innerlich tief bewegt« (Joh 11,38). Die jüdischen Gräber waren meist in Kalkstein gehauene Nischen oder Höhlen, die mit einem Stein verschlossen wurden. »Nehmt den Stein weg!«, gebietet er. Die Anwesenden blicken sich fragend an. Der Evangelist ist so präzise, dass er auch eher unangenehme Details vermerkt: »Herr, aber er riecht schon«, meint Marta.

»Habe ich dir nicht gesagt: Wenn du glaubst, wirst du die Herrlichkeit Gottes sehen?«

Noch bevor Lazarus selbst zu sehen ist, erhebt Jesus seine Augen zum Himmel und spricht ein Gebet. Noch einmal erklärt er den Charakter dieses Zeichens: »Denn sie sollen glauben, dass du mich gesandt hast.« Danach ruft er den Toten ins Leben zurück: »Lazarus, komm heraus!«

Von allen Wundern Jesu hat die Totenerweckung vor den Toren Jerusalems das Volk wohl am tiefsten erschüttert. »Viele der Juden«, berichtet Johannes, die hier »gesehen hatten, was Jesus getan hatte, kamen zum Glauben an ihn«. Noch heute ist am östlichen Rand des alten Betanien an der Lazaruskirche eine 5,4 Meter breite und 4 Meter tiefe Grotte zu besichtigen, die von den Christen früh verehrt wurde. Der Pilger von Bordeaux erwähnt sie im Jahr 333 als »eine Krypta, wo Lazarus beigesetzt worden ist, den der Herr auferweckt hat«. Auch die arabische Ortsbezeichnung *El-Azarije* erinnert an das biblische Ereignis. Nach altorientalischer Vorstellung werden im Namen immer auch Wesen und Wirkung des Benannten offenbart. Der Name *Eleazar,* »Gott hat geholfen«, wurde über den Freund Jesu hinaus zum Inbegriff für Hunderttausende von Einrichtungen, die als *Lazarett* Kranken helfen, wieder ins Leben zurückzukommen.

33

Die Passion Christi

Jerusalem, April 30

Die vergangene Nacht, sechs Tage vor Vollmond, war hell und klar und so durchsichtig gewesen, dass er selbst aus der Ferne deutlich den Tempel und die Umrisse der Gebäude erkannt hatte, die sich an das Haus Gottes schmiegen. Es war Frühling, die Vormittage waren bereits heiß, und als er von Betfage kommend auf seiner Eselin und ihrem Fohlen den Ölberg herabgeritten war, hatte Jerusalem im Schein einer goldenen Sonne geleuchtet, die der Stadt seit je ihr unvergleichliches Licht gibt. Yerushalayim. Die Friedliche. Die Heilige. Die Stadt Gottes.

Die Jünger hatten ihre Kleider auf der Straße ausgebreitet, dass er ja von keinem Staubkorn unrein würde. Andere hatten halbe Büsche ausgerissen und sie auf den Weg gestreut. In kürzester Zeit war aus dem Zug von galiläischen Pilgern, die zum Pessachfest kamen, eine feierliche Prozession geworden. An der Stelle, wo der Weg von Betanien vom Ölberg in die Stadt hinabführt, hatten alle begonnen, mit lauter Stimme Gott zu loben. »*Hosanna*«, Herr, hilf uns, war der Festruf aus dem Psalm 118 erschallt, »gesegnet sei der König, der kommt im Namen des Herrn.«

Nun hing er am Kreuz, mit weitausgebreiteten Armen, und es wurde dunkel um ihn.

Wie hatte er diese Stadt geliebt – und wie an ihr gelitten! Zweimal war er nur knapp einer Steinigung entkommen. Ein anderes Mal hatte er eigenhändig die Händler aus dem Tempel geworfen. Und er hatte es vor wenigen Tagen wieder getan, nachdem er in die

Stadt eingezogen war. Geldwechsler, Taubenhändler. Er ließ nicht zu, dass jemand irgendetwas durch den Tempelbezirk trug. »Mein Haus soll ein Haus des Gebetes für alle Völker sein.« Ja, sie hätten ihn am liebsten auf der Stelle umgebracht, aber noch hatten sie Angst.

Schon als er Jerusalem von weitem gesehen hatte, war ihm das Herz schwer geworden, als laste das Gewicht der ganzen Welt auf ihm. Hatten die Jünger bemerkt, dass ihm Tränen über das Gesicht liefen? »Wenn doch auch du an diesem Tag erkannt hättest, was dir Frieden bringt«, war es aus ihm herausgebrochen, »jetzt aber bleibt es vor deinen Augen verborgen.«

Hatten ihn die Jünger wirklich verstanden? War ihnen klargeworden, was mit dem Feigenbaum gemeint war, den er im Vorbeigehen verflucht hatte, so dass er auf der Stelle verdorrt war? Sollte niemand denken, nur Jerusalem könne zerstört werden! Alle Bäume, die keine Früchte tragen, würden dieses Los teilen müssen. Man würde an ihnen nur noch Blätter finden. Blätterwerk wie die Berge von Papier, die niemanden satt machen.

Aber hätte er sie verschonen sollen mit dem Ernst der Wahrheit, die in dem Weltgeschick noch verborgen liegt? War nicht von Anfang an deutlich geworden, er sei gekommen, um zu suchen und zu retten, was verloren war? Und er werde wiederkommen, weil das Reich Gottes keine halbe Sache war. Wie könnte denn die Erlösung abgeschlossen sein, wenn nicht *er* sie abschließen würde?

Wann das denn sein würde, hatten sie wissen wollen. Es konnte darauf keine Antwort geben. Mit jedem Datum, das genannt würde, müsste jegliches Leben sofort erstarren. Aber hatte er nicht genügend Anhaltspunkte gegeben?

Im Tempel hatten sie geschwiegen. »Meister, sieh, was für Steine und was für Bauten!«, hatten sie hinterher ganz verschämt gemeint, während sie nach dem Doppeltor die riesigen Treppen hinabgeschritten waren. Als ob ihm ihre Absicht hätte entgehen können. Seine Antwort war knapp ausgefallen. »Seht ihr das alles?«, hatte er gesagt, während er sich umwandte: »Amen, das sage ich euch: Es wird eine Zeit kommen, da wird von allem, was ihr hier seht, kein Stein auf dem andern bleiben; alles wird niedergerissen werden.«

Philippus und Andreas hatten ihm nach dem Einzug in die Stadt die Griechen zugeführt, die ihn sehen wollten. Armer, ängstlicher Philippus. Es war ihm nicht ganz wohl gewesen bei der Sache. War es ratsam, wenn der Meister sich ausgerechnet hier mit Nichtjuden einließ? »Die Stunde ist gekommen, dass der Menschensohn verherrlicht wird«, hatte er ihnen freimütig erklärt, »wenn das Weizenkorn nicht in die Erde fällt und stirbt, bleibt es allein; wenn es aber stirbt, bringt es reiche Frucht.«

Das Wort von der Stunde, die nun gekommen sei, hatte alle aufhorchen lassen. Was aber hatte er selbst dabei empfunden? War er ergriffen? Angesichts des Segens, den die Passion bedeutete? Oder des Schmerzes, den sie mit sich brachte? »Jetzt ist meine Seele voller Unruhe«, hatte er einen Blick in sein Innenleben gewährt. Aber sie hatten nicht verstanden. »Sollte ich nun etwa sagen: Vater, bewahre mich vor dieser Stunde?« In ihren Gesichtern hatte er Verwirrung gelesen. »Aber gerade deshalb bin ich ja in diese Stunde eingetreten!«, hatte er zu erklären versucht. Als er die Arme zum Gebet ausgebreitet hatte, war seine Haltung nicht mehr in Richtung des Allerheiligsten im Tempel gegangen, sondern zum Himmel – als habe er alles um sich herum vergessen: »Vater, verherrliche deinen Namen!«

Später werden sie erzählen, sie hätten geglaubt, einen Donner zu hören. Andere meinten, deutlich eine Stimme vernommen zu haben, wie von einem Engel: »Ich habe ihn schon verherrlicht«, habe die Stimme gesprochen, »und werde ihn wieder verherrlichen.«

Dass er zur Erlösung seines Volkes in den Tod gehen müsse, war eine Option. Aber war sie auch die einzige? Das Volk von Ninive war schon verurteilt und wurde dennoch verschont, als es der Warnung Gottes Folge leistete. Abraham wurde, weil er dem Wort Gottes bedingungslos gefolgt und gar bereit war, seinen Sohn zu opfern, Urvater eines neuen Volkes und eröffnete im Bund mit Gott den Weg in eine völlig neue Welt. Noah hatte durch Gehorsam die Menschheit vor dem Untergang bewahrt ...

Was hätte sie denn daran hindern sollen, aufzustehen für ihn? Ihn endgültig anzuerkennen – und sich sofort an die königliche Hochzeitstafel zu setzen? Hatte er nicht Zeichen genug gegeben? Und in all den Jahren alles dazu getan, ihnen den Weg zu weisen und sich als der erkennen zu geben, den sie ja erwartet hatten?

Nikodemus, der nachdenkliche Ratsherr aus dem Sanhedrin, Josef von Arimathäa, die vielen klugen Schriftgelehrten – sie konnten doch nicht alle übersehen, was die Stunde geschlagen hatte! Was wäre passiert, hätten sich die Priester mit ihrem Volk in einem kollektiven Akt der Besinnung für die andere Tür entschieden? Hätte Gott dem Weltenlauf nicht eine Wende gegeben? So wie er einst Abraham in den Arm gefallen war, als das Messer bereits aufblitzte, das auf den Sohn niederhieb? Und wenn sie, selbst in letzter Minute, die Einladung zum Hochzeitsmahl noch angenommen hätten? Hätte er sie weggeschickt?

Die Sache war entschieden. Mochte er selbst noch an die andere Option gedacht haben, nun war es geklärt. Als habe er selbst oder als habe Gott in die Herzen der Menschen gesehen und nichts lesen können, was die Möglichkeit geboten hätte, das Gottesreich sofort anbrechen zu lassen.

»Nicht mir galt diese Stimme«, hatte er ihnen nach dem Donner erklärt, »sondern euch. Jetzt wird Gericht gehalten über diese Welt; jetzt wird der Herrscher dieser Welt hinausgeworfen werden. Und ich, wenn ich über die Erde erhöht bin, werde alle zu mir ziehen.« Und noch etwas: »Geht euren Weg, solange ihr das Licht habt, damit euch nicht die Finsternis überrascht.«

Nein, er jagte nicht nach dem Leben. Er *ist* »das Leben«. Nun wird es hingegeben. Aber nicht, um zu verlöschen, sondern um damit, mit seinem Blut, neues Leben zu spenden.

Und wenn Gott Fleisch geworden ist, wenn er das Leid der Menschen auf sich nimmt, mit ihnen zu Tisch sitzt und ihnen anbietet, sein Blut zu nehmen für das ihre, das unreine auszutauschen gegen das reine, dann kann fürderhin kein Mensch mehr geschlagen und getötet werden, ohne dass damit auch Gott selbst getroffen wird.

Von meinem Fenster im dritten Stockwerk des »Österreichischen Hospizes«, eines hundertjährigen Pilgerhotels an der Via Dolorosa mit einer sehr angenehmen Atmosphäre, hatte ich einen guten Blick über die Altstadt Jerusalems; das jüdische Viertel, das muslimische, das christliche und das armenische. Unten auf der Straße versuchte ein Teppichhändler, die vorbeischlendernden Touristen mit einer Einladung zum Tee in seinen Laden zu locken. In einem Minarett gegenüber hatte jemand das Tonband angeschaltet, worauf die Stimme des Muezzins mit der Stimme vom Tonband eines anderen Muezzins ein nicht gerade harmonisches Duett darbrachte.

Im Westen sah man die Türme der evangelischen Erlöserkirche, unmittelbar daneben erhoben sich die Kuppeln der Grabeskirche. Das ehrwürdigste Heiligtum der gesamten Christenheit ist eine eigene Stadt in der Stadt (wobei die Schlüssel hierzu seit Jahrhunderten in den Händen zweier muslimischer Familien liegen, die die Tore morgens auf- und abends zusperren). Es gibt darin unzählige Kirchen, Kapellen, ein Minikloster der Franziskaner und sogar eine kleine Siedlung auf dem Dach, wo sich Mönche aus Afrika kleine Hütten bauten. Dreihundert Jahre nach dem Tod Christi begann Kaiser Konstantin damit, das gesamte Areal, auf sich die Passion abgespielt hatte, vollständig zu überbauen: den Golgatha-Hügel (lat. *Calvaria*) mit dem Kreuz, an dem Jesus gestorben war; die Stelle seiner Salbung; sein Grab, das Josef von Arimathäa zur Verfügung stellte und das die Frauen leer vorgefunden hatten. Die Orthodoxen nennen die Kathedrale deshalb nicht Grabeskirche, sondern *Anastasis,* die Basilika der Auferstehung.

Viele Besucher finden das Quartier anfangs etwas verwirrend. Und vielleicht sogar enttäuschend angesichts des scheinbar chaotischen Durcheinanders so vieler Gänge und Winkel, der verwegenen Stile und Liturgien und insbesondere des Gehabes der vielen christlichen Gemeinschaften, die die Grabeskirche untereinander aufteilen und häufig lauthals gegeneinander anzusingen scheinen.

Aber wenn man sich eingefunden hat, hört man in der Vielschichtigkeit der Stimmen auch die Gemeinschaft eines gleichschwingenden Chores heraus. Und die aufgeregten Gruppen der Lateiner, Orthodoxen, der Armenier und Kopten, die so aufgeregt im Haus des Herrn durcheinanderzwitschern, sind vielleicht nur ein wenig wie Kinder, die sich im gegenseitigen Eifer darum bemühen, ihrem Vater im Himmel ein wenig besser zu gefallen als die Lausebengel von nebenan.

Keine Zeitspanne im Leben Jesu wurde von den Evangelisten so ausführlich dokumentiert wie seine letzten Tage in Jerusalem. Bei Johannes nimmt sie gut ein Drittel seines gesamten Textes ein. Fast minutiös werden die einzelnen Abläufe beschrieben. Diese Detailgenauigkeit ermöglicht es der Nachwelt, die Passion Christi auch heute noch bis in die Einzelheiten hinein nachzuvollziehen.

Die Autoren scheinen sich ihre Aufgabe und die große Verantwortung, die damit verbunden war, untereinander ein wenig aufgeteilt zu haben. Markus und Matthäus etwa verzichten auf das Intermezzo mit Herodes Antipas und den Ecce-Homo-Ausruf des Pilatus. Dafür berichten sie ausführlich über die Feier des Abendmahls und das eucharistische Vermächtnis. Bei Lukas wiederum kommt das Prozedere des Mahles etwas kurz, dafür recherchierte er die Begegnung zweier Jünger mit dem Auferstandenen auf dem Weg nach Emmaus. Johannes arbeitet gewissermaßen nach, indem er eine Gesamtdarstellung des Ablaufs gibt und das Geschehen theologisch einordnet.

Aber auch wissenschaftlich wurde kein Ereignis des Lebens Jesu, ja kein Ereignis der gesamten Weltgeschichte überhaupt so akribisch untersucht wie sein Leiden und seine Auferstehung. Von Theologen, von Historikern, von Archäologen, von Grabforschern, von Astrologen, nicht zuletzt von Juristen, die jede Einzelheit des Prozesses vor dem Hohen Rat und vor Pilatus bis auf das letzte Komma auseinandernahmen. Es gibt zudem keine Theorie, die nicht entwickelt worden wäre, um gewissermaßen den Evangelisten das Fälscherhandwerk zu legen. Noch die abwegigste Spekulation musste herhalten, um das, was hier geschah, als etwas darzustellen, was gar nicht hatte sein können.

Es scheint, als sei irgendwann ein Gebot erlassen worden, die

Erscheinung eines Phänomens wie Jesus nicht *aus* dem Glauben heraus, sondern *gegen* ihn erklären zu müssen. Die einen erklärten Passion und Auferstehung dann als nachträgliche Erfindung, andere glaubten nachweisen zu können, dass Jesus gar nicht gestorben war, sondern heimlich aus dem Grab verschwand (wenn er denn überhaupt gelebt hat). Wieder andere sprachen von einer kollektiven Halluzination oder dem Missbrauch von Drogen, die die Wahrnehmung der Apostel beeinflusst hätten.

Alle diese Versuche führten zu immer noch abenteuerlicheren Theorien, noch absurderen Spekulationen und noch dreisteren Geschichtsfälschungen. Was die Nachahmer der Nachahmer der Nachahmer freilich nicht hindert, ihre jeweiligen Konglomerate stets als das Neueste vom Neuen zu verkaufen. Am Ende gibt es jedoch bis heute keine Erklärung für die Ereignisse der letzten Tage Jesu, die plausibler, logischer und nachvollziehbarer wäre als jene, die die Evangelisten ihren Lesern mitteilen und die von den Aposteln und Hunderten von weiteren Augenzeugen des Geschehens bezeugt wurde.

Ein echtes Problem war lange Zeit allerdings die Frage, wie es möglich gewesen sein sollte, in der kurzen Zeit zwischen Jesu Gefangennahme am Donnerstagabend und der Kreuzigung am Freitag früh das umfangreiche religiöse und politische Verfahren zu bewältigen, das allein nach der römischen Rechtsordnung der *cognitio extra ordinem* drei Verhöre durch Pontius Pilatus erforderte. Gar nicht zu reden von den Verhandlungen vor dem Hohen Rat, der Geißelung, dem Amnestiebegehren und dem Kreuzweg.

Die Entdeckung der Schriftrollen von Qumran konnte diese Frage endlich beantworten. Zur Zeit Jesu, so wurde aus den Funden klar, gab es nicht nur einen, sondern zwei voneinander abweichende Festkalender. Der Beginn der Pessachwoche war auf den 14. Tag des jüdischen Ersten Monats (Nissan) festgelegt, das Pessachfest selbst auf den 15. Nissan. Das Judentum war mit seinen vielen Schulen, Gruppen und Fraktionen jedoch kein monolithischer Block. Es gab darin einen Teil, der nach dem Mondkalender rechnete, und einen anderen, der sich dem älteren Brauch gemäß am Sonnenkalender orientierte. Für den Ersteren – den

Großteil der Gläubigen sowie der Tempelverwaltung – fiel deshalb der 14. Nissan in der Pessachwoche des Todesjahres Jesu auf den *Donnerstag,* der Beginn des Pessachfestes auf den Abend des Freitags (da nach jüdischem Brauch ein Tag bereits am Vorabend beginnt). Für den anderen Teil aber – wie etwa die *Essener* und andere Gruppen – fiel der Rüsttag auf den *Dienstag* dieser Woche. Forscher wie Bargil Pixner oder auch Annide Jaubert nehmen daher an, Jesus habe sich, da der Abendmahlssaal im Viertel der Essener lag, nach deren Kalender gerichtet.

In der »Apostellehre«, der syrischen *Didascalia Apostolorum,* einer Schrift aus dem 3. Jahrhundert, heißt es denn auch: »Denn als wir am *Dienstagabend* das Pessach gegessen hatten, gingen wir hinaus auf den Ölberg. Und in der Nacht ergriffen sie unsern Herrn …« Auch Epiphanius von Salamis hielt in seinem »Panarion« (etwa um 380) fest: »Vor jener Zeit aßen sie das Pessach, wie das Evangelium bezeugt und wir des Öftern erwähnt haben, nämlich am *Dienstag* am Abend, obwohl es eigentlich am Donnerstag hätte sein müssen … Ferner ist er an jenem Dienstag abends gefangen genommen worden« (Haer 51,26).

Vor diesem Hintergrund ist dann auch zu verstehen, dass für die Synoptiker das letzte Abendmahl Jesu ein Pessachmahl war, während es Johannes, im Sinne des offiziellen Kalenders, als ein Mahl *vor* Pessach zeigt.

Bei der Wahl des Raumes, der für das Abendmahl vorgesehen war, gab es angesichts der großen Vorliebe Jesu für sprechende Zeichen vermutlich noch einen anderen Grund. Der Ort des Geschehens liegt eben auch auf dem Berg *Zion*.

Der Zion war in nachexilischer Zeit immer stärker mit den Erwartungen des endzeitlichen Heils verbunden worden, bis das Wort »Zion« geradezu als die Chiffre für dieses Heil galt. »Denn von Zion wird Weisung ausgehen und des Herrn Wort von Jerusalem«, hieß es bei Jesaja (Jes 2,3). So wird mit dieser Rahmen-Symbolik die Eucharistie als das heilige Vermächtnis Jesu unmittelbar in Verbindung gesetzt mit der Verheißung vom Kommen Gottes – und gleichzeitig mit der Ankündigung seines zweiten Erscheinens in der endzeitlichen Wiederkehr.

Auf die Datierung der Kreuzigung auf den Freitag haben die unterschiedlichen Kalender keine Auswirkung. Allerdings habe die Annahme eines letzten Abendmahls für Dienstag, argumentiert Pixner, »Konsequenzen für die ganze Leidensgeschichte«. Denn nach dieser Abfolge habe der Prozess gegen Jesus nicht nur einen, sondern drei Tage gedauert; eine Chronologie, die die vielfachen Ereignisse während der Passion aber auch weit besser erklären kann als die heutige liturgische Anordnung des *Sacrum triduum*, der drei heiligen Tage mit dem Abendmahl am Gründonnerstag, auch wenn es für diese Tradition gute Gründe geben mag.

Den folgenden Tag begann ich mit einem Besuch in der Dormitio-Abtei, um mich bei Bruder Bertram zu melden und mit Betty zu plaudern. Beide hörten mir aufmerksam zu, aber es war ihnen anzumerken, wie froh sie waren, dass ihnen die Strapazen der Reise erspart geblieben waren. Kurze Zeit später stürzte Pater Gregor in die Cafeteria des Klosters, der sich mit Sicherheit über eine neue Lieferung vakuumverpackter Weißwürste gefreut hätte. Ich kaufte im Klosterladen noch einige der zauberhaften Mikro-Ikonen, die es dort gibt, dann begannen wir unsere kleine Visitation.

Gleich hinter der Abtei besuchten wir den Saal des letzten Abendmahls, der sich über eine Außentreppe über dem vermeintlichen Grabmal Davids erreichen lässt. Der Ort ist durch frühchristliche Überlieferungen und archäologische Funde ausreichend als authentisch belegt, wenngleich der heutige Bau nicht dem Originalgebäude entspricht. Ob es sich bei der Herberge um ein Gästehaus der Essener-Mönche, das Elternhaus des späteren Evangelisten Markus, um das Stadthaus des Zebedäus aus Kafarnaum – des Vaters der »Donnersöhne« – oder einfach um angemietete Räume handelte, ist wohl kaum noch zu klären. In der Passionswoche war das Gebäude der angenommene Aufenthaltsort der Apostel, danach Erscheinungsort Jesu (mit der berühmten Aussage des Thomas), dann Schauplatz des Pfingstereignisses (Apg 2,1–4), Treffpunkt Marias mit der christlichen Urgemeinde und schließlich Versammlungsraum des Apostelkonzils. Bereits vor dem Jahr 70, dem Jahr der von Jesus angekündigten Tempelzerstörung, waren die Christen geflüchtet – um nach ihrer Rückkehr das Haus als die »Mutter aller Kirchen« neu aufzubauen, nunmehr mit den Steinen des zerstörten Tempels. Im Gegensatz zu den anderen Synagogen war diese erste judenchristliche Synagoge der Welt nun nicht mehr auf den Tempel ausgerichtet, sondern auf Golgatha, den Ort der Kreuzigung und der Auferstehung.

Unser Weg führte uns vorbei an der Klagemauer, der heiligsten Stätte des gesamten Judentums, mit seinen faszinierenden Besuchern und bewegenden Gebetszeremonien. Die schweren Steinblöcke dieser Mauer sind alles, was von dem einstigen herodianischen Tempel übrig geblieben ist. Hoch darüber, auf der riesigen Plattform des Tempelberges, erheben sich die *al-Aksa-Moschee* und der Felsendom, die nach Mekka und Medina heiligsten Stätten des Islam.

Wir wanderten außerhalb der Stadtmauer vorbei am zugemauerten *Goldenen Tor*, über das der Überlieferung zufolge Jesus unter Palmzweigen in Jerusalem eingezogen war. Das auch »Tor des Erbarmens« genannte Portal ist nach jüdischer Tradition dem Einzug des Messias vorbehalten. Nach ein paar hundert Metern erreichten wir im Tal den Garten von Gethsemane mit seinen Olivenbäumen. Am Ort der Agonie und der Festnahme Jesu entstand über dem Felsen, auf dem Christus geweint hatte, die »Church of All Nations«, die »Kirche der Nationen«, in der sich die Völker der Erde mit ihren jeweiligen Symbolen verewigt haben.

Zurück in der Stadt, erreichten wir über das Stephanstor, die St.-Anna-Kirche (Geburtsort Mariens) und die Via Dolorosa (mit dem Ecce-Homo-Bogen) nach einem Wegstück durch den Basar endlich die evangelische Erlöserkirche und den Platz der Grabesbasilika. Der heutige Verlauf der Via Dolorosa mit ihren 14 Kreuzwegstationen gibt allerdings nicht den historischen Weg der Passion wieder. Er wurde von den Kreuzfahrern nachempfunden, die über wenig gesicherte Quellen verfügten und die Burg Antonia als den Ausgangspunkt des Leidensweges Christi vermuteten.

Die letzten vier Stationen des Kreuzweges befinden sich innerhalb der Grabeskirche. Es ist verblüffend, dass man zu dem Felsen von Golgatha gleich rechts nach dem Eingang eine kleine Treppe hochsteigt. Und plötzlich kniet man vor genau dem Stück Stein, den die Gläubigen als jenen Felsen verehren, auf dem Christus seinen Tod fand.

In einer Mulde des Felsblocks ist ein zerbrochener steinerner Ring zu sehen, der den Kreuzesstamm gehalten haben musste. Ich erinnerte mich an ein Zeitungsinterview mit dem Architekten Dr. Theo Mitropoulos, der 1986 zusammen mit Professor George Lavas den Auftrag erhalten hatte, die Kapelle gründlich zu restaurieren und dabei um den Altarbereich auch den darunterliegenden Felsen freizulegen. Zur Zeit Jesu war der Golgatha der letzte stehen gelassene Felsklotz eines Steinbruchs, dessen Qualität für den Hausbau nicht mehr taugte. Die Baumeister Kaiser Konstantins ließen ihn später an drei Seiten so weit abtragen, dass er gerade noch in die neue Basilika hineinpasste.

»Nach vielen Voruntersuchungen haben wir sehr langsam und vorsichtig zu arbeiten begonnen«, berichtete Mitropoulos, »wir haben die Verkleidungen des 19. Jahrhunderts entfernt und sorgfältig den Erdbebenriss untersucht, der den Felsen von oben bis unten zerrissen hat, 16 Meter tief. Dann haben wir Schicht für Schicht des Füllmaterials und des Kalkverputzes abgetragen: aus der Zeit der Kreuzfahrer, durch den Marmorschutt der Monomachos-Ära bis zurück zur Zeit des Modestus im 6. Jahrhundert. Seit damals hatte hier niemand mehr Ausgrabungen gewagt. Modestus hat den Felsen wohl auch mit dem ersten felsfarbenen Kalkverputz versiegelt, um ihn vor dem Regen und den Pilgern zu schützen.«

Irgendwann hatten die Restaurateure schließlich auch den Gipfel in Angriff genommen, der mit einer Marmorplatte versiegelt war. »Wir rechneten nicht damit, hier irgendetwas außer dem nackten Felsen zu finden«, erzählte der Architekt, »und waren unglaublich berührt, als wir plötzlich diesen Ring entdeckten.« Zum Vorschein kamen zudem das Graffito einer kreuzförmigen Windrose aus dem 4. Jahrhundert, dargestellt in Form eines Kompasses, und, quasi als Signatur des Ortes, eine Kreuzesdarstellung sowie ein Christusmonogramm in Gestalt des griechischen »Chi« (*X*). »Mir war gleich klar«, schloss Mitropoulos, »dass dies die Stelle war, die seit frühester Zeit als der konkrete Ort der Kreuzigung verehrt wurde.«

Pater Gregor musste zurück zu seiner Arbeit. Ich nahm auf einer der alten Holzbänke Platz und rief mir noch einmal die ersten Tage im April des Jahres 30 in Erinnerung.

Vor dem Pessach-Fest beginnt sich die Stadt zu füllen. Die Straße von Jericho und andere Pilgerwege sind überfüllt von Familien und Dorfgemeinschaften aus allen Teilen des Landes, die mühsam den Berg hinaufziehen, um noch eine Herberge zu finden, was schwierig sein wird. An jeder Ecke herrscht unruhiges Getriebe, verstärkt durch Tausende von römischen Soldaten, die für Ordnung sorgen und einen Blick für mögliche Partisanen haben sollen, die ein Fest wie dieses bevorzugt zu einem ihrer blutigen Anschläge nutzen könnten.

Auf die 30 000 Einheimischen kommen nun über 200 000 Pilger, und noch die finstersten Löcher werden als Quartiere angeboten. Männer suchen auf den Märkten nach geeigneten, fehlerlosen Pessachlämmern. Frauen säubern die Wohnungen bis in den letzten Winkel von gesäuertem Teig und allem, was damit in Berührung gekommen ist, um eine koschere Umgebung zu schaffen. Schließlich werden noch alle *Mikweh*-Becken für die Ritualbäder vorbereitet, damit jedermann vor dem Fest in »lebendigem Wasser« untertauchen kann.

Spätestens seit der Totenerweckung des Lazarus in Betanien war alles Geschehen um Jesus von öffentlichem Interesse. Das Großwunder hatte die Bevölkerung in Aufruhr versetzt. Unablässig pilgerten Sensationshungrige in den nahe gelegenen Vorort von Jerusalem. »Nicht nur um Jesu willen«, wie Johannes bemerkt, »sondern auch um Lazarus zu sehen, den er von den Toten auferweckt hatte.«

Die Gerüchte überschlugen sich. Der Wunder-Rabbi habe vom Weltuntergang gesprochen, hieß es. Andere wollten wissen, dies sei das Codewort für den längst erwarteten Aufstand. Selbst die nichtjüdische Bevölkerung, hauptsächlich Griechen und Römer, wurde von der Aufregung angesteckt. War dies der endgültige Durchbruch der Jesus-Bewegung?

Nüchtern hatten die Pharisäer die Lage überdacht. »Wenn wir ihn gewähren lassen«, berichtet Johannes die Stimmungslage, »werden alle an ihn glauben.« Sollte es zu einem Umschwung kommen, so die Überlegung, wäre nicht nur ihr Einfluss, sondern auch die Sache des Judentums gefährdet: »Dann werden die Römer kommen und uns die heilige Stätte und das Volk nehmen.« Höchste Zeit, den Galiläer endlich aus der Welt zu schaffen: »Von diesem Tag an waren sie entschlossen, ihn zu töten.«

Eine ungeheure Spannung lag in der Luft, und jeder ahnte, dass in den nächsten Tagen etwas geschehen würde, was jeden Rahmen sprengte. Entweder dieser Jesus würde sein Werk zum Höhepunkt bringen und möglicherweise eine neue Zeit ausrufen – oder alles würde plötzlich in sich zusammenfallen. Unterdessen wurde im Hohen Rat beschlossen, nicht nur Jesus, sondern »auch Lazarus zu töten, weil viele Juden seinetwegen hingingen und an Jesus glaubten« (Joh 12,10). Zudem hatten die Hohepriester und Pharisäer »angeordnet«, wer Jesu Aufenthaltsort kenne, müsse es melden. Die Alten mochten sich an König Herodes erinnert haben, der sich ähnlich gegenüber den Magiern verhalten hatte, um den neugeborenen »König der Juden« ausfindig zu machen und töten zu können.

Jesus hatte sich mit seinen Leuten zunächst zurückgezogen, versteckt in einem kleinen Ort namens Efraim am Rande der Wüste, um sich hier auf die entscheidende Woche seines Lebens vorzubereiten. Nach Aussagen der Synoptiker begann alles damit, dass Jesus zwei seiner Jünger nach einem Esel und seinem Fohlen vorausschickte, den sie an einer bestimmten Stelle im nächsten Dorf finden würden, in Betfage (»Haus der Feigen«), wo die Schar der Pilgerzüge eintraf, die von Jericho heraufkamen. Lasttiere zu mieten war nicht ungewöhnlich. Die Miete hierfür betrug pro Monat die geringe Summe von drei Denaren. Jesus hatte bis hierher allerdings noch nie ein Reittier benutzt. Er ist kein Kriegsfürst, der hoch zu Ross daherkommt. Und dennoch ist es ein Hoheitszeichen, wenn der Gesalbte auf einem Esel in seine Stadt einzieht, dem Symbol der Demut. »Das ist geschehen«, glaubte die spätere Gemeinde entdeckt zu haben, damit sich auch hier das Prophetenwort erfülle: »Siehe, dein König kommt zu dir. Er ist friedfertig, und er reitet auf einer Eselin und auf einem Fohlen, dem Jungen eines Lasttiers« (Mt 21,5).

Bei seinem Ritt auf die Stadt zu war der Zug Jesu an die Stelle gekommen, wo sich vom steilen Abhang der Blick auf Jerusalem und seinen Tempel öffnet (heute der Standort der *Dominus-Flevit*-Kirche). Und in diesem Augenblick beginnen Tränen aus seinen Augen zu fließen. »Wenn doch auch du an diesem Tag erkannt hättest«, ruft er der Stadt zu, »was dir Frieden bringt. Jetzt aber bleibt es vor deinen Augen verborgen ...«

Die Ankündigung der Zerstörung Jerusalems, die sich durch einen Vernichtungsschlag der Römer erfüllen sollte, wird von vielen Theologen als »nachösterlicher Einschub«, also als Erfindung der Evangelisten, betrachtet. Jesus könne doch unmöglich in die Zukunft gesehen haben. Dabei war bereits der judenchristlichen Urgemeinde die Prophezeiung Grund genug, die Hauptstadt rechtzeitig zu verlassen. Der Vernichtungsschlag unter dem römischen General *Titus** geschah ausgerechnet im Jahre *siebzig*, exakt *vierzig* Jahre nach Jesu Ankündigung – die Zahl der Wüstenjahre nach der Befreiung aus Ägypten, die Zahl der Propheten, die Zahl Israels überhaupt.

In diesen Tagen trifft in Jerusalem eine Pilgerkarawane nach der anderen ein. Als nun gar der Palmenzug Jesu erscheint, »geriet die ganze Stadt in Aufregung« (Mt 21,10). Das sei »Jesus, der Prophet aus Nazareth in Galiläa«, ruft man aus dem wilden Gewoge, das um den Lehrer tobt, begeistert den Fremden zu. In erregten, schwitzenden Gesichtern sieht man Tränen der Ergriffenheit. Gassenkinder, die weder Furcht noch Respekt vor den allmächtigen Tempelherren kennen, schreien aus voller Kehle: »Hosanna dem Sohne Davids! Hosanna!«

---

* Titus war von 79–81 n. Chr. römischer Kaiser. Der auf dem *Forum Romanum* in Rom zu seinen Ehren errichtete *Titusbogen* stellt die in Jerusalem erbeuteten Tempelgeräte mit dem siebenarmigen Leuchter dar.

Dass die Ereignisse um Jesus in der Stadt kaum beachtet wurden, wie manche Exegeten verkünden, ist dem Evangelium nicht zu entnehmen. Im Gegenteil: Jesus ist bereits zu Lebzeiten die herausragende prophetische Figur der Geschichte Israels. Sein Einzug kommt einem Triumphzug gleich. Angesichts der jubelnden Menge reagieren viele der Pharisäer resigniert: »Ihr seht, dass ihr nichts ausrichtet; alle Welt läuft ihm nach« (Joh 12,19). Dass sein Fall in wenigen Tagen sowohl die höchste Instanz des Judentums als auch die höchste Instanz der römischen Besatzungsmacht beschäftigen wird, ist die logische Konsequenz dieser Bedeutung. Die hohe Anteilnahme der Bevölkerung am Geschick Jesu wird nicht zuletzt deutlich, wenn die Jünger in Emmaus nach der Passionswoche ihren Begleiter mit äußerster Verblüffung fragen: »Bist du so fremd in Jerusalem, dass du als Einziger nicht weißt, was in diesen Tagen dort geschehen ist?« (Lk 24,18)

Beim Tempelweihfest vor wenigen Monaten hatte sich Jesus in der Stadt mit einer aufsehenerregenden Erklärung verabschiedet: »Ich bin Gottes Sohn.« An seinen Werken könne man »erkennen und einsehen, dass in mir der Vater ist und ich im Vater bin« (Joh 10,36 f.). Nun aber, nach seinem feierlichen Einzug, dem Treffen mit den Griechen und der neuerlichen Tempelreinigung, setzt er wie ein Professor zu seiner Abschiedsvorlesung an. Als Hörsaal wählt er die Hallen Salomos innerhalb des riesigen Tempelgeländes, das in diesen Tagen von Pilgern aus allen Regionen des Landes und der jüdischen Diaspora bevölkert wird.

»Schon früh am Morgen kam das ganze Volk zu ihm in den Tempel, um ihn zu hören«, notierte Lukas. Der Lehrer behandelte Themen wie Glaube und Unglaube, die Vollmacht des Messias, aber auch die Frage nach der Steuer. Einige neugierig gewordene Sadduzäer wollten Jesus zur Auferstehung der Toten hören, die sie im Gegensatz zu den Pharisäern zurückwiesen. Ihre Gemeinschaft bestand zumeist aus Wohlhabenden, die sich mit liberalen Ideen, vergleichender Religionswissenschaft und der Vorliebe für griechische Philosophie hervortaten. Man dürfe sich im Genuss der Freuden dieser Welt nicht allzu viel stören lassen, so ihr Credo. Jesus überraschte. Er baute kein großes theologisches Gebilde, sondern argumentierte ganz einfach mit der Heiligen Schrift. Es heiße doch schon im Buch Mose, Gott habe sich als »der Gott Abrahams, Isaaks und Jakobs« zu erkennen gegeben. Dies sei ein deutlicher Hinweis darauf, »dass die Toten wirklich auferstehen«. Schließlich sei Gott ja »kein Gott von Toten, sondern von Lebenden; denn für ihn sind alle lebendig« (Lk 20,38). In Jesu Abfuhr klingt fast schon Verachtung mit: »Ihr kennt weder die Schrift noch die Macht Gottes.«

Im Gleichnis von den bösen Winzern, mit dem er an die alttestamentliche Bildsprache anknüpft, malt er noch einmal das Szenario seiner Sendung aus. Es ist die Geschichte eines Mannes, der einen Weinberg anlegte und diesen dann verpachtete. Als die Erntezeit kam, schickte er seine Knechte zu den Winzern, um den Anteil an den Früchten zu holen. Ein erster und ein zweiter Knecht wurde von den Pächtern beschimpft und verprügelt, ein dritter sogar umgebracht. Um nichts unversucht zu lassen, schickte er endlich seinen geliebten Sohn. »Als die Winzer den Sohn sahen«, erzählte Jesus weiter, »sagten sie zueinander: Das ist der Erbe. Auf, wir wollen ihn töten, damit wir seinen Besitz erben« (Mt 21,38).

Der Dozent macht eine Pause. Dann fragt er in die Menge: »Wenn nun der Besitzer des Weinbergs kommt: Was wird er mit solchen Winzern tun?«

Jesus gibt, nach Lukas, selbst die erschütternde Antwort: »Er wird kommen und diese Winzer töten und den Weinberg anderen geben.«

Jesus hat stets Mitleid mit Sündern und Verirrten. Seine Geduld mit Anfängern im Glauben ist grenzenlos. »Nur in einem Punkt kannte er keine Nachsicht«, beobachtete Alexander Men, »in der pharisäischen Karikatur von Frömmigkeit, die einer Blasphemie des Geistes Gottes gleichkam.«

Auffallend ist, dass Jesus bei seiner Anklage Zeloten und Sadduzäer, deren Tage bereits gezählt sind, erst gar nicht mehr erwähnt. Auch die Essener werden nicht genannt. Ein Großteil von ihnen wird sich nach Jesu Tod auf den »Neuen Weg« begeben, den sie als jenen »Neuen Bund« erkennen werden, den ihre Glaubensgemeinschaft seit je sucht. »Weh euch, ihr Schriftgelehrten und Pharisäer«, so nennt Jesus nun Ross und Reiter. Die Warnung ist nicht neu. Und sie wird, da Jesu Worte immer auch der gesamten Menschheitsgeschichte gelten, nie veralten: Was sie anderen lehren, tun sie nicht selbst, dafür lieben sie ihre Ehrensitze und ihre Ehrentitel, die besonderen Gebetsriemen und die Länge ihrer Quasten. »Wehe euch«, so kann man die Anklage Jesu zusammenfassen, »ihr verschließt den Menschen das Himmelreich. Ihr selbst geht nicht hinein; aber ihr lasst auch die nicht hinein, die hineingehen wollen.«

Erschrocken vernehmen seine Jünger eine Prophezeiung, die sich bald an ihrem eigenen Schicksal bewahrheiten sollte: »Darum hört: Ich sende Propheten, Weise und Schriftgelehrte zu euch; ihr aber werdet einige von ihnen töten, ja sogar kreuzigen, andere in euren Synagogen auspeitschen und von Stadt zu Stadt verfolgen.«

Kaum weniger schockiert dürften die Zuhörer den nächsten Satz aufgenommen haben, mit dem sich der Lehrer verabschiedet: »So wird all das unschuldige Blut über euch kommen, das auf Erden vergossen worden ist«, spricht Jesus, »wie oft wollte ich deine Kinder um mich sammeln, so wie eine Henne ihre Küken unter ihre Flügel nimmt; aber ihr habt nicht gewollt. Darum wird euer Haus (von Gott) verlassen. Und ich sage euch: Von jetzt an werdet ihr mich nicht mehr sehen, bis ihr ruft: Gesegnet sei er, der kommt im Namen des Herrn!« (Mt 23,35 f.)

Die Stadttore lagen hinter ihnen. Stumm war Jesus mit seinen Jüngern im Abendlicht den Ölberg hinaufgestiegen. Irgendwo seitlich mag es gewesen sein, wo sich der Meister ein wenig abseits von den anderen mit Petrus, Johannes, Andreas und Jakobus zur Rast niederließ. »Meister«, begann jemand die Weissagung aufzugreifen, »sag uns, wann wird das geschehen, und an welchem Zeichen wird man erkennen, dass das Ende von alldem bevorsteht?« (Mk 13,4)

Es ist die Stunde, in der eine Rede über die gewaltigen Ereignisse der Zukunft eine besondere Stimmung erzeugt. Ein fasziniertes Hinhören und geheimnisvolles Wispern entsteht, die Erregtheit im Angesicht eines ansonsten verschlossenen Raumes.

Dass etwas sehr Großes, Gewaltiges auf sie zukommen würde, musste ihnen inzwischen geläufig sein. Oft genug hatte er ihnen klarzumachen versucht, dass dies alles geschehen müsse. Dass die ganze weitere Weltgeschichte von zwei Ereignissen abhinge: von seinem ersten Erscheinen, das sich jetzt und vor ihren Augen zutrug – und seiner Wiederkunft, die unbestimmt war. »Und was ist das Zeichen für deine Ankunft und das Ende der Welt?« (Mt 24,3), hatte deshalb ein anderer aus dem Kreis die Fragen ergänzt.

Detailliert gab Jesus eine Schilderung »vom Anfang der Not«, wo man »von Kriegen hört und Nachrichten über Kriege euch beunruhigen«. Sie sollten sich aber »nicht erschrecken« lassen, denn das sei »noch nicht das Ende«. Später werde sich ein Volk »gegen das andere erheben und ein Reich gegen das andere«. Es werde »gewaltige Erdbeben und an vielen Orten Seuchen und Hungersnöte geben«. Aber »das alles ist erst der Anfang der Wehen«. Was Jerusalem betreffe, könne man dann, wenn die Stadt »von einem Heer eingeschlossen wird«, erkennen, dass sie »bald verwüstet wird«. Die Bewohner sollten »in die Berge fliehen«.

Schließlich werde eine Not anbrechen, »wie es noch nie eine gegeben hat, seit Gott die Welt erschuf, und wie es auch keine mehr geben wird«. Und wenn der Herr diese Zeit nicht verkürzen würde, »dann würde kein Mensch gerettet; aber um seiner Auserwählten willen hat er diese Zeit verkürzt« (Mk 13,1 f.).

Die Weissagung Christi auf dem Ölberg ist eines der größten Rätsel des Evangeliums, auch wenn dem jüdischen Denken Prognosen für die Zukunft, in denen eine höhere Gerichtsbarkeit in Erinnerung gerufen wurde, nicht fremd waren. Wenn die alttestamentliche Bundesgemeinde als Trägerin der Offenbarung sich weigerte, das Wort Gottes zu hören, machte sie die Erfahrung, den himmlischen Schutz zu verlieren und der Sklaverei der Heiden ausgeliefert zu werden. Bemerkenswert ist, dass Jesus im Gegensatz zur Darstellung des Weltenendes die Schilderung vom Untergang Jerusalems mit der Mahnung zur Flucht abschloss. Vor dieser Zerstörung konnte man sich retten, vor der Stunde des Weltgerichts würde es kein Entkommen geben.

Mit dem Erscheinen des Erlösers war freilich die neue, die

messianische Zeit nicht mehr nur eine Frage der Zukunft, sie hatte bereits von der Gegenwart Besitz ergriffen. Die Theologie spricht hier von einer »bereits verwirklichten Eschatologie«. Es gibt damit gewissermaßen die *große Parusie*, die allgemeine Wiederkehr Christi, und es gibt die *kleine Parusie* im Leben des Einzelnen. Denn nach christlichem Glauben ist spätestens der Tod mit der »Erscheinung des Herrn« verbunden. Gerade auch darauf bezieht sich der Appell Jesu, stets wachsam und bereit zu sein, um vor Gott treten zu können. Wie er im Grunde ein Bewusstsein dafür erzeugen will, sich bei allem Handeln das Dasein des »Vaters im Himmel« zu vergegenwärtigen.

Die Auferweckung des Lazarus, der feierliche Einzug in die Stadt, die letzten Vorlesungen auf dem Tempelgelände, der Ausblick auf das Weltenende – all dies war nur der Prolog. Nun beginnt die heilige Woche selbst, und sie beginnt mit einem Festmahl. Zu Ehren des Mannes, der Menschen wie Lazarus aus dem Tod ins Leben holt, trifft sich in Betanien eine Tischgesellschaft im Hause Simons, des Aussätzigen. Teilnehmer sind neben Lazarus und den Jüngern auch die Schwestern Maria und Marta. Marta bedient die Gäste, als Maria plötzlich mit einer Vase Nardenbalsam in den Speiseraum tritt, um damit dem hohen Gast die Füße zu salben. Es ist Jesu Abschied von seinen Freunden. Es ist in diesem Kreis aber auch die Huldigung des Gesalbten, die Krönungsmesse des Messias.

»Als sie das Öl über mich goss, hat sie meinen Leib für das Begräbnis gesalbt«, erklärt Jesus der Tischgesellschaft die Bedeutung der Handlung. Es ist bezeichnend, dass gerade die Salbung Christi, die erneut mit seinem Leiden verbunden wird, auch einen Mechanismus der Trennung in Gang setzt. Judas, der inzwischen verdächtigt wird, als Finanzverwalter der Gruppe die Kasse veruntreut zu haben, fühlt sich nun endgültig bestätigt. Einem solchen Messias, der sein Begräbnis vorbereitet, will er nicht länger folgen. Der Mann aus Iskariot denkt in den Kategorien von Besitz und Reichtum, kaufen und verkaufen. Es sei doch besser, das wertvolle Öl zu verkaufen, um den Erlös den Armen zu geben, protestiert er.

Die Antwort Jesu jedoch stellt die Verherrlichung und die Ehrfurcht vor Gott über alles andere: »Warum lasst ihr sie nicht in Ruhe«, weist er Judas und auch andere Apostel zurecht, die sich ebenfalls über Maria empören, »die Armen habt ihr immer bei euch, und ihr könnt ihnen Gutes tun, sooft ihr wollt; mich aber habt ihr nicht immer.«

Es ist womöglich am selben Abend, an dem Judas im hohepriesterlichen Palast des Kajaphas vorspricht. Die Mitglieder des Hohen Rates suchen fieberhaft »nach einer Möglichkeit, Jesus mit List in ihre Gewalt zu bringen, um ihn zu töten« (Mk 14,1). Bis zum Pessachfest am Sabbat bleiben ihnen noch sechs Tage. Es besteht Konsens darüber, den Plan vor dem Fest umzusetzen, »damit es im Volk keinen Aufruhr gibt«. Plötzlich spielt ihnen das Schicksal einen ungeahnten Trumpf in die Hände. Viele empfinden dies als Zeichen des Himmels. Durch den Verrat des Judas erübrigen sich Razzien, die sofort einen öffentlichen Skandal provozieren würden. Als Lohn werden dreißig Silberlinge ausgehandelt, die alttestamentliche Summe für den Kauf eines Sklaven.

Endlich ist die Zeit gekommen.

»Amen, amen, ich sage euch«, hatte Jesus erklärt, »wenn das Weizenkorn nicht in die Erde fällt und stirbt, bleibt es allein; wenn es aber stirbt, bringt es reiche Frucht« (Joh 12,24). Es sind die Tage, die die Welt verändern, ein Ereignis ohnegleichen, das noch nie geschah und nie mehr wieder geschehen sollte:*

---

* Zur Rekonstruktion des Ablaufs der Passionswoche hat insbesondere Bargil Pixner wertvolle Grundlagenarbeit geleistet. Dem Benediktinerarchäologen ist es überdies gelungen, in Jerusalem das sogenannte Essenertor aufzufinden, den Eingang zum Viertel der Gemeinde der Essener auf dem Zionsberg. Pixner zufolge fand die Kreuzigung im April am 6. und damit die Auferstehung am 8. Tag statt, dem Zahlensymbol für eine Neuschöpfung der Welt. Der Historiker Carsten Peter Thiede favorisiert abweichend eine Datierung mit dem 7. April als Karfreitag. Das Jahr 30 wird in der Forschung allgemein als das Todesjahr Jesu akzeptiert.

Nach dem Sonnenkalender der Essener ist es der 14. Tag des Ersten Monats, der sogenannte große Rüsttag. Jesus schickt von Betanien aus Petrus und Johannes los, im Essener-Viertel ein bestimmtes Gästehaus anzumieten. Sie würden in der Stadt einem Mann begegnen, »der einen Wasserkrug trägt«. Er würde ihnen »einen großen Raum im Obergeschoss zeigen, der schon für das Festmahl hergerichtet und mit Polstern ausgestattet ist. Dort bereitet alles vor.«

Über den Osthügel Jerusalems legt sich bereits eine feierliche Stille, als Jesus am Abend mit seinen Leuten von Betanien kommend in die Stadt wandert. Die für die Feier nötigen *Mazot*, die ungesäuerten Brote, die an den eiligen Auszug aus Ägypten erinnern, wo noch nicht einmal Zeit zum Säuern blieb, werden im Untergeschoss des Gästehauses womöglich von den Frauen um Maria gebacken. Zudem steht in Salzwasser getunktes *Bitterkraut* bereit, das die Bitterkeit der Sklaverei symbolisiert. Dazu gibt es *Haroset*, eine Art Brei, der an die Ziegelsteine gemahnen soll, die die Israeliten in der Sklaverei herzustellen hatten. Schließlich Wein, mit dem nach dem vorgeschriebenen Zeremoniell viermal während des Mahles die Becher gefüllt werden müssen.

Der Raum im Obergemach ist mit einer niedrigen Tafel in Hufeisenform ausgestattet, aus deren Mitte die Speisen serviert werden. Die Männer lagern dabei, auf einen Arm gestützt, auf Polstern am Tisch. Für diese feierlichste aller Mahlzeiten ist eine feste Ordnung, auf Hebräisch *Seder,* vorgesehen, was dem Mahl die Bezeichnung *Seder-Pessach* oder einfach *Seder* gibt. Der Ehrenplatz an der Tafel befindet sich in der Mitte des Bogens. Rechts neben dem Meister lagert Petrus, links von ihm Johannes, daneben Judas Iskariot.

Es liegt eine eigenartige Stimmung über dem Raum. Seit seiner Rede über das Weltgericht ist Jesus nur noch Sanftmut und Hingabe. Alles Harte, Anklagende, Temperamentvolle, Feurige scheint aus ihm gewichen zu sein. Seine Stimme ist weich geworden, fast zittrig. Wer ihn aufnehme, war er nicht müde geworden zu erklären, nehme in Wirklichkeit den auf, der ihn gesandt habe, den Allerhöchsten. Gott in seiner ganzen Herrlichkeit. Allen Beteiligten ist klar, dass es in den folgenden Tagen ein gewaltiges Ereignis geben muss, eine Art Finale insbesondere Judas', über den der Evangelist festhält, der Teufel habe ihm zu diesem Zeitpunkt »schon ins Herz gegeben«, seinen Meister »zu verraten und auszuliefern«.

Jesus beginnt das Ritual mit einer Geste, die niemand erwartet hatte. Er steht auf, legt sein Gewand ab und umgürtet sich mit einem Leinentuch. Verdutzt beobachten die Männer, wie er Wasser in eine Schüssel gießt und plötzlich beginnt, ihnen die Füße zu waschen. Petrus ist der Erste, der Worte findet: »Niemals sollst du mir die Füße waschen.« Jesus sieht ihn mit ernstem Blick an. Er muss ihn an die Notwendigkeit einer Reinigung erinnern: »Wenn ich dich nicht wasche, hast du keinen Anteil an mir.« Am Ende spricht er in die Runde: »Begreift ihr, was ich an euch getan habe?« Die Jünger sehen sich fragend an, aber dann verstehen sie, was nicht schwer zu verstehen ist: »Wenn nun ich, der Herr und Meister, euch die Füße gewaschen habe, dann müsst auch ihr einander die Füße waschen. Ich habe euch ein Beispiel gegeben, damit auch ihr so handelt, wie ich an euch gehandelt habe.«

Die Geste der Fußwaschung, so der Benediktiner Anselm Grün, sei im Grunde das, was auch in jeder Eucharistie geschehe: »Jesus beugt sich in der Eucharistie zu uns hernieder, um uns gerade an unserer verwundbarsten Stelle, an unserer Achillesferse, liebevoll zu berühren und unsere Wunde zu heilen … Er nimmt uns mit seiner Liebe vorbehaltlos an, gerade auch dort, wo wir uns selbst als unannehmbar erfahren, als beschmutzt und unrein.«

Sie sollen nicht werden wie die Mächtigen, setzt Jesus hinzu, die herrschen würden und sich gar noch »Wohltäter nennen« ließen. Bei ihnen solle der Größte »werden wie der Kleinste, und der Führende soll werden wie der Dienende«.

Aber dann macht er einen ersten Hinweis auf eine Enthüllung, die alle schockiert. Er habe immer genau gewusst, »welche ich erwählt habe«. Aber auch hier müsse sich das Schriftwort aus dem Psalm erfüllen: »Einer, der mein Brot aß, hat mich hintergangen« (Ps 41,10). Bei diesen Sätzen, vermerkt das Evangelium, zeigte sich Jesus »im Innersten erschüttert«.

Nach dem *ersten Becher* mit Wein und dem dazugehörigen Kidduschgebet (»Gepriesen bist du, Herr, unser Gott, König der Welt …«) spricht Jesus nun offen aus, dass es einen Verräter unter den Anwesenden gibt: »Einer von euch wird mich verraten.« Einen Namen nennt er nicht. Immerhin gibt er dem neben ihm lagernden Lieblingsjünger, der von Petrus per Zeichensprache aufgefordert wurde, beim Meister nachzufragen, einen Hinweis: »Der ist es, dem ich den Bissen Brot, den ich eintauche, geben werde.«

Sorgfältig hatte Jesus auch den Fuß desjenigen gewaschen, der sich gegen ihn erheben sollte. Bis zum letzten Augenblick behandelt er Judas nicht anders als die Übrigen auch. Und doch drückt Judas' Gesicht bereits die Verhärtung seiner Seele aus, die sich jeder Barmherzigkeit verschlossen hat. Als er das eingetauchte Brotstück in Empfang nimmt, flüstert er Jesus grinsend zu: »Bin ich es etwa, Rabbi?«

»Du sagst es.«

Sobald Judas den Bissen genommen hat, verzerrt sich sein Gesicht vor Schmerz, als fahre »der Satan in ihn«, wie Johannes bemerkte. Mit eingezogenen Schultern schleicht sich der gefallene Apostel davon, ohne noch an der Eucharistie teilzunehmen. »Was du tun willst, das tu bald«, ruft ihm Jesus nach, was die anderen zu der Annahme bringt, ihr Kassenwart habe noch einige Erledigungen zu machen.

Die unbehagliche, bedrückende Atmosphäre entspannt sich mit einem Mal. Nun sei »der Menschensohn verherrlicht«, sagt Jesus, »und Gott ist in ihm verherrlicht.« Es sind die Worte für die Passion: »Wenn Gott in ihm verherrlicht ist, wird auch Gott ihn in sich verherrlichen, und er wird ihn bald verherrlichen.«

Es gibt keinen Protest. Inzwischen ist die Unvermeidlichkeit seines Weges häufig genug angesprochen worden. »Meine Kinder«, gibt Jesus seinen Aposteln auf den Weg, er sei »nur noch kurze Zeit« bei ihnen, und wo er hingehe, »dorthin könnt ihr nicht gelangen«. Ihr Herz solle sich jedoch »nicht verwirren« lassen: »Glaubt an Gott, und glaubt an mich.« – »Frieden hinterlasse ich euch, meinen Frieden gebe ich euch.« Nicht einen billigen Frieden, »wie die Welt ihn gibt«, der nicht anhält. Denn er sei »der Weg und die Wahrheit und das Leben; niemand kommt zum Vater außer durch mich«.

Eines dürften sie nie vergessen, das »neue Gebot«, das er ihnen gebe: »Liebt einander! Wie ich euch geliebt habe, so sollt auch ihr einander lieben.« Denn nur daran würden »alle erkennen, dass ihr meine Jünger seid: wenn ihr einander liebt« (Joh 13,3 f).

Das Pessach des Jesus Christus ist keine heitere Feier. Es liegt der schwere Schatten einer gespaltenen Welt über dem Fest, der in Judas aus Iskariot seinen fleischgewordenen Ausdruck findet. Es gibt kein Lamm bei dieser Tischgesellschaft. Jedenfalls wird von keinem der Evangelisten das Opfertier erwähnt. Aber unzählige Maler, Dichter, Komponisten haben für das geheimnisvolle Geschehen das richtige Bild gefunden: Jesus selbst ist das Lamm. Das *Lamm Gottes,* das die Sünde der Welt hinwegnimmt.

Beim *zweiten Becher* nimmt Jesus das tellerförmige weiche Fladenbrot, hebt es in die Höhe und spricht das übliche Segensgebet: »Gepriesen bist Du, Herr, unser Gott, König der Welt, der Du Brot aus der Erde hervorbringst.«

Dann bricht er das Brot, und nun geschieht, was die Jünger bereits in Galiläa vorausgebildet sehen durften und was man später als die heiligste Handlung der Welt bezeichnen wird, die Einsetzung der Eucharistie. Es ist die vollkommene, die heilige Formel Jesu. Er bricht das Brot, reicht es den Jüngern und sagt: *»Nehmt und esst; das ist mein Leib.«* Dann nimmt er den Kelch, spricht das Dankgebet und reicht ihn seinen Jüngern mit den Worten: *»Trinkt alle daraus; das ist mein Blut, das Blut des Bundes, das für viele vergossen wird zur Vergebung der Sünden.«*

Nachdem der *dritte Becher* eingeschenkt ist, klingt Jesu Stimme erregt und feierlich: »Ich habe mich sehr danach gesehnt, vor meinem Leiden dieses Pessachmahl mit euch zu essen. Denn ich sage euch, ich werde es nicht mehr essen, bis das Mahl seine Erfüllung findet im Reich Gottes.«

Nun spricht er das Wort, das seine Handlung zum zentralen Mysterium seiner Kirche machen sollte: »*Tut dies zu meinem Gedächtnis.*«

Zur Vergebung der Sünden würde dies geschehen, so Jesus. Doch Vergebung ist kein einmaliger Vorgang, sondern ein Akt in Permanenz. Und etwas *zum Gedächtnis* tun ist keine Aufforderung zur nostalgischen Erinnerungsfeier, sondern nur ein anderes Wort für: Tut es mir gleich.

Mit zitternden Händen hatte jeder der Apostel sein Stück Pessachbrot entgegengenommen und aus dem Kelch getrunken. Danach sangen sie stehend das *Hallel* aus dem Psalm: »Lobsingt, ihr Diener des Herrn, lobsingt dem Namen des Herrn! Der Name des Herrn sei gepriesen, jetzt und in Ewigkeit. Vom Anfang der Sonne bis zum Niedergang, der Name des Herrn sei gepriesen. Erhaben ist der Herr über all die Völker, erhaben seine Herrlichkeit über die Himmel.«

In der Sprache der Bibel gilt das *Blut* als Symbol des Lebens. Gott allein ist es vorbehalten, es zu geben und darüber zu verfügen. Auch der Bundesschluss war seit je verbunden mit dem Blut eines geweihten Tieres. Alle, die damit besprengt wurden, erlangten eine neue geistige Verwandtschaft und Verbindung zu Gott. Jedes Pessach-Fest gedachte mit dem Blut des Lammes überdies der Befreiung aus der Knechtschaft. Jetzt aber gab der Messias selbst sein Blut für die Menschen hin.

Die Eucharistie drückt die Teilhabe an der Errettung aus, die durch Christus in die Welt kam. »Denn sooft ihr von diesem Brot esst und aus dem Becher trinkt«, erläutert der Apostel Paulus, »verkündet ihr den Tod des Herrn, bis er kommt.« Es ist das Mysterium der Inkarnation, der permanenten Anwesenheit Gottes.

Nach dem Johannesevangelium erklärt Jesus den Aposteln, er werde nunmehr »den Vater bitten«, ihnen einen anderen Beistand zu geben, den »Geist der Wahrheit«, der »für immer bei euch bleiben soll«. Sie könnten damit die Werke vollbringen, »die ich vollbringe«, und sogar »noch größere«. »Ich gehe fort und komme wieder zu euch zurück«, macht er in Vorbereitung auf die nachfolgenden Tage noch einmal deutlich. Er sage dies »jetzt schon«, eben »bevor es geschieht, damit ihr, wenn es geschieht, zum Glauben kommt«. – »Bleibt in mir, dann bleibe ich in euch«, bittet er. Bald komme »der Herrscher der Welt. Über mich hat er keine Macht, aber die Welt soll erkennen, dass ich den Vater liebe und so handle, wie es mir der Vater aufgetragen hat.«

Er habe dies »nicht gleich zu Anfang gesagt; denn ich war ja bei euch. Jetzt aber gehe ich zu dem, der mich gesandt hat.« Es sei »gut« für sie, »dass ich fortgehe. Denn wenn ich nicht fortgehe, wird der Beistand nicht zu euch kommen.« Es dauere nun nur »noch kurze Zeit, dann seht ihr mich nicht mehr, und wieder eine kurze Zeit, dann werdet ihr mich sehen«. Denn: »Vom Vater bin ich ausgegangen und in die Welt gekommen; ich verlasse die Welt wieder und gehe zum Vater.«

»Was meint er damit«, raunen sich anfangs die Jünger zu, »wenn er zu uns sagt: Noch kurze Zeit, dann seht ihr mich nicht mehr, und wieder eine kurze Zeit, dann werdet ihr mich sehen. Und was bedeutet: Ich gehe zum Vater?«

Endlich verstehen sie es. »Jetzt redest du offen und sprichst nicht mehr in Gleichnissen«, meint einer, »jetzt wissen wir, dass du alles weißt.«

Jesus bestätigt: »Die Stunde kommt, und sie ist schon da, in der ihr versprengt werdet, jeder in sein Haus, und mich werdet ihr allein lassen.« Aber sie sollten sich deshalb keine Sorgen machen: »Ich bin nicht allein, denn der Vater ist bei mir.« Sie sollten stets daran denken, gerade in einer schwierigen Situation, die aussehe, als habe man verloren: »In der Welt seid ihr in Bedrängnis; aber habt Mut: Ich habe die Welt besiegt.«

Das »ewige Leben« sei damit verbunden, spricht Jesus mit zum Himmel gewendeten Augen, »dich, den einzigen wahren Gott, zu erkennen und Jesus Christus, den du gesandt hast«. Die Jünger hören die gewaltigen Worte seines Gebets: »Ich habe dich auf der Erde verherrlicht und das Werk zu Ende geführt, das du mir aufgetragen hast. Vater, verherrliche du mich jetzt bei dir mit der Herrlichkeit, die ich bei dir hatte, bevor die Welt war.«

Spät nachts verlässt die Gruppe das Gästehaus. Nach den Bestimmungen für das Pessachmahl war den Teilnehmern der Tafel eigentlich geboten, im Haus zu bleiben. Das Abweichen vom Zeremoniell ergab sich womöglich aus Jesu Sorge um die Jünger, die in der Geschlossenheit des Abendmahlsaals schwerlich eine Fluchtmöglichkeit gehabt hätten. Ihr Weg geht den steilen Abhang hinunter, vorbei an drei aus dem Felsen gehauenen Gräbern von Priesterfamilien, darunter der Schrein des Abschalom. Irgendwo bellt ein Hund, und im Schein des Mondlichts bekommen die Gräber ein geisterhaftes Aussehen. »Ihr alle werdet in dieser Nacht an mir Anstoß nehmen und zu Fall kommen«, meint Jesus unterwegs, »denn in der Schrift steht: ›Schlagt den Hirten, dann werden sich die Schafe zerstreuen.‹« Petrus ereifert sich: »Auch wenn alle an dir Anstoß nehmen – ich nicht.« Sein Meister blickt in wehmütig an: »Noch heute Nacht, ehe der Hahn kräht, wirst du mich *dreimal* verleugnen.«

Zum ersten Mal zieht Jesus nicht in sein Quartier nach Betanien, wo es weit schwieriger gewesen wäre, ihn ohne großes Aufsehen festzunehmen, sondern zu einem Olivenhain am Fuße des Ölbergs, dem Garten mit dem aramäischen Namen *Gethsemane*, »Ölkelter« (hebräisch *Gat-schmanim*). Während die Gruppe an der Höhle der Ölpresse lagert, nimmt Jesus seine engsten Vertrauten – Petrus, Johannes und Jakobus – mit sich in seine Nähe, um sie unter den Bäumen lagern zu lassen (»etwa einen Steinwurf weit« entfernt), von wo man ihn noch sehen und einzelne seiner Sätze verstehen konnte. »Meine Seele ist zu Tode betrübt«, lässt er die Freunde wissen, »bleibt hier und wacht mit mir.«

Jesus geht ein Stück weiter, wirft sich auf einen Felsen, betrübt, vielleicht weinend. Das Geheimnis der Angst Christi ist einer der bewegendsten Texte des Neuen Testaments. Da ist kein stählerner Held, der ungerührt in den Tod geht, als könnten ihm Schmerz und Leid nichts anhaben. Der von dem Drama des menschlichen Sterbens völlig unbeeindruckt bleibt. Sondern da ist jemand, der dieses Drama bis in die letzte Faser seines Lebens nicht nur physisch, sondern auch psychisch ganz durchleidet. Welche Bilder mögen an Jesu innerem Auge vorbeigezogen sein? Das unbekümmerte Aufwachsen in der fürsorglichen Nähe seiner Mutter? Das Aufsehen, das er als Zwölfjähriger im Tempel verursachte? Der plötzliche Tod Josefs? Seine Arbeit auf den Baustellen, als seine Werkzeuge noch nicht Zeichen und Reden, sondern Beitel, Hammerkopf und Hobel waren?

Warum hatten sie ihn nicht besser verstanden?

Dachte er an die Lehren, die er ihnen nahebringen wollte? Etwa an das Beispiel vom reichen Mann, der seine Scheunen abriss, um eine noch größere Ernte einbringen und sich Unmengen von Vorräten anschaffen zu können? »Ruh dich aus, iss und trink, und freu dich des Lebens!«, hatte der Mann sich über seinen Bauch gestreichelt, als er zufrieden auf seine Scheunen sah. Aber da sprach Gott zu ihm: »Du Narr! Noch in dieser Nacht wird man dein Leben von dir zurückfordern. Wem wird dann all das gehören, was du angehäuft hast?« – »So geht es jedem«, hatte er sein Gleichnis abgeschlossen, »der nur für sich selbst Schätze sammelt, aber vor Gott nicht reich ist.«

Ja, sie wollten ihn töten. Er hatte es ihnen ins Gesicht gesagt. Nicht wegen seiner Verfehlungen wollten sie ihn töten, sondern deshalb, weil sie keine Verfehlungen fanden.

War ihr Herz versteinert, weil sie Gottes Offenbarung wieder und wieder zurückgewiesen hatten? Wer hatte dieses Herz dann in Besitz genommen, dass sie nicht mehr fühlen, nicht mehr erkennen, nicht mehr die Herrlichkeit Gottes sehen konnten? »Ihr habt den Teufel zum Vater«, hatte er ihnen entgegengeschleudert. Das war hart. »Und ihr wollt das tun, wonach es euren Vater verlangt.« War es nicht so?

Da ist er wieder, der ewige Feind. Der Schattenmann. Soeben hat er seine Fratze gesehen. Verhöhnt er ihn, weil er jetzt weinend an diesem Felsen kauert?

»Wenn ihr den Menschensohn erhöht habt, dann werdet ihr erkennen, dass Ich es bin«, hatte er ihnen erklärt. War es deshalb, dass er jetzt diesen Weg *ganz* gehen musste? Nicht für ihn, sondern für das *Wort Gottes*. Und dass es wahr war und wahr bleibt, was er getan und gesagt und ihnen aufgetragen hatte?

Aber war es wirklich notwendig? Vater im Himmel!

Es gab keine Zeit für ihn. »Noch ehe Abraham wurde, bin ich«, hatte er ihnen gesagt. Nicht »*war* ich«, sondern »*bin* ich«. Das Temporäre hat in der geistlichen Ordnung keine Bewandtnis. Die ganze Zukunft war Gegenwart, die Gegenwart Vergangenheit und die Vergangenheit Zukunft.

Er ging durch die Zeit hindurch. Wie damals in Nazareth, als die Menge ihn den Abhang hinunterstürzen wollte, unantastbar, als wäre er nicht immer greifbar. Oder an dem Tag, an dem sie ihn auf dem Tempelgelände steinigen wollten. Er entzog sich ihren Händen und ging von ihnen weg.

Seine Stunde war noch nicht gekommen. Und jetzt? Gibt es keine andere Möglichkeit?

Zweimal bereits hat Jesus seine drei Wächter aufwecken müssen, seine kleine Kirche, die immer wieder in den Schlaf zurückfiel. »Steht auf und betet«, hatte er sie gebeten, »damit ihr nicht in Versuchung geratet.« Er liegt wieder auf dem Felsen, als Johannes in der Dunkelheit dieser Nacht die Stimme des Meisters vernimmt, die er so noch nie gehört hat: »Abba, Vater, alles ist dir möglich. Wenn es möglich ist, dann gehe dieser Kelch an mir vorüber.«

Jesus ringt mit sich. Er weiß um den Schmerz, und dass er ihm nicht erspart bleiben wird. Er kennt seine menschliche Natur mit dem menschlichen Fleisch. Auch die Angst, die es zu überwinden gilt. Auch das Gefühl, verlassen zu sein, keine Kraft mehr zu haben. »Und er betete in seiner Angst noch inständiger«, schreibt Lukas, »und sein Schweiß war wie Blut, das auf die Erde tropfte.«

Die Stunde der Agonie ist »ein Ringen zwischen der menschlichen und göttlichen Seele Jesu Christi« (Benedikt XVI.). Es mündet im Hineinschmelzen des menschlichen Willens in den Willen Gottes. Ganz so, wie er es in einem der Geheimnisse seines großen Gebets gelehrt hatte: »Aber nicht, was ich will, sondern was du willst, soll geschehen.«

Manchmal ist es schwer, selbst ein einziges Gebet in Konzentration zu Ende zu bringen. Wieder schlafen die Apostel, als der Meister zum dritten Mal auf sie zugeht: »Es ist genug. Die Stunde ist gekommen. Jetzt wird der Menschensohn den Sündern ausgeliefert. Steht auf, wir wollen gehen!«

Judas hat sich in der Zwischenzeit zum Haus des Hohepriesters geschlichen. Seine Abwesenheit muss bei den anderen den Verdacht bestätigen, es könne sich bei dem Verräter nur um ihren Kassenwart handeln. Mit einer Schar von Knechten der Hohepriester und Ältesten, verstärkt durch eine römische Kohorte unter dem Kommando eines Hauptmanns, betritt er nun im Schein von Fackeln und Laternen den Garten Gethsemane. Das Überfallkommando ist bewaffnet mit Schwertern und Knüppeln. Wie er es erwartet hatte, reagiert sein Rabbi vollkommen gelassen. Judas weiß, dass Jesus selbst in dieser Situation all das einlösen wird, was er gelehrt hat, gerade auch die Feindesliebe und die Vergebung, die doch eigentlich fast menschenunmöglich ist.

»Seht, der Verräter, der mich ausliefert, ist da«, sagt Jesus mit einem Blick auf den Apostel, den er so gut kennt wie die anderen elf.

Es ist eine gespenstische Szene unter den silbern glänzenden Blättern der Olivenbäume. Judas geht plötzlich auf Jesus zu. Er sagt nichts. Er küsst ihn nur. Es ist das Zeichen für die Schergen – der Kuss des Verrats.

Aber was macht Jesus? Wie verhält er sich hier? Jesus sagt nur einen einzigen Satz: »Freund, dazu bist du gekommen?«

Es stehen sich das abgrundtiefe Elend und das tiefgründige Erbarmen gegenüber. Indem er ihn »Freund« nennt, scheint Jesus dem Verlorenen noch einmal eine Brücke zur Umkehr bauen zu wollen.

Einzig Petrus hat sich wieder gefangen. Mit der Gewalt eines Felsens wirft er sich dazwischen. Sein erstes Opfer ist ein Diener des Hohepriesters, dem er ein Ohr abschlägt. »Steck das Schwert in die Scheide«, befiehlt ihm die Stimme Jesu, »denn alle, die zum Schwert greifen, werden durch das Schwert umkommen.« Er erinnert Petrus an das, was er ihnen zu erklären versucht hatte: »Der Kelch, den mir der Vater gegeben hat – soll ich ihn nicht trinken?« Petrus kann sich kaum beruhigen. »Glaubst du nicht«, besänftigt ihn Jesus, »mein Vater würde mir sogleich mehr als zwölf Legionen Engel schicken, wenn ich ihn darum bitte?« Es sei Gottes Wille, der hier geschehe. Denn wie würde ansonsten »die Schrift erfüllt, nach der es so geschehen muss«?

Zu Judas und den Schergen, die er mitbrachte, aber sagt er: »Tag für Tag saß ich im Tempel und lehrte, und ihr habt mich nicht verhaftet.« Aber auch dies sei »geschehen, damit die Schriften der Propheten in Erfüllung gehen«. Nun denn: »Das ist eure Stunde, jetzt hat die Finsternis die Macht.«

Eine lange Zeit scheinen die Apostel im Schein des Mondlichts und der Fackeln wie gelähmt. Im Tumult, den der Schwerthieb des Petrus auslöste, ergreifen sie die Flucht, bis auch Petrus und ein weiterer Jünger sich hinter Steinmauern verstecken. Ist es wirklich Feigheit, dass sie fast blitzartig den Schauplatz verlassen, während ihr Meister, dem sie doch folgen wollten bis in den Tod hinein, so schändlich festgenommen und wie ein Schwerverbrecher gefesselt und hinweggeschleppt wird?

Über Judas verliert das Evangelium an dieser Stelle kein weiteres Wort. Einmal noch wird er erwähnt, als er seinen Auftraggebern im Tempel verzweifelt seinen »Judaslohn« vor die Füße schleudert: »Ich habe gesündigt, ich habe euch einen unschuldigen Menschen ausgeliefert.« In Judas hatte der Hohe Rat einen Pakt mit dem Teufel geschlossen, um Jesus aus der Welt zu schaffen. Nach seinem Verrat war den Priestern und Hirten der Mann völlig gleichgültig (»Was geht das uns an«, hieß es auf sein Eingeständnis, er habe »gesündigt«.). Sie wussten durch ihren Informanten, dass Jesus selbst seinen Tod erwartet und sogar angekündigt hatte, dass er sich nicht wehren und auch seiner Leibwache jeglichen Widerstand verbieten würde.

Judas' Verrat war keine Voraussetzung für die Festnahme Jesu. Das Evangelium gibt einen versteckten Hinweis darauf, wer noch immer Herr der Situation war. Als er den Schergen sein Gott-Wort (»Ich bin es«) entgegenhielt, heißt es bei Johannes, »wichen sie zurück und stürzten zu Boden« (Joh 18,6). Der weit größere Verrat ist der Verrat der Hirten, die sich innerlich von Gott getrennt hatten. Ohne die Figur des Judas würde allerdings etwas Existenzielles an der Geschichte Jesu fehlen. Sein Schicksal verweist zum einen auf das Selbstbestimmungsrecht des Menschen als freies, selbstverantwortliches Individuum, aber auch auf seine Gefährdung, indem er in seiner Freiheit stets auch der Verführung ausgesetzt ist, die ihn buchstäblich zerfressen kann (»sein Leib barst auseinander, und alle Eingeweide fielen heraus«, Apg 1,18).

Judas war an seiner Krise nicht gewachsen. Er war nicht mehr in der Lage, sich vom Wort Jesu berühren zu lassen. Haltlos geworden und verzweifelt, wird er, wie der heilige Augustinus anmerkte, »selbst zur Nacht«. Als Ausweg bleibt ihm nur die Selbsttötung, das Gegenbild zum ewigen Leben, das Jesus angeboten hatte. Er rennt, wie es Matthäus berichtet, zur Stadt hinaus, findet irgendwo einen Strick und erhängt sich an einem Baum des Todes in einem Abgrund, der als *Gehenna*-Schlucht seinem Namen gerecht wird: »Tal der Hölle«.

Mittwoch, 4. April

Nach seiner Gefangennahme ist Jesus zunächst in den Händen des Hohepriesters Kajaphas, der ihn aber schnell an Hannas ben-Seth übergibt, seinen Schwiegervater und Vorgänger, die graue Eminenz Jerusalems. Vor fünfzehn Jahren ist der Sadduzäer von den Römern abgesetzt worden, aber noch immer beeinflusst er die Geschicke der Stadt. Seine Nachfolger im Amt waren ausnahmslos seine Söhne, fünf nacheinander, oder, wie die jüngste Marionette, sein Schwiegersohn. Der Hannas-Clan beherrscht damit den Hohen Rat, privilegiert von den römischen Stadtkommandanten, die man notfalls über gute Verbindungen nach Rom im Griff zu halten gedachte.

Während Hannas das erste Verhör anordnet, lässt er für die nötige öffentliche Verhandlung in den Morgenstunden gleichzeitig den »Kleinen Sanhedrin« aus dreiundzwanzig Mitgliedern zusammenrufen, ausschließlich Angehörige der Priester und Ältesten, die von Kajaphas dirigiert wurden (während dem »Großen Sanhedrin« mit 71 Mitgliedern auch Vertreter der Pharisäer angehörten). Das Reglement würde ganz im Sinne Hannas sein, der das Recht nach eigenem Gutdünken auslegt. Überlegungen mancher Pharisäer, ob man mit einem Kampf gegen das Werk Jesu nicht gar »als Widersacher Gottes dastehen« könnte, wie es ein Jahr später Rabbi Gamaliel formulieren sollte, haben hier keine Stimme. Stamme Jesu Werk von einem Menschen, sollte Gamaliel seinen Glaubensgenossen raten, »so geht es von selbst zugrunde. Ist es aber von Gott, so könnt ihr es nicht zerstören.«

Das Verhör bei Hannas bleibt ohne Erfolg. Der Sadduzäer befragt seinen Gefangenen nach den Jüngern und seiner Lehre, für die er sich offenbar bislang nicht interessiert hat. Jesus macht keinerlei Anstalten, sich auf den greisen Autokraten einzulassen. »Warum fragst du mich?«, ist alles, was er mitzuteilen gedenkt. »Frage die, die gehört haben, was ich zu ihnen gesagt habe.«

Die Antwort genügt, um von einem der Knechte Hannas' ins Gesicht geschlagen zu werden: »Redest du so mit dem Hohepriester?«

Inzwischen sind auch Petrus »und ein anderer Jünger«, vermutlich Johannes, im hohepriesterlichen Palast eingetroffen, wohin Jesus mittlerweile abgeführt wurde. Im Hof des Anwesens wärmen sich Diener und Knechte in diesen Morgenstunden an einem Kohlenfeuer. Bereits am Toreingang wird Petrus erkannt. »Bist du nicht auch einer von den Jüngern dieses Menschen«, schöpft die Pförtnerin Verdacht.

Die zweite Verleugnung geschieht am Kohlenfeuer. »Auch du warst beim Nazarener, dem Jesus«, zupft ihn plötzlich eine der Mägde des Hohepriesters am Gewand.

»Ich weiß nicht und verstehe nicht, wovon du redest«, wehrt der Apostel ab und stiehlt sich zu einer anderen Gruppe davon.

Die Magd jedoch folgt ihm: »Der gehört zu ihnen«, kreischt sie herum. Aller Augen richten sich nun auf den seltsamen Fremden. »Du gehörst wirklich zu ihnen«, stimmt einer der Knechte mit ein. »Du bist ja auch ein Galiläer.«

»Deine Mundart verrät dich«, triumphiert jemand.

Petrus fängt an, sich zu verfluchen, und schwört: »Ich kenne diesen Menschen nicht, von dem ihr redet.«

Gleich darauf kräht der Hahn. Und während Jesus gefesselt aus dem Gebäude herausgeführt wird und sein Blick auf Petrus fällt, mag es dem Apostel durch Mark und Bein gehen. »Ehe der Hahn kräht, wirst du mich dreimal verleugnen«, hatte der Meister gesagt. Das war kein Vorwurf. Aber es war eine deutliche Erinnerung an die Schwäche des Menschen, die er wahrhaben sollte, um dann daran wachsen zu können. Petrus »ging hinaus«, heißt es im Evangelium, »und weinte bitterlich.«

Die *Drei* steht in der Bibel stets als Verstärkung für eine besondere Mitteilung. Drei Mal hatte Jesus sein Leiden angekündigt; drei Mal hatte er die Jünger beim Abendmahl aufgefordert: »Liebt einander«; drei Mal wird Pilatus die Menge fragen, was für ein Verbrechen sein Angeklagter eigentlich begangen haben soll; drei Mal wird Jesus unter dem Kreuz zusammenbrechen; drei Kreuze stehen auf dem Kalvarienberg; und um drei Uhr wird er seinen Geist in die Hände des Vaters legen. Drei Mal wird er auch nach der Auferstehung Petrus fragen, ob er ihn liebe, und drei Mal – nach der göttlichen Zahl, die das Geheimnis der Lebenskraft ausdrückt – ihn eben auch beauftragen: Weide meine Schafe.

Wer nicht bis drei zählen kann, hat das Ganze nicht verstanden. In der archetypischen Symbolik der Drei, die nicht zuletzt den Lebensweg des Menschen beschreibt (Werden, Sein, Vergehen), spielten auch die Versuchung, die Schwäche, die Schuld eine wichtige Rolle (»in drei Teufels Namen«). Stets ist dann der dritte Schritt vonnöten, der nach einer Phase der Zerrissenheit, der Verzweiflung, der Kreuzigung wieder zum Ganzen, zur All-Einheit zurückführt.

Mit Petrus wird der Fall exemplarisch. In der Erleuchtung seines Messias-Bekenntnisses war aus einem Simon ein *Kephas*, der »Fels« der Kirche, geworden. Gleichwohl ging die Größe dieses Augenblicks auch einher mit dem Schatten des Versuchers (»Weiche, Satan«). Nie mehr wieder würde die Kirche diesen Schatten loswerden. Verleumdung, Verrat und Schmutz sind die Bürde des Heiligen. Im Bild des Petrus, der sich vom Schrei des Hahns erschüttern, aber nicht entmutigen lässt, wird die in Demut ertragene menschliche Schwäche jedoch zu einer Stärke. Im Unterschied zu Judas, dessen Art von Reue in die verbissene Selbstanklage und in die zerstörerische Selbstverneinung führt, geht Petrus' Schuldbewältigung den Weg einer Reue, die bereit ist, Vergebung zu empfangen. Er verzweifelt nicht. Über die Stufe der Buße wird ihm – auch hier ein Vorbild der Kirche – die Möglichkeit der Erneuerung zuteil.

Hier erklärt sich dann auch ein geheimnisvolles Wort aus dem Abendmahlssaal. Der Satan habe verlangt, hatte Jesus erklärt, »dass er euch wie Weizen sieben darf«. Er aber habe für Petrus gebetet, »dass dein Glaube nicht erlischt«. Und wie mit einem Blick auf die Schwäche seiner Nachfolger fügte er hinzu: »Und wenn du dich wieder bekehrt hast, dann stärke deine Brüder« (Lk 22,32).

Petrus personifiziert damit auch das Gegenbild des Hohepriesters, indem er – namensähnlich und doch so unterschiedlich – das gewandelte Bild des Hirtenamtes und Priestertums spiegelt: eben nicht als *Kajaphas* (griechisch für »Steinmetz«), der den Eckstein *verwirft*, sondern als *Kephas* (griechisch für »Stein«), der Hirte des Neuen Bundes, der auf den Eckstein *baut*.

Mit Kajaphas, dem Althohepriester Hannas, dessen Sohn und Ex-Hohepriester Elazar und einigen Vasallen bildete der Clan der Hannas eine hohepriesterliche Fraktion im Sanhedrin. Die Evangelien sprechen deshalb auch von »den Hohepriestern« in der Mehrzahl. Maßgeblich für den Prozess Jesu sind folglich nicht die Pharisäer, die von nun an in den biblischen Berichten auch keine Rolle mehr spielen, sondern die Sadduzäer. Als sich der Kleine Sanhedrin in den Morgenstunden in Kajaphas' Haus versammelt, schwört der Hohepriester das Komitee zunächst auf eine gemeinsame Linie ein. Das Urteil steht im Grunde fest. Die Absicht, Jesus zu töten, war bereits nach der Auferweckung des Lazarus zum Beschluss gereift. Seine wütende Attacke im Tempel hatte dessen Richtigkeit nur noch bestätigt. Es sei »besser, wenn ein einziger Mensch für das Volk stirbt«, hatte Kajaphas erklärt, »als wenn das ganze Volk zugrunde geht«. Der Oberpriester spielte damit auf die mögliche Konfrontation mit der Besatzungsmacht an. Ohne es zu wollen, drückte er damit aber auch genau den Anspruch Jesu aus.

Zivilverhandlungen wurden im Sanhedrin vor drei, Strafprozesse vor 23 Richtern geführt und mussten bei Tag verhandelt werden, bevor ein Verfahren nach der Ordnung der Mischna zum Hohen Gerichtshof in die Quaderhalle beim Tempel kam. Die Todesstrafe zu vollstrecken war den jüdischen Richtern auf Anordnung Roms nicht erlaubt. Den Besatzern allerdings den Fall ganz zu überlassen, so das Kalkül von Kajaphas, hätte aus Jesus womöglich einen Märtyrer gemacht.

Die Zeit drängt. Bis zum Abend des Pessachrüsttages nach dem Tempelkalender sind es noch weniger als vierzig Stunden. Kajaphas mag die Nacht dazu genutzt haben, brauchbare Zeugen aufzutreiben. Als die Verhandlung beginnt, zeigt sich freilich, dass er nur wenig Erfolg damit hatte. Es ist womöglich ein Beleg für eine stille Verweigerung der Jerusalemer, dass noch nicht einmal zwei übereinstimmende Aussagen zu bekommen waren, wie es die Prozessordnung vorschreibt. Der Große Sanhedrin ist ohnehin uneinheitlich in seiner Auffassung, auch wenn die Mehrzahl der Gremiumsmitglieder in Jesus jemanden sieht, der den Ein-Gott-Glauben Israels mit der Anmaßung verletzt, Gottes Sohn zu sein.

Noch steht die Anklage auf wackligen Beinen. Die Beweise sind zu dürftig, die Zeugenaussagen zu konstruiert. »Wir haben ihn sagen hören«, meint jemand, und das war bereits das Äußerste an Beweismittel, »Ich werde diesen von Menschen erbauten Tempel niederreißen und in drei Tagen einen anderen errichten, der nicht von Menschenhand gemacht ist.‹«

Jesus schweigt. Leidenschaftslos steht er vor Kajaphas. Er verteidigt sich nicht. Und er macht nicht die geringsten Anstalten, den Prozess zu instrumentalisieren, um sich an den Peinigern zu rächen oder das Gericht als Tribüne zu nutzen.

Kajaphas wird zunehmend nervöser. »Willst du nichts sagen zu dem, was diese Leute gegen dich vorbringen?«

Jesus schweigt.

Bald würden sie ihn verhöhnen, bespucken und schlagen. Im versammelten Hohen Rat macht sich Unruhe, bei manchem Zorn bemerkbar. Es ist der Hohepriester – er ist derjenige, der am Versöhnungstag als Einziger das Allerheiligste betreten darf –, der nun, zum Äußersten getrieben, ausspricht, was er so nie aussprechen wollte:

»Ich beschwöre dich beim lebendigen Gott, sag uns: Bist du der Messias, der Sohn Gottes?«

Das ist das Stichwort. Nun erst kann die richtige Antwort folgen, das entscheidende Wort, das Wort Gottes, das Ich-bin-Wort: *»Ich bin es.«*

Die Herren reißen vor Empörung die Arme hoch. Was für eine Anmaßung. Doch mitten im Tumult gebietet Jesus Schweigen. Angesichts der Unfähigkeit seiner Richter, die ihn noch nicht einmal ordentlich anklagen können, hat er ihnen selbst einen Vorwand geliefert. »Doch ich erkläre euch«, fügt er nun hinzu: »Von nun an werdet ihr den Menschensohn zur Rechten der Macht sitzen und auf den Wolken des Himmels kommen sehen.«

Es ist mehr als genug. Wie immer setzt Jesus über das Gewöhnliche hinaus noch etwas Höheres hinzu, das »X-Plus«, sein Siegel des Göttlichen. Kajaphas kann sich nicht mehr zurückhalten. Sich als Messias zu erklären, konnte an sich noch nicht strafbar sein. Aber hier setzt sich jemand auch mit Gott gleich. »Er hat Gott gelästert«, brüllt der Oberpriester in den Saal, während er zum Zeichen, dass das Urteil damit feststehe, sein Gewand zerreißt. In der Empörung, die seine Stimme zum Ausdruck bringen soll, schwingt indes auch eine tiefe Genugtuung mit: »Wozu brauchen wir noch Zeugen? Jetzt habt ihr die Gotteslästerung selbst gehört.«

Ein Blick in die Runde: »Was ist eure Meinung?«

»Er ist schuldig und muss sterben.«

Endlich ist ein Vergehen belegt und ein Paragraf gefunden. Es ist im Grunde ein Paradoxon ohnegleichen. Der Sohn Gottes wird zum Tod verurteilt: wegen Gotteslästerung. Nun sind alle Dämme gebrochen. Gerade jene Schriftgelehrten, die Jesus mit ihren Fangfragen stets unterlegen waren, sind die Ersten, die ihm ins Gesicht spucken. Man verhüllt sein Gesicht, dann folgen Ohrfeigen, während Diener des Hohepriesters bereits zur Geißel greifen. »Du bist doch ein Prophet«, feixen die hohen Herren, »wer hat dich geschlagen?«

Donnerstag, 5. April

Nach dem religiösen beginnt nun das politische Verfahren. Generationen von Rechtsgelehrten haben diesen Prozess auf Rechtmäßigkeit und Formfehler untersucht, Historiker auf geschichtliche Wahrheit geprüft. Das Verfahren vor Pontius Pilatus sei, fasst Carsten Peter Thiede zusammen, ordnungsgemäß abgelaufen und in den Evangelien exakt wiedergegeben worden. Der Prokurator habe sich, juristisch gesprochen, »einwandfrei« abgesichert.

Die Frage ist nur, wer hat Jesus dann am Ende wirklich verurteilt? Wer ist eigentlich schuld an seinem Tod?

Während Essener und andere Gemeinschaften bereits den Pessachtag feierten, haben die Tempelhierarchen am Mittwoch die Anklageschrift zusammengestellt, die sie Pontius Pilatus vorlegen wollen. Dass die Blutgerichtsbarkeit in den Händen der Römer liegt, kann ihnen in diesem Falle nur recht sein. Wer am Pfahl hängt, gilt in den Augen der Juden als ein von Gott Verfluchter. Würde dieser Galiläer nicht vom Kreuz heruntersteigen, wäre er entlarvt. Zigtausende von Pilgern, die von überallher zum Fest strömen, bekämen mit, dass dieser »Messias« aus Nazareth wirklich nichts anderes ist als einer dieser Spinner, die sich, aus welchem Grund auch immer, für nichts Geringeres als den Sohn Gottes halten.

Die Sitzung der Priester, Ältesten und Schriftgelehrten am Donnerstag in aller Frühe ist eine reine Formsache. Der ganze Hohe Rat verkündet im Gerichtssaal, der sich in Tempelnähe in der »Quaderhalle«, dem »Saal der behauenen Steine«, befindet, das am Vortag gefällte Urteil. Es ist immer noch früh am Tag, als Jesus gefesselt zum Prätorium geführt wird, dem Gerichtsgebäude des römischen Statthalters. Als Prätorium könnte Pilatus entweder die Burg Antonia nördlich des Tempels, der alte Königspalast der Hasmonäer oder der neue obere Palast des Herodes, die sogenannte Zitadelle, gedient haben. Die Kreuzfahrer entschieden sich seinerzeit für die Antonia-Festung. Historisch naheliegender ist als Ort der Verurteilung Jesu allerdings der Hasmonäerpalast, der sich nach der ältesten christlichen Tradition unmittelbar am Tempelberg befand.*

Die Vertreter des Sanhedrin wollen das heidnische Haus nicht betreten, um nicht vor dem Mahl ihres Pessachlammes unrein zu werden. Pilatus tritt deshalb vor das Prätorium: »Welche Anklage erhebt ihr gegen diesen Menschen?«

Von Gotteslästerung ist nun nicht mehr die Rede. Aus dem religiösen Frevler ist plötzlich ein »politischer Aufwiegler« geworden, der, so die Anklage der Hohepriester, »unser Volk verführt, es davon abhält, dem Kaiser Steuer zu zahlen, und behauptet, er sei der Messias und König« (Lk 23,2).

Die Kläger haben es eilig, doch Pilatus nimmt sich Zeit. Der für seine Rücksichtslosigkeit berüchtigte Prokurator will sich von diesen Leuten nicht beeindrucken lassen. Während sich vor dem Palast eine neugierige Menge einfindet, geht er zurück ins Prätorium, um Jesus zu vernehmen. Es liegt ein ironischer Ton in seiner Stimme:

»Du bist der König der Juden?«

»Sagst du das von dir aus, oder haben es dir andere über mich gesagt?«

»Bin ich denn ein Jude? Dein eigenes Volk und die Hohepriester haben dich an mich ausgeliefert. Was hast du getan?«

»Mein Königtum ist nicht von dieser Welt«, antwortet Jesus, »wenn es von dieser Welt wäre, würden meine Leute kämpfen, damit ich den Juden nicht ausgeliefert würde.«

»Also bist du doch ein König?«

* Archäologen vermuten, dass es sich bei einem heute an den Ausgrabungsstellen gezeigten Prachtgebäude mit der Bezeichnung *Palatial Mansion* um den früheren Hasmonäerpalast handelt, den Pilatus als Gerichtsgebäude genutzt hat. In seiner Nähe bauten Christen die »Kirche des Pilatus«, die später in Prätoriumskirche beziehungsweise Sophienkirche umbenannt wurde. Reste davon wurden in den 70er Jahren beim Wiederaufbau des jüdischen Viertels bei der heutigen *Yeshiva Porat Joseph* gefunden.

»Du sagst es, ich bin ein König. Ich bin dazu geboren und dazu in die Welt gekommen, dass ich für die Wahrheit Zeugnis ablege. Jeder, der aus der Wahrheit ist, hört auf meine Stimme.«

Pilatus ist ein Zyniker: »Was ist Wahrheit?«

Der Römer ist überzeugt, eher einen Philosophen vor sich zu haben, schlimmstenfalls einen dieser verwirrten Narren Gottes, für die das Land bekannt ist. Der Lärm der Menge wird größer, als er ins Freie an den Richterstuhl tritt, von dem er seine Urteile zu verkünden pflegt. Als Statthalter ist es seine Aufgabe, Volksaufwiegler im Auge zu behalten und jeden Aufstand schon im Keim zu ersticken. Aber dreimal wird der Römer es ablehnen, den Mann aus Nazareth zu bestrafen: »Ich finde keinen Grund, ihn zu verurteilen«, erklärt er zum ersten Mal. Die Hohepriester müssen reagieren und bringen die Anklagen erneut vor, dieses Mal so detailliert wie möglich. Öffentlich wendet sich Pilatus an Jesus: »Hörst du nicht, was sie dir alles vorwerfen?«

Jesus schweigt.

»Willst du denn nichts dazu sagen? Sieh doch, wie viele Anklagen sie gegen dich vorbringen.«

Ein wenig verwundert, aber dennoch gelassen dreht sich Pilatus zu den Hohepriestern und dem Volk: »Ich finde nicht, dass dieser Mensch eines Verbrechens schuldig ist.« Dass er damit wütende Proteste erntet, registriert er mit einer gewissen Genugtuung. »Er wiegelt das Volk auf und verbreitet seine Lehre im ganzen jüdischen Land«, wird ihm entgegengeschrien, »von Galiläa bis hierher.«

Den Römer bringt der Hinweis auf eine Idee. Er schickt den Angeklagten zu Herodes Antipas, dem Landesherrn von Galiläa, der sich wegen des Pessachfestes gerade in Jerusalem aufhält. Herodes ist ohnehin erpicht darauf, endlich diesen sagenhaften Wundermann zaubern zu sehen. Als ihm Jesus vorgeführt wird, stellt er unzählige Fragen – doch der Nazarener bleibt stumm. Verärgert schickt der Tetrarch den Delinquenten zurück. Nicht ohne ihn zu verspotten und ihm einen alten, verschlissenen Prunkmantel umzuhängen, Ausdruck für: dieser Mann ist eher ein Narr als ein Agitator.

Am Nachmittag lässt Pilatus die Hohepriester erneut antreten, um zu erklären, er wolle den Gefangenen »nur auspeitschen lassen, und dann werde ich ihn freilassen«.

Mit dem Tumult, der sofort losbricht, hatte er gerechnet, womöglich auch mit einer neuen Wendung des Falles. Es war römischer Brauch, zu einem Festtag einen Gefangenen freizulassen, den sich Vertreter des Volkes ausbitten durfften. Unter den Leuten auf dem Platz waren inzwischen Chöre laut geworden, die eine Amnestie für einen Mann mit Namen Barabbas forderten, einen von drei zur Kreuzigung vorgesehenen Verurteilten eines antirömischen Anschlags. Aber würden nicht auch die Anhänger des Galiläers versuchen, ihren Rabbi freizubekommen? Den äußerst unangenehmen »Fall Jesus« konnte Pilatus damit loswerden – und gleichzeitig die Begnadigung eines Terroristen wie Barabbas verhindern.

»Wen wollt ihr? Wen soll ich freilassen?«, ruft er in die Menge, »Barabbas oder Jesus, den man den Messias nennt?« Überlegt es euch, verabschiedet er sich, »und kommt morgen früh hierher zurück.« Es ist eine letzte Chance, sich für Jesus zu entscheiden.

Freitag, 6. April

Für die essenischen Juden ist es der 17. des Ersten Monats (sie benutzten nie den heidnisch-babylonischen Namen »Nissan«), der dritte Tag der Pessachwoche. Nach dem Tempelkalender hingegen ist es der 14. Nissan, und damit der »Rüsttag« der Mehrheit der Juden, die nun damit beschäftigt sind, letzte Vorbereitungen für das Pessachfest zu treffen.

Erneut setzt sich Pilatus feierlich auf den Richterstuhl. Soeben hat ein Bote eine Nachricht seiner Gemahlin überbracht. Sie habe heute Nacht einen schrecklichen Traum gehabt. »Lass die Hände von diesem Mann«, ließ sie ausrichten. »Er ist unschuldig.« Konnte er wirklich damit rechnen, die Jesus-Kommune würde ihre Anhänger mobilisieren und endlich die Freilassung des Lehrers fordern? Die Jünger waren wie auf Kommando von der Bildfläche verschwunden. »Den Barabbas« fordert stattdessen erneut ein erkennbar aufgehetzter und bestochener Pöbel. Pilatus wagt einen neuen Versuch: »Was soll ich dann mit Jesus tun, den man den Messias nennt?«

»Ans Kreuz mit ihm!«

Offenbar hat er die Energie, mit der die jüdischen Behörden die Hinrichtung dieses Mannes betreiben, völlig unterschätzt. »Kreuzige ihn, kreuzige ihn!«

Auf Golgatha ragen drei Stämme in den Himmel, die zur Kreuzigung der antirömischen Aufständischen vorbereitet sind. Aber noch immer ist die Frage, wer den Ehrenplatz in der Mitte einnehmen wird. Barabbas ist kein gewöhnlicher Mörder oder Straßenräuber. Er verkörpert als zelotischer Widerstandskämpfer die Hoffnung vieler auf einen nationalrevolutionären Messias, der alle Feinde besiegen und Israel wieder in ganzer Größe erstehen lassen soll.

Aber noch durch ein weiteres Detail kommt die besondere Konstellation dieser Stunde zum Ausdruck. Der Anführer, für den sich die Fraktion der Hohepriester und ihr Anhang entschieden haben, heißt mit seinem Kampfnamen *bar-Abba* genau so, wie sich auch Jesus vorgestellt hatte: *Sohn des Vaters*. Er ist in Person exakt das messianische Gegenbild zum Heilsanspruch Jesu.

Aber hatten die prophetischen Vorhersagen nicht auch geweissagt, der *wahre* Messias werde durch einen schmählichen Tod erkannt werden können? Pontius Pilatus ahnt wohl nichts davon. Aber er lässt sich eine Schüssel mit Wasser bringen, um sich zum Zeichen seiner Unschuld demonstrativ die Hände zu waschen. »Ich habe nichts feststellen können, wofür er den Tod verdient«, versucht der Präfekt erneut, Jesus zu retten – »zum dritten Mal«, wie Lukas eigens festhält – »daher will ich ihn auspeitschen lassen, und dann werde ich ihn freilassen.«

Die Menge hat sich für Barabbas entschieden. Er wird in der Folgezeit jedoch weder ein jüdisches »Reich« verwirklichen noch überhaupt jemals wieder von sich reden machen. Für Jesus hingegen beginnt das Martyrium. Wie zuvor die Priester, so machen sich nun im Innenhof des Prätoriums die Soldaten einen Spaß mit ihm.

Sie legen ihrem Gefangenen einen purpurroten Mantel um und flechten ihm eine Krone aus Dornen. Ein Stock in der Hand dient als Zepter. Feixend fallen die Schergen vor ihm auf die Knie: »Heil dir, König der Juden.« Dann bespucken sie ihn, nehmen Prügel und dreschen auf ihn ein, mit erkennbarer Lust, sich austoben und es einem dieser verhassten Juden zeigen zu können.

Die römische Geißelung ist eine ungeheure Tortur und vermutlich die schrecklichste Folter, die je ein Staat ersonnen hat. Jesus werden zunächst die Kleider ausgezogen. Schließlich wird er an eine Geißelungssäule gekettet. Danach peitschen zwei Henkersknechte ununterbrochen auf seinen Rücken ein. Die Folterer benutzen Lederpeitschen mit eingebundenen spitzen Knochen- oder Metallstücken. Die Haut wird damit buchstäblich in Fetzen vom Körper gerissen. Blut quillt aus Hunderten von Wunden. Blut in Strömen, so hatte es Jesus angekündigt, das für viele vergossen wird. Und wie zur Bestätigung seiner Prophetie wird der Geschundene vor die Menschen gezerrt. Die Dornenkrone hat sich fest in seinen Schädel gebohrt. Er ist gekrümmt vor Schmerz, Gesicht und Körper sind blutverschmiert, und er trägt den pupurnen Mantel, als Pilatus die Worte spricht:

»*Ecce homo;* seht, welch ein Mensch!«

Siebzig tiefe Wunden am Kopf Christi, so der französische Arzt Pierre Barbet, langjähriger Chefarzt der chirurgischen Abteilung des St.-Joseph-Krankenhauses in Paris, seien allein durch die Dornenkrone verursacht worden. Unzählige weitere am ganzen Körper durch Schläge und Peitschenhiebe. Der Chirurg hat die Passion Christi anhand des Grabtuches von Turin untersucht, das die Wunden eines Menschen zeigt, der in der Zeit Jesu gefoltert und gekreuzigt wurde.*

---

* In dem Abbild auf dem geheimnisvollen Leichentuch sehen Gläubige das wahre Bild Jesu Christi. Die Echtheit des Tuches wurde immer wieder angezweifelt, konnte jedoch von keinem Forscher widerlegt werden. Am 21. Juli 2009 verwies die italienische Tageszeitung *La Stampa* auf eine unveröffentlichte Untersuchung des französischen Forschers Thierry Castex, das Leinen enthalte Schriftzeichen in Aramäisch, die vor dem Jahr 70 entstanden sein müssen. Der Sinn der wenigen Buchstaben ergebe in etwa den Satz: »Wir haben gefunden.«

Die unzähligen Verletzungen erinnerten Barbet an die Prophezeiung des Jesaja: »Von der Fußsohle bis zum Scheitel ist nichts dran heil – nur Beulen, Striemen und frische Wunden; man hat sie nicht ausgedrückt, nicht verbunden, nicht gelindert mit Öl.«

Die Mordlust der Menge ist mit der Geißelung nicht gestillt: »Ans Kreuz mit ihm.« Pilatus zögert immer noch. Erneut tritt er Jesus gegenüber: »Woher stammst du?« Wieder keine Antwort. Pilatus rauft sich die Haare. »Du spricht nicht mit mir? Weißt du nicht, dass ich Macht habe, dich freizulassen, und Macht, dich zu kreuzigen?«

Endlich bekommt er eine Antwort: »Du hättest keine Macht über mich, wenn es dir nicht von oben gegeben wäre; darum liegt größere Schuld bei dem, der mich dir ausgeliefert hat.«

Pilatus ist verunsichert und möchte seinen Gefangenen freilassen. Doch die Menge fordert ihr Opfer.

Den Ausschlag gibt schließlich eine kaum verhüllte Drohung der Autoritäten des jüdischen Volkes, beim Kaiser in Rom Beschwerde einzureichen. »Wenn du ihn freilässt, bist du kein Freund des Kaisers«, so ihre überzeugende Rhetorik, denn »jeder, der sich als König ausgibt, lehnt sich gegen den Kaiser auf«.

Eine Anklage in der Hauptstadt konnte schwerwiegende Folgen haben. Die Strafen, mit denen Tiberius Verbrechen gegen seine Majestät ahndete, waren im ganzen Imperium gefürchtet. Spott liegt in Pilatus' Stimme, als er den Geschundenen erneut präsentiert. Langsam wählt er seine Worte: »Das ist euer König! Euren König soll ich kreuzigen?«

Die Hohepriester plärren: »Wir haben keinen König außer dem Kaiser.«

Es ist entschieden. Aber noch in Pilatus' Todesurteil zeigt sich, wovon Jesus gesprochen hatte, als er von »Erhöhung« sprach: *Ibis in crucem!* lautet die Formel: »Auf das Kreuz wirst du steigen!«

Nicht an Römern, nur an Fremden, Sklaven und Knechten durfte die grausamste der Hinrichtungen ausgeführt werden. Und fast scheint, als hätten die Hohepriester im Grunde nur die messianischen Prophezeiungen wiedergegeben, als sie ihr Urteil bekräftigten): »Wir haben ein Gesetz, und nach diesem Gesetz muss er sterben.«

Dazu fügte sich, dass Pilatus ein Schild anfertigen ließ. »Was ist Wahrheit«, hatte er gefragt. Nun ließ er die Wahrheit gewissermaßen ans Kreuz nageln, überschrieben mit einem »Titulus« auf Aramäisch, Lateinisch und Griechisch, der zur Ikone der Christenheit werden sollte: INRI – *Jesus von Nazareth, König der Juden.*«*

Den Einwand der Hohepriester, er möge unbedingt hinzufügen: »So hat er gesagt«, widerstand der Statthalter, als wäre er selbst nur ein Werkzeug in der Hand Gottes: »Was ich geschrieben habe, habe ich geschrieben.« Das Kreuz als der wahre Thron Jesu gibt nun dem Messias-Titel seine eigentliche Bedeutung. »Sie werden auf den hinblicken, den man durchbohrte«, hieß es bei *Sacharja*, dem vorletzten der zwölf »kleinen« Propheten. An jenem Tag werde in Jerusalem große Klage herrschen, gleich der Klage »in der Ebene von Megiddo« (12,10).

Der Prozess Jesu ist entschieden. Wer aber trägt nun die größere Verantwortung für die Verurteilung? Hundert Jahre später wird der römische Geschichtsschreiber Tacitus festhalten: »Christus wurde während der Regierungszeit des Tiberius vom Prokurator Pontius Pilatus zum Tode verurteilt.« Rein formal ist der Statthalter für das Urteil zuständig, für das er in einem Prozess »extra ordinem«, ohne Geschworene, auch die alleinige Verantwortung trägt. »Gelitten unter Pontius Pilatus«, so drückt denn auch das christliche Glaubensbekenntnis diesen Tatbestand aus. Aber hatte nicht die Jerusalemer Obrigkeit einen zumindest gleich hohen Anteil an diesem Tod? Es liege »größere Schuld bei dem«, so hatte Jesus gegenüber Pilatus die Verhältnisse zurechtgerückt, »der mich dir ausgeliefert hat«.**

Ohne Zweifel war nach der Schilderung der Evangelien der Druck der Priesterführung und ihres organisierten Einpeitsch-

---

* Der Rekonstruktion einer israelischen Forscherin zufolge wich die hebräische Zeile vom Text ab. Sie lautete demnach: »Jesus von Nazareth, euer König.«
** Sowohl Kajaphas wie Pilatus wurden 36 n. Chr. vom syrischen Legaten Vitellius abgesetzt, drei Jahre später wurde Herodes Antipas von Kaiser Gaius (Caligula) nach Südfrankreich verbannt.

Pöbels maßgeblich dafür verantwortlich, dass Pilatus als *politischer* Richter einknickte. Eindeutig hatte zuvor der Sanhedrin bereits das *religiöse* Todesurteil gesprochen. Aus dem Ablauf des Verfahrens geht freilich auch hervor, dass nicht *die* Juden schlechthin Jesus verurteilt hatten. Die Unterstellung, das ganze Volk Israel sei für die Kreuzigung Christi verantwortlich, schuf über Jahrhunderte hinweg mit die Basis für einen religiös geprägten Antisemitismus, der zu Verfolgung und Terror führte. »Im Bewusstsein des Erbes, das sie mit den Juden gemeinsam hat«, hielt deshalb das Dekret *Nostra Aetate* des Zweiten Vatikanischen Konzils fest, »beklagt die Kirche alle Hassausbrüche, Verfolgungen und Manifestationen des Antisemitismus.«

Tatsächlich entbehrt die Kollektivanklage gegen *die* Juden jeglicher Grundlage: Den Urteilsspruch fällte mit dem Sanhedrin zwar eine jüdische Körperschaft. Als verhasster Volksgerichtshof hatte er sich allerdings völlig vom Volk isoliert. Von Gruppierungen wie den Essenern wurden die Tempelpriester schon lange nicht mehr als die rechtmäßigen Vertreter des Judentums angesehen.

Selbst innerhalb der führenden religiösen Klasse stellte der Sanhedrin eine exzentrische Minderheit dar, dominiert von einer einzigen Familie, dem Clan der Hannas.

Das sogenannte Volk, das sich im Hof des Pilatus eingefunden hatte und lauthals das »Kreuzige ihn« schrie, bestand aus bestellten Hooligans. Dabei hatte der Innenhof des Prokurators, so der Historiker Thiede, nur ein Fassungsvermögen für sechzig Personen. Selbst wenn man die Zahl verzehnfachte, ist diese Menge winzig im Vergleich zu den über 200 000 jüdischen Pilgern, die sich an Pessach in der Stadt aufhielten. Wenn man denn von einer »Stimme des Volkes« reden möchte, dann zeigte sich diese in den jubelnden Massen, die Jesus mit Hosanna-Rufen in Jerusalem empfangen hatten.

Der im Matthäusevangelium zitierte Ausruf der Menge: »Sein Blut komme über uns und unsere Kinder« entsprach keiner Selbstverwünschung, sondern einer von der *Mischna* vorgegebenen Formel für Zeugenaussagen. Im griechischen Original bei Matthäus heißt es gemäß der alttestamentlichen Formel denn auch nur: »Sein Blut über uns«; von »Kommen« ist hier nicht die Rede.

Gewiss hatten Juden Jesus verfolgt und verurteilt, es waren andererseits auch ausschließlich Juden, die seinen Auftrag und seine Botschaft in die Welt trugen. Bereits wenige Jahre nach Christi Tod stellten sie mit Abstand die größte organisierte religiöse Gruppe des jüdischen Volkes. Während etwa die Pharisäer laut Flavius Josephus 6000 Mitglieder zählten, gibt die Apostelgeschichte für diese Zeit bereits 8000 getaufte Judenchristen an, darunter »führende Männer«, die sich »wegen der Pharisäer« nicht offen bekannten, »um nicht aus der Synagoge ausgestoßen zu werden« (Joh 12,42). »Und der Herr«, notierte Lukas, »fügte täglich ihrer Gemeinschaft die hinzu, die gerettet werden sollten« (Apg 2,47).

Jesus wurde verurteilt, gemartert und vor einen johlenden Pöbel gezerrt. Wo aber waren seine Anhänger abgeblieben? Warum waren nicht Scharen von Jüngern aufgetaucht, um vor Pilatus die Amnestie für ihren Meister zu verlangen? Waren sie in völlige Lähmung verfallen? Der Messias, Gottes Sohn, der Erlöser, jemand, der Blinde sehend und Tote lebendig machen konnte, hatte sich erniedrigen lassen. Da waren auch keine Engel, die ihn aus dem Gefängnis geholt hätten. Hatten sich die Apostel, wie zumeist vermutet wird, in ihrer Enttäuschung innerlich wie äußerlich von Jesus abgewandt? »Das Kreuz war für sie letzter und deutlichster Beweis dafür«, so Peter Hirschberg, »dass Jesus gescheitert ist.«

Zunächst: Jesus ist nicht gescheitert. Sein Bewusstsein ist nicht das Bewusstsein des Verlierers, sondern des Siegers. Seine Passion ist kein Versagen, sondern eine Lösung; die *Er*lösung schlechthin.

Jesus hatte alles dazu getan, das Projekt in seinem Sinne voranzutreiben. Sein gesamter Zeitplan war auf das Pessach-Fest des Jahres 30 ausgerichtet. Die Auferweckung des Lazarus vor den Toren Jerusalems, die für ungeheures Aufsehen sorgte, hatte die Situation für das Establishment zugespitzt und den Beschluss ausgelöst, ihn zu töten. Das Fest bei Simon in Betanien musste in der Öffentlichkeit als Fanal des Aufbruchs wahrgenommen werden. Er selbst hatte den Ritt auf dem Esel in Szene gesetzt und damit für einen rauschenden, messianischen Einzug gesorgt, der die Pharisäer schockierte (»alle Welt läuft ihm nach«) und förmlich nach einer Gegenreaktion schrie. Immerhin wurde hier der Messias ausgerufen.

Als Herr des Geschehens trieb er mit der neuerlichen Tempelreinigung seine Provokationen nachgerade auf die Spitze. War es am Ende nicht gar einer seiner engsten Mitarbeiter, dessen Verrat es dem Sanhedrin erlaubte, ihn ohne größeres Aufsehen gefangen zu nehmen? Hatte er dann bei seiner Festnahme den Jüngern nicht jeglichen Widerstand verboten und am Ende gar dem Hohepriester, dessen Zeugen wenig taugten, selbst noch den Grund für die Anklage geliefert?

Wesentlicher Teil seines Planes war dabei ein entsprechendes Verhalten seiner Jüngerschaft, insbesondere des Führungskaders. In der Tat hatten die Apostel nach der Gefangennahme Jesu im Garten Gethsemane die Flucht ergriffen. »Da verließen ihn alle Jünger und flohen«, heißt es bei Matthäus und Markus. Das ist freilich schon die gesamte Information über den Vorgang. Lukas erwähnt bei der Gefangennahme noch nicht einmal eine Flucht. Auch Johannes berichtet nichts von einer Flucht. Dafür umso ausführlicher von Petrus und einem »anderen Jünger«, die Jesus gefolgt waren, um ihn nicht aus den Augen zu verlieren.

Markus erwähnt zwar im Zusammenhang der Auferstehung eine Gruppe von Leuten, »die nun klagten und weinten« (Mk 16,10), sagt aber nicht, ob es sich hierbei um Jünger oder gar um die elf Apostel handelte. Und dass in dieser Situation jemand »klagte und weinte«, mag zwar, während die Frauen auf Golgatha standen, kein gutes Licht auf das Verhalten der Männer werfen, ist aber noch kein Hinweis auf Feigheit oder gar Verrat. Dass der Lieblingsjünger im Gegensatz zu den anderen in der Nähe blieb, mag an seiner Aufgabe gelegen haben, sich um die Frauen und insbesondere um Jesu Mutter zu kümmern. Die Verleugnung durch Petrus wiederum ist in erster Linie als Zeichen zu verstehen. Vielleicht auch als Finte. Hatte nicht der Meister gelehrt: »Ich sende euch wie Schafe mitten unter die Wölfe; seid daher klug wie die Schlangen« (Mt, 10,16)? Petrus' Verhaftung hätte der Apostelgruppe schließlich ihre Führungsfigur genommen.

Von nun an jedenfalls ist die Jesus-Mannschaft wie vom Erdboden verschluckt. Aber tatsächlich kommen Petrus und die anderen genau in dem Moment wieder auf die Bühne des Geschehens zurück, als sie von Maria Magdalena die Nachricht vom leeren Grab erhalten. Der Hinweis lautet: »Nun aber geht und sagt seinen Jüngern, vor allem Petrus: Er geht euch voraus nach Galiläa; dort werdet ihr ihn sehen, *wie er es euch gesagt hat*« (Mk 16,7).

Das Verhalten der Jünger Jesu ist weder Feigheit noch Verrat, sondern Anlass, über eine Rehabilitierung nachzudenken. Die Apostel hatten sich aus einem einzigen Grund zurückgezogen: weil Jesus das so wollte.

Dafür steht nicht nur die dreimalige Ankündigung seines Leidens, die detailliert voraussagt, was passieren würde. Hatte er nicht auch beim Verhör vor Pilatus bestätigt, es müsse sein, wie es sei, ansonsten »würden meine Leute kämpfen, damit ich den Juden nicht ausgeliefert würde« (Joh 18,36). Unmittelbar vor dem Einzug nach Jerusalem hatte er seinen Unterricht intensiviert, und zwar durch:

- die Auferweckung des Lazarus, die auf das österliche Geheimnis vorbereitete;
- die Salbung in Betanien, die er ausdrücklich zur Salbung »für den Tag meines Begräbnisses« erklärte;
- die Erklärung gegenüber den Griechen, die Stunde sei gekommen, in der er »erhöht« werden und das Weizenkorn »sterben« müsse;
- die Ankündigung des Weltgerichts und seiner Wiederkunft, die seinen Tod voraussetzten. Jesus hatte nochmals die Umstände dieses Todes erläutert: »Ihr wisst, dass in zwei Tagen das Pessachfest beginnt; da wird der Menschensohn ausgeliefert und gekreuzigt werden« (Mt 26,2);
- die Abschiedsworte beim letzten Abendmahl. Er offenbare ihnen die Ereignisse der nächsten Tage »jetzt schon«, hatte Jesus erklärt, »damit ihr, wenn es geschieht, zum Glauben

kommt«. Die Jünger sollten sich keine Sorgen machen: »Ich bin nicht allein, denn der Vater ist bei mir.« Anfangs würden sie »bekümmert sein«, so sein Trost, »aber euer Kummer wird sich in Freude verwandeln.« Es sei wie bei einer Schwangeren: »Wenn die Frau gebären soll, ist sie bekümmert, weil ihre Stunde da ist; aber wenn sie das Kind geboren hat, denkt sie nicht mehr an ihre Not ...« Sie würden sich ja »wiedersehen«, und dann würde ihr »Herz sich freuen, und niemand nimmt euch eure Freude«.

Es gibt umgekehrt keinen Hinweis darauf, dass Jesus seine Leute angehalten hätte, ihn mit einem Befreiungskommando der Gewalt seiner Häscher zu entreißen. Im Gegenteil. Die Aufforderung, das Schwert in der Scheide stecken zu lassen und auf jede Gegenwehr zu verzichten, wie er in Gethsemane befahl, war bindend. Das Verhalten der Jünger war schlussendlich ein Akt der Beherrschung und Selbstverleugnung, ein Zeichen des Gehorsams.

Golgatha, Freitag, 6. April

Nach römischem Recht war das Urteil eines Präfekten sofort vollstreckbar. Jesus wird einem Exekutionskommando überstellt, das vermutlich aus einem Hauptmann und vier Legionären bestand, und zusammen mit den beiden anderen Verurteilten in seiner blutverschmierten Tunika durch die Gassen der Stadt Richtung Golgatha getrieben.

Ausgangspunkt des Kreuzweges ist der mit farbigen Platten belegte Lithostrotos-Platz vor dem Hasmonäerpalast. Die Strecke bis zur Hinrichtungsstelle ist etwa einen halben Kilometer lang. Der Weg führt zuerst nach Westen auf einer Verbindungsstraße, die Herodes nach dem Bau des oberen Palastes hatte anlegen lassen, dann über die *Agora,* den oberen Markt mit seinem Wirrwarr an Verkaufsständen. Die Delinquenten schleppen den Querbalken *(Patibulum)* ihres Kreuzes auf den geschundenen Schultern. Der Zug muss sich den Weg durch die engen Gassen regelrecht freischlagen. Jerusalem ist überfüllt mit Pilgern, Gästen und Händlern, die in diesen Stunden vor dem Pessachfest ihre letzten Einkäufe machen.

In der Mitte der Agora biegen die Soldaten nach Norden durch das Genattor, das Gartentor. Herodes hatte hier in einem früheren Steinbruch eine Art Stadtpark anlegen lassen. Vor dem Genattor drängen sich klagende Frauen um Jesus. Erschöpft wendet er sich ihnen zu: »Ihr Frauen von Jerusalem, weint nicht über mich; weint über euch und eure Kinder! ... Denn wenn das mit dem grünen Holz geschieht, was wird dann erst mit dem dürren werden?«

An der Stadtmauer taumelt er zwischen blökenden Pessachlämmern, die in diesem Augenblick zum Tempel getrieben werden, um dort am Nachmittag geschlachtet zu werden. Die Geißelung hat ihm seine ganze Kraft genommen. Dreimal ist er bereits unter dem Kreuzbalken zusammengebrochen. Weil die Söldner Sorge haben, ihr Gefangener könnte den Golgatha-Felsen nicht mehr lebend erreichen, zwingen sie einen Mann namens Simon von Kyrene, einen dunkelhäutigen Juden aus Libyen, dem Verurteilten für das kurze Stück der letzten Strecke unter die Arme zu greifen.*

Außerhalb der Stadtmauer biegt der Exekutionshauptmann nach links ab und besteigt den zwölf bis sechzehn Meter hohen Felsen. Seine Gestalt in der Form eines Kopfes gab ihm den Namen Golgatha, zu deutsch »Schädelstätte«.

Eingerammt in Felsenlöchern und mit einem Steinring fixiert, strecken sich drei senkrechte Pfähle gen Himmel. Nach Johannes ist es die dritte Stunde, neun Uhr morgens, als die Kreuzigung beginnt. Bevor die Soldaten an ihre Arbeit gehen, bieten sie Jesus ein betäubendes Getränk an, einen mit Myrrhe gewürzten Wein, den Jesus jedoch ablehnt. Frauen und neugierige Zuschauer werden zurückgedrängt. Sie bleiben unten in der Steinbruchmulde am Fuße der Mauer stehen. Nun machen sich die Henker an ihr grausames Werk.

* Gut 1900 Jahre später entdeckten Archäologen bei Ausgrabungen im Kidrontal 1942 in einem antiken Grab eine Gebeinurkunde (Ossuarium) mit der Aufschrift: »Alexander, Sohn des Simon von Kyrene«.

Dem Verurteilten werden die Kleider heruntergerissen, aus den Geißelungswunden quillt das Blut. Jesus liegt jetzt am Boden, seine Arme werden über dem Querbalken ausgespannt. In der Ferne zucken die Frauen bei jedem Echo der Hammerschläge, mit denen die Henker große Nägel durch beide Handgelenke treiben, zusammen. Schließlich wirft ein Soldat einen Strick über die Gabelung des Rundholzes, macht das Ende am Querbalken fest, um mit Unterstützung der Helfershelfer den angenagelten Körper hochzuziehen und den Balken festzubinden. Ein weiterer Nagel wird durch die übereinandergelegten Füße geschlagen.

Für gewöhnlich waren die römischen Kruzifixe, die zumeist die Form eines T hatten *(Crux commissa)*, mannshoch. Die Untersuchung des Turiner Grabtuchs ließ P. Barbet jedoch ein 2,80 Meter langes und 125 Kilogramm schweres Kreuz aus zwei Teilen vermuten. Der auf Golgatha aufgefundene Steinring wiederum (11 Zentimeter Durchmesser) ergäbe eine Höhe zwischen 2,20 und 2,50 Meter. Während in anderen Regionen die Verurteilten in der Regel nackt am Kreuz hingen, wurde ihnen in Judäa ein Hüfttuch gelassen. Ob nun Jesus mit drei Nägeln an das Holz geschlagen wurde oder mit vier, wie es in der christlichen Ikonographie zum Ausdruck kommt, wird wohl eine Streitfrage bleiben. Der Fund eines Fersenbeins, das 1968 auf dem Hügel Giv'at ha-Mivtar nördlich von Jerusalem entdeckt wurde, zeigte einen einzigen großen Nagel, der durch beide Fersen getrieben worden war.

Die Grausamkeit der Kreuzigung bestand insbesondere darin, dass sie auf einen sehr langsamen, immer wieder hinausgezögerten Tod hinzielte. Der Gekreuzigte hing, sobald er kraftlos zusammensackte, mit seinem vollen Körpergewicht an den Armen. Die Folgen waren eine beklemmende Atemnot und schwere Durchblutungsstörungen. Das unwillkürliche Aufrichten verursachte wiederum scharfe Schmerzen in den Fußwunden. Wann immer er vor Erschöpfung erneut zusammensank, begann die furchtbare Folge von Zusammensinken und Sichaufrichten von neuem.

Der Mann aus Nazareth hängt ausgestreckt an seinem Kreuz. Atemnot quält ihn, und während die Sonne auf Kopf und Körper brennt, schwillt der durch die Geißelung und das Schleppen des

Kreuzes bereits völlig zerschundene Leib weiter an. Wunden entzünden sich und verursachen unerträgliche Schmerzen. »Menschensohn, ich nehme dir die Freude deiner Augen durch einen jähen Tod«, so hatte Ezechiel schon vor langer Zeit das Wort des Herrn aufgeschrieben, »doch du sollst weder klagen noch weinen. Keine Träne darfst du vergießen, nur leise stöhnen« (Ez 24,15).

»Der ganze Todeskampf bestand aus einem abwechselnden Sichsenken und Sichheben«, folgerte Barbet, »aus Atemnot und Atemschöpfen.« Dennoch sei er sich als Arzt nach seinen Untersuchungen völlig sicher, dass Jesus nicht nur gestorben sei, »*weil* er es gewollt hat«, sondern auch, im Gegensatz zu anderen Gemarterten, denen zur Abkürzung des Todeskampfes die Beine zerschlagen wurden, »*wann* er es gewollt hat«.

Während die zur Bewachung abgestellten Soldaten die Kleider der Gekreuzigten unter sich auswürfeln, wagen sich die ersten Schaulustigen heran, darunter auch einzelne Hohepriester, die sich das schreckliche Schauspiel nicht entgehen lassen wollen. »Wenn du Gottes Sohn bist«, feixen sie, »hilf dir selbst und steig herab vom Kreuz.« – »Der Messias, der König von Israel!«, spotten die Nächsten. »Anderen hat er geholfen, sich selbst kann er nicht helfen.« Selbst einer der Mitgekreuzigten stimmt in die Spottreden mit ein: »Bist du denn nicht der Messias? Dann hilf dir selbst und auch uns!« Auf der rechten Seite Jesu gibt es aber auch den guten Schächer, der nachdenklich geworden ist und mit Jesus in den letzten Stunden seines Lebens zur Besinnung kommt: »Denk an mich«, sieht er Jesus milde an, »wenn du in dein Reich kommst.« Es ist der erste Mensch der Welt, den Jesus durch sein Opfer, das die Welt mit Gott versöhnen soll, mit dahin nimmt, wohin er auch die anderen nachholen will: »Amen, ich sage dir: Heute noch wirst du mit mir im Paradies sein.«

Ganz langsam hatte sich das Licht verändert. Die Sonne schien zunehmend ihre Kraft zu verlieren. Noch schütteln die Gaffer den Kopf, weil Jesus selbst für seine Peiniger noch betet, während er mit ganzer Willensstärke gegen den beißenden Schmerz ankämpft: »Vater, vergib ihnen, denn sie wissen nicht, was sie tun.« Von der sechsten Stunde an, ab 12 Uhr mittags, berichtet Markus, bricht über das ganze Land eine Finsternis herein. Aus den umliegenden Wüsten kriecht ein Sandsturm herauf, der Jerusalem in einen dunklen Staubnebel hüllt. Als Jesus seine Mutter erblickt, die mit Johannes herangetreten war, verabschiedet er sich aus seiner Fürsorge: »Frau, siehe, dein Sohn«, spricht er mit Blick auf seinen Jünger, und mit Blick auf Maria: »Siehe, deine Mutter.«

Die Luft wird immer drückender, die Wolken werden dichter. Aus dem Tag ist eine Nacht geworden, aus dem steinernen Garten mit seinem Gartentor erscheint Golgatha dunkel in der Form des Totenschädels, der ihm seinen Namen gab. Jesu Blick tastet die gegenüberliegende Stadtmauer ab, sucht den dahinterliegenden Tempel mit dem Allerheiligsten. Mit letzter Kraft richtet er sich noch einmal empor: »*Eli, Eli, lema sabachtani*«, ruft er aus. »Mein Gott, mein Gott, warum hast du mich verlassen?«

Einige der Umstehenden hatten die ersten Worte missverstanden. »Hört, er ruft nach Elija!« Einer der Soldaten taucht einen Schwamm in Essig, steckt ihn auf einen Ysopzweig und gibt Jesus zu trinken. Dabei sagte er: »Lass uns doch sehen, ob Elija kommt und ihn herabnimmt.«

Doch Jesu letzte Worte sind ein Gebet. *Eli, Eli, lema sabachtani* (griechisch: *Eloï, Eloï, lema sabachtani*) gehört zum Anfangsvers von Psalm 22, dem großen Leidenspsalm Israels, und er gilt in dieser Stunde dem Schicksal seines Volkes, auch wenn sich die Hohepriester und Passanten darüber lustig machen. Mit dem Klageruf verleiht er seiner tiefsten Qual und Sehnsucht Ausdruck und zeigt, dass den Kelch des Messias nur der reichen kann, der sich auch selbst ganz gibt. »Die Armen sollen essen und sich sättigen … aufleben soll euer Herz für immer«, heißt es in dem Psalm, den Jesus weiterbetet und der plötzlich eine Wendung bekommt, indem er in eine eschatologische Prophetie mündet: »Seine Heilstat wird man dem kommenden Geschlecht verkünden, denn er hat das Werk vollbracht.« Es ist wieder einmal der Prophet Jesaja, der das Handeln Gottes vorab beschrieben hatte: »Nur für eine kleine Weile habe ich dich verlassen, doch mit großem Erbarmen hole ich dich heim« (Jes 54,7).

Das Blut des Kelches wäre nur Wein, würde es nicht durch das Blut des Kreuzes verwandelt. Sechs grauenhafte Stunden dauert das ungeheure Leiden und Sterben Jesu am Kreuz. In der Sekunde seines Todes reißt im Tempel der Vorhang entzwei, als würde ein Vertrag in zwei Hälften gerissen. Die Erde beginnt zu beben, die Felsen spalten sich. Es ist die Katharsis. Das reinigende Gewitter und der Zusammenbruch der alten Welt, ohne deren Kapitulation keine Veränderung und kein Neuanfang möglich sind. Alle Elemente geraten in Aufruhr. Der Sturm, der die Erde auskehrt, wirft sogar die Toten aus den Gräbern.

Jesus blutet. Seit dem Mord an Abel schreit das Blut zum Himmel, wann immer Menschen durch Hass und Gewalt verletzt und getötet werden. Wann werden die Menschen lernen, dass das Leben heilig ist und nur Gott gehört? Auf den Schrei des vergossenen Blutes aber antwortet Gott mit dem Blut seines Sohnes. »Vater, in deine Hände lege ich meinen Geist«, so vernehmen die Umstehenden Jesu letzte Worte: »Es ist vollbracht!«

Es ist Abend geworden, Beginn des Pessach, das Fest der Befreiung aus der Sklaverei. Und über dem Leichnam Christi leuchtet weithin die Schrifttafel des Pontius Pilatus: »Jesus von Nazareth, König der Juden«.

Niemand aber erkennt, dass die Anfangsbuchstaben dieser Schrift, sobald die griechische Zeile ins Hebräische übertragen wird, vier geheimnisvolle Zeichen auf das Schild des Kreuzes zeichnen, wie der jüdische Theologe und Historiker Schalom Ben-Chorin zweitausend Jahre später entdecken sollte: *Jeschu(a) Ha-Nozri W(e)Melech Ha-Jehudim*. Es ist das heilige Tetragramm des Unaussprechbaren. Es ist der Name der Liebe, der Name Gottes – JHWH –, der da mit und in Jesus über seinen Tod hinaus heißt:

Ich bin da.

Epilog

Ich war am Ende meiner Reise angekommen. Jesus war tot. Nun saß ich mit einigen anderen Pilgern auf Golgatha: Popen und Franziskaner, armenische und äthiopische Nonnen, ein paar alte Frauen – und zwei Milliarden andere Menschen, die noch immer glauben, dass Jesus lebt.

Wie ist das möglich?

Es war bereits spät am Abend. Die Dämmerung hatte eingesetzt. Im Erdgeschoss der Grabeskirche eilten späte Pilger zum Grabmal Christi, das in der Mitte der Kirche mit einer winzigen Kapelle umbaut ist, vor der orthodoxe Mönche Wache halten. Ich musste an Pilatus denken, der die Frage stellte: »Was ist Wahrheit?« An Petrus, der Jesus verleugnet hatte, noch bevor der Hahn krähte. An Kajaphas, der sein Gewand zerriss, zum Zeichen dafür, dass sein Urteil feststand: »Wozu brauchen wir noch Zeugen?«

Kann man den Hohepriester verurteilen? Klagen nicht auch wir diesen Jesus permanent an?

»Du bist nicht der Messias, sondern nur ein begabter Prediger!«

»Deine Wunder sind nicht echt, sondern Gaukelei!«

»Deine Lehre ist nicht von dir, sondern eine Erfindung nachösterlicher Autoren!«

»Du bist gar nicht gekreuzigt worden, sondern hast dich heimlich aus dem Staub gemacht!«

»Ja, wenn man es recht bedenkt, dann hast du eigentlich gar nicht gelebt!«

Jesus starb am Kreuz. Auf einen glorreichen Einzug in Jerusalem und einen fragwürdigen Prozess folgte ein schmerzhafter Tod. War das alles? Und wenn das alles gewesen wäre, was wäre geblieben?

Allein das Leben Jesu und seine Lehre hätten im Grunde genügt, um den Mann aus Nazareth unsterblich zu machen. Seine überwältigende, noch nie da gewesene Botschaft war verkündet, der Neue Bund gegründet, der Auftrag zur Mission erteilt, ein Stellvertreter in Simon Petrus berufen, die Eucharistie eingesetzt und das heilige Vermächtnis gegeben: Tut es mir gleich; tut es zu meinem Gedächtnis!

Es hätte genügt. Kein Satz der Bergpredigt wäre deshalb schwächer oder gar fragwürdig. Die Welt hätte nicht nur einen Philosophen, sie hätte auch ein Vorbild gehabt, einen Meister, der im Sterben nichts als Opfer und Vergebung ausdrückt, gelebte Liebe, wie sie stärker nicht sein kann. Es hätte genügt.

Jesus Christus genügte es nicht. Jesus blieb nichts schuldig. Sein Werk war noch nicht beendet, und die Offenbarung der messianischen Prophezeiungen noch nicht vollends erfüllt.

Wegen des Sabbat- und Festbeginns mussten am Freitagnachmittag, am 6. April, auf Golgatha die Leichen schnell abgenommen werden. Um ihr Sterben zu beschleunigen, zerschlugen die Soldaten den beiden Mitgekreuzigten die Beinknochen. Als sie zu Jesus kamen, sahen sie, dass er bereits tot war. Um jeden Zweifel zu beheben, stieß einer der Soldaten mit der Lanze in seine Seite. Sogleich flossen Blut und Wasser heraus (Joh 19,34).

Unterstützt von den Frauen, hatten Nikodemus und Josef von Arimathäa, der als Mitglied des Hohen Rates den Prozess gegen Jesus boykottiert hatte, damit begonnen, den Leichnam abzunehmen. Nachdem der Tote mit einer Mischung aus Myrrhe und Aloe (Joh 19,39) eiligst einbalsamiert und mit Leinenbinden umwickelt worden war, ging der kleine Leichenzug Christi den Hügel hinunter, wo ein Teppich von Blumen daran erinnerte, dass es Frühling war.

Josef hatte sich von Pilatus erbeten, Jesus in einem ihm gehörenden kleinen Felsengrab unmittelbar bei dem Hinrichtungsfelsen bestatten zu dürfen. Über einige Steinstufen wurde der Tote durch eine niedrige viereckige Öffnung in eine Vorkammer gebracht und schließlich in der inneren Grabkammer auf eine steinerne Bank gehoben. Schließlich rollten die Männer einen großen, runden Stein vor die Grabesöffnung, verkeilten ihn und gingen nach Hause. Auf Betreiben der Hohepriester wurde das Grab versiegelt und von Soldaten bewacht. Und während das leere Kreuz Christi in das tiefschwarze Gewölbe des Himmels aufragte, legte sich eine feierliche Stille über die Stadt. In den Häusern Jerusalems feierten Pilger und Einheimische Pessach, die Erlösung aus der Knechtschaft.

Es ist die dunkelste Nacht der Menschheitsgeschichte. Vielleicht sogar die dunkelste des ganzen Weltalls. Und zugleich ihre hellste. Denn am dritten Tage nach der Kreuzigung geschah etwas, was noch nie auf diesem Planeten geschehen war. Etwas, das die Grenze alles Irdischen überschritt und im Grunde gar nicht geschehen konnte. Und dennoch geschah es. Denn es war die Einlösung eines Versprechens.

Sonntag, 8. April. Maria aus Magdala, Salome und Maria (die Mutter des Jakobus), sind die Ersten, die in Golgatha erscheinen, um nun, nach Ablauf der Sabbatruhe, die zuvor so eilig durchgeführte Salbung zu wiederholen. Doch als sie vor dem Grab stehen, finden sie nicht nur den schweren Stein weggerollt. Sie sehen plötzlich einen jungen Mann mit einem weißen Gewand. »Erschreckt nicht!«, spricht der Engel. »Ihr sucht Jesus von Nazareth, den Gekreuzigten. Er ist auferstanden; er ist nicht hier.«

Nach dem Johannesevangelium ist es Maria aus Magdala, die noch vor den anderen (»als es noch dunkel war«) das leere Grab entdeckt. Als sie zu Petrus und Johannes läuft, um von dem verschwundenen Leichnam zu berichten, erwähnt sie allerdings auch, dass sie nicht allein war (»*wir* wissen nicht, wohin man ihn gelegt hat«). Beide Apostel eilen zum Grab. Petrus wird der Vortritt gelassen, und er findet den Bericht Maria Magdalenas bestätigt.

Der Evangelist Johannes richtet hier sein Augenmerk auf ein Detail, welches es Gläubigen und Wissenschaftlern heute erlaubt, im Grabtuch von Turin und dem deckungsgleichen »Schweißtuch der Veronika« *(Vera Ikona,* »wahres Bild«), das im italienischen Manoppello verehrt wird, nichts Geringeres als das *Volto Santo,* das wahrhaftige Abbild Christi, zu erkennen: »Da kam Simon Petrus ... und ging in das Grab hinein. Er sah die Leinenbinden liegen und das Schweißtuch, das auf dem Kopf Jesu gelegen hatte; es lag aber nicht bei den Leinenbinden, sondern zusammengebunden daneben an besonderer Stelle« (Joh 20,6).

Als am Abend zwei Jünger aus Emmaus zurückkommen und berichten, auch ihnen wäre Jesus (ähnlich wie zuvor Maria Magdalena) leibhaftig erschienen, verfestigt sich die Erkenntnis: Christus ist auferstanden. Es ist wahr geworden, was er als seine Sendung verkündet hat (Joh 11,25–26):

> *»Ich bin die Auferstehung und das Leben.*
> *Wer an mich glaubt, wird leben, auch wenn er stirbt,*
> *und jeder, der lebt und an mich glaubt,*
> *wird auf ewig nicht sterben.«*

Diese Offenbarung Christi wird abgeschlossen in der korrespondierenden Mitteilung der Apokalypse des Johannes, in der es heißt: *»Da sah ich einen neuen Himmel und eine neue Erde; denn der erste Himmel und die erste Erde sind vergangen, auch das Meer ist nicht mehr. Ich sah die heilige Stadt, das neue Jerusalem, von Gott her aus dem Himmel herabkommen … Da hörte ich eine laute Stimme vom Thron her rufen: Seht, die Wohnung Gottes unter den Menschen! Er wird in ihrer Mitte wohnen, und sie werden sein Volk sein; und er, Gott, wird bei ihnen sein. Er wird alle Tränen von ihren Augen abwischen: Der Tod wird nicht mehr sein, keine Trauer, keine Klage, keine Mühsal. Denn was früher war, ist vergangen.«* (Offb 21,1–4)

In der Biografie Jesu hat immer alles mit allem zu tun. Das gilt insbesondere am Ende seines Lebens. Die Tempelreinigung mit der Rede vom Weltgericht. Die Amnestie von *Bar-Abbas* (dem falschen »Sohn des Vaters«) und die Verurteilung Jesu (des »Menschensohnes«). Das Blut des Kelches mit dem Blut des Kreuzes. Der Tod mit der Auferstehung. Ganz so, als wäre es das Gesamtwunderwerk einer allen und allem überlegenen Intelligenz. Jesu letzte Tage in Jerusalem, der Höhepunkt der Erscheinung des Sohnes Gottes auf Erden, entsprechen der Logik und der Konsequenz seines gesamten Wirkens. Sie ist dabei nicht nur die Einlösung dessen, was er selbst immer wieder angekündigt hatte, sondern die Erfüllung der lange vor dieser Auferstehung in den alttestamentlichen Schriften aufgezeichneten Prophezeiungen. Wobei sich gerade auch darin das jesuanische *X-Plus* manifestiert, dieses für ihn so typische Überschreiten des nur Materiellen und Menschlichen hin zum Überirdischen und Göttlichen – kurz: das Siegel Gottes.

Im Zusammenhang betrachtet lässt sich nun auch nicht mehr von einer Niederlage sprechen. Von der Stunde an, da Jesus vom Ölberg herabkommend mit einem vielstimmigen *Hosanna* empfangen wird, bis hin zu seinen Erscheinungen nach der Auferstehung ist es der Weg des Siegers; der Weg des Sieges über den Tod, der Weg der Vergebung, der Weg der Versöhnung, der Weg, der in das Reich Gottes führt – schlussendlich der Weg einer Liebe, in die sich jedermann zu jeder Zeit einloggen kann, ganz wie Jesus es empfohlen hat: »Bleibt in mir, dann bleibe ich in euch« (Joh 15,4).

Und wir sehen umgekehrt gerade in der augenblicklichen Situation der Menschheit, wie zerstörerisch alles Verhalten wird, das von den Maximen Jesu abweicht. Wenn sich der atheistische Mensch zum Herrn seiner selbst aufschwingt, der in einer maßlosen Gier, losgelöst von jeglichen Wertmaßstäben, in ungenierten Beutezügen mit allem tun und lassen kann, was er will, zerfällt alles. Er ist eine Plage der Völker, eine Bedrohung der zivilisierten Welt und ihrer ökologischen und spirituellen Ressourcen. »Weil die Gesetzlosigkeit [die Zurückweisung der Gesetze Gottes] überhand nimmt, wird die Liebe bei vielen erkalten«, hat Jesus angekündigt. Bis das letzte unheilverkündende Zeichen erkannt wird: »Wo das Aas ist, da sammeln sich die Geier.«

Wie verhält es sich nun mit der Auferstehung? Dürfen wir sie als wahr betrachten, oder ist sie nur eine fromme Geschichte? Unter vielen Theologen gelten die Berichte von der Auferstehung und die »Erscheinungserzählungen« als theologische Legenden, sie sollten »historisch nicht für bare Münze genommen werden« (P. Hirschberg). Als Beispiel hierfür wird besonders gern die Emmaus-Geschichte angeführt. Dass »Emmaus« nur eine »Idee« sei, ließe sich schon daran erkennen, dass ein Ort dieses Namens nie existiert habe – bis er eines Tages von Archäologen ausgegraben wurde.

Für die Gläubigen ist die Auferstehung ein Faktum und damit das bedeutendste Zeichen der geschichtlichen Wende, die mit Jesus Christus eingetreten ist, Ausdruck für die Allgewalt Gottes, der alles überschreitet, auch die gewöhnliche Ordnung der Naturgesetze. »Selbst die skeptischsten Historiker geben zu«, so der Theologe und Historiker Karl Braaten, »dass für das frühe Christentum die Auferstehung Jesu von den Toten ein tatsächliches Ereignis in der Geschichte, die Begründung ihres Glaubens und nicht einfach eine mythische Idee war, die der kreativen Phantasie einzelner Gläubiger entsprungen war.«

Paulus war sich dessen so sicher, dass er bereit war, alles auf diese Karte zu setzen: »Ist aber Christus nicht auferweckt worden, dann ist damit auch unsere Verkündigung nichtig und nichtig ist euer Glaube.« Die Auferstehung Christi, so der russische Religionsphilosoph Wladimir Solowjew, unterstreiche nicht nur die Wahrheit des Glaubens, sondern auch die des Verstandes. Denn: »Wenn Christus nicht auferstanden wäre, wenn Kajaphas recht behalten hätte, wenn Herodes und Pilatus weise gewesen wären, hätte sich die Welt als unsinnig entpuppt, als Reich des Bösen, des Betruges und Todes.«

Der Hauptbeleg für die These der Skeptiker, wonach die Auferstehung eine fromme Legende sein *müsse,* beruht auf der Annahme, die Apostel seien geradezu gezwungen gewesen, diesen Fortgang der Ereignisse zu erfinden. Sie hätten damit sowohl vom Versagen Jesu als auch vom eigenen Versagen ablenken wollen und das Scheitern einfach in eine Erfolgsgeschichte umgemünzt. Dieses »Indiz« erweist sich bei genauerer Betrachtung als recht fragwürdig, denn:

- Jesus hatte im Vorfeld seinen Tod stets mit seiner Auferstehung verbunden. Er kündigte dieses Ereignis als Zeichen seines Sieges über den »Herrscher dieser Welt« an.
- Die Apostel waren bestens auf das Geschehen vorbereitet.

Und sie konnten fest damit rechnen, dass Jesus, den sie als den Messias erkannt hatten, seine Ankündigung wahr machen würde (auch wenn es Restunsicherheiten gab). Ihr Stillhalten während der Passionswoche entsprach einer Anordnung Jesu. Sie mussten folglich nicht mit einer erfundenen Geschichte von ihrem »Versagen« ablenken, da es kein Versagen gab.

- Die Passion ist ein bedeutender Teil, aber nicht die ganze Geschichte Jesu. Die Grundlage des Glaubens der Apostel war längst gegeben durch die vorösterliche Botschaft und Wirklichkeit Christi. Seine Wahrheit wurde von der Auferstehung bestätigt, aber sie war davon nicht abhängig.
- Passion und Auferstehung sind als »Idee« und Ankündigung Bestandteil der alttestamentlichen Schriften. Dass sie sich im wahren Messias erfüllen würden, gehörte zu den Glaubenswahrheiten Israels.
- Die Auferstehung steht nicht für sich allein. Sie bewahrheitet sich ähnlich wie Jesu irdisches Wirken durch Zeichen und Tatsachen. Und zwar sowohl in der unmittelbaren Zeit danach (etwa durch die Erscheinungen Jesu, das Pfingstereignis oder die Heilkraft der Jünger) wie auch in den unzähligen »Zeichen« und der Realisierungskraft der Botschaft Jesu in den vergangenen zweitausend Jahren christlicher Geschichte. Jesu Vorhersage wurde vollständig eingelöst: »Ihr werdet meine Zeugen sein in Jerusalem und in ganz Judäa und Samaria und bis ans Ende der Erde.«

Wie steht es zu guter Letzt mit den vielen Theorien, die gegen die Möglichkeit einer Auferstehung vorgebracht werden? Greifen wir die diskussionswürdigen heraus:

WAR JESUS AM KREUZ VIELLEICHT NUR OHNMÄCHTIG GEWORDEN?

Die »Ohnmachtstheorie« stammt aus dem 19. Jahrhundert. Wissenschaftler wollten sich mit ihrer Hilfe die Auferstehung dadurch erklären, Jesus sei am Kreuz vor Erschöpfung in Ohnmacht gefallen und in der feuchten Luft des Grabes wieder aufgewacht. Schon der Evangeliumsbericht, Jesus habe Blut geschwitzt, sei pure Phantasie. Inzwischen entzogen neuere Forschungsergebnisse diesen Theorien den Boden.

Die Beobachtung, Jesus habe Blut geschwitzt, kennt die Medizin heute als sogenannte Mikrozirkulationsstörungen aufgrund von extremem psychischem Stress. Starke Angstzustände können dazu führen, dass die Kapillaren in den Schweißdrüsen aufbrechen, der Schweiß tritt dann mit Blut vermischt an die Hautoberfläche. Bereits die Geißelung musste zu einem fast völligen Zusammenbruch Jesu führen. Die mit Metallkugeln und scharfen Knochenstücken versehenen Lederriemen der Peitschen konnten nach Ansicht des Mediziners Alexander Metherell den Rücken so zerfetzen, dass dabei sogar die Wirbelsäule teilweise freigelegt wurde. Im Verlauf der Geißelung wurden die Fleischwunden so tief, dass sie die Skelettmuskeln erreichten und sich Streifen von zuckendem, blutendem Fleisch lösten. Hinzu kam ein enormer Blutverlust, der bei vielen der Gefolterten zum Tod führte, noch bevor sie gekreuzigt werden konnten.

Die Kreuzigung war mit so unbeschreiblichen Schmerzen verbunden, dass dafür ein neues Wort erfunden wurde, *excruciare*, »aus dem Kreuz heraus«. Das betraf bereits das Annageln des Handgelenks, wenn der Nagel durch den sogenannten Nervus medianus getrieben wird und diesen buchstäblich quetscht. Am Kreuzesstamm rieb sich der offene Rücken am rauhen Holz bei jeder Atembewegung.

Nach der Beobachtung des Johannes soll sich nach Jesu Ableben ein Soldat mit einem Lanzenstich noch einmal seines Todes vergewissert haben. Der Stich führte durch die Rippen der rechten Seite des Brustkorbs, durchstieß offensichtlich den rechten Lungenflügel und traf ins Herz. Aus der Wunde traten »Blut und Wasser«, ein untrügliches Zeichen für den eingetretenen Tod. Theologen haben die Flüssigkeit gedeutet als das Wasser und Blut Christi, das reinigt und rettet. Mediziner kennen es als Perikard- und Pleuraerguss, eine Flüssigkeit, die sich in der Herzgegend ansammelt, wenn es zu einer Herzwandruptur gekommen ist, verursacht durch eine Herznekrose. Es habe keine Möglichkeit gegeben, so

Dr. Metherell, dass Jesus die Kreuzigung überlebt haben könnte: »Es besteht absolut kein Zweifel daran, dass Jesus tot war.«

Die These vom scheintoten Jesus, der im Grab einfach wieder erwacht ist, übersieht im Übrigen, dass ein Gekreuzigter, dessen Füße mit Nägeln durchbohrt wurden, selbst wenn er überlebt hätte, nie wieder richtig hätte gehen können.

Waren die Apostel möglicherweise hypnotisiert oder so fanatisiert, dass sie die Wahrheit ignorierten?

Hypnose gibt es nur als Einzelerscheinung, nicht als kollektives Phänomen. Eine Fanatisierung ist aus dem Evangelium nicht erkennbar. Jesus hat seine Jünger nie manipuliert, sondern die Freiheit ihrer persönlichen Entscheidung geachtet, wie der Fall des Judas demonstriert. Der Erfolg des Christentums, das sich innerhalb kürzester Zeit über das römische Imperium ausbreitete, wurde nicht durch Waffengewalt und Kriegstechnik erzwungen, sondern durch den Geist, den die Missionare Christi in sich trugen. Für eine selbsterfundene Geschichte hätten die Apostel und Jünger kaum ihr Leben gegeben. Die österliche Erscheinung war für sie der letzte Beleg für die Wahrheit der Prophezeiungen. Jetzt offenbarte sich ihnen Jesus nicht nur als Christus und Lehrer, sondern als Inkarnation des lebendigen Gottes.

Gibt es Zeugen für die Auferstehung?

Schon der älteste Auferstehungsbericht, der im ersten Brief des Apostels Paulus an die Korinther überliefert wird, enthält konkrete Angaben zu den Zeugen. Nach Ansicht der meisten Forscher gibt er die Auferstehungsformel wieder, die sich bereits in den Jahren 32 bis 38 n. Chr. gebildet haben musste, also unmittelbar nach dem Tod Jesu. Sie ist damit als sehr frühes und daher glaubwürdiges Zeugnis über das Geschehen nach der Passion zu betrachten: »Christus ist für unsere Sünden gestorben, gemäß der Schrift, und erschien dem Kephas, dann den Zwölf. Danach erschien er mehr als fünfhundert Brüdern zugleich; die meisten von ihnen sind noch am Leben, einige sind entschlafen. Danach erschien er dem Jakobus, dann allen Aposteln …«

Neben den Aposteln, den Jüngern und den Frauen um Jesus wird in den Evangelien eine Reihe von Menschen genannt, die durch das Zeugnis der Passion und der Auferstehung Jesu eine Kehrtwendung vollzogen. Die namhaftesten unter ihnen sind Nikodemus und Josef von Arimathäa, beide prominente und weithin bekannte Mitglieder des Hohen Rates. Und beide sind zweifelsfrei historische Personen.

Dass etwas Außerordentliches, etwas sehr Bedeutendes und die Welt Veränderndes geschehen sein musste, belegt nicht zuletzt der völlig veränderte Lebensstil der Jünger und ein bislang im Judentum für unmöglich gehaltenes Abweichen von den Gesetzen der Tora. Das bedeutet, dass Jesus nach der Auferstehung ganz in den Status Gottes erhoben wurde.

WARUM WURDE JESUS NACH DER AUFERSTEHUNG NICHT WIEDERERKANNT?

Nach der Auferstehungsprophezeiung Ezechiels (Ez 37,1–14) wird Gott am Tag der Auferstehung den Knochen neue Sehnen, neues Fleisch und eine neue Haut anlegen. Jesus nimmt das Ereignis vorweg, indem er äußerlich keine Identität zwischen altem und neuem Leib zeigt. Schon dieser Hintergrund lässt eindeutig auf ein leeres Grab schließen. Alles andere würde in völligem Widerspruch zum Auferstehungsglauben stehen, den Jesus vor seiner Passion noch einmal bestätigt hat. Gläubige Juden mussten davon ausgehen, Jesus in seiner veränderten Körperlichkeit zunächst nicht wiederzuerkennen. Die letzten noch sichtbaren Spuren der Kreuzigung, die der »ungläubige« Thomas an Jesus betrachten und befühlen darf, symbolisieren, dass auch in Zukunft der Auferstandene immer noch auch der Gekreuzigte ist.

WARUM GIBT ES IN DEN SCHILDERUNGEN DER EVANGELISTEN ÜBER DIE AUFERSTEHUNG EINE REIHE VON UNSTIMMIGKEITEN?

Die Abweichungen in den Evangelien sind nicht zu übersehen, aber sie betreffen bei genauerer Betrachtung nur zweitrangige Details. Ob es beispielsweise beim Eintreffen der Frauen am

Grab eher noch dunkel oder eher schon hell gewesen ist; wie viele Frauen überhaupt am Grab gewesen sind und wem sie die Nachricht vom leeren Grab zuerst überbracht haben. Bei Aussagen mehrerer Augenzeugen liegen solche Abweichungen durchaus im Rahmen des Üblichen. Für Historiker sind sie kein Grund, an dem Geschehen grundsätzlich zu zweifeln, im Gegenteil.

Der Verdacht einer Fälschung läge eher nahe, wären diese sekundären Angaben absolut deckungsgleich. Der Kern der Geschichte wird von den Evangelien in völliger Übereinstimmung wiedergegeben. Für Geschichtswissenschaftler, die mit antiken Quellen umzugehen wissen, ist damit die historische Zuverlässigkeit voll und ganz gegeben. Es gebe »kein zweites Ereignis der antiken Geschichte«, so der Althistoriker Thiede, »das so früh und so vielfältig bezeugt ist wie diese Auferstehung und wie die Worte und Taten Jesu, die ihr vorausgingen und folgten.«

Aber nicht nur bei Historikern, auch unter Juristen gilt diese Bewertung als zutreffend: »Als Jurist«, urteilte Sir Edward Clarke, Richter am Obersten Gerichtshof in London, »akzeptiere ich die Berichte der Evangelien als das Zeugnis aufrichtiger Männer über Fakten, die sie beweisen konnten.«

Zum Vergleich: Die Alpenüberquerung Hannibals und sein Angriff auf Rom wird von zwei Berichten überliefert, die sich nicht in Einklang bringen lassen. Dennoch bezweifelt kein Wissenschaftler, dass es sich bei Hannibals Feldzug um eine historische Tatsache handelt.

Was den zeitlichen Ablauf betrifft, so war Jesus den Freitagnachmittag, den ganzen Samstag und den Sonntagmorgen im Grab, nach jüdischem Zeitbegriff musste man diese Spanne als drei volle Tage zählen.

»Gott ist tot«, riefen die Revolutionäre der Pariser Kommune aus, »und wenn es ihn gibt, muss man ihn töten, diesen Alten mit dem weißen Bart, der beschlossen hat, dass die Kinder weinen sollen.« Die Verkünder eines Paradieses auf Erden haben in ihrem Fanatismus eines übersehen: In Jesus Christus hatte sich dieser Gott in seiner ganzen Barmherzigkeit gezeigt: in dem Unschuldigen am Kreuz, der sein Leben gibt, um den Menschen mit dem Menschen zu versöhnen und den Menschen mit dem *Vater*.

»Es gibt keine andere Antwort auf das Problem des Bösen als das Kreuz Jesu«, schrieb Jacques Natanson, »auf dem Gott selbst das Böse in höchstem Maße erduldet hat; und er hat triumphiert, weil er es bis ans Ende durchlitten hat. Diese Antwort entgeht dem Skandal eines tyrannischen Gottes, der sich an den Leiden seiner Geschöpfe weidet.« Angesichts des Bösen, hat Paul Claudel geschrieben, gibt Jesus keine Erklärung, sondern er stellt sich seiner aktuellen Gegenwart. Er zerstört das Kreuz nicht, er streckt sich vielmehr daran aus. Nie mehr wieder sollte jemand das Gefühl haben, dass Gott ihn verlassen habe. »Nur der leidende Gott«, so erkannte der protestantische Theologe Dietrich Bonhoeffer, »hat genügend Kraft, um uns zu helfen.« – »Es ist das Geheimnis Gottes, dass er nicht als jemand in die Welt hereintritt«, fasst Joseph Ratzinger in *Gott und die Welt* zusammen, »der durch Macht die gerechte Gesellschaftsordnung aufrichtet. Er ist dazu herabgestiegen, um für uns und mit uns zu leiden. Wir werden dieses Geheimnis letztlich nie ganz verstehen können. Und trotzdem, es ist das Positivste, das uns über Gott gesagt ist: Seine Macht ist die des Mitliebens und des Mitleidens. Und das wirkliche Antlitz Gottes zeigt sich gerade im Leiden. Gott wird klein, damit wir ihn fassen können. Damit wir Menschen dem Prinzip Hochmut und dem Prinzip Selbstvergottung das Gegenprinzip entgegengehalten bekommen. Er kommt als jemand, der an unser Herz rührt.«

Geben wir zum Schluss das Wort noch einmal dem Evangelisten: Während Jesus von einer Wolke aufgenommen wurde, die ihn den Blicken der Apostel entzog, schreibt Lukas, hätten plötzlich zwei Männer in weißen Gewändern bei ihnen gestanden. Die Mitteilung ist zu finden in der Apostelgeschichte 1,11 – dreimal die Zahl des unteilbaren Einen, der in allem enthalten ist: »Ihr Männer von Galiläa, was steht ihr da und schaut zum Himmel empor?«, trösteten die Engel die Freunde Christi. »Dieser Jesus, der von euch ging und in den Himmel aufgenommen wurde, wird ebenso wiederkommen, wie ihr ihn habt zum Himmel hingehen sehen.«

Die Evangelien

Ein Dossier

1. Die Frage der frühen Aufzeichnungen

Zur Zeit Jesu war Israel das Buchvolk Nummer eins. In allen anspruchsvollen Häusern gab es Täfelchen aus Wachs, um Schreiben zu lernen oder sich Notizen zu machen. Grundlage der ausgeprägten Sprach- und Schreibkultur war das *Wort Gottes.* Und wer las, musste dies nicht nur in mehreren Sprachen können – Hebräisch für die alten Torarollen, Griechisch für die *Septuaginta,* Aramäisch für die neueren Texte in der Umgangssprache. Über das pausenlose Memorieren der Verse und Gesetze aus der Bibel entwickelte sich zudem ein Gedächtnistraining, das Hochleistungsniveau erreichte. Sich große zusammenhängende Texte über die Mnemotechnik einzuprägen war gewissermaßen Volkssport. In den Schulen galt der Grundsatz: Ehe etwas vertieft werden kann, muss es tief im Gedächtnis sitzen – auch wenn man den Inhalt noch nicht verstanden hat.

Durch ihre spezielle Fassung, das Rezitativ, waren die heiligen Texte von Haus aus besonders merkfähig und resistent gegen Verfälschungen. Das Rezitativ enthielt nicht nur einen unveränderlichen Kern, sondern war durch den metrischen Rahmen auch besonders gegen Abweichungen geschützt. Daneben gab es eine eigene Berufsgruppe, die Klasse der Masoreten, der Textüberlieferer, die die alttestamentlichen Schriften komplett auswendig beherrschten, um gewissermaßen als lebendige Datenträger die Kopisten in den Schreibstuben jederzeit korrigieren zu können.

Dass auch Jesus sich dieser rhythmischen Sprechform bediente, zeigen seine wörtlichen Reden in den synoptischen Evangelien (Matthäus, Markus und Lukas), die sich deutlich vom Stil der Verfasser abheben. Neunzig Prozent seiner Worte haben eine poetische Form, unterstützt durch einprägsame Bilder und die Verwendung von Parallelismen. Die Evangelien schildern, dass die Zuhörer wie Trauben an Jesus hingen, sobald er irgendwo eine seiner Predigten begann. Seine Sprache war anschaulich, knapp, pointiert und nahm die Menschen für den Sprecher ein. Sie verstanden jedes seiner Worte als Offenbarung, wie sie es von den biblischen Propheten her kannten.

Die Möglichkeit, die zentralen Punkte der Botschaft Jesu auch authentisch im Wortlaut zu überliefern, lag nicht nur an Jesu Sprechweise oder der auf Hochleistung trainierten Gedächtnisfähigkeit eines ausgesprochenen Buchvolkes. Überall in Israel habe es bereits zur damaligen Zeit Menschen gegeben, so der Historiker Alan Millard, »die das, was sie hörten, aufschreiben konnten, sei es als Gedächtnisstütze für sich selbst oder als Information für andere« – wirtschaftliche Interessen nicht ausgeschlossen. In Athen suchten Buchhändler, wie man wusste, händeringend nach neuen Stoffen, die sie in ihren Verkaufsständen auf der Agora, dem Marktplatz, einem interessierten Publikum anbieten konnten. Und in der Hauptstadt Rom beschäftigten Verleger bereits *lectores*, die den Text eines Autors hundert schreibenden Sklaven vorlasen, um sie durch die menschlichen Schreibmaschinen kostengünstig vervielfältigen zu lassen.

Dass es bereits vor dem Erscheinen der Evangelien Mitschriften mit wörtlichen Zitaten Jesu – sogenannten Logien – und Ereignisprotokolle gab, ist Basis der in der Forschung allgemein anerkannten Hypothese »Q«, »Q« wie Quelle. Diese »Quelle« gibt es bislang jedoch nur als Konstrukt aus jenen Textstellen, die in den synoptischen und teils auch in apokryphen Evangelien identisch sind. »Q« erklärt, wie es zu der großen Menge an übereinstimmenden Texten in den Evangelien nach Matthäus und nach Lukas kommen konnte. Beide Autoren hätten demnach weite Passagen aus einer schon kursierenden Urschrift übernommen, in großen Teilen sogar wörtlich.

Der Neutestamentler Karl Adam wies bereits vor siebzig Jahren darauf hin, dass in den aus den übereinstimmenden Texten zusammengestellten »Logienquellen« die Passionsgeschichte fehle. Für Adam der Beleg dafür, dass die Vorlagen für die Evangelien schon zu Lebzeiten Jesu kursiert haben mussten. Der israelische Wissenschaftler Lev Gillet sieht es ähnlich. Dank der genauen Überlieferungen, so der Sprachforscher, könne man davon ausgehen, in den Evangelien tatsächlich »die ureigenen Worte Christi« vor sich zu haben.

2. Die Frage der Datierung

Nach Überzeugung der Väter des Zweiten Vatikanischen Konzils erfolgte die Entstehung des Neuen Testaments in drei Etappen. Grundlage sei 1. Jesus mit seinem Leben und seiner Predigt; 2. die mündliche Predigt der Jünger, autorisiert durch »die ersten Augenzeugen und Diener des Wortes«, und 3. die schriftliche Fixierung auf der Basis erster Sammlungen von Jesus-Worten. Die Verfasser haben, so das Konzilsdokument *Dei Verbum* (»Wort Gottes«), die Botschaft in eine Fassung gebracht, indem sie aus dem vorhandenen Stoff auswählten und die mündliche und schriftliche Historie ordneten.

Als Editionsverlauf der Evangelien wird in der Wissenschaft mehrheitlich die Abfolge Markus–Matthäus–Lukas–Johannes akzeptiert. Ein Sondervotum gibt der Heidelberger Theologe Klaus Berger ab, der das Johannesevangelium als frühesten Text sieht, da es sich an die wichtige Gruppe der Priester und Schriftgelehrten wende. Als gesichert gilt, dass Matthäus und Lukas auf dem Markusevangelium und zusätzlich auf einer weiteren Stoffsammlung aufbauen, eben jener Logienquelle »Q«. Darauf deute insbesondere die 99-prozentige wörtliche Übereinstimmung zwischen Matthäus und Lukas bei der Wiedergabe der Worte Johannes' des Täufers hin.

Niemand jedoch kann mit letzter Gewissheit angeben, in welchen Jahren exakt die Evangelien geschrieben wurden. Es gibt kein Original, das sich chemisch auf seine Entstehungszeit hin untersuchen ließe. Bis in die jüngste Zeit galt dabei in weiten Kreisen der Theologen das Dogma, die Evangelien könnten erst viele Jahrzehnte, womöglich sogar erst ein Jahrhundert nach dem

Tod Jesu entstanden sein. Die Spätdatierung jedoch ist nicht mehr als eine These, die sich durch ständige Wiederholung verselbständigte und den Rang eines Beweises einnahm. Belege für ihre Richtigkeit gab es nie. Im Gegenteil. »Es gibt auch nicht die Spur eines Beweises dafür«, erklärte der Papyrologe und Paläograf Carsten Peter Thiede, Konservator der Papyri von Qumram am Jüdischen Nationalmuseum in Jerusalem, »dass die Evangelien später als in der Mitte des ersten Jahrhunderts geschrieben wurden.«

Die historisch-kritische Datierung leitet sich einzig von der Zerstörung des Jerusalemer Tempels durch die Römer im Jahr 70 her. Da nicht sein kann, was nicht sein darf, war für die Anhänger dieser Sichtweise klar, dass Jesus die Prophezeiung dieser Zerstörung im Nachhinein in den Mund gelegt worden sei. Folglich könne das Evangelium erst nach dem Jahr 70 entstanden sein.

Wie unscharf die Logik ist, zeigt sich auch an einer anderen Prophezeiung Jesu, in der er den Orten Kafarnaum, Chorazin und Betsaida den Untergang ankündigte. Tatsächlich verschwanden alle genannten Siedlungen von der Bildfläche. Betsaida bereits im Jahre 115, Chorazin zu Beginn des 4. Jahrhunderts und Kafarnaum in der Mitte des 7. Jahrhunderts – was nach der Zerstörungstheorie bedeuten müsste, die entsprechenden Evangelien-Texte könnten erst nach dem 7. Jahrhundert entstanden sein.

Die Absurdität und die Willkür der rein textimmanenten Stilkritik trieb sogar Adolf von Harnack auf die Palme. Der Altmeister der liberalen protestantischen Theologie mag erkannt haben, dass es dabei nicht zuletzt einer Interpretation mit der Brechstange bedurfte, aus Markus 13,1–4 überhaupt herauszulesen, er und die anderen Evangelisten blickten bereits auf die Zerstörung Jerusalems zurück. Harnack war redlich genug, das Markusevangelium in die Zeit 50 bis 60 n. Chr. zu datieren, also bis zu zwanzig Jahre vor dem Datum des Tempelsturzes.

Einer der Ersten, die das Dogma der Modernisierer in Frage stellten, war der Neutestamentler John Robinson aus Cambridge. Robinson kam bereits 1975 zu dem Schluss, dass das Begräbnis Jesu eine der frühesten und am besten belegten Tatsachen sei, die wir über den historischen Jesus kennen. Die Erstentwürfe der Texte müssten daher, allein unter diesem Blickwinkel betrachtet, sehr früh nach der Kreuzigung entstanden sein, also bereits in den dreißiger Jahren. Robinson fand zunächst kein Gehör, aber seit dem letzten Viertel des vergangenen Jahrhunderts ist in der Forschung die bisherige späte Datierung der Evangelien nicht mehr zu halten.

Auch wenn Medien unverdrossen einen überholten Stand verbreiten, gilt heute in der Wissenschaft als weitgehend anerkannt, dass die synoptischen Evangelien (Markus, Matthäus, Lukas) zwischen Anfang der vierziger und Ende der sechziger Jahre entstanden. C. P. Thiede etwa datiert das Lukasevangelium auf 44 n. Chr., G. Zunz das Markusevangelium auf 40 n. Chr., A. Schick auf 65 n. Chr., C. Blomberg auf die Mitte der fünfziger Jahre n. Chr., G. Theißen die Logienquelle Q auf etwa 40 n. Chr. Ein Teil der Forscher votiert gar für einen Entstehungszeitraum unmittelbar nach dem Tode Jesu. Bei allen Evangelien, so die Erkenntnis, sei jedenfalls davon auszugehen, dass sie zu einem Zeitpunkt verfasst wurden, als viele derjenigen, die Jesus persönlich begegnet waren, noch gelebt hatten.

Selbst wenn man als die ersten überlieferten Schriften des Christentums die Briefe des Apostels Paulus annimmt, ergibt sich eine sehr früh abgeschlossene Verfassung der Essenz des christlichen Glaubens. Wissenschaftler wie der amerikanische Neutestamentler Craig Blomberg gehen davon aus, dass Paulus bereits Ende der vierziger Jahre seine Briefe begonnen hat. Paulus war im Jahr 32, zwei Jahre nach der Passion Christi, zum Glauben gekommen. Seine ersten Treffen mit den Aposteln in Jerusalem dürften im Jahre 35 stattgefunden haben. Paulus müsse also das in seinen Briefen vermittelte Glaubensbekenntnis in dieser Zeit erfahren haben. Darauf verweist insbesondere das durch Paulus in seinem ersten Brief an die Thessalonicher kurz nach dem Jahr 52 überlieferte *Kerygma* (griech.: die vom Herold ausgerufene Bekanntmachung), das bereits die komplette Kurzformel der Botschaft von Leben, Tod, Auferstehung und glorreicher Wiederkunft des Jesus von Nazareth enthält.

In seinem ersten Brief an die Korinther im 15. Kapitel gab Paulus bereits auch das *Credo* wieder, wie wir es bis heute kennen: »Christus starb für unsere Sünden, wie es die Schriften gesagt haben, und wurde begraben. Er ist am dritten Tag auferweckt worden, wie es die Schriften gesagt haben, und erschien dem Kephas, dann den Zwölf. Danach erschien er mehr als fünfhundert Brüdern zugleich; die meisten von ihnen sind noch am Leben ...«

Das Credo ist daher nicht das Resultat eines langwierigen Formungsprozesses, sondern die blitzartige Erkenntnis einer Gruppe von Juden, die das bislang Undenkbare tut, nämlich einen in Galiläa geborenen Menschen mit Gott gleichzusetzen.

Wenn nun der »Apostel der Völker« zwanzig Jahre nach der Kreuzigung Jesu bei den Lesern seiner Briefe das Wissen um die Worte Jesu voraussetzt, die er lediglich ausdeuten und vertiefen will, dann ist auch vorstellbar, dass bereits andere Autoren Berichte über Worte und Taten Jesu in Umlauf gebracht hatten. »Vor allem habe ich euch überliefert, was auch ich empfangen habe«, teilte Paulus mit. »Schon viele haben es unternommen«, bemerkt schließlich auch Lukas in seiner Vorrede, »einen Bericht über all das abzufassen, was sich unter uns ereignet und erfüllt hat.«

US-Forscher Craig Blomberg gibt dabei zu bedenken: Wenn Markus mit die Grundlage für das Evangelium des Lukas ist, Lukas aber seine Apostelgeschichte nicht später als im Jahre 62 geschrieben haben kann (vor dem Tod des Paulus; mit seinem Hausarrest nämlich hört die Geschichte abrupt auf) und sein Evangelium vor der Apostelgeschichte verfasst hat, dann muss das Markusevangelium bereits Mitte oder Ende der fünfziger Jahre vorgelegen haben. Das sind fünfundzwanzig bis dreißig Jahre nach dem Tod Jesu. »Historisch gesprochen«, unterstreicht Blomberg, »ist das wie eine brandaktuelle Nachrichtenmeldung.«

Die Datierung der Evangelien auf 30 Jahre nach Jesu Tod bedeutet, dass selten oder sogar nie zuvor über eine geschichtliche Persönlichkeit so früh Aufzeichnungen angefertigt wurden wie über Jesus, um der Nachwelt ein authentisches Zeugnis zu geben. Die frühesten Aufzeichnungen über Alexander den Großen beispielsweise durch seine Biografen Plutarch und Arrian entstanden vierhundert Jahre nach seinem Tod. Kein Wissenschaftler kam auf die Idee, diese Biografien in ihrer Glaubwürdigkeit anzuzweifeln.

3. Die Frage nach den Verfassern

MARKUS

Das nach der Tradition älteste Evangelium, der Bericht des Markus, wird von Carsten P. Thiede bereits in die fünfziger Jahre, »wenn nicht sogar noch früher«, datiert. Die Forscher Chr. J. Wenham und Harald Riesenfeld plädieren in Anlehnung an Thiede für die Jahre 44 bis 46, G. Zunz schlägt 40 vor. Der Bibelwissenschaftler Karl Jaroš wiederum vermutet eine Entstehung zwischen 50 und 70 n. Chr. Sämtliche Datierungen sind jedenfalls weit vor der Zeit, die durch die historisch-kritische Schule vorgegeben wurde und die bis heute die Einschätzung trübt.

Einen handfesten Beleg für eine Datierung noch vor 50 n. Chr. lieferte der spanische Papyrologe José O'Callaghan, der bereits 1972 einen Text auf einem noch vor dem Jahr 50 beschriebenen Papyrus – mit der Bezeichnung 7Q5 aus der Höhle Nr. 7 in Qumran – als die beiden Verse Markus 6,52–53 identifizierte. Maßgeblich war ein sogenannter *Paragraphos,* eine Lücke zwischen den Buchstaben, durch die die beiden Verse voneinander unterschieden wurden. Die Identifizierung ist umstritten, konnte jedoch trotz intensiver Forschungsarbeit noch von niemandem widerlegt werden. O'Callaghans Kollege Thiede, der Papyri in den Bibliotheken von Oxford, Paris, Barcelona und Jerusalem »durch minutiöse Untersuchungen neu datieren konnte« (H. Pflüger), hat sie ausdrücklich bestätigt.

Die Apostelgeschichte erwähnt Markus (Hauptname Johannes), Sohn einer jüdisch-christlichen Familie aus Jerusalem und Vetter des Barnabas, als Begleiter des Apostels Paulus auf der ersten seiner im Jahr 44 begonnenen Missionsreisen. In Rom arbeitet er für Petrus als Dolmetscher. Wie E. Earle Ellis durch Sichtung der altkirchlichen Nachrichten nachweist, wurde Markus von der

Gemeinde gebeten, die Botschaft des Augenzeugen Petrus schriftlich festzuhalten. Erkennbar wendet sich der Evangelist vornehmlich an Heiden. Gebräuche, die nur in Palästina bekannt sind, werden eigens erläutert. Dafür fehlt der im Matthäusevangelium so charakteristische »Schriftbeweis« aus den alttestamentlichen Propheten.

Beim ersten der vier Evangelien überwiegen die Taten vor den Worten Christi, als solle damit früh einer theologischen Gefahr entgegengewirkt werden, durch die einseitige Fixierung auf das gesprochene Wort das Leben Jesu zur Legende und aus Christus einen Wanderprediger zu machen. »Nicht im bloßen Geist, erst im Leib wird Geschichte und Schicksal«, hatte Romano Guardini in seinem Werk *Der Herr* gewarnt, »im Erlöser ist aber Gott gekommen, um Geschichte und Schicksal zu haben.« Das »Wort« sei eben Fleisch geworden, ein Ausdruck für gegenständliche, real gewordene Geschichte; die Erscheinungsform des »Logos«, in der Gott »unter uns gewohnt« hat, wie das Johannesevangelium formuliert.

Markus kann als Berichterstatter aus dem Vollen schöpfen. Er stützt sich nicht nur auf die Predigten und Informationen, die er als Assistent des Petrus und Mitarbeiter des Paulus notiert. Das Haus seiner Mutter Maria in Jerusalem ist Versammlungsort der Mitglieder der Urgemeinde, der ersten und besten Zeugen Jesu, die sich finden ließen. »Bring Markus mit«, schrieb Paulus an seinen Schüler Timotheus. Bei dem Hinweis, ihm »auch die Bücher und die Pergamente« einzupacken, könnte es sich zum einen um Rollen der alttestamentlichen Schriften, bei den Pergamenten bereits um Vorläufer der Evangelien gehandelt haben.

Mit dem Autorenkollegen Lukas gehörte Markus in Rom bald zu den am meisten gesuchten Personen. Nach der Kreuzigung des Petrus um 64 n. Chr. verließ er die Stadt, um in Ägypten als erster Bischof von Alexandrien zu wirken, bevor er vermutlich von der Geheimpolizei Neros aufgespürt wurde. Auf abenteuerlichen Wegen sollen seine Gebeine 750 Jahre später nach Venedig gekommen sein. Seither trägt die Lagunenstadt sein Symbol, den geflügelten Löwen, als ihr Wahrzeichen.

Markus war der erste, Matthäus ist der zweite der heiligen Reporter Gottes (der in einem großen Teil seines Werkes auf seinen Vorgänger zurückgreift). Die kirchliche Tradition identifiziert ihn eindeutig mit dem Zöllner Levi, der von Jesus den Beinamen Matthäus erhalten hat. Während historisch-kritische Theologen eine Entstehung seines Evangeliums für die Zeit weit nach 70 annehmen, datieren es neuere Experten wie Karl Jaroš auf einen Zeitrahmen zwischen 50 und 70. Thiede sieht die Entstehung noch früher. Matthäus' Bericht, so der Papyrologe, habe bereits kurz nach dem Apostelkonzil des Jahres 48 als fertiges Evangelium vorgelegen. Als Zollpächter einer der lukrativsten Zollstellen am Ufer des Sees Genezareth (sie wurde durch Bargil Pixner ausgegraben) habe er nach den Anforderungen, die von den Römern an einen Mann seiner Position gestellt wurden, mit hoher Wahrscheinlichkeit nicht nur Normalschrift, sondern auch Tachygrafie, eine Schnellschrift, beherrscht, wodurch er die Reden des Meisters zeitnah aufschreiben konnte.

Historisch-kritische Theologen bezweifeln die Autorenschaft von Matthäus mit der Begründung, er hätte doch wohl kaum auf das Buch eines Nicht-Augenzeugen wie Markus zurückgegriffen. Ein fragwürdiges Argument, handelte es sich dabei doch immerhin um einen Mitbruder aus der unmittelbaren Nähe von Petrus und Paulus.

Etwa sechzig Prozent seines Textes spiegeln eine Sammlung von Sprüchen und Belehrungen. Während Markus sich an Heiden beziehungsweise Heidenchristen wandte, hat Matthäus ganz deutlich Juden *und* Christen aus Israel, sogenannte Judenchristen, im Visier. Wie ein roter Faden zieht sich die immer wiederkehrende Bemerkung »auf dass erfüllt werde, was geschrieben steht« durch das ganze Evangelium. Das unfassbar Neue ist, dass in der Person Jesu nicht nur einer der Knechte Gottes, ein Prophet, erscheint, sondern vielmehr Gottes eigener, einziger Sohn.

Nach Abfassung seines Evangeliums soll Matthäus laut Klemens von Alexandrien im Jahre 42 Palästina verlassen und als

Missionar »im Land der Mohren« in Äthiopien und Parthien gewirkt haben. Für die frühe Abfassung seines Berichts spricht eine
Entdeckung des Theologen Pantaeus, der im Jahr 190 die christlichen Gemeinden in Indien besuchte und vor Ort nur das Evangelium nach Matthäus vorfand. In Indien hatte der Apostel Thomas 52 n. Chr. die ersten Gemeinden gegründet.

LUKAS

Es gibt zwei Ärzte in der Antike, die Geschichte schrieben; beide
waren Griechen. Die Paarung ist doppelt interessant, weil sie den
unterschiedlichen Umgang mit historischen Fakten deutlich
macht. Der eine Arzt ist Hippokrates. Niemand hat seine Existenz und seine Schriften je in Zweifel gezogen. Der andere ist
Lukas, der Evangelist. Im Gegensatz zu seinem Arztkollegen
wurde er zu einer legendären Figur stilisiert, sein bewundernswerter Bericht über das Leben Jesu irgendwelchen ominösen Gemeinden zugeschrieben.

Das Evangelium nach Lukas datiert Alexander Schick vor das
Jahr 70, Karl Jaroš schlägt mit Hinweis auf die paläografische Interpretation des Papyrus *P4* der Bibliothèque Nationale in Paris
eine Entstehung zwischen 60 und 70 n. Chr. vor. Thiede lässt aufgrund zusätzlicher Kriterien eine noch frühere Datierung »wohl
um 44« zu. Dreh- und Angelpunkt ist hierbei der Abschluss der
Apostelgeschichte, die mit dem zweijährigen Aufenthalt des Paulus in Rom abrupt endet. Da dieser Bericht zwar den Tod eines
unbedeutenden Diakons erwähnt, nicht aber das Martyrium von
Petrus, Paulus und dem Vorsteher der Jerusalemer Gemeinde, Jakobus, zwischen 62 und 64 n. Chr., sei davon auszugehen, dass
die Schrift bereits zuvor niedergelegt war. Da Lukas das nach ihm
benannte Evangelium aber vor der Apostelgeschichte aufschrieb,
was auch Verfechter der historisch-kritischen Methode nicht bezweifeln, ergibt sich als spätmöglichstes Datum für die Abfassung die Zeit um das Jahr 57.

Die frühchristliche Überlieferung ließ keinen Zweifel daran, dass es sich bei dem Verfasser um Lukas handelte, einen Heiden aus einer angesehenen Familie in Antiochien, eben Paulus' »geliebten Arzt«, der den Apostel seit 50/51 zeitweise auf seinen Reisen begleitete. Lukas ist ein Meister des Erzählens mit dem feinen Formsinn des Griechen und einem außerordentlichen Gespür für Poesie und Musikalität. Ihm verdanken wir die Überlieferung der Weihnachtsgeschichte und der Gleichnisse vom barmherzigen Samariter und vom verlorenen Sohn. Nirgendwo habe, meinte George Bernhard Shaw, der Heiland so sehr die Herzen der Menschen gewonnen wie bei Lukas.

Der Autor hat nach eigenen Worten das Geschehen um Jesus »von Anbeginn mit Fleiß erkundet«. Sein Bericht gehe auf die mündliche Überlieferung der »ersten Zeugen« zurück. Lukas' Beiträge umfassen rund ein Viertel des gesamten Neuen Testaments. Er hat die Aufgabe, das Wirken Jesu in chronologischer Ordnung darzustellen und es durch Daten, Fakten und Namen so kenntlich zu machen, dass die Angaben nachprüfbar sind. Dabei folgt er im Wesentlichen dem Aufbau des Markusevangeliums, schaltet jedoch einen großen »Reisebericht« über den Weg Jesu nach Jerusalem ein, in dem er das meiste seines Sondergutes darlegt. An einer Stelle zählt er sieben verschiedene religiöse und politische Führergestalten mit Namen und Titeln auf, alle stimmen mit der historischen Realität überein. Als Archäologen seinen Bericht nach geografischen Angaben filterten, zählten sie 32 Länder, 54 Städte und 9 Inseln – sämtliche sind korrekt wiedergegeben.

Jedes Evangelium bringt besondere Aspekte der Persönlichkeit und des Wesens Jesu ein. Lukas zeigt Jesus dabei als den Retter und Heiland der Welt, voller Mitgefühl und Liebe für die Menschen am Rande, denen die »barmherzige Liebe unseres Gottes« gilt. Von Anfang an ist dabei das Heil universal aufgefasst. Jesus ist nicht nur der Messias Israels, er gehört der Welt. Und er gehört nicht nur den Frommen, sondern ist insbesondere den »Sündern« der Retter von Pein und Schuld.

Nach dem Tod von Paulus um das Jahr 64 in Rom, dem er in der Gefangenschaft beisteht (»Lukas ist allein bei mir«; 2 Tim

4,11), wirkt Lukas vermutlich in Achaia, wo er sein Evangelium und die Apostelgeschichte verfasst. Der Überlieferung zufolge stirbt er im Alter von 84 Jahren in Böotien in Mittelgriechenland.

JOHANNES

Die Texte von Matthäus, Markus und Lukas werden als die synoptischen Evangelien bezeichnet, abgeleitet von der griechischen Wurzel *syn-opsis,* »zusammenschauen«. Während diese Berichte nebeneinandergestellt werden können und über weite Strecken einen gleichen Verlauf haben – und aufgrund gemeinsamer Quellen teils wortgleich formuliert sind –, nimmt das Evangelium nach Johannes eine besondere Stellung ein. Die Autorität des Autors gründet auf seine Position als Augenzeuge, als Lieblingsjünger und engster Vertrauter Jesu sowie auf den hohen Grad seiner Erleuchtung, die sich am Ende in der Vision der »Geheimen Offenbarung« ausdrückte, dem letzten Buch der Bibel.

Nicht von ungefähr bezeichnete die alte Kirche Johannes als *den* Theologen, den wahren Gottweisen, dem gegeben war, durch den Einblick in die Welt der göttlichen Geheimnisse das Wissen Christi mit besonderer Klarheit und Tiefe zu erfassen. Die ersten drei Evangelien bildeten Christi Leib ab, hieß es, Johannes aber seine Seele. Und erst durch Johannes seien die drei anderen Evangelien ganz zu erfassen. Weil nämlich »die andern drei Evangelisten viel seiner Werk, wenig seiner Wort beschreiben«, wie Luther wusste, »ist Johannis Evangelion das einzige zarte rechte Hauptevangelion und den anderen dreien weit vorzuziehen und höher zu achten.«

Unverdrossen diskutieren Entmythologisierer die Frage, ob »der Jünger, den Jesus liebte«, in Wirklichkeit nicht doch nur eine literarische Figur gewesen sei. Die »schmale Textbasis«, heißt es in »Herders Bibel-Lexikon«, führe immer wieder »in verwickelte Auslegungsprobleme hinein«. Es sei undenkbar, dass der temperamentvolle Fischer aus Galiläa der Autor einer Schrift sein könne, die ein nahezu geniales theologisches Reflexionsniveau erreiche. Für genauso ausgeschlossen könnte man freilich halten, dass ein anderer Fischer vom See Genezareth, Petrus, oberster Lenker einer international agierenden Gruppe wird, die innerhalb kürzester Zeit die Zentren des gesamten Mittelmeerraumes durcheinanderwirbelt.

Während die ersten kritischen »Aufklärer« im 19. Jahrhundert die Entstehung des Johannesevangeliums weit nach hinten, in die Jahre um 180, schoben und auch der historisch-kritische Rudolf Bultmann noch eine Spätdatierung um das Jahr 90 konstruierte, datiert der Bibelwissenschaftler Jaroš den Text auf etwa 66 n. Chr. Klaus Berger sieht den Zeitpunkt der Abfassung ebenfalls in den Jahren 66 bis 70, Thiede und auch der anglikanische Bischof und Neutestamentler J. A. T. Robinson halten gar eine Datierung zwischen 40 und 65 für »nicht abwegig«. Der Historiker Helmut Pflüger verweist auf den vor dem Jahre 62 verfassten antiken Roman *Chaireas und Kallirhoe* des Chariton von Aphrodisias, in dem bereits die Passion und die Auferstehung Christi nach der Fassung des Johannes parodiert werden. Pflüger: »So kann man guten Gewissens dieses Evangelium auf etwa die fünfziger Jahre des 1. Jahrhunderts datieren und als in Jerusalem geschrieben betrachten.«

Johannes ist zum Zeitpunkt des Todes Jesu um die neunzehn Jahre alt; zu seinem nahezu zwei Jahrzehnte älteren Meister steht er vom Alter her in einem Vater-Sohn-Verhältnis. Das Neue Testament porträtiert den Fischersohn aus einem nicht unvermögenden Hause als hochsensibel, hingebungsvoll und emotional, ein junger Mann reinen Herzens und unschuldigen Denkens, auch wenn ihn sein Temperament gelegentlich aufbrausen lässt (Jesus nennt ihn den »Donnersohn«). Bereits ein Jünger des Täufers, ist Johannes der Erste, der Jesus folgt, der Erste, der ihn erkennt, der Erste, der die heilige Eucharistie empfängt, der Erste und Einzige, der unter dem Kreuz steht. Nicht, weil die anderen Apostel zu feige waren, sondern weil nur ihm dieses Privileg zugestanden wurde.

Jesus hatte seine engsten Jünger geduldig gelehrt, erzogen, sie befähigt und beauftragt, seine Botschaft in die Welt zu tragen. Er schickte sie in die Dörfer. Er gab ihnen Anweisungen zum richtigen Verhalten bei ihrer Missionsarbeit. Mit den Jüngern wird ein Prinzip deutlich, das bereits in den alttestamentlichen Schriften durchscheint: Gott kommt immer durch Menschen zu Menschen. Fast so, als müsse seine absolute Energie erst durch eine Art Transformator auf eine menschenverträgliche Stärke heruntergedimmt werden.

Es gibt noch einen anderen Zusammenhang. Christus hatte den Aposteln eine besondere Gabe versprochen: »Wenn aber jener kommt, der Geist der Wahrheit«, erklärt er im Abendmahlssaal, »wird er euch in die ganze Wahrheit führen …« Dass mit den Autoren des Evangeliums nicht die Gelehrten, sondern im Grunde Laien das Wort Gottes verkünden – in einer Weise, die bis heute Rätsel aufgibt –, dürfen Gläubige dann durchaus als den Beleg für die Einlösung der Zusage Jesu erkennen.

Bei den Verfassern der in der Bibel unter der Autorenzeile »Johannes« versammelten Schriften unterscheidet die Theologie heute zwischen dem Apostel Johannes und einem »Presbyter« (von griech. »Ältester«) gleichen Namens, dem Inhaber eines kirchlichen Lehramtes, der möglicherweise die Johannes-Schule in Ephesos weitergeführt und die späteren Johannesbriefe verantwortet hat. Im ersten Johannesbrief allerdings wird eindeutig auf die Identität des Autors als eines Zeit-, ja sogar eines »Berührungs«-Zeugen verwiesen: »Was von Anfang an war, was wir gehört haben, was wir mit unseren Augen gesehen, was wir geschaut und was unsere Hände angefasst haben, das verkünden wir: das Wort des Lebens.«

Johannes steht unter dem Kreuzesstamm von Golgatha und erlebt, wie die Lanze eines Soldaten in Jesu Seite stößt: »Und sogleich floss Blut und Wasser heraus.« Während sich der Autor des nach ihm benannten Evangeliums im gesamten Bericht kein einziges Mal selbst beim Namen nennt, gibt er sich an dieser Stelle unverklausuliert als Verfasser zu erkennen: »Und der, der es gesehen hat, hat es bezeugt, und sein Zeugnis ist wahr. Und er weiß, dass er Wahres berichtet, damit auch ihr glaubt« (Joh 19,35).

Die historisch-kritische Forschung sah in dem Verfasser des Johannesevangeliums statt des Apostels einen unbekannten »Lehrer«, der irgendwelche geistlichen Reflexionen anstellte. Ohnehin spiegle dieser Text, so der Theologe Jürgen Roloff, ein »einseitig kerygmatisch überformtes Jesusbild«, sein historischer »Quellenwert« tendiere gegen null. Denn wer wie dieser Autor Details nicht richtig überliefere und Orte nenne, die nie existiert hätten, könne weder Zeitzeuge gewesen sein noch in den berichteten Fakten oder der chronologischen Abfolge (etwa der mehrmaligen Jerusalem-Besuche Jesu) ernst genommen werden.

Es war insbesondere der Fund eines Papyrus in Ägypten mit der Bezeichnung *P52*, der die Skeptiker eines Besseren belehrte. Papyrologen konnten das winzige Schriftstück einer Kopie des Johannesevangeliums eindeutig identifizieren. Es stamme ohne Zweifel aus der zweiten Hälfte des ersten Jahrhunderts. Folglich könne das Original der Schrift nicht erst im zweiten Jahrhundert entstanden sein. Die Spätdatierung war damit vom Tisch.

Inzwischen schätzen Wissenschaftler Johannes' Bericht gerade auch wegen eines Zuges, der ihm so vehement abgesprochen worden war: sein geschichtlicher Charakter und die topografische und chronologische Genauigkeit. Man kann sich die Überraschung vorstellen, als Archäologen in Jerusalem neben einem alten Stadttor, das als »Schaftor« identifiziert wurde, eben genau jenes Heilbad entdeckten, das von Johannes als Teich von Betesda beschrieben wurde, an dem Jesus einen Kranken heilte. Inklusive der »fünf Säulenhallen«, die von Theologen bislang als bloße Metapher gewertet worden waren, etwa für die fünf Bücher Mose. Gefunden wurden auch der Teich von Siloah (Joh 9,7), der Jakobsbrunnen (Joh 4,12) und sogar der Ort des Richterstuhles des Pontius Pilatus – an dem Platz, »der Steinpflaster heißt, auf Hebräisch Gabbata« (Joh 19,13).

Der Bericht des Johannes zeigt erneut, wie stark die Evangelien ineinander verflochten sind. Sie haben unterschiedliche Schwerpunkte und müssen nicht jeden Stoff wiederholen, der bereits von einem Vorgänger abgehandelt wurde. Zweifellos seien Johannes die Schriften der anderen Berichterstatter bekannt gewesen, urteilt Benedikt XVI. In seinem Bericht fehlt bezeichnenderweise nicht nur die ganze Vorgeschichte Jesu, sondern auch das Drama seiner Geburt, die Taufe am Jordan, die Versuchung in der Wüste, die Rede über die letzten Dinge, zuletzt sämtliche Gleichnisse mit ihren plastischen Figuren und Lebensvorgängen und sogar die Bergpredigt. Johannes geht es stattdessen um das Entweder-oder von Glaube und Unglaube, um die Offenbarung Christi, die er an der Seite Jesu persönlich mit wachsender Klarheit erkennen durfte.

Während der Evangelist auf die Wiederholung der zahlreichen Einzelsprüche Jesu verzichtet, wartet er mit den großen Bildreden auf, die Jesus unverhüllt in seinem Gottsein erscheinen lassen; die monumentalen Gemälde der »Ich-bin-Worte«, mit denen Jesus an die alttestamentliche Selbstbezeichnung Gottes als der »Ich bin der ich bin« anschließt und sich als das »Brot« offenbart, als den »Weg« und das »Licht«. Jemand, der nicht nur Licht in die Finsternis dieser Welt bringt, sondern das Licht selbst ist.

Als Meisterschüler hat Johannes seinen Jesus ganz verinnerlicht. Er denkt wie Jesus, jetzt lehrt er wie Jesus. Es geht ihm um die Verdichtung der Ereignisse, einzutauchen in die Wesenhaftigkeit Jesu, das Eigentliche, das Sein des Menschen- und Gottessohnes. Alles ist dabei vom Ende her, vom Ergebnis, der Vollendung in der Auferstehung her gesehen.

Der Überlieferung zufolge schaut Johannes auf der Verbannungsinsel Patmos im Jahre 96 n. Chr. die »Geheime Offenbarung«, das letzte Buch des Neuen Testaments mit einem alle vorhergehenden Darstellungen überragenden Christusbild. Durch einen Hinweis Jesu (»Wenn ich will, dass er bis zu meinem Kommen bleibt, was geht das dich an?«) und das hohe Alter, das Johannes bereits erreicht hatte, galt im frühen Christentum die Annahme, der Apostel werde nicht sterben, ehe Christus wiederkommt. Kirchenlehrer Augustinus (✝ 430) berichtet, dass noch in seiner Zeit glaubwürdige Männer versichert hätten, dass sich das Grab des Johannes, von dem es keine Reliquien gibt, ruhig atmend hebe und senke.

Die Jünger waren nicht spontan ausgeschwärmt, um zu missionieren. Sie hatten sich während eines Zeitraums von zwölf Jahren in Jerusalem intensiv auf die Verbreitung der Botschaft vorbereitet. Dabei wird zumeist eine wesentliche Person übersehen, die auch für die Verfasser der Evangelien eine bedeutende Rolle spielte. Es ist die engste Zeugin überhaupt, Maria, die Mutter Jesu.

Jesus hatte seinem Meisterschüler Johannes noch am Kreuz seine Mutter anvertraut. Die Mutter Jesu wiederum hatte sich ihrerseits ganz Johannes anvertraut, hatte den jungen Mann eingeweiht und geprägt. Während Petrus und Markus Anfang der vierziger Jahre nach Rom gingen, blieb Johannes bis zu Marias Tod, vermutlich im Jahre 48, in Jerusalem zurück. Maria war nicht nur der Rückhalt der jungen Kirche, sie war auch ihr Gedächtnis. Dass sie selbst in den Evangelien kaum vorkommt, ist kein Indiz gegen ihre Mitarbeit, sondern eines dafür. Es entsprach ihrer Weisheit und Demut, sich selbst zurückzunehmen. »Maria aber bewahrte alles, was geschehen war, in ihrem Herzen«, überliefert Lukas, »und dachte darüber nach.«

4. Die Frage der Belege

Die Originale und die ersten Abschriften der Evangelien trugen keine Verfasserangaben, gleichzeitig aber wird das Schweigen darüber so auffällig gestaltet, dass es nur als ein sprechendes Schweigen verstanden werden kann. Es ist ein Hinweis auf das Geheimnis des Namens. Deutlich werden soll: Die Heilige Schrift wird von Menschenhand auf Papier gebracht, aber sie ist im Eigentlichen nicht etwas von Menschen Erdachtes und Erklügeltes, sondern das Evangelium Gottes. Nur Gott sei es auch möglich gewesen, die Evangelisten für ihre Aufgabe beim Namen zu rufen. Tatsächlich hat es nach den vier Autoren des Evangeliums nie wieder jemand vermocht, das Leben und den Geist Jesu in dieser Tiefe auszudrücken. Nicht die klügsten Theologen, nicht die genialsten Schriftsteller. Dass ein Zöllner, ein Nobody aus Jerusalem, ein heidnischer Arzt und ein Fischer vom See Genezareth die größte Geschichte aller Zeiten schreiben, musste vor aller Augen deutlich machen: Hier sind ehrbare »Diener des Wortes« am Werk, aber der wahre Urheber ist ein anderer.

Immerhin sollte eine dezent angebrachte Signatur im Johannesevangelium es auch der Nachwelt möglich machen, einen Intimus des Meisters – den »Jünger, den Jesus liebte« – als den Autor kenntlich zu machen und damit den Text als authentisch zu lesen. Das angebrachte Zertifikat ist ein Meisterwerk der Formulierungskunst: »Dieser Jünger ist es, der all das bezeugt«, heißt es wörtlich, ohne den Autor beim Namen zu nennen, was sich einfach nicht geziemte, »der es aufgeschrieben hat: und wir wissen, dass sein Zeugnis wahr ist.«

Die Frage der Autorenschaft wurde erst relevant, als immer mehr verfälschende Schriften auftauchten, sogenannte Pseudoepigrafen, die willkürlich mit einem prominenten Namen versehen wurden, um ihnen Autorität zu verleihen. Die Evangelientexte genossen unantastbare Autorität. Nicht zuletzt schon deshalb, weil sie von der Urgemeinde in den Eucharistiefeiern verlesen wurden.

Diese Tradition machte es früh unmöglich, die bestehenden Texte durch Zusätze zu verändern. Verfälschungen und andere Interpretationen des Lebens Jesu konnten deshalb nur durch weitere Evangelien in Umlauf gebracht werden, die unter falschem Namen gestreut wurden. So gesehen ist das Auftauchen der Apokryphen im 2. Jahrhundert ein zusätzlicher Beleg für die Authentizität der Texte von Markus, Matthäus, Lukas und Johannes, die nun erstmals, definiert als abgeschlossener Kanon, gegen andere Schriften abgegrenzt werden mussten. Im Laufe der Jahrhunderte hat im Übrigen nie jemand anderer, kein einziger, jemals Anspruch darauf erhoben, eines dieser Werke stamme aus seiner Feder.

Entgegen der Behauptung der Kritiker gibt es darüber hinaus mannigfaltige Dokumente, die die Urheberschaft der großen Vier bestätigen. Dass sie beharrlich ignoriert werden, mindert nicht ihre Beweiskraft. Einige Beispiele:

Polykarp von Smyrna († um 155), ein Schüler des Apostels Johannes, zitiert in seinen Briefen ausdrücklich die Evangelien nach Matthäus und Lukas sowie den ersten Johannesbrief. Er bekennt dabei, dass er bereits 86 Jahre lang Christus gedient habe, also ab dem Jahre 70, als die Schriften bereits in Umlauf gewesen sein dürften. Der *hl. Clemens von Rom* zitiert um das Jahr 95 einen Brief, in dem er Worte aus den Evangelien nach Matthäus und Markus anführt. *Ignatius von Antiochien* (ca. 70–107), wie Polykarp ein Schüler des Apostels Johannes und eine der wichtigsten Quellen für die Kirchen- und Dogmengeschichte, zitiert bereits das Matthäusevangelium. Aus Ignatius' Umfeld, der als Erster den Begriff »katholisch«, umfassend, für die Kirche gebrauchte, stammt vermutlich auch die um das Jahr 100 entstandene »Lehre der zwölf Apostel« (Didache), in der Sätze von Matthäus und Lukas verwendet werden.

Justin der Märtyrer, ein in Palästina geborener Schriftsteller, der um 130 das Christentum annahm, führt Auszüge aus drei Evangelien an, die er »Erinnerungen der Apostel« nennt. In einem seiner Werke heißt es, »dass Johannes, einer der Apostel Christi, der die ihm gewordenen Offenbarungen aufschrieb, in Ephesus gelebt« habe (Dial. 8,2). Auch der christliche Schriftsteller *Aristides* (von Athen) greift in seiner *Apologie* um das Jahr 120 auf die Evangelien zurück, die er »Heilige Schrift« nennt. *Irenäus von Lyon* (um 140 bis um 200) spricht nicht nur von vier Evangelien, er nennt auch ihre Verfasser. In einem Brief an seinen Freund Florinus erinnert er an seine Begegnungen mit Polykarp, bei denen dieser »von seinem Kontakt mit Johannes und anderen erzählte, die den Herrn gesehen hatten …« Am Ende seines Lebens schreibt er in einem Brief, dass »Johannes, der Schüler des Herrn, der am Herzen Jesu geruht, ein Evangelium herausgegeben habe, als er sich in Ephesus aufhielt«.

Bischof *Papias von Hierapolis* wiederum verfasste um das Jahr 130 eine *Erklärung von Herrenworten,* ein fünfbändiges Werk, in dem er auch Angaben über die Entstehung der Evangelien machte. Das bei Kritikern umstrittene *Papiaszeugnis* hält fest: »Markus war Dolmetscher des Petrus und schrieb alles genau auf, woran er sich erinnerte. Doch nicht in der Reihenfolge, in welcher der Herr gesprochen oder gehandelt hat.« Und an anderer Stelle: »Matthäus hat die Aussprüche [Logien] des Herrn in hebräischer Sprache zusammengestellt.« Da das hebräische Wort für »Logien« (»Herren-Worte«) auch »Geschichten« bedeuten kann, so Helmut Lamparter, »darf man annehmen, dass in dieser Niederschrift des Matthäus beides, Worte und Taten Jesu, festgehalten wurden.«

5. Die Frage des Kanons

Der Kanon, die offiziell festgelegte Fassung des Neuen Testaments mit seinen 27 Büchern, enthält nicht alle religiösen Schriften, die nach dem Tod Jesu in Umlauf kamen, sondern nur jene, die als authentisch und bedeutend galten. Kanon bedeutet »Regel«, »Norm« oder »Standard«. Im Gegensatz hierzu stehen die *Apokryphen,* also die, wie das Wort sagt, »ausgeschlossenen« Schriften (die heute fälschlicherweise gern als »verbotene Bücher« angepriesen werden). Es gab Evangelien nach Eva, nach Petrus, nach Judas, nach Philippus und so weiter. Die Produktion dieser Groschenromane der Antike, von denen im Gegensatz zu den Evangelien, wie gesagt, keines vor dem zweiten Jahrhundert entstand, nahm kein Ende. Dazu zählte auch ein sogenanntes Judasevangelium aus der gnostischen, kirchenkritischen Kainitensekte. Einzig der Apostel Judas, heißt es darin, sei eingeweiht gewesen in »die Mysterien des Reiches«, wobei ihm Jesus die Aufgabe stellte, ihn in Jerusalem zu verraten.

Der größte Teil der rund achtzig Apokryphen war freilich so absurd, dass eine Unterscheidung zwischen echter und unechter Überlieferung nicht besonders schwerfiel. Meist hatten sich phantasiebegabte Autoren der in der Biografie Jesu offenen Zeitabschnitte angenommen, um sie mit mystischen Kreationen auszufüllen. Da wird dann etwa dem kleinen Jesusjungen angedichtet, dass er vor Gleichaltrigen aus Schlamm lebende Vögel schuf oder für die geplagte Mutter Maria eine Art Motor herbeizauberte, der das Wasser aus dem Brunnen pumpte.

Während bestimmte Episoden aus dem apokryphen Jakobus-Evangelium mit gutem Grund weiter mündlich überliefert wurden, gingen andere Schriften mit den Gruppen unter, die sie in Umlauf gebracht hatten. Erst 1958 wurde beispielsweise im Sabaskloster in der Nähe Jerusalems in der Abschrift eines Briefes des Klemens von Alexandrien († um 215) ein Hinweis auf eine dieser vagabundierenden Schriften entdeckt. Zunächst ging die von Klemens zitierte Passage als das *Geheime Markusevangelium* durch die Presse. Der Text bei Klemens, so die aufgeregten Kommentatoren, sei vermutlich aus dem allgemeinen Markusevangelium gestrichen und nur in einer Insider-Fassung weiter überliefert worden. Gutachter lasen homoerotische Untertöne heraus, etwa wenn es hieß: »Und am Abend kommt der Jüngling zu ihm, nur mit einem Hemd auf dem bloßen Leibe bekleidet. Und er blieb bei ihm jene Nacht; denn es lehrte ihn Jesus das Geheimnis des Reiches Gottes ...«

Nach dem ersten Wirbel ergaben nähere Untersuchungen, es handele sich bei der Stelle beileibe um keine zensierte Passage aus dem Original, sondern um eine im 2. Jahrhundert entstandene Fälschung. Sie entstammte Kreisen der in Alexandrien angesiedelten gnostischen Gruppe der Karpokratianer, zu deren liturgischen Praktiken auch eine nächtliche Nacktaufe gehörte. »Diliramenta«, rief beizeiten der heilige Hieronymus angesichts der Phantasien der Fälscher aus, »Wahnvorstellungen«.

Für ähnliche Aufregung sorgten Schriften, die 1945 im ägyptischen Nag-Hammadi gefunden wurden und bald als *Thomasevangelium* die Runde machten. Es handelt sich dabei um eine koptische Kopie aus dem 5. Jahrhundert mit insgesamt 114 Aussprüchen (Logien), die Jesus zugeschrieben werden. Das Original der Zitate war vermutlich um 140 in Syrien oder Griechenland entstanden. Tatsächlich stimmt ein Teil der wörtlichen Rede mit den Evangelien überein. Ein anderer enthält eine Denk- und Sprechart, die einen pantheistischen Hintergrund vermuten lassen. »Spalte Holz, und ich bin dort«, heißt es darin, »hebe einen Stein auf, und du wirst mich dort finden.« Oder auch: »Selig ist der Löwe, den der Mensch auffressen wird, und der Löwe wird zum

Menschen.« Jesu eigentliches Ziel sei danach gewesen, diejenigen, denen er die Erkenntnis *(Gnosis)* mitgeteilt habe, zu befähigen, mit ihm aus dem physischen Universum in das Reich des Lichts zu entfliehen. Die apokryphe Schrift endet mit der Bemerkung: »Lasst Maria von uns weggehen, denn Frauen sind des Lebens nicht wert.«

Die als verbindlich geltenden 27 Bücher des Neuen Testamentes legte erstmals der Kirchenlehrer Athanasius von Alexandrien 367 in einem Osterbrief vor, Papst Damasus I. bestätigte sie. Die bis heute gültige Fassung geht auf Sophronius Eusebius *Hieronymus* zurück, ein 347 in Dalmatien geborener Mönch, in Rom ausgebildet in Grammatik, Rhetorik und Philosophie, der im Auftrag des Papstes im Jahre 383 damit begann, in Bethlehem das Alte Testament aus dem Hebräischen und die Schriften des Neuen Testaments aus dem Griechischen ins Lateinische zu übersetzen. Ab 385 legte er seine *Vulgata* (»die allgemein Verbreitete«) vor, den ersten einheitlichen und verbindlichen Text der Bibel, der mit Beschluss des Tridentinischen Konzils von 1546 bis heute nicht nur als die maßgebliche, sondern auch als die einzige »authentisch« autorisierte Bibelausgabe gilt. Im Anschluss an das Zweite Vatikanische Konzil wurde eine *Nova Vulgata* erstellt, die Hieronymus' Werk anhand der hebräischen und griechischen Urtexte überprüfte und stilistisch überarbeitete. Die Neuausgabe wurde von Papst Johannes Paul II. am 15. April 1979 veröffentlicht und für die amtliche Verwendung bestimmt.

6. Die Frage von Original und Fälschung

Genauso wenig wie es heute Originalhandschriften so berühmter lateinischer Autoren wie Julius Cäsar, Vergil oder Cicero gibt, genauso wenig haben auch die Urmanuskripte der Evangelisten überlebt. Sie gingen verloren oder zerfielen gewissermaßen zum Staub der Geschichte. Wie im Übrigen auch die Originale der Gedichte und Schauspiele Shakespeares, die nicht vor zweitausend, sondern vor gerade einmal vierhundert Jahren geschrieben wurden.

Erhalten geblieben sind allerdings die Abschriften der berühmten Werke der Antike. Der zeitliche Abstand zwischen dem Autor und einer erhaltenen Handschrift seines Textes beträgt bei den Texten griechischer Autoren dabei tausend und mehr Jahre. Homers *Ilias* zum Beispiel entstand etwa 800 Jahre vor Christus – die 650 erhaltenen Abschriften stammen jedoch aus dem 2. und 3. Jahrhundert nach Christus. Die älteste vollständige Handschrift der *Ilias* stammt gar erst aus dem 12. Jahrhundert, ist also vom Autor rund 2000 Jahre entfernt. Die erste Handschrift einer Tragödie des Aischylos (525–456 v. Chr.) wiederum stammt aus dem 11. Jahrhundert, also etwa 1500 Jahre nachdem die Tragödie geschrieben wurde. Der große Abstand war jedoch noch für keinen einzigen Kritiker ein Grund, die Echtheit der Texte oder gar die Existenz der klassischen Autoren anzuzweifeln.

Betrachten wir die nächsten Zeitgenossen der Apostel, etwa den berühmtesten der römischen Historiker, Senator Publius Cornelius Tacitus. Der Römer schrieb seine Werke in der zweiten Hälfte des ersten Jahrhunderts, erhalten allerdings sind lediglich Abschriften davon, die erst im späten 9. Jahrhundert entstanden. Wie ist es mit Flavius Josephus? Auch von den Arbeiten des jüdischen Historikers sind sämtliche Originale verlorengegangen. Während seine *Geschichte des Jüdischen Krieges* um das Jahr 70 nach Christus verfasst wurde, stammt die lateinische Kopie, die überlebte, aus dem 4. Jahrhundert, die neun griechischen Kopien aus dem 10. bis 12. Jahrhundert.

Wie steht es nun mit den Abschriften der etwa zeitgleich entstandenen Evangelien? Sind sie nun zeitnah zum Original entstanden? Oder ganz weit weg, wie Kritiker mutmaßten, und damit anfällig geworden für Abschreibfehler, Stilbrüche oder gar Manipulationen?

Es musste für Evangeliumskritiker wie ein Schock wirken, als im 20. Jahrhundert immer mehr Funde eine Tatsache erhärteten, die so gar nicht zu ihren Theorien passte. Denn im Vergleich zu allen anderen überlieferten Handschriften der Antike, so stellte sich heraus, sind die Abschriften der Bibel geradezu jungfräulich jung. Der zeitliche Abstand zwischen Original und Abschrift beträgt hier nicht Jahrtausende, auch nicht Jahrhunderte, sondern zumeist nur einige Jahrzehnte, viel zu gering, um eventuelle Fälschungen nicht von Mitgliedern der Urgemeinde sofort erkennen zu lassen.

Dank der archäologischen Erfolge des vergangenen Jahrhunderts verfügen heute Museen und Archive über Zigtausende von historischen Fragmenten des Neuen Testaments auf Pergament aus dem 2. bis 3. Jahrhundert, 5664 Stück davon allein in griechischer Fassung, rund 24 000 sind es mit den Handschriften auf Lateinisch und anderen Sprachen. Damit ist kein einziger antiker Text, nein, kein einziger historischer Text überhaupt so gut belegt wie das Neue Testament. Es gäbe nichts, fasst der Papyrusexperte Thiede zusammen, was mit der bemerkenswerten Überlieferung der Evangelien »auch nur im Entferntesten mithalten könnte«.

Weit älter noch als die Kopien auf Pergament sind Abschriften von Texten, die auf *Papyrus* erhalten sind. Manche der rund einhundert dieser Fundstücke sind nur winzig kleine Papierfetzen, andere umfassen ganze Bücher. Von der Forschung allgemein als das älteste Fragment akzeptiert ist der Papyrus mit der Bezeichnung *P52*. Es handelt sich um ein sechseinhalb mal neun Zentimeter kleines Fragment mit 114 griechischen Buchstaben aus dem *Johannesevangelium*. Die Entstehung des Papyrus wird von den meisten Experten auf etwa 100 bis 125 datiert, Thiede datiert es aufgrund neuester paläografischer Erkenntnisse »in das letzte Viertel des 1. Jahrhunderts«. Bereits 1920 in Ägypten erworben, lag es jahrelang unbemerkt in einem Stapel ähnlicher Papyrusfragmente in der *John Ryland's Library* in Manchester, bis es 1934 von C. H. Roberts entdeckt wurde. Die Textstelle ist bemerkenswert, nicht nur als die kürzestmögliche Zusammenfassung der Offenbarung Christi. Sie könnte auch als Hinweis an die Adresse der Skeptiker verstanden werden. Wörtlich heißt es in dem Fragment: »Pilatus sagte zu ihm: Also bist du doch ein König? Jesus antwortete: Du sagst es, ich bin ein König. Ich bin dazu geboren und dazu in die Welt gekommen, dass ich für die Wahrheit Zeugnis ablege. Jeder, der aus der Wahrheit ist, hört auf meine Stimme.«

Wie steht es nun um die Probleme beim Kopieren der Texte? Tatsächlich entstanden durch Hör- und Lesefehler, aber auch durch absichtliche stilistische Veränderungen Abweichungen in den Handschriften. Die Zahl der Textvarianten unter den verschiedenen Handschriften des Neuen Testaments wird heute auf rund 200 000 geschätzt. Die Zahl klingt dramatisch, lässt sich aber bei genauerem Hinsehen leicht relativieren. Wenn etwa ein einziges Wort in 2000 Manuskripten falsch geschrieben wird, wird dieser Fehler als 2000 Varianten gezählt.

Nach ihrer Untersuchung von Fehlerhäufigkeiten kamen die Wissenschaftler Norman Geisler und William Nix dabei bereits 1980 zu folgendem Schluss: »Das Neue Testament hat nicht nur in mehr Manuskripten als jedes andere antike Werk überlebt, sondern auch in reinerer Form als jedes andere große Buch – in einer Form, die zu 99,5 Prozent rein ist.« Die Varianten sämtlicher frühen Papyri und Handschriften, bestätigt auch der deutsche Texthistoriker Ulrich Victor, weisen nur die üblichen Kopistenfehler auf. »Von sehr wenigen unbedeutenden Fällen abgesehen«, so Victor, »in denen in sehr behutsamer Weise versucht wird, den Text zu verdeutlichen oder vermeintlich zu berichtigen, sind die Evangelien insgesamt in bewundernswerter Einheitlichkeit überliefert.«

7. Die Frage der Formung

Die Fehlerfrage lässt auch Rückschlüsse auf die Theorie der Formung zu. Lange Zeit gingen Theologen davon aus, die Evangelien seien durch die christliche Urgemeinde in Jerusalem »gestaltet«, also auch immer wieder verändert worden. Aber wie es kein Werk der Weltliteratur gibt, das von einem Kollektiv oder einem Parteiausschuss geschrieben worden wäre, müssen auch die Evangelien inzwischen als absolute Einzelstücke anerkannt werden.

Im Falle einer »Gemeindetheologie«, analysierte der Texthistoriker Ulrich Victor, müssten unterschiedliche Varianten der ursprünglichen Einzelstücke zu finden sein, die es aber nicht gibt. Victor kommt zu folgendem Befund: Es ist »auszuschließen, dass es je eine Editionsgeschichte der Evangelien gegeben hat. Die Evangelien sind in der Form verfasst worden, in der sie uns vorliegen. Es ist also Abstand zu nehmen von einem Ur-Markus, einem eschatologischen Ur-Johannes et cetera«. Es gebe auch »keinerlei Anhaltspunkte dafür, dass die vorliegenden Evangelien auf einer mehr oder weniger langen theologischen und literarisch schöpferischen ›Gemeindetradition‹ gründeten: »Eine solche Tradition hätte sich in einer so großen Zahl von gewichtigen Textvarianten niedergeschlagen, dass deutliche Spuren davon geblieben wären.«

Auch der Papyrologe Thiede ist davon überzeugt, dass es nach ihrer Erstveröffentlichung nie eine zweite, dritte oder vierte korrigierte, verbesserte oder erweiterte Ausgabe der Evangelien gegeben hat. Die Texte hätten nie in einer anderen Form existiert als in jener, die wir heute kennen. Kein Buch der Antike sei dabei »mit solcher Sorgfalt und einer solchen Fülle von ältesten Handschriften überliefert worden wie das Neue Testament«.

8. Die Frage der außerbiblischen Quellen

Zum festen Repertoire der Skeptiker gehört die These, ein Jesus aus Nazareth sei in den außerbiblischen historischen Quellen nicht nachweisbar. »Professionelle antike Geschichtsschreibung«, schreibt etwa der Neutestamentler Jürgen Roloff, »hat ihn ignoriert.« Rudolf Augstein weiß von Jesus zwar, dass er »vielleicht weder Hebräisch noch Griechisch gesprochen« habe, aber auch, dass es ihn vermutlich gar nicht gegeben habe. Der Jesus der Evangelien jedenfalls, so Augstein »ist gar kein Mensch, sondern ein spirituelles Kunstprodukt voll poetischer Intensität, geschaffen von einem genial inspirierten Dichter«.

Wie sehen die Fakten aus? Sagen die Autoren der Antike wirklich nichts über Christus und die Christen? Zunächst: Ein Großteil der historischen Quellen hat die Zeit nicht überdauert. Von den 142 Büchern des Titus Livius über die Geschichte Roms beispielsweise sind lediglich 35 erhalten geblieben; von den 40 Büchern des Diodoros von Sizilien nur zehn. Ganz abhanden gekommen sind die *Historiae Philippicae* von Pompeius Trogus sowie die historischen Studien von Strabon, Plinius dem Älteren und Justus von Tiberias. Selbst die berühmten *Annalen* des Tacitus sind nicht vollständig erhalten. Niemand weiß, was in den verschollenen Büchern gestanden hat. Fest steht jedoch, dass schon wenige Jahrzehnte nach seinem Tod das Phänomen Jesus im Orient und darüber hinaus zum Gegenstand nachhaltiger Betrachtungen wurde. Einige Beispiele:

Vom syrischen Historiker *Mara bar Sarapion* stammt ein um das Jahr 73 n. Chr. entstandener Brief – das »wohl älteste pagane Zeugnis über Jesus« (Gerd Theißen) –, in dem der Autor über die Frage spekuliert, was denn »die Juden von der Hinrichtung ihres weisen Königs« gehabt hätten, »da ihnen von jener Zeit an das Reich weggenommen war«. Denn Gott habe Rache genommen. Sie seien »umgebracht und aus ihrem Reich vertrieben, leben allenthalben in der Zerstreuung«. Der »weise König« sei jedoch nicht aus der Welt verschwunden: »wegen der neuen Gesetze, die er gegeben hat«.

Bereits der vor 62 n. Chr. geschriebene Roman *Chaireas und Kallirhoe* von Chariton nimmt, wie erwähnt, in einer Parodie Bezug auf die Passion und Auferstehung Christi, die hier in der Fassung des Johannesevangeliums nachempfunden wird. Der ehemalige Statthalter *Petronius* wiederum, Beamter am Hofe Kaiser Neros (Regierungszeit 54–68 n. Chr.), parodiert in seiner Schrift *Cena Trimalchionis* die Passion nach der Darstellung des Markus.

Der Römer *Plinius der Jüngere*, Militärtribun in Syrien und später Statthalter der kleinasiatischen Provinz Bithynien am Schwarzen Meer, schreibt in einem an Kaiser Trajan gerichteten Bericht um das Jahr 110 über das Leben und die Gebräuche der Christen, einige von ihnen hätten bei Verhören zugegeben, sich schon vor zwanzig Jahren dem Neuen Weg angeschlossen zu haben: »Sie verehren Christus hymnisch gleich wie einen Gott«, so Plinius, und würden sich selbst unter Todesstrafe weigern, das Bildnis des Kaisers zu verehren. Bei ihren Versammlungen leisteten sie einen Schwur, keine Verbrechen wie Betrug, Diebstahl, Hochstapelei oder Ehebruch zu begehen. Unter den Anführern seien auch Frauen, die Diakonissen genannt würden. Durch die neue Bewegung seien die vom römischen Staat geforderten Kulte in den Tempeln in beunruhigendem Maße zurückgegangen.

Publius Cornelius Tacitus, römischer Politiker, Anwalt und Historiker, zeitweise Statthalter und Prokonsul in Asien, berichtet in seinen *Annalen,* Kaiser Nero habe im Jahr 64, als er im Verdacht stand, Rom in Brand gesteckt zu haben, die Christen zu Schuldigen erklärt. Tacitus wörtlich: »Er verhängte über jene, die im Volksmund ›Christianer‹ hießen, die ausgesuchtesten Strafen. Dieser Name leitet sich von Christus ab, der unter der Regierung des Tiberius durch den Prokurator Pontius Pilatus hingerichtet worden war.« Der »verderbliche Aberglaube« der Christen, so der Historiker weiter, habe von Judäa aus auf Rom übergegriffen: »Und so wurden zuerst die Personen verhaftet, die sich als Christen bekannten … Und mit den Todgeweihten trieb man noch seinen Spott: Man hüllte sie in Tierhäute und ließ sie von Hunden zerfleischen, oder sie wurden, ans Kreuz geschlagen und für den Flammentod bestimmt, nach Tagesschluss als Beleuchtung für die Nacht verbrannt.«

Sueton, Privatsekretär Kaiser Hadrians und römischer Historiker, zählt die Verfolgung von »Christen, einer Sekte, die sich einem neuen und gefährlichen Aberglauben ergeben hatte«, zu den nützlichen Maßnahmen Neros. In seiner Biografie *Vita Claudii* kommt er auf »Chrestus« zu sprechen und bescheinigt Kaiser Claudius: »Die Juden vertrieb er aus Rom, wo sie auf Veranlassung von Chrestus [lat: impulsore Chresto] fortwährend Unruhe stifteten.«

Der griechische Philosoph *Celsus* bezeichnet in seiner antichristlichen Streitschrift *Wahre Lehre* Jesus als »hingerichteten Führer eines Aufstands« und rügt jene Juden, die gegen ihre Regierung aufbegehrten, um sich diesem Mann anzuschließen, der »erst vor kurzem diese Lehre gepredigt hat«. Sie würden sich damit vor einem »gefangenen und hingerichteten« Menschen verneigen.

In der *Mischna,* der um etwa 200 n. Chr. entstandenen Normensammlung des Rabbi Jehuda, heißt es, Jesus sei am Vorabend des Pessachfestes wegen Zauberei und Volksverführung gesteinigt und danach aufgehängt worden. Der apologetisch gefärbte Text konstruiert ein Wortspiel, bei dem die griechische Bezeichnung für Jungfrau, *parthenos,* durch den Namen *Pantheros* ersetzt wird, der den Schluss nahelegt, Jesus sei entgegen frühchristlicher Behauptung nicht parthenos, jungfräulich, geboren, sondern als Sohn von Pantheros, einem römischen Soldaten.

Die herausragende Figur unter den historischen Schriftstellern in der Zeit nach Jesu Geburt ist *Flavius Josephus* (ca. 37–100), Priester, Gelehrter, Aufständischer, Politiker – und Hauptzeuge aller Evangeliumskritiker, wenn es darum geht, das Neue Testament als Legendensammlung darzustellen. In jungen Jahren führte er aufständische Galiläer gegen die Römer, um sich in der Gefangenschaft zu deren Freund zu wandeln. Josephus' *Jüdische Altertümer* und seine *Geschichte des Jüdischen Krieges* wenden sich an ein westliches Publikum, dem er die Pharisäer als Stoiker-Schule vorstellt und die Essener als Pythagoräer. Dass er über König Herodes schreibt, ohne den Kindermord von Bethlehem zu erwähnen, wird von Kritikern nicht als Versäumnis des Josephus, sondern als Beleg für die Legendenbildung des Matthäus gewertet. Doch Flavius' Geschichte seines Volkes zeigt auch anderswo Lücken. So verlor er beispielsweise kein Wort über die Niedermetzelung von Tausenden von Aufständischen in Sepphoris; und auch keines über Rabbi Hillel, den bekanntesten, berühmtesten und bedeutendsten Lehrmeister Judäas zur Zeit des zweiten Tempels.

Dennoch erwähnt Flavius Ereignisse, die sich auch im Evangelium finden. Über Johannes den Täufer hält er fest: »Manche Juden waren übrigens der Ansicht, der Untergang der Streitmacht des Herodes sei nur dem Zorne Gottes zuzuschreiben, der für die Tötung Johannes' des Täufers die gerechte Strafe gefordert habe.« Einen ersten – allgemein unbestrittenen – Hinweis auf Jesus gibt Flavius, als er berichtet, dass sich im Jahre 62 der Hohepriester

Ananus (Hanan II.) eine Abwesenheit des Prokurators zunutze gemacht habe, um ein Exempel zu statuieren: »Er versammelte daher den Hohen Rat zum Gericht und stellte vor diesen den Bruder des Jesus, der Christus genannt wird, mit Namen Jakobus, sowie noch einige andere, die er der Gesetzesübertretung anklagte und zur Steinigung führen ließ.« Mit Jakobus ist erkenntlich der gleichnamige Apostel gemeint, der auch im Evangelium als »Bruder des Herrn« und »Herrenbruder« bezeichnet wird.

Die entscheidende Jesus-Passage in den *Jüdischen Altertümern* ist weit umfassender und eindeutiger. Unter Historikern ist sie bekannt als *Testimonium Flavianum*. Wörtlich heißt es darin: »Um diese Zeit lebte Jesus, ein weiser Mensch, wenn man ihn überhaupt einen Menschen nennen darf. Er war nämlich der Vollbringer ganz unglaublicher Taten und der Lehrer aller Menschen, die mit Freuden die Wahrheit aufnahmen. So zog er viele Juden und auch viele Heiden an sich. Er war der Christus. Und obgleich ihn Pilatus auf Betreiben der Vornehmsten unseres Volkes zum Kreuzestod verurteilte, wurden doch seine früheren Anhänger ihm nicht untreu. Denn er erschien ihnen am dritten Tag wieder lebend, wie gottgesandte Propheten dies und tausend andere wunderbare Dinge von ihm vorherverkündigt hatten. Und noch bis auf den heutigen Tag besteht das Volk der Christen, die sich nach ihm nennen, fort.«

Die Würdigung Jesu hat den Stil eines Lexikoneintrags. Knapper und präziser kann sie jedenfalls kaum gefasst werden. Der Text wurde von Evangeliumskritikern jedoch als Beweismittel ausgeschlossen. Niemals würde ein Jude wie Flavius, so die Begründung, die verwendeten Formulierungen gebrauchen. Der Hinweis auf den »Kreuzestod« sei verdächtig, da er von Flavius an keiner anderen Stelle erwähnt werde. Hinzu komme, dass der Theologe Origenes im 3. Jahrhundert in einem Brief erwähnte, Flavius sei zwar von der Gerechtigkeit des Jakobus überzeugt gewesen, an Jesus als Messias glauben aber habe er nicht können. Das Textstück müsse daher von christlichen Kopisten zu Propagandazwecken hinzugefügt worden sein. – Eine der ausdrucksstärksten außerbiblischen Quellen für das Wirken Jesu galt damit als erledigt.

Heute ist die Abwertung des *Testimonium Flavianum* nicht mehr zu halten. Unbeachtet blieb bei Kritikern etwa eine Schrift des ägyptischen Geschichtsschreibers Agapius von Hierapolis aus dem 10. Jahrhundert, die die umstrittene Passage auf Arabisch zitiert. Bereits 1912 hatte der russische Wissenschaftler Alexander Wassiljew das Werk neu veröffentlicht. Nach Auffassung von Experten wie Professor Shlomo Pinés von der Hebräischen Universität in Jerusalem ist die Passage mit hoher Sicherheit mit der ursprünglichen Version des Flavius Josephus identisch. Übereinstimmend kommen inzwischen jüdische und christliche Wissenschaftler zu dem Ergebnis, der in den *Jüdischen Altertümern* enthaltene Textabschnitt sei authentisch, wenn es auch geringfügige Einfügungen gegeben haben könnte. Flavius drücke an dieser Stelle ja auch nicht unbedingt seine eigene Meinung aus, sondern referiere die Überzeugung der Anhänger Jesu. Die Vergangenheitsform »Dieser *war* der Messias« mag bedeuten, dass sich für Flavius selbst die Erwartung in Jesus nicht erfüllt hatte.

Geheimnisse des Vaterunsers

Ein Nachhall

Das Vaterunser ist das berühmteste Gebet der Welt, und es gibt wohl keinen Text, der den Menschen seit zweitausend Jahren häufiger über die Lippen kommt wie dieser – unterdessen in allen Winkeln dieser Erde. Das Vaterunser werde dabei nie alt, behaupten große Beter wie der hl. Augustinus. Nie entstehe ein Überdruss. Es sei etwas in diesem Gebet, das es vor Abnutzung schütze. Forscher verglichen es mit einem Musikstück, einer Komposition, die in der Anordnung der einzelnen Töne sich pausenlos neu erschaffe. In diesem Gebet, schrieb jemand, geben wir wenig und bekommen alles. Wir geben ein leeres Herz, und Gott gibt es uns erfüllt zurück. »Es will unser Sein formen, uns in die Gesinnung Jesu einüben«, fügt Papst Benedikt XVI. hinzu. Das Vaterunser führe in »eine große Tiefe jenseits der Worte« und umfasse nicht weniger als »die ganze Weite des Menschseins aller Zeiten«.

Die religiöse Tradition Israels kennt bereits zu Jesu Zeiten eine unübersehbare Anzahl von Gebeten. Allein der Psalter versammelt viele unterschiedliche Formen des Gebets – Dank- und Klagelieder, Loblieder, Wallfahrtslieder, Festliturgien und anderes mehr. Gebete erinnern die Gläubigen an ihre religiösen Pflichten, unter anderem werden sie in der *Mesusa* aufbewahrt, die am rechten Türpfosten angebracht ist. Die Männer tragen Gebetsschnüre unter dem Kaftan. In der kleinen Gebetsbox, die man mit einem Band an der Stirn befestigt, befinden sich Gebete. In vielen seiner Redewendungen und Bilder hat Jesus die Fäden aus dem alten Glauben aufgenommen, um sie weiterzuspinnen. Sein Gebet allerdings, das einzige, das er gelehrt hat, ist ein absolutes Novum, in dessen Zentrum, wie könnte es anders sein, *der Vater* stand, Gott selbst.

Erstmals in der Religionsgeschichte wird Gott in einer intimen Weise angesprochen, wie es nur ein Sohn oder eine Tochter tun können: »Abba«. Der neue Geist in diesem Gebet ist ein Geist der Vertrautheit. Er kennt keine Ängstlichkeit in der Ansprache, keine übertriebenen Ausdrücke im Bitten. Da ist kein Gott, vor dem man sich verstecken müsste. Mit dem Vaterunser, meinte deshalb der heilige Cyprian, bete man mit von Gott selbst gegebenen Worten zu Gott.

Bereits die Anordnung und der ausgefeilte symmetrische Aufbau des Gebets machen deutlich, dass das Vaterunser nicht irgendeine Art Nebenprodukt der Lehrtätigkeit Jesu ist, sondern sein zentrales Geheimnis offenbart: Die Mitte – die zentrale Botschaft – des Evangeliums ist die *Bergpredigt* mit ihren sieben Geboten. Im Zentrum der *Bergpredigt* wiederum steht das *Vaterunser* mit seinen sieben Bitten. Das Vaterunser aber offenbart nun in der Mitte, im Kern des ganzen Evangeliums (Mt 6,9f.) vorab das entscheidende Angebot des Messias: das Brot Christi, das Heiligste vom Heiligen, das Wunder der Eucharistie.

Ist es Zufall, wenn das *Vaterunser* ausgerechnet sieben Bitten enthält? Nach alter Überlieferung gibt es zwischen Himmel und Erde sieben Sphären, die Gott und Welt miteinander verbinden. Die Sieben als die heilige Zahl des Vollständigen und Ganzen steht hier buchstäblich wie die Tonleiter, deren sieben Töne von ganz unten in höchste Höhen führen, in den Bereich der Sphärenmusik, den siebten Himmel der Liebe.

Bereits in den ersten Worten des Gebets ist eine mächtige Formel verborgen: 1. mit der Anrede *(Vater unser im Himmel)*, 2. mit dem Lobpreis *(geheiligt werde dein Name)*, 3. mit der Öffnung und Hingabe *(dein Wille geschehe)*, 4. mit der Herabrufung des Geistes und der Kraft *(wie im Himmel so auf Erden)*. Die Tiefen der drei Du- und vier Wir-Bitten im Vaterunser, von dem Papst Benedikt XVI. schreibt, es würde jenseits der Worte »die ganze Weite des Menschseins aller Zeiten« umfassen, können hier nur angedeutet werden:

Die Anrede:
»Vater unser im Himmel«

Das Vaterunser hat einen Adressaten, den einen und einzigen Gott, dessen Da-Sein ins Bewusstsein gerufen wird. Wie es nur einen Gott gibt, so gibt es auch nur die eine Menschheit. Jeder Einzelne, unabhängig von Hautfarbe, Geschlecht und Herkunft, ist Kind dieses einen, allgegenwärtigen Vaters: von ihm gedacht, gewollt und geliebt – weit über die Möglichkeiten der biologischen Eltern hinaus, die eine Stellvertreterfunktion haben, wenn sie Kinder »zur Welt bringen« und für sie Verantwortung übernehmen.

Die erste Bitte:
»Geheiligt werde dein Name«

Wer zu Gott betet, spricht nicht mit irgendjemandem. Am Anfang steht, in der Geste einer Verneigung, der Respekt. Gott ist dabei keine anonyme Macht oder eine »Idee«, sondern ein Du, das Rede und Handlung und seinem ganzen Wesen nach *Beziehung* ist. Er hat das Wesentliche dessen, was wir mit Person meinen, nämlich Bewusstsein, Erkennen und Lieben.

Gott hat sich im brennenden Dornbusch des Mose als der Ich-bin-da zu erkennen gegeben. Wenn Gott anrufbar wird, kann sein Name jedoch auch missbraucht, sein Bild entstellt und sein Licht verdunkelt werden – um am Ende bei ganz falschen Gottesbildern zu landen. Nur die Heiligung Gottes, die *Ewige Anbetung*, die sich in der Reinhaltung seines Namens ausdrückt, lässt Ihn in ganzer Größe und im ganzen Glanz erscheinen.

Während die Zahl Null – für die *Anrede* »Vater unser im Himmel« – das uranfängliche Ganze einer allumfassenden Einheit symbolisiert, kennzeichnet die Zahl Eins der ersten Bitte das unteilbare Eine, das in allem enthalten ist. Sie ist Sinnbild des Schöpfungsaugenblicks. Aus dem unzählbaren Einen ist das zählbare Eine hervorgegangen. Angelus Silesius dichtete im *Cherubinischen Wandersmann:* »Die Zahlen alle gar sind aus dem Eins geflossen / Und die Geschöpf zumal aus Gott dem Eins entsprossen.«

Die zweite Bitte:
»Dein Reich komme«

Nichts ist im Unterbewusstsein des menschlichen Seins größer, so vermuten Tiefenpsychologen, als die Sehnsucht nach dem verlorenen Paradies, und damit letztendlich die Sehnsucht nach dem Schöpfer selbst. »Die Seele selbst weiß nichts anderes«, glaubte Teresa von Ávila, »als dass sie ihn liebt, sie kann nicht aufhören, ihn zu lieben, weil sie ihn kennt«.

Alles soll ihm zugeordnet sein, dem Herrn des ganzen Universums. Wo er ist, ist es gut. Wo er nicht ist, ist im Grunde Sinnlosigkeit und Dunkelheit. Das Reich Gottes, das Jesus gewissermaßen vom Himmel auf die Erde zieht, realisiert sich zunächst als geistiges Reich in der Nachfolge Christi. In der Verkündigung seiner Wiederkunft jedoch bekommt die ewige Sehnsucht nach dem himmlischen Reich bereits eine konkrete Gestalt. Sie ist nicht mehr eine unbestimmte Größe, sondern erhält bereits einen zeitlichen Rahmen.

Im Schöpfungsbericht entstand am zweiten Tag der Himmel. Die *Zwei* symbolisiert das andere, den Gegenpol des Seienden. In diesem Fall die Sehnsucht nach der anderen Welt, die verlorengegangen ist. Sie drückt das Bewusstsein aus, dass das Irdische und das Himmlische zusammengehören (wie Leib und Seele), dass sie einander bedingen und nicht als Gegensätze verstanden werden dürfen, sondern als etwas Ineinanderfließendes, in dem alle Trennung aufgehoben ist.

Die dritte Bitte:
»Dein Wille geschehe, wie im Himmel so auf Erden«

Eigensinnige Menschen schaden sich in ihrer Zwanghaftigkeit zuallererst selbst. Das Bild von der Erbsünde verdeutlicht diesen Eigenwillen als Aufstand gegen Gott, der Adam und Eva das Paradies kostete. So gesehen ist der himmlische Wille eine Art Therapie gegen irdische Eng- und Verführung. Er verhindert ein Denken in ausschließlich materiellen Kategorien, einen Rückfall in die Barbarei einer Steinzeitgesellschaft.

»Himmlischer Wille« bedeutet weder Gleichschaltung noch Diktatur, sondern er ist schlichtweg Ausdruck für das Gute. Gottes Wille ist, schreibt der Apostel Paulus, »dass alle Menschen gerettet werden und zur Erkenntnis der Wahrheit gelangen«. In diesem Sinne ist »Dein Wille geschehe« einerseits als das Gewissen zu verstehen, das den Menschen die Fähigkeit der Unterscheidung zwischen Gutem und Schlechtem gibt, andererseits auch als ein Appell zum Loslassen. Nicht immer weiß man selbst am besten, was für einen gut ist. »Der Vater weiß, was ihr braucht«, sagt Jesus, »ehe ihr darum bittet.«

Die *Drei*, die in dieser dritten Bitte aufscheint, gilt in unterschiedlichen Kulturen seit jeher als göttliche Zahl, die Zahl der Vereinigung, die das Geheimnis der Lebenskraft ausdrückt. Während die Zwei in einem unheilen Zustand auch auf eine Spaltung verweisen kann (zahlensprachlich: Zwist, zwiespältig, zwielichtig), bringt die Drei alles wieder zusammen (These und Antithese werden in der Synthese aufgehoben).

Im archetypischen Bild sind drei Schritte immer ein Ganzes (»aller guten Dinge sind drei«; »Du musst es dreimal sagen«, wie es in Goethes *Faust* heißt). Drei ist die Zahl einer neuen, höheren Einheit (Trinität: der Dreifaltige und Dreieinige Gott). Sie ist nur durch sich selbst und die Zahl 1 (die Grundzahl und unteilbare Zahl Gottes) teilbar: *omne trium perfectum*, alle Dreiheit ist vollkommen.

Alles Neue entsteht als Drittes aus der Vereinigung von Gegensätzen. So drückt die dritte Vaterunser-Bitte die Synthese des Neuen aus: Wenn der Wille Gottes im Himmel und endlich auch auf Erden geschieht, entsteht die All-Einheit, die Neue Welt des Gottesreiches.

Die vierte Bitte:
»*Unser tägliches Brot gib uns heute*«

Nach der symmetrischen Struktur des Evangeliums öffnet sich in dieser – der mittleren – Bitte des Gebetes Jesu das zentrale Geheimnis seines Kommens. Er öffnet diese Mitte seiner Offenbarung wie die goldenen Türen eines Tabernakels, wenn er beim letzten Abendmahl das Brot bricht, um sich danach als das »Brot des Lebens« selbst hinzugeben.

Um es zu verdeutlichen: Auf der ersten Ebene dieser Bitte geht es um ein Grundbedürfnis, das durch das Grundnahrungsmittel Brot gestillt wird. Der heilige Johannes Chrysostomus wies dabei darauf hin, »dass jeder Bissen Brot in irgendeiner Weise ein Bissen von dem Brot ist, das allen gehört, vom Brot der Welt«. Menschen können es nur gemeinschaftlich erhalten, um es dann auch geschwisterlich und gerecht zu teilen. Die Bitte schafft zudem das Bewusstsein dafür, dass die Früchte der Schöpfung ein Geschenk sind. Ein kostbarer Schatz aus dem Zusammenspiel der Kräfte von oben (Sonne und Regen) und unten (menschliche Arbeit).

Die zweite Ebene zeigt die metaphysische Dimension des Brotes als das »Manna« des wandernden Gottesvolkes. In der griechischen Übersetzung des von Jesus auf Aramäisch gelehrten Gebetes verweist das Wort *epioúsios* speziell auf diesen Zusammenhang. Origenes, ein Meister der griechischen Sprache, entdeckte im 3. Jahrhundert, dass dieser Ausdruck bis dahin im Griechischen nicht vorkam und von den Evangelisten eigens geschaffen wurde. Er ist mit »täglich« nicht ausreichend übersetzt. Die Deutung von Wissenschaftlern geht dahin, das Wort als »das zum Dasein nötige« oder aber als »das zukünftige Brot« zu übersetzen.

Die Übersetzung als »das zukünftige Brot« führt unmittelbar zur dritten Ebene der Vaterunser-Bitte. Sie ist Enthüllung und Ausblick zugleich. Was ist das wahre Brot? In der Botschaft der Vollkommenheit, wie sie die Bergpredigt beinhaltet, muss es auch ein vollkommenes Brot geben, eines, das nicht nur den Leib, sondern auch die Seele nährt: das Brot der neuen Welt, das schon heute gereicht wird, um morgen an dieser Welt ganz teilzuhaben. »Einige alte Übersetzungen deuten in diese Richtung«, schreibt Papst Benedikt XVI. So habe der heilige Hieronymus in seiner lateinischen Übersetzung das geheimnisvolle Wort *epioúsios* als *supersubstantialis* übersetzt. Ein Verweis auf eine neue, über allem anderen stehende Substanz, die Jesus letztlich im heiligen Sakrament als das wahre Brot, das Brot des Lebens, schenkt, als das er sich selbst bezeichnete.

Hier, in der absoluten Mitte, der Kernbotschaft des Evangeliums, die die Kirchenväter einmütig in ihrer tieferen Dimension als eine Eucharistie-Bitte verstanden, geschieht die Symbiose von Weltlichem und Geistlichem, es ist »das Brot, das wir brauchen«, wie es auch im Text des Evangeliums formuliert ist.

»Der Mensch lebt nicht vom Brot allein«, erklärte Jesus, »sondern von jedem Wort, das aus Gottes Mund kommt.« Die eigentliche, die geistige Nahrung des Menschen ist das *ewige Wort*, der göttliche *Logos*. Aber wie kann man den Logos kommunizieren, ihn gleichsam in sich vereinnahmen, um mit ihm eins zu werden? »Und das Wort ist Fleisch geworden«, schreibt der Evangelist Johannes in seinem Prolog, »und hat unter uns gewohnt ...« Jesus in der Eucharistie in der transformierten Gestalt des Brotes zu kommunizieren heißt dann nichts anderes, als das Wort Gottes, das Heiligste, das es in der Welt gibt, in sich aufzunehmen – gewissermaßen auch als Zehrung für den Weg in die morgige Welt, in der Christus wieder in Vollgestalt unter den Menschen sein wird: »Wenn ich gegangen bin und einen Platz für euch vorbereitet habe, komme ich wieder und werde euch zu mir holen, damit auch ihr dort seid, wo ich bin« (Joh 14,3).

Die zentrale Bedeutung dieser vierten Bitte kommt auch in der Symbolik ihrer Zahl zum Ausdruck: Die *Vier* gilt als *Weltzahl*, als Zahl der kosmischen Ganzheit und der Ordnung und Herrschaft Gottes. Diese Fülle wird ausgedrückt in: vier Elementen (Wasser, Erde, Feuer, Luft, den Grundsubstanzen alles Irdischen), vier Naturen (Menschen, Tiere, Mineralien, Pflanzen), vier Jahreszeiten, vier Tageszeiten (Morgen, Mittag, Abend, Nacht), vier

Lebensabschnitten (Kindheit, Jugend, Reife, Alter), vier Temperamenten (nach Hippokrates: Choleriker, Sanguiniker, Melancholiker, Phlegmatiker), vier Erzengeln (Michael, Gabriel, Raphael, Uriel), vier großen Propheten (Jeremia, Jesaja, Hesekiel, Daniel), vier Evangelisten, vier Kardinaltugenden (Klugheit, Gerechtigkeit, Tapferkeit, Mäßigung), vier apokalyptischen Reitern – und nicht zuletzt: in den vier Buchstaben des Gottesnamens, des *Tetragrammatons* JHWH.

Die fünfte Bitte:
»Und vergib uns unsere Schuld,
wie auch wir vergeben unsern Schuldigern«

Die Frage von Schuld und Sühne ist ein zentrales Thema der menschlichen Existenz. Schuld kann sich zu einer Kette von Verschuldungen entwickeln, die einen zu erdrosseln droht. Doch Schuld kann aufgehoben werden. Gott vermag auch Schlechtes, das geschehen ist, in Gutes zu verwandeln. Doch die Vergebung kann nur in denjenigen eindringen, der selbst ein Vergebender ist.

Jemand, dem ein Leid zugefügt wurde, hält Joseph Ratzinger fest, »muss in sich das ihm geschehene Böse überwinden, es inwendig gleichsam verbrennen und darin sich selbst erneuern, so dass er dann auch den anderen, den Schuldigen, in diesen Prozess der Verwandlung, der inneren Reinigung hineinnimmt und sie beide durch das Durchleiden und Überwinden des Bösen neu werden«.

Vergebung und Versöhnung sind die Grundvoraussetzungen jedes Neuanfangs, auch die Versöhnung mit sich selbst, mit der eigenen Vergangenheit, den eigenen Schwächen. Das Maß des Schulderlasses ist dabei jedoch – um den Mechanismus der Selbstheilung in Gang zu setzen – geknüpft an die Bereitschaft zur Vergebung: »Wie auch wir sie unseren Schuldnern erlassen haben.« Wer nicht vergibt, kann auch niemals wieder ganz gesund werden. Die Vergebung ist die Grundvoraussetzung des eigenen Heils.

Die *Fünf* steht traditionell für das Gesetz. Es ist die Zahl des Menschen (mit seinen fünf Sinnen) und der Quintessenz (der Essenz, auf die es ankommt). Schuld vergeben – und Schuld vergeben zu bekommen – ist gewissermaßen das Grundgesetz der Rechtsprechung Jesu. Der Fünfstern symbolisiert nicht zuletzt das hermetische Gesetz: Makrokosmos = Mikrokosmos. Die fünfte Vaterunser-Bitte bringt dieses Gesetz zum Ausdruck: Nach dem Maß, nach dem der Mensch auf Erden vergibt, wird ihm auch im Himmel vergeben werden.

Die sechste Bitte:
»Und führe uns nicht in Versuchung«

Die so rätselhafte und verstörende Bitte gegen die Versuchung berührt die verborgenen Ängste des Menschen und die Frage nach dem Bösen in der Welt. Woher kommt die Angst? Wovor fürchten wir uns eigentlich? Warum schließt die Allmacht eines guten Gottes die Wirkkraft des Bösen nicht zugleich aus? Benutzt Gott gar das Böse, um seine Pläne abzuschließen?

Immer wieder wurde versucht, die Formulierung dieser Bitte abzuändern. Etwa in die Form »Lass uns nicht in Versuchung geraten«, wie es der Katechismus der katholischen Kirche interpretiert, oder in den Satz »Und lasse uns nicht in Versuchung«, wie es Frère Roger aus Taizé vorschlug. Die im Herrengebet so formulierte Bitte ist allerdings tatsächlich die wörtliche Übersetzung des Urtextes – und sie entspricht ganz der Lebenswirklichkeit.

Fehlschläge können im Leben eben nicht vermieden werden. Aber das Aushalten und die Überwindung gewisser Schwierigkeiten sind im Gegenzug auch die Voraussetzung, um auf den Stufen der Entwicklung nicht zurückzubleiben. Nicht im Höhenflug und im Rausch des Erfolgs stärkt der Mensch die Eigenschaften, die wir positiv als »menschlich« bezeichnen, sondern in der Erfahrung der Niederlage, am Ende eines reinigenden Gewitters, wenn aller Hochmut verflogen ist. Wollte man die Versuchung abschaffen, fehlte ein wesentliches Ferment im Reifungsprozess jeder Persönlichkeit.

Gott lässt den Menschen nicht fallen, aber er lässt ihn prüfen, so wie Abraham geprüft wurde. Er will nicht zum Bösen anleiten, hebt aber Versuchungen nicht auf, weil gerade darin auch die Gefahren erkennbar werden, die im Inneren der eigenen Psyche lauern. Hebe die Versuchung auf, wussten die Alten, und niemand wird gerettet werden. »Noch ist keine Versuchung über euch gekommen«, schreibt der Apostel Paulus in seinem ersten Brief an die Korinther, »die den Menschen überfordert. Gott ist treu; er wird nicht zulassen, dass ihr über eure Kraft hinaus versucht werdet. Er wird euch in der Versuchung einen Ausweg schaffen, so dass ihr sie bestehen könnt.«

Die Bitte zielt darauf ab, dass Gott für die Prüfungen die nötige Kraft geben möge, damit wir auch nach Schicksalsschlägen nicht verhärten, sondern daraus hervorgehen wie Hiob, der seine Ehre bewahrt und sich im Leiden bewährt hat, »um zu sich selbst und zu Gott zu kommen«.

Die Formulierung lautet freilich nicht: »führe uns in Versuchung« (um dadurch eine Bewährung zu bestehen), sondern: führe uns *nicht* in diesen Bereich, führe uns einen anderen Weg. Es ist im Grunde eine Bitte, auf die der Mensch eigentlich nicht verzichten kann.

»Führe uns nicht« bedeutet, positiv formuliert, nichts anderes als »schütze uns vor …«, bewahre uns vor allem Übel. Nur eine Formulierung, die im Negativen ansetzt, um ins Positive gewendet zu werden, kann die ganze Tiefe dieser Bitte verdeutlichen, die bis hin zur unendlichen und im wahrsten Sinne auch unüberschaubaren Größe Gottes führt. Es geht in der sechsten Bitte – sie ist gekoppelt mit der nachfolgenden Erlösungsbitte »Erlöse uns von dem Bösen« – um den Befreiungskampf gegen den Hauptfeind, den Dämon, den Jesus austreibt, den Versucher schlechthin, dem der Mensch aus eigener Kraft nicht Herr wird. Wohl nicht zufällig gilt die Zahl *666* als Inbegriff des Bösen.

Das mythologische Thema der Zahl *Sechs* ist die Überwindung der Gegensätze zwischen Gut und Böse, um zu einem neuen, harmonischen Ganzen zu gelangen. Die Zahl symbolisiert die bipolare Welt, und damit die Gegensatzpaare wie Feuer und Wasser, warm und kalt, Licht und Dunkel, oben und unten – oder, wie im Hexagramm, dem Symbol des Judentums, die Durchdringung von Himmel und Erde. Wo immer diese Gegensätze aufeinandertreffen, gibt es Interessenkonflikte. Erst die Auseinandersetzung mit den so unterschiedlichen Kräften weist den richtigen Weg.

Die siebte Bitte:
»Sondern erlöse uns von dem Bösen«

Die irdische Reise ist ein Präludium zur Ewigkeit, zum Wiedereintritt in das verlorene Paradies. An diesem Punkt des Vaterunsers liegt die Schwelle zum Übergang in die andere Welt. Die siebte Bitte ist Ausdruck der Sehnsucht der ganzen Schöpfung, wieder heil zu werden, die Störung zu überwinden. Nur Gott selbst ist es möglich, die Macht des Bösen ein für alle Mal zu brechen, die ihrem Wesen nach nur Negation ist, eine Macht zum Täuschen, ein In-die-Irre-Gehen, das von Gott wegführt.

Schon der von den Sumerern überlieferte älteste Wiederauferstehungsmythos kennt das Motiv. Erst durch das Durchschreiten der sieben Tore, an denen jeweils ein Stück der äußeren Hülle abzulegen ist, um am Ende ganz nackt, also ganz rein zu sein, kann das Ziel erreicht werden. Die *Sieben* beschreibt das Ganze. Wie die sieben Säulen der Weisheit Salomos Tempel vollenden, wie die sieben Hügel aus Rom die »Ewige Stadt« machen, wie sieben Farben den Regenbogen bilden, wie die sieben Gaben den Heiligen Geist abbilden, wie sieben Sakramente zur Heiligkeit führen, so vollendet die siebte Bitte das Vaterunser.

Jeden Tag wird man Fehler machen. Jeden Tag wird man Hilfe benötigen. Jeder Tag ist aber auch eine neue Chance. In der Schlussbitte des Vaterunsers wird das gesamte Elend der Welt vor Gott getragen. Die »Erlösung von dem Bösen« ist am Ende das Wesen der Aufgabe, die Christus auf seinen Schultern liegen hat, und die in seinem Tod am Kreuz ihren sichtbarsten Ausdruck finden soll.

Bibliographie

Adam, Karl: Jesus Christus. Augsburg 1933

Andia, Ysabel de und Hofrichter, Peter Leander: Christus bei den Vätern. Innsbruck 2003

Augstein, Rudolf: Jesus Menschensohn. München 2003

Badde, Paul: Heiliges Land. Gütersloh 2008

Banzhaf, Hajo: Symbolik und Bedeutung der Zahlen. München 2006

Barbet, Pierre: Die Passion Jesu Christi. Karlsruhe 1953

Berger, Klaus: Jesus. München 2004

Betz, Otto: Elementare Symbole. Freiburg 1987

Biser, Eugen: Der Lebensweg Jesu. Düsseldorf 2007

Bornkamm, Günther: Jesus von Nazareth. Stuttgart 1995

Bosak, Pius Czeslaw: Personen im Neuen Testament. Lexikon und Konkordanz. Pessano 1993

Conolly, Peter: Das Leben zur Zeit des Jesus von Nazareth. Nürnberg 1984

Das Neue Testament, Einheitsübersetzung. Stuttgart 1980

Die Heilige Schrift des Alten und Neuen Testamentes (Hamp, Stenzel, Kürzinger). München 1994

Dirnbeck, Josef: Falsches Zeugnis wider Jesus. Salzburg 2002

Feinberg Vamosh, Miriam: Land und Leute zur Zeit Jesu. Düsseldorf 2001

Flusser, David: Jesus. Reinbek 1999

Foster, Charles: Die Akte Jesus. München 2008

Fürst, Heinrich: Im Land des Herrn. Werl 1999

Gnilka, Joachim: Jesus von Nazareth. Freiburg 2007

Grän, Siegfried: Alltag zur Zeit Jesu. Werl 1998

Gruber, Andreas: Pilgerwege im Heiligen Land. München 1989

Guardini, Romano: Das Bild von Jesus dem Christus im Neuen Testament. Freiburg 1961

Guardini, Romano: Der Herr. Würzburg 1951

Guardini, Romano: Das Wesen des Christentums. Würzburg 1938

Heiler, Friedrich: Die Religionen der Menschheit. Frankfurt a. M. 1991

Heiligenthal, Roman, und Dobbeler, Axel von: Menschen um Jesus. Darmstadt 2001

Hirschberg, Peter: Jesus von Nazareth. Darmstadt 2004

Jendorff, Bernhard: Jesus und seine Zeit. Aschaffenburg 1974

Jeremias, Joachim: Jerusalem zur Zeit Jesu. Berlin 1963

Jeremias, Joachim: Unbekannte Jesusworte. Gütersloh 1980

Katzer, Josef: Leben in Israel zur Zeit Jesu. Würzburg 2003

Kee, Howard Clark: Was wissen wir über Jesus? Stuttgart 1993

Knoch, Otto: Vollständige Synopse der Evangelien. Stuttgart 1988

Kogler, Franz (Hg.): Herders Neues Bibellexikon. Freiburg 2008

Kroll, Gerhard: Auf den Spuren Jesu. Leipzig 2002

Läpple, Alfred: Wunder sind Wirklichkeit. München 1989

Lamparter, Helmut: Die vier Evangelisten. Stuttgart 1963

Loffreda, Stanislao: Kapernaum. Jerusalem 1984

Ludolf von Sachsen: Das Leben Jesu Christi. Einsiedeln 1994

Men, Alexander: Der Menschensohn. Freiburg 2006

Mertes, Klaus: Ausgerechnet Ich?! Frankfurt a. M. 1998

Messori, Vittorio: Mensch geworden. Graz 1978

Millard Alan R.: Pergament und Papyrus, Tafeln und Ton. Basel 2000

Papini, Giovanni: Das Leben des Herrn. München 1940

Pflüger, Helmut: Wölfe im Schafspelz. Stein am Rhein 2008

Pixner, Bargil: Mit Jesus durch Galiläa nach dem fünften Evangelium. Jerusalem 1992

Pixner, Bargil: Mit Jesus in Jerusalem. Jerusalem 1996

Prause, Gerhard: Die kleine Welt des Jesus Christus. Hamburg 1981

Ratzinger, Joseph: Jesus von Nazareth. Freiburg 2007

Ratzinger, Joseph, und Seewald, Peter: Gott und die Welt. München 2000

Ratzinger, Joseph, und Seewald, Peter: Salz der Erde. Stuttgart 1996

Renan, Ernest: Das Leben Jesu. Zürich 1981

Roloff, Jürgen: Jesus. München 2000

Sarrach, Alfons: Jahrhundertskandal. Jestetten 2003

Schick, Alexander: Das wahre Sakrileg. München 2006

Schmid-Grether, Susanne: Jesus der Jude. Wetzikon 2002

Schur, Nathan: Kurze Geschichte der Menschheit. Bergisch Gladbach 1993

Schweitzer, Albert: Geschichte der Leben-Jesu-Forschung. Tübingen 1984

Seewald, Peter: Kult. München 2007

Spoto, Donald: Jesus. Der Mann aus Nazareth. Hamburg 1999

Stevan, Sergio: Judas. Das Geheimnis des Verrats. Augsburg 2009

Strobel, Lee: Der Fall Jesus. Asslar 1999

Theißen, Gerd: Der Schatten des Galiläers. Gütersloh 2007

Thiede, Carsten Peter, und Ancona, Matthew d': Der Jesus-Papyrus. München 1996

Thiede, Carsten Peter: Jesus. Augsburg 2003

Victor, Ulrich: Was ein Texthistoriker zur Entstehung der Evangelien sagen kann, in: Biblica, 79/1998, S. 499–513

Wagner, P. Raynald (Hg.): Im Land des Herrn. Kevelaer 2002

Weinreb, Friedrich: Innenwelt des Wortes im Neuen Testament. Weiler im Allgäu 1988

Willam, Franz Michel: Das Leben Jesu im Lande und Volke Israel. Freiburg im Breisgau 1934

Winterswyl, Ludwig: Die Botschaft von Jesus dem Herrn. Colmar o. J.

Wörther, Matthias: Betrugssache Jesus. Würzburg 2006

Zahrnt, Heinz: Jesus aus Nazareth. München 1987